U0920857

桂林经济社会统计年鉴

GUILIN ECONOMIC AND SOCIAL STATISTICAL YEARBOOK

2011

（总第22期）

《桂林经济社会统计年鉴》编委会　编

(京)新登字041号

图书在版编目(CIP)数据

桂林经济社会统计年鉴. 2011 / 桂林市统计局编. -- 北京 : 中国统计出版社, 2011.11

ISBN 978-7-5037-6434-9/C.2598

Ⅰ. ①桂… Ⅱ. ①桂… Ⅲ. ①社会经济统计—统计资料—桂林市—2011—年鉴 Ⅳ. ①C832.673-54

中国版本图书馆CIP数据核字(2011)第235246号

桂林经济社会统计年鉴-2011

作　　者/《桂林经济社会统计年鉴》编委会
责任编辑/ 陈越月
责任校对/ 蒋秀星
封面设计/ 赵桂滔
出版发行/ 中国统计出版社
通信地址/ 北京市西城区月坛南街57号
邮　　编/ 100826
办公地址/ 北京市丰台区西三环南路甲6号
电　　话/ (010)63376907
E-mail / yearbook@gj.stats.cn
印　　刷/ 桂林日报印刷厂
经　　销/ 新华书店
开　　本/ 880×1230 毫米　1/16
字　　数/ 1400千字
印　　张/ 37
印　　数/ 1-1200 册
版　　别/ 2011 年 12 月第 1 版
版　　次/ 2011 年 12 月第 1 次印刷
书　　号/ ISBN 978-7-5037-6434-9
定　　价/ 260.00 元

《桂林经济社会统计年鉴—2011》编纂委员会

（截止2010年12月31日任职）

《桂林经济社会统计年鉴-2011》编辑部

编 辑 说 明

《桂林经济社会统计年鉴-2011》是桂林市人民政府主办、桂林市统计局执行编辑的一部全面反映桂林市经济和社会发展情况的资料性年刊。本书通过大量的统计数据,全面客观地记录了2010年及历史重要年份桂林市经济、社会的发展情况。

本年鉴致力于内容翔实、数据准确。全书包括:特辑,大事记,统计资料和法规制度选编。此外,作为插页还刊登了彩色图片和统计图。统计资料包括:行政区划、综合、核算、人口·就业、农村经济、工业、能源、旅游·服务·交通·邮电、国内贸易·对外经济、固定资产投资·建筑业、社会·科技共十一篇。

本年鉴中所列指数和年平均增长速度均按可比口径计算,总量指标计算所采用的价格除注明外均为当年价格。读者在使用历史数据时,凡与年鉴有出入的,均以本年鉴为准。年鉴中的“#”号表示其中数,空格表示该项统计指标数据不详或无该项数据。年鉴中部分数据合计数或相对数由于单位取舍不同而产生的计算误差均未作机械调整。

本年鉴“特辑”中的数据均为初步统计数。

本年鉴大部分数据来自各级政府统计局的各种定期统计报表和抽样调查资料,部分资料来自国家统计局桂林调查队和区属、市直各主管部门。

本年鉴中涉及经济普查的相关专业数据按同口径作了调整,凡以往年鉴中与本年鉴不相符的以本年鉴为准。

本年鉴的规模工业是指年主营业务收入在500万元及以上的工业企业。

年鉴的编辑、出版、发行工作,得到了全市各级领导、各部门、中央及自治区驻桂单位的鼎力相助,得到了广大读者的关心和支持,在此深表谢意。书中错漏在所难免,望各界人士、广大读者对年鉴内容、编排等方面多提宝贵意见,以利于我们进一步提高年鉴的编辑水平,更好地为广大读者服务。

《桂林经济社会统计年鉴》

编 辑 部

市委书记、市人大常委会主任刘君在创建全国文明城市动员大会上讲话。

市委书记、市人大常委会主任刘君（右一）会见国家旅游局党组成员、规划财务司司长、中国旅游协会副会长吴文学。

市委书记、市人大常委会主任刘君在资源县调研。

市委书记、市人大常委会主任刘君春节前慰问困难职工。

唐 侃 / 摄

市长李志刚（左一）参加第二届中国桂林创新创意文化节。

市长李志刚在联合国世界旅游组织亚太旅游协会旅游趋势与展望国际论坛开幕式上讲话。

市长李志刚（右一）在临桂县参加冬修水利青狮潭西干渠清淤劳动。

何平江／摄

市长李志刚看望并慰问人民子弟兵。

唐侃／摄

市政协主席粟增林（前排中）和参加红军长征沿线政协联谊会第八次会议的与会代表在兴安县瞻仰烈士纪念碑园。

市政协主席粟增林（左二）在市慈善事业会、市仁济慈善基金会理事会上向慈善捐赠人颁发捐赠证书。

市委常委、常务副市长黄俊华（右二）查看新区路网建设情况。

市委常委、常务副市长黄俊华（左二）视察临桂新区工程进展情况。

桂 林 市 统 计 局

①桂林市企业一套表试点数据处理培训会议。

②2010年桂林市国民经济运行情况新闻发布会。

③“两会”统计服务现场。

④市统计局党组织与资源县瓜里乡义林村党组织开展共建创先争优暨慰问活动。

地区生产总值及增长速度

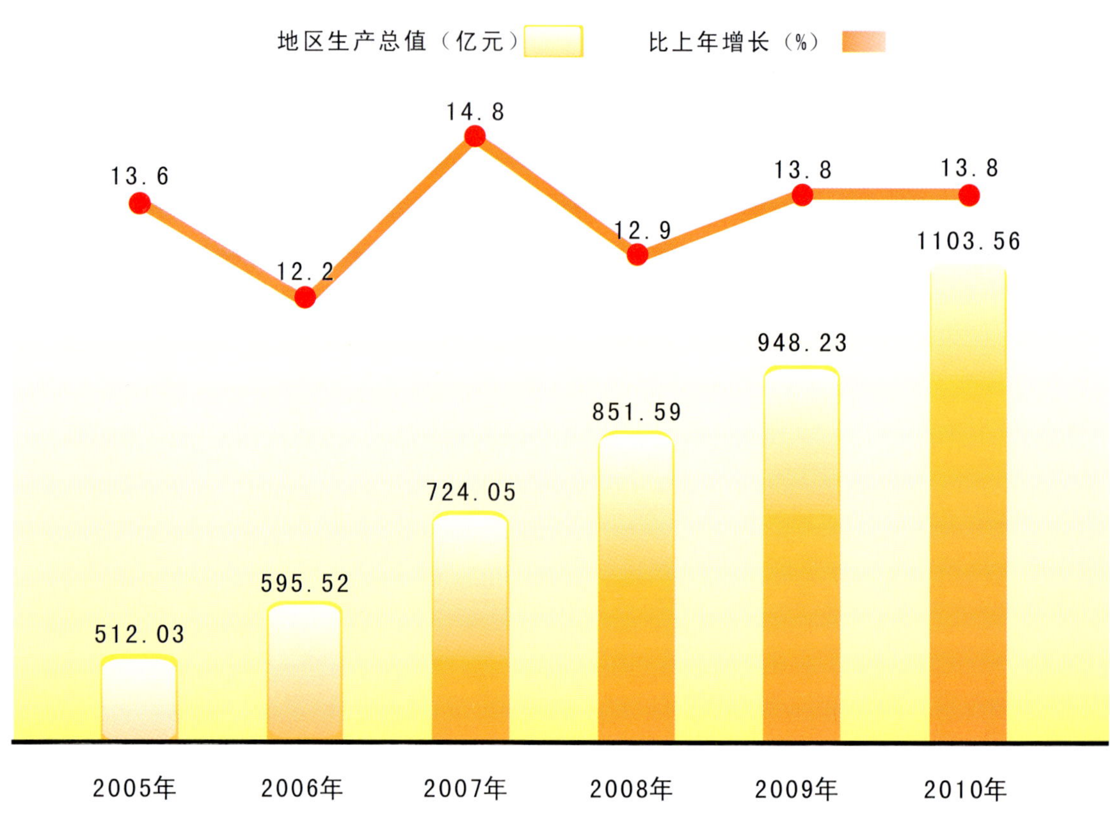

地区生产总值构成（%）

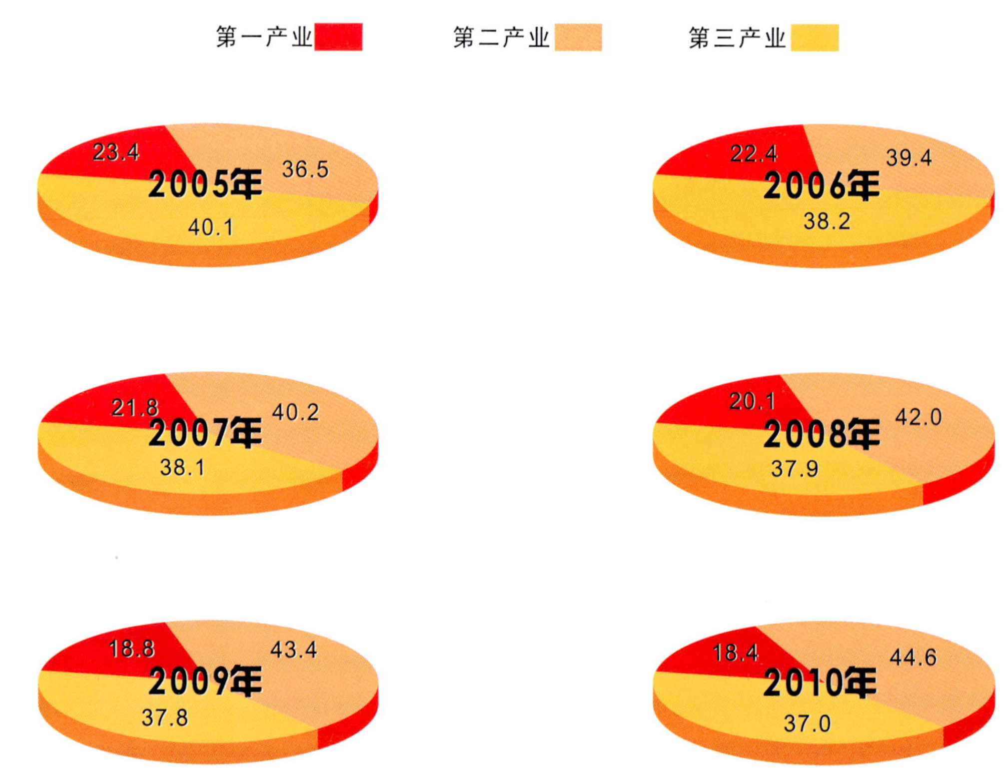

人均地区生产总值（元）

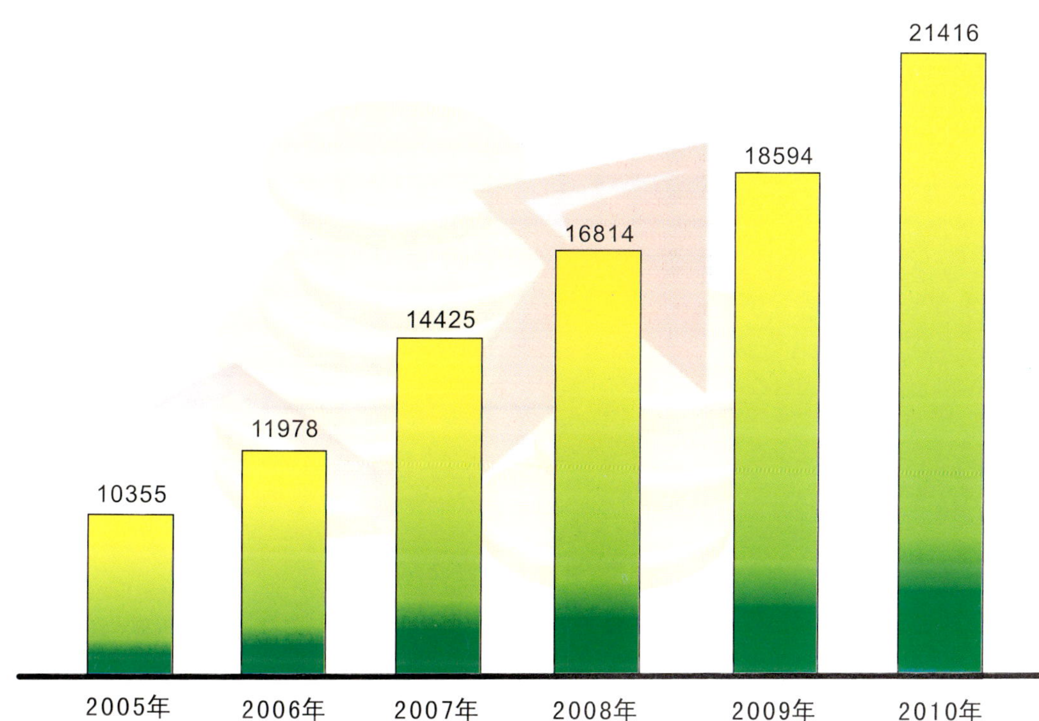

人均财政收入（元）

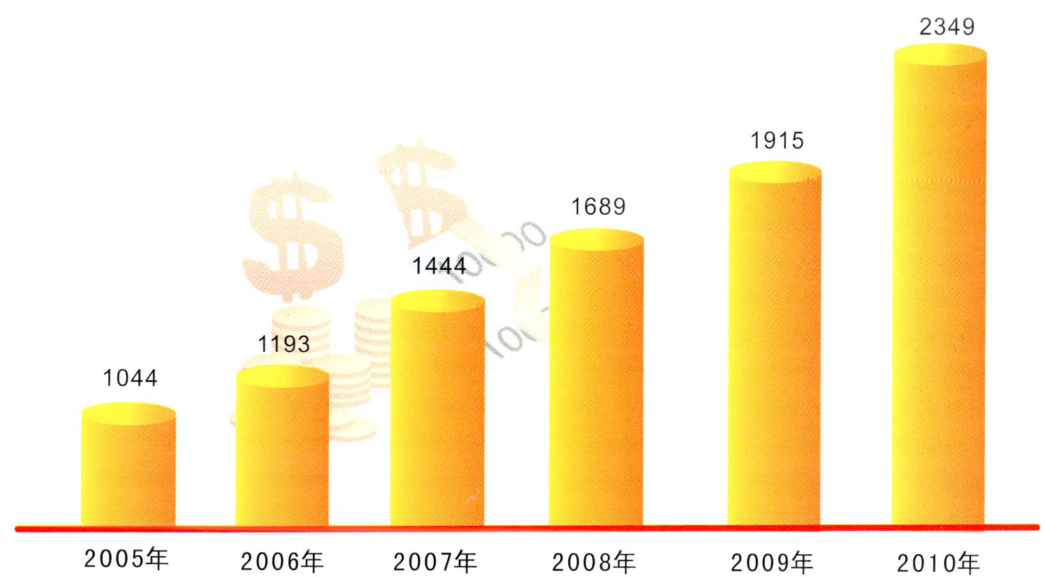

财政收入与支出（亿元）

财政支出构成（%）

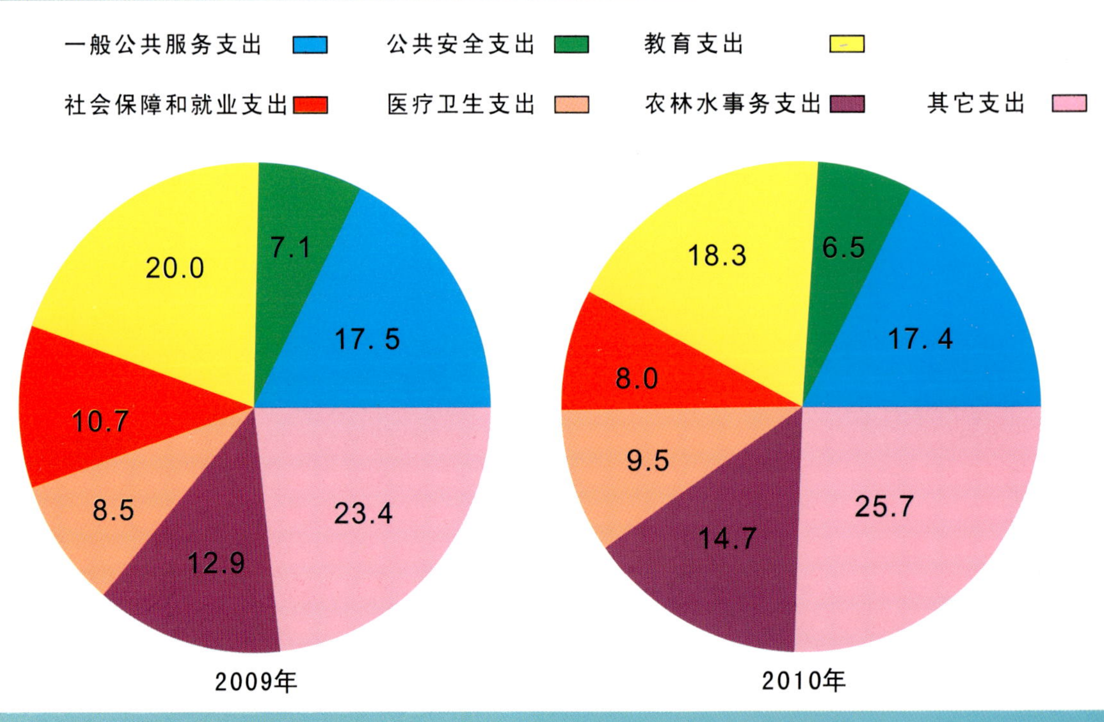

年末户籍总人口及人口自然增长率

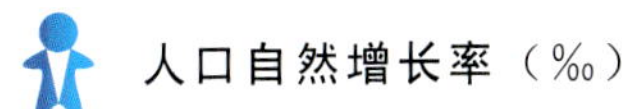

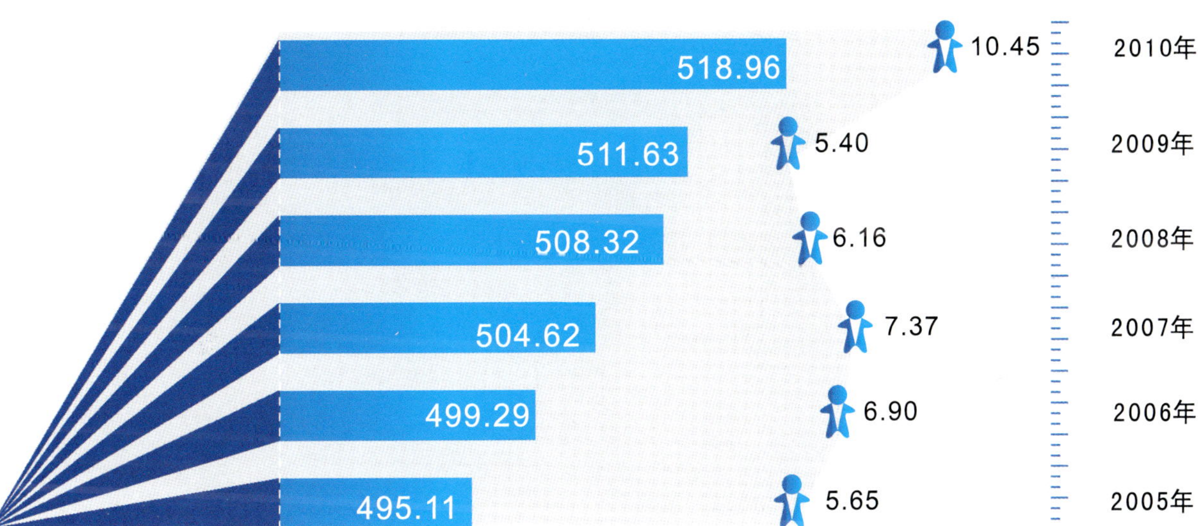

人口性别比（以女性为100）

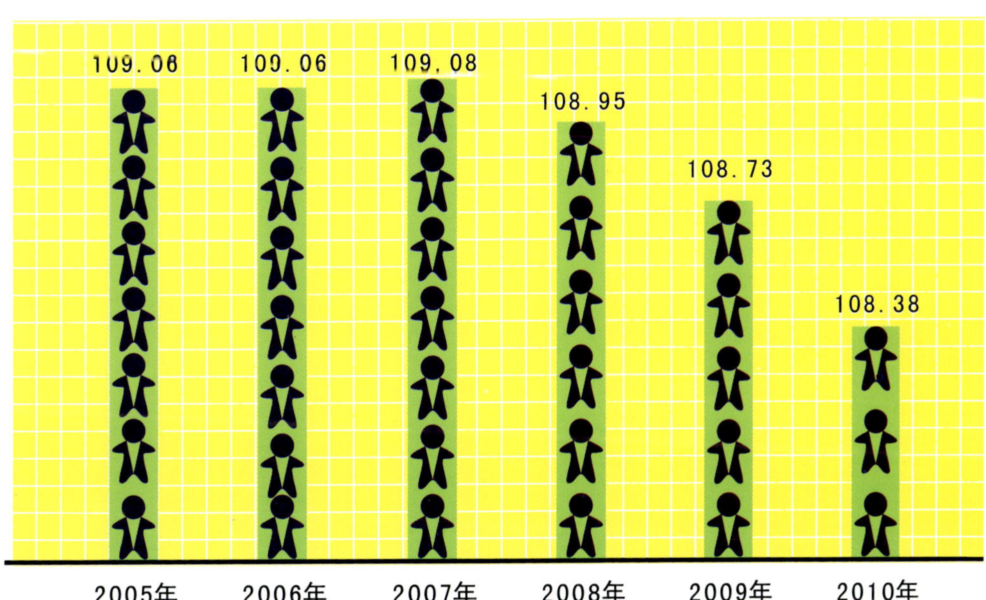

居民收入（元）

城镇居民人均可支配收入
农民人均纯收入

9268
3003
10713
3391
12908
3908
14636
4465
16221
4833
17949
5487
2005年
2006年
2007年
2008年
2009年
2010年

物价指数（%）

居民消费价格指数
商品零售价格指数
108
107
106
105
104
103
102
101
100
104.0
102.0
100.7
101.0
106.6
104.8
105.9
106.8
99.2
99.6
102.2
102.5
2005年
2006年
2007年
2008年
2009年
2010年

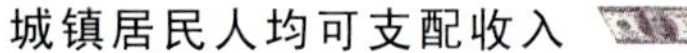

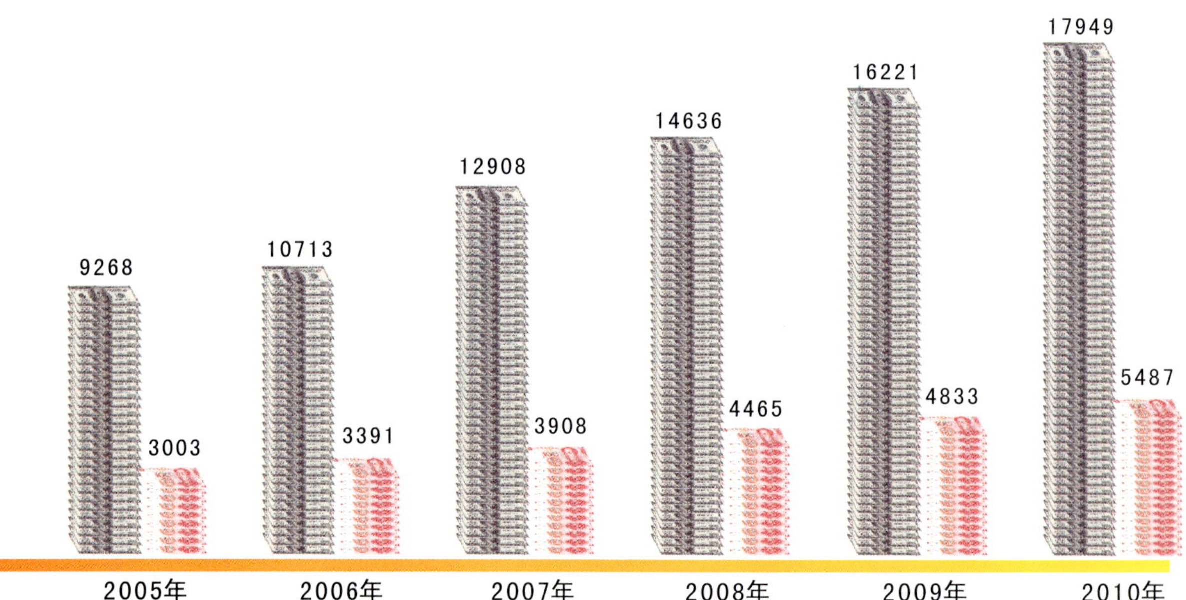

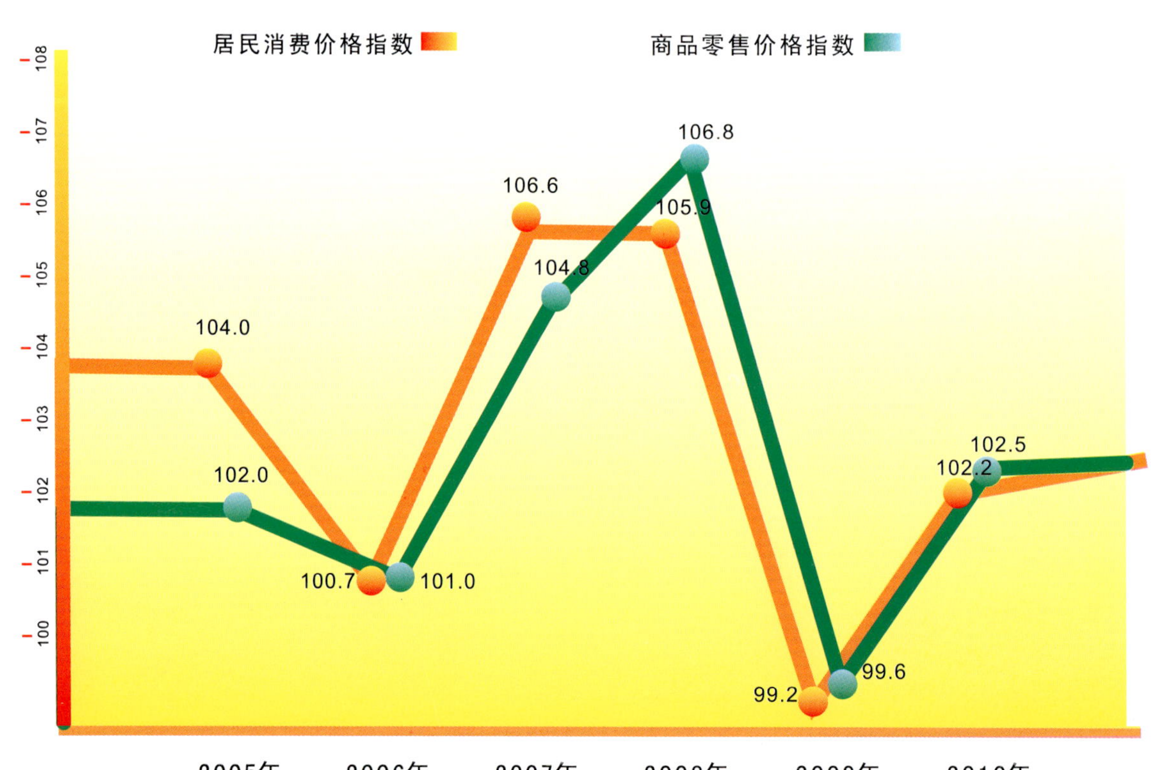

农林牧渔业总产值及增长速度

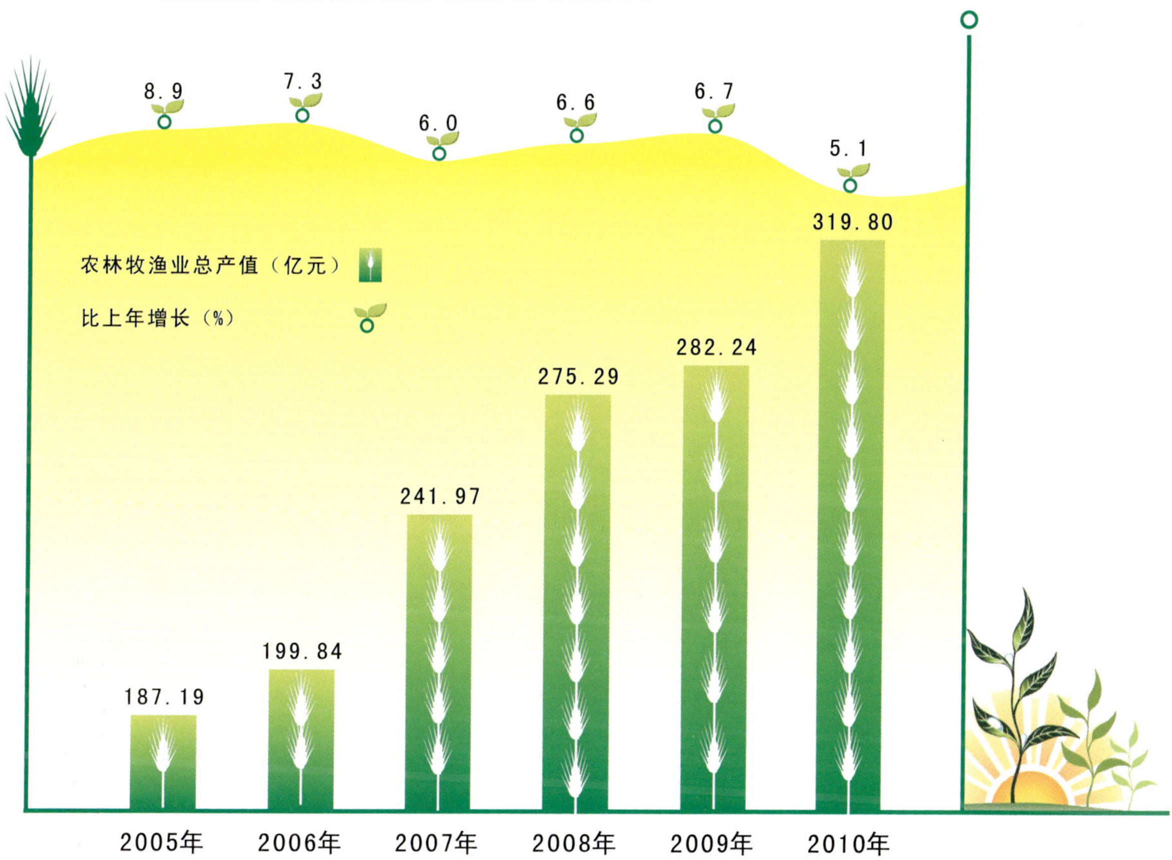

农林牧渔业总产值构成（%）

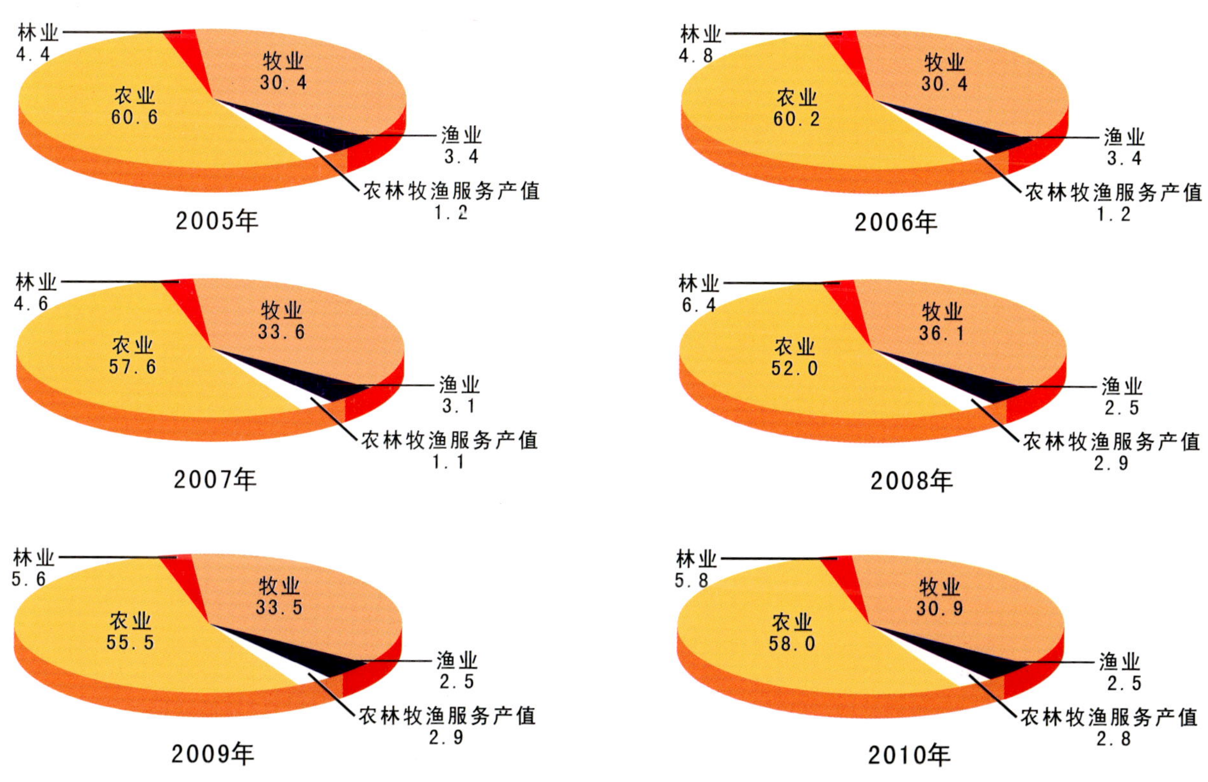

规模工业总产值（亿元）

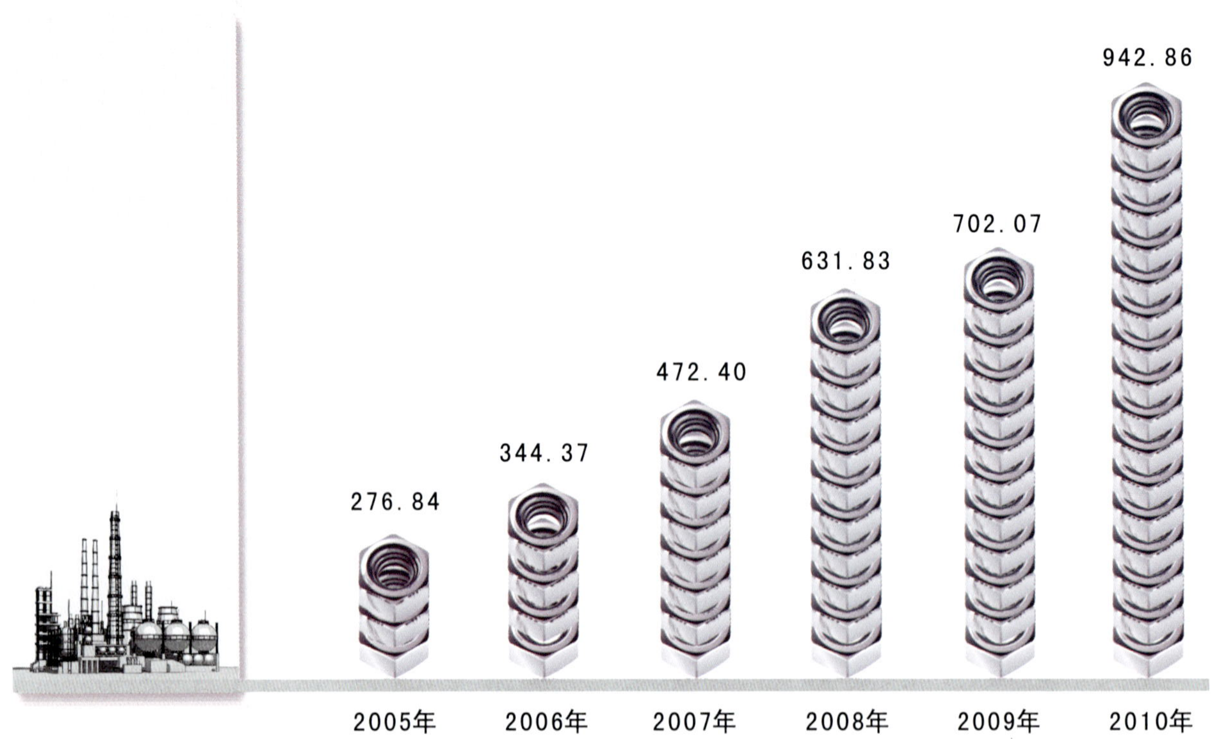

发电量（亿千瓦小时）

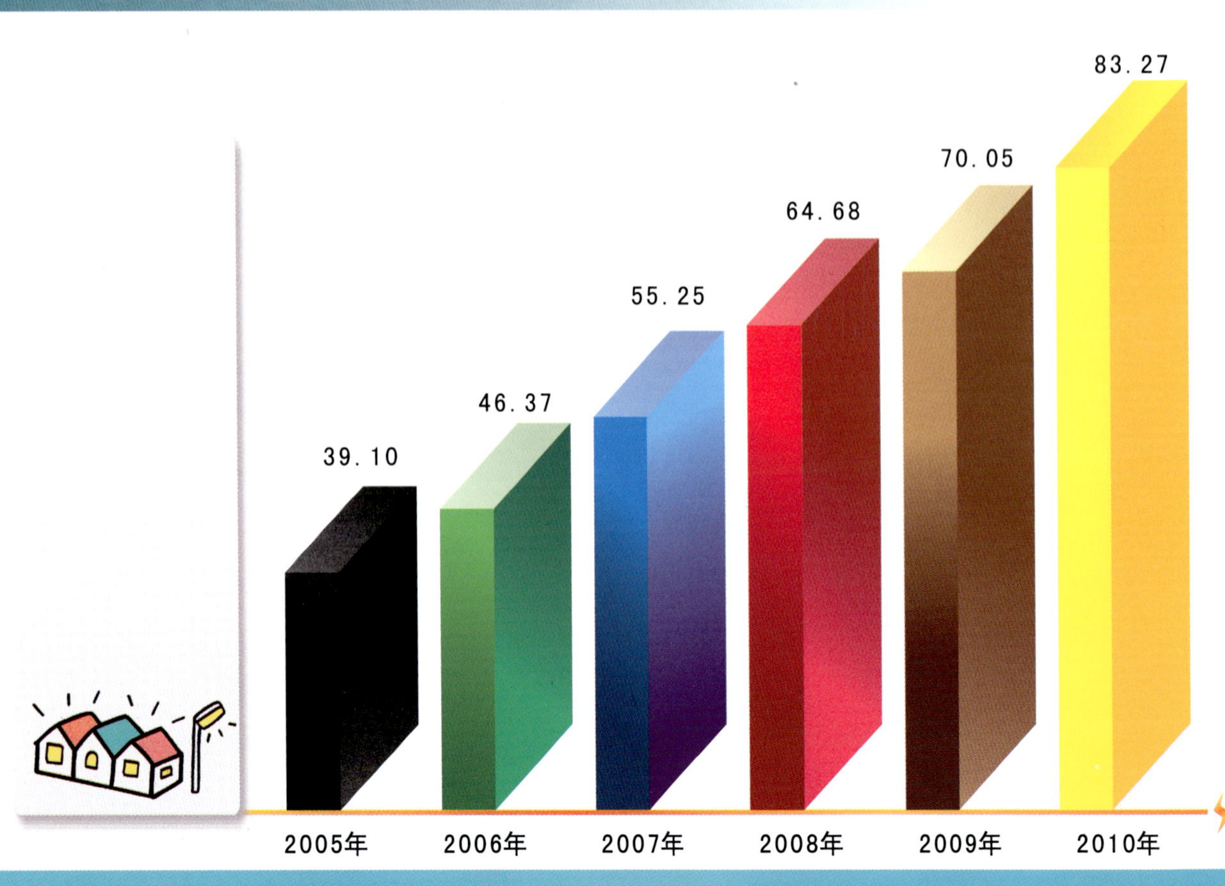

固定资产投资（亿元）

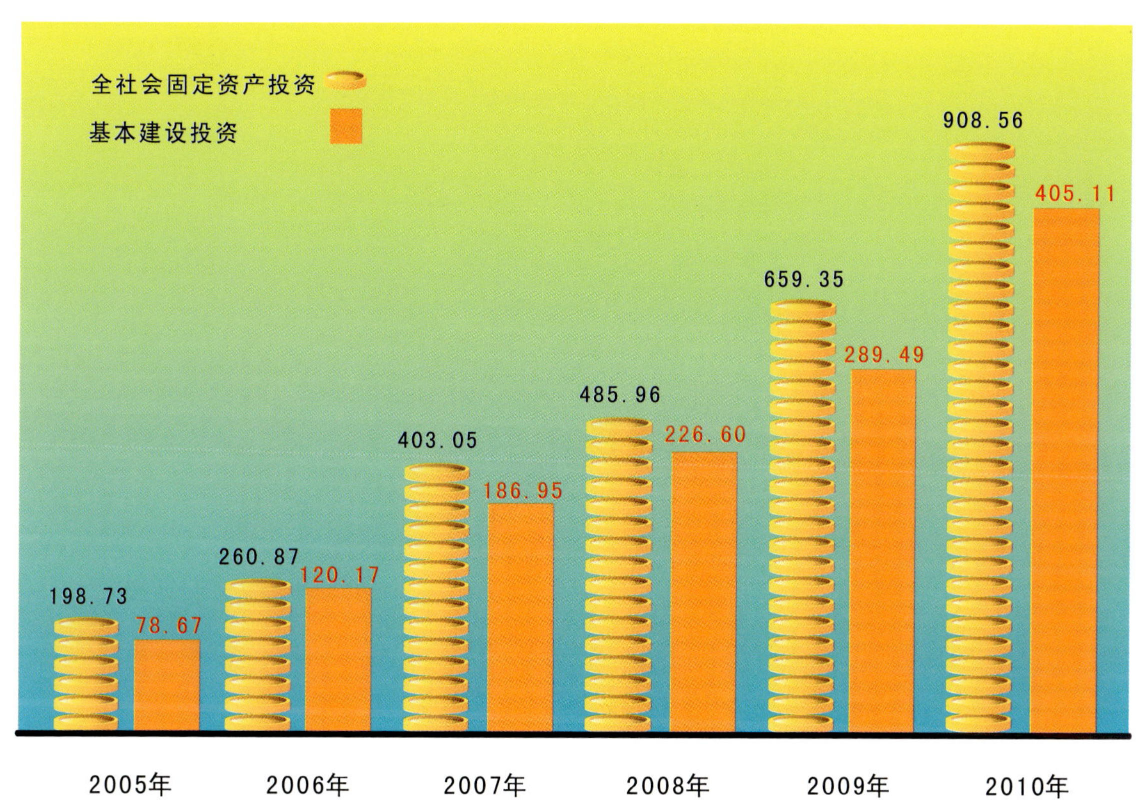

房地产开发（亿元）

社会消费品零售总额及增长速度

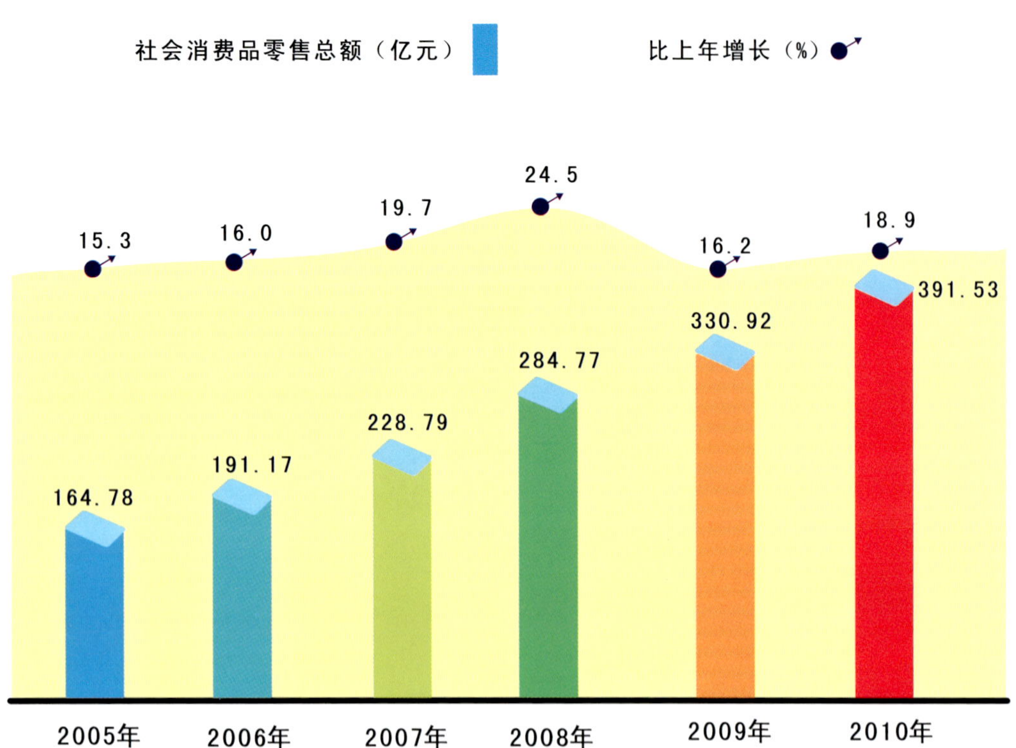

进出口总额（万美元）

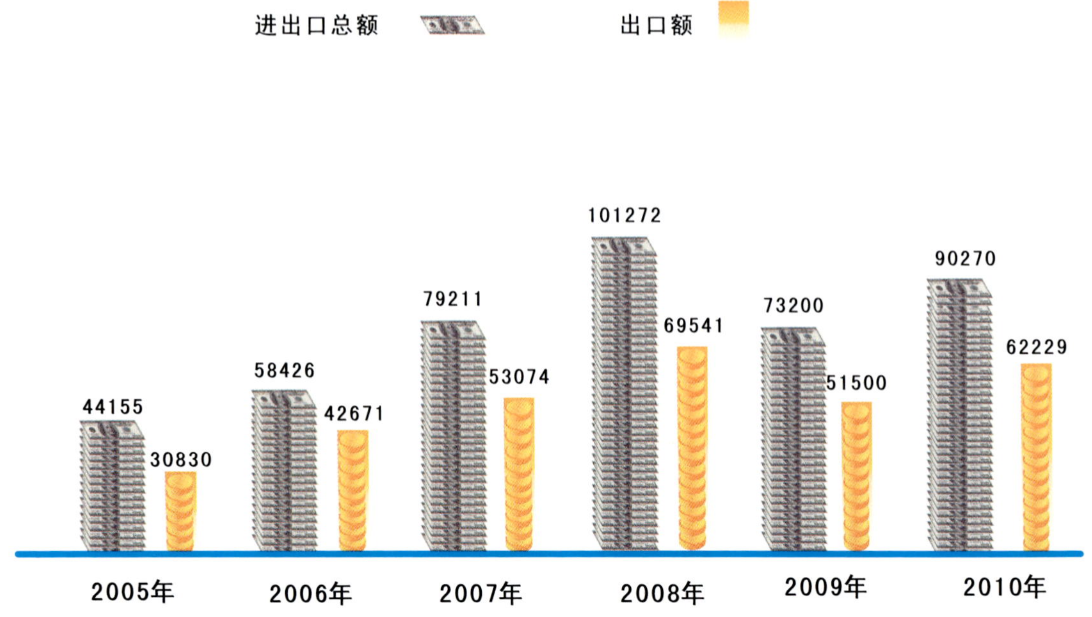

国际旅游

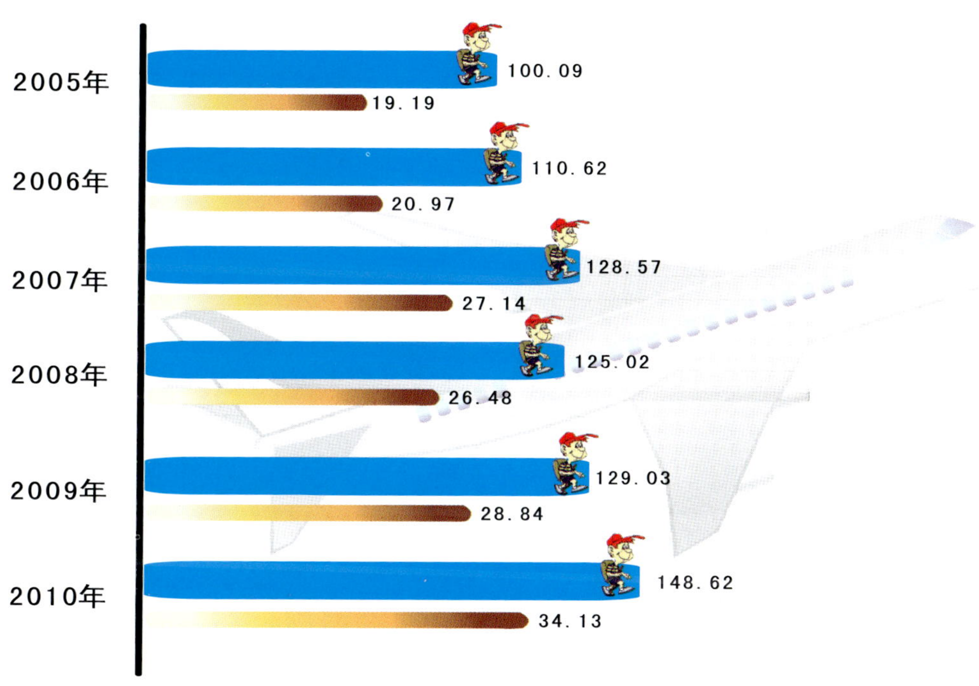

实际利用外资及增长速度

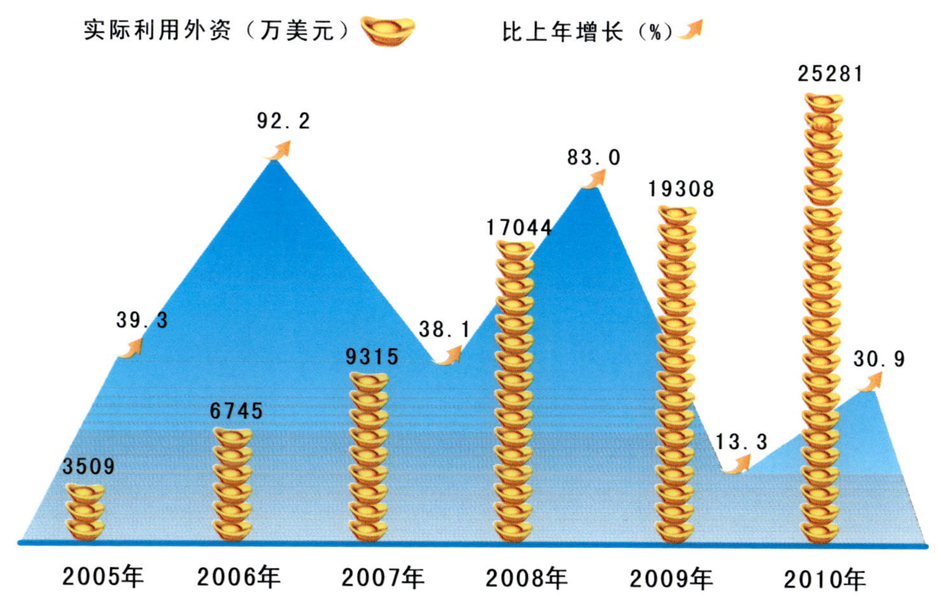

公路里程(公里)

公路里程
等级公路
7185
4998
7718
5375
10543
6380
10962
7357
11046
7652
11172
7956
2005年
2006年
2007年
2008年
2009年
2010年

邮电通信

邮电业务总量（亿元）
互联网宽带接入用户数（万户）

15.37
11.76
46.16
15.71
58.64
20.97
71.70
23.19
82.15
36.14
93.54
39.69
2005年
2006年
2007年
2008年
2009年
2010年

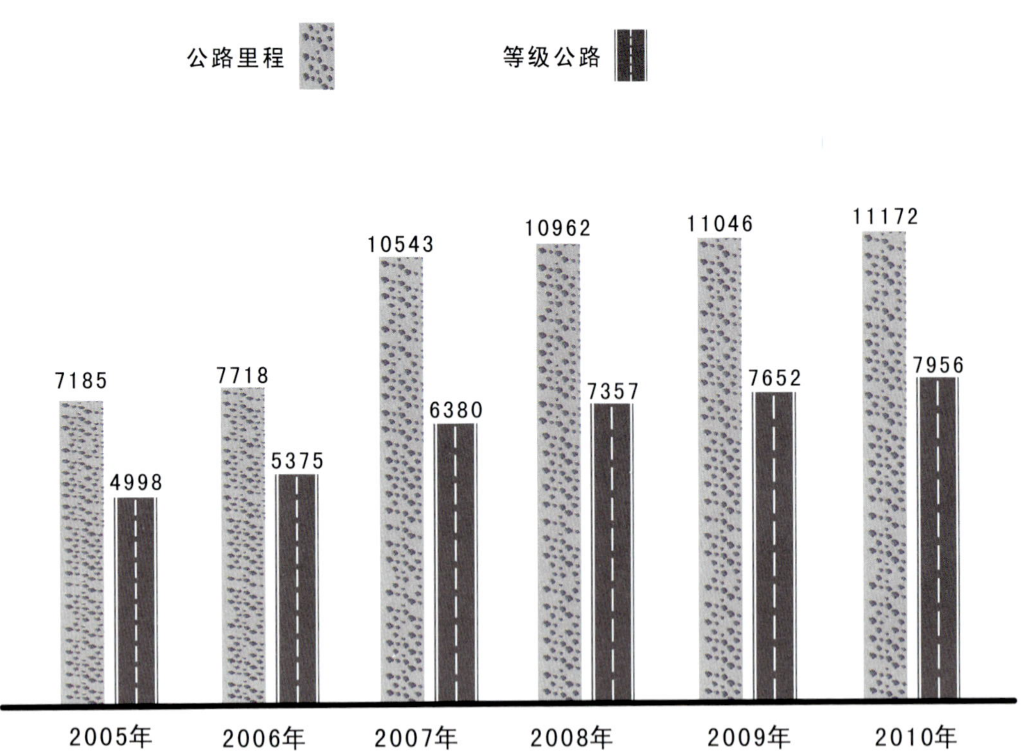

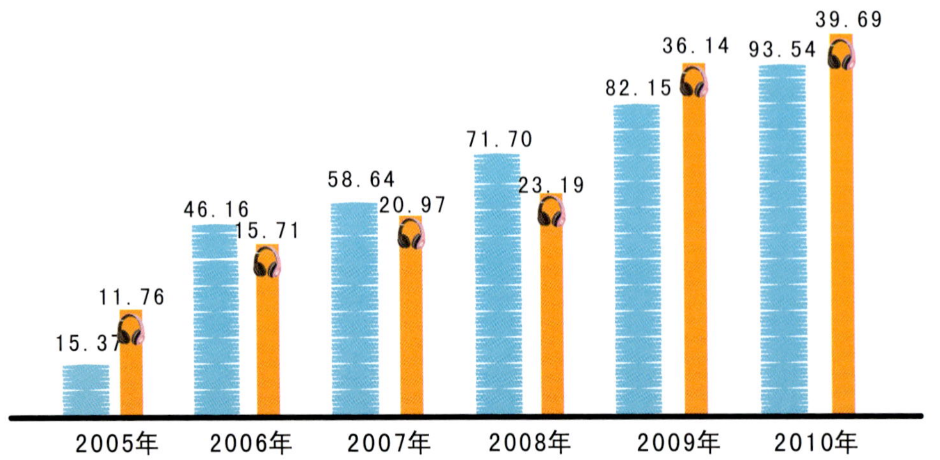

目 录

特 辑

SPECIAL ARTICLES

大事记

CHRONICLES OF GUILIN

统计资料

STATISTICAL DATA

一、行政区划

Administrative Divisions

二、综合

General Survey and National Economic Accounting

三、核算

National Economic Accounting

四、人口·就业

Population & Employment

五、农村经济

Rural Economy

六、工业

Industry

七、能源

Energy

八、旅游服务·交通·邮电

Tourism Service, Traffic Transportation and Post & Telecommunications

九、国内贸易·对外经济

Donestic Trade and Foreign Economy

十、固定资产投资

Investment in Fixed Assets

十一、社会·科技

Social Undertakings and Science & Technology

法规制度选编

ABSTRACTS OF LEGAL SYSTEM AND REGULATIONS

桂林经济社会统计年鉴 GUILIN ECONOMIC AND SOCIAL STATISTICAL YEARBOOK

2011

特　辑

Special Articles

资料整理：和向东　唐立军　蒋秀星　金学军

特　辑

桂林市人民政府工作报告

——2011年2月11日在桂林市
第三届人民代表大会第七次会议上

市长　李志刚

各位代表：

现在，我代表市人民政府向大会作政府工作报告，请各位代表连同《桂林市国民经济和社会发展第十二个五年规划纲要（草案）》一并审议，并请各位政协委员和其他列席人员提出意见。

一、"十一五"和2010年工作回顾

过去的五年是不平凡的五年。面对国际金融危机的严重冲击，面对百年不遇的雨雪冰冻灾害，我们在自治区党委、政府和市委的正确领导下，科学研判、克难攻坚、开拓奋进，胜利完成了"十一五"规划确定的主要目标任务，预计2010年比2005年地区生产总值翻1.11番，人均地区生产总值翻1.06番，财政收入翻1.23番，工业增加值翻1.46番，规模以上工业企业利润总额翻1.82番，旅游总收入翻1.54番，全社会固定资产投资翻2.19番，社会消费品零售总额翻1.25番，进出口总额翻1.03番，实际利用外资翻2.30番，金融机构存、贷款余额分别翻1.37和1.40番；荣获"国家环境保护模范城市""全国绿化模范城市""全国双拥模范城""国家知识产权工作示范城市""全国人口和计划生育综合改革示范市""全国社会治安综合治理最高奖'长安杯'""全国科技进步先进市""全国人民防空先进城市""全国创建文明城市工作先进城市""国家西部地区'两基'攻坚先进地区""中国国际友好城市交流合作奖"等荣誉。

——过去的五年，是综合经济实力跃上新台阶的五年。地区生产总值、财政收入实现千亿元和百亿元历史性跨越，地区生产总值由2005年的512.03亿元增加到2010年的1108.63亿元，年均增长13.5%；财政收入由51.61亿元增加到121.08亿元，年均增长18.6%。累计完成全社会固定资产投资2717.78亿元，年均增长35.5%。三次产业结构由23.4:36.5:40.1调整为18.3:45.3:36.4。以特色效益农业为主导的现代农业稳步发展，农林牧渔业总产值突破300亿元、增加值突破200亿元，农民人均纯收入突破5000元大关；粮食稳定增长，水果、蔬菜、食用菌种植面积和总产量居全区前列。以高新技术为先导的现代工业加速发展，工业主导地位显著增强，全市工业增加值由155.67亿元提高到427.61亿元，年均增长19.4%；完成技改投资529.62亿元，年均增长50.7%；食品饮料、机械电器产业超百亿元，新增工业上市企业3家、产值超亿元企业162家，工业对财政贡献率超过50%。以旅游业为龙头的现代服务业健康发展，质量效益显著提高，累计接待游客8601.90万人次，年均增长13.3%；实现旅游总收入549.74亿元，年均增长23.8%；社会消费品零售总额年均增长18.9%；金融机构存款余额由530.19亿元增加到1367.59亿元，年均增长20.9%。12县完成生产总值、财政收入、全社会固定资产投资占全市的比重分别由64.3%、41.8%、72%上升为67.8%、47%、78.5%，县域经济成为全市经济发展的重要力量。

——过去的五年，是基础设施建设实现新跨越的五年。"十一五"时期是我市历史上建设重大项目数量最多、规模最大、完成投资最多的时期，开工建设了一批事关桂林长远发展的重大项目。启动建设贵广高速铁路（桂林段）、湘桂铁路扩能改造工程（桂林段）；建设高速公路8条，通车总里程349公里；完成4E级标准机场跑道扩建工程；实现县县通二级以上公路、乡乡通油路目标；完成南洲大桥、穿山桥、雉山桥、东二环路、中隐路等一批城市路桥改扩建工程。永福电厂扩建等工程加快实施，完成电网改造投资31.75亿元，新增发电能力44.10亿千瓦时。完成153座病险水库除险加固，平乐巴江口水利枢纽设施投入使用，桂林市防洪及漓江补水枢纽工程顺利推进。

——过去的五年，是统筹城乡建设迈出新步伐的五年。深入实施"保护漓江，发展临桂，再造一个新桂林"发展战略，城镇化率达39%。临桂新区建设初见成效，完成规划编制，全面推进创业大厦、"一院两馆"[1]、中心公园、新区路网等一批重点项目。老城疏解提升成效显著，以"三桥十路"[2]和"1212"工程[3]为重点的基础设施项目加快推进；完成60公里城市道路2110栋临街楼宇立面整治改造。城区发展定位进一步明确，县城改造、新区建设进一步加快，特色鲜明的桂北城镇群初步形成。拓展深化城乡清洁工程和城乡风貌改造，城乡环境明显改善。扎实推进社会主义新农村建设，累计投入资金10.37亿元，是"十五"时期的4.70倍，惠及农户77.40万户297万人；完成20户以上自然村（屯）新农村规划编制1.06万个、新农村试点示范村建设354个；完成7021个自然村（屯）道路硬化工程，实现100%行政村通公路。累计投入资金13.52亿元，实施扶贫项目4894个，解决4.50万人温饱问题，8万人稳定脱贫，286个"整村推进"贫困村全部以优秀等次通过自治区验收。

——过去的五年，是生态文明建设取得新成效的五年。编制完成《桂林生态市建设规划》及12县《生态县建设规划》，并通过专家论证和市、县人大审议。全面启动“漓江四化”[4]“绿满八桂”造林绿化工程以及“两江四湖”二期综合整治工程，扎实推进科学保护漓江六大工程。全市森林覆盖率68.15%、城市绿化覆盖率44.3%，居全区前列；可建沼气池入户率78.9%，持续位居全区第一；全面完成自治区下达的节能减排任务；市本级城市污水集中处理率90.4%，比“十五”期末提高41.8个百分点；城市生活垃圾无害化处理率100%；完成12县污水处理设施建设。环境质量指数在113个国家重点环境保护城市环境综合整治定量考核（“城考”）中名列前茅。被确定为全国首批循环农业示范市。12个乡镇创建“国家级生态乡镇”通过验收，阳朔镇获“国家级生态乡镇”称号。

——过去的五年，是推进改革开放增创新优势的五年。强力推进企业产权制度改革，完成国有和集体企业改革改制119户，搭建5个投融资平台，引进浦东发展银行等6家银行设立法人机构或分支机构，桂林市商业银行更名为桂林银行，启动新型农村金融改革试点。深化行政审批制度改革，减少投资审批事项100项。科教文卫、社会保障、农村税费、乡镇机构、土地流转、林权制度改革取得初步成效。全力推进“央企入桂”“百企入桂”，主动融入多区域开放合作，引进中国建筑股份有限公司、中国机械工业集团、中国中铁股份有限公司、大商集团、沃尔玛集团等一批国内外知名企业和世界500强企业落户桂林。累计新签市外投资项目3235个，项目总投资1693.05亿元，实际到位市外资金1276.92亿元，年均增长38%；新批外商投资企业150家，实际利用外资年均增长48.2%；进出口总额年均增长15.4%。

——过去的五年，是和谐社会建设取得新进展的五年。完成科研投入68.10亿元，是“十五”时期的1.66倍，获自治区级以上科技进步奖128项，创建自治区级以上企业技术中心30家、工程技术研究中心17家、国家地方共建联合实验室1家，获专利授权3045件。义务教育水平位居全区前列，职业教育攻坚任务全面完成，高考成绩名列全区前茅。打造并提升“百姓大舞台”“读书月”“百姓文化大讲坛”“漓江之声”和“印象·刘三姐”等一批文化品牌；在广西文艺创作铜鼓奖评比中继续位居前列；76%行政村建有农家书屋；“村村通”广播电视直播卫星覆盖工程全面完成。全民健身活动蓬勃开展。公共卫生体系不断完善。人口和计生工作保持全区领先水平，人口自然增长率控制在7‰以内。累计城镇新增就业31.69万人、国有企业下岗失业人员再就业8.47万人、农村劳动力转移新增就业41.10万人，城镇登记失业率控制在4.5%以内。城镇企业职工基本养老保险、失业保险覆盖率分别为100%、95.1%，城镇基本医疗保险覆盖率为92%，率先在广西全面建立城乡居民最低生活保障制度。坚持每年实施为民办实事工程，完成农村困难群众危房改造及“扶残安居”工程4131户，解决256万农民看病难、32.03万农村人口安全饮水问题，新建和改造农家店1243家。城镇居民人均可支配收入17949元、农民人均纯收入5487元，年均分别增长14.1%、12.8%，分别是2005年的1.93倍和1.83倍。

各位代表，刚刚过去的2010年，是“十一五”规划和科学发展三年计划实施的最后一年，经过全市人民共同努力，完成了市三届人大六次会议确定的主要目标任务。一年来，我们主要做了以下工作：

（一）强力推进“四大建设”，项目投资成效显著

全社会固定资产投资908.56亿元，增长37.8%，是“十五”时期的1.41倍。在建投资1000万元以上项目1796项，重大项目建设数量和投资规模创历史新高。

以临桂新区和老城基础设施“1212”工程为重点的城市建设完成投资200亿元，机场路等一批重大城市建设项目竣工使用，城市基础设施和公共服务设施进一步完善。交通水利基础设施建设完成投资120亿元，贵广高速铁路和湘桂铁路扩能改造工程征地搬迁基本完成，兴安至桂林高速公路超额完成年度投资计划，阳朔至鹿寨高速公路加快推进，灌阳至凤凰高速公路开工建设；小溶江、川江水利枢纽工程实现大江截流。工业园区完成固定资产投资90.80亿元，高新区完成土地平整1600亩，新建标准厂房2万平方米；苏桥经济开发区完成征地5617亩，新建标准厂房及服务楼3.71万平方米；秧塘产业园外扩4950亩，新建标准厂房5.50万平方米。以桂柳、桂梧、桂黄及桂阳公路沿线、漓江两岸和12县城为重点的城乡风貌改造完成投资43亿元，桂林市、阳朔县荣获全区城乡风貌改造优秀组织奖。

（二）加快工业结构调整，工业经济快速增长

完成工业总产值1263.44亿元，增长31.5%，其中规模工业总产值952.01亿元，增长37.1%；规模工业增加值310.26亿元，增长25.7%，工业经济运行质量和效益明显提高。

完成工业固定资产投资283.66亿元，增长29.4%。桂林福达集团比亚迪曲轴生产线等1343个项目开工建设；中橡桂林公司高等级子午线轮胎产业化等85个超亿元项目加快推进；桂林尚科光伏公司太阳能电池生产线（二期）等1158个项目竣工投产。完成技改投资216.05亿元，实施技改项目1589项。“五大五小”[5]工业产值724.69亿元，占规模工业总产值的76.1%。新增入园企业109家，园区工业增加值增长50.1%。建立市中小企业服务平台，整合组建中小企业信用担保公司，引进自治区金融投资集团，为50多家中小企业融

资10多亿元，有力推动了中小企业发展。被列为广西“两化”融合[6]试点城市，荔浦县获“中国衣架之都”称号。

（三）提升特色效益农业，农村经济稳步发展

实现农林牧渔业总产值319.21亿元，增长5.1%；农业增加值202.60亿元，增长4.8%，湘江、资江、漓江、桂江四大流域和山区现代农业示范区建设初见成效。

深化调整区域、产业和品种结构，农业规模化、标准化、产业化和品牌化稳步发展。市级以上农业产业化龙头企业达119家、农民专业合作社达1590家，直接带动农户14.71万户。新增畜禽规模养殖场193个。引进农作物新品种703个，建立各种高产示范点252个，获得“绿色食品”标志产品45个，形成灵川小平乐村、临桂西版屋村等一批“一村一品”特色乡村，全州提子获全国中早熟优质葡萄评比金奖，平乐沙田柚获中国国际林博会金奖。实施农村公益事业项目1569个，新增农机总动力30.93万千瓦，完成冬春水利项目1527个，新增、恢复有效灌溉面积16.80万亩，改良农田94.43万亩。完成农民科技培训100万人次、农村劳动力转移培训9.50万人次。资源被评为中国果菜无公害十强县，临桂、灌阳获全国粮食生产先进县。

（四）推动旅游产业转型升级，第三产业态势良好

全社会消费品零售总额391.53亿元，增长18.9%。全年接待游客2246.33万人次，增长20.8%，其中入境游客148.62万人次，增长15.2%；实现旅游总收入168.30亿元，增长32.6%，旅游质量效益进一步提升。

编制完成桂林国家旅游综合改革试验区建设总体方案及规划纲要，成功争取桂林成为国家服务业综合改革试点区域。开展旅游服务质量提升年活动，加强旅游促销，拓展旅游合作，整治旅游秩序。愚自乐园二期、全州湘山寺景区等67个项目加快推进。新增4A景区7个、国家和自治区级农业旅游示范点4个。成功举办第四届联合国世界旅游组织/亚太旅游协会旅游趋势与展望国际论坛、首届中国桂林国际旅游博览会、桂林国际动漫节、“漓泉杯”2010第五届亚洲超级模特大赛颁奖礼，支持县（区）举办特色节事活动[7]，会展节事成为第三产业新亮点。阳朔被确定为首批全国旅游标准化试点县，秀峰区被评为全国养老服务示范单位。继续推进“家电下乡”“万村千乡”市场工程，“家电下乡”销售额增长148.3%，位居全区第二。全社会货运量增长25.3%。房地产投资118.01亿元，增长27.9%。深圳农商行、兴业银行、光大银行入驻开业；桂林国民村镇银行正式揭牌，成为全国首批地市级村镇银行；全市金融机构存、贷款余额分别增长23.2%和20%。

（五）强力推进城乡建设，城镇化发展步伐加快

完成城镇固定资产投资758.52亿元，增长39.1%，是“十五”期间投资总和的1.54倍，掀起了新一轮城市建设高潮。

修编完成《桂林市城市总体规划纲要（2010—2020）》并通过国家住建部批复，完成城北滨江区等15个片区16平方公里控制性详细规划。土地报批、规范使用、土地整理等工作位居全区前列。新区路网建设全面铺开，创业大厦、“一院两馆”等一批标志性项目相继开工，村民安置工作取得突破。金鸡路、建干北路快车道等一批道路完工通车，滨江北路等11条道路加快推进。“两江四湖”二期基本完成桃花江、小东江等河流清淤截污及生态河堤岸线建设工程；改造建设无障碍设施项目390多个，创建“全国无障碍建设城市”通过国家验收。完成城市房屋搬迁、违法建筑拆除100万平方米。迎宾路口、七里店路口等城市节点环境提升改造初显成效。訾洲公园建成开放，漓东公园开工建设，黑山植物园二期基础工作全面展开。秀峰区琴潭旅游文化休闲园路网构架初步形成，象山区旅游度假园已有多个项目进入，雁山区科教园中心环线一期、污水处理厂一期工程投入使用。12县完成县城主要道路硬化、绿化、亮化、美化工程，各县新区基础设施建设进度加快。

（六）加强节能减排和环境保护，生态文明建设卓有成效

实施桂林生态市建设规划，科学保护漓江取得明显成效，环境质量居全国重点城市前列，“城考”成绩继续位居全区第一。

编制《漓江风景名胜区总体规划》并上报国务院，推动自治区立法保护漓江，开展漓江支流（市区段）综合整治，完成造林1.88万公顷，山上造林和山下绿化完成率全区领先。耕地保护、卫片执法检查、地质灾害整治考核位居全区第一。提前完成自治区下达的年度淘汰落后产能任务，对18家水泥企业、54家锰业（铁合金）等耗能大户实行预警干预；规模以上工业万元增加值能耗下降11.04%，超额完成自治区指标6个百分点；新建14个城镇污水处理厂并投入运营。重点推进热电联产、风力发电、太阳能光伏、电动汽车等产业项目以及汽车加气站、充电站等设施建设，节能与环保产业快速发展。灌阳、恭城获国家首批绿色能源示范县。

（七）加快改革开放步伐，城市发展活力明显增强

政府机构改革有序推进，“三定”方案基本落实。市本级和临桂、兴安、永福、恭城等县级基层医疗卫生机构综合改革试点全面启动。集体林权制度改革任务基本完成，年度林地勘界面积2190.19万亩，发证面积1546.94万亩。深化国有、集体企业和供销体制改革，引进香港溢达、南方建材等一批战略投资者并购重组我市企业。主动融入广西“两区一带”，推进磨盘山客运港、平乐印山和阳朔旅游码头工程。开辟桂林至新加坡、银川经桂林至三亚、临沂经桂林至海口3条航线，恢复桂林至曼谷航线，增加桂林至台湾航班。圆满完成赞比亚、加蓬两国总统等国外贵宾友好访问接待任务，与波兰托伦市结为友好城市。招商引资成效显著，新签市外境内项目502

个，总投资386.46亿元，增长17.9%，排名全区第二；实施市外境内项目899个，实际到位资金374.13亿元，增长33.2%；实际利用外资2.5亿美元，增长25.3%，排名全区第三。进出口总额9.03亿美元，增长22.6%。临桂被评为全国最具投资潜力中小城市百强县。

（八）全力保障和改善民生，和谐社会建设扎实推进

加强就业和社会保障工作。免费培训下岗失业人员1.38万人次，提供公益岗位4856个，新增就业6.89万人，城镇登记失业率3.95%。5项社会保险[8]参保人数230.08万人次，社保基金征缴32.71亿元，创历史新高；兴安县新型农村养老保险制度试点全面实施，参保率87.3%；按自治区标准筹发补助城乡低保对象38.99万人；改造农村危房8550户，解决救灾专项资金3066万元；经济适用房竣工26.99万平方米。

扎实推进惠民工程。继续从解决群众最关心、最直接、最紧迫的问题入手，筹资18.73亿元，全面完成教育惠民、医疗卫生保障、社会保障、文化惠农、安居惠民、农村基础设施建设、城乡社会服务、蔬菜安全检测、城市水环境和交通环境综合整治等10项惠民工程[9]。

社会事业全面进步。扎实推进第4轮创新计划和科技“355工程”[10]，全社会科研投入15.80亿元，实施技术创新项目562个，完成专利申请1030件，专利授权813件，居全区前列。发放各类助学金8060.95万元，惠及高中阶段学生24.82万人次；完成125个中小学校舍安全工程项目，完成培智学校迁建工作，聋哑、七中两校迁建和市职教中心临桂分校建设取得阶段性成效。“漓江之声”获第十五届全国群星奖项目奖，《偷秋》获第四届全国少数民族曲艺展演节目一等奖，“百姓大舞台”等各类群众文化演出1.28万场；成功举办第二届中国山水画艺术双年展、2010中国桂林·史前文化遗产国际高峰论坛；靖江王府及王陵、甑皮岩遗址入选第一批国家考古遗址公园立项名单，新增非物质文化遗产传承基地5家；建设村级公共服务中心58个、乡镇综合文化站32个、农家书屋386家、三级文化信息资源共享工程1021个。实施医疗卫生服务体系建设项目106个，完成农村改厕1.55万座，创建文明卫生村400个，通过“国家卫生城市”复审。全民健身活动蓬勃开展，完成农村体育健身工程示范点153个；我市运动员马欢欢获得亚运会女子水球团体金牌。我市“诚信计生”经验在全国推广，市计生协会获全国地级协会工作先进单位，叠彩区获“全国计划生育优质服务先进县（区）”。市老龄办获“全国老龄工作先进单位”。《桂林年鉴（2009）》获全国地方志系统第二届年鉴奖一等奖，市志办获“全国方志系统先进集体”。成功举办恭城瑶族自治县成立20周年庆典活动。积极推进社会矛盾化解、社会管理创新、公正廉洁执法工作，社会综合防控体系进一步完善，刑事案件侦破率和治安案件查处率显著提高，开展大接访、大排查、大调解、大防控活动，化解各类矛盾6万多起，突发性、群体性事件得到依法妥善处置。“五五”普法成效显著，通过“全国普法先进城市”验收。食品药品安全和安全生产形势总体稳定。

国防建设、国防动员、民兵预备役、人民防空及双拥工作得到加强，宗教、人事、审计、统计、编制、接待、机关事务、档案、供销、防震减灾、侨务、发展研究、社会科学、妇女儿童、残疾人等事业取得新进展，中直、区直驻桂单位取得新成绩。

一年来，我们坚持科学决策、民主决策，坚持重大事项向市人大及其常委会报告、向市政协通报制度，办理市人大代表建议、批评和意见98件，市政协提案285件，办结率100%，被自治区政协评为先进承办单位。政府廉政建设工作得到加强。坚持广泛听取各民主党派、工商联、无党派人士意见，支持工会、共青团、妇联等群团组织发挥作用，凝聚各方智慧，共同推动我市经济社会平稳较快发展。

各位代表，过去的五年，是磨砺艰辛的五年，是成就显著的五年。通过五年努力，我市工业化进入产业升级、结构优化、做大做强的新阶段，城镇化进入快速成长与质量提升并重的新阶段，农业发展进入特色化、规模化、品牌化的新阶段，服务业进入改革创新、加快发展的新阶段，区位优势、政策优势、人才优势、金融优势日益凸显，百里漓江春潮涌动，桂北大地活力迸发，桂林已经站在一个新的历史起点上！

回顾五年的工作，我们的体会是：必须坚持深入学习实践科学发展观，加快转变经济发展方式，推动经济又好又快发展。必须坚持解放思想，改革创新，破除发展体制机制障碍，增强发展动力与活力。必须坚持调整优化经济结构，增强自主创新能力，统筹城乡发展，提升发展质量和效益。必须坚持深化开放合作，以大开放促进大合作，以大合作促进大发展。必须坚持加强生态文明建设，加强节能减排，切实保护和改善环境，促进人与自然协调发展。必须坚持以人为本，切实保障和改善民生，让人民群众共享改革发展成果。必须坚持求真务实作风，出实招、办实事、求实效，埋头苦干、团结拼搏，不断创造发展新优势。

各位代表，五年成就来之不易。这些成绩的取得，是自治区党委、政府和市委正确领导的结果，是市人大、市政协监督支持的结果，是全市人民齐心协力、奋发进取和各方面关心帮助的结果。在此，我代表市人民政府，向全市各族人民，向给予政府工作大力支持的人大代表和政协委员，向各民主党派、工商联和社会各界人士，向中央、自治区驻桂单位，向驻桂人民解放军、武警部队官兵，向所有关心、支持桂林发展的海内外朋友，表示崇高的敬意和衷心的感谢！

回顾五年工作，我们清醒地认识到，我市经济社会发展仍然存在一些不容忽视的问题。主要表现在：我市仍属后发展欠发达地区，经济总量较小，经济结构不够合理，产业竞争力不够强；城镇化水平偏低，区域发展不平衡；节能减排压力增大，土地和环境约束日益突出；体制机制障碍仍然影响发展，社会转型和利益调整引发的社会矛盾依然存在，创业发展环境还需改善，等等。对此，我们要高度重视，在今后工作中采取更有力的措施加以解决。

二、“十二五”发展目标和主要任务

今后五年，是全面建设小康社会的关键时期。经济全球化进程加快，国内经济结构转型升级，西部大开发战略继续实施，中国一东盟自由贸易区全面建成，国务院《关于进一步促进广西经济社会发展的若干意见》贯彻落实，桂林国家旅游综合改革试验区和服务业综合改革试点区域建设全面推进，我市迎来千载难逢的历史机遇。同时，也面临诸多不利因素和巨大挑战。我们必须增强机遇意识、责任意识、忧患意识，再接再厉、扎实工作，在更高起点上勇攀新高峰！

根据市委三届十次全会精神，“十二五”期间我市经济社会发展的指导思想是：以邓小平理论和“三个代表”重要思想为指导，全面贯彻党的十七大、十七届五中全会和自治区党委九届十三次全会精神，深入贯彻落实科学发展观，围绕“富民强桂”新跨越的目标要求，坚持以科学发展为主题，以加快转变经济发展方式为主线，深入实施西部大开发战略，深化改革开放，坚持走农业稳市、文化立市、旅游兴市、工业强市之路，全力实施“保护漓江，发展临桂，再造一个新桂林”发展战略，全面推进桂林国家旅游综合改革试验区和国家服务业综合改革试点区域建设，保持经济平稳较快发展和社会和谐稳定，保障和改善民生，不断开创建设现代化国际旅游名城、历史文化名城、生态山水名城新局面，为全面建成小康社会打下具有决定性意义的基础。

我市“十二五”规划指导思想的一个鲜明特点，就是围绕自治区“富民强桂”新跨越的目标要求，明确提出了坚持农业稳市、文化立市、旅游兴市、工业强市的发展路子和建设现代化国际旅游名城、历史文化名城、生态山水名城的战略定位。这是基于我市经济社会发展现状、资源禀赋和产业发展要求以及面临的重大发展机遇而提出的，其根本目的就是实现“富民强市”。“富民”就是更加注重以人为本、富民优先，更加注重统筹城乡区域发展，更加注重保障和改善民生，更加注重促进社会公平正义，不断满足人民群众过上更好生活的新期待；“强市”就是聚精会神搞建设，一心一意谋发展，做大做强特色优势产业，全面增强综合实力、整体竞争力和可持续发展能力。

《纲要（草案）》提出了7项基本要求：坚持转变方式，努力实现科学发展；坚持改革开放，努力实现创新发展；坚持发挥优势，努力实现带动发展；坚持重点突破，努力实现优先发展；坚持统筹兼顾，努力实现协调发展；坚持生态建设，努力实现绿色发展；坚持民生为本，努力实现共享发展。这7项基本要求，是促进我市科学发展的重要体现，是未来5年我们努力的方向和工作重点。

《纲要（草案）》提出了“十二五”时期经济社会发展的目标：经济平稳较快发展，地区生产总值年均增长11%，力争到2015年实现地区生产总值比2010年翻一番，财政收入、全社会固定资产投资、社会消费品零售总额、进出口总额翻一番以上；经济结构调整取得重大进展，三次产业结构调整为13:48:39，城镇化率达50%；九年义务教育巩固率提高到93%，科技教育发展明显加快，研发经费支出比重明显增加；生态文明建设取得明显成效，生态环境质量保持全国领先水平；人民生活全面改善，城镇居民人均可支配收入和农民人均纯收入与经济发展同步增长；社会建设明显加强，保障体系更加完善，服务体系更加健全，社会更加和谐稳定；重点领域和关键环节改革取得明显进展，非公经济占国民经济的比重大幅提高，开放合作水平进一步提升。

《纲要（草案）》明确了“十二五”期间打造“一城二区三中心四基地”[11]的战略任务，提出了经济发展、科技教育、资源环境、人民生活4大类共35项具体指标，其中预期性指标19项、约束性指标16项。这些指标与以往相比，指标数量减少，重点更加突出，目标更加清晰，体现了科学发展的要求，体现了加快转变经济发展方式的要求，体现了到2020年实现全面建设小康社会奋斗目标的要求。

实现上述目标任务，需要把握以下战略重点：

（一）更加注重经济结构调整，加快转变发展方式

构建以特色效益农业为主导的现代农业体系。深入实施“农业稳市”战略，围绕“富民、强县、奔小康”目标，全面建设规模农业、品牌农业、设施农业、生态农业、休闲农业，大力拓展农业经济功能、生态功能和服务功能，推动农业产业结构优化升级，发展壮大县域经济，建设社会主义新农村，实现由农业大市向农业强市转变。

构建以高新技术产业为先导的现代工业体系。深入实施“工业强市”战略，坚持把工业化、信息化作为加快转变发展方式的主导方向和核心战略，以信息化推动工业化，促进产业结构优化升级，发展壮大优势产业，培育战略性新兴产业，加快发展园区经济，形成以城区高新技术产业中心为核心、以临苏经济产业带为腹地、以各县工业集中区为节点的工业发展新格局。

构建以旅游业为龙头的现代服务业体系。深入实施“旅游兴市”战略，全面建设桂林国家旅游综合改革试验区，实现旅游业发展由观光型向多元复合型、粗放型向集约型、规模数量型向规模质量效益型转变，打造国际一流旅游目的地和游客集散地。全面建设桂林国家服务业综合改革试点区域，建立规范有序的服务市场体系，重点发展生态旅游、商贸物流、商务会展、保健养老、文化创意、金融保险等服务业，打造区域性商贸中心城市、会展中心城市、养老服务业基地，走出三次产业协调发展的新路子。

（二）更加注重基础设施建设，提高发展支撑能力

着力构建公路、铁路、民航等综合交通运输体系，建设区域性综合交通运输枢纽，打造桂粤湘黔交界区域重要中心城市。统筹推进能源水利基础设施建设，构建开放、多元、清洁、安全、经济的能源保障体系。加快推进信息基础设施建设，提高城乡信息化发展水平。加快完善城乡公共服务设施，提高城乡公共服务能力。

（三）更加注重城乡统筹发展，加快推进城镇化

按照自治区要求，力争构建中心城市人口规模120万的特大城市，优化提升老城区，基本建成临桂新区，全面建设苏桥产业新城；按照中等城市目标规划建设阳朔、临桂、灵川、全州、兴安、永福、平乐、荔浦等县城；按照小城市目标规划建设灌阳、龙胜、资源、恭城等县城；规划建设一批特色乡镇，形成以中心城市为核心，中小城市、特色乡镇协调发展的桂北城镇群。

（四）更加注重推进改革开放，全面提升城市软实力

深入实施“文化立市”战略，树立人才是第一资源理念，优先发展教育，加强文化创新，完善科技创新体制机制，促进文化大发展大繁荣。继续推进重点领域改革，转变政府职能，提高行政效能。加强国内外交流合作，扎实推进“央企入桂”“名企入桂”，为推动科学发展、跨越发展、和谐发展提供制度保障和动力源泉。

（五）更加注重生态环境保护，建设生态文明城市

全面实施生态市建设规划，强化以漓江为重点的生态环境保护，加强污染综合治理，完善水资源和水环境保障体系以及防灾减灾体系。强力推进节能减排，强化资源节约与利用，培育以绿色经济为特征的经济体系，加快形成节约能源资源、保护生态环境和有利于改善气候环境的产业结构、增长方式和消费模式，构建资源节约型和环境友好型社会。

（六）更加注重保障和改善民生，促进和谐社会建设

建立健全基本公共服务体系，推进城乡基本公共服务均等化。实施更加积极的就业政策，稳定就业形势。合理调整收入分配，提高居民收入在国民收入分配中的比重。建设覆盖城乡的社会保障体系和基本医疗卫生服务体系。完善社会救助机制，提高灾害救助水平。坚持计划生育基本国策，稳定低生育水平。实施全民健身工程，提高竞技体育成绩。加强社会主义精神文明建设和民主法制建设，推进社会管理创新，完善社会治安防控体系，确保社会和谐稳定。

三、2011年主要工作部署

2011年是中国共产党成立90周年，也是实施“十二五”规划开局之年，开好头、起好步至关重要。根据我市经济社会形势分析、发展条件和“十二五”规划目标，按照市委“一推两改”[12]的总体工作思路，今年全市经济社会发展的主要预期目标是：生产总值增长11%，财政收入增长13%，全社会固定资产投资增长20%，社会消费品零售总额增长16%，外贸进出口总额增长15%，城镇居民人均可支配收入、农民人均纯收入分别增长10%，城镇登记失业率控制在4.5%以内，人口自然增长率控制在8‰以内，居民消费价格涨幅控制在5%左右。实现上述目标，要重点抓好以下十个方面工作：

（一）突出抓好“四大建设”，增强经济发展新动力

继续开展以城市建设、交通基础设施建设、园区建设、城乡风貌建设为重点的“项目建设年”活动，全年计划完成全社会固定资产投资1090亿元，实施第一批重点项目643项，计划投资458亿元。

强力推进“四大建设”。继续推进以临桂新区、老城改造、各县新区建设为重点的城市基础设施和公共服务设施建设，力争完成城市建设投资250亿元。强力推进以“两铁八高三库”[13]为重点的基础设施项目建设，力争完成交通、水利、能源等基础设施建设投资150亿元，重点推进贵广高速铁路、湘桂铁路扩能改造，协调推进桂林两江国际机场航站楼建设，实现兴安至桂林高速公路建成通车，加快推进灌阳永安关至全州凤凰、阳朔至鹿寨等高速公路和干线公路网、农村公路通畅工程，开工建设桂林至三江高速公路，加快资源至兴安、桂林至柳城、灌阳经恭城至平乐、兴安至龙胜高速公路、苏桥至永福一级公路及桂林北客运枢纽工程[14]、桂林西货运枢纽工程[15]等项目前期工作；统筹推进国电永福发电有限公司2×350兆瓦上大压小热电联产扩建工程等能源项目建设；全力实施桂林市防洪及漓江补水枢纽工程。继续推进工业园区基础设施建设和项目入园工作，力争完成园区建设固定资产投资100亿元。继续推进城乡风貌改造向纵深发展，重点实施一批城市街区、节点、旅游通道、城镇风貌改造项目，力争完成

城乡风貌建设投资50亿元。

强化财政金融支撑。加强财政金融工作,大力培植财源,优化支出结构,加大财政对重点项目的支持力度。加快整合、盘活政府资源,做强做大做优政府投融资平台。加强项目审计工作,确保项目工程质量和资金安全。完善政府协调管理金融的体制机制,改善金融生态环境。继续实施"引金入桂",不断完善金融组织体系。综合运用BT、BOT等方式,努力扩大项目融资规模。继续支持有条件的企业直接融资,争取1至2家企业上市、发行企业债券10亿元以上。积极引导各类资金投向旅游业、现代服务业、高新技术产业及交通能源、农林水利、社会民生等重点领域。

强化项目工作保障。策划和储备一批转方式、调结构、惠民生的重大项目,争取更多项目进入国家和自治区投资计划。做好以前期经费、审批程序、服务体系为重点的保障工作,下放项目审批权限,减少项目审批环节,推进部门联合审批,扎实开展"工作落实年"活动,改进机关作风,完善项目管理责任制、目标考核责任制,强化项目跟踪检查、协调服务和监督管理机制,着力解决制约项目推进的用地、环评、资金、搬迁、安置等问题,促进项目尽快开工、竣工达产。

(二)突出抓好"两大改革",争创经济发展新优势

探索现代服务新模式,丰富现代旅游新内涵,打造国际一流旅游目的地和游客集散地,发展一批旅游强县和特色旅游城镇,接待游客总人数增长9.4%,旅游总收入增长19%。

强力推进桂林国家旅游综合改革试验区建设。争取国家、自治区批复《建设桂林国家旅游综合改革试验区总体方案》,积极争取政策支持,力争在旅游政策、旅游规划、旅游行政管理体制改革、旅游综合执法体制改革和漓江经营管理模式改革等方面取得突破。整合旅游资源,完善中心城区集散功能,发展阳朔、兴安两个旅游增长极,推进桂林—阳朔—荔浦—平乐—恭城、桂林—资源—龙胜、桂林—灵川—兴安—全州—灌阳、桂林—临桂—永福等4条发展轴带建设,健全景区景点交通干线网络,打造1小时旅游圈。培育三大特色产品,开发三大水陆游线,形成七大旅游品牌[16]。打造一批旅游精品,重点推进靖江王府及王陵大遗址和甑皮岩国家考古遗址公园、桂林飞虎队遗址公园、阳朔十里画廊景区、龙胜龙脊景区、兴安灵渠景区、资源天门山景区、灌阳千家洞景区、全州天湖景区等项目建设。深化旅游合作,开辟国际新航线,拓宽客源新市场,加快游客集散中心建设,建立网络化旅游服务系统。办好第五届联合国世界旅游组织/亚太旅游协会旅游趋势与展望国际论坛、第二届中国桂林国际旅游博览会、第三届桂林国际山水文化旅游节、桂林国际动漫节等节事活动。

全面启动国家服务业综合改革试点区域建设。积极争取国家和自治区政策支持,建立健全服务业发展组织机构和工作机构,完善服务业发展各类专项规划,出台相关政策措施。大力推进服务业与一、二产业融合发展。培育发展文化创意、社会化养老等新兴服务业,启动建设国家级服务外包基地城市,做好全国云计算服务[17]试点城市申报前期工作;建设养生度假和社会化养老产业发展示范区,重点推进康复养生养老基地建设。大力发展商贸物流、商务会展等生产性服务业,建设商务会展产业与旅游产业融合发展示范区,重点推进以七星区为核心的旅游与会展资源整合及产业协同项目;建设以老城区和临桂新区为"双核"的商贸物流聚集示范区,重点推进航空港保税物流园区等区域性商贸物流项目规划立项,加快建设一批区域性批发市场。积极发展生态旅游、休闲娱乐等生活性服务业,建设乡村生态休闲旅游度假示范区,重点推进以阳朔为基地的城乡互动乡村生态休闲旅游示范工程、以雁山为基地的观光休闲旅游带;建设体育文化特色消费示范区,重点推进叠彩城北滨江区以站前广场为节点、漓江两岸为轴带的文化、休闲、体育项目建设。继续实施"家电下乡"、"建材下乡"、"汽车下乡"及农超对接,完善城乡商贸流通体系,重点抓好农家店和配送中心建设。

(三)以转变发展方式为主线,实现工业经济新突破

以高新技术产业为先导,发展园区经济,调整产业结构,完善产业体系,实现规模工业总产值增长23%、增加值增长17%,技术改造投资增长25%。

加快发展高新技术产业。继续发挥桂林国家高新技术产业开发区的引领、示范、辐射、带动作用,加快提升创新能力和孵化能力,大力发展电子信息、生物医药、高端装备制造业;加快制定规划,培育发展新材料、新能源及新能源汽车、节能与环保等战略性新兴产业,力争实现高新技术产业产值520亿元,增长30%。重点推进中国电子信息集团桂林电子配件基地(苏桥)、中国机械工业集团桂林电器研究院电工电子新材料产业化基地、桂林福达集团年产10万吨精密锻造中心(二期)、兴安光伏产业园、桂林尚科光伏公司太阳能电池生产线技术改造项目、桂林鑫友光伏公司太阳能电池组件项目、桂林众阳光能公司光伏电池项目、资源金紫山风能发电(二期)、龙胜南山风电场、桂林啄木鸟医疗器械生产基地、桂林海威科技LED生产线扩建(二期)等项目建设。

提升工业整体素质。实施工业化和信息化融合示范工程及试点工作,重点促进机械装备、轻工食品等行业信息化建设。积极运用先进适用技术和信息技术改造提升传统产业,力争完成亿元以上技改项目30个。围绕电子信息、汽车、机械、食品、生物医药,打造百亿元产业;支持优势企业,鼓励配套企业,力争产值超亿元企业250家、10亿元企业15家,重点

推进苏桥新能源客车及产业链配套生产基地、中橡桂林公司高等级子午线轮胎产业化、桂林娃哈哈食品有限公司饮料生产线扩建(三期)、桂林南药股份公司青蒿琥酯高技术国际化产业、荔浦桂林微邦生物技术有限公司魔芋甘露低聚糖产业化、桂林莱茵生物科技股份有限公司标准化植物提取物加工产业化工程(二期)等78个超亿元项目建设进度,力争30个以上重点项目竣工投产。

加强工业园区建设。把园区建设与新区建设结合起来,按照规划先行、配套完善、项目跟进、集聚发展的思路,推动扩区工作,打造国家高新技术产业开发区、西城经济开发区等百亿元工业园区。提高园区产业配套、物流配送和商务生活等综合服务能力,完成园区基础设施建设投入15亿元,增长25%以上,加快形成客车产业园、电工电气产业园、荔浦衣架产业园等一批特色园区。发挥苏桥经济开发区、八里街开发区和各县工业集中区等各类园区作用,优化产业布局,提高园区企业投资强度、单位土地产出率和园区土地集约利用水平。新增入园企业(项目)100个以上,工业园区主要经济指标增长明显高于全市平均水平。

加大服务企业力度。继续深入开展"企业服务年"和市长"企业接待日"活动,加大对工业发展和园区建设的资金支持力度,做大市中小企业信用担保公司,组建中小企业担保协会,拓宽融资渠道,提高企业融资规模和比重,切实解决中小企业融资难问题。深入实施中小企业成长工程,完善公共服务平台,建立覆盖全市的中小企业社会化服务网络。

(四)以现代农业为主导,促进农村经济新发展

发展特色效益农业,完善公共服务,推动农业发展与新农村建设、旅游业、城镇化相结合,实现农林牧渔业增加值增长4%。

加快特色效益农业发展。深入实施"南提北扩"战略和湘江、资江、漓江、桂江及山区现代农业发展规划,创建特色效益农业、乡村旅游农业、吨粮万元田、循环农业示范市。确保粮食播种面积560万亩,推进新一轮"菜篮子"工程,巩固生猪、家禽产业,做大做强水果、食用菌、马铃薯、中药材产业,重点打造阳朔金桔、恭城月柿、资江红提、尧山花卉等一批产业基地。在稻作区推广稻—灯—鱼—菇、稻—菜—薯,在园艺作物区推广套种马铃薯、蔬菜等高效农业模式。实施水肥一体化技术,加快区域物流冷链中心建设。调整林种结构,培育市区竹木加工贸易,灵川临桂永福人造板,兴安竹制品加工等产业。改造提升一批乡村农业旅游示范点,推进城乡产业联动发展。

加强农村公共服务建设。有效整合各项涉农资金,加快主导农产品地方标准、动植物疫病防控和保护、农产品质量安全检验检测、农机推广服务等公共服务体系建设。大力发展农业生产经营服务组织和农民专业合作组织。抓好市县农业科研单位体制创新,加快广西农科院桂北分院、瑞克思旺(桂林)育种站、中国农科院南方重大病虫野外观察站等内引外联科研机构建设。继续开展百万农民科技大培训,努力实现百万农民转移就业。

推进社会主义新农村建设。加强农村水、电、路、气、通信等基础设施配套建设。加快中低产田改造,建设旱涝保收高标准农田。完成30座水库除险加固,实施乡村污水垃圾处理工程。进一步强化乡村文化体育设施建设、乡村风貌环境卫生综合整治,加快普惠制新农村建设。抓好第三批82个贫困村"整村推进"工作。

(五)以中心城市为主战场,塑造城乡建设新风貌

加快建设环境优美、山水魅力、历史文化、和谐宜居的特大城市步伐,城镇化率提升2.2个百分点。

全面加快新区建设。进一步完善临桂新区功能规划,力争行政区划调整取得实质性进展。按照"一主三辅两组团"[18]的思路,推动临桂新区建成新的政治、经济、旅游、文化中心,形成大旅游、大产业、大物流的新城区。实施项目54项,年度投资32.6亿元。创业大厦基本建成,"一院两馆"部分场馆投入使用,中心公园项目初具规模,"五纵三横"[19]新区路网、农民安置新村、水利防洪排涝、湖塘水系及核心区给水、排水、电信、电力等工程基本建成。加快推动金融大厦、广播电影电视中心、报业传媒中心、新闻出版图书发行大厦、交通运输枢纽指挥中心、市民广场等一批带动性项目建设;加快推动临苏路、临雁路[20]、凤凰西路、临桂新区城市公共交通及公交枢纽等交通设施项目建设;加快推动新区大水系公园、体育运动休闲公园、旅游会展、旅游论坛、科技馆、文化宫、咨询服务中心等公共服务项目建设。加快推进会仙湿地公园景区保护、规划、建设、开发和万福休闲旅游景区规划立项工作,形成旅游产业与新区互动发展;加快推进综合物流园区、现代物流配送中心规划立项建设,形成物流园区与新区互动发展;加快推进秧塘产业园、苏桥产业园和临苏产业带建设,形成产业园区与新区互动发展。扎实推进各县新区建设。

切实疏解提升老城。继续推进市容提升计划[21],完善市域综合交通规划。在继续完善"三桥十路"和"1212工程"基础上,实施旅游配套、特色打造、环境提升、路桥建设、交通通达、住房改造等城市建设6大工程。重点推进龙门大桥、西二环路、万福东路等建设,打通市区西部和东部快速环线,拉大城市框架;继续实施阳江南路、阳江北路、新建路、芳香路等道路建设,开工建设中隐路二期机场路至南溪河段、中隐路至西二环、琴潭南路、湖塘路,完善老城区路网;继续完善供水管

网、天然气管网及加压站、城市光纤等市政基础设施。加快启用城北桂林汽车站,规划建设城南、城东汽车站,积极推进城北公交站、始发站换乘体系等公交枢纽场站及市区停车场库建设。启动旅游、文化、休闲、商业广场等一批特色街区建设。强力推进秀峰区琴潭旅游文化休闲园、叠彩区商贸物流园、象山区旅游度假园、高新(七星)区产业园、雁山区科教园等特色园区建设。加快"两江四湖"二期工程、漓江城市段截污及河堤岸线生态改造工程建设,提升改造漓江等环城水系、机场路、桂磨路两侧区域。推进旧城片区、老村改造以及建筑第五立面改造。启动城中村改造试点。实施县城、重点镇城镇面貌改观"三年行动计划"[22],"百镇千村行动计划"[23],着力打造一批特色工贸、特色旅游、特色文化、特色生态村镇。

提高城市管理水平。健全"两级政府、三级管理、四级网络"城市管理体制,实施城市管理综合执法。规范城市道路和公共场地临时停车管理,提升道路通畅能力,缓解城市交通压力。推行数字化城市管理,建立市级数字城管网络。加强市场和社区管理,加大对漓江流域城市段两岸乱搭乱盖的综合整治力度。加强对城乡结合部、城中村、小街小巷、江河湖塘沿岸、交通要道、农贸市场和建筑工地周边区域的市容卫生整治,及时制止违法建设和乱搭乱盖行为。

(六)以提升软实力为目标,推动文化建设新进步

继续实施文化建设五大工程[24],推进文化事业发展,加强文化基础建设,推动文化产业振兴,创建全国文明城市。

繁荣发展文化事业。实施文化精神工程,把社会主义核心价值体系建设融入文化建设的全过程,积极开展精神文明创建活动,提高市民文明素质。实施文化精品工程,弘扬传统文化,打造新编历史桂剧《灵渠长歌》等一批艺术精品,积极参与中宣部第十二届"五个一工程"评奖活动,继续办好"漓江之声""百姓大舞台""百姓大讲坛""读书月"等品牌文化活动,鼓励各县(区)开展特色节事文化活动,促进县(区)经济发展。实施文化管理工程,加快经营性文化出版印刷事业单位改制步伐,积极培育文化市场,加强"扫黄打非"工作,切实保障文化市场秩序良好。

加强文化基础建设。实施文化景观工程,继续加快"一院两馆"等标志性文化项目建设,推进八路军桂林办事处纪念馆综合楼改扩建、抗战历史文化一条街等项目建设。充分利用漓江剧院、省立艺术馆等演艺场所,推进文化演艺事业发展。加大广西文场、桂剧、彩调等非物质文化遗产的保护、传承和展示力度。实施文化惠民工程,积极推进社区文化中心、乡镇综合文化站、村级文化室、文化信息资源共享、农家书屋建设,推进广播电视"村村通"和农村电影数字化放映,新建24个乡镇综合文化站和91个村级公共服务中心。积极培养各类文化人才。加强综合档案馆舍建设。

加快文化产业发展。实施文化产业发展规划,以培育发展文化休闲、文化演艺、艺术品、传媒影视、出版发行、动漫和网络游戏等产业为重点,努力构建特色文化产业体系。培育一批有实力的骨干文化企业,将文化资源优势转化为产业优势,继续加大对"印象·刘三姐""愚自乐园"和临桂五通"农民画"等国家文化产业示范基地支持力度。推动高新区创意产业园项目建设,努力将高新区打造成全区动漫培训、认证、交易基地和全国动漫产业基地。

(七)以科学保护漓江为重点,提升可持续发展新水平

严格保护漓江生态,强化节能减排,发展循环经济,努力建设资源节约型和环境友好型社会。

加强漓江生态保护。积极争取《漓江风景名胜区总体规划》和《广西壮族自治区桂林漓江生态环境保护条例》出台,加快构建科学保护漓江长效机制,继续实施漓江源头水源林保护、两岸绿化美化、两岸及水域环境保护、两岸富民惠民、水域管理和景区旅游产品策划等六大工程,全力抓好桂林市防洪及漓江补水枢纽工程和漓江小流域综合治理工程,加快漓江流域乡镇农村环境设施建设。探索建立漓江流域生态补偿机制,积极争取把"漓江保护"列为国家生态补偿财政转移支付基金试点,实施生态补偿措施,使沿江群众在科学保护漓江中受益。

强化节能减排工作。认真落实节能减排责任制、问责制和"一票否决制",市本级财政继续安排不低于2000万专项资金,重点支持城市污水处理管网系统完善、工业园(集中)区污水处理设施、路灯节能改造等节能减排项目建设。完成各县垃圾处理项目建设,苏桥、秧塘工业园污水集中处理设施力争在年底前建成并投入使用。把年耗能5000吨标准煤以上企业纳入重点监督对象,对超耗超排企业实行挂牌督办,淘汰落后生产能力和污染严重企业。万元GDP能耗及二氧化碳、二氧化硫、化学需氧量、氨氮和氮氧化物减排达到自治区标准,公共机构水、电、油、材等消耗指标下降5%。

推进城乡生态建设。扎实推进"绿满八桂"造林绿化工程和漓江沿岸"四化"工程,完成造林绿化47万亩。推进漓东公园、黑山植物园二期工程建设,加大洲岛、学校、社区和机关等公共绿地建设力度。加强农村生态能源建设,重点发展大中型沼气池和沼气原料发酵新技术。严格实行耕地保护目标责任制,加强水土保持和地质灾害防治。大力推进生态县、生态乡镇、生态村建设。继续开展城市环境综合整治,推进"城乡清洁工程"规范化。争创国家生态园林城市,申办第二届广西园林博览会。

（八）以改革创新为动力，构筑开放合作新格局

以更大决心和勇气推进改革，加快构建充满活力、富有效率、有利于科学发展的体制机制，以改革促创新、以创新促发展。

推进重点领域改革。在重点推进两大综合改革基础上，努力在重要领域和关键环节上取得突破。理顺临桂新区体制机制，抓好服务业、旅游业管理体制机制改革。加快推进城乡统筹改革试点、扩权强镇试点和扩权强县改革。稳步推进政府机构改革、政府采购改革和城市路桥收费改革，继续深化国有企业资产重组、文化教育、医药卫生、华侨农场、供销社等方面改革。抓好农村土地承包和流转规范管理工作，促进农村土地适度规模经营。全面完成集体林权制度主体改革，完善和落实征地、搬迁农民权益保护政策措施。

提高开放合作水平。全方位、多层次、宽领域扩大开放，主动融入“两区一带”区域发展，积极参与区域合作。拓展对台经贸合作领域，加强与欧美、日韩、东盟、港澳台等国家和地区经济文化交流，积极参与第八届中国—东盟博览会。着力破解园区土地、优惠政策、服务环境等招商难题，深化与大集团、大企业合作对接，继续推进产业招商、专题招商和园区招商，力争全年引进项目400个以上、资金388亿元以上，实际利用外资2.75亿美元以上，招商引资实际到位资金增长25%。开展创建大兑现工作示范县和示范园区活动，提高项目履约率、开竣工率、资金到位率。大力实施“走出去”战略，不断优化出口产品结构，开拓外贸新兴市场。

提高科技创新能力。启动实施新一轮科技创新计划，继续推进科技“355工程”，参与国家重大科技项目和自治区千亿元产业重大科技项目攻关，加强国家科技兴贸创新基地（生物医药）和自治区科技兴贸创新基地（橡胶类）建设。加大国家重点实验室、国家级工程技术研究中心和企业技术中心的培育，构建和完善区域创新体系。推进科技成果转化，加强知识产权保护。实施民生科技行动，开展以“科技进企业”“科技进社区”“科技下乡”为重点的科普活动。

（九）以激活民间资本为抓手，引领民营经济新腾飞

全面促进全民创业，放手发展民营经济，推动民营经济加快发展，力争民营经济增加值增长20%以上。

增加民间资本投入。按照非禁即准的原则，最大限度消除民间投资限制。以空间换时间、以资源换产业、以存量换增量，支持民营企业参与国有和集体企业的改制重组。制定鼓励民营企业投资名录，筛选充实一批鼓励和支持类项目，进一步扩大项目建设向民间资本开放。

大力支持民营企业。贯彻落实促进民营经济发展的政策措施，从财税、金融、担保、土地等方面加大对民营经济支持力度。选择5家符合国家产业政策、具有高成长性的民营企业，进行上市融资培育工作。支持民营企业产品和服务进入政府采购目录。实施民营企业人才培养工程，大力支持民营企业技术改造和发展自主品牌。

大力促进全民创业。采取“投资者出一点、财政补一点、金融机构贷一点”运作模式，大力发展创业成本低、成果见效快的微型企业。健全完善创业服务指导中心，加快创业园、创业“孵化”基地建设步伐，进一步激活创业主体，大力实施“回乡创业”工程，争取更多人回乡创办企业。

（十）以保障和改善民生为根本，开创和谐社会建设新局面

坚持服务于民、谋利于民、造福于民，完善基本公共服务体系，着力解决人民群众最关心、最直接、最现实的利益问题。

加强就业和社会保障。实施职业培训计划，建立就业援助机制，新增城镇就业6万人以上，新增农村劳动力转移就业8.50万人以上。建立健全覆盖城乡的社会保障体系，努力实现应保尽保，实现企业在职职工基本养老、失业、工伤和生育保险参保人数分别达36.50万人、23.50万人、30万人、26万人。稳步推进城镇居民基本医疗保险门诊统筹，做好第二批新农保试点工作。落实五保供养、优抚、灾害救济等政策规定，完善社会救助体系，发展社会福利和慈善事业。加大保障性安居工程建设和农村危房改造力度，逐步解决城乡低收入家庭住房困难问题。

全面发展社会事业。组织实施教育发展“十项重点工程”[25]“十项改革试点”[26]，启动灵川、龙胜两县全区学前教育试点工作。加强中等职业教育，进一步提升普通高中内涵建设。加快桂林市职业教育中心学校临桂分校、桂林中学临桂校区等项目建设；继续推进中小学校舍安全工程，确保教育系统安全和谐稳定。大力支持驻桂高校建设，做大做强国际旅游教育基地。健全城乡基层医疗卫生服务体系，加强城市医院急重症救治能力及新区医疗服务能力建设，有效应对各类卫生突发事件。继续抓好创建全国无障碍城市、全国人口和计划生育综合改革示范市工作，扎实推进“诚信计生”。广泛开展全民健身活动，积极组织参加自治区第十二届运动会，争取获得优异成绩。办好龙胜各族自治县60周年县庆。

全力维护社会稳定。继续推进政法三项重点工作[27]，深入开展和谐建设在基层活动，健全信访工作责任制和调解机制，提高处置突发公共事件能力，妥善调处各类社会矛盾。启动“六五”普法工作，加强律师队伍建设。推进“天网”工程建设，加大社会治安综合治理力度，严厉打击各类刑事犯罪。开展安全生产基层基础年活动，实施质量兴市战略，强化食品、药品监督管理。扎实做好国防动员、民兵预备役、人民防空和双拥工作，继续争创“全国双拥模范城”。

深入实施惠民工程。继续落实国家各项惠民政策，筹措资金30亿元以上，做好10项惠民工程：

1.医疗卫生保障惠民工程。实施城镇职工、城镇居民基本医疗保险和新型农村合作医疗保险，3项参保率均达90%以上；提高参合农民、参保居民的年人均财政补助标准；继续实施基本公共卫生服务项目，免费为城乡居民提供建立居民健康档案、健康教育、预防接种等9类基本公共卫生服务；实施艾滋病防治攻坚工程；建设标准化村级卫生室；完成农村改厕1.3万座。

2.社会保障惠民工程。完成城镇企业职工基本养老保险新增参保任务；做好平乐县、恭城瑶族自治县农村新型社会养老保险试点工作；按照自治区要求提高城乡低保对象补助标准和新建农村五保村；继续实施"阳光家园计划"项目，为3000名残疾人提供日间照料和居家托养服务。

3.安居惠民工程。完成城镇保障性安居改造和农村危房改造任务；开工建设廉租房1812套，实现交付使用1000套目标；开工建设经济适用房27.27万平方米，竣工25.32万平方米。

4.教育惠民工程。对各县(区)中小学校舍进行新建、迁建和安全加固；对就读普通高中的库区移民子女和在国家级贫困县就读的普通高中生免学费；对农村义务教育阶段家庭经济困难寄宿生给予生活费补助；对农村义务教育学校课桌椅进行更新改造；对中等职业教育学生给予资助；对困难残障就读学生给予资助；对考上大学的贫困新生给予路费和短期生活费资助；改善少数民族和民族地区中小学校基础设施建设。

5.文化惠农工程。完成91个村级公共服务中心建设、每个行政村每月放映1场电影、实施20户以下自然村(屯)通广播电视工程。

6.生态惠民工程。完成通道绿化和村(屯)绿化等项目建设任务；对1316万亩国家级和自治区级公益林进行生态效益补偿；新建户用沼气池1万座。

7.强农惠农工程。实施农村"一事一议"奖补项目；继续做好"万村千乡"市场工程，建设配送中心5家、农家店270家；实施"菜篮子工程"，重点建设灵川、临桂、雁山菜篮子生产基地。

8.强基惠农工程。完成土地整理项目建设；支持农业综合开发土地治理项目建设；继续实施1500个自然村(屯)内道路硬化、30个行政村通油路或水泥路项目；继续实施农村安全饮水工程，解决20万农村人口的饮水安全问题。

9.新村建设惠民工程。实施"普惠制"新村建设项目，完成400个村建设任务；做好水库移民新村建设工程。

10.城市环境治理惠民工程。继续实施"两江四湖"二期(桃花江)、南溪河、小东江环境综合整治工程；对市区部分街区路灯进行节能改造；开工建设漓江(市区段)截污工程、灵剑溪环境综合整治工程；启动城北水厂二期扩建工程前期工作。

各位代表，实现"十二五"的宏伟蓝图，完成今年的工作目标任务，对政府建设提出了更高的要求，我们要增强贯彻落实科学发展观和加快转变经济发展方式的自觉性、坚定性，努力建设人民满意的政府！一是进一步转变政府职能，建设高效政府。着力提高公务员队伍综合素质，加强执行能力建设，认真落实首问首办责任制、限时办结和责任追究制，提高政府行政效能。二是进一步转变工作作风，建设服务政府。坚持把群众根本利益作为政府工作的出发点和落脚点，戒空、戒虚、戒假、戒骄、戒懒、戒奢，注重服务基层，服务企业，努力解决关系群众切身利益的突出问题。三是进一步加强依法行政，建设法治政府。自觉接受人大及其常委会的法律监督、工作监督和政协民主监督，建立完善政府部门与民主党派、工商联对口联系制度，严格、公正、文明执法，切实提高依法行政水平。四是进一步加强廉政工作，建设廉洁政府。完善惩治和预防腐败体系，做到勤勉尽责、廉政务实，努力做出经得起人民和历史检验的实绩！

各位代表！桂林未来五年的发展蓝图已经绘就，新的形势催人奋进，新的征程任重道远。抚今追昔，我们信心百倍；鉴往知来，我们豪情满怀。让我们紧密地团结在以胡锦涛同志为总书记的党中央周围，高举中国特色社会主义伟大旗帜，深入贯彻落实科学发展观，在市委的领导下，以更加昂扬的斗志、更加进取的精神、更加务实的作风，团结一致、埋头苦干、奋发图强，扎实推进工业化、城镇化、农业产业化，为实现"十二五"规划目标，为实现"富民强市"新跨越而努力奋斗！

名词解释：

[1]"一院两馆"：指桂林大剧院、桂林图书馆、桂林博物馆。

[2]"三桥十路"：指胜利桥、穿山桥、雉山桥、红岭路、东安路、阳江路、育才路、金鸡路、六合路、普陀路、东环路、站前路、中山北路。

[3]"1212"工程：即"一桥两园十二路"工程。"一桥"为龙门大桥，"两园"为园林植物园、漓东公园，"十二路"分别是西二环路、万福东路、建干北路、阳江南路、阳江北路、滨江南路、滨江北路、福利路、芳香路、芳华路、站前路、临苏路。

[4]漓江"四化"工程：指漓江绿化、彩化、花化、果化工程。工程主要集中在阳朔境内的百里漓江精华段，实施时间为2010至2012年，总投资2000万元。

[5]五大五小："五大"指食品饮料、机械电器、汽车及零部

件、电子信息、锰业5个规划超100亿元的产业；“五小”指橡胶制品、医药及生物制品、竹木加工、建材、电力5个规划超50亿元的产业。

[6]“两化”融合：是信息化和工业化的高层次的深度结合，是指以信息化带动工业化、以工业化促进信息化，走新型工业化道路；两化融合的核心就是信息化支撑，追求可持续发展模式。

[7]县区特色节事活动：2010年，市政府支持举办了桂林创新创意文化节暨国际动漫节、阳朔渔火节暨金桔交易会、平乐桂江文化旅游节暨柚子节、全州湘山文化节、兴安桂林米粉节和葡萄节、永福养生旅游福寿节、灌阳农具文化节、龙胜红瑶晒衣节、资源河灯歌节、荔浦芋美食文化节、恭城桃花节等县区特色节事活动。

[8]5项社会保险：指基本养老保险、医疗保险、工伤保险、失业保险、生育保险。

[9]10项惠民工程：2010年市政府完成的十项惠民工程是：完成56个中小学校舍安全建设任务。全面实施建立居民健康档案、健康教育、预防接种、传染病防治、儿童保健、孕产妇保健、老年人保健、慢性病管理和重性精神疾病管理等九类国家基本公共卫生服务项目；为1165名白内障患者免费实施复明手术；新婚夫妇免费婚检率超过自治区任务目标；完成永福、阳朔县孕妇产前及新生儿疾病筛查补助试点工作。为53.4万城镇居民和1.52万关闭破产国有企业退休人员、困难国企职工办理城镇基本医疗保险；新农合参合率95.5%。完成10个残疾人日间托养机构建设，为2000名残疾人提供日间照料和居家托养服务。完成58个村级公共服务中心示范工程任务；为20户以上的8713个自然村开通广播电视。开工建设桂磨路2万平方米廉租房项目。全面完成167个少数民族聚居村寨防火项目、55个自然村（屯）新农村建设试点、30个行政村通油路或水泥路建设、250条贫困村通村（屯）道路修（扩）建、1500个自然村（屯）内道路硬化项目；完成农村饮水安全工程487处，解决21.44万人的饮水安全问题。新（改扩）建计生服务站（所）20个、村级健康家庭服务室100个、农家店320家。完成农贸市场蔬菜质量安检室建设任务。完成市区部分街区路灯安全隐患治理任务。桃花江、南溪河、小东江综合治理和福利路、芳香路、阳江南路建设按计划推进，城市水环境和交通环境逐步改善。

[10]科技“355工程”：三年内启动实施支撑5个100亿元产业和5个50亿元产业发展的“30项重大科技攻关计划”，获取50项重大专利技术，培育50家高新技术企业。

[11]“一城二区三中心四基地”：一城，指中心城市建成特大城市；二区，指桂林国家旅游综合改革试验区和桂林国家服务业综合改革试点区域；三中心，指国际旅游目的地和游客集散中心、桂湘粤黔交界区域综合交通枢纽中心、广西文化创意和演艺中心；四基地，指国家高新技术产业基地、广西节能环保产业基地、广西特色农业产业基地、西南现代装备制造业基地。

[12]“一推两改”：一推，是指强力推进“四大建设”；两改，是指桂林国家旅游综合改革试验区和国家服务业综合改革试点区域。

[13]“两铁八高三库”：“两铁”指贵广高铁、湘桂铁路。“八高”指兴安至桂林、灌阳永安关至全州凤凰、阳朔至鹿寨、桂林至三江、灌阳经恭城至平乐、资源至兴安、兴安至龙胜、桂林至柳城8条高速公路。“三库”指桂林市防洪及漓江补水——川江、小溶江、斧子口水利枢纽工程。

[14]桂林北客运枢纽工程：位于桂林火车北站，占地面积约20万平方米，日旅客发送量约10万人次，总投资约10亿元。桂林北客运交通枢纽集铁路客运、公路客运、城市公交和商贸、酒店于一体，实现乘客零距离换乘。

[15]桂林西货运枢纽工程：位于灵川县定江桂林西站，占地面积约3000亩，年货物吞吐能力约1500万吨，总投资约10亿元。桂林西货运综合枢纽集铁路、公路运输于一体，实现货物无缝驳接。

[16]三大特色产品、三大水陆游线、七大旅游品牌：指培育自然观光、休闲度假、专项主题三大特色旅游产品，开发水路、公路、自行车三大水陆游线，形成山水风光体验之旅、历史文化追寻之旅、体育运动时尚之旅、休闲度假浪漫之旅、动感漓江欢乐之旅、民俗风情精彩之旅、特色乡村感受之旅等旅游品牌。

[17]云计算服务：提供资源的网络被称为“云”。云计算是指通过网络以按需、易扩展的方式获得所需的服务模式。云计算的核心思想，是好比从古老的单台发电机模式转向了电厂集中供电的模式。未来用一台轻便的网络电脑，就可以实现海量各类服务。

[18]“一主三辅两组团”：一主指行政中心区，三辅指旅游区、空港物流区、产业园区，两组团指会仙湿地旅游区、万福休闲旅游区。

[19]五纵三横：五纵为环西路、平桂西路、凤凰西路、西城大道、新中路，三横为世纪大道、山水大道、万平路。

[20]临雁路：临桂新区经会仙湿地至雁山旅游通道。起点位于临桂新区大学南路与秧九路交叉口，经会仙湿地，终点位于雁山区境内桂阳公路与绕城高速立交北侧。道路规划宽度为18-30米，全长约19公里。

[21]市容提升行动计划：该计划主要包括特色城市建设

工程、城乡风貌改造工程、城市主次干道美化亮化工程、园林绿化建设工程、市容市貌管理工程5大工程,从2010年1月至2011年12月分两个阶段实施,着力于提升城乡市容环境和环境品质,塑造城市新形象。

[22]城镇面貌改观“三年行动计划”:2011年起广西实施的城乡风貌改造计划。内容包括打造特色名镇名村、村镇规划集中行动、继续房屋立面改造和村(屯)综合整治项目建设四个方面,3年完成。

[23]“百镇千村行动计划”:是广西重点城镇面貌改观行动计划的一部分。从2011年起利用5年时间,按照村镇产业特色配套基础设施和公共服务设施,打造一批各项发展指标明显高于平均水平的新型村镇,实现广西村镇经济发展的新突破。

[24]文化建设五大工程:2010年2月,桂林市第三届人民代表大会第六次会议《政府工作报告》中提出:“实施文化精神工程、文化景观工程、文化精品工程、文化惠民工程、文化管理工程,打造广西文化强市,不断增强文化软实力。”

[25]教育发展十项重点工程:指学前教育推进工程、义务教育巩固提高工程、中小学教师素质提升工程、普通高中内涵发展工程、职业教育大力发展工程、中小学生身心健康保障工程、城镇化进程中的新校建设工程、教育信息化建设工程、高等教育质量和服务能力提升工程、教育国际交流合作建设工程。

[26]教育发展十项改革试点:指学前教育发展体制改革试点、义务教育均衡发展改革试点、职业教育办学模式改革试点、素质教育课堂教学改革试点、职业教育管理体制改革试点、教育保障机制改革试点、教师队伍建设改革试点、优质教育带动发展试点、学习型社区建设试点、教育现代化先导区建设试点。

[27]政法三项重点工作:指政法系统开展的社会矛盾化解、社会管理创新、公正廉洁执法三项重点工作。

关于桂林市2010年国民经济和社会发展计划执行情况与2011年国民经济和社会发展计划(草案)的报告

——2011年2月11日在桂林市

第三届人民代表大会第七次会议上

桂林市发展和改革委员会

各位代表：

受市人民政府委托，现将我市2010年国民经济和社会发展计划执行情况与2011年国民经济和社会发展计划草案提请市三届人大七次会议审议，并请市政协委员和其他同志提出意见。

一、2010年国民经济和社会发展计划执行情况

2010年是我市经济社会发展形势较为复杂的一年，也是我市全面完成“十一五”发展目标任务，取得巨大成就的一年。一年来，在市委、市政府的正确领导下，在市人大监督指导及市政协帮助支持下，全市各级各部门坚决贯彻国家宏观调控政策，果断采取一系列针对性政策措施，积极应对金融危机带来的各种挑战，克服特大干旱和严重洪涝灾害的影响，大力推进发展方式转变和经济结构调整，大力开展以“城市建设、交通基础设施建设、园区建设、城乡风貌建设”为重点的项目建设大会战，经济发展势头良好，社会事业全面进步，全面完成了市三届人大六次会议确定的各项目标任务，胜利完成了“十一五”规划确定的主要目标任务。

(一)经济平稳较快增长，结构优化升级

初步核算，全市地区生产总值1108.63亿元，增长13.8%，高于预期1.8个百分点；财政收入121.08亿元，增长24%，高于预期11个百分点；全社会固定资产投资908.56亿元，增长37.8%，高于预期7.4个百分点；社会消费品零售总额391.53亿元，增长18.9%，高于预期2.9个百分点；进出口总额9.03亿美元，增长22.6%，高于预期12.6个百分点；城镇居民人均可支配收入17949元，增长10.7%，高于预期0.7个百分点；农民人均纯收入5487元，增长13.5%，高于预期3.5个百分点；市区居民消费价格上涨2.2%，控制在5%的调控目标内；城镇化率达到39%，比上年提高1.07个百分点。三次产业结构为18.3:45.3:36.4。

图1 2009年、2010年三次产业结构比例变动情况

2009年　　2010年

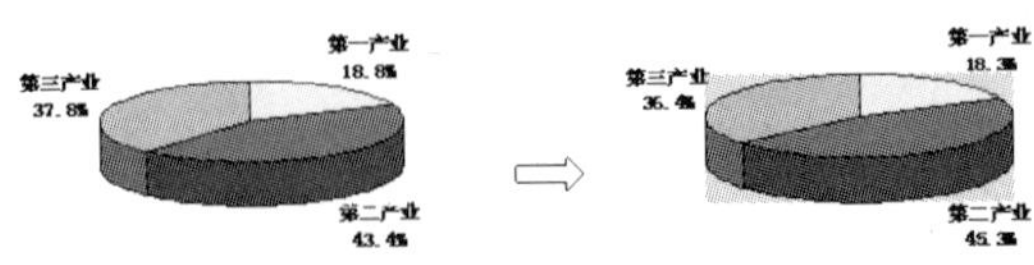

专栏1：“十一五”时期主要指标“十二个翻番”

(1)地区生产总值翻1.11番

(2)人均地区生产总值翻1.06番

(3)财政收入翻1.23番

(4)工业增加值翻1.46番

(5)规模工业企业利润总额翻1.82番

(6)旅游总收入翻1.54番

(7)全社会固定资产投资翻2.19番

(8)社会消费品零售总额翻1.25番

(9)进出口总额翻1.03番

(10)实际利用外资翻2.3番

(11)金融机构存款余额翻1.37番

(12)金融机构各项贷款余额翻1.4番

(二)投资再创历史新高

抓住中央继续实施扩大内需政策的有利时机，着力优化投资结构，多渠道筹措建设资金，强力推进“四大建设”，促进投资持续快速增长，投资总量继续排全区前列。据统计，2010年全社会固定资产投资相当于“十五”时期投资总额的1.41倍。

图2 2005年至2010年全社会固定资产投资情况

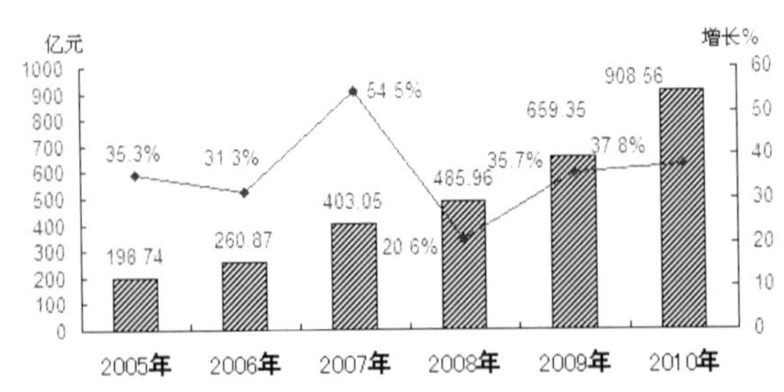

重点项目建设实现新突破。全年实施重点项目470项，其中：新开工重点项目164项，开工率100%，竣工重点项目66项。全市重点项目累计完成投资457亿元，为年度目标任务的124%。重点项目完成投资占同期全社会固定资产投资908.56亿元的50.3%；重大项目前期工作取得新进展。桂林市防洪及漓江补水枢纽工程斧子口水库获国家批复可研，灌

阳永安关至全州凤凰高速公路获国家批复初步设计;项目筹融资工作创造新业绩。争取中央和自治区投资16.48亿元,重点支持重大水利、中小学校舍安全、农村医疗卫生服务体系、保障性住房、县城供水、城镇污水垃圾处理设施及污水管网等项目建设。积极争取国家批准发行企业债券10亿元。采用BT融资形式建设西二环路、南溪河、小东江环境综合整治工程、山口垃圾卫生填埋场,以及"一院两馆"等临桂新区的重大项目。我市抓投资上项目工作得到了自治区党委、政府领导和中央扩大内需检查组的高度评价,桂林重大项目前期攻坚工作创新经验在全区推广。

专栏2:2010年自治区层面、市层面统筹推进重大项目开竣工情况

▲自治区层面:全年开工目标任务为18项,实际开工18项,开工率100%。主要有:西二环路、万福东路、万福漓江大桥、福利路改扩建工程、中橡轮胎产业化项目配套道路、桂林客车发展有限公司年产25000辆中轻型客车项目、桂林市城市主干道路建设工程、临桂新区核心区路网建设工程等。

全年竣工目标任务22项,竣工25项,竣工率113.6%,超额完成自治区下达的目标任务3项。主要有:桂林龙星锌业有限责任公司电锌扩建项目、桂林市风力发电机产业化项目、信息产业园、昊华南方(桂林)橡胶有限责任公司企业搬迁及产品改造提升项目、县区生活污水处理项目、生活垃圾处理工程等。

▲市层面:全年开工目标任务为124项,开工率100%。

全年竣工目标任务43项,实际竣工41项,竣工率95.3%。

"四大建设"成效突出。以临桂新区和老城改造"1212"工程为重点的城市建设完成投资200亿元,机场路改造全面竣工投入使用,成为桂林的标志性景观大道。临桂新区路网等一批重大城市建设项目竣工使用,城市基础设施和公共服务设施进一步完善。交通水利基础设施建设完成投资120亿元,湘桂铁路扩能改造和贵广高速铁路征地搬迁基本完成,完成工程投资70亿元,为年度计划的117%。兴安至桂林高速公路完成年度投资计划112%,阳朔至鹿寨高速公路加快推进,灌阳永安关至全州凤凰高速公路开工建设;小溶江、川江水利枢纽工程实现大江截流。工业园区建设完成投资90.80亿元。以桂柳、桂梧、桂黄及桂阳公路沿线、漓江两岸和12县城为重点的城镇风貌改造完成投资43亿元,城乡风貌明显改观。

专栏3:2010年城镇化建设情况

▲老城改造:"两江四湖"二期工程完成桃花江部分河段清淤、截污及桥闸等工程。滨江北路(叠彩段)、芳华路等11条道路施工进度加快。訾洲公园基本建成,漓东公园开工建设,黑山植物园二期征地搬迁工作全面展开。开展市内交通秩序整治专项行动,启动城南琴潭客运站,市内道路交通秩序有所好转。市民休闲娱乐公共设施建设加快,秀峰区琴潭文化休闲娱乐园路网构架基本形成,象山区旅游度假园已有华夏艺术大观园等多个项目进入,雁山区科教园中心环线一期工程、污水处理厂一期工程建成投入使用。城市照明设施进一步完善。瓦窑路、新建路、安庆路、铁西小区、翊武路、民主路、虞山路路灯改造工程已经完工。改造建设无障碍设施项目390多个,创建"全国无障碍建设城市"通过国家验收。

▲临桂新区建设:临桂新区路网建设全面铺开,市民广场、中心公园等公共设施建设加速启动,创业大厦、"一院两馆"等具有标志性项目相继开工,村民安置工作取得突破。

▲县城建设:12县完成县城主要道路硬化、绿化、亮化、美化工程,各县新区基础设施建设进度加快。城镇污水和生活垃圾处理设施建设取得新成绩。16项镇污水处理设施在建项目,有14个污水处理设施建设项目已正式运营或试运行。年内实施12项城镇生活垃圾处理设施项目,有龙胜、阳朔县、荔浦、全州、恭城、平乐县、永福、资源县城区生活垃圾处理工程和山口垃圾卫生填埋场已经建成。

▲城乡风貌改造:完成"两江四湖"二期的桃花江、南溪河、小东江的规划和设计方案,香江饭店节点、联达广场节点、八中路口节点、迎宾路口节点、穿山桥节点、桂磨路口节点、站前路节点的规划设计及施工图设计。拆除违法建筑工作成效显著。全市共完成城市房屋拆迁、违法建筑拆除100万平方米。老城区完成特色街区改造、沿街(水)立面改造、节点改造规划编制,实施两江四湖滨水区618栋房屋立面改造和周边环境整治工程,市容市貌不断改观。全市综合整治改造村庄32个,村庄房屋外立面改造累计开工2551户。

(三)特色效益农业稳步发展

全年实现农林牧渔总产值319.21亿元,增长5.1%。农业增加值202.60亿元,增长4.8%。深入实施湘江、资江、漓江、桂江四大流域产业规划,建设北部山区现代农业示范区,在稳定粮食生产和农产品供应的基础上,稳步发展现代设施农业、生态循环农业、特色效益农业和乡村观光农业。粮食总产量192.96万吨。肉类总产量49.49万吨,增长3.9%。新增畜禽规模养殖场193个。引进农作物新品种703个,建立各种高产示范点252个。创建国家级农业旅游示范点11个,自治区级农业旅游示范点21个,数量均居全区首位。全市农业产业化龙头企业119家,农民专业合作社1590家,直接带动农户14.71万户。

(四)以高新技术产业为先导的新型工业快速发展

全年完成工业总产值1263.44亿元，增长31.5%，其中规模工业总产值952.01亿元，增长37.1%。规模工业增加值310.26亿元，增长25.7%。工业增加值占地区生产总值比重达到38.6%，比上年提高1.3个百分点，工业在我市国民经济的主导地位进一步增强。按照做大做强工业企业的要求，重点推进中橡桂林公司高等级子午线轮胎产业化等投资超亿元项目建设；加快尚科光伏公司太阳能电池生产线（二期）等高新技术产业化基地和项目建设，年内实施技改项目1589项，完成技改投资216.05亿元，高科技产业集聚效应凸显。

（五）第三产业保持良好发展势头

实现第三产业增加值403.99亿元，增长10.2%。坚持市场化、产业化、社会化、国际化方向，积极引导服务业发展。编制完成桂林国家旅游综合改革试验区总体方案和规划纲要，成功申报国家现代服务业综合改革试点区域，成为全国37个试点区域之一。旅游业蓬勃发展。开展旅游质量服务提升年活动，加强旅游促销，拓展旅游合作，整治规范旅游秩序。全年接待游客2246.33万人次，增长20.8%。其中入境游客148.62万人次，增长15.2%。实现旅游总收入168.30亿元，增长32.6%，旅游经济效益明显提高；消费市场繁荣活跃。继续贯彻落实国家扩大内需政策，完善流通网络，积极开展家电下乡、农机下乡、汽车下乡等活动，社会消费品零售总额391.53亿元，增长18.9%；金融服务业快速健康发展。全市金融机构各项存、贷款余额分别增长23.2%和20%，有力地支持了全市经济发展和项目建设。

（六）节能减排及生态建设取得新成绩

全面实施节能减排攻坚战，开展节能降耗、二氧化硫减排、化学需氧量减排、公共机构节能四个专项行动，节能减排各项目标任务如期完成。万元生产总值能耗下降2.9%，二氧化硫排放、化学需氧量总量控制在自治区下达目标范围以内。加大节能减排资金投入，支持污水处理工程建设，全市14个城镇污水处理厂全部建成并投入运行，每年可消减化学需氧量3200多吨，结束了县城无污水处理厂的历史。大力推进节能环保产业发展，资源金紫山风电场（一期）建设进展顺利，兴安尚科太阳能光伏产业化规模不断扩大，桂林市热电联产专项规划获自治区批复，项目前期工作取得实质性进展，组织开展生物质发电项目前期规划，龙胜南山等一批风电场项目前期工作全面展开。实施“科学保护漓江五大工程”，全面启动漓江支流（市区段）瓦窑河等河流的综合治理。开展大规模造林绿化活动，山上造林和山下绿化完成率居全区前列。环境质量名列全国前列，“城考”成绩保持全区第一。

专栏4：年度淘汰落后产能任务如期完成

2010年，淘汰7家水泥企业落后装置和工艺，淘汰落后产能43.8万吨。关停淘汰造纸企业2家，淘汰落后产能0.9万吨。国电永福电厂成功爆破拆除了2×142MW机组，关停落后小火电机组24.8万千瓦。

（七）改革开放取得新突破

全面推进重点领域改革。编制完成桂林国家旅游综合改革试验区规划纲要建设总体方案，申报国家服务业综合改革试点区域获得国家批准。持续推进金融体制改革，积极开展“引银入桂”工作，深圳农商行、兴业银行、光大银行先后入驻开业，开展扩大农村金融改革试点。推进全市医药卫生体制改革，八县五城区基层医药卫生体制改革进展顺利，第一批改革的42个乡镇卫生院对307种基本药物实施零差率销售。稳妥推进林改工作，完成年度林地勘界面积2190.19万亩，发证面积1546.94万亩。引进香港溢达、四川广盛等一批战略投资者并购重组我市企业。全面启动桂林威达集团政策性破产，开展化纤总厂、电缆厂、齿轮厂破产清算工作。

主动融入多区域合作。坚持走开放合作之路，充分利用中国—东盟自由贸易区和中国—东盟博览会平台，加强与泛珠三角、长三角等区域的交流合作。加大“央企入桂”、“百企入桂”工作力度，“招大引强”成效显著，区域合作取得新突破。新签市外境内项目502个，总投资386.46亿元，增长17.9%。实施市外境内项目899个，实际到位资金374.13亿元，增长33.2%。实际利用外资2.5亿美元，增长25.3%。进出口总额9.03亿美元，增长22.6%。

（八）民生保障和社会各项事业又有新进步

就业形势稳定，社会保障率提高。成为全国创业就业示范市，新增就业6.89万人。城镇登记失业率3.95%；社会保险、城镇职工和居民基本医疗保险、失业保险、工伤保险、生育保险五项保险参保人数达230.08万人次。兴安县新型农村养老保险制度试点全面实施，参保覆盖率达87.3%。城市和农村低保覆盖面扩大，补助水平达到自治区规定标准。

相关惠民政策落到实处。教育投入持续增长，对中职学生、家庭经济困难普通高中学生、库区移民普通高中学生进行资助。全面兑现了粮食直补、综合直补、家电下乡以及各种良种补贴和涉农补贴等相关政策。义务兵家属优待、城乡医疗救助、农村五保供养等投入进一步加大。慰问困难群体，补助困难企业军转干部，补贴市区环卫工人，补贴国有困难企业退休人员参加基本医疗保险，建立返乡农民工创业就业基金，救灾专项资金支持洪涝灾害救灾工作。支持十项惠民工程，为民办实事工程全面完成计划任务。竣工经济适用房26.99万平方米，改造农村危房8550户。人民群众得到实惠。

科技、教育、文化、卫生、体育等社会事业全面进步。扎实推进创新计划和科技“355工程”,全社会科技投入15.80亿元,加快科技成果转化,实施技术创新项目562项。专利授权813件,位列全区前茅;进一步优化教育结构与布局,深入推进义务教育学校标准化建设,促进城乡义务教育均衡发展。投资1.38亿元,基本完成125个中小学校舍安全工程项目,完成培智学校迁建工作,聋哑学校、七中两校迁建和市职教中心临桂分校建设取得阶段性成效。职业教育攻坚基本完成;公共文化基础设施建设进一步加强。“一院两馆”、八路军桂林办事处暨桂林抗日文化运动旧址景区基础设施等项目开工建设。新建32个乡镇综合文化站;扎实推进县级医院、乡镇卫生院、村卫生室、社区卫生服务中心建设,争取中央、自治区支持,按标准建设了平乐等6个县(区)医院,8个乡镇中心卫生院。甲型H1N1流感、艾滋病等重大传染病防控取得成效。构建新型城乡医疗卫生服务体系,建立居民健康档案,拓展公共卫生服务项目,城乡医疗服务环境不断改善,质量水平不断提高。实施106个医疗卫生服务体系建设项目;城乡环境卫生不断改善。全面完成1.55万座农村改厕项目和400个文明卫生村创建任务。文明卫生村创建工作取得新进展;全民健身活动蓬勃发展,建设153个农村体育健身工程示范点;完成自治区下达的58个村级公共服务中心项目建设任务。人口和计划生育工作继续走在全区前列。人口自然增长率控制在7‰以内;社会综合治理工作取得明显成效。安全生产形势总体稳定。

2010年我市经济社会发展取得的成绩好于预期,是付出巨大努力才实现的,得之极其不易,也为胜利完成“十一五”规划确定的目标任务划上了圆满句号。过去的五年,是我市综合经济实力跃上新台阶的五年,是我市基础设施建设实现新跨越的五年,是我市统筹城乡发展迈出新步伐的五年,是我市生态文明建设取得新成效的五年,是我市推进改革开放增创新优势的五年,是我市和谐社会建设取得新进展的五年。这是市委科学分析、果断决策,市政府周密部署,狠抓落实,全市干部群众齐心协力、顽强拼搏的结果,也是市人大及其常委会和市政协监督指导支持的结果。

在总结成绩的同时,我们也清醒地看到,桂林经济社会发展仍存在经济总量小,人均水平低,经济结构不合理,城市发展空间不足,城区产业难以拓展,大型、特大型企业少,产业集聚能力弱,科技、人才资源相对不足,自主创新能力不强,服务业和民营经济发展水平还不高,县区发展不平衡等问题。同时,还面临土地、能源和环境约束日益突出,节能减排任务重、压力大,就业和社会保障压力大,农民持续增收难等困难。这些问题和困难,我们已经高度重视,正在组织研究,在今后的工作中将采取有力措施,努力加以解决。

二、2011年主要目标

2011年是“十二五”规划的开局之年,也是我市经济总量迈上新台阶的关键一年。做好今年经济社会发展工作,以优异成绩迎接建党90周年,意义重大。

今年经济工作面临的形势仍然复杂严峻,任务相当艰巨繁重,既具有许多有利条件,也面临许多突出矛盾和问题,总体上还是机遇大于挑战。我们将审时度势,未雨绸缪,既看到我市发展的有利条件,抢抓机遇,乘势而上;又充分认识面临的困难,沉着应对,奋力拼搏,努力把经济社会发展的良好势头长期保持下去。综合分析我市产业增长潜力和需求支撑条件,以及煤电油运、土地、资金及节能减排等方面因素,研究提出2011年经济社会发展主要目标是:地区生产总值增长11%,财政收入增长13%,全社会固定资产投资增长20%,社会消费品零售总额增长16%,外贸进出口总额增长15%,居民消费价格指数涨幅控制在5%左右,城镇居民人均可支配收入增长10%,农民人均纯收入增长10%,城镇新增就业人数6万人,城镇登记失业率控制在4.5%以内,人口自然增长率控制在8‰以内,节能减排目标按照自治区分解下达任务确定。从今年开始,“十二五”规划的主要指标任务都要通过年度计划加以落实。

三、2011年经济社会发展的主要任务和措施

实现2011年的发展目标,必须全面贯彻落实“十二五”规划战略任务,把科学发展的主题和加快转变经济发展方式的主线,贯穿于今年经济社会发展的全过程。全力实施“保护漓江,发展临桂,再造一个新桂林”发展战略,坚持走“农业稳市、文化立市、旅游兴市、工业强市”道路,落实“十二五”规划提出的“一城二区三中心四基地”建设任务,按照市委“一推两改”的总体工作思路,重点做好以下十个方面工作:

(一)奋力完成千亿元投资目标,充分发挥投资对发展方式转变的推动作用

坚持把项目建设作为经济平稳较快发展的强大动力与根本保障,积极谋划争项目,集中精力抓项目,想方设法引项目,千方百计上项目,继续实施城市建设、交通基础设施建设、园区建设和城乡风面貌建设为重点的“四大建设”大会战,计划投资550亿元,其中,交通能源水利基础设施建设计划投资150亿元;城市基础设施建设计划投资250亿元;园区建设计划投资100亿元;城乡风貌建设计划投资50亿元。力争全社会固定资产投资1090亿元以上。(1)加大产业投入力度,扩大基础设施投资规模,发挥政府投资引导作用,激发民间投资活力,进一步向战略性新兴产业、基础设施、农业农村、自主创新、节能减排、生态环境、社会民生等领域倾斜。(2)千方百计筹措建设资金。一是努力向上争取项目资金。按照中央投资的方向和重点,紧紧围绕"三农"、教育、科技、社会保障和就业、医疗卫生、保障性住房、节能减排等国家确定的今年重点投资领域,积极收集、筛选、申报项目,全力向上争取资金。力争全年争取中央、自治区投资有新突破;二是做大做强政府主要融资平台,进一步加强与银行业金融机构的项目对接,争取多支持、多贷款、早放款。全年新增金融机构贷款140亿元以上;三是积极推进企业债券融资。加快启动桂林市经济建设投资总公司二期企业债券融资工作。同时采取融资租赁、股权投资、BT融资等多种方式融资,为项目建设争取更多资金。(3)落实自治区促进民营经济发展的38条措施,制定引入民间资本投资项目工作方案,吸引民间资本参与项目建设。

统筹推进重大项目建设。(1)围绕战略性新兴产业、基础设施、"两区"建设、民生、节能减排和生态环保等重点领域和薄弱环节,计划统筹推进第一批重点项目643项,总投资2670亿元,年度计划投资458亿元。其中:新开工项目233项,总投资725亿元,年度计划投资146亿元;续建项目194项,总投资1120亿元,年度计划投资252亿元;竣工投产项目114项,年度计划投资54亿元。前期项目102项,总投资651亿元。(2)完善重大项目推进机制。提高"联审联批"工作效率,建立健全重大项目管理机构,完善重大项目管理部门协调机制,建立健全责任落实机制,及时分解下达项目建设目标任务,继续实施特别重大项目全程跟踪服务。特别要全力推进续建重大项目的投资进度。(3)进一步加大前期工作经费投入力度,加强项目储备,保持项目建设连续性。继续发挥前期攻坚工作站的作用,确保市委、市政府全程跟踪督办推进的重大项目,特别是临桂新区、苏桥经济开发区和重大产业项目按计划高质量完成前期工作。(4)继续开展工程建设领域突出问题专项治理。以项目审批、招投标、建设进度、工程质量、资金管理、竣工验收等为重点,加大稽察检查、专项督查和督办力度,确保所有重大项目都要成为阳光工程、优质工程、安全工程、廉洁工程。

持续掀起基础设施建设新高潮。交通方面。开工桂林至三江高速公路等项目,加快荔浦至玉林高速公路项目前期工作,力争尽快开工建设。续建湘桂铁路扩能改造、贵广铁路、灌阳永安关至全州凤凰、阳朔至鹿寨高速公路,兴安至桂林高速公路竣工通车。启动乡村道路联网工程、农村道路硬化工程。建设阳朔、平乐旅游码头。加快桂林北客运枢纽工程、桂林西货运枢纽工程、资源至兴安、灌阳经恭城至平乐高速公路等项目前期工作。能源方面。力争开工建设国电永福上大压小热电联产、龙胜南山风电场一期、资源金紫山风电场二期、平乐生物质发电项目、220KV骆驼变电站等项目。力争栗塘、红岭等12项送变电工程竣工投产。全力推进宝象、白沙等12项送变电工程的前期工作,力争年内开工建设。水利方面。着力推进桂林市防洪及漓江补水枢纽工程、大中型灌区续建配套和节水改造等重大水利工程建设。建设川江水库大坝和电站厂房;完成小溶江水库大坝70%主体工程;开工建设斧子口水库主体工程;加快中心城市和重点县城防洪堤。对于重点基础设施项目,精心组织,科学安排,重点推进,尽快竣工,增强经济社会发展的支撑能力。

专栏5:2011年自治区、市层面统筹推进643项重点项目

▲新开工233项,主要包括桂林至三江、荔浦至玉林高速公路、桂林两江机场航站楼扩建、龙胜南山风电场一期、资源金紫山二期风电场、新建路、漓江桥扩建、阳江南路、阳江北路、湖塘路桂雁路、抗战文化一条街、汽车站改造、琴潭文化广场、漓江市区段截污工程、桂林电科大尧山新校区五期工程、桂林师专临桂新校区、桂林理工大学博文管理学院、琴潭公园、净瓶山公园、猫儿山园林公园、绿色能源电气产业园、电工电子新材料产业化基地、多功能系列农林机械生产项目、桂林尚科太阳能电池项目、桂林市鑫友光伏公司年产500兆瓦晶体硅太阳能电池片项目、桂林众阳光能科技公司光电产品研发生产中心、桂林国际线缆公司大型线缆生产基地等。

▲续建194项,主要包括湘桂铁路扩能改造、贵广铁路、灌阳永安关至全州凤凰、阳朔至鹿寨高速公路、漓江龙门大桥、滨江北路、滨江南路、阳江路、芳香路、福利路、东安路二期改造、两江四湖二期、南溪河综合整治、漓东公园、黑山植物园、雁山新城区中心环线道路工程、临桂新区核心区路网、英才科技园二期、信息产业园二期、铁山园二期、创意产业园、广西新宝铝铝业公司项目、桂林三金药业公司整体搬迁项目等。

▲竣工投产114项,主要包括兴安至桂林高速公路、机场路改造、资源金紫山风电场一期、临苏一级公路、建干北路、站前路、芳华路、红岭路临桂新区经一路、经二路、经四路、万东路、新中路、临桂新区污水处理系统工程、桂林福达集团公司年产10万吨锻造件项目、桂林三金药业现代中药产业化项目、华力重工履带式锚杆钻车系列产品生产项目等。

▲前期102项,主要包括灌阳经恭城至平乐高速公路、资源至兴安高速公路、桂林至柳城高速公路(桂林段)、全州天湖风电场、中缅长输管线承接工程、宝象变电工程、春江路、群众路东延长线、桂阳旅游大通道(雁山段)、琴潭南路(象山段)、漓东堤园路、临桂新区核心区路网完善工程等。

(二)全面推进"两区"建设,优化提升第三产业

强力推进桂林国家旅游综合改革试验区和国家服务业综合改革试点区域建设,把旅游业和服务业培育成为我市战略

性支柱产业。旅游总收入增长19%,社会消费品零售总额增长16%。

全面推进国家旅游综合改革试验区建设。完成《桂林国家旅游综合改革试验区规划》及《桂林国家旅游综合改革试验区总体方案》编制申报工作,争取尽快获得批复,完善工作方案,进行全面部署和落实,争取国家、自治区政策支持,以项目实施带动试验区建设。新开工桃花江旅游度假区、靖江王府及王陵大遗址等项目;续建兴安灵渠(北渠)国家自然遗产地保护性项目、阳朔县十里画廊景区、世纪冰川景区建设二期等项目;开展会仙湿地、桂林印象兰花生态旅游休闲度假项目、叠彩区江东旅游休闲区等项目前期工作。新建和改造阳朔瑞盛酒店、平乐县旅游大酒店一批高端旅游酒店,提高规模档次和接待能力。积极推进"数字桂林"、旅游公共信息服务平台建设,努力实现宣传促销、信息服务、旅游质量监管等全面数字化。加强旅游软环境建设。

全面推进桂林国家服务业综合改革试点区域建设。制定《桂林市服务业"十二五"发展规划》、《桂林市开展国家服务业综合改革试点2011年度工作方案》、《服务业综合改革试点重大项目工程实施方案》。建立健全服务业发展组织机构和常设工作机构。大力推进服务业与一、二产业融合发展。优先落实试点项目实施主体、土地、资金和政策,启动服务业综合改革四大工程项目前期工作。建设乡村生态休闲旅游度假示范区,重点推进以阳朔为基地的城乡互动乡村生态休闲旅游示范工程和以雁山为基地的观光休闲带;建设商务会展产业与旅游产业融合发展示范区,重点推进以七星区为核心的旅游与会展资源整合及产业协同项目;建设养生度假和社会化养老产业发展示范区,重点推进桂林国际老年公寓项目和以琴潭园区为基地的"栖息式"社会化养老服务创新示范工程;建设商贸和现代物流聚集示范区,重点推进红街商业广场等特色街区、航空港物流园区等区域性商贸物流项目;建设信息化综合服务与管理平台示范工程,启动国家级服务外包基地城市建设,做好全国云计算服务试点城市申报前期工作。

努力扩大消费需求。增强消费拉动力,重点提升居民消费能力、改善居民消费条件、培育新的消费热点。继续实施"万村千乡"市场工程、"双百"市场工程,不断完善城乡服务体系。落实"汽车下乡"、"家电下乡"等优惠政策。整顿和规范市场秩序,加强诚信建设,维护好消费者合法权益,营造良好的消费环境。积极发展电子商务、网络购物等新型消费业态。完善住房消费政策,促进房地产市场健康有序发展。

(三)突出产业升级转型,推动工业经济加快发展

继续深入实施"工业强市"战略,按照"十二五"规划确定的工业发展目标,重点发展壮大机械、汽车、电子信息、医药及生物制品四大优势产业,改造提升食品、有色冶金、电力、建材等六个传统产业,培育发展新材料、新能源、节能环保等新兴产业,鼓励发展新一代信息技术等其它新兴产业,加快桂林"两化"融合试点工作,努力做大工业经济总量,加快建设具有桂林特色的现代工业体系。全部工业总产值力争突破1500亿元,工业增加值增长14%以上。

推进新兴产业发展,加快产业升级步伐。拓宽发展空间,加快桂林高新区的开发建设,推动高新区向千亿元创新型特色园区发展。加快电子信息集团桂林电子产业基地、兴安和临桂光伏产业园,竣工投产桂林尚科光伏晶硅太阳能电池项目二期工程、桂林鑫友光伏公司年产500MW晶体硅太阳能电池生产线、桂林众阳光能科技有限公司太阳能光伏电池生产线、桂林客车集团电动客车、桂林微邦生物技术有限公司甘露低聚糖产业化、桂林百翔电源工业有限公司无污染硅溶胶电池生产等一批新材料、新能源及新能源汽车、节能环保战略性新兴产业项目,加快培育发展新兴产业集群。

加快改造升级步伐,进一步优化工业投资结构。把技术改造升级作为优化投资结构、培育新的增长点、扩大竞争优势的重要途径,加快重点行业的发展,优化提升产值"超百亿"的机械、食品两大产业,力争汽车及零部件、电子信息突破百亿元。大力实施桂林橡胶机械厂技改、桂林大宇客车有限公司年产10000辆各型客车及底盘搬迁改造项目、桂林五环电器制造有限公司电抗器、变压器系列产品技术改造、广西栗木矿业有限公司钽铌(钨锡)资源综合利用技术改造等项目,积极引导企业加大对新技术、新产品和新装备的投入,技改投资270亿元以上,增长25%。

实施强强联合,做大做强一批大企业。继续深化与中央企业和国内外优势企业的战略合作,加快中国化工橡胶桂林有限公司高等级子午线轮胎产业化项目、中国电子科技集团桂林34所光通信产业化等一批重大项目建设。积极推进关联企业、上下游企业联合重组,培育行业龙头企业,提高产业集中度和整体竞争优势。

完善提升园区保障能力,加快推进产业集聚。把工业园区、工业集中区建设作为拉动增长、优化结构、增强竞争力的重要平台。着力提高基础设施、公共服务、产业支撑和集聚发展四大保障能力,加快产业集聚区建设进度,提升产业集聚区建设水平。加快项目组装和项目建设进度,鼓励县(区)采取退二进三、土地置换、招商引资等方式,引导老城区工业企业在提高装备水平,实施技改的基础上,搬迁入工业园区和工业集中区,提高产业集聚度。高新技术开发区、苏桥经济开发区要在桂林市工业经济中起到引领作用,工业总产值增长20%以上。

以企业为主体，着力推进自主创新。深入开展“全国科技进步示范市”和“国家知识产权示范城市”创建活动，大力实施民生科技行动，不断提高科技服务能力和自主创新能力。加强基础性、前瞻性、关键性技术研发，加快桂林理工大学“有色金属及特色材料加工”实验室、桂林优利特电子集团有限公司免疫诊断试剂国家地方联合工程实验室和广西师范大学“药用资源化学与药物分子工程”实验室建设，增加自主创新能力。发挥桂林机床股份有限公司广西数控机床研发中心和桂林三金药业股份有限公司广西中药新药研发中心作用，尽快实现研发成果产业化。研究与试验发展经费支出占地区生产总值比例达到1.58%，每万人口专利拥有量1.86件。

(四)夯实农业基础，扎实推进新农村建设

深入贯彻落实中央和自治区关于加强“三农”工作的决策部署，加大强农惠农力度，夯实农业农村发展基础，促进农业稳定发展和农民持续增收。实现第一产业增加值增长4%以上。

把农田水利作为农村基础设施建设的重点。积极筹措资金，用于农村小流域治理和城市防洪体系建设。计划投资12.7亿元，着力推进桂林市防洪及漓江补水枢纽工程小溶江、川江水库建设，积极争取国家发改委批复斧子口水库工程初步设计概算，力争尽快开工；加快青狮潭灌区、峻山灌区等大中型灌区节水改造前期工作，计划完成节水改造投资0.3亿元；打好病险水库除险加固攻坚战，计划投资1.5亿元，新开工和续建47座病险水库除险加固工程；加快中小河流治理，计划投资3亿元，新开工和续建中小河流治理工程31处以上；实施农村饮水安全工程，计划投资1.5亿元，解决20万人农村饮水安全问题；实施新增粮食生产能力规划工程，石漠化综合治理工程、重点退耕还林地区基本口粮田等项目。加强农村电网、农村危房改造，加大农村环境整治投入。大力开展抗旱水源和以地头水柜、水塘为主的小型雨水集蓄、机电泵站等工程建设，加强防灾减灾基础设施和能力建设。

确保粮油蔬菜等主要农产品供给。认真落实强农惠农政策，保护和调动农民的种粮积极性，确保全市粮食播种面积稳定在560万亩，粮食总产量194万吨。抓好食用菌、无公害蔬菜、高山蔬菜等种植，蔬菜产量达到358万吨。实施生猪标准化规模养殖场项目，加大“菜篮子”工程建设力度，支持油菜种植产业发展。抓好畜牧特别是草食动物、水产品养殖，确保肉类产品产量达到52万吨，水产品产量达到9.47万吨。实施农产品质量安全检验检测体系项目，加强农产品质量安全管理，确保群众吃上放心食品。

加快发展特色效益农业。以创建全国循环农业示范市和广西特色效益农业示范市、乡村旅游农业示范市、吨粮万元工程示范市、生态循环农业示范市为目标，深入实施“南提北扩”发展战略和漓江、湘江、资江、桂江、山区现代农业发展规划，推动农产品规模化、标准化、产业化、品牌化。做大做强水果、食用菌、马铃薯、中药材产业。重点打造阳朔金桔、资江红提、尧山花卉等一批产业基地。在稻作区推广稻—灯—鱼—菇、稻—菜—薯，在园艺作物区推广套种马铃薯、蔬菜等高效农业模式。调整林种结构，培育市县竹木加工贸易产业，推进城乡产业联动发展。

加强农村公共服务体系建设。着力保障和改善农村民生，建设农民幸福生活的美好家园。综合施策、多措并举，提高农民职业技能和创收能力，千方百计增加农民收入。发展农村学前教育，建立完善三级医疗卫生服务体系、公共文化服务体系。

深入推进新农村建设。加强农村水、电、路、气、通信等基础设施配套建设。进一步强化乡村文化体育设施建设、乡村风貌环境卫生综合整治，加快普惠制新农村建设试点村建设。切实抓好扶贫工作，加快第三批82个贫困村“整村推进”工作。

(五)加快推进城镇化进程，促进城乡协调发展

以建设特大城市为目标，抓住国家旅游综合改革试验区和国家服务业综合改革试点区域建设契机，统筹城乡发展，拓展城市发展空间，提升中心城市集聚辐射带动能力，促进产业与城镇建设互动，工业化、城镇化、农业产业化协调发展，力争城镇化率提高2.2个百分点。

全面加快临桂新区和苏桥经济开发区建设。进一步完善临桂新区功能规划，按照“一主三辅两组团”的建设布局，加快临桂新区建设步伐。2011年计划实施项目54项，其中新开工7项，续建47项，年度投资32.6亿元。创业大厦、“一院两馆”等标志性建筑和原住民安置小区建筑加速建设完成封顶，山水大道、新中路等5条道路建成通车，核心区给排水、电信、电力等市政管线工程要基本建成。加快推进临苏公路、凤凰西路等续建道路建设，加快推进投资发展商务大厦、市民广场等项目建设，加快推进临桂新区经会仙湿地至雁山旅游通道、临桂新区城市公共交通及公交枢纽等交通基础设施项目开工建设。加快推进新区湖塘水系防洪排涝工程、中心公园、体育运动休闲公园的建设，加快推进旅游会展、旅游论坛、科技馆、文化宫、特色街区、旅游咨询服务中心等旅游、文化、服务业项目建设，加快推进会仙湿地、万福旅游休闲景区的规划编制工作，形成旅游产业与新区发展互动。加快推进综合物流园区、现代物流配送中心、空港物流园区规划立项建设，形成物流园区与新区发展互动。加快推进秧塘产业园、苏桥工业园、临苏产业带建设，形成产业园区与新区发展互动。临桂新区城市

框架雏形基本显现。苏桥经济开发区加速福龙园C区路网工程、木兰三条道路工程、木兰大街北段等4条路网建设,新开工苏桥园杭州街、木兰北街道路工程。配套苏桥中央生活城项目。加快开发区教育、卫生等公共服务设施和生活设施建设,提高开发区综合配套服务能力。加快产业项目前期工作,落实相关配套条件,开工建设一批产业项目,加快高等级子午线轮胎产业化、各型客车及底盘生产线及奇峰纸业公司搬迁改造项目建设进度,推动产业新城尽快成形。2011年苏桥经济开发区计划完成投资25亿元。

继续完善提升老城功能。突出老城区历史文化和以旅游为主的现代服务业核心功能,改善城市环境和疏解交通。(1)加快推进"1212"工程项目建设,力争完成投资40亿元以上。(2)优化功能。利用老城"退二进三"和新区建设的用地置换契机,积极建设旅游度假服务设施,提升中心商业服务设施水平。建设秀峰区琴潭文化休闲娱乐园、万福旅游度假园区、桃花江旅游度假区、叠彩区江东旅游休闲区、抗战文化一条街、自由路东南片区改造等。继续实施城乡风貌改造工程,以机场路、桂磨路、竹江码头等旅游通道为重点,进一步凸显城市形象品位。努力把老城区建设成为布局合理、环境优美、旅游文化和现代服务业高度发达的都市区。(3)改善环境。以提升城市品位、提高居民生活品质为目标,实施以漓江为重点的城市环境综合整治,继续抓好"两江四湖"二期、小东江、南溪河等环境综合整治工程,启动建设灵剑溪环境综合整治项目。完成沿江沿湖排污口截流工程。扩建城北水厂,续建东区污水处理厂、山口垃圾填埋场,加快叠彩区、秀峰区"城中村"和城市危旧房改造。继续实施城乡风貌改造工程,美化亮化城区主要街道和主要景点。(4)疏解交通。做好市域综合交通规划,新开工漓江桥改扩建工程、湖塘路、新建路、中隐路至西二环路等项目,打通市区西部和东部快速环线;启动城北桂林汽车站建设,规划建设城东和城南汽车站,积极完善公交枢纽场站、停车场库。

加快推进县城和重点乡镇建设。按中小城市发展目标,完善龙胜江北新区、阳朔县新城区、全州县城北新区、平乐南洲新区等县城新区道路、桥梁、通信、供电、供气、供排水、园林、绿化、环卫等市政设施和公共设施建设,着力提高城镇综合承载能力。加快小城镇总体规划及控制性详细规划修编,加快推进村镇规划步伐,计划用三年左右的时间全面完成,基本实现乡镇和村委所在地村屯、中心村,以及交通干线沿线50户以上自然村的规划全覆盖。特别重点抓好特色村镇的规划建设。落实放宽城镇落户条件的政策,促进在城镇稳定就业和居住的农民有序转变为城镇居民,并纳入城镇社保体系。

启动城乡一体化试点工作。尽快研究提出桂林市城乡一体化试点方案,明确试点内容,确定试点对象,成立组织机构,加快推进城乡一体化试点工作。

提高城市管理水平。建立"两级政府、三级管理、四级网络"管理体制,推进市容市貌、公共交通、建筑工地、住宅小区等方面的精细化管理,逐步改善城市人居环境。运用现代信息管理技术,提高城市基础设施运行效率,建立和完善供水、供气、防汛抗灾应急预案,提升公用事业的服务能力和水平。

(六)加强节能减排和环境保护,推动生态文明市建设

把生态文明建设作为转变经济发展方式的重要内容和重要抓手,坚持绿色发展,强力实施节能减排,更加严格地保护漓江生态,扎实推进生态市创建活动,加快推进资源节约型和环境友好型社会建设。

继续下大力气抓好节能减排。(1)按照自治区下达我市的节能减排目标,及时分解下达万元地区生产总值能耗和二氧化碳排放下降、化学需氧量、二氧化硫、氨氮和氮氧化物等主要污染物减排的约束性目标任务,明确责任,加强动态监测和模拟监控。(2)大力发展循环经济。推动企业发展循环经济,在全市开展企业循环经济试点工作。支持国电永福发电有限公司2×350MW上大压小热电联产扩建工程建设。推动汽车零部件、工程机械、机床、矿山机械、农林机械、大型轮胎再制造工程,企业循环经济工程。(3)突出重点领域节能。抓好工业、建筑、交通运输等领域节能降耗。继续加强对重点用能企业实施节能管理。积极推行清洁生产,对铅锌冶炼、造纸实行强制性清洁生产审核。大力推行合同能源管理。(4)强化节能减排目标责任制。严格落实问责制和"一票否决制"。建立健全耗能大户和重点企业节能监管常态机制。(5)切实抓好固定资产投资项目节能评估和审查,加大节能监督管理,深入开展节能减排全民行动。

切实加强环境保护和生态建设。(1)加快建设完善污水处理及配套管网和生活垃圾处理设施,建设苏桥经济开发区污水集中处理系统,力争在年底前建成并投入使用。市县工业园区污水全部纳入污水处理系统进行处理。重点提高设施运行效率,力争市本级城市污水集中处理率和生活垃圾无害化处理率分别达到91%和100%。(2)严格执行环境保护标准和污染物排放总量控制制度,强化工业污染治理和治污设施监管,开展工业烟气脱硝治理和低氮燃烧技术改造,加强机动车尾气污染治理。进一步提高引进项目的环保门槛,将污染物总量指标作为审批项目环评的前置条件,坚决依法淘汰落后生产能力。(3)实行最严格的耕地保护制度和节约集约用地制度,确保耕地保有量不低于38.45万公顷。(4)以通道绿化、城市绿化和村屯绿化为重点,深入实施"绿满八桂"造林绿化工

程，进一步加强退耕还林、石漠化治理、珠江防护林工程等重大生态工程，力争全年植树造林47万亩。因地制宜大力推广农村户用沼气、大中型沼气，力争新建农村户用沼气池1万座。(5)继续开展城市环境综合整治。加快漓东公园、黑山植物园二期工程建设进程，訾洲公园全面建成向市民开放，强化漓江城市段滨江绿带建设及洲岛环境保护和生态整治。(6)科学保护漓江，强化漓江流域环境保护和综合治理。进一步理顺漓江管理体制机制。全力推进桂林市防洪及漓江补水枢纽工程建设，认真实施漓江两岸绿化美化、漓江两岸及水域环境保护、漓江两岸富民惠民、产业结构优化升级、城市化工程等漓江保护五大工程，积极争取把"保护漓江"列为国家生态补偿财政转移支付基金试点，使沿江群众在保护漓江中得到实惠。继续抓好"两江四湖"二期(桃花江)、南溪河、小东江综合治理。积极推进会仙湿地保护项目前期工作。

(七)深化重点领域和关键环节改革，进一步提升开放合作水平

以"两区"改革为契机，把破解发展难题作为深化改革和扩大开放的主攻方向，着力破解阻碍结构调整、发展方式转变和重点难点问题，增强发展的可持续性。

深入推进各项改革。加快推进国家旅游业综合改革、国家服务业综合改革工作。推进行政体制改革，开展政府机构改革，加快转变政府职能，提高社会管理和公共服务水平，着力建设法治政府和服务型政府。开展扩权强县试点，增强县域经济发展活力。深化投资和项目管理体制改革，巩固改革成果，建立科学长效体制机制。加快投融资体制改革，做大做强融资平台，增强融资能力，扩大融资规模。推进金融管理体制改革，健全金融组织体系，创新金融产品，激活金融市场，加强金融监督协调，不断改善金融服务。深化公共财政体制改革，推进公共财政和基本公共服务均等化。稳步推进资源性产品价格和环保收费改革，强化市场配置资源的基础性作用。推进国有经济战略性调整和所有制结构优化，大力发展民营经济。采取兼并、重组、破产清算、企业内部职工持股等形式，大力推进企业改革改制，服务企业上市。深化集体林权制度改革，全面完成集体林权主体改革。深化教育和文化体制改革，努力提升文化软实力。全面推进医药卫生体制改革，基本完成全市医药卫生体制改革五项重点任务。开展统筹城乡综合配套改革试点，着力破除城乡二元结构，缩小城乡差距。推进兴安县、恭城县和平乐县新型农村养老保险改革试点，提高农村养老保障。理顺城区管理体制。

大力实施招商引资。充分利用中国—东盟自由贸易区建成的机遇，大力推进重点面向东盟和港澳台的对外开放合作，继续合理有效利用国外贷款，进一步发挥利用国外贷款在引进国际先进技术和管理经验方面的作用。进一步加强与东部先进地区商会组织的双向交流，建立稳固的战略合作伙伴关系。突出承接产业转移、加强与央企和世界500强企业的商务合作、搞好技术人才引进"三个重点"，引进国际国内大型企业兼并重组改造升级我市工业产业；开展桂林国际旅游综合改革试验区、国家服务业综合改革试点区域、临桂新区、苏桥经济开发区、县(区)工业集中区专场推介招商活动，积极参与东盟博览会招商活动，积极把桂林经济建设和社会发展融入国内外多区域合作的格局，努力实现跨越式发展。进一步做好项目大兑现工作。力争全年引进项目400个以上，引进资金388亿元以上。

积极扩大外贸出口。继续加大对企业的政策扶持力度。加大国家与自治区两个科技兴贸出口创新基地建设力度。巩固东盟、日本等传统出口市场，加快开拓南非、埃及和欧盟等国际市场。积极引导有条件的企业"走出去"。进出口总额增长15%以上，其中出口总额增长10%以上。

(八)加强市场保障和价格稳定工作

按照"立足当前、着眼长远、综合施策、重点治理，保障民生、稳定预期"的要求，综合运用多种调控手段，全面加强市场供应和价格监管，确保物价总水平基本稳定，保障群众基本生活。(1)认真落实保供稳价措施，强化"菜篮子"市长负责制，完善粮油、猪肉、食糖等重点生活物资储备制度和价格调节基金制度，增强价格调控能力。(2)继续实行鲜活农产品运输绿色通道政策，进一步规范集贸市场设施租赁费和超市进场费，降低农产品流通、销售成本。(3)加强对粮、油、肉、禽、蛋、水产品、主要蔬菜品种等居民生活必需品和煤炭、柴油、石油液化气、化肥等重要商品的价格监测及预警预报，完善价格应急预案，必要时对重要生活必需品和生产资料实行价格临时干预措施。(4)审慎出台政府调价项目，把握好调整时机、节奏和力度。切实落实好国家和自治区已取消的各种收费政策，继续降低部分偏高药品价格。(5)强化市场监管和价格监督检查，继续开展涉农、涉企、通信、电力、教育、医疗等收费和价格专项检查，严厉打击恶意炒作、囤积居奇、串通涨价、哄抬物价等价格违法行为。(6)建立健全物价上涨与低收入群体临时价格补贴联动机制，落实城区低保对象、农村五保供养对象临时价格补贴的发放工作。做好舆论导向工作，正确引导社会预期。

(九)坚定不移保障和改善民生，促进社会和谐稳定

把保障和改善民生作为工作的出发点和落脚点，坚持民生优先，服务于民、谋利于民、造福于民，大力推进各项社会事业建设，着力完善社会保障体系，突出解决关系群众切身利益的实际问题，加强精神文明建设、民主政治建设，加强安全生产管理，使发展成果更多惠及民生。

加快发展教育事业。认真贯彻广西教育改革的“十大重点工程”和“十大改革试点”，推进城乡义务教育均衡发展，推进学前教育、义务教育、普通高中教育、职业教育、特殊教育等各类教育协调发展。启动农村边远艰苦地区学校教师周转宿舍、农村学前教育工程。学前教育，以农村学前教育特别是乡镇幼儿园的设置为重点，进一步推动我市学前教育普及程度，继续开展示范幼儿园建设工作。义务教育，积极推进城乡一体化的义务教育发展格局。进一步完善机制，以流入地为主、公办学校为主做好进城务工、投资经商、引进人才等外来人员随迁子女接受义务教育工作。做好学校布局规划调整工作，统筹协调和指导12县完成中小学布局调整规划编制，及时予以启动。继续加快推进中小学校舍安全工程，实现城乡中小学校舍安全基本达标。继续巩固提高九年义务教育成果。普通高中，重点是加强示范性普通高中建设，提升质量、推广经验、树立名校品牌。启动桂林中学临桂校区建设。争取永福高中、龙胜中学、资源高中通过自治区示范性普通高中验收工作。职业教育，做好我市职教攻坚工作评估验收工作，竣工桂林市职教中心学校临桂分校，加快市卫生学校、交通技工学校新校区建设，争取市卫生学校9月投入使用，交通技工学校新校区2012投入使用。抓好五校（市经济干校、财贸干校、林业学校、农机校、民族干校）整合和职教园区建设。特殊教育，加快桂林市聋哑学校新校区和灵川等四县特殊教育学校建设。积极争取中央资金支持平乐、临桂等县特殊学校建设。开工建设临桂新区、苏桥经济开发区规划配套的中小学建设。高等教育，全力支持桂林师范高等专科学校新校区建设，积极配合桂林电子科技大学、桂林医学院、桂林理工大学、广西师范大学、博文学院、漓江学院等高校开展新校区建设。

加快发展医疗卫生事业。加强以基层为重点的医疗卫生服务体系、精神卫生防治体系建设。启动卫生监督体系、全科医生培训基地和农村急救体系建设。加快中央已下达的县、乡、村三级农村医疗卫生服务网络项目建设，争取年底前竣工投入使用。强化城镇社区卫生服务功能。全面实施防治艾滋病攻坚工程、母婴健康“一免二补”幸福工程和地中海贫血防治工程。中央扩大内需下达的卫生项目，年底必须竣工投入使用。提升旅游城市医疗卫生设施能力建设。竣工市人民医院门诊大楼，开工建设临桂新区桂林市中心医院。继续完善基层人口计生服务体系，开展孕前优生健康免费检查。

大力发展文化体育事业。在巩固提升商贸、餐饮、娱乐、运输等就业容量大的传统服务业的基础上，按照《桂林市文化产业发展规划（2011—2015年）》，大力发展演艺文化业、文化旅游业、工艺美术品业、数字化服务业、印刷包装及文化设备制造业和会展服务业等六大文化产业集群。着力推进高新区创意产业园，雁山区桂林动漫戏曲文化产业园等项目建设，增强文化产业的发展后劲。以城乡基层为重点，加快实施文化惠民工程，继续推进西新工程、广播电视村村通工程、农家书屋工程等建设。继续加强农村基层体育公共服务设施建设，开工建设临桂新区体育休闲公园、桂林国奥体育文化体育城等一批重大文化体育项目。支持少数民族聚居区、贫困地区文化服务网络建设。加强历史文物保护和名镇名村保护建设。推进一批城区社区文化活动中心和村级公共服务中心建设。大力开展全民健身运动。

千方百计扩大就业。大力开展全民创业，完善扶持政策，激活民间资本，健全服务体系，搭建服务平台，以创业带动就业。力争全年城镇新增就业6万人以上。继续实施“农村劳动力技能培训计划”，落实农民工回乡创业的各项政策，促进农村劳动力转移就业、回乡创业，新增转移就业农村劳动力8.5万人以上。

着力完善社会保障体系。继续扩大社会保险覆盖范围，扎实推进平乐、恭城县第二批新农保试点工作。切实抓好城乡低保政策落实。加快基层养老服务体系建设，大力加强社区服务。推进社会救助体系、残疾人康复和抚养服务及特殊群体社会福利设施建设。

加强城镇保障性安居工程建设。紧紧抓住国家大规模实施公租房等保障性住房工程的有利契机，大力争取中央投资支持，多渠道筹措资金，切实落实供地和建设计划，鼓励社会资金参与建设和运营，健全保障性住房管理的体制机制，力争全年新开工建设保障性住房1.25万套以上。

全力抓好扶贫工作。实施新一轮贫困村整村推进扶贫开发、“十百千”产业扶贫示范工程，启动易地扶贫搬迁产业发展和依托城镇化发展实施易地扶贫搬迁试点工程。进一步落实水库移民后期扶持政策以及在建水库移民征地补偿和移民安置政策，切实安排好桂林市防洪及漓江补水枢纽工程三座水库淹没区搬迁移民。

加强社会应急能力建设。为应对自然灾害、公共卫生、食品安全和社会突发事件的发生，建立健全应急预警和应急处置体系，提高抗击风险能力。

抓好为民办十件实事。投资30亿元以上，切实做好医疗卫生保障惠民工程、社会保障惠民工程、安居惠民工程、教育惠民工程、文化惠农工程、生态惠民工程、强农惠农工程、强基惠农工程、新村建设惠民工程、城市环境治理惠民工程。

专栏6：为民办实事项目

1.医疗卫生保障惠民工程。实施城镇职工、城镇居民基本医疗保险和新型农村合作医疗保险，3项参保率均达90%

以上;提高参合农民、参保居民的年人均财政补助标准;继续实施基本公共卫生服务项目,免费为城乡居民提供建立居民健康档案、健康教育、预防接种等9类基本公共卫生服务;实施艾滋病防治攻坚工程;建设标准化村级卫生室;完成农村改厕1.3万座。

2.社会保障惠民工程。完成城镇企业职工基本养老保险新增参保任务;做好平乐县、恭城县农村新型社会养老保险试点工作;按照自治区要求提高城乡低保对象补助标准和新建农村五保村。继续实施"阳光家园计划"项目,为3000名残疾人提供日间照料和居家托养服务。

3.安居惠民工程。完成城镇保障性安居改造和农村危房改造任务;开工建设廉租房1812套,实现交付使用1000套目标;开工建设经济适用房27.27万平方米,竣工25.32万平方米。

4.教育惠民工程。对各县(区)中小学校舍进行新建、迁建和安全加固;对就读普通高中的库区移民子女和在国家级贫困县就读的普通高中生免学费;对农村义务教育阶段家庭经济困难寄宿生给予生活费补助;对农村义务教育学校课桌椅进行更新改造;对中等职业教育学生给予资助;对困难残障就读学生给予资助;对考上大学的贫困新生给予路费和短期生活费资助;改善少数民族和民族地区中小学校基础设施建设。

5.文化惠农工程。完成91个村级公共服务中心建设、每个行政村每月放映1场电影、实施20户以下自然村(屯)通广播电视工程。

6.生态惠民工程。完成通道绿化和村(屯)绿化等项目建设任务;对1316万亩国家级和自治区级公益林进行生态效益补偿。新建户用沼气池1万座。

7.强农惠农工程。实施农村"一事一议"奖补项目;继续做好"万村千乡"市场工程,建设配送中心5家、农家店270家;实施"菜篮子工程",重点建设灵川、临桂、雁山菜篮子生产基地。

8.强基惠农工程。完成土地整理项目建设;支持农业综合开发土地治理项目建设;继续实施1500个自然村(屯)内道路硬化、30个行政村通油路或水泥路项目;继续实施农村安全饮水工程,解决20万农村人口的饮水安全问题。

9.新村建设惠民工程。实施"普惠制"新村建设项目,完成400个村建设任务;做好水库移民新村建设工程。

10.城市环境治理惠民工程。继续实施"两江四湖"二期(桃花江)、南溪河、小东江环境综合整治工程;对市区部分街区路灯进行节能改造;开工建设漓江(市区段)截污工程、灵剑溪环境综合整治工程;启动城北水厂二期扩建工程前期工作。

(十)加强宏观经济分析和规划管理

加强经济形势监测预测分析,尤其是密切跟踪国家宏观调控政策取向,对已出台的调控政策,进一步加强研究分析,提出贯彻落实措施。对我市经济运行中的苗头性、倾向性问题,采取有效应对措施,保持经济平稳健康运行。组织编制重点专项规划。并与"十二五"规划纲要进行衔接。分解落实"十二五"规划纲要的目标任务到各县区和市直各部门,并制定目标、任务跟踪检查及考核的制度和办法。

各位代表,2011年是实施"十二五"规划的开局之年,创造性地做好全年各项工作使命光荣,责任重大。我们坚信,在市委的正确领导下,在市人大的监督和帮助下,在市政协的支持下,通过全市人民的团结拼搏,我们一定能够把握机遇,开拓进取,以更加开放务实的作风,谱写经济社会发展的新篇章。

桂林市2011年国民经济和社会发展计划目标(草案)

指 标 名 称	计算单位	2010年		2011年	
		初步统计	增长%	预期目标	增长%
一、地区生产总值	亿元	1108.63	313.8		11
第一产业	亿元	202.6	4.8		4
第二产业	亿元	502.04	20.7		13.5
#工业	亿元	427.61	20.2		14
第三产业	亿元	403.99	10.2		10
人均地区生产总值	元	21611	13.1	24633	10
工业增加值比重	%	38.6	+1.3	39.5	+0.9
服务业增加值比重	%	36.4		36.6	+0.2
二、财政收入	亿元	121.08	24	136.82	13
#一般预算收入	亿元	67.08	21.6	75.8	13
三、市区居民消费价格指数	上年=100	102.2	2.2	105	5
四、全社会固定资产投资	亿元	908.56	37.8	1090	20
#技改投资	亿元	216.05	42.8	270	25
五、社会消费品零售总额	亿元	391.53	18.9	454	16
六、外贸进出口总额	亿美元	9.03	22.6	10.38	15
#出口总额	亿美元	6.22	20.7	6.84	10
七、实际利用外资(全口径)	亿美元	2.5	25.3	2.75	10
八、旅游					
接待旅游总人数	万人次	2246.33	20.8	2458	9.4
#海外游客人数	万人次	148.62	15.2	153	3.1
旅游总收入	亿元	168.3	32.6	200	19
九、教育、科技与卫生					
九年义务教育巩固率	%	92.8		92.84	+0.04
高中阶段教育毛入学率	%	85		86	+1
研究与试验发展经费支出占地区生产总值比例	%	1.43		1.58	
每万人口专利拥有量	件	1.58		1.86	
千人口医院和卫生院病床数	张	2.65		2.67	0.7
广播人口综合覆盖率	%	95.2	+0.8	96	+0.8
电视人口综合覆盖率	%	66.8	+0.4	97.1	+0.3
十、人口、就业、收入和社会保障					
年末总人口	万人	514.37	0.54	520	1.1
人口自然增长率	‰	7以内		8以内	

桂林市2011年国民经济和社会发展计划目标(草案)

指　标　名　称	计算单位	2010年		2011年	
		初步统计	增长%	预期目标	增长%
城镇化率	%	39	+1.07	41.2	+2.2
城镇新增就业人数	万人	6.89		6	
城镇登记失业率	%	3.95		4.5以内	
城镇居民人均可支配收入	元	17949	10.7	19718	10
农民人均纯收入	元	5487	13.5	6013	10
城镇参加基本养老保险人数	万人次	52.91		54.5	3
城乡三项医疗保险参保率	%				
城镇职工基本医疗保险参保率	%	92		93	+1
城镇居民基本医疗保险参保率	%	90		91	+1
新型农村合作医疗参合率	%	95.4		96	+0.6
城镇参加失业保险人数	万人次	25.5		23.5	
城镇保障性安居工程建设	万套	0.69		1.25	81
十一、主要产品产量					
粮　食	万吨	192.96	-0.2	194	0.5
肉类总产量	万吨	49.49	3.9	52	5
十二、资源节约与环境保护					
耕地保有量	万公顷	38.4		38.45	
每万元工业增加值用水量	立方米	140		133	-5
农业灌溉用水利用系数		0.4		0.41	
非化石能源占一次能源消费比重	%	20.6		21	+0.4
每万元生产总值能源消耗	吨标煤	0.9998	-2.9	完成自治区下达的目标	
每万元生产总值二氧化碳排放量吨完成自治区下达的目标	吨			完成自治区下达的目标	
化学需氧量排放量	万吨	4.75		完成自治区下达的目标	
二氧化硫排放量	万吨	6.58		完成自治区下达的目标	
氨氮排放量	万吨			完成自治区下达的目标	
氮氧化物排放量	万吨			完成自治区下达的目标	
森林覆盖率	%	68.15		68.26	+0.11
森林蓄积量	万立方米	7189		7379	2.6
市本级城市污水集中处理率	%	90.4		91	+0.6
城市生活垃圾无害化处理率	%	100		100	持平

注:城乡三项医疗保险包括城镇职工基本医疗保险、城镇居民基本医疗保险、新型农村合作医疗。

关于桂林市全市与市本级2010年预算执行情况和2011年预算草案的报告

——2011年2月11日在桂林市
第三届人民代表大会第七次会议上

桂林市财政局

各位代表：

受市人民政府委托，现将全市与市本级2010年预算执行情况和2011年预算草案提请桂林市第三届人民代表大会第七次会议审议，并请政协各位委员和其他列席会议的同志提出意见。

一、关于2010年全市和市本级预算执行情况

2010年，全市各级财政部门在市委的正确领导下，在市人大及常委会、政协的监督支持下，坚持以邓小平理论和“三个代表”重要思想为指导，深入贯彻落实科学发展观，以促进经济发展为主线，统筹财政与经济协调发展，全面推进依法理财、民主理财、科学理财，各项财政工作均取得较好的成绩，圆满地完成了市三届人大六次会议确定的各项财政收支计划，全市预算执行情况良好。

（一）2010年全市预算执行情况

2010年全市组织财政收入121.08亿元，完成年初预算的109.73%，比上年增长24%。预计全市财政总收入225.34亿元，财政总支出187.19亿元，收支相抵，扣除结转下年继续使用的专款等28.25亿元，全市当年财政收大于支9.90亿元。

全市财政总收入的构成是：(1)一般预算收入67.08亿元，完成年初预算的108.36%，增长21.63%；(2)上级补助收入116.30亿元，其中：增值税和消费税税收返还收入7.04亿元，所得税基数返还收入2.91亿元，与自治区分享四税返还收入5.01亿元，成品油价格和税费改革税收返还收入0.97亿元，自治区一般性转移支付收入42.90亿元，自治区专项转移支付收入57.47亿元；(3)上年结余收入38.36亿元；(4)债券转贷收入3.60亿元。

全市财政总支出的构成是：(1)一般预算支出183.59亿元，完成调整预算的148.87%，增长30.21%；(2)上解上级支出3.33亿元，其中：体制上解支出1.74亿元，专项上解支出1.59亿元；(3)调出资金0.27亿元。

由于决算尚未完成，现向各位代表报告的2010年全市预算执行情况与实际执行情况相比会有一些出入。待全市决算编成后再按《预算法》和《广西壮族自治区预算监督条例》的有关规定，报市人大常委会备案。

（二）2010年市本级预算执行情况

2010年市本级组织财政收入41.17亿元，完成年初预算的102.62%，比上年增长15.96%。预计市本级财政总收入65.32亿元，财政总支出51.24亿元，收支相抵，扣除结转下年继续使用的专款等12.93亿元，当年财政收大于支1.15亿元。这个预计数与年度决算数相比会有一些出入，待2010年市本级决算正式编成后，再按照有关法规规定报请市人大常委会批准。

市本级财政总收入的构成是：(1)一般预算收入21.40亿元，完成年初预算的98.46%，增长10.95%；(2)上级补助收入23.02亿元，其中：增值税和消费税税收返还收入2.61亿元，所得税基数返还收入1.18亿元，与自治区分享四税返还收入1.71亿元，成品油价格和税费改革税收返还收入0.38亿元，一般性转移支付补助收入3.08亿元，专项转移支付收入14.06亿元；(3)下级上解收入5.63亿元，其中城区体制上解和税收增量分成收入4.56亿元，专项上解收入1.07亿元；(4)上年结余收入11.67亿元；(5)债券转贷收入3.60亿元。

在市本级一般预算收入中，税收收入完成13.31亿元，增长11.71%。其中：增值税1.49亿元，增长7.38%；营业税3.13亿元，增长17.34%；企业所得税1.92亿元，增长40.98%；个人所得税0.79亿元，增长29.49%；城市维护建设税1.11亿元，增长12.99%；房产税0.70亿元，下降10.44%（主要是受2009年清理欠税增加一次性收入的因素影响）；印花税0.05亿元，增长29.69%；城镇土地使用税0.24亿元，下降27.17%（主要是纳税期限可选择的征收政策影响使该税种收入不稳定以及2009年清理欠税增加一次性收入的因素影响）；土地增值税1亿元，增长12.95%；车船使用和牌照税0.01亿元，下降49.68%（主要是2010年保险业代征税收按财政体制规定从市本级向城区调库所致）；耕地占用税0.38亿元，下降63.64%（主要是2009年清理欠税增加一次性收入的因素影响）；契税2.49亿元，增长38.13%。

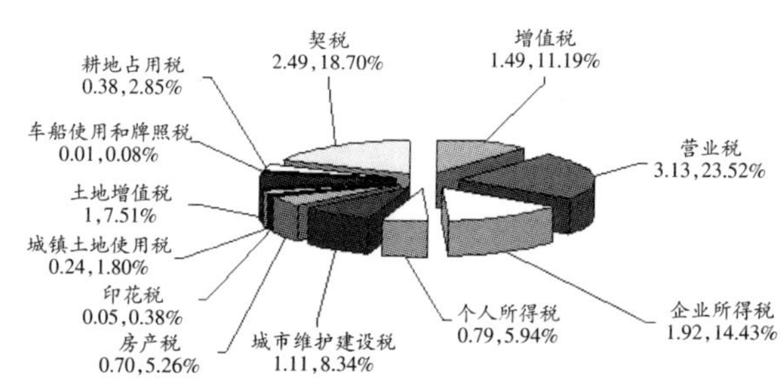

非税收入完成8.10亿元，增长9.72%。其中：专项收入0.82亿元，增长14.04%；行政性收费收入1.14亿元，下降57.22%（主要是教育收费转为预算外收入所致）；罚没收入0.24亿元，下降69.34%（主要是自治区上收交警罚没收入所致）；国有资本经营收入4.71亿元，增长300.47%（主要是2010年两江四湖国有资产转让收入一次性增加较多所致）；国有资源（资产）有偿使用收入1.08亿元，下降43%（主要是漓江门票收入下降较大所致）；其他收入0.11亿元，下降26.99%。

2010年市本级非税收入结构图 [单位：亿元，占比]

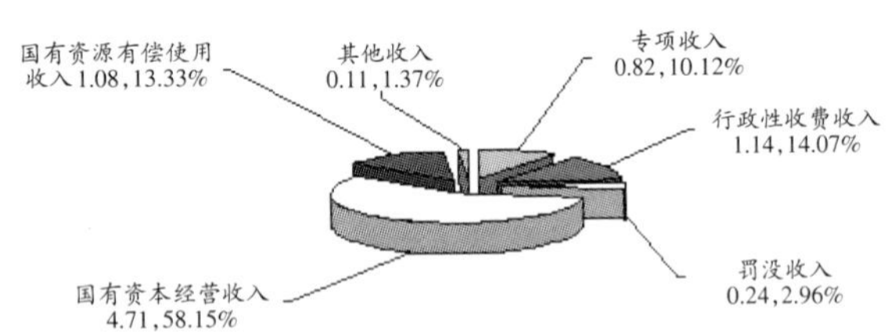

市本级财政总支出的构成是：(1)一般预算支出44.19亿元，完成调整预算的127.89%，增长18.18%，剔除自治区追加各类专项补助14.05亿元，完成调整预算的87.24%（主要是部分项目实施进度慢所致）；(2)上解上级支出2.46亿元，其中：体制上解1.69亿元，专项上解支出0.77亿元；(3)补助下级支出2.61亿元；(4)调出资金0.27亿元；(5)债券转贷支出1.71亿元。

在市本级一般预算支出中，一般公共服务5.53亿元，增长7.03%；国防0.15亿元，增长22.88%；公共安全4.94亿元，增长26.82%；教育6.18亿元，增长11.39%；科学技术0.89亿元，增长11.92%；文化体育与传媒1.27亿元，增长17.01%；社会保障和就业3.56亿元，下降15.64%（主要是2009年自治区拨付齿轮厂1亿元企业改制资金一次性收入影响，剔除此因素，实际增长10.56%）；医疗卫生3.80亿元，增长22.44%；节能环保1.42亿元，增长24.22%；城乡社区事务2.72亿元，下降29.41%（主要是部分工程尚未完工结算所致）；农林水事务5.61亿元，增长90.37%；交通运输0.91亿元，下降32.77%（主要是成品油价格和税费改革税收返还收入结算方式改变所致）；资源勘探电力信息等事务1.18亿元，下降42.39%（主要是2010年科目调剂所致）；商业服务业等事务0.40亿元，下降25.26%（主要是2010年航线培育资金支出减少所致）；金融监管等事务支出0.05亿元，增长320.51%（主要是2010年上级追加资金较多所致）；国土资源气象等事务0.28亿元，增长0.51%；住房保障支出1.27亿元，增长107.51%；粮油物资储备管理事务0.07亿元，增长10.44%；国债还本付息支出1.32亿元，增长146.63%（主要是2010年到期国债较多所致）；其他支出2.64亿元，增长3347.06%（主要是2010年增加两江四湖工程还款支出2亿元所致）。

2010年市本级一般预算支出结构图 [单位：亿元，占比]

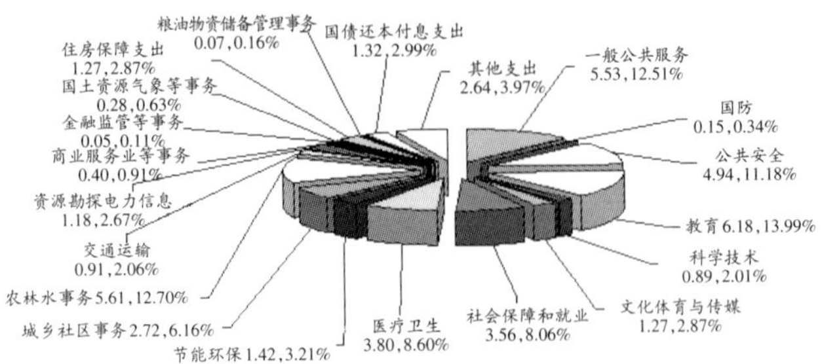

（三）2010年市本级政府性基金预算执行情况

2010年，市本级政府性基金预算总收入31.88亿元，其中，当年基金收入27.77亿元，上年结余2.87亿元，上级补助收入1.24亿元。当年政府性基金预算支出29.25亿元，收支相抵，年终结余2.63亿元。

二、2010年为完成全年预算所做的主要工作

为确保财政预算的顺利完成，我们重点做了如下工作：

（一）狠抓组织收入工作，确保全年收入目标任务完成

2010年，国际金融危机影响持续，国内经济大环境仍在企稳回升阶段，国家继续实施结构性减税政策，清理规范融资平台政策出台，重点建设项目的推进融资困难，我市组织财政收入工作受到了来自国内外经济环境、政策环境的重大考验。面对困难和压力，全市各级财税部门在市委、市政府的坚强领导下，以高度的责任感和使命感，沉着应战，迎难而上，采取有效措施，确保了我市全年财政收入目标任务的完成。

一是加强领导，落实责任。深入分析研究全市税源状况，及时将年初目标任务和调整目标任务分解下达到县（区）和征管部门，明确时间进度要求，强化收入目标责任制，做到组织收入工作早计划、早安排。二是齐抓共管，加强协作。发挥财政部门的牵头作用，强化与税务等部门配合，定期召开全市财税工作会议，及时通报情况，查找差距，共同研究解决税收收入征管过程中出现的新情况、新问题。同时，推进社会综合治税工作，完善委托代征机制，营造良好的社会综合治税环境。三是强化征管，深挖潜力。狠抓税收征管基础工作，加强重点行业、重点企业、重大项目税源监控管理；加强纳税评估，大力整顿税收秩序，加大税务稽查和清理欠税的工作力度。想方设法挖掘非税收入收缴潜力，进一步规范单位收缴行为，重点抓好了两江四湖等非税收入入库工作。四是继续做好企业纳税排名公示，并及时兑现企业各种奖励，鼓励依法纳税、诚信纳税和纳税光荣的社会舆论氛围，创造良好的税收征管环境。

（二）积极争取上级财政资金，增强财政服务保障能力

各级财政部门及时向上级部门反映地方财政收支矛盾情况，并根据中央和自治区扩大内需各类财政资金的投资政策和重点支持领域，准确把握财政投入重点和方向，积极争取上级财政支持，增加地方可用财力，努力提高财政平衡能力。全年通过各种渠道争取上级财力性补助42.90亿元，同比增长8%，其中市本级1.78亿元，同比增长37.98%；争取重点基础设施建设、社会保障、医疗卫生、教育科技、农业发展、企业扶持、住房保障、环境保护等各类专项资金64.90亿元，同比增长53.17%，其中市本级15.23亿元，同比增长52.15%；争取自治区超调市本级3亿元资金用于城市开发建设，争取自治区超调县级0.50亿元资金用于县域经济发展，有力支持了我市各项改革和经济社会发展。

（三）调整优化财政支出结构，合理安排地方财力

2010年，我市财政收支矛盾异常突出。一方面，国家医药卫生体制改革深入推进，义务教育教师工资改革全面实行，各项社会保障制度不断扩面，保增长、保民生、保稳定的刚性支出增长较快；另一方面，转变经济发展方式任务艰巨刻不容缓，扩大内需项目建设大量启动，临桂新区建设力度加大，发展建设事业亟待财政哺给。近年来，我市财政收入虽然实现了较快增长，但地方可用财力增长有限，财政收支矛盾依然突出。对此，财政部门认真履行职责，当好政府理财助手。

一是突出重点，统筹经济社会发展。按照公共财政要求和经济社会发展需要，区别轻重缓急，按照有保有压、有进有退的原则，优先确保工资、政权机关运转以及农业、教育、科技按法定比例增长的资金需要，重点保证改善民生资金需要，加大对社会保障事业、医药卫生体制改革、保障性住房建设等民生工作的支持；认真贯彻落实中央、自治区和市委、市政府重大决策部署要求，积极落实中央、自治区确定的经济和社会发展项目配套资金，全力保障市委、市政府确定的2010年政府为民办实事等重点支出需要；落实好偿债资金，确保政府债务的按时归还，维护我市的良好信誉。二是牢固树立全员理财和勤俭办一切事业的思想，大力压缩一般性支出。正视我市的财政状况，及时通报财政面临的困难和问题，从严控制追加支出，硬化预算约束，减轻财政支出压力。同时，认真贯彻落实中办、国办关于厉行节约，严格控制一般性支出的要求，2010年全市购车、出国经费、会议费、接待费、用水用油用电费等一般性财政支出压缩5885万元。

（四）积极筹措资金，全面支持扩大内需

2010年，财政部门抓住国家实施“积极财政政策和适度宽松的货币政策”的有利时机，充分发挥财政职能作用，积极筹措资金，强力支持我市“扩内需，保增长”重大战略。

一是围绕“四大建设”为重点的项目大会战，积极筹措资金加大固定资产投入，全力服务“项目建设年”。以开展“我为临桂新区做什么”大讨论活动为切入点，积极筹资支持临桂新区建设，加快了市政基础设施和创业大厦、一院两馆等一批标致性建设项目的进度；积极筹措项目资本金，并拨付自治区资金管理局资本金贷款4亿元，有效发挥了财政资金的引导作用；及时下达中央扩大内需项目资金26.24亿元、中央代地方发行债券资金3.60亿元，保证了中央扩大内需项目的顺利实施。二是发挥财政政策的消费导向作用，启动市场消费热点。全年拨付家电、汽车、摩托车下乡补贴资金1.57亿元，家电下乡补贴量达到508647台（件），财政资金补贴兑付率为98.11%；汽车摩托车下乡补贴数量达到27539辆，财政资金申报补贴率为99.28%，两项补贴率在全区14个地市中居于前列。

（五）支持经济发展方式转变，推动工业化建设

一是支持重点企业技术改造。对全市百强工业企业实施重点跟踪，安排市本级技改贴息补助资金5000万元支持重点工业企业技术改造，并争取了桂林福达等66家企业列入自治区千亿元产业和重点产业发展计划，拨付上级财政技改贴息补助资金1.07亿元，大力培育我市新的经济和财源增长点。二是积极筹措企业改制资金，推进银海集团、鲁山水泥厂等8家特困国有企业的改革重组，以及桂林化纤总厂、桂林电缆厂和威达集团政策性破产工作。三是积极支持中小企业发展。拨付国家和自治区中小企业发展专项资金、农产品加工产业扶持资金、地方特色产业中小企业发展资金5500万元，支持企业开展技术改造创新、扩大再生产、节能减排以及专业化协作；积极帮助解决中小企业融资困难，推动桂林市中小工业企业投资担保有限公司和桂林市中小企业融资担保中心合并重组，进一步增强了融资服务能力。四是支持工业园区发展。拨付自治区产业园区专项资金、工业园区标准厂房补助资金4463万元，专项用于产业园区基础设施建设和企业发展。五是支持节能减排及淘汰落后产能工作推进。安排市本级资金2000万元，拨付自治区资金565万元用于节能减排技术改造；拨付淘汰落后产能中央财政奖励资金6322.5万元补助国电永福发电公司，减轻了企业因关停小火电机组受到的损失；拨付关闭小企业中央财政补助资金1334万元，对2010重点关闭的高耗能、污染严重、安全隐患突出的小企业及煤矿进行了补助。

（六）保障民生支出，构筑和谐社会

公共财政“取之于民、用之于民”。财政部门始终把坚持改善民生，推进和谐社会建设作为财政工作的重点之一。

一是加强社会保障资金统筹，支撑“社会保障安全网”。

加强社会保险基金的调度，拨付社会保险基金29.76亿元，保障了全市13.2万多名离退休人员养老金的按时足额发放和养老保险待遇提标政策落实，保障了全市参保对象医疗、失业、工伤、生育待遇的落实；拨付再就业资金5379万元、返乡农民工创业就业基金1998万元，切实落实就业再就业扶持政策；积极开展新型农村养老保险试点，下达自治区和市本级财政资金2777万元，目前试点县兴安参保人数已达15.56万人；关心弱势群体基本生活，安排财政资金2000余万元，做好慰问困难群体、困难企业职工生活补助和子女入学、困难企业军转干部生活补助等工作；积极帮助解决改制企业职工生活困难，安排国有企业关闭破产补助资金5000万元，支持企业改制，做好职工安置；安排2000万元办理国有困难企业退休人员参加基本医疗保险手续，已有60户企业7600多人办结参保手续享受医保待遇；及时拨付上级和市本级财政资金38457万元，支持城乡低保、医疗救助等社会救助制度实施和完善，构筑“最后一道制度保障线”；及时拨付救灾专项资金5891万元，有力地支持了旱灾和洪灾救灾工作，保障了受灾群众基本生活。二是支持医疗卫生事业发展，解决群众“看病难”问题。下达自治区医改补助资金4736万元，支持基本药物制度改革、基层医疗卫生机构综合改革、基本药物零差率改革等2010年医药卫生体制改革重头工作；拨付上级财政资金34890万元，市财政资金3206万元，支持新农合制度扩面提标，安排市财政资金600万元，推进城镇居民基本医疗保险全面实施；积极筹拨资金，支持应对手足口病疫情等事关人民群众身体健康的医疗卫生工作。三是筹资近1.5亿元，支持中小学校舍安全工程、两江四湖二期、市区重要交通节点改造等十项政府为民办实事工作。

（七）加强农业农村工作，积极支持新农村建设

一是积极筹措资金，大幅增加“三农”投入。全年共拨付和下达上级财政支农资金10.5亿元，水利基础设施建设资金3亿元，防洪及漓江补水枢纽工程建设资金5.5亿元。二是全面兑现惠农补贴政策。及时拨付上级和市本级粮食直补、综合直补、大中型水库移民资金、退耕还林资金等涉农补贴8.23亿元。三是加大农业综合开发力度。2010年争取了国家农发增量资金安排高标准农田建设示范和新增土地治理项目，总投资3620万元；完成6个财政贴息项目申报，贴息贷款额1.5亿元；完成3个新建产业化经营项目申报，总投资1.02亿元。四是支持农村基础设施和文化设施建设。安排资金支持1500个自然村（屯）内道路硬化、村村通广播电视工程及农村饮水、村级公共服务中心示范工程等项目建设。基本完成了各县农村义务教育“普九”化债任务。五是扎实推进村级公益事业一事一议财政奖补试点扩面工作，目前我市12县全部纳入试点范畴，是全区唯一在所辖的县域中全部开展试点的地市。

（八）稳步推进财政改革，创新财政管理机制

一是继续深化财政国库管理制度改革。2010年市本级国库集中支付资金范围已涵盖预算内资金、专项资金和缴入国库的非税收入，通过集中支付的财政资金41.32亿元，占本级财政支出65.85%，同比增长17.48%。同时，全面启动了公务卡支付制度改革。二是完善部门预算管理的相关办法，继续推进综合预算，并开展了公用经费综合定额和交通费定额的调研、测算及修订工作。三是积极开展推进国有资本经营预算试编工作，拟定了《桂林市人民政府关于试行国有资本经营预算的意见》。四是深化政府采购改革，大力推行协议供货、定点采购制度，进一步加强对大中型重点工程建设项目的监管，完善工程备案监管制度，努力提高采购效果和效率。2010年纳入政府采购范围的采购预算金额达35.71亿元，实际采购金额30.98亿元，节约4.74亿元，平均节约率为13.26%。五是落实基层政法部门公用经费保障机制，做好政法经费保障体制改革工作。

（九）加强财政财务管理及财政监督

一是强化行政事业单位资产管理，组织开展了全市行政事业资产管理信息系统的实施工作。二是加强国债资金、世行项目、外国政府贷款、融资平台担保贷款项目的监管，开展了政府融资平台公司清理工作，加强了政府债务统计监测，切实防范财政风险。三是加强财政专项资金使用的跟踪问效，开展对扩大内需资金、强农惠农资金、社保资金以及国债资金等管理使用的检查。四是狠抓“小金库”专项治理“回头看”工作，查出“小金库”116个，涉案金额3158.42万元，全部督促整改到位。五是加强基本建设财务管理，完善财政性投资评审管理制度，做好重点工程项目竣工财务决算批复，完成各类评审项目921个，送审造价155.73亿元，审减不合理资金18.92亿元，核减率13.81%。六是进一步加大对财务总监的派驻和管理力度，2010年新增派驻项目46个，并加强了培训、考核工作，全面提高财务总监的综合素质。

2010年，全市各级各部门通力合作，共同努力，较好地完成了全年的财政工作任务。但是，我们也清醒地认识到，我市经济社会发展中仍存在一些不足和问题，主要体现在：一是我市企业规模小，易受市场波动影响，产业结构不尽合理，税收增长亮点不多，财政收入增长后劲不足。二是各项政策性支出增长较快，保运转、保民生压力很大，财政收支矛盾依然突出。三是预算执行力有待于进一步加强。这些需要在今后的工作中认真研究并逐步解决。

三、2011年全市和市本级预算草案

2011年是十二五规划开局之年，根据自治区和市委、市

政府关于财政工作的部署和要求，2011年全市财政预算的指导思想是：

高举中国特色社会主义伟大旗帜，以邓小平理论和“三个代表”重要思想为指导，深入贯彻落实科学发展观，全面贯彻党的十七大、十七届三中、四中、五中全会和自治区党委九届十三次全会、市委三届十次全会及中央、自治区、全市经济工作会议精神，保持财政收入稳定增长，提高财力保障水平；继续实施积极的财政政策，发挥财政政策在稳定增长、改善结构、调节分配、促进和谐等方面的作用；综合运用各种财税政策，加快经济结构战略性调整，全面提高经济质量和效益；优化财政支出结构，严控一般性支出，保证法定支出和重点支出需要；着力支持产业发展，提高财源建设成效；推进重点项目建设，实现项目带动；更加注重改善民生，统筹各项社会事业全面协调发展；继续推进财政管理体制改革，继续加强财政监督，推进财政管理科学化、精细化，支持自治区直管县财政管理方式改革，促进县域经济发展，实现十二五财政工作良好开局。

按照上述指导思想，2011年全市组织财政收入比上年增长13%，实现财政收支平衡，略有结余。

（一）2011年全市财政预算草案

2011年全市组织财政收入计划136.82亿元，比上年增长13%。预计全市财政总收入142.38亿元，财政总支出136.28亿元，收支相抵，扣除结转下年继续使用的专款等4.21亿元，预计净结余1.89亿元。

全市财政总收入的构成是：(1)一般预算收入73.83亿元，比上年增长10.07%；(2)上级补助收入58.65亿元，其中：增值税和消费税税收返还收入7.39亿元，所得税基数返还收入2.91亿元，与自治区分享四税返还收入5.01亿元，成品油价格和税费改革税收返还收入0.90亿元，自治区一般性转移支付收入34.53亿元，自治区专项转移支付收入7.91亿元；(3)上年结余收入9.90亿元。

全市财政总支出的构成是：(1)一般预算支出132.75亿元，增长13.50 %；(2)上解上级支出3.33亿元，其中：体制上解支出1.74亿元，专项上解支出1.59亿元；(3)调出资金0.2亿元。

各位代表，现在报告的2011年全市预算是代编的预算，是一个指导性的指标，待各县(区)预算经各级人民代表大会批准后，我们再按有关规定和程序，汇总后报市人大常委会备案。

（二）2011年市本级预算草案

2011年拟安排市本级组织财政收入46.52亿元，比上年增长13%。预计市本级财政总收入39.44亿元，财政总支出38.29亿元，收支相抵，扣除结转下年使用的专款等0.40亿元，当年净结余0.75亿元。

市本级财政总收入安排情况是：(1)一般预算收入23.63亿元，比上年增长10.42%；(2)上级补助收入9.14亿元，其中：增值税和消费税税收返还收入2.73亿元，所得税基数返还收入1.18亿元，与自治区分享四税返还收入1.71亿元，成品油价格和税费改革税收返还收入0.35亿元，自治区一般性转移支付收入2亿元，自治区专项转移支付收入1.17亿元；(3)下级上解收入5.51亿元；(4)上年结余收入1.16亿元。

市本级一般预算收入中，税收收入16.10亿元，比上年增长(以下简称“增长”)20.95%，其中：增值税1.71亿元，增长15%；营业税3.63亿元，增长16%；企业所得税2.24亿元，增长16.40%；个人所得税0.94亿元，增长19.03%；城市维护建设税1.28亿元，增长16%；房产税0.83亿元，增长18.50%；印花税0.06亿元，增长12%；城镇土地使用税0.29亿元，增长19%；土地增值税1.29亿元，增长29%；车船使用和牌照税0.01亿元，增长16.40%；耕地占用税0.51万元，增长33.27%；契税3.31亿元，增长33%。

2011年市本级税收入结构图 [单位：亿元，占比]

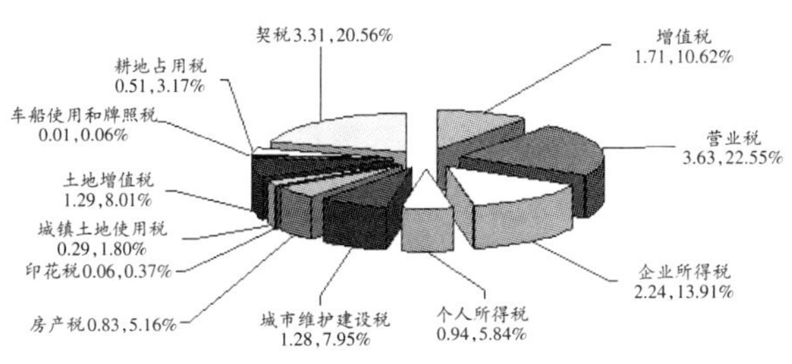

非税收入7.54亿元，下降6.89%。其中：专项收入0.95亿元，增长16%；行政事业性收费收入1.31亿元，增长14.99%；罚没收入0.28亿元，增长16.50%；国有资源(资产)有偿使用收入1亿元，下降7.96%；国有资本经营收入4亿元，下降14.95%。

2011年市本级非税收入结构图 [单位：亿元，占比]

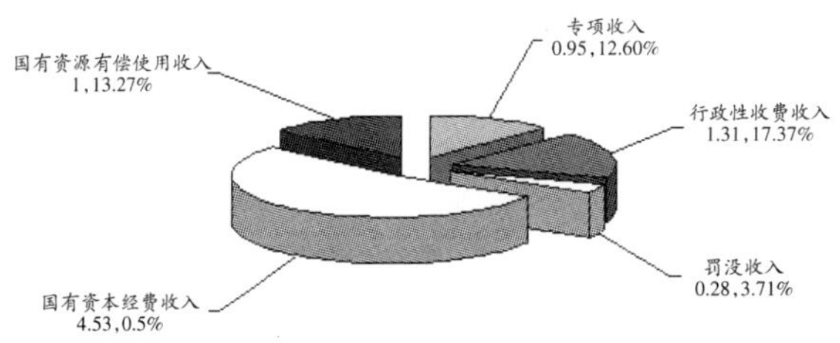

市本级财政总支出的构成是：(1)一般预算支出34.06亿

元,比2010年年初预算增长10.63%;(2)上解上级支出2.64亿元,其中:体制上解支出1.69亿元,上解补助县级支出0.3亿元,专项上解支出0.65亿元;(3)补助下级支出1.39亿元;(4)调出资金0.2亿元。

市本级一般预算支出项目安排情况是:一般公共服务4.53亿元,比2010年年初预算(下同)下降20.01%(主要是2011年基建支出1.5亿元转政府性基金支出所致);国防0.21亿元,增长110.9%(主要是2011年实行综合预算管理后原属预算外安排的人防支出转为一般预算支出所致);公共安全3.58亿元,增长12.71%;教育4.38亿元,增长18.10%;科学技术0.59亿元,增长13.52%;文化体育与传媒1.07亿元,增长20.94%;社会保障和就业3.39亿元,增长50.26%(主要是将上级提前下达的2011年就业专项补助资金和军休人员安置费列入预算所致);医疗卫生3.45亿元,增长4.68%;节能环保0.43亿元,增长3.01%;城乡社区事务1.50亿元,下降11.11%(主要是城市基础设施配套建设项目经费改由基金支出所致);农林水事务1.35亿元,增长16.12%;交通运输0.46亿元,增长556.36%(主要是成品油价格和税费改革税收返还收入结算方式改变所致);资源勘探电力信息等事务1.60亿元,增长100.30%(主要是解决国有企业历史遗留问题增加的支出所致);商业服务业等事务1.19亿元,增长344.96%(主要是落实支持桂林旅游再融资资金以及旅游发展专项资金纳入预算管理所致);金融监管等事务支出1亿元(用于商行增资扩股);国土资源气象等事务0.25亿元,增长2.13%;住房保障支出0.65亿元,增长0.20%;粮油物资管理事务0.07亿元,下降0.16%;储备事务支出0.04亿元;预备费0.80亿元,与去年持平;国债还本付息支出比去年减少1.30亿元(2011年转由政府性基金安排);其他支出3.52亿元,下降5.34%。

2011年市本级一般预算支出 [单位:亿元,占比]

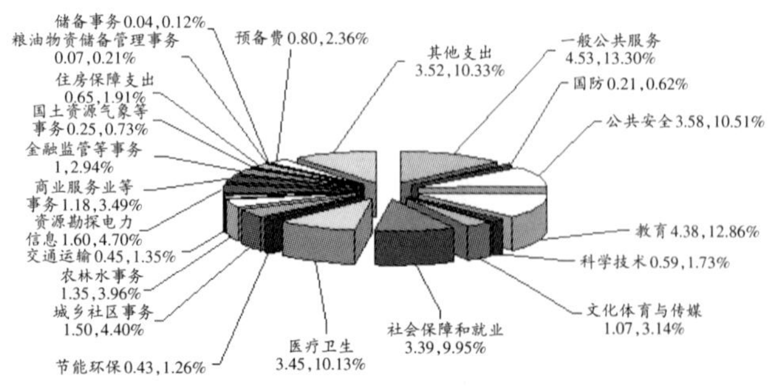

(三)2011年市本级政府性基金收支预算草案

2011年,市本级政府性基金预算总收入安排34.50亿元,比上年完成数增加2.62亿元,增长8.21%;总支出安排31.95亿元,比上年预算增长15.73%,结转下年支出2.55亿元。原由公共预算安排的基建支出和还贷准备金2011年全部转由政府性基金预算安排。

(四)关于2011年市本级预算支出安排保障的重点

2011年市本级按照"继续保增长、保民生、保稳定、保持和扩大经济社会发展良好势头"的目标要求,通过发展不断壮大财政实力。同时,进一步调整和优化支出结构,在保运转、保稳定和"三项"法定增长的基础上,重点加大对经济发展转型、重点项目建设、民生事业发展的支持力度。安排的重点是:

1.促转型,优结构,做大做强产业基础,推动经济更好更快发展。

一是围绕"工业强市"战略目标,实现工业产业结构升级,推动工业经济跨越发展。改善招商引资环境,增强工业发展后劲;加快园区建设步伐,优化产业空间布局;加快培优扶强,做大做强"五大五小"支柱产业;加强企业融资担保平台建设,解决中小企业发展资金困难;帮助企业实施技术改造,提升企业核心竞争能力;实施品牌战略,发挥品牌经济效益;深入推进国有企业改制和重组,大力支持桂林银行融资扩股工作;推动节能减排和低碳产业发展,淘汰落后产能。二是以建设国家旅游综合改革试验区和服务业综合改革试点区域为契机,加快旅游业转型升级。壮大旅游企业集团,推动优势旅游产业集群发展;加大旅游市场营销力度,拓展国际国内旅游市场;大力开发旅游商品,培育壮大旅游商品生产基地;打造精品旅游项目,提升旅游品位;推动旅游资源整合,转变旅游业运营模式;办好桂林山水文化旅游节等旅游节会,提升桂林旅游形象;安排专项资金,推进"两区"建设。三是启动消费热点,增强经济活力。在加强社会保障和兑现国家提高中低收入人群收入水平政策的基础上,进一步落实家电下乡、汽车摩托车下乡、汽车以旧换新等扩大内需的各项补贴政策,刺激和引导消费,激发本地市场活力。

2. 抓投入,上项目,完善公共基础设施,拉动经济财源建设,促进全年各项经济预期目标的实现。

一是围绕城市建设、园区建设、交通水利建设、城乡风貌建设"四大建设"为重点的项目建设,集中地方财力,争取国家投入,做好融资工作,严格按项目进度时间要求,筹措资金到位,加快资金调度拨付,推进重大项目开工、续建、竣工。二是发挥财政收支政策的引导作用,促进投资结构优化,引导资金投向交通、能源、农林水利、社会民生、高新技术、技术改造、节能环保、现代服务业等重点领域。三是加强项目建设保障。加大项目前期经费投入,支持转方式、调结构、惠民生和创业创新方面的重大项目储备;继续支持投融资平台加强和完善融资职能。

3. 惠民生，保稳定，加快各项社会事业的发展

一是根据中央和自治区的决策部署，积极推进事业单位分类改革，保障事业单位绩效工资改革资金需要。二是加大投入，逐步提高教育、社会保障支出占财政支出的比重，促进社会稳定和谐。三是加大医疗卫生事业投入，更好地解决"看病难"的问题，保障人民群众身体健康。四是完善廉租住房保障筹资机制，加大保障性房建设投入。五是积极筹措资金重点保障政府为民办实事项目需要，力促政府为民办实事工作出成绩，见实效。

四、抢抓机遇，迎难而上，确保2011年预算的完成

2011年，我市经济发展的内外部环境总体上好于去年。国际金融危机的影响已逐步趋弱，出口市场开始恢复，我国国内经济运行进入常规增长的轨道，国内投资、消费有望实现较快增长，2011年中央决定实施积极的财政政策和稳健的货币政策；近年来，我市抓投入上项目成效显著，园区经济和县域经济发展迅猛，产业优势更加显现，发展空间更加广阔。另一方面，一些影响财政收入增长的制约因素也不容忽视。主要有：重点项目投资受到国家清理规范融资平台政策影响，对经济和财政的拉动势头难以预测；新增投产工业项目不多，对财政贡献有限，现有企业经济效益的提升存在一些不确定性；部分重点税源行业面临节能减排等产业结构调整政策影响；结构性减税政策影响仍存在；非税收入增长空间减小。

综合考虑GDP预计发展水平和各项增收及减收因素，全市和市本级财政收入预计增长13%是积极稳妥的。

为圆满完成2011年预算任务，要努力做好如下几个方面工作：

（一）抓住国家经济转型的历史机遇，努力做大财政"蛋糕"，进一步提高地方财政的保障和服务能力

一方面，要认真分析财源建设工作中存在的薄弱环节，研究财政支持财税支柱产业发展、支持项目建设拉动经济和财源增长、支持扩大本地消费需求等方面的新办法、新举措，提高财税政策支持财源建设的力度和成效，进一步夯实地方财源基础。另一方面，要用好用足政策，认真研究分析国家实施经济发展方式转变战略中投资政策、财政政策、货币政策宏观调控的方向，积极向上级部门汇报我市财政收支矛盾和发展需要，争取上级加大对我市的一般财力性补助，以及工业、农业、社会保障和就业、环境保护、基础设施建设等重点专项转移支付补助，扩大地方财政支出规模。

（二）切实加强收入征管，确保完成全年收入目标任务

坚持以组织收入为中心，进一步加强收入工作的组织领导，加强财政部门的牵头作用，密切财政与税务、国库等收入部门的协调配合，及时分解落实收入任务，完善收入增长的激励机制和考核办法，调动方方面面组织收入的积极性；抓好收入完成进度统计分析，及时掌握各时段收入工作的重点和难点，积极有效地采取措施；进一步规范市本级与城区收入、市级与相关县收入分享体制，及时协调处理好飞地经济、异地搬迁企业、工业园区企业税收划分中出现的新情况、新问题，维护各级协作建税的积极性；实施依法治税，综合治税，抓好重点行业、重点企业、重点税种税源监控，抓好税收管理信息化、专业化等征管手段改进创新，加大稽查和清欠力度，有效整顿和规范税收秩序，确保应收尽收；严格审核减免税行为，维护税法的权威性；继续做好企业纳税情况公示，实施百强企业排名及奖励政策，鼓励诚信纳税、依法纳税；依法加强非税收入的监缴和稽查力度，努力挖掘非税收入的潜力；充分利用好现行国家土地政策，加紧土地收储工作，适时变现存量土地，确保土地收入任务的完成。

（三）按公共财政要求，继续调整和优化支出结构

按照市场经济规则和公共财政要求，根据财力和公共需求变化，调整优化支出结构，加强资金调度，优先确保政府机关正常运转、工资和生活补贴正常发放的资金需要，确保农业、科技、教育等支出按法定增长以及市委、政府重大决策的实施；加大对社会保障、就业、扶贫、公共卫生、公共安全、环境保护等民生、稳定方面的资金投入；坚持勤俭办一切事业，厉行节约，推进服务型、节约型政府建设。

（四）深化财政体制机制改革，提高财政支出绩效

在财政收支规模不断扩大的同时，继续推进财政体制机制的改革，不断提高支出绩效，将纳税人的钱花对地方，落在实处，用出效益。一是加强财政预算管理科学化精细化。继续深化部门预算改革，进一步规范和简化预算编制流程，完善基本支出的定员定额管理和项目支出的评审办法，推进综合预算进程。二是提高财政资金运转使用效率，加强支出监管，不断完善财政国库集中收付制度，进一步扩大国库集中支付覆盖范围，继续完善推行公务卡制度，全面实行公务车定点加油与维修制度。三是继续完善政府采购制度，拓展政府采购领域，扩大采购的范围和规模，进一步提高政府采购资金使用效益。四是进一步创新城市建设投融资体制，为城市发展注入新的活力。清理和规范融资平台公司，完善债务风险预警机制，规范政府举债行为，在继续融资搞建设的同时努力防范和化解财政风险。五是积极推进政府性基金预算和国有资本经营预算改革，增强政府财力的完整性和统一性。六是进一步健全财政性项目的投资评审机制，对重点建设项目继续派驻财务总监，提高财政资金使用效益。七是进一步理顺临桂新区、苏桥工业园区的收入划分，做好核实税源调查和新区企

业的确定工作,为促进新区经济发展提供机制保障。八是大力支持自治区直管县财政管理方式改革,促进县域经济发展。

各位代表,做好2011年财政工作,任务艰巨,使命光荣。我们将在市委的正确领导下,自觉接受人大对财政工作的依法监督,认真听取人民政协的意见和建议,牢固树立和落实科学发展观,坚定信心,抢抓机遇,锐意进取,扎实工作,不断开创财政工作新局面,争取全面完成各项财政工作任务,为桂林的科学发展、和谐发展、跨越发展做出更大的贡献。

2010年桂林市国民经济和社会发展统计公报

桂林市统计局　国家统计局桂林调查队

（2011年2月10日）

2010年，是我市经济社会发展形势较为复杂的一年。一年来，全市各族人民按照市委、市政府的决策部署，坚决贯彻国家宏观调控政策，加快落实国务院《关于进一步促进广西经济社会发展的若干意见》，认真研究国内外形势变化，积极应对金融危机带来的各种挑战，大力实施“十一五”规划，开展以“城市建设、交通基础设施建设、园区建设、城乡风貌建设”为重点的项目建设大会战，推动发展方式转变和经济结构调整，加强环境保护和节能减排，着力改善民生，全市经济保持平稳较快发展，各项事业取得新的进步，人民生活继续改善。

一、综　合

初步核算，全市地区生产总值（GDP）1108.63亿元，比上年增长13.8%。其中，第一产业增加值202.60亿元，增长4.8%；第二产业增加值502.04亿元，增长20.7%；第三产业增加值403.99亿元，增长10.2%。第一、二、三产业增加值占地区生产总值的比重分别为18.3%、45.3%、36.4%。按户籍人口推算数计算，全市人均地区生产总值21611元，增长13.1%。

2006-2010全市生产总值及增长速度

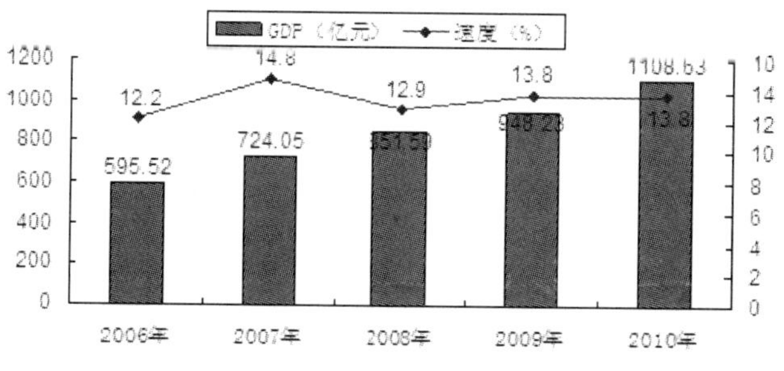

市区居民消费价格比上年上涨2.2%，商品零售价格比上年上涨2.5%。

2010年市区居民消费价格指数

类　别	指数(上年=100)
居民消费价格	102.2
食　品	106.1
#猪肉	102.6
烟酒及用品	100.1
衣　着	96.7
家庭设备用品及维修服务	97.2
医疗保健和个人用品	101.8
交通和通信	98.9
娱乐教育文化用品及服务	100.9
居　住	104.2

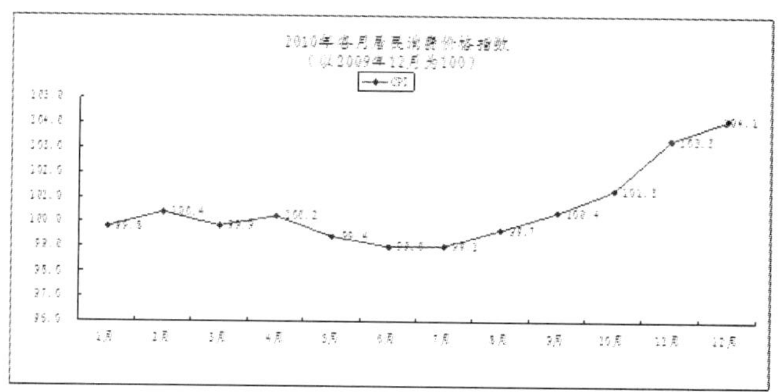

年末全市城镇新增就业人员6.89万人；年末城镇登记失业率3.95%，比上年末降低0.07个百分点。全年城镇单位从业人员劳动报酬96.20亿元，比上年增长13.4%；在岗职工年平均工资30908元，增加3063元，增长11.0%。

全年组织财政收入121.08亿元，比上年增长24.0%。其中，地方一般预算收入67.08亿元，增长21.6%；上划中央收入40.57亿元，增长25.0%。在组织财政收入中，税收收入98.29亿元，增长26.9%。一般预算支出182.25亿元，增长29.6%。

全年一至四季度企业家信心指数分别为121.97、118.37、128.01、130.03；企业景气指数分别为116.75、118.49、120.33、125.94。

二、农 业

全年农林牧渔业总产值319.21亿元，增长5.1%。其中，农业产值183.47亿元，增长5.1%；林业产值19.42亿元，增长3.7%；牧业产值99.22亿元，增长5.0%；渔业产值8.07亿元，增长6.0%；农林牧渔服务业产值9.03亿元，增长7.5%。

年末实有耕地面积26.25万公顷，比上年减少0.02万公顷；农业机械总动力364.82万千瓦，比上年增加30.93万千瓦；全年农用化肥使用量（按实物量计）64.32万吨，比上年增加1.29万吨；农田有效灌溉面积21.87万公顷。

全年农作物播种面积65.13万公顷,比上年增加1.28万公顷。其中,粮食作物播种面积37.08万公顷,比上年增加0.14万公顷;蔬菜播种面积16.39万公顷,比上年增加0.26万公顷。主要农产品产量稳定增长。粮食总产量在连续六年增产的基础上保持基本稳定。全年粮食总产量192.96万吨,比上年下降0.2%。其中,夏粮90.97万吨,下降1.1%;秋粮99.53万吨,下降0.3%。

2010年主要农产品产量及增长速度

单位:万吨

产　品	产　量	比上年增长%
粮　食	192.96	-0.2
谷　物	176.07	-1.0
豆　类	5.04	5.2
薯　类	11.85	10.5
油　料	4.88	8.6
花　生	4.42	7.8
水　果	252.00	7.5
蔬　菜	323.53	2.9
糖　类(甘蔗)	40.48	16.7

全年肉类总产量49.49万吨,增长3.9%。其中,猪肉产量30.77万吨,增长3.2%,牛肉产量1.46万吨,增长1.2%,禽蛋产量4.80万吨,增长10.4%。水产品产量9.11万吨,增长6.1%。

三、工业和建筑业

全年全部工业增加值427.61亿元,增长20.2%。其中规模以上工业增加值310.26亿元,增长25.7%。规模以上工业产品销售率为93.8%,比上年提升0.3个百分点。在规模以上工业增加值中,按轻重工业分,轻工业113.20亿元,增长27.2%;重工业197.06亿元,增长24.8%。按登记注册类型分,国有及国有控股企业增加值66.90亿元,增长23.6%;股份制企业228.29亿元,增长28.0%;外商及港澳台商投资企业21.81亿元,增长20.7%;私营企业增加值94.65亿元,增长27.0%。

2006-2010年全部工业增加值及增长速度

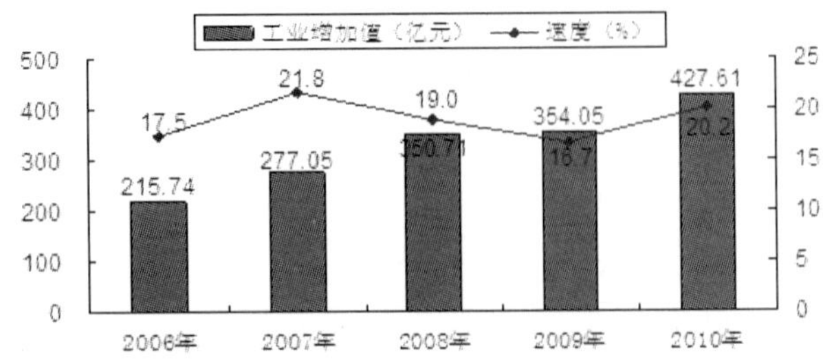

主要工业产品产量保持增长。

2010年主要工业产品产量及增长速度

产品名称	计量单位	产量	比上年增长%
饮料酒	千升	1070746	11.1
#白酒	千升	97145	10.0
啤酒	千升	936926	9.7
软饮料	万吨	222.12	80.5
#碳酸饮料	万吨	7.88	-8.2
果汁及果汁饮料	万吨	1.63	21.6
瓶灌装饮用水	万吨	160.99	117.7
合成洗涤剂	万吨	11.50	4.9
水泥	万吨	913.49	22.8
水泥熟料	万吨	512.01	29.2
钢材	万吨	60.91	6.4
铁合金	万吨	74.44	0.9
十种有色金属	万吨	4.52	-7.1
金属切削机床	台	4980	72.7
#数控机床	台	84	-1.2
人造板	万立方米	158.88	72.4
#胶合板	万立方米	72.55	138.2
机制纸及纸板	万吨	18.31	21.7
纸制品	万吨	28.30	39.7
化学药品原药	吨	685	-49.2
中成药	吨	25205	25.9
橡胶轮胎外胎	万条	63.87	3.9
塑料制品	万吨	6.84	27.5
收获机械	台	114293	79.0
汽车	辆	2040	-3.6
电力电缆	千米	62916	90.5
光学仪器	台	91582	181.9
通信及电子网络电缆	对千米	6446	34.4
半导体分离器件	万只	155795	17.0
电子元件	万只	55469	88.7
发电量	亿千瓦时	83.27	23.2
#火电	亿千瓦时	43.29	33.8
水电	亿千瓦时	39.98	13.6

全年规模以上工业经济效益综合指数251.1点,比上年提高32.7点;主营业务收入860.28亿元,增长42.5%;利税总额78.03亿元,增长28.7%;盈亏相抵后实现利润总额44.99亿元,增长41.9%,亏损企业亏损面为17.7%,比上年减少1.2个

百分点。

2010年规模以上工业利润总额及增长速度

单位：亿元

指　　标	利润总额	增长%
规模以上工业	44.99	41.9
#轻工业	21.58	19.0
重工业	23.41	72.5
#国有及国有控股企业	8.53	158.1
#大中型企业	25.79	33.6
#国有企业	4.56	132.8
集体企业	0.13	44.3
股份合作企业	0.28	-3.4
股份制企业	34.79	32.8
外商及港澳台商投资企业	3.30	73.1
#私营企业	14.51	52.2

全年资质以上建筑企业总产值129.75亿元，增长14.5%。全社会建筑业增加值74.43亿元，比上年增长23.7%。

四、固定资产投资

全年全社会固定资产投资908.56亿元，比上年增长37.8%。其中，工业投资283.66亿元，增长29.4%。在全社会固定资产投资中，城镇固定资产投资758.52亿元，增长39.1%；农村固定资产投资125.77亿元，增长32.6%。在城镇固定资产投资中，基本建设投资405.11亿元，增长39.9%；更新改造投资216.05亿元，增长42.8%；房地产开发投资118.01亿元，增长27.9%；其他投资17.81亿元，增长67.6%。全年新增固定资产329.98亿元，增长40.4%。

2006-2010年全社会固定资产投资及增长速度

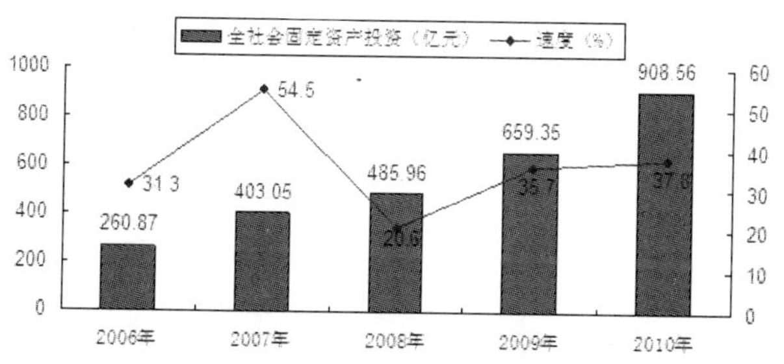

在城镇固定资产投资中，分经济类型看，国有投资316.25亿元，比上年增长36.6%；非国有投资442.27亿元，增长40.9%，其中民间投资416.67亿元，增长43.3%。分三次产业看，第一产业投资9.24亿元，下降8.7%；第二产业投资249.88亿元，增长29.3%，第三产业投资499.40亿元，增长46.1%。

2010年分行业城镇固定资产投资额及增长速度

行　业　名　称	投资额（亿元）	比上年增长%
城镇固定资产投资合计	**758.52**	**39.1**
农林牧渔业	9.24	-8.7
采矿业	25.09	67.1
制造业	187.28	40.0
电力、热力及水的生产和供应业	36.94	-15.1
建筑业	0.56	-42.7
交通运输、仓储和邮政业	127.29	42.1
信息传输、计算机服务和软件业	9.66	-8.3
批发和零售业	20.14	17.1
住宿和餐饮业	16.29	-8.4
金融业	2.30	548.4
房地产业	133.45	28.4
租赁和商务服务业	3.60	38.9
科学研究、技术服务和地质勘查业	1.93	29.6
水利、环境和公共设施管理业	135.44	98.0
居民服务和其它服务业	3.30	354.2
教育	17.72	37.7
卫生、社会保障和社会福利业	12.43	113.2
文化、体育和娱乐业	6.17	45.9
公共管理和社会组织	9.69	55.0

全年商品房施工面积1251.83万平方米，增长31.1%。年内新开工面积317.80万平方米，增长23.9%。其中住宅258.83万平方米，增长12.8%。商品房竣工面积191.58万平方米，增长7.9%。其中住宅173.59万平方米，增长12.0%。商品房销售面积323.58万平方米，增长18.2%。

五、国内贸易、对外经济

全年社会消费品零售总额391.53亿元，比上年增长18.9%。分城乡看，城镇消费品零售额323.60亿元，增长19.7%；乡村消费品零售额67.93亿元，增长15.2%。分行业看，批发和零售业实现零售额333.53亿元，增长18.5%；住宿和餐饮业实现零售额58.00亿元，增长21.1%。

2006-2010年社会消费品零售总额及增长速度

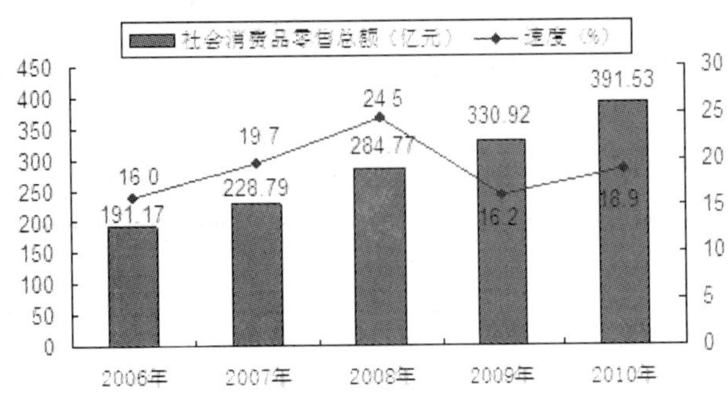

在批发和零售业中，限额以上批发和零售业零售额71.89亿元，增长29.7%。按商品类别分，石油及制品类零售额17.38亿元，增长38.6%；汽车类零售额18.33亿元，增长39.5%；服装、鞋帽、针纺织品类零售额8.78亿元，增长30.5%；食品、饮料、烟酒类零售额7.78亿元，增长31.7%；家用电器和音像器材类零售额7.41亿元，增长27.4%；中西药品类零售额2.90亿元，增长11.9%；日用品类零售额2.42亿元，增长6.8%；体育娱乐用品类零售额0.66亿元，下降28.6%；化妆品类零售额0.89亿元，增长2.9%；文化办公用品类零售额0.97亿元，增长12.1%；书报杂志类零售额0.42亿元，增长3.4%。

全年海关进出口总额9.03亿美元，比上年增长22.6%。其中，出口额6.22亿美元，增长20.7%；进口额2.81亿美元，增长27.2%。

全年新签市外境内项目总投资386.46亿元，增长17.9%；市外境内项目实际到位资金374.13亿元，增长33.2%。

六、交通、邮电、旅游

全年交通运输、仓储及邮政业增加值49.46亿元，比上年增长17.6%。年末公路里程11186公里，增长1.4%。其中，高速公路里程349公里。

2010年客货运输量及增长速度

指　　标	单位	绝对值比	上年增长%
全社会货物运输总量	万吨	4796.77	25.3
#铁路	万吨	146.55	0.7
公路	万吨	4619.00	25.6
民航	万吨	1.77	-0.5
水运	万吨	29.45	445.4
全社会旅客运输总量	万人次	15475.06	8.9
#铁路	万人次	413.35	3.9
公路	万人次	14560.00	9.0
民航	万人次	280.30	0.1
水运	万人次	221.41	31.5

年末民用汽车拥有量17.76万辆，增长24.4%。其中私人拥有13.68万辆，增长37.2%。

全年邮电业务总量（按2000年不变价格计算）93.54亿元，比上年增长13.9%。其中，邮政业务总量2.57亿元，增长32.8%；电信业务总量90.97亿元，增长13.4%。

年末固定电话用户76.81万部，移动电话350.29万部，互联网上网户数39.69万户。

全年接待国内外旅游人数2246.33万人次，增长20.8%。其中，国内旅游人数2097.71万人次，增长21.2%；入境旅游人数148.62万人次，增长15.2%。在入境旅游人数中，港澳同胞20.06万人次，下降2.1%；台湾同胞38.81万人次，增长16.1%；东盟十国23.67万人次，增长20.2%。全年旅游总收入168.30亿元，增长32.6%。其中，国内旅游收入134.17亿元，增长36.8%；境外旅游收入34.13亿元，增长18.3%。

七、金融和保险

全年金融业增加值44.33亿元，比上年增长8.6%。年末金融机构存款余额1367.59亿元，增长23.2%；贷款余额784.18亿元，增长20.0%。

2010年末金融机构存贷款及其增长速度

单位:亿元

指　　标	绝对值	增长%
各项存款余额	1367.59	23.2
#城乡居民储蓄存款	772.39	20.4
企业存款	288.84	22.0
各项贷款余额	784.18	20.0
#中长期贷款	583.25	22.9
个人贷款	243.18	33.2
单位贷款	334.87	16.6
#短期贷款	173.24	25.4
个人贷款及透支	52.82	25.2
单位贷款及透支	114.04	23.9
贸易融资	6.35	62.0

2006-2009年城乡居民储蓄存款及增长速度

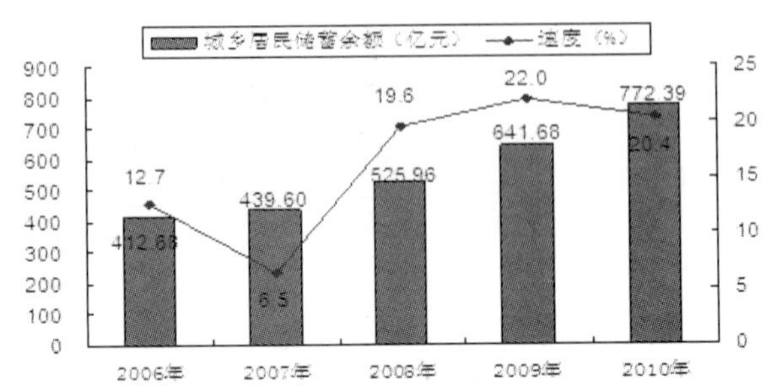

全年保险业保费收入25.49亿元，比上年增长8.3%。其中，财产险业务保费收入6.78亿元，寿险业务保费收入18.71亿元。支付各类赔款及给付3.54亿元，增长10.2%。其中，财产险业务赔款2.87亿元，寿险业务给付0.67亿元。

八、教育和科学技术

全年普通中学招生6.96万人，在校生21.03万人，毕业生7.66万人。其中，普通初中招生4.41万人，在校生13.61万人，毕业生4.97万人。普通小学招生5.25万人，在校生28.10万人，毕业生4.38万人。全市小学净入学率99.5%；小学毕业升初中比例达到100%。中等专业学校招生3.18万人，在校生8.08万人，毕业生1.74万人。

年末全市拥有科研、设计机构30个。全年实施技术创新项目562项，其中组织实施科技立项项目199项，其中国家级32项，自治区级65项，市级102项。

全年获科技进步奖56项，其中自治区级奖26项，市级30项。年内签订技术登记合同34件，合同登记2014万元，受理专利申请1030件，授权专利813件。

九、文化、卫生、体育

年末全市共有专业艺术表演团体17个，剧场、影剧院19个；县级以上公共图书馆13个，图书总藏量370万册；县级及以上文化馆及艺术馆18个；博物馆10个，接待观众100万人次；年内广播电台日播出时间为36小时，年末广播综合人口覆盖率95.2%，比上年末提高0.8个百分点；电视台日播出时间（市区）65.5小时，电视人口覆盖率96.8%，比上年末提高0.4个百分点；市区有线电视用户21.94万户；年内国内演出场次1850场，文艺组团出访3次。

年末全市共有各类卫生医疗机构1600所。其中医院54所，疾病预防控制中心13所，妇幼保健院（所、站）13所，乡镇卫生院137所。卫生机构床位1.53万张，其中医院0.94万张，乡镇卫生院0.42万张；全市卫生技术人员2.10万人，其中执业医师（含执业助理医师）0.81万人，注册护士（师）0.81万人。

全年向上级输送各类运动员30人；在各类大赛中获国际比赛2枚金牌，2枚铜牌；获全国比赛4枚金牌，6枚银牌，4枚铜牌。群众健身活动蓬勃开展，各族人民体质不断提高。

十、人民生活和社会保障

据城乡住户抽样调查，全年城镇居民人均可支配收入17949元，比上年增加1728元，增长10.7%；人均消费性支出11477元，增加1028元，增长9.8%；年末人均住房建筑面积38.3平方米，增加0.2平方米。农村居民人均纯收入5487元，增加654元，增长13.5%；人均生活消费性支出3872元，增加319元，增长9.0%；人均居住面积38.0平方米，增加1.0平方米。

2010年居民消费支出及增长

单位:元

	城镇居民		农村居民	
	绝对值	增长%	绝对值	增长%
消费支出	11477	9.8	3872	9.0
食品类	4765	7.9	1827	5.0
衣着类	1017	7.1	151	21.6
家庭设备用品及服务类	740	8.8	232	10.7
医疗保健类	665	14.9	237	12.6
交通和通讯类	1401	8.4	360	18.7
教育文化娱乐用品及服务类	1345	10.4	690	6.4
居住类	1279	21.2	690	11.8
杂项食品和服务类	265	2.2	74	12.0

年末全市参加城镇基本养老保险52.91万人次，参加失业保险25.50万人次，参加基本医疗保险112.78万人次。

全年享受政府最低生活保障的人数38.99万人，其中，城镇居民7.35万人，农村居民31.64万人。领取失业保险金人数1.53万人。全年共接收社会各种捐赠547.40万元，销售社会福利彩票3677.00万元。

十一、环境和安全生产

年末市区拥有污水处理厂5个，城市污水处理率90.4%。

全年万元生产总值能耗0.9998吨标准煤，比上年下降2.90%。规模以上工业万元增加值能耗1.1643吨标准煤，下降11.04%。

全年全社会用电量80.03亿千瓦时，增长13.2%。其中，居民用电16.84亿千瓦时，工业用电51.93亿千瓦时。

全年发生火灾事故126起，比上年减少11起；火灾事故死亡人数3人，比上年减少8人。发生道路交通事故386起，比上年减少1起；造成555人伤亡，比上年减少74人。全年发生安全生产事故448件，比上年减少128件。

年末产品质量检验机构3个，全年抽检工业和商品营销企业651个，查出不合格产品生产或经营企业78个，共抽检产品和商品875批次，合格率为86.5%。

注：

1、本公报中数据均为初步统计数或预计数，正式数以统计年鉴为准。

2、地区生产总值、各产业增加值、农业总产值、工业增加值绝对数按当年价格计算，增长速度按可比价计算。

3、交通运输、邮电通信、旅游、招商引资、外贸进出口、金融保险、教育、科技、文化、卫生、体育等方面数据为有关部门提供。

4、根据国务院第六次全国人口普查领导小组办公室《关于规范人口普查数据使用的通知》(国人普办字〔2010〕53号)精神，2010年统计公报不公布人口数据，人口数据待第六次全国人口普查公报正式公布。

大 事 记

2010年桂林大事记

1月

1日，阳朔十里画廊景区项目建设开工，市长李志刚、市委常委、统战部部长李文升，市政府秘书长张晓武，阳朔县主要负责同志及当地群众参加了开工庆典仪式。

4日，市长李志刚对临桂新区建设进展情况进行检查，并听取工作思路汇报。

5日，市委三届九次全会召开。

7日，桂林市旅游公共服务管理处挂牌成立。自治区旅游局纪检组长黄炳文、副市长陈丽华为“桂林市旅游公共服务管理处”揭牌。

△，市委书记、市人大常委会主任刘君在桂林宾馆会见了到访的老挝常务副总理宋沙瓦·凌沙瓦一行。

8日，市长李志刚与副市长周卫、市政协党组成员刘明昱、市政府秘书长张晓武及市国土、规建等部门负责人，对规划中的城市基础设施建设项目进行了现场踏勘。

△，市长李志刚与广西国际博览事务局局长郑军健在南宁签署共同合作加快会展业发展框架协议。市博览事务局、商务局、投资促进局有关负责人出席了签字仪式。

9日，“秋之果之夜——纵贯线桂林演唱会”在桂林上演。台湾乐坛四巨匠罗大佑、李宗盛、周华健、张震岳登场演绎。

10日，桂林市获“中国经典城市名片”殊荣。

△，市公安局在中心广场举行仪式，欢送46名特警奔赴新疆执行维稳任务。市委书记、市人大常委会主任刘君出席欢送仪式并为援疆特警授旗。市委常委、政法委书记蒙永福，副市长、市公安局局长黄济贤及部分民警代表和特警家属出席欢送仪式。

11日，桂林市第三次被科技部授予“全国科技进步先进市”荣誉称号，12县5城区全部通过考核；其中灵川、荔浦、临桂、兴安、七星、雁山获得“国家科技进步先进县(区)”荣誉称号。

△，市委书记、市人大常委会主任刘君在发改委调研，市政协党组书记、常务副市长粟增林，市委常委、市委秘书长石东龙陪同。

12日，全国政协委员、自治区政协副主席彭钊率领的自治区政协调研组实地考察临桂县会仙喀斯特湿地。

△，猫儿山国家级自然保护区启动申报工作，争取加入世界人与生物圈保护区网络。

15日，桂林市首个新型农村社会养老保险试点工作在兴安县启动。

△，桂林市举办“首届残疾人就业专场招聘会”。

16日，自治区林改督查调研组督查桂林市的集体林权制度改革工作。

19日，广西区人口文化宣传年—“送福进万家”主题活动在高新区信息产业园鸿瑞科技园启动。

△，市委书记、市人大常委会主任刘君会见了浦发银行南宁分行行长覃国耀，市政协党组书记、常务副市长粟增林，市委常委、秘书长石东龙会见时在座。

△，全市整村推进土地整治重大工程工作会议在灵川召开。

20日，市长李志刚主持召开市三届政府第83次常务会议，讨论和审议即将提请市三届人大六次会议审议的《政府工作报告》(征求意见稿)。

20日至21日，市长李志刚赴灵川、兴安、全州三县，对桂兴高速公路、贵广铁路、湘桂铁路扩能改造等重大交通基础设施项目建设进展情况进行检查。市政协党组书记、常务副市长粟增林，市委常委、副市长黄俊华，市政府秘书长张晓武等随同检查。

21日，市第三届人大常委会第三十次会议在市人大第一会议室举行，市人大常委会副主任韦广雄主持会议，副主任熊显元、黄阐、邓中星、汤杰、鲁圣发，市人大党组成员杨程，市人大常委会秘书长梁建平，以及市人大常委委员共29人出席了会议。

△，市政协第三届委员会常务委员会举行第十四次会议，副主席王大平、莫玲玲、袁绪祥、李世荣、蒋廷春、容作信、雷迅，秘书长袁湘南，以及67名政协常委出席会议。

22日，万名干部、群众冒雨冬修水利，拉开了桂林冬修水利的热潮。

25日，市委、市政府在南宁明园饭店举行新闻宣传新春恳谈会，自治区党委常委、宣传部部长沈北海，市委书记、市人大常委会主任刘君，市长李志刚，市委常委、副市长、宣传部部长陈丽华等出席恳谈会。

27日，市社科联举行2010年迎春茶话会。市委常委、副市长、宣传部长陈丽华出席了茶话会。

△，全市农村工作会议在市直机关小礼堂召开。市委副书记、组织部部长潘永建，市人大常委会副主任鲁圣发，副市长蒋炳穗，市政协副主席蒋廷春及各县区主要领导、农口相关

领导出席会议。

29日，全国信访局长电视电话会议在北京召开，公安局局长黄济贤在桂林分会场参加了会议。

30日，马来西亚ASTRO电视台家娱频道摄制组抵达桂林，拍摄美食专题节目。

2月

1日，桂林大剧院、桂林博物馆、桂林图书馆项目在临桂新区破土开工，市政府秘书长张晓武主持开工仪式；市委书记、市人大常委会主任刘君出席开工仪式并宣布项目开工；市领导黄俊华、石东龙、汤杰、袁绪祥出席开工仪式。

△，市政协副主席、市总工会主席莫玲玲率团到昊华南方(桂林)橡胶有限责任公司，看望慰问困难职工。

△，市委书记、市人大常委会主任刘君在漓江大瀑布饭店分别会见了上海铭源实业集团有限公司董事长姚原、上海中静实业(集团)有限公司董事长高央、柳州五菱汽车有限责任公司总裁韦宏文等一行，市委常委、常务副市长黄俊华，市委常委、秘书长石东龙，市政府秘书长张晓武，以及市国资委、投资促进局、国投公司及桂客集团等领导会见时在座。

1至2日，美国驻广州总领事高来恩(Brian L. Goldbeck)首次正式访问桂林市，并参观了美国飞虎队指挥所遗址。

2日，市三届人大常委会第三十一次会议在市人大常委会第一会议室举行。市人大常委会副主任韦广雄主持会议。副主任熊显元、黄阐、邓中星、汤杰、鲁圣发，市人大党组成员杨程，市人大常委会秘书长梁建平，以及市人大常委会组成人员共31人出席会议。

△，桂林南方水泥有限公司两条日产4000吨熟料新型干法水泥生产线一期技改项目工程在恭城虎尾工业集中区点火试生产，自治区副主席高雄宣布项目试生产点火，并与中国水泥协会会长雷前治，市委书记、市人大常委会主任刘君，中国建材股份有限公司总裁、南方水泥有限公司董事长曹江林一道为项目试生产启动了点火水晶球。出席当天点火试生产典礼的还有自治区招商局局长陈端喜，自治区建设厅副厅长唐标文，市领导石东龙、徐峰、蒋廷春等以及各界嘉宾和工程建设者。

△，市长李志刚在漓江大瀑布饭店会见香格里拉(亚洲)有限公司副主席雷孟成。

△，市第三届纪律检查委员会第七次全体会议召开，市委书记刘君出席会议并讲话，市委常委、纪委书记徐锦蓉在会上作《加快推进惩治和预防腐败体系建设，努力开创全市党风廉政建设和反腐败工作新局面》的工作报告。

3日，国家教育部职业教育与成人教育司和中国成人教育协会授予龙胜各族自治县“全国农村成人教育先进单位”称号。

△，市三届政府第七次全体(扩大)会议在榕湖会议中心召开，讨论并原则通过了《政府工作报告》(讨论稿)，市长李志刚出席会议并讲话。市委常委、常务副市长黄俊华，市委常委、副市长、宣传部部长陈丽华，副市长巫家世、黄济贤、徐锋、蒋炳穗、何良军，市政府秘书长张晓武及市政府工作部门主要负责同志出席会议。

△，桂林市举行2010年全市经济工作布置会，市领导李志刚、黄俊华、陈丽华等出席会议。

4日，桂林旅游发展投资有限责任公司与桂林桂工旅游规划设计研究院正式签署“桂林漓江东岸旅游新区区域规划”项目合作协议，全力打造“旅游第三极”漓江东岸旅游新区。

△，市委召开常委扩大会议，研究部署建设国家旅游综合改革试验区的相关工作，市委书记、市人大常委会主任刘君主持会议，市长李志刚、潘永建、李文杰、韦广雄、粟增林、徐锦蓉、蒙永福、陈丽华、石东龙等领导出席会议。

5日，市政协三届五次会议开幕。

△，2010年桂林市侨界“和谐之春”联欢会举行，侨办主任贺继孟出席联欢会。

△，桂林市第三届人民代表大会第六次会议预备会议在市直机关小礼堂举行，会议由市委书记、市人大常委会主任刘君主持。会议表决通过了《市三届人大六次会议通过有关事项的方式的规定》、市三届人大六次会议议程，选举产生了市三届人大六次会议主席团和秘书长。

△，市领导在榕湖饭店会见了前来出席市政协三届五次会议的港澳委员、特邀委员和特邀贵宾。市领导刘君、李志刚、李文杰、韦广雄、粟增林、潘永建、石东龙、周卫、王大平、莫玲玲、袁绪祥、蒋廷春等参加会见。

△，市旅游系统在漓江大瀑布饭店召开座谈会，市委常委、副市长、宣传部部长陈丽华出席座谈会并讲话。

6日，市第三届人民代表大会第六次会召开，市长李志刚作《政府工作报告》。

7日，市统计局、国家统计局桂林调查队联合举行信息发布会，公布2009年桂林市国民经济运行情况。

△，自治区政协主席马铁山一行在市委副书记、组织部部长潘永建的陪同下，看望慰问科技专家袁道先和梁宏，自治区政协秘书长杨才寿、副市长巫家世参加慰问。

9日，市领导刘君、李志刚、粟增林、韦广雄、潘永建分别率队，深入企业、社区、居民家中，对部分劳模、离退休老同志、老红军、困难群众、困难企业、专家和文艺界知名人士进行走访慰问。

△，桂林市民主党派、工商联及各界人士迎春座谈会在榕

湖饭店国际会议中心举行，市委书记、市人大常委会主任刘君，市长李志刚，市政协主席粟增林，市人大常委会副主任韦广雄等领导出席座谈会。

10日，全市新春团拜会在春天剧场举行，市领导刘君、李志刚、粟增林、韦广雄等出席团拜会。

11日，市长李志刚在市政府秘书长张晓武、市园林局主要负责人的陪同下，到訾洲公园、七星公园等处进行工作检查。

13日至19日，石家庄毗卢寺壁画艺术展在桂林博物馆展出。

14日，副市长周卫深入街道社区看望慰问一线供水、环卫、公交工作人员。

△，市委常委、副市长、宣传部部长陈丽华先后到磨盘山码头、象山景区、旅游公共服务管理处、市旅游服务质量投诉中心等地，看望慰问一线旅游企业职工。

△，市长李志刚到灌阳县看望慰问困难群众、党员及老党员。

15日，市长李志刚深入部分项目建设工地、公园及企业生产一线，看望慰问一线的广大干部职工。

23日，自治区党委常委、自治区常务副主席李金早一行，在市长李志刚的陪同下，对訾洲公园、漓江吴家里壅水坝选址以及“两江四湖”二期工程建设进行考察。自治区林业厅厅长陈秋华、水利厅副厅长杨焱、副市长周卫、蒋炳穗，市政协副主席袁绪祥，以及市政府办、住建局、规划局、文化局、林业局、水利局、园林局、“两江四湖”工程指挥部和相关城区主要负责同志陪同考察。

24日至27日，市委书记、市人大常委会主任刘君率党政代表团前往海南省，对海南国际旅游岛建设进行考察。海南省委副书记、省长罗保铭会见了桂林市党政代表考察团。

25日，市旅游局与海口市和三亚市旅游发展委员会签署旅游合作协议。

25日至3月28日，第八届恭城桃花节在恭城瑶族自治县西岭乡大岭山万亩桃园举行。

27日，全市建设工作会议在市直机关小礼堂举行，市长李志刚出席会议并讲话。

28日，城市基础设施重大项目“1212”工程建设全面启动。市委书记刘君、市长李志刚、市政协主席粟增林等出席开工仪式并宣布项目开工。

3月

1日，自治区党委书记、自治区人大常委会主任郭声琨在恭城瑶族自治县考察调研，市委书记、市人大常委会主任刘君，市长李志刚，市委常委、秘书长石东龙等陪同。

△，全国人大代表、自治区党委书记、自治区人大常委会主任郭声琨到訾洲公园植树。

2日，赞比亚总统鲁皮亚·班达访问桂林，自治区委员会书记、人大常委会主任郭声琨在桂林拜会了赞比亚总统鲁皮亚·班达一行。

△，市委中心组召开学习会，学习《中国共产党党员领导干部廉洁从政若干准则》(以下简称《廉政准则》)。市委书记刘君主持学习会，市长李志刚对《廉政准则》作了解读。

3日，全市宣传思想工作会议召开。市领导韦广雄、石东龙、蒋廷春也出席会议

5日，西二环路、万福东路、龙门大桥、滨江南路、福利路改、阳江北路和阳江南路等项目开工。市领导李志刚、黄俊华、黄阐、刘明昱先后出席开工仪式。

6日，在京出席十一届全国人大三次会议的全国人大代表、自治区副主席李金早向媒体介绍了桂林建设国家旅游综合改革试验区的工作进展情况。

6日至7日，以自治区统计局副局长石日灿为组长的自治区2009年度耕地保护责任目标考核组，对桂林市耕地保护工作进行检查。市委常委、常务副市长黄俊华代表市政府，对桂林市2009年度耕地保护工作向考核组作了汇报。

6日至8日，市委书记、市人大常委会主任刘君在北京分别拜会了中国化学工程股份集团公司领导、中国航天科工集团公司领导，还参观访问了中国电子信息产业集团有限公司总部、中国电子科技集团公司总部。市领导石东龙、徐锋等相关领导陪同。

8日，市长李志刚一行前往中国化工集团公司旗下的中化橡胶总公司、中化装备总公司、中国机械工业集团公司总部，分别与集团公司领导进行了友好交谈。副市长汪洋、市政府秘书长张晓武等随同。

9日，全市禁毒工作会议召开。

△，市委书记、市人大常委会主任刘君一行在北京拜会北京首旅集团总裁刘毅一行。市领导陈丽华、石东龙、徐锋、汪洋参加了拜会。

10日，由桂林电子科技大学承办、北京邮电大学主办的国家973项目“认知无线网络基础理论与关键技术研究”2009年总结暨2010年计划会在榕湖饭店召开。副市长巫家世出席会议并致辞。

△，自治区副主席高雄，市委书记、市人大常委会主任刘君，市长李志刚一行在北京拜会国家旅游局局长邵琪伟一行，向国家旅游局汇报了桂林国家旅游综合改革试验区建设情况。

11日，百里漓江“绿化、彩化、花化、果化”工程正式启动。

12日，临桂新区基础设施建设项目凤凰西路、环西路、公园北路、平桂西路、经一路5条新区道路集中开工建设，市委书记、市人大常委会主任刘君出席开工仪式并宣布项目开工。市长李志刚，市政协主席粟增林，市人大常委会副主任韦广雄，市委副书记、组织部部长潘永建，市委常委、常务副市长黄俊华出席项目开工仪式。

△，市纪委监察局召开“我为临桂新区建设做什么”大讨论会议，市委常委、纪委书记徐锦蓉出席会议并讲话。

12日至13日，首届“乡村旅游论坛”在恭城瑶族自治县隆重举行。自治区旅游局局长陈建军、市委常委、宣传部长、副市长陈丽华以及相关区市县旅游主管部门领导出席了论坛。

13日，自治区党委第四巡视组对平乐县进行巡视。

15日，自治区委员会书记、自治区人大常委会主任郭声琨在北京看望慰问中国科学院院士孙家栋，向他颁发聘书，聘请他出任桂林电子科技大学名誉校长。

△，市长李志刚在漓江大瀑布饭店会见了广西有色金属集团有限公司董事长李阳通。副市长徐锋，市政府秘书长张晓武，市国资委负责人及桂林漓佳金属有限责任公司股东代表参加会见。

△，市旅游代表团在山西太原市西山大厦举行旅游宣传推介会。

△，全市举行招商引资暨大兑现工作会，市长、常务副市长出席。

△，桂林市开展迎接“国家卫生城市”复审暨开展自治区第七届“南珠杯”竞赛动员大会。

15日至16日，自治区人口计生委主任黄丹率队到桂林市调研。

16日，全市科技工作暨科技奖励表彰大会在市直机关小礼堂召开。市委书记、市人大常委会主任刘君，市长李志刚，市委常委、秘书长石东龙，市人大常委会副主任汤杰，副市长巫家世，市政协副主席刘明昱出席会议。

17日，市长李志刚到临桂新区现场办公。市委常委、常务副市长黄俊华，市政府秘书长张晓武以及市发改委、财政局、住建局、规划局、国土局和临桂县、临桂新区有关负责人一起参加了现场办公会。

17日到19日，日本ICC公司(日本石川县计算中心)的执行董事朝本淳和医疗事业部部长寺西昌，到桂林进行医疗软件市场商务考察活动。副市长徐峰会见了日本ICC公司(日本石川县计算中心)的执行董事朝本淳和医疗事业部部长寺西昌一行。

20日，市政府召开2010年人大代表建议和政协提案办理工作总结会议，市委常委、常务副市长黄俊华，市政协副主席蒋廷春出席会议。

△，市长李志刚在榕湖饭店会见了中国农业银行党委书记、董事长项俊波一行。中国农业银行广西区分行行长张军洲，市政府秘书长张晓武，市发改委、财政局有关负责人会见时在座。

△，桂林当选中国5A景区城市联盟副主席城市。

22日，中国日报社总编辑朱灵来桂林考察。

△，市委书记、市人大常委会主任刘君在榕湖饭店会见了来桂考察的中国日报社总编辑朱灵一行。中国日报网总裁张兴波，自治区党委宣传部副部长沈明，市委常委、副市长、宣传部长陈丽华会见时在座。

△，市长李志刚在市政府秘书长张晓武的陪同下，对兴安县抗旱备春耕工作进行调研，市农业局、水利局及兴安县有关负责同志随同调研。

23日至24日，自治区道路交通安全工作督查组对桂林市道路交通安全情况进行督查。

25日，桂林航天工业高等专科学校举行新校区开工奠基仪式。自治区教育厅厅长高枫、副市长周卫出席开工奠基仪式。

△，中国大型当代雕塑公园、桂林愚自乐园第五届国际艺术创作营开营，来自海峡两岸的8名知名艺术家在愚自乐园开展为期3周的艺术创作活动。

△，2009年桂林市道德模范颁奖晚会在市少年宫春天剧场举行，市委副书记、组织部部长潘永建，市委常委、副市长、宣传部部长陈丽华，市政协副主席王大平出席了颁奖晚会。

26日，全市新闻出版、版权暨农家书屋建设工作会议召开，市委常委、副市长、宣传部部长陈丽华参加了会议。

27日，自治区党委书记、自治区人大常委会主任郭声琨对我市项目建设、防洪及漓江补水枢纽工程、抗旱救灾等工作进行调研指导。自治区党委常委、秘书长余远辉，自治区副主席陈章良，自治区发改委、环保厅、政策研究室、区党委办公厅等部门领导，市委书记、市人大常委会主任刘君，市委副书记、市长李志刚，副市长蒋炳穗参加了调研。

△，市公安消防支队抗旱救灾突击队奔赴河池，支援当地抗旱救灾工作。

28日起，桂林机场开辟桂林-合肥-石家庄航线，其中石家庄是新开的通航点。

△，市委宣传部、桂林师范高等专科学校在桂林举行大型画集《刘绍荟现代重彩艺术》首发仪式。

30日，全市学习贯彻《中国共产党党员领导干部廉洁从政若干准则》报告会在市直机关小礼堂召开。市委书记、市人大常委会主任刘君、市委常委、纪委书记徐锦蓉、各县(区)、党委相关负责人和市直机关、人民团体副处级以上领导干部参加了报告会。

31日，桂林台湾科技园在高新开发区信息产业园动工。

△，市长李志刚夜查机场路，并对已建成通车路段的亮化工作进行了现场部署。副市长周卫，市政府秘书长张晓武，市建设局、规划局、市政局和机场路改扩建工程指挥部，以及临桂县、秀峰区、象山区有关负责人随同检查。

△，由广东、广西、云南、贵州4省区党报联合组织的“泛珠东盟新南行记”大型跨省联合采访活动采访团抵达桂林，开始为期两天的采访。当晚，市委常委、副市长、宣传部部长陈丽华在榕湖饭店看望了采访团一行。

△，公安部治安局副局长高任在自治区公安厅、市有关部门领导陪同下，检查了我市第六次全国人口普查户口整顿试点工作。

4月

2日，桂林市侨资企业联合会正式成立，中国侨商投资企业协会秘书长夏付东、美国美中文化经济协会主席雷振泽、老挝中华理事会会长林泽民到会祝贺。

△，自治区气象局副局长钟国平一行到桂林市检查指导抗旱人工增雨工作，向桂林市赠送人工增雨火箭弹100枚，副市长蒋炳穗出席了赠送仪式。

△，桂林市政府第六次全国人口普查户口整顿试点工作领导小组成立，副市长、市公安局局长黄济贤任组长，各相关部门领导分任副组长和成员。

5日，中国五大画院师生200余人相聚桂林，进行为期两个月的写生，为桂林山水立传，为桂林人民写真。中国美术家协会主席、中国文联党组书记刘大为先生参加。

7日，市长李志刚在市政府秘书长张晓武的陪同下，率市直有关部门和相关城区主要负责人，对市区10余个重要节点的美化亮化工作进行了检查。

△，北京著名画家韦公衡、钟捷水墨画作品展在桂林美术馆开幕。全国人大常委会委员彭祖意，市政协主席粟增林，市委副书记、组织部部长潘永建，市委常委、政法委书记蒙永福参加开幕式并观看了画展。

9日，“中国百城世博旅游宣传周”现场宣传活动在桂林举行，副市长陈丽华参加。

11日，市旅游局获2009年旅游规划发展优秀单位、旅游项目推进优秀单位和旅游景区创A优秀单位。

12日，自治区人民检察院在桂林市人民检察院隆重举行授予杜云个人一等功表彰大会。自治区人民检察院检察长张少康，自治区人民检察院党组成员、政治部主任何江，市委副书记、组织部长潘永建，市委常委、政法委书记蒙永福，市人民检察院检察长孟耀军等领导出席表彰大会。

△，中央扩大内需促进经济增长政策落实暨治理建设领域突出问题检查组抵达桂林，进行为期4天的检查。市领导李志刚、徐锦蓉参加。

15日，中美日韩及欧洲专利局长会议在桂林召开，国家知识产权局局长田力普出席并主持了当天的会议，世界知识产权组织总干事弗朗西斯·高锐以观察员身份参会。

△，自治区党委第四巡视组对龙胜各族自治县进行巡视。市委常委、政法委书记蒙永福等陪同。

△，自治区副主席陈章良在榕湖饭店九岗岭会议厅会见了在桂林参加第三次中美欧日韩五局局长会议的欧洲专利局局长艾莉森·布莱梅露、美国专利商标局局长大卫·卡波斯、日本特许厅长官细野哲弘、韩国特许厅长官高廷植等一行。

△，自治区副主席陈章良在副市长巫家世陪同下，前往桂林激光通信研究所和桂林理工大学进行调研。

△，全市领导干部深入贯彻落实科学发展观加快经济发展方式转变专题研讨会召开，市委书记、市人大常委会主任刘君参加。

16日，自治区水文工作会议在桂林市召开。水利部水文局副局长蔡建元、副市长蒋炳穗以及自治区应急办、区水文水资源局、区防汛办等有关部门负责人出席了会议。

△，市委书记、市人大常委会主任刘君在市区和全州县检查手足口病防控情况。

20日，市委常委、纪委书记徐锦蓉率市纪委监察局督察小组到临桂新区，就市委、市政府确定的第一批全程跟踪督办推进的14个重点建设项目进展情况进行督察。

21日，市长李志刚到永福县，就加强防洪度汛和农业综合开发进行调研。

△，广西环保世纪行第一分团到桂林采访。

23日，市长李志刚、副市长徐锋深入兴安、全州就工业园区建设和县域工业发展进行调研。

26日，全国湘商桂林投资考察暨投资环境推介会召开，市委、市政府在漓江大瀑布饭店举行招待会，市领导刘君、李志刚、粟增林、韦广雄、黄俊华、石东龙、巫家世，湖南省经协办高级顾问、广州军区原副政委张国初中将，自治区投资促进局党组书记陈端喜，湖南省经协办党组成员、副主任祝拥军等出席了招待会。

△，桂林旅游大篷车在四川成都举办旅游推介会，市旅游局与四川五大旅行社签订合作协议，成立桂林旅游成都营销中心。市委常委、副市长、宣传部部长陈丽华，成都市副市长王忠林出席推介会。

27日，世界著名电子企业美国Altera公司与桂林电子科技大学信息科技学院共建数字系统/EDA联合实验室签约暨揭牌仪式在桂林电子科技大学尧山校区举行。

△,2008-2009年度劳动模范表彰大会召开。

△,第三次全国国民体质监测工作全面启动。

28日,副市长何良军在副秘书长邓晓强陪同下到桂林市侨办进行工作调研。

28日至5月2日,兴安举行第四届桂林米粉节。

29日,市委常委、副市长、宣传部部长陈丽华率市旅游局、旅游发展总公司及部分旅行社负责人对我市旅游市场秩序、旅游安全等进行检查。

29日至30日,以市教育局纪检组长王冀源为组长、市人民政府督学蒋勤为副组长的市教育督导团第五小组到七星区考评党政主要领导教育工作,对七星区教育工作进行了考评。

5月

2日,加蓬共和国总统邦戈一行访问桂林。中国驻加蓬大使李福顺,自治区党委常委、自治区副主席陈武,自治区外办主任范晓莉,市长李志刚,副市长黄济贤、何良军等陪同。

3日,自治区党委书记、自治区人大常委会主任郭声琨在桂林拜会加蓬共和国总统阿里·邦戈一行。我国驻加蓬大使李福顺,自治区领导陈武、余远辉参加拜会。

△,自治区党委书记、自治区人大常委会主任郭声琨一行在我市考察调研。自治区党委常委、自治区副主席陈武,自治区党委常委、秘书长余远辉,市委书记、市人大常委会主任刘君,市长李志刚,市委常委、秘书长石东龙,副市长黄济贤,市政府秘书长张晓武等随同调研。

4日至5日,市长李志刚、副市长徐锋一行,到阳朔、恭城、平乐、荔浦,就县域工业发展情况开展调研,市政府秘书长张晓武,市工信委、国土局、环保局、统计局、投资促进局有关负责人随同调研。

6日,市文学艺术界联合会第三次代表大会在市直机关小礼堂开幕。

△,市委副书记、组织部部长潘永建到杜云家中,探望病中的杜云,并向他颁发"桂林市优秀共产党员"的荣誉证书。

7日,"2010中国寻根之旅夏令营—菲律宾华裔青少年广西营"开营仪式在广西师范大学隆重举行,区侨办副主任林容蓉、市政府副秘书长邓晓强、广西师范大学党委副书记唐仁郭出席开营仪式并致辞。开营仪式由市侨办主任贺继孟主持。

△,市委常委、副市长、宣传部长陈丽华率我市文化、旅游部门领导对雁山区村级公共服务中心建设进行调研。

9日,市委书记、市人大常委会主任刘君就促进县域经济发展在资源县开展工作调研。市委常委、秘书长石东龙,市发改委、工信委、农业局、旅游局及资源县党政主要负责人随同调研。

10日,"红色真情、人间有爱"红十字博爱救心八桂行巡回义演募捐晚会在中心广场旁的市体育馆举行。

△,市长李志刚对桃花江建设进行考察,就推进城市水环境综合整治、加快"两江四湖"二期建设进行部署。

12日,全区防灾减灾法律巡回讲在我市举行。

△,市委常委、副市长、宣传部部长陈丽华率市文化、旅游等有关部门负责人到荔浦、阳朔进行督察调研,落实市政府为民办实事项目。

△,桂林市召开集体林权制度改革推进会。市委副书记、组织部部长潘永建及12县5城区党委、政府主要领导、分管领导等参加了会议。

13日,由桂林市人民政府、自治区科技厅、教育厅主办,桂林国家高新区管委会承办的第二届"桂林高新杯"广西软件设计大赛启动。

△,全市"十一五"节能减排目标任务工作电视电话会议召开,市长李志刚参加会议。

14日,桂林市召开防汛抗旱指挥部成员会议。

14日至15日,中越教育合作论坛在桂林举行,市长李志刚在桂林宾馆会见了前来广西访问的越南副总理阮善仁一行,市委常委、常务副市长黄俊华,市政协副主席李世荣,市政府秘书长张晓武及市外办有关负责人参加了会见。期间,"越南学校纪念馆"在广西师范大学开馆。

15日,在美国佛罗里达州奥兰多市举行的2010年ICU世界杯拉拉队锦标赛中,广西师范大学喜获双人街舞冠军、团体街舞季军。

△,市政府召开会议,传达、学习自治区手足口病防控救治工作会议精神,副市长巫家世出席会议并讲话。

15日至17日,自治区主席马飚在桂林考察调研,市领导黄俊华、石东龙、周卫、徐锋、蒋炳穗及市直有关部门、阳朔县、恭城瑶族自治县、兴安县、永福县主要负责同志随同调研。

15日至21日,市节水办在中心广场举办节水宣传活动,纪念第19个全国城市节水宣传周。

17日,桂林市举行中央扩大内需促进经济增长政策落实和工程建设领域突出问题专项治理情况汇报会,向自治区检查组汇报相关情况。

△,副市长何良军在桂林宾馆会见来桂林访问的日本友人永野义孝先生,市外办、市卫生局、市教育局等有关负责人会见时在座。

18日,中国化工橡胶桂林有限公司被国家知识产权局认定为"第四批全国企事业知识产权试点单位"。

△,全市党史办主任会召开,市委副书记、组织部部长潘

永建出席会议。

△,全市刑释解教人员安置帮教经验交流现场会暨社区矫正工作会议在平乐县召开。市委常委、政法委书记蒙永福,副市长、市公安局局长黄济贤出席会议。

19日,全区部分乡镇党政主要领导人口计生专题培训班在桂林开班。市委副书记、组织部部长潘永建出席开班仪式。

△,市总工会启动特困职工日常生活救助行动。

△,市委书记、市人大常委会主任刘君到市林业局进行工作调研。市领导潘永建、蒋炳穗参加了当天的调研。

20日,俄罗斯列宾美术学院馆藏美术作品展在桂林市博物馆开幕,中国油画家、美学理论家李培庚的大型画册《李培庚桂林山水及其艺术》同日在桂林博物馆首发。市领导陈丽华、鲁圣发、莫玲玲出席了开幕暨首发仪式。

△,市委书记、市人大常委会主任刘君在广州拜会了南方电网公司董事长、党组书记赵建国,总经理钟俊。市委常委、秘书长石东龙,副市长徐锋、何良军及永福县、市直相关部门主要负责人随同拜会。

△,全市推行廉政风险防范管理工作现场会在市国税局会议室召开。

21日,由广西文艺学术界联合会、广西师范大学主办的独秀作家群研讨会在广西师范大学育才校区召开。同日,"师大印象·独秀精神——独秀作家群女作家访谈"在雁山校区举行。独秀作家群的张燕玲、黄咏梅、杨映川、刘永娟、黄芳五位女作家接受访谈。

△,应自治区侨办的邀请,以菲华新联公会理事长林金山为团长的"中国寻根之旅"夏令营活动在广西师范大学国际教育交流中心举行开营。

△,全市纪检监察信访举报工作暨业务培训会议在阳朔召开,市委常委、纪委书记徐锦蓉参加会议。

22日至23日,市委书记、市人大常委会主任刘君率桂林市党政代表考察团一行,赴广东省韶关市学习考察。市领导石东龙、黄济贤、何良军及市发改委、经委、财政局、商务局、永福县主要负责同志一同考察。

24日,在桂林警备区司令员梁琼进大校的率领下,桂林警备区首长机关和市国防动员委员会各专业办负责人对桂林市区及周边重要目标进行了现地勘察。

△,第十五届全国部分城市警卫工作研讨会在漓江大瀑布饭店召开,市委书记、市人大常委会主任刘君看望了与会代表并致辞。

25日,首届广西高校"校长杯"乒乓球赛在桂林电子科技大学举行。副市长巫家世出席开幕式。

△,应世界旅游业理事会邀请,市长李志刚率团赴京参加了世界旅游旅行大会。市委常委、副市长、宣传部部长陈丽华,市政府秘书长张晓武以及市旅游局、市旅游发展总公司、桂林国旅有关负责人随同参会。

26日,"全国双拥模范城"创建活动动员会召开,市委书记、市人大常委会主任刘君在动员参加了动员会。

27日,2010全市反腐倡廉工作任务分工会召开。市委常委、市委秘书长石东龙主持会议并讲话。市领导潘永建、李佑民、蒙永福、蒋炳穗出席了动员会。

△,自治区卫生厅安全生产督导组一行三人,在卫生厅机关后勤服务中心蒋方力主任带领下,对南溪山医院的安全生产、信访和维稳工作进行检查。

△,市长李志刚在北京会见前来出席会议的世界旅游旅行理事会总裁鲍姆加藤。市委常委、副市长、宣传部部长陈丽华,市政府秘书长张晓武及市旅游局、市旅游发展总公司、桂林国旅相关负责人随同参加会见。

△,将军桥小学六年级学生黄定嘉前往北京参加中国少年先锋队第六次全国代表大会。

△,柳州市副市长张永刚率柳州交通、运管等部门人员来到我市交流农村客运交通管理经验,副市长、市公安局局长黄济贤参加了经验交流。

△,桂林市城市燃气专项规划通过专家评审。

28日,"侨爱工程——广西侨界医疗专家义诊暨侨法宣传活动"在华侨农场正式启动。

29日,"桂林·留园杯"海峡两岸高尔夫联谊赛在桂林举行。

△,自治区副主席李康对桂林农村开展的诚信计生工作目标、落实国家计划生育工作情况调研。

△,副市长何良军在榕湖饭店九岗岭会见厅会见到访的赞比亚旅游、环境和资源部长娜穆加拉一行。

△,市农机化管理局、市交警支队在永福县启动"百万农民"文明交通宣传员暨永福县争创全国"平安农机"示范县活动。

30日,全国百城反拐宣传暨关爱儿童反拐宣传公益活动在中心广场举行。

31日,市领导刘君、陈丽华、汤杰、莫玲玲,到市解西幼儿园、市聋哑学校、雁山区大埠中心小学,提前向孩子们送上"六一"祝福。

△,桂林市第二轮村级组织活动场所建设工作启动。

31日至6月4日,自治区人大常委会副主任吴恒、文明率领自治区人大常委会立法调研组,深入桂林市开展立法调研。

6月

2日,桂林市召开会议,部署交通秩序专项整治工作。

△,市委书记、市人大常委会主任刘君到市检察院调研,市领导蒙永福、石东龙、黄济贤等参加调研。

△,市卫生局启动第五周期城市卫生对口支援工作。

3日,市发改委举行“十二五”期间重点项目汇报对接会,拟制“十二五”项目建设蓝图。

△,2010年全市调研舆情信息工作研讨班开班,市委常委、副市长、宣传部部长陈丽华出席了开班仪式。

4日,“保护漓江生态环境我行动”活动在解放桥头漓江西岸举行,市领导汤杰、刘明昱参加了活动。

△,中西部地区儿童口腔疾病综合干预项目在桂林市启动。

5日,第二届“桂林高新杯”软件设计大赛暨广西第二届软件设计大赛拉开战幕。

△,自治区副主席杨道喜代表自治区党委、政府在平乐县召开抢险救援紧急协调会。

6日,“科学保护漓江水生物资源活动”启动仪式在解放桥六匹马广场举行。

△,建设桂林国家旅游综合改革试验区重大招商项目签约仪式在象山景区举行。

7日,“桂林新画中游”正式推向市场,国家旅游局原副局长、全国政协委员张希钦,自治区旅游局局长陈建军,市领导刘君、陈丽华、石东龙、黄阐、汪洋、袁绪祥以及来自国内外旅游界、航空业人士参加了启动仪式。

△,自治区党委书记、自治区人大常委会主任郭声琨,自治区主席马飚在榕湖饭店分别拜会了来桂林出席世界审计组织环境审计工作组第13次大会的国家审计署审计长刘家义一行、国家环保部部长周生贤一行。自治区副主席林念修,自治区政府秘书长王跃飞和市委书记、市人大常委会主任刘君,市长李志刚参加了拜会。

△,国家旅游局原副局长、全国政协委员张希钦,台湾旅行同业公会总会理事长姚大光,中青旅监事会主席丁强等国内外旅游界嘉宾及境内外媒体人员考察“桂林新画中游”桂林旅游圈线路。

8日,环境保护部与自治区政府在桂林签署共同推进广西环境保护与经济社会协调发展合作协议,环保部将从政策、项目、资金、技术等5个方面全力加大对广西的支持。

△,在桂林参加世界审计组织环境审计工作组第13次大会的国家审计署审计长刘家义对漓江生态环境进行了考察。

△,自治区副主席林念修,在副市长徐锋及市发改、工信、环保、污垃办等有关部门负责人陪同下,到永福县和苏桥经济开发区实地考察节能减排项目。

8日至11日,世界审计组织环境审计工作组第13次大会在桂林市召开,中国审计署审计长刘家义出席开幕式并致词,国家环境保护部长周生贤、自治区政府主席马飙应邀出席会议。

9日至13日,由华南环保督查中心主任张剑鸣带队的督查组对桂林市重金属排放企业进行督查。副市长周卫向督查组汇报了桂林市对重金属排放企业的排查情况。

10日,市政协副主席袁绪祥及市政协党组成员余秋平带领市政协委员对三江源(漓江、资江、浔江)地区的兴安、资源、龙胜旅游资源进行调研。

11日,市委书记、市人大常委会主任刘君到市中级人民法院进行工作调研,市领导蒙永福、石东龙、黄济贤等参加了调研。

△,泰国最高行政法院院长阿卡拉通·朱拉叻率泰国最高行政法院代表团访问桂林,市人大常委会副主任邓中星在桂林宾馆会见了代表团一行。

12日,桂林电子科技大学大学生创业服务基地暨校企创业联盟成立揭牌。

16日,自治区党委书记、自治区人大常委会主任郭声琨在榕湖饭店九岗岭会见厅会见了广州军区司令员徐粉林中将、政治委员张阳中将一行。

17日,自治区党委副书记陈际瓦,自治区副主席、公安厅厅长梁胜利到荔浦县,对我市防汛抗洪、水库安全、地质灾害预防等工作情况进行检查。市委书记、市人大常委会主任刘君,市委副书记、组织部部长潘永建,副市长、市公安局局长黄济贤等陪同检查。

△,副市长蒋炳穗与市水利部门相关负责人到市抗旱防汛指挥部和南溪山、虞山排涝泵站检查、指挥防汛工作。

18日,黄济贤副市长代表市政府与各县区政府签订构筑“防火墙”工作责任状,力争用三年时间提升全社会的火灾防控水平。

△,为期两天的市侨务干部培训班在广西师范大学开班。广西师范大学党委副书记唐仁郭、市侨办主任贺继孟出席开班仪式并致辞,12县5城区侨办主任、侨联主席和华侨农场负责人、市侨办、市侨联干部职工参加培训班。

18日至19日,由自治区爱卫办副主任郑承杰率领的桂林市国家卫生城市复审考核鉴定专家组对桂林市进行复审考核鉴定,桂林市顺利通过自治区级考核鉴定。

19日,东北航空公司开通桂林—长沙—石家庄航线,并继续保持桂林—南宁—三亚航线飞行,每天一班往返。

20日,自治区副主席高雄在桂林市检查指导防汛抗洪工作,深入永福县各地,查看水库运行情况和县城汛情,市委书记、市人大常委会主任刘君,市委常委、秘书长石东龙,副市长蒋炳穗等随同。

△,《桂林国家旅游综合改革试验区总体方案及规划纲要》评审会在北京举行,市委常委、副市长、宣传部部长陈丽华,副市长汪洋、市政协副主席袁绪祥以及市旅游局负责人出席了评审会。

21日,全市县处级领导干部"媒体应对与舆论引导专题研讨班"在市委党校开班,市委副书记、组织部部长潘永建出席开班仪式并作动员讲话。

△,市委常委会召开扩大会议,学习贯彻中共中央政治局常委、国务院总理温家宝在广西考察指导防汛抗洪救灾工作时的重要讲话及自治区党委常委会扩大会议精神。市委书记、市人大常委会主任刘君主持会议并讲话。

23日,第四届桂林读书月活动启动。

△,广西"劳动模范""先进工作者"事迹报告会在桂林举行。

△,广西"道德模范基层巡讲"活动在广西师范大学举行师生专场演讲会。

△,桂林市召开创建国家级创业型城市工作会议,副市长蒋炳穗参加。

24日,自治区副主席高雄到桂林市防汛抗旱指挥部检查指导防汛工作。

△,创建全国文明城市动员大会召开。

△,国家旅游局确定阳朔县为中国首批5个旅游标准化试点县之一。

△,广西GDP核算和数据质量评估方法培训暨年报联审会议在桂林市召开。自治区统计局党组书记、局长邱祖强,市委常委、常务副市长黄俊华参加了本次会议。

25日,市委书记刘君视察临桂新区在建重点项目"一院二馆"、创业大厦等工程。

△,自治区副主席高雄在副市长蒋炳穗及市水利局主要负责人的陪同下,深入阳朔、荔浦,对部分病险水库、地质灾害发生点进行检查。

26日,由外交部驻澳门特派员卢树民率领的东盟各国驻澳总领事代表团访问桂林市。副市长巫家世在榕湖饭店会见了代表团一行。

28日,桂林市召开旅游市场整顿工作会议,市领导陈丽华、鲁圣发、黄济贤、袁绪祥参加会议。

29日,市第三届人大常委会举行第三十三次会议召开,任命黄润中为副市长。市人大常委会副主任韦广雄主持会议,并作《桂林市第三届人大常委会代表资格审查委员会关于代表资格审查情况的报告》,副主任熊显元、黄阐、邓中星、汤杰、鲁圣发,秘书长梁建平及28名委员出席会议。

△,西南成品油管道广西段安保总结表彰会在桂林召开,13个单位和40名个人受到表彰。副市长、市公安局局长黄济贤主持会议并致辞。

△,市人民检察院35名初任和近期新晋升等次的检察官到兴安红军长征突破湘江烈士纪念碑园举行集体宣誓仪式。

30日,以市委书记、市人大常委会主任刘君为团长的代表团,赴台湾参加两岸产业高峰会议—"2010年桂台经贸文化合作论坛系列活动"。

△,桂林法院网站(http://glzy.chinacourt.org/)正式开通。

△,全市少数民族文化工作会议在榕湖饭店会议中心召开。市委常委、副市长、宣传部部长陈丽华,副市长何良军等出席会议。

7月

1日,市侨办组织在职和离退休党员干部到万侨助万村项目叠彩水乡山庄参观学习。

2日,广西旅游协会、桂林市旅游协会在台湾香格里拉台北远东国际大饭店举行"桂台旅游合作恳谈会"。

△,2010年桂台经贸文化合作论坛在台北圆山大饭店隆重举行。市委书记、市经贸文化代表团团长刘君率桂林代表团参加了论坛。

4日,市委书记、市人大常委会主任刘君率桂林代表团一行到台湾台东县鹿野乡永安社区考察。

△,市委书记、市人大常委会主任刘君率经贸文化代表团一行,到台湾台东县民族文化旅游景区阿兰木村,与当地的政府官员和少数民族村民开展旅游、文化交流。

△,市长李志刚会见印度驻广州总领事馆总领事潘迪,副市长何良军,市政府秘书长张晓武及市外办有关负责人会见时在座。

5日,桂林赴台经贸文化代表团一行与高雄市议会议长庄启旺一行在高雄市,就如何深化两市的交流合作进行座谈。

△,2010年度全市县处级领导干部自选培训新形势下应急管理与维稳工作专题研讨班在市委党校开班,市委常委、政法委书记蒙永福出席开班仪式并讲话。

△,市长李志刚主持召开市三届人民政府第93次常务会议,研究部署全市节能减排目标责任制和加快推进生态市建设等工作。

6日,市慈善事业会理事会和市仁济慈善基金会理事会召开2010年年会。市政协主席粟增林,自治区政协常委、市慈善事业会会长李文杰,市政协副主席、市慈善事业会副会长王大平、莫玲玲、袁绪祥,市政协秘书长、市慈善事业会副会长袁湘南出席年会。

6日至8日,自治区督查组到桂林市督查住房保障工作。

7日，市委书记、市人大常委会主任刘君率市经贸文化代表团一行，在台北拜访了中国国民党副主席蒋孝严先生。

△，日本太田市书道联盟会员作品展在市展览馆开幕。市人大常委会副主任鲁圣发、副市长周卫、市政协副主席王大平出席开幕式。

△，桂林市摄影家吕建伟先生的摄影专集《资江情韵》被桂林市档案馆收藏。

△，市委常委、秘书长、市迎接国家卫生城市复审工作领导小组常务副组长石东龙率市容卫生督察组，对桂林市城中村、城乡结合部的国家卫生城市迎检复审工作进行督察。副市长、市迎接国家卫生城市复审工作领导小组副组长巫家世及市爱卫办等相关部门负责人参加督察。

8日，市委书记、市经贸文化代表团团长刘君一行，在台北市专程拜会了中国国民党副主席詹春柏及夫人巫秀娥等。自治区台办主任刘侃拜会时在座。

△，桂林市禁毒委全体会议召开，市委常委、政法委书记蒙永福，副市长、市公安局局长黄济贤参加了会议。

9日，2010年深化医药卫生体制改革工作会议召开，市委常委、常务副市长黄俊华，副市长巫家世出席会议。

10日，市委书记刘君与市委常委、副市长、宣传部部长陈丽华等先后会见了香港商界和世界华商联合会高层，出席并见证了市投资促进局与世界华商联合会《关于共同推进桂林国家旅游综合改革试验区相关项目的战略合作协议》签约仪式。

△，桂林市第54届人才交流大会暨大中专毕业生“双向选择”洽谈会在桂林国际会展中心举行。

11日，市中心广场举办大型宣传活动普及计生知识，迎接第21个世界人口日。

△，第三届全国针刀整体松解术治疗疑难病高级研修班在桂林开班，针刀医学专家吴绪平、柳百智、张天民教授到桂林传授针刀医学的关键技术，推广针刀医学的最新成果。

12日，《桂林城市地名总体规划》初稿通过专家评审。

13日，第四届中国—东盟社会发展与减贫论坛在桂林举行，国务院扶贫办副主任郑文凯出席论坛会。

△，自治区副主席、自治区公安厅厅长梁胜利到市公安局及平乐县调研。副市长、市公安局局长黄济贤陪同调研。

14日，自治区党委副书记陈际瓦一行在阳朔县白沙镇古板村委凉水井村考察城乡风貌改造工作。自治区党委副秘书长张宣东，自治区住房和城乡建设厅厅长严世明，市委书记、市人大常委会主任刘君，市长李志刚，市委常委、秘书长石东龙，副市长周卫以及区市相关部门负责人等陪同。

△，中国侨联顾问冀朝铸陪同前美国佛罗里达州参议员一行来桂林观光考察，市委统战部副部长林文云、市侨联主席陈丹娅、市侨联副主席李戊伍陪同。

14日至15日，以刘承国专员为组长的国家土地督察广州局卫片执法督查组到桂林市进行督查。

15日，桂林市召开创建“全国文明城市”工作推进会，

△，出席第四届中国—东盟社会发展与减贫论坛的越南、柬埔寨等东盟十国社会发展与减贫部门官员、专家学者、企业家以及国际组织在兴安县、资源县，现场考察扶贫龙头企业和水果产业基地。

△，市委书记、市人大常委会主任刘君在平乐县调研“桂江第一城”建设情况。

16日，桂林市召开的2010年上半年城市管理考评情况通报会。

△，副市长、市公安局局长黄济贤在桂林分会场出席国务院召开的第六次全国人口普查工作电视电话会议。

△，市政协副主席、市总工会主席莫玲玲率市总工会慰问小组，到机场路新建收费站施工现场、燕京啤酒(桂林漓泉)股份有限公司，看望慰问一线职工。

18日，桂林市信访办正式更名为信访局，同日，桂林市信访接待中心挂牌成立，市委常委、秘书长石东龙，副市长、市公安局局长黄济贤为信访接待中心成立揭牌。

19日，银川—桂林—三亚航线开通。

20日，桂林主流媒体“走进非洲”大型采访活动出征非洲。

△，节能减排工作会议召开，市委常委、常务副市长黄俊华对节能减排工作做了具体部署。

21日，自治区党委常委、宣传部部长沈北海在桂林调研文化产业发展情况。

△，桂林市召开上半年工业经济运行分析会。

△，国务院华侨农场改革和发展工作小组调研组深入华侨农场调研。

22日，“建行杯”第15届中国大学生网球锦标赛暨中国高校校长网球比赛在桂林电子科技大学尧山校区拉开战幕。

23日，市总工会党组书记、副主席张耀中一行慰问中橡桂林公司一线职工。

24日，海南省委书记、省人大常委会主任卫留成，省长罗保铭率海南省党政代表团抵达桂林进行考察交流，自治区党委书记、自治区人大常委会主任郭声琨，自治区主席马飚，自治区党委常委、自治区常务副主席李金早，自治区党委常委、秘书长余远辉，自治区人大常委会副主任吴恒，自治区政协副主席蒋济雄，自治区政府秘书长王跃飞，以及市领导刘君、李志刚、陈丽华、石东龙、黄润中、周卫、黄济贤等陪同考察。

△,2010年中国城市国际标准舞公开赛暨中国桂林第四届国际标准舞锦标赛在桂林举行。

△,恭城瑶族自治县红岩村获"中国村庄名片"荣誉称号。

26日,市政协在榕湖饭店举行专题协商会,就建设桂林国家旅游综合改革试验区进行商讨。

△,市委书记、市人大常委会主任刘君,市长李志刚,市政协主席粟增林率"八一"拥军慰问团,赴柳州慰问中国人民解放军75100部队官兵,市领导潘永建、李佑民、黄俊华、陈丽华、石东龙、鲁圣发、黄济贤等参加慰问活动。

△,广西第七届"看禾选种,助农增收"活动启动仪式在雁山镇农业科学研究所举行。国家杂交水稻工程技术研究中心主任、中国工程院院士袁隆平,自治区人大农业委员会主任委员覃远通,自治区农业厅厅长张明沛,全国农业技术推广服务中心副主任邓光联,桂林市副市长蒋炳穗,自治区农业厅总农艺师白先进及桂林、柳州、梧州、贺州、河池、来宾等市各县农业局领导及桂林市各县、乡农技推广部门代表参加了启动仪式。启动仪式前,市长李志刚拜会了袁隆平。

27日,桂林警备区召开庆"八一"军地领导座谈会,庆祝中国人民解放军建军83周年。市委常委、桂林警备区政委李佑民大校主持座谈会。市委常委、政法委书记蒙永福,桂林警备区司令员梁琼进大校等出席会议。

29日,高新区七星街道毛塘路社区获"首批国家级充分就业示范社区"。

△,全市年中纪检监察工作会议召开,市委常委、纪委书记徐锦蓉出席会议。30日,市人大常委会副主任邓中星率市人大执法检查组,对桂林市检察机关贯彻执行行政诉讼法相关情况进行执法检查。

31日,庆祝中国人民解放军建军83周年暨双拥、立功官兵表彰大会在春天剧场举行。

8月

1日,八路军桂林办事处旧址展陈馆改扩建工程正式开工。

△,50余名大学生志愿服务西部计划志愿者抵达桂林。

2日,桂林市未成年人心理健康辅导中心在广西师范大学挂牌成立。自治区党委宣传部副部长、文明办主任韦守德,市委常委、副市长、宣传部部长陈丽华参加挂牌仪式,并考察了我市十三中、丽君社区等部分学校、社区的未成年人心理健康辅导站。

△,市残联举办"人人享有康复服务"培训班。

3日,我市召开中越青年大联欢活动动员会,市委副书记、组织部部长潘永建,副市长何良军出席动员会。

3日至8日,由中央电视台第七套《每日农经》栏目组深入灌阳、全州、兴安、龙胜等县进行节目摄制。

4日,中国书画经营家协会会长谷福海与9名全国著名书画家到桂林市考察华夏艺术大观园项目,市政协副主席袁绪祥参加座谈。

5日,2010"漓泉"杯第五届中国桂林国际市民徒步大会在雁山园举行首发仪式。

△,桂林旅游大篷车开进宁夏推介桂林旅游产品和服务。

6日,市长李志刚在榕湖饭店会议中心分别会见了中国电子科技开发有限公司、深圳创新科存储技术有限公司、美国启立投资公司负责人一行。自治区侨办主任冯祖华、副主任钟志英,副市长巫家世、市政府秘书长张晓武,桂林国家高新区、市工信委、市侨办、市投资促进局有关负责人会见时在座。

7日,以"轮扬自我,激情山野"为主题的2010千家峒国际山地自行车赛在灌阳千家峒景区举行。

9日,市长李志刚到市工信委调研。副市长徐锋,市政府秘书长张晓武,以及市发改委、财政局、国土局、投资促进局有关负责人随同。

10日,市长李志刚一行到防洪及漓江补水枢纽工程指挥部考察,市委常委、常务副市长黄俊华,副市长蒋炳穗,市政府秘书长张晓武,灵川县、兴安县和市防洪及漓江补水枢纽工程指挥部成员单位有关负责人参加。

11日,市长李志刚、副市长周卫一行,对桃花江航段进行全方位考察。

△,国家体育总局足球运动管理中心主任、中国足球协会专职副主席韦迪,国家体育总局足球运动管理中心副主任、中国足球协会副主席于洪臣造访桂林。副市长巫家世会见了韦迪一行。

11日至12日,市委常委、副市长、宣传部部长陈丽华率市旅游局、桂林中国国际旅行社负责人组团到迪拜推介旅游。

11日至17日,桂林旅游推介团在阿拉伯联合酋长国和土耳其共和国促销旅游。

12日,福建省侨联主席谢小建率团到桂林访问。

△,市委常委、副市长黄润中在榕湖饭店会见了中国进出口银行副行长朱鸿杰一行。

13日,市侨办被评为2009-2010年度全区侨办系统信息上报工作先进单位。

△,桂林召开全市节能减排专项工作会。副市长周卫对我市建筑节能减排工作予以肯定。

△,全国工会系统"五五"普法调研检查工作组到我市进行调研检查,市政协副主席、市总工会主席莫玲玲陪同。

13日至14日,合肥市委副书记、市长吴存荣率合肥市党政代表团考察桂林。市委常委、常务副市长黄俊华,市委常委、副市长黄润中，副市长周卫及市直有关部门、阳朔县有关负责同志陪同考察。

15日，自治区中小学国学师资培训在广西师范大学正式启动，百余所中小学的百名教师将参加为期十天的国学师资培训。

15日至16日，市委常委、副市长、宣传部部长陈丽华率市旅游局、桂林中国国际旅行社负责人组成的桂林旅游推介团，在土耳其促销桂林旅游。

17日，市委书记、市人大常委会主任刘君在灵川县开展工作调研。市委副书记、组织部部长潘永建，市委常委、秘书长石东龙陪同调研。

△，我市召开质量兴市战略工作会议，市委书记、市人大常委会主任刘君在会上对全市实施质量兴市战略工作进行了全面部署。

△，《国家发改委关于确定国家服务业综合改革试点区域的通知》（发改产业[2010]1826号）文，将桂林市确定为国家首批服务业综合改革试点区域。

18日，桂林漓江入选世界上10大水上奇迹。

18日至19日，国家文化部副部长李洪峰一行考察桂林市文化产业发展情况，市委书记、市人大常委会主任刘君在榕湖饭店会见了李洪峰一行。自治区文化厅厅长余益中、副厅长李民胜，市委常委、秘书长石东龙，市委常委、副市长黄润中会见时在座。

18日至8月30日，第二届葡萄节在兴安举行。

19日，市政府与中国中铁股份有限公司在北京签订框架合作协议，中国中铁将作为西二环路建设及南溪河、小东江整治3个工程的意向投资建设方。

20日，市委书记、市人大常委会主任刘君在榕湖会议中心会见了国家开发银行广西分行党委书记、行长白映福一行。

△，"情系八桂—两岸文化联谊行"桂林活动拉开序幕。市委副书记、组织部部长潘永建，市委常委、副市长、宣传部部长陈丽华，副市长何良军出席。

△，旅博会工作小组召开筹备工作会，桂林市市委副书记、组织部部长潘永建，副市长何良军出席会议。

21日，香港乐善行基金会援建临桂县六塘镇中心小学签约仪式在临桂县举行。香港乐善行基金会会长吴兆伟、临桂县人民政府办公室副主任蒋顺生出席签约仪式并致辞。临桂县教育局党组书记李乔英出席仪式。

21日至23日，资源县举行第十六届"河灯歌节"。

25日，市委书记、市人大常委会主任刘君在榕湖饭店会见国家文物局局长单霁翔一行。自治区文化厅厅长余益中和市领导陈丽华、石东龙会见时在座。

△，国家文物局文物保护与考古司考古专家闫亚林到靖江王陵和甑皮岩遗址博物馆实地考察。自治区文化厅副厅长覃溥陪同考察。

26日，中国人民解放军消化内科研究所桂林临床基地在181医院揭牌。

27日，桂林市综合应急救援支队在市公安消防支队成立并揭牌，市委常委、常务副市长、市应急委常务副主任黄俊华为市综合应急救援支队授旗。

△，市总工会2010年"金秋助学"活动启动仪式在工人文化宫举行。副市长徐锋，市政协副主席、市总工会主席莫玲玲出席启动仪式。

28日，风靡欧洲十余年的法国"冒险树"探险乐园首次登陆中国大陆，落户七星景区。

△，以"收藏峰会，金藏世博"为主题的艺藏品鉴赏会及《清明上河图》世博金广西首发式在桂林香格里拉大酒店举行。

29日，桂林市与波兰托伦市缔结友好城市关系签字仪式在波兰托伦古城市政厅皇家礼堂隆重举行。市长李志刚与托伦市市长米哈乌·扎莱斯基共同签署了《中华人民共和国桂林市和波兰共和国托伦市建立友好城市关系协议书》。这是继日本熊本、新西兰黑斯廷斯、美国奥兰多和韩国济州之后我市的第五个国际友好城市。

29日至30日，国家工业和信息化部部长李毅中率工作调研组到桂林市调研，自治区副主席杨道喜，自治区工业和信息化委员会主任束华，市委书记、市人大常委会主任刘君，市委常委、常务副市长黄俊华，市委常委、秘书长石东龙，副市长徐锋等陪同调研。

30日，桂林市公安局举行"打击犯罪夏季专项行动"追缴赃物返还大会。

△，市教育局组成联合检查组，对所辖学校开学后教育收费情况进行专门检查。

9月

1日，台湾东森旅行社在桂林拍摄桂林山水。

△，市政府与中国机械工业集团有限公司在榕湖饭店签署战略合作框架协议，市长李志刚、国机集团总裁徐建出席仪式并在协议上签字。

2日，"漓泉杯"第五届亚洲超模大赛颁奖典礼在桂林举行，中国选手陈怡佳、韩国选手丁柔仙、菲律宾选手玛丽安娜获得冠、亚、季军。

△，中山大学旅游发展与规划研究中心教授保继刚出席在桂林召开的第四届联合国世界旅游组织/亚太旅游协会旅游趋势与展望国际论坛。

△,自治区副主席高雄在桂林会见了参加第四届联合国世界旅游组织/亚太旅游协会旅游趋势与展望国际论坛的联合国世界旅游组织执行主任马修·法维拉。

2日至3日,第四届联合国世界旅游组织/亚太旅游协会旅游趋势与展望国际论坛在我市进行。

3日,首届中国桂林国际旅游博览会在桂林正式拉开了帷幕。世界旅游组织执行主任马修·法维拉以及来自美国、英国、法国等40余个国家的官员、中外参展代表、专业采购商等2000多人出席开幕式。

△,加拿大安大略省千岛湖酒店集团执行董事凯瑟琳·克里斯汀参展首届中国桂林国际旅游博览会。

△,由上海市旅游管理部门主办的2010年中国长三角桂林"赏桂之旅"主题推介会在广西桂林举行。

△,市侨办副主任余治水会见参展首届桂林国际旅游博览会的海外侨商代表。

4日,桂林旅游公共信息服务平台项目建设正式启动。

△,贵州安顺市在桂林举行旅游推介会。

△,参加第四届联合国世界旅游组织/亚太旅游协会旅游趋势与展望国际论坛的嘉宾对龙胜黄洛瑶寨、平安壮寨和龙脊梯田景区进行技术考察。

△,联合国世界旅游组织执行主任马修·法维拉参观龙胜龙脊梯田景区。

△,市长李志刚、副市长巫家世率领慰问组,到桂林中学、榕湖小学、桂林理工大学,亲切看望慰问一线教师并送上了慰问金。

5日,历时3天的首届中国桂林国际旅游博览会圆满闭幕。柳州市三江侗族自治县在首届中国桂林国际旅游博览会上荣获"展台最佳设计奖",选送的"侗乡鸟巢"模型夺得广西旅游商品展大赛铜奖。

△,台湾高雄市摄影学会与桂林市艺术摄影学会在桂林举行首次摄影作品交流展示会。

△,美国众议院多数党副领袖查克·杰斐逊率美国伊利诺伊州众议员代表团一行访桂。市人大常委会副主任卢火雄在桂林宾馆会见代表团一行。

6日,中国现代绘画大师、美术教育家徐悲鸿先生馆藏的82幅作品在桂林博物馆亮相。

7日,全市人民防空工作会议在兴安县召开,自治区人防办主任余兴祥,副市长周卫,桂林警备区司令员梁琼进、参谋长邱敏军出席会议。

8日,越南社会主义共和国广宁省人民检察院副检察长梁福山率越南检察代表团,对桂林市进行考察访问。自治区人民检察院副检察长陈普生陪同考察。

8日至11日,台湾花莲县议会访问团一行考察访问桂林市并游览了象鼻山、伏波山、七星公园,漓江风光。

9日,桂林市举行第三次归侨侨眷代表大会,自治区侨联主席韦干,副主席刘汉祥,市委常委、统战部部长李文升,副市长巫家世出席大会开幕式。大会选举产生了桂林市侨联第三届委员会,林文云当选新一届市侨联主席,叶涛、李志雄、简桂梅当选副主席。

10日,桂林市召开节能减排工作会,市领导黄俊华、周卫、徐锋出席会议并分别作指示。

△,由自治区综治办、广西见义勇为基金会及其理事单位组成的慰问组,慰问桂林市13位见义勇为英雄及他们的家属。

△,桂林市农村宅基地确权登记发证工作全面启动。

11日,市领导粟增林、潘永建、黄俊华分别走访慰问了桂林市抗战时期参加工作的老同志以及抗日老战士。

12日,第三届中华经典诵读大赛在市教育局举行,拉开了第13届推广普通话宣传周活动。

14日,市政府召开纪念《中华人民共和国归侨侨眷权益保护法》颁布20周年座谈会。

△,市长李志刚主持召开市三届人民政府第96次常务会议,研究部署我市节能减排工作,审议《桂林市漓江上游生态保护与旅游发展规划》等议题。

14日至25日,2010年"华蓝杯"全国围棋锦标赛(个人)在桂林举行,这是中国最高水平的围棋赛事。

15日,司法部法制宣传司副巡视员姚振怀率领全国"五五"普法检查验收组对桂林市"五五"普法工作进行检查验收。自治区司法厅副厅长韦乃扬,市领导邓中星、黄济贤、王大平等陪同检查。

△,第十四届"漓东之光"文艺汇演在甲天下广场举行。

△,副市长何良军对桂林华侨农场改革和发展情况进行考察调研。

16日,临桂新城中心公园开工建设,市领导黄俊华、石东龙等出席了开工典礼。

△,2010年全国科普日活动暨广西"十月科普大行动"启动仪式在临桂金山广场举行。市领导李志刚、石东龙等,及自治区科协有关负责人出席了当天的启动仪式。

17日,自治区旅游局局长陈建军和自治区发展研究中心副主任杨丛率队调研组到桂林调研。

△,市长李志刚在市教育局就如何深入贯彻落实全国及全区教育工作会议精神和《国家中长期教育改革和发展规划纲要(2010-2020年)》,加快推进桂林市教育事业科学发展开展调研。副市长巫家世,市政府秘书长张晓武及市发改委、市

财政局相关负责人参加调研。

△，2010年桂林市职工职业技能大赛在高级技工学校开幕。副市长徐锋，市政协副主席、市总工会主席莫玲玲出席开幕式。

△，市长李志刚对机场路各节点的绿化花化、新收费站建设、景观布置等工作进行检查。副市长周卫、市政府秘书长张晓武及市发改委、规划局、机场路建设指挥部等有关负责人随同检查。

△，桂林侨资企业联合会举行“转型创新发展暨‘迎中秋’”座谈会，市侨办主任贺继孟应邀出席座谈会。

18日，“共创喜悦新生活”高端经济论坛在漓江大瀑布饭店举行。著名经济学家龙永图和凤凰卫视时事评论员何亮亮现场论道，博鳌亚洲论坛前秘书长、市领导粟增林、潘永建、鲁圣发、徐锋、何良军、王大平、莫玲玲、袁绪祥、李世荣出席论坛。

18日至19日，第五届中国(桂林)国际市民徒步大会在桂林举行。

19日，漓江风景名胜区入选“2010中国青年喜爱的旅游目的地”。

20日，桂林市召开城镇污水垃圾处理设施项目建设推进工作会议，副市长周卫出席会议。

25日，马来西亚新视野羽毛球俱乐部在桂林举行访游交流比赛。

△，“桂林——湘商商机交流会”在长沙市通程国际大酒店举行。市投资促进局、工信委、国土局等市直部门和部分县、区的相关负责人，桂林部分企业家代表参加了的会议。

26日，2010广西统计系统职工运动会在桂林市开幕。市委常委、常务副市长黄俊华，自治区统计局党组书记、局长邱祖强出席运动会开幕式。

26日至28日，第七届中国西部农村合作经济发展论坛在桂林市举行。市委常委、副市长黄润中，中华全国供销合作总社党组成员、理事会常务理事于培顺参加了论坛。

28日，桂林市召开全市人才工作会议，市领导刘君、李志刚、潘永建等参加会议。

30日，副市长陈丽华、汪洋率桂林市旅游局、桂林旅游发展总公司、桂林旅游股份有限公司负责人对桂林市旅游各行业进行节前安全检查。

30日至10月3日，2010桂林房·车节在桂林国际会展中心举行。

10月

1日，桂林市在中心广场举行升旗仪式，热烈庆祝中华人民共和国成立61周年。市四家班子机关工作人员参加了当天的升旗仪式。

3日，市政府在市政务服务中心二楼大厅举行全市第三季度项目集中审批活动。

6日至20日，“突击—2010”中泰陆军特种部队反恐联合训练在桂林进行。

8日，四川省乐山市市委书记、市人大常委会主任唐坚率党政代表团考察桂林。

△，市委书记、市人大常委会主任刘君深入桂林电子科技大学进行调研，协调解决该校50周年校庆有关事项及大学科技园项目建设问题。市委常委、秘书长石东龙，副市长巫家世、周卫，高新区七星区、市发改委、财政局、教育局、规划局、住房和城乡建设局等单位主要负责人陪同调研。

△，市长李志刚主持召开市政府第97次常务会议。就金融服务支持诚信计生、备用水源建设等项目进行专题研究，审议并原则通过了《桂林市城市园林绿化管理办法》、《桂林市违法建筑处理暂行办法(送审稿)》、《桂林市人民政府突发事件总体应急预案(2010年修订稿)》。

9日，桂林市三届人大常委会举行主任会议，副主任熊显元、黄阐、邓中星、汤杰、卢火雄，秘书长梁建平出席会议，市人大常委会党组成员李全义，市人大常委会党组成员、常委会委员杨程列席会议。

△，桂林市召开绩效考评领导小组会议，启动2010年度绩效考评工作，市领导黄俊华、徐锦蓉、石东龙出席当天会议。

10日，桂林市获2010年度全国十佳绿色城市。

△，桂林市在中心广场举行大型未成年人心理健康辅导及心理专家义诊活动，纪念第19个“世界心理健康日”。

11日，市委、市政府在市直机关小礼堂召开国家卫生城市复审迎检工作推进会，市委书记、市人大常委会主任、市国家卫生城市复审迎检领导小组组长刘君，市长、市国家卫生城市复审迎检领导小组组长李志刚分别作重要讲话。市委常委、秘书长、市国家卫生城市复审迎检领导小组常务副组长石东龙主持会议。市人大常委会副主任汤杰，副市长巫家世、周卫，市政协副主席刘明昱出席会议。

12日，桂林市举行了“关爱空巢老人、孝老爱亲”事迹报告会。

13日，市委书记、市人大常委会主任刘君率我市有关职能部门工作人员到临桂新区调研，市领导黄俊华、石东龙陪同调研。

14日，全市征兵工作电视电话会议在桂林警备区召开，市委常委、桂林警备区政委李佑民大校，警备区司令员梁琼进大校，副市长蒋炳穗等出席会议。

14日至16日，第五届桂林永福养生旅游福寿节在永福举行。

15至18日，第二届中国桂林创新创意文化节暨国际动漫节在桂林举行，来自加拿大、比利时、韩国以及中国大陆的动漫专家云集广西桂林，探讨动漫创意产业的发展。同时，“2010中国（桂林）旅游创意营销论坛暨旅游创意展”也在此间举行。

17日，桂林市、柳州市、怀化市、邵阳市以及龙胜各族自治县、三江侗族自治县、通道侗族自治县、城步苗族自治县在桂林共同签署了“中国大桂林旅游桂湘原生态风情节”协议书，决定从2011年起轮流每年举办一次“桂湘原生态风情节”。

△，自治区政协主席马铁山率领提案人与相关区直部门负责人到我市，就《关于加强桂林会仙湿地保护，维系漓江水生态系统健康》的办理情况进行督查。自治区政协副主席李达球，自治区政协副主席、农工党广西区委主委彭钊，自治区政协秘书长杨才寿，市领导粟增林、蒋炳穗、蒋廷春参加。

18日，以市委书记、市人大常委会主任刘君为团长的桂林旅游推介代表团到达西班牙南部的马拉加省，考察参观当地旅游设施，开展桂林旅游推介活动。

20日，桂林—温州两市旅游工作交流会召开，市委常委、副市长、宣传部部长陈丽华和温州市副市长徐育斐参加。

△，中国科学院院士孙家栋到桂林电子科技大学讲学。

△，安徽省省长王三运、副省长花建慧率安徽省政府代表团一行抵达桂林，乘船考察了漓江，观看了《印象·刘三姐》，体验了阳朔西街。自治区副主席高雄，自治区旅游局局长陈建军，市委常委、常务副市长黄俊华陪同考察。

△，市长李志刚率第七届中国-东盟博览会桂林市代表团到南宁国际会展中心，走访我市参展企业。

20日至21日，2010区域合作、城乡规划与桂林旅游发展新思路研讨会在阳朔举行，市政协副主席刘明昱在会上致辞。

20日至24日，首届桂林乒乓旅游大奖赛在桂林开战。

21日，桂林市在邕举办第七届中国-东盟博览会桂林经济合作项目签约仪式。

△，市委书记、市人大常委会主任刘君率团到瑞士日内瓦推介桂林旅游。

22日，国家住房和城乡建设部在桂林市主持召开审查会。

△，桂林市召开学校周边安全工作会议，副市长、市公安局局长黄济贤出席会议。

23日下午，桂林市在榕湖饭店九岗岭会议厅举行投资环境情况介绍会，向新加坡经贸团介绍桂林经济发展情况及投资环境和投资方向。

25日，应奥地利斯太尔市邀请，我市旅游推介代表团一行在市委书记、市人大常委会主任刘君率领下对斯太尔市进行了访问。

26日，中央扩大内需促进经济增长政策落实和工程建设领域突出问题专项治理第15检查组到桂林进行专项检查，市领导李志刚、黄俊华、徐锦蓉出席了汇报会。

26日至28日，中央纪委驻国家新闻出版总署纪检组长宋明昌为组长的中央扩大内需促进经济增长政策落实暨治理工程建设领域突出问题第十五检查组，深入桂林市的中央扩大内需项目建设一线进行了检查。自治区监察厅副厅长廖坚，自治区新闻出版局纪检组长陈小建，市委常委、常务副市长黄俊华等陪同检查。

27日，全市旅游工作会在阳朔县召开，会议由市委常委、副市长、宣传部部长陈丽华主持。市人大常委会副主任黄阐，副市长汪洋，市政协副主席袁绪祥等出席会议。

28日，桂林市三届人大常委会召开第三十五次会议。

28日至31日，2010“博尔顿—切尔西—维根188精英杯”英超球队官方特批广西广东上海五人制足球精英赛在桂林开赛。

29日，国家知识产权示范城市评定工作组在我市举行评定会，副市长巫家世出席评定会，并向国家评定组汇报了我市示范市创建工作。

△，2010年“‘绿色’电脑进西部活动”广西赠送仪式在恭城瑶族自治县举行。

△，由国家林业局副局长张建龙率领的中央扩大内需促进经济增长政策落实暨治理工程建设(林业项目)领域突出问题检查组来到桂林市，听取桂林市有关情况汇报。

30日，2010年桂林市青年创业小额贷款团银合作联席会召开。

△，2010海峡两岸书法绘画作品交流展在桂林开幕，市政协副主席王大平、原市人大副主任、广西书法协会名誉主席张开政、原市委宣传部副部长文建洲等领导出席了开幕式。

11月

1日，全市第六次人口普查入户登记工作在象山广场举行启动仪式。

△，2010年度冬季征兵工作正式启动。

2日，市委、市政府召开中央、自治区新闻媒体驻桂林机构、市属媒体见面会，市委常委、副市长、宣传部部长陈丽华，副市长周卫以及市委宣传部外宣办、市政府新闻办负责人，平乐县政府、市住建局主要负责人出席会议。

3日，桂林—新加坡航线开通。

5日，市城乡风貌改造和农村危房改造工作领导小组组织3个督查小组，对全市10个县(区)层面的城乡风貌改造和农村危房改造工作进展情况集中检查。

△，廉租住房保障扩面工作正式启动。

6日，桂林市获“2010中国最佳休闲城市”、《印象·刘三姐》获中国文化旅游发展贡献奖银奖。

7日，自治区副主席李康到桂林电子科技大学调研，副市长巫家世陪同调研。

8日，市委书记、市人大常委会主任刘君一行到桂林日报社、桂林市广播电影电视局，与新闻工作者共度我国第11个记者节。

9日，国务院侨办调研组抵达桂林，就桂林华侨农场改革发展、桂林市侨务工作开展情况进行调研。国务院侨办副主任、国务院华侨农场改革发展工作领导小组组长马儒沛，国务院侨办国内司副司长熊万鹏参加了此次调研。自治区侨办主任冯祖华、副主任钟志英、副巡视员陈宁，副市长巫家世陪同调研。

10日，韩国忠清北道议会访问团到桂林市访问，市委书记、市人大常委会主任刘君在榕湖饭店会见了访问团一行，自治区人大外事华侨委员会主任委员盛忠雄、市人大常委会副主任卢火雄会见时在座。

11日，市委常委议军会议在桂林警备区召开。市委书记、市人大常委会主任、桂林警备区党委第一书记刘君主持会议并讲话。市领导李志刚、李佑民、黄俊华、陈丽华、李文升、黄润中出席会议，桂林警备区司令员梁琼进大校列席会议。

△，自治区党委副书记陈际瓦专程到桂林，看望英格索兰(桂林)工具有限公司党总支书记、工会主席王远文。

△，桂林市新生儿疾病筛查中心通过自治区卫生厅专家组评审。

12日，市委书记、市人大常委会主任刘君在榕湖饭店会见了来宾市委书记、市人大常委会主任张秀隆率领的来宾市考察团一行，市长李志刚，市委常委、副市长、宣传部部长陈丽华，市委常委、秘书长石东龙，市人大常委会副主任鲁圣发，市政协副主席袁绪祥等参加会见。

13日，纪念恩格斯诞辰190周年学术研讨会在桂林召开，本次学术研讨会由中国马克思恩格斯研究会、广西师范大学、《马克思主义与现实》杂志社主办。来自中共中央编译局、中共中央党校、中国社会科学院、教育部、北京大学、中国人民大学、武汉大学、军事科学院、广西师范大学等单位的专家学者参加会议。

13日至15日，中国桂林·史前文化遗产国际高峰论坛暨中国博物馆学会史前遗址博物馆专业委员会第八届研讨会在桂林举行。这是中国首次召开的史前文化遗产保护与考古遗址公园建设国际会议；会议发表了《桂林共识》。期间，广西桂林甑皮岩国家考古遗址公园项目启动，桂林洞穴遗址考古研究中心揭牌仪式。联合国教科文组织国际岩溶研究中心学术委员会主任袁道先出席了论坛。

15日，桂林市第三届委员会第十次全体会议举行。

△，副市长何良军在桂林宾馆会见并宴请到访的美国美中文化经济协会会长池洪湖一行。

16日至19日，为期4天的第六届材料与热加工物理模拟及数值模拟国际学术会议在桂林举行。

20日，桂林电子科技大学建校50周年庆典隆重举行。国务院原副总理曾培炎专门致电桂林电子科技大学，勉励师生“再接再厉，再创辉煌”。

21日，桂林姑娘阳金津夺得2010年“中国小姐”大赛桂林分赛区分区赛冠军，张睿智获得亚军、王雅娟获得季军。

22日，第17届“雁山—解放杯”长跑开赛。市委常委、副市长、宣传部部长陈丽华，市人大常委会副主任汤杰，市政协副主席王德明，揭廷魁参加了长跑活动。

△，青海省党政代表团来桂林考察城市建设、旅游资源开发、新农村建设等。代表团一行专门考察了“两江四湖”环城水系。自治区党委书记、人大常委会主任郭声琨，自治区党委常委、秘书长余远辉，市委书记、市人大常委会主任刘君，市长李志刚，市委副书记、组织部部长潘永建，市委常委、常务副市长黄俊华陪同考察。

△，桂林举行颁奖典礼，授予桂林商业银行总经理于志才等10名青年企业家首届“桂林市十大杰出青年企业家”荣誉称号，同时还对获得“桂林市十大优秀青年企业家”和“桂林市杰出青年企业家”潜力奖的青年企业家颁发了奖牌和光荣册。

△，桂林市被国家知识产权局授予“国家知识产权工作示范城市”称号，这是广西唯一荣获此称号的城市，副市长巫家世代表桂林市人民政府领取了牌匾。

22日到23日，由自治区副主席、自治区公安厅厅长梁胜利率领的督查组到桂林对桂林市创建社会和谐稳定模范区工作进行督查指导。市领导蒙永福、邓中星、黄济贤参加了相关活动。

25日，市人民政府举行桂林银行更名揭牌仪式，将桂林商业银行正式更名为桂林银行。

26日，第二届“中国山水画艺术双年展”在桂林美术馆开幕。当天，中国国家画院和桂林市人民政府还联合举行了中国山水画论坛和慈善笔会。

△，最高人民检察院、自治区党委分别追授原桂林市秀峰区检察院反渎职侵权局副局长杜云“全国模范检察官”和自治区“优秀共产党员”的荣誉称号。

26日到29日，自治区创建无障碍建设城市验收组分头对桂林市的无障碍设施进行了检查。

27日至30日，第五届"建行杯" 大学生银校网球邀请赛在桂林电子科技大学尧山校区室内网球馆隆重举行。

30日，桂林华侨农场建场50周年暨社区服务中心大楼奠基庆典在桂林隆重举行。副市长何良军出席庆典并致辞，市人大常委会党组成员杨程和市直有关部门负责人、七星区四套班子领导及海内外嘉宾、桂林华侨农场干部职工代表300多人参加庆典奠基活动。

12月

1日，桂林举行首座电动汽车充电站落成典礼暨首批新能源公交车发车仪式

△，桂林-北海航线正式复航。

3日至5日，马来西亚2010年度华裔青少年回乡培训冬令营在桂林市开展。市侨联副主席叶涛接见了参加冬令营的华裔青少年。

3日至6日，自治区少数民族村寨防火改造工程验收组先后深入临桂、龙胜、资源，对桂林市少数民族村寨防火改造工程进行检查验收。6日上午，自治区验收组反馈了验收意见。副市长周卫出席反馈会。

4日至5日，2010"恒升杯"全国汽车短道拉力锦标赛在荔浦县"桂林锦龙国际赛车场"举行收官之战。来自陕西、湖南、浙江、广西等省市区的的10个参赛队78位选手将展开为期2天的激烈角逐。

5日，桂林首届"天下龙脊"国际摄影大赛颁奖典礼在龙胜各族自治县举行，卢新忠获得金质收藏作品奖。

7日，中国移动广西桂林分公司的信息化应用项目"旅游电子商务平台"获2010年中国通信与信息化应用金奖。

8日，广西农民专业合作社"农超对接"培训班在桂林举行，这是家乐福首次在广西举行"农超对接"培训。

△，意大利参众两院各国议会联盟意中关系小组议员团到桂林市访问。自治区人大常委会副主任刘新文在榕湖饭店会见了意大利参众两院各国议会联盟意中关系小组主席巴尔比一行。全国人大常委会外事委委员金矛，自治区人大常委会外事华侨委副主任委员刘胜福，市人大常委会副主任卢火雄会见时在座。

9日，以"建设桂林国家旅游综合改革试验区"为主题的"旅发杯"新闻摄影大赛正式启动。

11日，桂林市召开防控艾滋病工作委员会成员会议，副市长巫家世在会上对桂林市的艾滋病防控工作进行了具体部署。

△，桂林乐满地度假世界成为内地首批"全国旅游标准化试点"景区。

11日至15日，国务院侨办在桂林召开《2011-2015年侨务工作发展纲要》征求意见座谈会，国务院侨办副主任许又声主持会议。国务院侨办政策法规司司长王晓萍、自治区侨办主任冯祖华、北京市侨办主任李印泽、天津市侨办主任哈文龙、山东省侨办主任王琳等15个省(市、区)侨办领导及境内专家学者出席会议。

14日，临桂县公安局刑警大队女子实验中队正式挂牌，标志着广西全区首个女子刑警中队正式成立。

15日，首届中国民族旅游论坛暨中国人类学民族研究会民族旅游专业委员会成立大会在桂林召开。

16日，国家全面推进旅游标准化试点工作座谈会在阳朔县召开，国家旅游局副局长杜江，自治区旅游局局长陈建军，市委常委、副市长、宣传部部长陈丽华出席会议。杜江一行还考察了联合国世界旅游组织旅游发展阳朔观测点和阳朔县部分旅游宾馆。

△，市委书记、市人大常委会主任刘君，市长李志刚在榕湖饭店会见了国家旅游局副局长杜江，自治区旅游局局长陈建军，市委常委、副市长、宣传部部长陈丽华，市委常委、秘书长石东龙，市政府秘书长张晓武等会见时在座。

18日，广西农业休闲旅游启动暨阳朔第12届漓江渔火节·第8届金桔交易会在阳朔隆重举行。

19日，来自俄罗斯、哈萨克斯坦、泰国、越南、韩国、日本、印尼以及中国的19对新人在桂林举行集体婚礼。

20日至21日，市委书记、市人大常委会主任刘君率队前往新疆维吾尔族自治区乌鲁木齐市，拜会新疆广汇实业投资(集团)有限责任公司董事局主席孙广信等高层，市委常委、秘书长石东龙，副市长徐锋，部分县、区及市直有关部门主要负责同志参加以上活动。

25日至26日，首届桂林中韩整形美容学术研讨交流会在桂林举行。

27日，全国首批、广西第一家地市村镇银行——桂林国民村镇银行揭牌成立。

△，创建无障碍建设城市国家验收组在漓江大瀑布饭店，听取了桂林市关于创建全国无障碍建设城市工作汇报，并观看创建工作多媒体宣传片。

△，全国残联系统维权干部培训班在桂林市开班，中国残联党组书记、理事长王新宪，中国残联党组成员、副主席吕世明，自治区残联理事长谭和平，市委常委、副市长、宣传部部长陈丽华出席了开班仪式。

27日至29日，2010香港大学生"中国寻根之旅"文化交流体验冬令营在桂林正式拉开。香港大专院校文化促进会会长

杜耀庭先生以及来自香港大学、香港城市大学、香港理工大学、香港中文大学、香港科技大学等9个高校的25名香港大学生参加了本次冬令营活动。

28日，永福金钟山旅游度假区、南溪山景区、龙胜龙脊梯田景区、灌阳千家垌景区晋升为4A级景区。

28日至31日，桂林宜兴“墨海飘香紫玉传情”艺术作品展在桂林开展。

29日，市公安局2010年“十佳社区民警”颁奖晚会在中心广场体育馆隆重举行。

△，临桂新区万平路、新龙路、纬三东路和新中路延长线正式动工建设，市委常委、常务副市长黄俊华出席了开工仪式。

30日，桂林漓江补水及防洪枢纽工程在漓江兴安县华江乡开工。

2011

一、行政区划

Administrative Divisions

资料整理：和向东　唐立军　蒋秀星　金学军

1-1 行政区划及土地面积

（2010年末）

县区名称	乡镇合计	乡	民族乡	镇	街道办事处	村民居民（社区）委员会	村民委员会	居民委员会	土地面积（平方公里）
全市	133	69	15	64	15	1868	1654	214	27809
秀峰区					3	26	7	19	54
叠彩区	1	1			2	30	15	15	52
象山区	1	1			3	37	8	29	88
七星区	1	1			4	44	16	28	83
雁山区	4	2	1	2	1	40	37	3	288
阳朔县	9	3		6		114	99	15	1428
临桂县	11	6	2	5		168	161	7	2202
灵川县	11	5	2	6	2	147	129	18	2287
全州县	18	9	2	9		284	273	11	4021
兴安县	10	4	1	6		125	115	10	2344
永福县	9	5		4		99	93	6	2806
灌阳县	9	6	2	3		141	138	3	1837
龙胜各族自治县	10	7		3		125	119	6	2538
资源县	7	6	3	1		74	71	3	1954
平乐县	10	4	1	6		145	134	11	1919
荔浦县	13	3	1	10		144	122	22	1759
恭城瑶族自治县	9	6		3		125	117	8	2149

1-2 乡镇及以上行政区划

县区名称	乡、镇、街道名称
秀峰区	秀峰街道办事处 丽君街道办事处 甲山街道办事处
叠彩区	叠彩街道办事处 北门街道办事处 大河乡
象山区	象山街道办事处 南门街道办事处 平山街道办事处 二塘乡
七星区	七星街道办事处 东江街道办事处 穿山街道办事处 漓东街道办事处 朝阳乡
雁山区	雁山街道办事处 雁山镇 柘木镇 大埠乡 草坪回族乡
阳朔县	阳朔镇 白沙镇 福利镇 兴坪镇 葡萄镇 高田镇 金宝乡 普益乡 杨堤乡
临桂县	临桂镇 会仙镇 六塘镇 两江镇 五通镇 南边山乡 四塘乡 茶洞乡 中庸乡 黄沙瑶族乡 宛田瑶族乡
灵川县	甘棠街道办事处 八里街街道办事处 灵川镇 大圩镇 三街镇 潭下镇 定江镇 青狮潭镇 潮田乡 海洋乡 灵田乡 大境瑶族乡 兰田瑶族乡
全州县	全州镇 庙头镇 绍水镇 才湾镇 黄沙河镇 文桥镇 龙水镇 大西江镇 石塘镇 枧塘乡 凤凰乡 安和乡 咸水乡 白宝乡 两河乡 永岁乡 东山瑶族乡 蕉江瑶族乡
兴安县	兴安镇 界首镇 溶江镇 湘漓镇 严关镇 高尚镇 漠川乡 白石乡 崔家乡 华江瑶族乡
永福县	永福镇 罗锦镇 百寿镇 苏桥镇 堡里乡 广福乡 三皇乡 永安乡 龙江乡
灌阳县	灌阳镇 黄关镇 文市镇 新街乡 观音阁乡 新圩乡 水车乡 洞井瑶族乡 西山瑶族乡
龙胜各族自治县	龙胜镇 三门镇 瓢里镇 平等乡 伟江乡 江底乡 乐江乡 和平乡 马堤乡 泗水乡
资源县	资源镇 梅溪乡 中峰乡 瓜里乡 河口瑶族乡 车田苗族乡 两水苗族乡
平乐县	平乐镇 沙子镇 二塘镇 同安镇 源头镇 张家镇 阳安乡 青龙乡 桥亭乡 大发瑶族乡
荔浦县	荔城镇 修仁镇 马岭镇 青山镇 新坪镇 东昌镇 杜莫镇 双江镇 大塘镇 花篢镇 龙怀乡 茶城乡 蒲芦瑶族乡
恭城瑶族自治县	恭城镇 莲花镇 栗木镇 西岭乡 平安乡 龙虎乡 嘉会乡 三江乡 观音乡

二、综 合

General Survey and National Economic Accounts

资料整理：和向东 唐立军 蒋秀星 金学军
龙雄彪 胡 焱 蔡登攀 张忠南
谢登宝 张 悦

2-1 社会经济主要指标

指　　标	单　位	2005年	2006年	2007年	2008年	2009年	2010年
年末户籍人口	万人	495.11	499.29	504.62	508.32	511.63	518.96
#非农业人口	万人	113.65	122.34	119.26	122.64	122.47	123.03
农业人口	万人	381.46	376.95	385.36	385.68	389.16	395.93
#男性人口	万人	258.28	260.47	263.27	265.04	266.52	269.91
女性人口	万人	236.83	238.82	241.35	243.28	245.11	249.05
出生率	‰	10.54	10.43	11.28	10.58	10.69	19.85
死亡率	‰	4.89	3.53	3.91	4.43	5.28	9.40
自然增长率	‰	5.65	6.90	7.37	6.16	5.40	10.45
年平均人口	万人	494.50	497.20	501.95	506.47	509.98	515.29
从业人员数	万人	271.16	272.70	274.05	274.98	275.50	276.89
#乡村从业人员	万人	215.41	217.93	211.00	210.38	210.47	212.85
在岗职工人数	万人	30.31	30.57	30.47	29.73	29.88	29.86
城镇个体劳动者	万人	11.63	13.0	14.27	25.53	27.58	16.49
地区生产总值(当年价)	亿元	512.03	595.52	724.05	851.59	948.23	1103.56
第一产业	亿元	119.89	133.42	157.72	171.42	177.90	203.31
第二产业	亿元	186.99	234.83	290.76	357.46	412.00	492.36
#工业	亿元	155.67	200.34	250.60	308.71	354.05	417.93
第三产业	亿元	205.15	227.27	275.56	322.71	358.33	407.89
人均地区生产总值	元	10355	11978	14424	16814	18594	21416
组织财政收入	万元	516126	593267	725016	855614	976437	1210771
#地方一般预算收入	万元	247838	296953	363167	451884	551498	670809
一般预算支出	万元	546236	648005	846653	1171492	1417138	1822497
全社会固定资产投资	亿元	198.73	260.87	403.05	485.96	659.35	908.56
城镇投资	亿元	158.48	220.63	338.51	391.59	545.20	758.52
#基本建设	亿元	78.67	120.17	186.95	226.60	289.49	405.11
更新改造	亿元	27.81	39.48	58.47	64.31	151.31	216.05
其他投资	亿元	4.44	8.36	13.25	15.81	10.63	17.81
房地产	亿元	41.71	51.13	79.04	83.26	92.28	118.01
城镇工矿区私人建房	亿元	5.85	6.93	0.80	1.60	1.50	1.54
农村投资	亿元	36.27	30.91	53.84	79.20	94.86	125.77
#农村非农户投资	亿元	25.12	17.18	33.60	53.69	46.40	63.52
农村建房投资	亿元	11.15	13.73	20.24	25.51	48.46	62.25
零星投资	亿元	3.99	3.88	2.77	2.81	1.61	2.61
商品房销售额	亿元	50.77	52.15	69.69	74.25	81.61	115.66
商品房销售面积	万㎡	258.18	237.04	288.54	265.55	273.82	323.58
商品房空置面积	万㎡	39.00	28.50	29.86	33.99	47.64	56.21
城市商品零售价格总指数	%	102.0	101.0	104.8	106.8	99.6	102.5
城市居民消费价格总指数	%	103.98	100.7	106.6	105.9	99.2	102.2

2-1续表1

指　　标	单　位	2005年	2006年	2007年	2008年	2009年	2010年
年末耕地面积	千公顷	262.02	262.16	262.32	263.00	262.70	262.50
#水田面积	千公顷	191.00	190.71	190.31	190.13	189.71	189.31
农林牧渔总产值(当年价)	亿元	187.19	199.84	241.97	275.29	282.24	319.80
农　业	亿元	113.55	120.22	139.46	143.17	156.84	185.57
林　业	亿元	8.17	9.70	10.95	17.57	15.87	18.42
牧　业	亿元	56.84	60.83	81.36	99.50	94.43	98.74
渔　业	亿元	6.41	6.72	7.52	7.01	6.93	8.13
农村牧渔服务业	亿元	2.22	2.37	2.68	8.04	8.18	8.94
主要农产品产量							
粮　食	万吨	205.62	208.03	180.92	185.19	193.31	186.17
#稻　谷	万吨	169.64	170.28	169.59	157.87	162.76	172.38
花　生	万吨	7.42	7.72	8.38	3.63	4.10	4.42
甘　蔗	万吨	26.57	29.31	36.99	34.30	34.70	40.48
水　果	万吨	166.62	182.30	205.22	217.74	234.53	252.00
#柑　桔	万吨	65.21	68.67	74.52	78.02	83.95	89.41
肉类总产量	万吨	48.94	52.19	53.02	44.82	47.66	49.48
#猪　肉	万吨	37.05	39.25	38.41	29.53	29.81	30.77
水品产量	万吨	9.42	10.24	11.00	8.12	8.59	9.11
规模工业总产值(当年价)	亿元	276.84	344.37	472.40	631.83	702.07	942.86
规模工业增加值	亿元	96.34	118.13	162.93	210.90	244.65	300.58
主要工业产品产量							
电力电缆	千米	6035	4000	7630	12973	35110	62916
机制纸及纸板	万吨	15.83	16.42	17.19	17.21	15.04	18.31
金属切削机床	台	3957	4505	4605	3187	2883	4980
电子元件	万只	5170	2870	758	1182	2994	55469
收获机械	台	16973	18666	34125	48039	63851	114293
汽车	辆	533	671	994	1873	1856	2040
轮胎外胎	万条	46.85	72.66	97.86	89.58	65.34	638655
饮料酒	千升	497280	690420	889389	910018	978815	1070746
#啤　酒	千升	433166	610241	750642	787789	854079	936926
铁合金	万吨	38.11	51.66	426.04	60.40	73.94	74.44
中成药	吨	10591	11500	18315	19229	18792	25205
发电量	亿千瓦小时	39.10	46.37	55.25	64.68	70.05	83.27
自来水的生产量	万立方米			10182	10213	12176	14723
钢　材	万吨	14.24	16.60	24.88	34.56	57.24	60.91
水　泥	万吨	364.61	368.30	393.27	434.36	749.94	913.49
规模工业企业财务指标							
固定资产原价	亿元	166.53	189.50	235.20		313.30	381.49
主营业务收入	亿元	253.96	316.61	438.15	555.97	617.50	861.05
利税总额	亿元	30.35	38.71	56.85	52.75	51.72	152.90

注:2007-2008年粮食产量按农业普查口径作了调整。

2-1续表2

指　　标	单 位	2005年	2006年	2007年	2008年	2009年	2010年
建筑业							
建筑业企业人数	万人	3.94	4.58	4.49		5.58	5.97
建筑业总产值	亿元	64.99	76.03	89.83		113.32	129.22
房屋建筑施工面积	万平方米	710.29	803.40	1135.21		1222.10	1296.99
房屋建筑竣工面积	万平方米	308.73	305.36	262.17		414.92	457.16
交通运输业							
货运量	万吨	1684	1768	2203	2500	3830	4797
铁　路	万吨	158	153	313	385	146	147
公　路	万吨	1514	1607	1880	2105	3677	4619
水　路	万吨	10	6	7	8	5	29
空　运	万吨	2	2	3	2	2	2
客运量	万人	5569	6698	7331	7652	14205	15474
铁　路	万人	253	308	408	421	397	413
公　路	万人	4947	5870	6343	6646	13360	14560
水　路	万人	208	313	338	360	168	221
空　运	万人	161	207	242	225	280	280
公路里程	公里	7185	7718	10543	10962	11046	11172
邮电通信业							
邮电业务总量	万元	153665	461559	586360	716997	821540	935448
电话机年末数	万部	96.72	104.15	100.81	99.24	100.12	76.79
互联网宽带接入用户数	万户	11.76	15.71	20.97	23.19	36.14	39.69
国内商业							
社会消费品零售总额	亿元	164.78	191.17	228.79	284.77	330.92	391.53
对外经济贸易							
进出口总额	万美元	44155	58426	79211	101272	73200	90270
进口额	万美元	13312	15555	26137	31743	21700	28041
出口额	万美元	30843	42871	53074	69529	51500	62229
实际利用外资	万美元	3509	6745	9315	17044	19308	25281
旅　游							
接待国内外游客人数	万人	1205.08	1337.95	1530.64	1626.90	1860.08	2246.33
#入境旅游人数	万人	100.09	110.62	128.6	125.02	129.03	148.62
旅游总收入	亿元	57.95	68.75	85.51	100.26	126.92	168.30
#入境旅游收入	亿元	19.19	20.97	27.14	26.48	28.84	34.12
金融保险业							
金融机构各项存款余额	亿元	530.19	623.26	697.95	822.22	1109.88	1367.59
金融机构各项贷款余额	亿元	296.17	317.25	379.18	444.41	653.39	784.18
保险公司承保额	亿元	1557.65	4086.91	4727.49	5572.55	5545.62	6308.70
保险公司保费收入	亿元	9.69	11.94	14.66	19.79	21.93	24.13
保险公司赔款及给付	亿元	1.35	3.7	2.35	3.43	3.20	5.46
教　育							
专任教师数	万人	4.52	4.66	4.71	4.53	4.58	4.63
#普通高等学校	万人	0.42	0.44	0.49	0.51	0.55	0.58
普通中学	万人	1.68	1.70	1.67	1.64	1.63	1.62
普通小学	万人	1.94	1.92	1.93	1.95	1.93	1.91
在校学生数	万人	81.42	84.98	83.32	76.09	76.92	77.32
#普通高等学校	万人	10.57	11.54	11.34	9.88	11.64	12.83

注：社会消费品零售总额指标2009年按自治区统计局统一口径进行了调整。

2-1续表3

指　　标	单　位	2005年	2006年	2007年	2008年	2009年	2010年
普通中学	万人	28.82	28.49	26.82	24.60	22.65	21.03
普通小学	万人	28.58	28.54	27.93	27.90	27.77	28.10
家　庭							
家庭总户数	万户	147.01	150.68	154.25	156.79	159.70	161.45
城镇居民平均每户家庭人口	人	2.98	2.93	2.93	2.90	2.88	2.01
农村居民平均每户家庭人口	人	3.79	3.75	3.74	3.72	3.72	3.70
婚　姻							
结婚数	万对	3.41	4.47	4.76	4.87	5.33	4.92
离婚数	万对	0.95	0.52	0.61	0.66	0.74	0.80
生　活							
城镇居民人均可支配收入	元	9268	10713	12908	14636	16221	17949
城镇居民人均消费支出	元	6677	7492	8407	9470	10449	11477
农村居民人均纯收入	元	3003	3391	3908	4465	4833	5487
农村居民人均消费支出	元	2648	2749	3043	3395	3553	3872
城乡储蓄存款余额	亿元	366.16	412.68	439.6	525.96	641.68	772.39
工资和福利							
单位从业人员平均劳动报酬	元	15518	17675	21183	24422	27363	30141
#市区	元	17647	19488	22735	26324	29379	32770
在岗职工平均工资	元	15647	17788	21242	24841	27845	30833
#企业	元	15123	16653	192217	22229	25521	34032
#市区	元	17585	19573	22897	26805	29963	33475
#企业	元	16445	18047	23090	26756	26788	35828
离岗职工平均生活费	元	4401	4915	5853	6388	6488	6995
#市区	元	5285	5939	7425	7796	8155	8844
卫　生							
卫生技术人员	人	14123	14440	18104	19222	20643	22170
#执业医生	人	4843	4878	6074	6331	6691	6933
医院床位数	张	8664	8281	8774	8927	9367	9658
城市市政建设							
自来水供水量(市区)	万吨	9247	9503	9630	9641	9339	9997
下水道长度(市区)	公里	478	491	498	457	470	485
公共汽车总数(市区)	辆	581	586	648	753	802	680
年末实有道路长度(市区)	公里	421	421	422	422	432	441
园林绿化总面积	公顷	2337	2344	2372	2403	2473	2790
其　他							
火灾发生数	起	414	369	243	166	135	129
火灾损失	万元	365.73	222.78	402.62	434.31	466.72	723.50
交通事故发生数	起	668	747	523	298	385	267
交通事故损失	万元	231.38	255.69	169.82	72.37	115.30	114.38

2-2 国民经济和社会发展结构

单位:%

指　　标	2005年	2006年	2007年	2008年	2009年	2010年
人口城乡结构						
非农业人口	23.0	24.5	23.6	24.1	23.9	23.7
农业人口	77.0	75.5	76.4	75.9	76.1	76.3
人口性别结构						
男	52.2	52.2	52.2	52.1	52.1	52.0
女	47.8	47.8	47.8	47.9	47.9	48.0
从业人员产业结构						
第一产业	61.3	59.2	55.9	55.4	55.4	55.2
第二产业	15.9	16.9	19.4	20.3	20.3	20.3
第三产业	22.8	23.9	24.7	24.2	24.4	24.5
生产总值产业结构						
第一产业	36.5	33.2	28.3	26.8	25.3	18.4
第二产业	20.8	24.7	30.7	29.9	32.3	44.6
第三产业	42.7	42.0	41.0	43.3	42.4	37.0
全社会固定资产投资结构						
#基本建设	39.6	46.1	46.4	46.6	43.9	44.6
更新改造	14.0	15.1	14.5	13.2	22.9	23.8
房地产开发	21.0	19.6	19.5	17.1	14.0	13.0
其他投资	2.2	3.2	3.3	3.3	1.6	2.0
固定资产投资资金来源结构						
国家预算内资金	5.1	7.8	5.9	6.0	7.5	7.3
国内贷款	19.3	18.3	17.7	7.7	14.2	15.0
利用外资	1.8	1.6	0.5	1.0	0.4	0.8
自筹和其他投资	73.8	72.3	75.9	85.2	77.8	76.9
组织财政收入结构						
中　央	40.4	38.3	38.4	36.9	33.2	33.5
地　方	59.6	61.7	61.6	63.1	66.8	66.5
组织财政收入占生产总值的比重	10.1	10.0	10.0	10.0	10.3	11.0
一般预算支出结构						
农林水事务支出	3.1	2.7	9.2	11.4	12.9	14.7
教育支出	20.2	17.4	22.6	20.5	20.0	18.3
农业牧渔业总产值结构						
农　业	60.7	60.2	57.6	52.0	55.6	58.0
林　业	4.4	4.9	4.5	6.4	5.6	5.8
牧　业	30.4	30.4	33.6	36.1	33.5	30.9
渔　业	3.4	3.4	3.1	2.6	2.5	2.5
农林牧渔服务业	1.2	1.2	1.1	2.9	2.9	2.8
规模以上工业总产值结构						
轻工业	37.4	35.5	35.3	35.3	36.6	37.1
重工业	62.6	64.5	64.7	64.7	63.4	62.9
规模以上工业总产值经济类型结构						
国有经济	24.2	19.5	15.3	15.7	10.0	8.9
集体经济	1.6	1.6	0.9	0.8	1.6	1.3
其他经济	74.2	78.9	83.8	83.5	88.5	89.8

注:2005、2006年一般预算支出中农林水事务指出为农业支出。

2-2续表

单位:%

指　　标	2005年	2006年	2007年	2008年	2009年	2010年
建筑业总产值结构						
#国　有	55.19	71.40	46.10		37.75	36.42
集体企业	10.69	19.50	12.10		6.55	6.55
社会消费品零售总额区域构成						
市　区	55.07	55.70	56.29	56.22	55.69	53.42
各　县	44.93	44.30	43.71	43.78	44.31	46.58
进出口总额结构						
进　口	30.16	26.60	33.00	31.26	29.64	31.06
出　口	69.84	73.40	67.00	68.74	70.36	68.94
来桂旅游人数结构						
国内旅游人数	91.69	91.73	91.60	92.32	93.06	93.38
海外旅游人数	8.31	8.27	8.40	7.68	6.94	6.62
海外旅游人数结构						
外国人	58.49	61.00	63.20	64.59	58.21	60.39
港澳台同胞	41.51	38.80	35.70	34.87	41.79	39.61
在校学生结构						
#大学生(含成人高校)	15.55	15.50	13.99	13.30	15.50	16.60
中学生(含职工高中)	42.40	47.10	41.52	37.00	34.12	32.41
小学生	42.05	37.40	33.52	36.70	36.10	36.34
专任教师结构						
#大学(含成人高校)	10.43	10.10	10.54	11.40	12.03	12.44
中学(含职工高中)	41.64	46.50	42.98	39.24	38.43	38.07
小学	47.93	43.40	40.95	43.00	42.11	41.10
市区居民消费结构						
#食品类	40.76	39.25	42.17	45.43	42.25	41.52
衣着类	6.95	6.95	7.71	9.06	9.09	8.86
设备用品及服务	5.95	6.63	6.93	6.41	6.51	6.45
居　住	11.79	12.24	11.60	9.77	10.10	11.15
农村居民消费结构						
#食品类	50.98	49.22	48.60	52.37	48.97	47.19
衣着类	3.32	3.27	3.38	4.18	3.49	3.89
设备用品及服务		4.64	4.93	4.98	5.90	5.99
居　住	13.82	16.77	17.78	14.83	17.35	17.81
卫生技术人员结构						
#执业医师	34.29	35.30	33.55	32.94	32.41	31.27
执业助理医师	5.85	8.20	8.32	7.52	6.38	6.58
注册护士	39.73	36.50	37.00	38.15	39.23	39.36

2-3 按人口平均的国民经济和社会发展主要指标

指　　标	单 位	2005年	2006年	2007年	2008年	2009年	2010年
人均地区生产总值	元	10355	11978	14424	16814	18594	21416
人均全社会固定资产投资	元	4019	5247	8029	9595	12887	17632
人均农林牧渔业总产值	元	3785	4019	4821	5436	5517	6206
人均耕地面积	亩	0.79	0.99	0.85	0.78	0.77	0.76
人均粮食产量	公斤	416	525	360	365	378	361
#稻　谷	公斤	343	342	338	312	318	335
人均水果产量	公斤	337	460	409	430	458	489
#柑　桔	公斤	132	138	148	154	164	174
人均肉类产量	公斤	99	132	106	89	93	96
人均水产品产量	公斤	19	21	22	16	17	18
人均工业增加值	万元	3148	4029	4991	6094	6943	8110
人均电子原件产量	只	10	6	1.51	2.33	5.87	108
人均发电量	千瓦时	791	933	1101	1277	1369	1616
人均饮料酒产量	升	101	139	177	180	191	208
人均中成药产量	公斤	2.14	2.31	3.65	3.80	3.67	4.89
人均社会消费品零售总额	元	3312	3799	4475	5487	6489	7598
人均地方财政收入	元	501	597	724	892	1081	1302
人均地方财政支出	元	1105	1376	1687	2298	2779	3563
人均外贸出口额	美元	62	86	106	137	101	175
每百人接待旅游人数	人	244	269	305	321	364	436
#海外游客	人	20	22	19	24	25	29
每万人在校大学生	人	214	231	232	223	228	251
每万人在校中学生	人	583	573	534	486	444	405
每万人在校小学生	人	578	573	556	551	544	541
每万人医院病床数	张	23	22	23	24	18	19
每万人医生数	人	11	15	15	15	16	16

注：1. 每万人拥有教育、卫生指标按年末户籍总人口计算，其余指标按年平均户籍人口计算。

2-4 平均每天主要社会经济活动量

指　　标	单　位	2005年	2006年	2007年	2008年	2009年	2010年
创造的生产总值	万元	14028	16316	19837	23331	25979	30234
第一产业	万元	3285	3655	4321	4697	4874	5570
第二产业	万元	5123	6434	7966	9793	11288	13489
#工　业	万元	4265	5489	6866	8458	9700	11450
第三产业	万元	5621	6227	7550	8841	9817	11175
#运输邮政业	万元	756	739	1001	1102	1113	1317
批发零售贸易业	万元	1728	1800	2162	2639	2115	2446
地方财政收入	万元	679	814	995	1238	1511	3317
地方财政支出	万元	1497	1874	2320	3188	3883	5030
粮食产量	吨	5633	5699	5738	5074	5296	5101
油料产量	吨	278	499	305	108	123	134
肉类产量	吨	1341	1430	1453	1228	1306	1356
水产品产量	吨	258	281	301	222	235	6904
电子元件产量	万只	14	8	2	3.24	8.20	152
饮料酒产量	千升	1362	1892	2437	2493	2682	2934
发电量	万千瓦时	1071	1270	1514	1772	1919	2281
金属切削机床产量	台	11	12	13	9	8	14
水泥产量	吨	9989	10091	10775	11900	20546	25027
铁合金	吨	1044	1415	11672	1655	2026	2039
中成药产量	吨	29	32	50	52.68	51	69
货运量	万吨	4.61	4.84	6.04	6.85	10.49	13.14
客运量	万人	15.26	18.35	20.08	20.96	38.92	42.39
邮电业务总量	万元	421	1265	1606	1964	2251	2563
社会消费品零售总额	万元	4487	5174	6154	7613	9066	10727
进出口总额	万美元	121	160	217	277	201	247
出口总额	万美元	84	117	145	191	141	170
进口总额	万美元	36	43	71	87	59	77
实际利用外资额	万美元	10	18	26	47	53	69
旅游人数	万人	3.30	3.67	4.19	4.46	5.10	6
居民储蓄增加额	万元	1285	1275	736	2366	3170	3581
出　生	人	143	142	155	147	149	280
死　亡	人	66	48	54	62	74	133
结　婚	对	93	122	130	133	146	135
离　婚	对	26	14	17	18	20	22

注:2005-2006年饮料酒单位为吨。

2-5 主要经济社会指标占广西的比重

指　　标	单　位	广　西		桂林市		桂林市占广西的比重(%)	
		2009年	2010年	2009年	2010年	2009年	2010年
土地面积	万平方公里	23.67	23.67	2.78	2.78	11.74	11.74
年末总人口	万人	4856.00	4602.66	491.47	474.80	10.12	10.32
生产总值(当年价格)	亿元	7700.36	9502.39	948.23	1103.56	12.31	11.61
第一产业	亿元	1458.71	1670.37	177.90	203.31	12.20	12.17
第二产业	亿元	3377.72	4510.83	412.00	492.36	12.20	10.92
#工　业	亿元	2863.84	3860.46	354.05	417.93	12.36	10.57
第三产业	亿元	2863.93	3321.19	358.33	407.89	12.51	12.28
财政收入	亿元	966.89	1228.75	97.64	121.08	10.10	9.85
#地方财政收入	亿元	620.83	772.30	55.15	67.08	8.88	8.69
地方财政支出	亿元	1606.25	1994.42	141.71	183.59	8.82	9.21
金融机构各项存款余额	亿元	9638.13	11746.77	1109.88	1367.59	11.52	11.64
#城乡居民储蓄存款	亿元	4686.20	5702.43	641.68	772.39	13.69	13.54
金融机构各项贷款余额	亿元	7268.41	8867.52	653.39	784.18	8.99	8.84
规模以上工业增加值	亿元	2265.06	3009.93	244.65	310.26	10.80	10.31
#轻工业	亿元	680.12	878.54	88.57	113.20	13.02	12.89
重工业	亿元	1584.94	2131.39	156.08	197.06	9.85	9.25
规模以上工业利润总额	亿元	260.48	465.76	32.64	44.99	12.53	9.66
全社会固定资产投资	亿元	5706.70	7859.07	659.35	908.56	11.55	11.56
#基本建设	亿元	2614.53	3479.48	289.49	405.11	11.07	11.64
更新改造	亿元	1552.55	2215.90	151.31	216.05	9.75	9.75
房地产	亿元	813.68	1206.22	92.28	118.01	11.34	9.78
邮电业务总量	亿元	695.60	807.81	82.15	93.54	11.81	11.58
全社会客运量	万人	70100	77000	14205	15474	20.26	20.10
全社会货运量	万吨	98900	113400	3830	4797	3.87	4.23
社会消费品零售额	亿元	2790.70	3271.81	330.92	391.53	11.86	11.97
进出口总额	亿美元	142.30	177.06	7.32	9.03	5.14	5.10
#出口总额	亿美元	83.80	96.10	5.15	6.22	6.15	6.48
海外旅游人数	万人次	209.85	250.24	129.03	148.62	61.49	59.39
海外旅游收入	亿元	43.91	54.85	28.84	34.12	65.67	62.21
实际利用外资	万美元	103500	91200	19308	25281	18.66	27.72
普通高等院校在校学生	万人	52.80	56.75	11.64	12.83	22.05	22.61
医院、卫生院	个	1701	1728	192	194	11.29	11.23
医院、卫生院床位	万张	12.28	13.39	1.38	1.42	11.24	10.58
执业医师和助理执业医师	万人	6.37	6.73	0.80	0.84	12.57	12.47

注：本表总人口为自治区核定的常住人口，2010年取自第六次全国人口普查。

2-6 市县财政收支情况

（2010年）　　单位：万元

预算科目	全市	市级小计	市本级	城区小计	各县小计
组织财政收入	**1210780**	**641299**	**411694**	**229605**	**569481**
（一）一般预算收入合计	**670784**	**330843**	**214032**	**116811**	**339941**
1. 税收收入小计	442938	218165	133082	85083	224773
增值税	49605	24589	14842	9747	25016
营业税	122769	58461	31337	27124	64308
企业所得税	50001	33311	19228	14083	16690
个人所得税	20756	12584	7894	4690	8172
资源税	3829				3829
固定资产投资方向调节税	-5	-5	-5		
城市维护建设税	28084	17849	11041	6808	10235
房产税	17141	12447	7029	5418	4694
印花税	5493	3386	546	2840	2107
城镇土地使用税	10247	4481	2402	2079	5766
土地增值税	30973	19815	9975	9840	11158
车船使用和牌照税	4439	2533	79	2454	1906
耕地占用税	54254	3828	3828		50426
契税	45352	24886	24886		20466
2. 非税收入小计	227846	112678	80950	31728	115168
专项收入	17333	8243	8243		9090
行政性收费收入	45378	14454	11373	3081	30924
罚没收入	23110	3328	2370	958	19782
国有资本经营收入	79339	47021	47047	-26	32318
国有资源（资产）有偿使用收入	33998	24477	10819	13658	9521
其它收入	28688	15155	1098	14057	13533
（二）上划中央收入合计	**405686**	**241258**	**158641**	**82617**	**164428**
#上划中央增值税	218847	108482	65481	43001	110365
上划中央消费税	36636	35566	35566		1070
个人所得税	49814	30201	18945	11256	19613
企业所得税	100389	67009	38649	28360	33380
一般预算支出合计	**1835907**	**601819**	**440681**	**161138**	**1234088**
一般公共服务	318970	93447	55155	38292	225523
国防	3004	1980	1535	445	1024
公共安全	118857	60031	49409	10622	58826
教育	335341	92035	61814	30221	243306
科学技术	19002	11248	8861	2387	7754
文化体育与传媒	28069	13662	12806	856	14407
社会保障和就业	147454	44602	35570	9032	102852
医疗卫生	173711	47701	37958	9743	126010
环境保护	49557	15158	14236	922	34399
城乡社区事务	87803	43757	27235	16522	44046
农林水事务	270127	61789	56123	5666	208338
交通运输	35226	7930	7858	72	27296
资源勘探电力信息等事务	78989	41314	11806	29508	37675
商业服务业等事务	33046	6416	4010	2406	26630
金融监管事务支出	1129	492	492		637
国土资源气象等事务	19604	2989	2754	235	16615
住房保障支出	51014	16492	12710	3782	34522
粮油物资储备管理事务	5434	698	698		4736
国债还本付息支出	14168	13569	13281	288	599
其它支出	45402	26509	26370	139	18893

注：本表资料由桂林市财政局提供。

2-6续表1　　　　　　　　　　　　　　（2010年）　　　　　　　　　　　　　　单位：万元

预算科目	秀峰区	叠彩区	象山区	七星区	雁山区
组织财政收入	**40169**	**25083**	**71417**	**85919**	**7017**
(一)一般预算收入合计	**22642**	**13627**	**37293**	**39195**	**4054**
1.税收收入小计	15422	11384	26707	29400	2170
增值税	1445	838	2402	4779	283
营业税	5953	3739	8493	7924	1015
企业所得税	1775	1473	5785	4898	152
个人所得税	787	479	1079	2162	183
资源税					
固定资产投资方向调节税					
城市维护建设税	1125	654	2479	2444	106
房产税	1993	526	1383	1428	88
印花税	582	566	776	875	41
城镇土地使用税	255	264	802	702	56
土地增值税	1145	2142	2464	3846	243
车船使用和牌照税	362	703	1044	342	3
耕地占用税					
契税					
2.非税收入小计	7220	2243	10586	9795	1884
专项收入					
行政性收费收入	903	1478	269	243	188
罚没收入	168	399	217	111	63
国有资本经营收入		16		-42	
国有资源(资产)有偿使用收入	1322	267	10100	336	1633
其它收入	4827	83		9147	
(二)上划中央收入合计	**11814**	**7791**	**24757**	**36262**	**1993**
#上划中央增值税	6376	3696	10597	21083	1249
上划中央消费税					
个人所得税	1888	1150	2590	5189	439
企业所得税	3550	2945	11570	9990	305
一般预算支出合计	**25418**	**19647**	**28737**	**68995**	**18341**
一般公共服务	9769	6516	6765	10768	4474
国防	51	118	109	89	78
公共安全	2111	1847	2798	2805	1061
教育	5848	4705	7504	7887	4277
科学技术	265	214	309	1542	57
文化体育与传媒	100	150	222	195	189
社会保障和就业	2020	972	2373	2854	813
医疗卫生	1337	1049	1783	2342	3232
环境保护	352	113		207	250
城乡社区事务	1724	2539	3787	7367	1105
农林水事务	442	581	1042	1943	1658
交通运输					72
资源勘探电力信息等事务	27	77	341	29018	45
商业服务业等事务	829	130	862	427	158
金融监管事务支出					
国土资源气象等事务			23	57	155
住房保障支出	543	595	735	1217	692
粮油物资储备管理事务					
国债还本付息支出		41	84	138	25
其它支出				139	

2-6续表2　　（2010年）　　单位：万元

预算科目	阳朔县	临桂县	灵川县	全州县	兴安县	永福县
组织财政收入	**45018**	**107187**	**80291**	**49899**	**71404**	**41516**
(一)一般预算收入合计	**35196**	**64848**	**49819**	**29421**	**43384**	**21429**
1.税收收入小计	27049	49938	34279	16668	28112	12500
增值税	666	3605	2914	2571	2772	2960
营业税	5176	13221	12157	4838	6379	4593
企业所得税	661	4441	2496	864	2941	742
个人所得税	522	1848	764	605	1110	277
资源税	75	226	627	205	1293	128
固定资产投资方向调节税						
城市维护建设税	532	1753	1648	939	1126	1124
房产税	927	709	577	471	502	184
印花税	75	677	502	64	176	105
城镇土地使用税	165	1879	1160	687	529	472
土地增值税	820	2992	2505	782	1017	308
车船使用和牌照税	150	241	384	179	163	100
耕地占用税	16201	12604	2879	3687	7754	501
契税	1079	5742	5666	776	2350	1006
2.非税收入小计	8147	14910	15540	12753	15272	8929
专项收入	466	1422	1228	847	914	1116
行政性收费收入	929	6555	5197	2446	5217	5767
罚没收入	419	3451	1854	2730	4595	954
国有资本经营收入	16	2801	2648	6440	4024	
国有资源(资产)有偿使用收入	6317	610	433	290	510	820
其他收入		71	4180		12	272
(二)上划中央收入合计	**5525**	**29240**	**19705**	**15392**	**20816**	**15217**
#上划中央增值税	2941	15903	12856	11343	12230	13056
上划中央消费税	9	20	24	869	41	11
个人所得税	1253	4435	1834	1451	2664	666
企业所得税	1322	8882	4991	1729	5881	1484
一般预算支出合计	**105838**	**138389**	**116390**	**152843**	**124701**	**88906**
一般公共服务	24332	32130	19737	20229	18513	10517
国防	114	169	88	84		135
公共安全	4672	6741	4862	6892	5191	4056
教育	15174	30238	19008	38038	22069	14413
科学技术	472	246	1044	866	1210	152
文化体育与传媒	782	1290	1607	1396	1758	1577
社会保障和就业	6692	10604	16759	11232	12208	6840
医疗卫生	10029	13557	17224	13596	11867	12824
环境保护	1077	2380	3320	3648	1624	8751
城乡社区事务	2843	5127	7002	6449	4569	1903
农林水事务	27723	20270	13325	29203	20852	20190
交通运输	2082	1284	4109	4933	4226	1483
资源勘探电力信息等事务	510	5228	2321	6142	14745	649
商业服务业等事务	4568	2002	1685	3607	2530	1103
金融监管事务支出	4	23	18	14	374	9
国土资源气象等事务	1741	1870	881	831	509	2075
住房保障支出	2085	1541	2587	4581	1965	1162
粮油物资储备管理事务	578	424	101	694	410	318
国债还本付息支出		94	68	78	74	97
其它支出	360	3171	644	330	7	652

2-6续表3 （2010年） 单位：万元

预算科目	灌阳县	龙胜县	资源县	平乐县	荔浦县	恭城县
组织财政收入	**22713**	**28358**	**13800**	**25760**	**53350**	**30185**
(一)一般预算收入合计	**13042**	**12785**	**8214**	**15526**	**28530**	**17747**
1.税收收入小计	6602	9103	3694	9387	16564	10877
增值税	1421	1937	573	1171	3137	1289
营业税	1319	3497	1682	2443	5230	3773
企业所得税	337	778	392	662	1584	792
个人所得税	354	656	247	444	756	589
资源税	32	239	57	209	232	506
固定资产投资方向调节税						
城市维护建设税	470	363	301	510	974	495
房产税	75	217	74	257	454	247
印花税	29	62	39	63	243	72
城镇土地使用税	72	121	6	59	475	141
土地增值税	196	180	121	600	1311	326
车船使用和牌照税	61	66	49	155	228	130
耕地占用税	1683	708	44	2048	657	1660
契税	553	279	109	766	1283	857
2.非税收入小计	6440	3682	4520	6139	11966	6870
专项收入	323	388	395	752	787	452
行政性收费收入	917	209	1294	1620	750	23
罚没收入	1195	445	769	1661	944	765
国有资本经营收入	897	1214	134		9460	4684
国有资源(资产)有偿使用收入	12	43	357	90	25	14
其他收入	3096	1383	1571	2016		932
(二)上划中央收入合计	**7798**	**11678**	**3916**	**7566**	**18875**	**8700**
#上划中央增值税	6270	8544	2530	5168	13839	5685
上划中央消费税	3	3	10	10	52	18
个人所得税	851	1574	593	1065	1815	1412
企业所得税	674	1557	783	1323	3169	1585
一般预算支出合计	**76710**	**76706**	**60722**	**96581**	**102873**	**93429**
一般公共服务	16993	14834	10379	18785	20570	18504
国防	100	114	24	93	103	
公共安全	3678	3377	3056	5587	6153	4561
教育	15993	15231	12807	22979	19803	17553
科学技术	1019	742	688	338	684	293
文化体育与传媒	820	896	785	918	1202	1376
社会保障和就业	6930	5482	3813	8676	6147	7469
医疗卫生	6823	7429	4726	9393	10047	8495
环境保护	2466	1234	1732	2288	4628	1251
城乡社区事务	873	4405	4065	2278	2986	1546
农林水事务	12056	8707	8401	15451	15247	16913
交通运输	628	2446	2539	1286	1613	667
资源勘探电力信息等事务	639	660	345	1414	4712	310
商业服务业等事务	1612	1471	3210	1952	1875	1015
金融监管事务支出	42	10	31	80	30	2
国土资源气象等事务	1480	3264	698	1187	889	1190
住房保障支出	3933	5256	2426	3314	3029	2643
粮油物资储备管理事务	274	145	286	434	526	546
国债还本付息支出	19	23	9	91	46	
其它支出	332	980	702	37	2583	9095

2-7 市县税收收入

（2010年）　　　　单位：万元

指　　标	全市	市区	阳朔县	临桂县	灵川县	全州县	兴安县
总　计	**1050462**	**574906**	**38637**	**96381**	**68708**	**39643**	**57740**
国家税收收入	**435935**	**257311**	**5397**	**31086**	**21811**	**17576**	**22726**
国内增值税	295662	145381	3921	22677	17708	15334	16447
国内消费税	36635	35399	9	19	24	869	207
内资企业所得税	72070	45703	1092	5031	4300	1142	7193
外资和外国企业所得税	28620	22848	186	4301	69	45	
个人所得税（储蓄利息）	699	364	17	20	58	57	38
车辆购置税	34260	32561	251	228	154	129	94
海关代征进口增值税	4509	4509					
出口退税(含免抵调)	-36520	-29454	-79	-1190	-502		-1253
地方税收收入	**614527**	**317595**	**33240**	**65295**	**46897**	**22067**	**35014**
1、税收收入	579159	296574	32392	62874	44603	20850	33608
营业税	228398	113255	9350	22805	21650	8947	11649
企业所得税	67896	43777	927	5852	3948	1694	2610
个人所得税	83013	50324	2089	7391	3057	2418	4441
资源税	3824		73	226	627	204	1293
城镇土地使用税	10254	4483	164	1881	1160	688	528
城市维护建设税	28181	17879	537	1754	1648	939	1127
印花税	5490	3388	74	675	502	66	177
土地增值税	30966	19816	822	2992	2505	781	1017
房产和城市房地产税	17138	12442	927	711	577	472	502
车船税	4435	2535	149	241	384	179	162
耕地占用税	54249	3827	16201	12603	2879	3686	7752
2、其它收入	35368	21021	848	2421	2294	1217	1406
教育费附加	14771	7751	359	1134	1095	638	749
文化事业建设费	848	728	17	13	12	10	6
防洪保安费	5055	2367	207	592	548	130	259
地方教育附加	7383	5055	116	374	363	198	248
工会经费	6306	4446	138	292	208	209	129
残疾保障基金	914	648	11	16	68	32	15
其它收入	91	26					

注：本表数据分别由桂林市国家税务局和地方税务局提供。

2-7续表 （2010年） 单位:万元

指 标	永福县	灌阳县	龙胜县	资源县	平乐县	荔浦县	恭城县
总 计	**34559**	**17165**	**26360**	**10065**	**21275**	**40410**	**24613**
国家税收收入	**18461**	**9048**	**13483**	**4317**	**8359**	**17185**	**9175**
国内增值税	17575	8361	11392	3373	7434	18452	7607
国内消费税	11	3	3	10	10	53	18
内资企业所得税	927	610	1031	846	988	1805	1402
外资和外国企业所得税			1029			142	0
个人所得税（储蓄利息）	21	22	15	15	29	24	19
车辆购置税	174	97	22	73	129	208	140
海关代征进口增值税							
出口退税(含免抵调)	-247	-45	-9		-231	-3499	-11
地方税收收入	**16098**	**8117**	**12877**	**5748**	**12916**	**23225**	**15438**
1、税收收入	14646	7632	12051	5316	12308	21705	14600
营业税	8202	2533	6263	3106	4648	9416	6574
企业所得税	1407	513	932	447	1217	3334	1238
个人所得税	1110	1418	2623	987	1776	3025	2354
资源税	127	33	238	56	209	232	506
城镇土地使用税	472	71	121	10	59	476	141
城市维护建设税	1123	469	362	289	510	1050	494
印花税	103	29	62	36	63	242	73
土地增值税	308	194	180	115	600	1311	325
房产和城市房地产税	185	75	217	74	257	452	247
车船税	101	61	66	44	155	227	131
耕地占用税	502	1683	708	44	2048	657	1659
2、其它收入	1452	485	826	432	608	1520	838
教育费附加	760	285	341	208	309	757	385
文化事业建设费	9	2	8	4	19	15	5
防洪保安费	219	57	168	60	100	171	177
地方教育附加	242	84	113	50	102	311	127
工会经费	183	46	183	44	78	230	120
残疾保障基金	39	11	13	2		36	23
其它收入				64			1

2-8 市县全社会金融机构信贷和现金收支情况

（2010年末）　　　　单位：万元

指　　标	全　市	市　区	县合计	阳朔县	临桂县	灵川县	全州县
各项存款年末余额	**13675913**	**7551501**	**6124412**	**491935**	**845180**	**795301**	**862898**
#工行	1761674	1272183	489491	41683	106283	88764	87594
农行	2436829	963074	1473755	138740	194956	191727	159443
中行	806582	685758	120824	28036			64411
建行	1563297	1222818	340479	31506	86510	71359	73605
交行	787976	787976					
在合计中							
#企业存款	2888418	2119892	768525	59624	183032	106630	86414
财政性存款	138608	78164	60444	361	4587	2629	12742
机关团体存款	1366121	924701	441420	79253	60168	81693	76471
储蓄存款	7723919	3643107	4080812	320665	462589	538523	629574
农业存款	924798	246199	678599	27905	86990	62658	47747
委托存款	33688	33649	39	4		25	
其它类存款	600361	505788	94573	4123	47813	3143	9949
各项贷款年末余额	**7841833**	**4333539**	**3508294**	**271880**	**492557**	**454832**	**391362**
#工行	827531	629135	198396	7483	33737	32175	40563
农行	1208372	527356	681016	104152	89335	74387	30384
中行	462986	406539	56447	12732			22192
建行	780812	698435	82377	931	61840	4580	1456
交行	554089	554089					
在合计中							
#短期贷款	1732364	843640	888724	23495	105982	142020	115642
中长期贷款	5832475	3214141	2618333	248385	386248	312712	275410
票据融资	276964	275728	1236		326	100	310
各项垫款	30	30					
现金收入	**25855230**	**13636703**	**12218527**	**945309**	**1334784**	**1676049**	**1586655**
商品销售收入	1960866	724319	1236546	41602	103467	203462	157746
服务事业收入	658483	394252	264231	29753	22542	58774	40043
税款收入	80907	12560	68347	3346	4418	3359	9427
城乡个体经营收入	275486	83797	191690	5202	6972	40542	34066
储蓄收入	20678436	11169843	9508593	808443	1074966	1275962	1180642
其他金融机构收入	14413	1398	13014	798	2166	418	873
居民归还贷款收入	338127	38305	299822	9030	19625	17764	70015
汇兑收入	213813	82811	131002	4754	8018	15067	23892
有价证券收入	2812	797	2015			3	2008
其它收入	1631888	1128622	503266	42381	92609	60698	67943
现金支出	**25422464**	**13206991**	**12215473**	**923052**	**1350398**	**1632177**	**1550850**
工资性支出	740153	274073	466080	11939	75998	67903	46009
农副产品采购支出	363580	115360	248221	2035	752	46387	37966
工矿及其他产品采购支出	287192	115683	171508	1395	5147	61044	26010
行政企事业管理费支出	484364	238633	245731	21885	15351	12061	30261
城乡个体经营支出	276273	76588	199684	7662	3994	31686	29947
储蓄存款支出	21506398	11203593	10302805	816804	1158659	1342807	1288021
其它金融机构支出	19123	3000	16122	28	1914	248	695
居民提取贷款支出	71512	460	71052		11274	5161	13140
汇兑支出	89170	25995	63175	2217	6712	9677	13954
有价证券支出	4861	582	4278		9	798	3063
其它支出	1579839	1153022	426816	59088	70588	54403	61785

注：本表资料由中国人民银行桂林中心支行提供。

2-8续表1 （2010年末） 单位:万元

指标	兴安县	永福县	灌阳县	龙胜县	资源县	平乐县	荔浦县	恭城县
各项存款年末余额	**688054**	**353492**	**317401**	**265875**	**261797**	**413027**	**512766**	**316686**
#工行	31151	27473				42121	64422	
农行	135686	80603	100939	89748	57875	116155	115849	92034
中行	28376							
建行	77498							
交行								
在合计中								
#企业存款	104930	38579	25175	35529	26903	43256	37759	20694
财政性存款	5905	18629	330	7857	2029	1101	4047	228
机关团体存款	33798	22250	11887	8062	937	17770	32440	16689
储蓄存款	465676	235753	230203	154566	157497	304153	367387	214223
农业存款	67473	36031	48899	58872	73711	42891	64804	60617
委托存款	1			8				
其它类存款	10270	2250	906	980	720	3856	6328	4235
各项贷款年末余额	**428538**	**243918**	**159039**	**169862**	**142951**	**215719**	**345397**	**192240**
#工行	27338	10594				14984	31521	
农行	81173	50021	33093	56136	17068	48269	56186	40813
中行	21523							
建行	13570							
交行								
在合计中								
#短期贷款	109212	105338	40639	20237	23209	38222	72508	92220
中长期贷款	318826	138580	118400	149625	119743	177497	272888	100020
票据融资	500							
各项垫款								
现金收入	**1527231**	**553053**	**573658**	**508822**	**389943**	**857873**	**1585842**	**679307**
商品销售收入	202288	47943	67656	101784	28732	95945	133574	52347
服务事业收入	38089	6475	13955	11713	2312	20698	13032	6845
税款收入	11336	4595	6486	1685	1897	12290	2541	6967
城乡个体经营收入	14241	9373	36945	5222	10541	19181	2614	6791
储蓄收入	1193291	437230	402218	347782	293038	638676	1303128	553218
其他金融机构收入		6	17	15	1070	2398	5	5248
居民归还贷款收入	24454	9986	34840	20547	20438	29066	19279	24777
汇兑收入	16021	4372	6393	4332	4885	11854	20408	11006
有价证券收入					4			
其它收入	27512	33072	5149	15742	27026	27765	91261	12108
现金支出	**1506618**	**582898**	**579417**	**529004**	**399267**	**873959**	**1571526**	**716306**
工资性支出	51602	9717	21788	44614	4643	23439	88302	20126
农副产品采购支出	35433	9419	7671	3299	2615	42864	38234	21546
工矿及其他产品采购支出	8426	6394	8281	18289	2102	17436	7963	9021
行政企事业管理费支出	45904	8173	2313	15403	3713	29281	43653	17734
城乡个体经营支出	7671	9930	10350	6330	27066	8132	47833	9084
储蓄存款支出	1314024	515266	504925	430085	330672	713991	1264921	622629
其它金融机构支出						10628		2610
居民提取贷款支出	3703	926	19588	2619	4585	912	9143	
汇兑支出	8518	1053	2004	2775	4131	6020	3791	2322
有价证券支出	1			35	366		6	
其它支出	31335	22021	2496	5555	19374	21257	67680	11234

2-8续表2　（信贷资金来源与运用，2010年）　单位:万元

项目名称	年末余额	比年初增减	项目名称	年末余额	比年初增减
一、各项贷款	7841833	1307966	一、各项存款	13675913	2577122
(一)短期贷款	1732364	349835	(一)企业存款	2888418	520822
1、个人贷款及透支	528199	106222	1、活期存款	2123788	644824
#个人消费贷款	41234	10582	2、定期存款	764630	-124002
2、单位贷款及透支	1140412	219084	(二) 财政存款	138608	-25803
#经营贷款	1111284	197480	(三) 机关团体存款	1366121	196647
固定资产贷款	29128	21604	(四) 储蓄存款	7723919	1307138
3、普通并购贷款			1、活期储蓄	4037684	825059
4、银团贷款	225	225	2、定期储蓄	3686235	482079
5、贸易融资	63528	24304	(五) 农业存款	924798	300796
(二)中长期贷款	5832475	1086571	(六) 信托存款		
1、个人贷款	2431817	606381	(七) 委托存款	33688	18874
2、单位贷款	3348657	478190	(八)其它存款	600361	258647
3、普通并购贷款			二. 金融债券		
4、银团贷款	52000	2000	三. 应付及暂收款	104121	42242
5、贸易融资			#应付及预收利息	91308	7595
(三)信托贷款			四. 同业往来	6055	-1919
(四)融资租赁			五. 行内资金往来		
(五)委托贷款			六. 各项准备	162613	25099
(六)票据融资	276964	-128470	#贷款损失准备金	159005	26816
#贴现	276964	-128470	七. 所有者权益	563703	197678
(七)各项垫款	30	30	#实收资本	220037	71061
二、有价证券及投资	422802	148629	当年结益		
三、应收及预付款	58303	21682	八. 其它	-2980423	-932177
#应收利息	18538	3972			
四、同业往来	58302	40770			
五、系统内资金往来	2783461	333329			
六、金银占款					
七、外汇占款	4781	4019			
八、固定资产	219499	25948			
九、库存现金	142999	25701			
资金运用总额	11531981	1908045	**资金来源总额**	11531981	1908045

2-8续表3　（现金收入与支出，2010年）　单位:万元

项目名称	年累计	比同期增减	项目名称	年累计	比同期增减
一、商品销售收入	1960866	271022	一、工资性及个人其他支出	740153	-116329
二、服务业收入	658483	-13516	二、农副产品采购支出	363580	-26062
三、行政税费收入	80907	-22403	三、工矿及其他产品采购支出	287192	-23670
四、城乡个体经营收入	275486	-59197	四、行政企业管理与经营费支出	484364	-67467
五、储蓄存款收入	20678436	3551234	五、城乡个体经营支出	276273	-103121
六、其他金融性公司收入	14413	-8588	六、储蓄存款支出	21506398	4326891
七、居民归还贷款收入	338127	-70225	七、其它金融性公司支出	19123	-11055
八、汇兑收入	213813	78745	八、居民提取贷款支出	71512	-143776
九、有价证券及其他投资性收入	2812	112	九、汇兑支出	89170	23632
十、其它收入	1631888	45674	十、有价证券支出	4861	2645
#兑换外币收入	37530	6602	十一、其它支出	1579839	-108117
			#兑换外币支出	24952	-358
收入合计	25855230	3772857	**支出合计**	25422464	3753570
			投放(+)、回笼(-)	-432766	-19287
			附:代发工资		

2-9 城镇居民家庭基本情况

名 称	计量单位	2004年	2005年	2006年	2007年	2008年	2009年	2010年
一、家庭居住人口	人/户	3.06	3.05	3.04	3.04	2.91	2.88	2.89
二、现住房总建筑面积	平方米/人	31.53	31.88	32.06	32.18	38.15	38.07	38.33
三、住宅建筑式样构成	%	100.00	100.00	100.00	100.00	100.00	100.00	100.00
单栋住宅	%	13.29	13.35	13.25	13.24	16.09	15.37	15.79
四居室	%	3.21	3.67	3.74	3.71	5.11	5.33	5.67
三居室	%	26.93	27.91	28.11	28.23	33.23	33.41	33.44
二居室	%	34.85	33.82	33.96	34.40	30.62	31.55	30.87
一居室	%	7.99	7.74	7.66	7.43	4.08	4.06	3.90
普通楼房	%	7.95	7.95	8.03	7.69	7.44	7.12	7.05
平房及其它	%	5.79	5.55	5.26	5.31	3.44	3.17	3.28
四、装修状况	%	100.00	100.00	100.00	100.00	100.00	100.00	100.00
有装修	%	54.19	55.10	55.67	56.60	56.38	55.74	56.64
未装修	%	45.81	44.90	44.33	43.40	43.62	44.26	43.36
五、饮水情况	%	100.00	100.00	100.00	100.00	100.00	100.00	100.00
自来水	%	90.37	88.42	88.29	88.14	90.80	91.07	90.89
矿泉水	%	2.29	2.56	2.63	2.63	2.49	2.44	2.17
纯净水	%	5.04	6.86	7.08	7.49	6.19	5.96	6.40
井、河水	%	2.20	2.05	1.86	1.61	0.32	0.32	0.33
其 它	%	0.11	0.11	0.14	0.14	0.21	0.20	0.21
六、用水情况	%	100.00	100.00	100.00	100.00	100.00	100.00	100.00
独用自来水	%	76.00	77.10	77.04	76.44	97.94	98.37	98.35
公用自来水	%	21.43	20.65	20.64	20.97	1.57	1.28	1.28
井、河水	%	2.24	2.17	2.24	2.47	0.43	0.29	0.31
其 它	%	0.32	0.08	0.08	0.11	0.06	0.06	0.06
七、卫生设备	%	100.00	100.00	100.00	100.00	100.00	100.00	100.00
无卫生设备	%	3.79	3.62	3.69	3.69	1.51	1.33	1.35
有厕所浴室	%	78.34	78.77	78.65	79.30	93.15	93.67	93.67
有厕所无浴室	%	13.77	13.64	13.85	13.49	3.64	3.35	3.24
公 用	%	4.10	3.97	3.82	3.51	1.69	1.64	1.75
八、取暖设备	%	100.00	100.00	100.00	100.00	100.00	100.00	100.00
无取暖设备	%	36.27	36.89	36.66	35.38	26.76	26.19	26.34
空调设备	%	18.59	20.61	20.68	21.39	45.74	46.97	46.56
暖 气	%						0.36	0.36
其 它	%	45.14	42.50	42.66	43.23	27.50	26.49	26.74
九、炊用燃料使用情况	%	100.00	100.00	100.00	100.00	100.00	100.00	100.00
煤 炭	%	10.13	9.54	9.06	8.61	1.87	2.12	2.38
罐装液化石油气	%	85.23	86.66	86.94	87.24	87.19	87.03	84.70
管道液化石油气	%					5.24	4.76	5.46
管道煤气	%	2.64	1.69	2.05	2.23	5.63	5.17	5.51
管道天然气	%						0.68	1.64
柴 油	%							
其他燃料	%	2.00	2.10	1.95	1.92	0.07	0.25	0.30

2-10 城镇居民家庭生活基本情况

年份	调查户数(户)	平均每户家庭人口(人)	平均每户就业人口(人)	每一就业者负担人口(人)	平均每户就业面(%)	人均住房使用面积(平方米)	人均可支配收入(元)	人均消费性支出(元)
1991	100	3.33	1.87	1.78	56.00	9.84	1828.90	1806.56
1992	100	3.32	1.93	1.72	58.00	10.49	2452.66	2178.59
1993	100	3.22	1.86	1.73	58.00	10.24	3167.56	2594.94
1994	100	3.05	1.77	1.72	58.00	12.06	4672.17	3935.14
1995	100	3.09	1.85	1.67	59.87	12.05	5505.97	4531.36
1996	100	3.06	1.86	1.64	60.91	12.39	5917.95	5081.83
1997	100	3.02	1.70	1.77	56.36	10.10	6024.75	5221.27
1998	200	3.07	1.78	1.72	57.98	13.69	6230.04	5358.00
1999	200	3.03	1.76	1.73	58.09	14.67	6493.73	5786.07
2000	200	3.13	1.56	2.01	49.88	13.18	6996.93	5893.47
2001	200	3.07	1.50	2.05	48.72	13.97	7547.47	6111.28
2002	200	2.93	1.39	2.11	47.44	16.79	7852.32	6123.48
2003	200	2.91	1.39	2.09	47.77	17.20	8246.18	6326.04
2004	1240	3.01	1.32	2.28	43.85	25.55	8149.18	5932.55
2005	1240	2.98	1.31	2.27	43.96	25.85	9267.56	6676.79
2006	1240	2.93	1.27	2.31	43.34	26.05	10712.52	7492.31
2007	1240	2.93	1.29	2.27	44.03	26.18	12908.01	8407.29
2008	1240	2.90	1.46	1.99	50.34	38.15	14636.03	9470.24
2009	1240	2.88	1.47	1.96	51.04	38.07	16221.45	10448.52
2010	1240	2.89	1.47	1.97	50.87	38.33	17949.14	11477.46

注:"人均可支配收入"1991年以前为"人均生活费收入","人均住房使用面积"2001年以前为"人均居住面积"。2003年及以前年份的资料为桂林市城市经济社会调查队抽样调查资料,调查范围为市区。2004年后为桂林市统计局抽样调查资料,调查范围为17县(区),2008年后"人均住房使用面积"指标为"人均住房建筑面积"。

2-11 城镇居民现金收支情况

单位:元

项目	2004年	2005年	2006年	2007年	2008年	2009年	2010年
一、期初手存现金(月人均)	**366.71**	**516.37**	**545.34**	**701.70**	**443.29**	**553.88**	508.82
二、家庭总收入	**8687.09**	**9922.25**	**11404.25**	**13715.87**	**15492.53**	**17236.34**	19113.38
可支配收入	8149.18	9267.56	10712.52	12908.01	14636.03	16221.45	17949.14
借贷收入	3507.55	2661.72	3301.43	3277.06	3063.00	3716.34	4138.01
#提取储蓄存款	2990.33	2209.25	2911.16	2850.09	2770.04	3248.31	4004.06
三、家庭总支出	**7874.10**	**8898.43**	**9673.10**	**11172.00**	**12037.84**	**13641.35**	14764.95
消费性支出	6326.04	6676.79	7492.31	8407.29	9470.24	10448.52	11477.46
转移性支出	1061.15	1114.83	1249.51	1513.91	1575.07	1705.45	1995.98
#捐赠支出	383.45	564.86	664.86	852.55	1006.37	1077.76	1215.52
借贷支出	4211.79	3725.56	4893.51	5719.05	6230.50	7355.77	8468.62
#存入储蓄款	3020.69	3331.53	4374.75	4980.28	5642.93	6858.58	7985.74
四、期末手存现金(月人均)	**376.90**	**519.56**	**560.60**	**713.23**	**664.88**	**526.46**	**535.70**

2-12 城镇居民每百户家庭主要耐用消费品年末拥有量

消费品名称	计量单位	2004年	2005年	2006年	2007年	2008年	2009年	2010年
成套家具	套	102.24	106.82	105.70	107.12			
摩托车	辆	34.05	33.84	35.06	36.29	38.05	39.23	39.29
自行车	辆	128.00	131.05	132.21	131.24			
助力车	辆	6.68	8.61	10.53	13.26	45.45	44.51	43.57
家用汽车	辆	2.74	3.10	4.96	4.95	5.96	7.04	8.22
洗衣机	台	88.75	92.31	93.42	95.32	95.10	95.57	97.11
电风扇	台	245.88	250.25	252.56	254.75			
电冰箱	台	85.12	87.40	88.13	89.66	96.05	96.65	97.50
冰柜	台	5.38	5.06	5.17	5.24			
彩色电视机	台	134.08	139.55	142.36	144.51	133.91	134.35	135.87
影碟机	台	80.88	83.09	84.31	85.28			
录音机	台	33.64	34.41	34.52	34.41			
录放像机	台	11.69	12.34	12.53	12.69			
家用电脑	台	27.11	39.01	42.15	45.64	54.37	58.31	61.63
组合音响	套	36.52	38.07	39.02	40.03	39.17	41.26	40.80
摄像机	架	2.33	3.06	3.08	3.39	5.58	6.00	5.99
照相机	架	40.68	43.55	45.09	46.36	34.37	36.02	37.72
钢琴	架	1.21	1.22	1.47	1.57	1.45	1.73	1.80
其他中高档乐器	件	6.32	6.39	6.67	7.04	2.80	3.23	3.38
微波炉	台	40.51	45.90	47.42	49.26	59.75	61.73	62.28
空调器	台	62.71	72.71	75.00	78.01	87.65	91.49	97.08
取暖器	台	53.64	65.96	70.96	74.76			
电炊具	台	72.09	84.08	92.50	99.55			
淋浴热水器	台	86.84	91.82	94.66	96.55	97.48	98.06	98.76
排油烟机	台	62.97	64.89	65.31	66.59			
消毒碗柜	台	43.18	46.56	46.91	47.61	59.42	59.80	61.19
洗碗机	台	1.19	1.26	1.14	1.22	1.38	1.46	1.34
饮水机	台	31.50	36.70	37.83	39.81			
吸尘器	台	6.60	7.07	7.21	7.34			
健身器材	套	4.15	4.58	4.67	5.32	3.46	3.47	3.60
普通电话	部	94.19	93.74	93.85	93.37	71.34	70.08	69.72
移动电话	部	104.56	116.23	123.18	132.60	182.30	185.32	189.53
传真机	部	1.07	1.38	1.46	1.47			

注:2008年以后成套家具、自行车等部分指标不再做数量统计。

2-13 城镇不同收入层次居民家庭生活基本情况

（2010年，按可支配收入高低分组）

收入层次	调查户数（户）	平均每户家庭人口（人）	平均每户就业人口（人）	每一就业者负担人口（人）	平均每户就业面（%）	人均住房建筑面积（平方米）	人均可支配收入（元）	人均消费性支出（元）
合 计	1240	2.89	1.47	1.97	50.87	38.33	17949.14	11477.46
最低收入户	124	3.26	1.33	2.45	40.80	26.34	6674.31	5207.39
#更低收入户	62	3.27	1.19	2.75	36.39	26.06	5490.49	4611.55
低收入户	125	3.17	1.54	2.06	48.58	28.42	9927.75	7841.15
较低收入户	250	3.14	1.52	2.07	48.41	33.10	13052.56	8755.11
中等收入户	251	2.87	1.47	1.95	51.22	41.38	16858.82	11074.73
较高收入户	249	2.82	1.58	1.78	56.03	43.11	21445.75	12997.32
高收入户	123	2.60	1.41	1.84	54.23	47.97	27336.23	18674.22
最高收入户	118	2.26	1.35	1.67	59.73	51.60	40125.94	21180.99
#更高收入户	55	2.01	1.24	1.62	61.69	53.39	48611.69	26536.08

2-14 城镇不同收入层次居民家庭收入情况

（2010年，人均收入）

单位：元

项　　目	最低收入户	更低收入户	低收入户	较低收入户	中等收入户	较高收入户	高收入户	最高收入户
一、家庭总收入	7181.86	5891.55	10816.30	13929.89	17924.05	22993.81	29033.16	42046.02
#可支配收入	6674.31	5490.49	9927.75	13052.56	16858.82	21445.75	27336.23	40125.94
(一)工薪收入	3998.06	2957.84	6813.20	8262.67	10818.50	14144.08	16730.03	21758.15
#工资及补贴收入	3560.82	2733.54	6382.84	7666.96	10061.65	13632.35	15893.35	20683.66
(二)经营净收入	795.22	820.56	780.15	1595.34	1754.49	2564.61	2650.15	6927.98
(三)财产性收入	71.10	69.34	90.20	340.20	382.51	919.20	2049.83	2988.29
#利息收入	4.72	4.81	5.81	64.21	24.45	57.67	55.94	54.17
股息与红利收入	8.32	16.61	0.29	39.50	78.67	211.35	452.72	918.98
出租房屋收入	55.65	46.47	64.18	145.89	184.16	407.99	900.22	1128.63
(四)转移性收入	2317.49	2043.81	3132.76	3731.69	4968.54	5365.92	7603.16	10371.59
#养老金或离退休金	1869.36	1565.01	2622.37	3294.58	4155.64	4544.68	6078.80	7431.79
赡养收入	93.36	19.64	119.24	132.47	190.93	115.56	195.75	434.80
捐赠收入	57.07	17.99	195.63	123.59	268.76	220.78	673.96	1572.33
二、出售财物收入				4.49	0.80	2.29	1.34	14.09
三、借贷收入	921.18	710.15	2067.63	2152.87	3755.14	4778.01	9190.96	10162.38
#提取储蓄存款	806.46	498.09	2041.51	2089.55	3562.80	4703.09	8991.20	9758.96
借入款	75.35	144.09	5.45	29.92	144.82	57.12	157.64	138.21

2-15 城镇不同收入层次居民家庭支出情况

（2010年，人均支出）　　单位：元

项　　目	最低收入户	更低收入户	低收入户	较低收入户	中等收入户	较高收入户	高收入户	最高收入户
一、家庭总支出	**6225.27**	**5373.60**	**9650.67**	**10758.56**	**14439.69**	**17062.33**	**23943.79**	**28592.27**
(一)消费支出	5207.39	4611.55	7841.15	8755.11	11074.73	12997.32	18674.22	21180.99
#服务性消费支出	1177.81	962.03	2036.88	2199.30	2833.56	3308.07	4838.94	6388.22
1.食品	3038.18	2808.30	3911.85	4174.51	4807.04	5171.67	6077.43	7219.94
#粮油类	448.98	500.62	487.73	503.45	544.86	550.09	516.43	640.09
肉禽蛋水产品类	1145.80	1068.67	1371.00	1394.45	1577.47	1597.32	1667.63	2042.99
蔬菜类	394.71	409.36	454.80	445.23	492.32	490.81	492.71	630.76
糖烟酒饮料类	175.75	119.06	277.07	335.11	404.44	528.68	591.19	770.03
干鲜瓜果类	210.77	201.95	287.40	326.37	369.80	435.77	502.16	613.57
饮食服务	461.62	322.79	722.10	788.76	1016.25	1074.19	1719.27	1881.16
2.衣着	241.34	179.82	601.31	743.11	975.06	1288.47	1746.55	1980.08
#服装	153.07	117.92	405.94	515.92	696.30	922.57	1248.75	1344.46
3.家庭设备用品及服务	196.35	147.48	406.05	537.58	769.92	869.03	1470.34	1270.72
#耐用消费品	49.59	20.73	140.31	177.94	327.31	396.84	877.82	695.47
4.医疗保健	190.10	148.01	428.50	490.37	786.38	643.54	854.24	1591.18
5.交通和通信	382.76	275.30	711.81	757.98	1001.97	1747.99	3197.06	3498.17
交通	111.09	60.84	259.80	245.72	397.15	999.81	2282.66	2530.04
通信	271.67	214.46	452.01	512.26	604.82	748.18	914.40	968.13
6.教育文化娱乐服务	538.97	501.83	875.27	995.55	1218.89	1657.52	2354.81	2415.53
#教育	356.35	332.98	479.62	477.22	546.99	775.15	853.13	867.50
7.居住	553.19	510.44	751.88	896.22	1289.15	1272.22	2602.29	2472.86
8.其他商品和服务	66.51	40.36	154.49	159.79	226.31	346.87	371.51	732.51
(二)购房与建房支出				37.48	435.35	313.13	298.94	942.10
#购房				37.48	435.35	312.95	298.94	631.69
(三)转移性支出	605.58	453.88	1021.97	1169.08	1984.99	2396.24	3441.41	4769.16
#交纳的个人所得税	0.60	1.13	5.97	9.50	26.28	89.34	54.33	198.96
捐赠支出	358.30	215.19	698.27	815.69	1285.22	1346.86	1940.95	2790.89
赡养支出	216.27	221.26	228.83	222.37	423.81	571.63	906.54	852.70
(四)财产性支出	2.78	0.48	3.55	20.70	7.87	11.58	22.79	102.54
(五)社会保障支出	409.52	307.69	783.99	776.20	936.76	1344.06	1506.44	1597.48
二、借贷支出	**1904.08**	**1133.51**	**3282.09**	**5318.59**	**7125.04**	**10817.85**	**14073.88**	**23564.98**
存入储蓄款	1889.29	1129.32	3217.26	5095.73	6651.93	10401.05	12983.20	21755.80
借出款	0.97			4.99	0.10	3.28		0.85

2-16 城镇居民主要食品人均消费量

名　　称	计量单位	2004年	2005年	2006年	2007年	2008年	2009年	2010年
粮　食	千克	95.14	84.53	84.24	83.23	56.49	54.29	73.70
#大米	千克	66.63	60.81	60.04	57.65	54.42	52.50	50.72
粮食制品	千克	23.28	18.97	19.03	18.83			21.37
淀粉及薯类	千克	3.18	3.74	4.09	4.34			5.74
油脂类	千克	8.47	8.12	8.35	9.50	7.34		6.37
食用植物油	千克	7.55	7.08	7.44	8.76	7.34	6.67	5.83
肉　类	千克	36.78	42.16	42.31	38.03	34.78		39.22
猪肉	千克	30.16	34.56	34.06	28.83	29.97	31.52	30.73
牛肉	千克	3.38	4.13	4.25	5.18	3.99	3.76	4.46
羊肉	千克	0.52	0.71	0.96	0.92	0.82	0.92	1.06
其他肉及制品	千克	2.72	2.76	3.04	3.10			3.06
禽　类	千克	14.08	15.49	15.00	19.11	18.02		18.54
鸡	千克	8.04	9.05	8.48	10.42	10.86	10.42	10.54
鸭	千克	4.88	5.10	5.13	5.82	7.16	6.40	6.13
其他禽类及制品	千克	1.16	1.34	1.39	1.89			1.91
蛋　类	千克	6.61	6.81	6.81	8.96	6.08		6.42
鲜蛋	千克	6.31	6.44	6.36	8.57	6.08	5.67	6.01
蛋制品	千克	0.30	0.37	0.45	0.39			0.41
鱼　类	千克	9.93	9.76	10.30	10.93	11.13	11.25	10.94
鲜　菜	千克	103.42	110.33	112.58	113.81	109.93	113.57	114.58
酒　类	千克	6.73	7.26	7.74	7.55	6.00		6.09
#白酒	千克	3.81	3.58	3.99	3.56	3.56	3.76	3.63
啤酒	千克	2.00	2.63	2.73	2.73	2.35	2.93	2.29
其他酒	千克	0.92	1.05	1.02	1.14			0.03
碳酸饮料	千克	0.73	0.73	0.95	1.00	0.88	0.94	0.70
瓶装饮用水	千克	2.10	2.84	3.14	4.14	4.05	4.00	5.04
茶　叶	千克	0.12	0.14	0.17	0.18	0.24	0.28	0.29
鲜　果	千克	39.39	44.47	43.29	52.68	53.30	56.71	53.90
鲜　瓜	千克	9.71	14.02	14.85	12.73	13.22	17.04	14.03
糕　点	千克	2.40	2.59	2.77	2.85	3.64	4.04	4.20
鲜乳品	千克	9.24	10.60	11.72	12.30	15.19	13.49	13.10

注：2008年以后食品消费量统计中部分食品类不再作数量统计。

2-17 市县区城镇居民现金收支情况

（2010年） 单位:元/人

项 目	全 市	秀峰区	叠彩区	象山区	七星区	雁山区
一、家庭总收入	19113.38	19505.19	19292.76	19790.75	20056.60	17334.35
#可支配收入	17949.14	18398.11	18048.82	18485.50	18574.63	15956.68
(一)工薪收入	11163.92	9352.65	10231.87	10575.21	12532.06	11473.17
#工资及补贴收入	10525.26	8954.21	9123.67	10242.00	11448.07	11397.83
(二)经营净收入	2186.85	1503.97	2199.47	2269.04	1870.01	4234.60
(三)财产性收入	782.70	322.28	879.51	998.87	111.41	234.31
#利息收入	40.61	42.23	94.38	7.35	16.17	15.07
股息与红利收入	184.91	63.72	508.07	313.33	37.09	34.77
出租房屋收入	336.43	187.46	78.54	361.48	40.76	178.13
(四)转移性收入	4979.90	8326.29	5981.90	5947.63	5543.13	1392.27
#养老金或离退休金	4073.84	7710.91	4787.75	5032.88	4791.14	1241.25
赡养收入	166.74	37.03	259.31	248.48	301.14	8.15
捐赠收入	345.45	173.36	430.77	294.60	158.26	72.03
二、出售财物收入	2.91	8.14		1.50		0.22
三、借贷收入	4138.01	3273.67	4653.66	3337.71	2486.15	3655.65
#提取储蓄存款	4004.06	3262.90	4652.89	3288.23	2438.45	3505.02
借入款	80.63			21.21		
四、家庭总支出	14764.95	15116.31	13646.84	14563.70	14827.94	14149.73
(一)消费支出	11477.46	12512.13	10696.88	11540.64	12100.39	10742.97
#服务性消费支出	2999.89	3276.50	2982.34	2873.44	3190.58	2544.90
(二)购房与建房支出	260.45	23.79	389.23			533.26
#购房	233.55	23.79	389.23			527.83
(三)转移性支出	1995.98	1604.82	1483.33	1872.26	1391.54	1538.66
#交纳的个人所得税	46.85	22.11	86.73	69.14	73.32	43.35
捐赠支出	1215.52	1209.90	895.54	1245.03	439.61	354.80
赡养支出	443.36	205.20	182.59	464.97	344.05	426.47
(四)财产性支出	19.88	12.73	44.13	39.72	1.60	15.57
(五)社会保障支出	1011.19	962.84	1033.28	1111.09	1334.40	1319.27
五、借贷支出	8468.62	7278.49	10205.65	8508.09	7747.79	7528.98
# 存入储蓄款	7985.74	7121.52	9928.14	7708.07	7586.83	6332.91
借出款	1.92					

2-17续表1　　（2010年）　　单位:元/人

项　目	阳朔县	临桂县	灵川县	全州县	兴安县	永福县
一、家庭总收入	**22635.84**	**22224.69**	**20042.84**	**15117.86**	**19279.10**	**19836.95**
#可支配收入	21185.15	20590.70	18510.17	14987.90	17894.04	18759.39
(一)工薪收入	11034.78	13192.70	15019.55	10023.80	12872.43	12435.60
#工资及补贴收入	10796.07	11651.72	14562.27	10019.42	12447.24	11981.47
(二)经营净收入	4393.10	1712.59	1213.42	2513.04	1785.28	2117.66
(三)财产性收入	3151.50	1440.26	1116.45	226.47	1323.08	956.16
#利息收入	60.76	81.48	89.21	19.18	76.04	0.26
股息与红利收入	302.81	131.95	302.39	73.45	255.94	96.90
出租房屋收入	891.77	1149.86	517.41	31.20	857.87	601.75
(四)转移性收入	4056.46	5879.13	2693.42	2354.55	3298.31	4327.53
#养老金或离退休金	3284.14	4381.05	1279.01	1603.88	2738.94	2069.57
赡养收入	55.07	169.49	111.18	71.30	66.73	164.51
捐赠收入	648.06	624.54	350.94	118.81	136.58	1898.52
二、出售财物收入	**0.29**	**7.06**	**0.73**		**0.94**	
三、借贷收入	**4751.09**	**10275.86**	**4958.20**	**760.23**	**5958.75**	**8105.37**
#提取储蓄存款	4704.72	10041.93	4621.06	614.50	5499.93	7412.31
借入款	11.59	186.86	116.59	145.73	366.73	180.66
四、家庭总支出	**17544.82**	**17413.87**	**15109.53**	**10671.81**	**19266.27**	**16694.58**
(一)消费支出	12729.87	13498.71	11489.09	8961.62	11862.49	12477.64
#服务性消费支出	3362.42	3489.51	3710.51	2426.67	2499.43	3846.91
(二)购房与建房支出			591.93		2173.68	547.45
#购房			403.59		2173.68	
(三)转移性支出	3477.24	2509.17	1707.65	1642.49	3947.13	2691.20
#交纳的个人所得税	69.15	49.97	48.77	7.35	38.14	15.71
捐赠支出	2119.57	1670.71	1094.10	1120.36	2749.53	1262.83
赡养支出	940.33	581.86	406.48	239.88	916.11	363.09
(四)财产性支出					28.68	5.47
(五)社会保障支出	1337.71	1405.99	1320.86	67.71	1254.29	972.82
五、借贷支出	**9435.76**	**15125.55**	**9618.71**	**5270.22**	**5992.57**	**11150.66**
#存入储蓄款	8817.94	14822.86	9126.82	4627.34	4878.12	10293.65
借出款	2.90				13.79	

2-17续表2　　（2010年）　　单位:元/人

项　目	灌阳县	龙胜县	资源县	平乐县	荔蒲县	恭城县
一、家庭总收入	**16944.34**	**18737.06**	**17035.14**	**16061.48**	**18242.37**	**17644.75**
#可支配收入	16101.39	17067.61	15832.44	15552.40	17801.13	16442.00
(一)工薪收入	10374.22	13178.76	13176.78	9431.87	8422.84	10063.93
#工资及补贴收入	10233.34	12709.36	12385.33	8670.19	8331.20	8513.69
(二)经营净收入	1953.63	1665.07	1100.73	2884.42	3919.40	1537.26
(三)财产性收入	680.09	461.11	824.44	344.06	488.23	763.87
#利息收入	103.99		9.26	69.15	2.25	
股息与红利收入	141.67	84.31	142.06	23.38	1.71	10.93
出租房屋收入	172.65	356.06	197.01	251.53	458.20	338.14
(四)转移性收入	3936.39	3432.12	1933.19	3401.12	5411.90	5279.69
#养老金或离退休金	2936.90	2638.80	1144.81	2802.09	4782.02	4883.95
赡养收入	121.58	115.07	1.08	48.82	264.74	
捐赠收入	599.24	316.37	630.76	390.83	84.37	88.36
二、出售财物收入	**1.93**	**62.96**	**0.54**			**3.74**
三、借贷收入	**4582.19**	**7035.96**	**13558.76**	**1243.13**	**2102.04**	**5807.18**
#提取储蓄存款	4547.05	6855.30	12801.13	1221.23	2102.04	5430.13
借入款	23.43	164.23	595.40	11.12		377.05
四、家庭总支出	**12587.98**	**16371.50**	**16277.23**	**11668.39**	**15280.91**	**16244.42**
(一)消费支出	9593.69	11336.11	11483.49	9223.13	12123.54	13095.39
#服务性消费支出	2043.96	3334.15	3343.09	2316.33	2683.99	3226.84
(二)购房与建房支出		273.72	435.33		1148.98	
#购房		273.72	435.33		1148.98	
(三)转移性支出	2273.41	3315.61	3228.19	1918.21	1678.68	2084.85
#交纳的个人所得税	5.50	34.61	14.00	10.47	0.06	24.14
捐赠支出	1578.93	2381.72	2470.95	974.69	817.07	1315.37
赡养支出	521.30	809.40	595.57	558.73	400.11	663.92
(四)财产性支出	13.03	8.57	29.12	58.12	12.01	
(五)社会保障支出	707.86	1437.49	1101.10	468.92	317.71	1064.18
五、借贷支出	**10236.35**	**9256.46**	**14120.89**	**5522.67**	**5553.17**	**7321.47**
# 存入储蓄款	10056.74	8565.27	13476.11	5305.69	5264.74	6552.67
借出款		3.28	60.57			

2-18 市县区城镇居民八大类消费支出情况

（2010年）

单位:元/人

项　　目	全　市	秀峰区	叠彩区	象山区	七星区	雁山区
消费支出	11477.46	12512.13	10696.88	11540.64	12100.39	10742.97
一、食品	4765.00	5161.52	4250.48	5024.03	6006.21	3882.32
#粮油类	525.53	520.53	544.73	542.97	681.24	358.30
肉禽蛋水产品类	1518.82	1466.35	1340.33	1641.68	1995.06	1192.33
蔬菜类	478.76	533.98	476.60	576.81	648.68	265.23
糖烟酒饮料类	421.64	325.53	320.11	406.39	484.82	612.40
干鲜瓜果类	378.97	388.68	346.95	381.18	492.91	312.76
糕点、奶及奶制品	260.18	244.94	281.97	305.84	339.66	207.91
饮食服务	1021.26	1488.86	830.37	1038.58	1202.25	542.74
二、衣着	1016.87	885.23	830.41	952.90	1333.91	1429.21
#服装	712.79	586.57	574.97	680.51	858.87	1102.29
鞋类	246.22	257.52	204.07	237.78	365.24	276.12
三、家庭设备用品及服务	740.13	726.41	802.03	577.13	595.61	1059.56
#耐用消费品	337.48	310.86	442.45	246.27	176.88	363.89
室内装饰品	9.55	11.41	6.24	14.07	6.51	40.03
家庭日用杂品	289.72	344.89	255.70	259.83	326.53	515.47
家庭服务	22.16	28.21	39.72	18.81	18.48	2.40
四、医疗保健	664.75	639.46	849.40	670.87	339.00	707.68
#药品费	257.16	333.43	191.00	175.61	155.15	346.57
医疗费	320.14	204.19	554.87	360.74	104.78	282.48
五、交通和通讯	1401.17	2248.58	1276.26	1816.36	1065.37	951.27
#交通	784.22	1546.84	755.52	1126.31	416.50	370.98
通信	616.96	701.74	520.74	690.05	648.88	580.29
六、教育文化娱乐服务	1344.71	1318.34	1293.87	1293.35	1500.49	1362.95
#文化娱乐用品	276.57	246.97	345.84	312.19	137.40	385.66
文化娱乐服务	466.86	498.25	399.59	429.21	689.41	200.41
教育	601.27	573.12	548.44	551.96	673.68	776.88
七、居住	1279.22	1357.25	998.09	992.62	982.15	1217.00
#住房	453.40	404.41	298.02	92.12	64.97	654.42
水电燃料及其他	777.92	886.34	671.73	865.11	872.45	539.84
居住服务费	47.90	66.49	28.34	35.38	44.73	22.74
八、杂项商品和服务	265.61	175.34	396.35	213.38	277.63	132.97

2-18续表1　　(2010年)　　单位:元/人

项　　目	阳朔县	临桂县	灵川县	全州县	兴安县	永福县
消费支出	12729.87	13498.71	11489.09	8961.62	11862.49	12477.64
一、食品	5052.18	5403.95	4678.30	4262.63	4147.25	4033.72
#粮油类	550.08	510.76	286.85	522.19	418.93	413.27
肉禽蛋水产品类	1725.61	1651.93	1184.96	1476.27	1333.83	1140.52
蔬菜类	468.63	526.83	382.79	422.59	285.18	341.34
糖烟酒饮料类	544.71	756.03	564.04	313.25	520.14	330.86
干鲜瓜果类	356.04	419.43	456.49	257.80	398.20	337.52
糕点、奶及奶制品	228.07	319.10	201.15	219.92	309.38	183.98
饮食服务	1123.07	1106.04	1414.23	930.90	756.87	1212.59
二、衣着	1068.19	1238.12	1051.55	750.74	1194.01	1098.84
#服装	810.08	927.27	812.75	565.69	900.87	786.07
鞋类	224.03	258.08	197.46	154.05	255.75	269.25
三、家庭设备用品及服务	856.31	842.04	753.77	604.60	747.41	774.58
#耐用消费品	365.05	422.32	373.43	204.37	416.44	500.23
室内装饰品	2.48	13.35	39.21		1.48	21.73
庭日用杂品	382.33	334.47	249.01	289.61	242.39	178.30
家庭服务	50.55	26.23	37.26	9.75	15.48	2.58
四、医疗保健	915.11	853.03	850.91	456.17	487.16	342.96
#药品费	225.21	365.45	189.52	215.68	222.45	149.64
医疗费	619.74	446.13	588.39	197.34	123.69	170.17
五、交通和通讯	1743.37	1672.57	855.75	777.56	2185.11	935.86
#交通	978.72	987.34	279.94	294.90	1556.52	340.46
通信	764.65	685.23	575.82	482.67	628.60	595.40
六、教育文化娱乐服务	1262.88	1532.39	1790.50	945.30	1391.60	1656.79
#文化娱乐用品	309.81	388.92	316.35	176.30	521.75	386.82
文化娱乐服务	569.25	545.01	571.03	220.31	235.59	251.75
教育	383.82	598.46	903.12	548.69	634.26	1018.22
七、居住	1561.99	1801.11	1189.65	1083.95	1311.32	3195.43
#住房	535.69	961.00	520.41	361.08	412.02	2555.49
水电燃料及其他	1013.22	801.99	650.56	672.63	806.77	621.89
居住服务费	13.08	38.13	18.68	50.24	92.52	18.05
八、杂项商品和服务	269.84	155.49	318.66	80.65	398.62	439.46

2-18续表2　　(2010年)　　单位:元/人

项　　目	灌阳县	龙胜县	资源县	平乐县	荔浦县	恭城县
消费支出	9593.69	11336.11	11483.49	9223.13	12123.54	13095.39
一、食品	3936.40	4205.24	3993.37	3715.21	5104.76	3644.49
#粮油类	503.84	456.37	448.12	565.16	513.27	476.66
肉禽蛋水产品类	1410.40	1401.52	1163.87	1383.46	1388.63	1271.01
蔬菜类	347.37	345.27	248.19	433.13	387.41	321.32
糖烟酒饮料类	558.26	597.93	494.47	200.35	299.35	342.39
干鲜瓜果类	302.26	314.84	347.79	205.88	610.40	220.39
糕点、奶及奶制品	245.66	209.47	205.65	112.61	243.22	180.59
饮食服务	481.31	836.34	979.60	641.57	949.85	742.78
二、衣着	1095.87	1446.36	1336.64	759.00	895.29	758.28
#服装	817.32	1002.66	987.72	494.73	527.70	539.40
鞋类	246.81	293.38	297.41	191.43	264.67	165.21
三、家庭设备用品及服务	682.72	906.00	1004.19	805.46	1361.30	725.57
#耐用消费品	315.83	417.10	532.15	291.94	791.52	332.12
室内装饰品	4.33	18.57	2.86	0.13	0.07	1.37
家庭日用杂品	256.48	250.12	348.39	272.62	324.63	310.54
家庭服务	6.38	60.73	32.05	5.17	15.60	0.66
四、医疗保健	319.37	747.18	642.23	532.62	824.38	1710.31
#药品费	231.08	226.26	156.84	120.04	442.09	1406.87
医疗费	53.50	442.39	304.19	388.35	269.40	242.97
五、交通和通讯	1324.11	1042.83	1021.68	1167.51	999.26	1444.86
#交通	749.58	430.98	428.23	528.07	545.22	918.03
通信	574.53	611.85	593.45	639.44	454.04	526.83
六、教育文化娱乐服务	990.30	1704.09	1887.63	910.28	1406.99	1187.68
#文化娱乐用品	183.03	323.76	386.07	129.98	290.20	237.67
文化娱乐服务	392.24	506.88	584.84	426.52	578.93	406.68
教育	415.02	873.46	916.73	353.79	537.86	543.32
七、居住	798.48	1082.10	1270.67	1087.30	1255.17	3350.64
#住房	128.88	444.48	607.12	400.09	486.84	2162.60
水电燃料及其他	657.76	626.60	652.78	651.20	765.74	825.81
居住服务费	11.84	11.01	10.76	36.01	2.59	362.23
八、杂项商品和服务	446.45	202.32	327.07	245.74	276.40	273.55

2-19 城镇居民人均实际支出情况

单位:元

项目	2009年	2010年	项目	2009年	2010年
家庭总支出	13641.35	14764.95	(三)床上用品	66.75	73.91
消费支出	10448.52	11477.46	(四)家庭日用杂品	258.22	289.72
一、食品	4414.18	4765.00	(五)家具材料	6.14	7.32
(一)粮油类	505.90	525.53	(六)家庭服务	27.30	22.16
1.粮食	298.30	314.46	1.家政服务	9.36	9.87
2.淀粉及薯类	19.00	23.27	2.加工维修服务费	17.94	12.29
3.干豆类及豆制品	74.53	80.59	**四、医疗保健**	578.71	664.75
4.油脂类	114.07	107.22	(一)医疗器具	1.28	2.81
(二)肉禽蛋水产品类	1464.61	1518.82	(二)保健器具	10.22	9.35
1.肉类	815.73	836.63	(三)药品费	207.83	257.16
2.禽类	361.25	379.68	(四)滋补保健品	58.99	55.73
3.蛋类	67.96	75.32	(五)医疗费	276.30	320.14
4.水产品类	219.67	227.18	(六)其他	24.08	19.56
(三)蔬菜类	408.94	478.76	**五、交通和通讯**	1292.89	1401.17
1.鲜菜	366.68	427.31	(一)交通	710.28	784.22
2.干菜	27.35	34.58	1.家庭交通工具	377.69	402.43
3.菜制品	14.90	16.86	2.车辆用燃料及零配件	120.54	151.36
(四)调味品	43.72	50.92	3.交通工具服务支出	52.96	57.57
(五)糖烟酒饮料类	410.58	421.64	4.交通费	159.09	172.86
1.糖类	65.34	71.98	(二)通信	582.61	616.96
2.烟草类	173.23	173.14	1.通信工具	64.76	75.66
3.酒类	109.83	114.79	2.通信服务	517.84	541.30
4.饮料	62.17	61.73	**六、教育文化娱乐服务**	1217.49	1344.71
(六)干鲜瓜果类	334.73	378.97	(一)文化娱乐用品	282.76	276.57
1.鲜果	241.77	272.62	(二)文化娱乐服务	372.42	466.86
2.鲜瓜	34.35	32.22	1.参观游览	80.77	68.83
3.其它干鲜瓜果类及制品	58.60	74.12	2.健身活动	2.75	4.17
(七)糕点、奶及奶制品	239.71	260.18	3.团体旅游	204.70	264.58
1.糕点	61.26	69.87	4.其它文娱活动	79.37	125.08
2.奶及奶制品	98.70	190.31	5.文娱用品修理服务费	4.84	4.21
(八)其他食品	98.30	108.93	(三)教育	562.31	601.27
(九)饮食服务	907.69	1021.26	1.教材	17.41	17.82
1.食品加工服务费	0.64	0.96	2.教育费用	544.90	583.45
2.在外饮食	907.04	1020.30	**七、居住**	1055.69	1279.22
二、衣着	949.38	1016.87	(一)住房	342.65	453.40
(一)服装	661.88	712.79	(二)水电燃料及其他	678.10	777.92
(二)衣着材料	7.81	7.87	1.水	114.35	114.35
(三)鞋类	229.82	246.22	2.电	353.79	385.79
(四)其他衣着用品	46.36	45.89	3.燃料	200.09	264.92
(五)衣着加工服务费	3.51	4.10	4.其他	9.60	12.85
三、家庭设备用品及服务	680.41	740.13	(三)居住服务费	34.94	47.90
(一)耐用消费品	312.91	337.48	**八、杂项商品和服务**	259.78	265.61
1.家具	59.60	61.41	(一)杂项商品	195.06	182.53
2.家庭设备	253.31	276.07	(二)服务	64.71	83.08
(二)室内装饰品	9.10	9.55	非消费性支出	3192.83	3287.49

2-20 城镇居民人均实际支出构成

单位:%

项目	2009年	2010年	项目	2009年	2010年
家庭总支出	100.00	100.00	(三)床上用品	9.81	9.99
消费支出	76.59	77.73	(四)家庭日用杂品	37.95	39.14
一、食品	**42.25**	**41.52**	(五)家具材料	0.90	0.99
(一)粮油类	11.46	11.03	(六)家庭服务	4.01	2.99
1.粮食	58.96	59.84	1.家政服务	34.29	44.54
2.淀粉及薯类	3.76	4.43	2.加工维修服务费	65.71	55.46
3.干豆类及豆制品	14.73	15.33	**四、医疗保健**	**5.54**	**5.79**
4.油脂类	22.55	20.40	(一)医疗器具	0.22	0.42
(二)肉禽蛋水产品类	33.18	31.87	(二)保健器具	1.77	1.41
1.肉类	55.70	55.08	(三)药品费	35.91	38.69
2.禽类	24.67	25.00	(四)滋补保健品	10.19	8.38
3.蛋类	4.64	4.96	(五)医疗费	47.74	48.16
4.水产品类	15.00	14.96	(六)其他	4.16	2.94
(三)蔬菜类	9.26	10.05	**五、交通和通讯**	**12.37**	**12.21**
1.鲜菜	89.67	89.25	(一)交通	54.94	55.97
2.干菜	6.69	7.22	1.家庭交通工具	53.17	51.32
3.菜制品	3.64	3.52	2.车辆用燃料及零配件	16.97	19.30
(四)调味品	0.99	1.07	3.交通工具服务支出	7.46	7.34
(五)糖烟酒饮料类	9.30	8.85	4.交通费	22.40	22.04
1.糖类	15.91	17.07	(二)通信	45.06	44.03
2.烟草类	42.19	41.06	1.通信工具	11.12	12.26
3.酒类	26.75	27.22	2.通信服务	88.88	87.74
4.饮料	15.14	14.64	**六、教育文化娱乐服务**	**11.65**	**11.72**
(六)干鲜瓜果类	7.58	7.95	(一)文化娱乐用品	23.22	20.57
1.鲜果	72.23	71.94	(二)文化娱乐服务	30.59	34.72
2.鲜瓜	10.26	8.50	1.参观游览	21.69	14.74
3.其它干鲜瓜果类及制品	17.51	19.56	2.健身活动	0.74	0.89
(七)糕点、奶及奶制品	5.43	5.46	3.团体旅游	54.96	56.67
1.糕点	25.56	26.85	4.其它文娱活动	21.31	26.79
2.奶及奶制品	41.17	73.15	5.文娱用品修理服务费	1.30	0.90
(八)其他食品	2.23	2.29	(三)教育	46.19	44.71
(九)饮食服务	20.56	21.43	1.教材	3.10	2.96
1.食品加工服务费	0.07	0.09	2.教育费用	96.90	97.04
2.在外饮食	99.93	99.91	**七、居住**	**10.10**	**11.15**
二、衣着	**9.09**	**8.86**	(一)住房	32.46	35.44
(一)服装	69.72	70.10	(二)水电燃料及其他	64.23	60.81
(二)衣着材料	0.82	0.77	1.水	16.86	14.70
(三)鞋类	24.21	24.21	2.电	52.17	49.59
(四)其他衣着用品	4.88	4.51	3.燃料	29.51	34.05
(五)衣着加工服务费	0.37	0.40	4.其他	1.42	1.65
三、家庭设备用品及服务	**6.51**	**6.45**	(三)居住服务费	3.31	3.74
(一)耐用消费品	45.99	45.60	**八、杂项商品和服务**	**2.49**	**2.31**
1.家具	19.05	18.20	(一)杂项商品	75.09	68.72
2.家庭设备	80.95	81.80	(二)服务	24.91	31.28
(二)室内装饰品	1.34	1.29	非消费性支出	23.41	22.27

2-21 城市居民消费价格指数

（以上年为100）

类　　别	2010年	2009年	类　　别	2010年	2009年
居民消费价格总指数	**102.2**	**99.2**	1.耐用消费品	94.3	97.1
一、食品	106.1	100.2	2.室内装饰品	100.0	100.0
1.粮食	104.5	105.6	3.床上用品	99.1	99.2
2.淀粉	115.1	98.5	4.家庭日用杂品	100.0	100.0
3.干豆类及豆制品	105.1	102.1	5.家庭服务及加工维修服务	101.1	100.0
4.油脂	98.7	87.1	五、医疗保健和个人用品	101.8	99.3
5.肉禽及其制品	105.6	91.0	1.医疗保健	102.1	98.8
6.蛋	107.3	99.7	2.个人用品及服务	101.1	100.3
7.水产品	111.9	103.5	六、交通和通信	98.9	98.9
8.菜	116.0	95.6	1.交通	101.7	97.6
鲜　菜	112.3	96.4	(1)交通工具	99.0	99.6
9.调 味 品	99.2	102.7	(2)车用燃料及零配件	107.8	98.9
10.糖	104.2	103.1	(3)车辆使用及维修费	100.6	100.2
11.茶及饮料	100.6	100.3	(4)市区公共交通费	99.1	90.7
12.干鲜瓜果	108.2	102.3	(5)城市间交通费	102.0	101.1
鲜 瓜 果	109.4	102.0	2.通信	97.3	99.6
干(坚)果	103.6	102.6	(1)通信工具	86.5	98.0
13.糕点饼干	104.5	100.3	(2)通信服务	100.0	100.0
14.液体乳及乳制品	101.9	114.3	七、娱乐教育文化用品及服务	100.9	100.7
15.在外用膳食品	103.1	112.0	1.文娱用耐用消费品及服务	98.4	93.7
16.其他食品	99.6	94.9	2.教育	98.6	100.1
二、烟酒及用品	100.1	98.9	3.文化娱乐类	102.2	103.2
1.烟草	98.8	98.0	(1)文化娱乐用品	99.0	99.6
2.酒	101.4	99.6	(2)书报杂志	100.0	110.5
3.吸烟、饮酒用品	99.2	100.0	(3)文娱费	108.7	103.4
三、衣着	96.7	96.7	4.旅游	109.0	107.4
1.服　装	96.7	96.0	八、居住	104.2	97.7
2.衣着材料	101.2	100.0	1.建房及装修材料	102.2	100.5
3.鞋袜帽	96.3	98.2	2.租房	100.0	100.0
4.衣着加工服务费	99.3	100.0	3.自有住房	104.2	86.3
四、家庭设备用品及维修服务	97.2	98.4	4.水、电、燃料	107.8	95.7

注：本表数据由国家统计局桂林调查队提供。

2-22 城市商品零售价格指数

（以上年为100）

类　　别	2010年	2009年	类　　别	2010年	2009年
商品零售价格总指数	**102.5**	**99.6**	2.床上用品	98.8	99.3
一、食品	106.0	100.5	五、家用电器及音像器材	97.9	95.0
1.粮食	104.5	105.9	1.家庭设备	96.9	95.2
2.淀粉	115.1	98.5	2.文娱用耐用消费品	98.6	93.5
3.干豆类及豆制品	104.9	102.1	3.音像器材	100.0	100.0
4.油脂	98.7	87.1	六、文化办公用品	100.2	100.0
5.肉禽及其制品	105.4	91.2	七、日用品	99.4	103.0
(1)食用畜肉及副产品	101.4	84.6	1.日用百货	98.8	104.6
(2)禽	112.0	102.0	2.日用杂品	100.0	100.0
(3)肉禽加工制品	104.8	96.0	3.洗涤用品	99.5	104.5
6.蛋	107.3	99.7	4.其他日用品	99.3	99.9
7.水产品	110.6	111.4	八、体育娱乐用品	100.4	100.0
(1)鱼	113.1	94.4	1.体育用品	101.0	100.0
(2)其他水产品	108.6	122.2	2.娱乐用品	99.8	100.0
8.菜	116.0	95.5	九、交通、通信用品	97.1	99.5
鲜　菜	112.3	96.4	1.交通运输机械	99.1	99.7
9.调味品	99.0	102.6	2.通信器材	90.0	98.5
10.糖	103.7	102.4	十、家具	89.4	100.0
11.干鲜瓜果	108.2	102.3	十一、化妆品	99.9	100.0
鲜 瓜 果	109.4	102.0	十二、金银珠宝	109.7	99.8
干(坚)果	103.6	102.6	十三、中西药品及医疗保健用品	103.1	98.7
12.糕点饼干面包	104.5	100.3	1.医疗器具及用品	112.3	100.0
13.液体乳及乳制品	101.9	114.3	2.中药材及中成药	97.6	97.0
14.在外用膳食品	103.6	112.8	3.西药	102.3	98.6
15.其他食品	99.6	94.9	4.保健品及器具	107.0	100.1
二、饮料、烟酒	100.2	99.0	十四、书报杂志及电子出版物	101.4	106.4
1.茶及饮料	100.6	100.3	1.教材及参考书	106.4	100.5
2.烟草	98.8	98.0	2.书报杂志	100.0	110.5
3.酒	101.4	99.6	3.电子音像制品	98.3	100.0
三、服装、鞋帽	96.1	96.6	十五、燃料	113.1	98.9
1.服装	96.7	96.0	1.煤炭及制品	103.1	115.0
2.鞋袜帽	95.8	97.8	2.石油及制品	115.3	96.1
3.其他	88.6	100.0	十六、建筑材料及五金电料	104.0	100.0
四、纺织品	99.4	99.5	1.建筑装璜材料	104.5	99.4
1.衣着材料	101.2	100.0	2.五金电料	102.0	102.3

注:本表数据由国家统计局桂林调查队提供。

2-23 企业景气指数

（2010年）

类　　别	企业家信心指数	企业景气指数	生产总量	盈利（亏损）变化	流动资金	贷款拖欠	劳动力需求	固定资产投资
第一季度	**121.97**	**116.75**	**99.60**	**97.57**	**88.43**	**98.67**	**110.29**	**108.55**
按行业门类分								
工业	119.41	111.21	88.82	92.10	79.51	95.08	110.95	109.02
建筑业	147.92	125.00	120.00	106.46	98.55	108.54	106.46	91.46
交通运输、仓储和邮政业	131.25	143.75	150.00	112.50	81.25	100.00	118.75	118.75
批发和零售业	141.24	140.91	127.27	132.15	127.27	90.17	120.57	124.88
房地产业	109.09	127.27	100.00	100.00	81.82	127.27	90.91	118.18
社会服务业	100.00	88.89	55.56	88.89	88.89	122.22	77.78	122.22
信息传输、计算机服务和软件	137.05	137.05	155.56	140.73	125.94	133.33	137.05	118.54
住宿和餐饮业	76.92	76.92	53.85	38.46	92.31	76.92	92.31	69.23
按企业登记注册类型分								
国有企业	125.45	114.55	80.00	69.09	72.73	89.09	109.09	107.27
集体企业	92.31	76.92	61.54	84.62	61.54	84.62	69.23	92.31
股份合作企业	133.33	66.67	133.33	66.67	66.67	66.67	66.67	100.00
有限责任公司	127.79	124.69	101.23	110.51	90.12	105.54	111.74	108.04
股份有限公司	128.17	131.13	123.53	118.12	111.79	102.44	110.52	114.70
私营企业	95.45	100.00	100.00	100.00	95.45	100.00	122.73	122.73
外商及港、澳、台投资企业	119.27	110.94	121.87	96.87	119.27	100.00	110.94	108.33
按企业规模分								
大型	134.81	127.82	153.26	130.79	139.46	109.57	129.11	141.94
中型	132.00	121.33	89.33	100.00	92.00	93.33	108.00	109.33
小型	113.97	110.29	102.21	94.85	84.56	101.47	109.56	106.62
第二季度	**118.37**	**118.49**	**118.13**	**101.05**	**88.34**	**96.53**	**112.63**	**110.67**
按行业门类分								
工业	118.18	115.70	123.40	104.13	81.55	95.04	112.40	111.31
建筑业	156.45	130.00	128.54	123.54	88.55	80.00	111.45	95.00
交通运输、仓储和邮政业	125.00	137.50	125.00	100.00	81.25	93.57	125.00	118.75
批发和零售业	127.94	136.70	96.20	65.55	109.42	95.79	108.35	125.22
房地产业	63.64	109.09	109.09	54.55	81.82	136.36	90.91	63.64
社会服务业	100.00	88.89	88.89	100.00	88.89	88.89	100.00	122.22
信息传输、计算机服务和软件	125.94	125.94	133.33	96.29	133.33	107.40	137.05	133.33
住宿和餐饮业	91.67	91.67	83.33	141.67	108.33	100.00	116.67	116.67
按企业登记注册类型分								
国有企业	125.45	127.27	129.09	98.18	83.64	101.82	109.09	118.18
集体企业	108.33	91.67	91.67	100.00	66.67	83.33	75.00	83.33
股份合作企业	133.33	66.67	100.00	66.67	100.00	66.67	66.67	100.00
有限责任公司	124.69	124.69	124.06	103.08	83.95	95.06	114.81	108.64
股份有限公司	102.93	122.29	103.65	100.45	108.80	86.50	112.47	117.13
私营企业	109.52	85.71	104.76	85.71	71.43	114.29	128.57	128.57
外商及港、澳、台投资企业	119.27	125.00	103.13	133.33	135.94	91.67	130.73	94.27
按企业规模分								
大型	126.14	153.35	84.59	107.10	139.29	82.55	143.16	137.21
中型	130.67	129.33	138.67	112.00	93.33	93.33	122.67	113.33
小型	110.45	109.70	106.72	93.28	82.84	98.51	103.73	107.46

注：本表数据由国家统计局桂林调查队提供。

2-23续表 （2010年）

类别	企业家信心指数	企业景气指数	生产总量	盈利(亏损)变化	流动资金	贷款拖欠	劳动力需求	固定资产投资
第三季度	**128.01**	**120.33**	**128.13**	**117.10**	**90.82**	**98.56**	**111.98**	**114.99**
按行业门类分								
工业	131.66	114.02	122.42	121.01	84.87	98.59	104.77	109.82
建筑业	151.46	120.00	151.45	132.08	83.55	85.00	150.00	110.00
交通运输、仓储和邮政业	118.75	137.50	125.00	106.25	81.25	87.50	125.00	137.50
批发和零售业	152.38	152.38	147.97	119.40	128.92	94.46	113.51	131.18
房地产业	90.91	127.27	109.09	63.64	81.82	109.09	100.00	127.27
社会服务业	88.89	111.11	144.44	100.00	66.67	88.89	133.33	111.11
信息传输、计算机服务和软件	137.05	148.16	133.33	118.51	133.33	96.29	125.94	122.22
住宿和餐饮业	66.67	91.67	133.33	116.67	100.00	133.33	108.33	108.33
按企业登记注册类型分								
国有企业	125.93	124.07	125.93	118.52	79.63	101.85	112.96	116.67
集体企业	118.18	90.91	109.09	145.45	72.73	109.09	118.18	81.82
股份合作企业	133.33	33.33	33.33	133.33	66.67	66.67	100.00	100.00
有限责任公司	134.39	128.75	146.25	120.61	93.75	92.50	121.25	117.50
股份有限公司	134.07	134.07	123.51	106.36	107.11	91.90	106.58	123.01
私营企业	109.52	85.71	95.24	85.71	80.95	104.76	104.76	114.29
外商及港、澳、台投资企业	110.94	119.27	135.94	141.67	110.94	114.06	91.67	119.27
按企业规模分								
大型	180.73	172.07	169.97	164.96	122.01	105.97	144.64	137.21
中型	138.67	133.33	140.00	128.00	97.33	97.33	117.33	114.67
小型	116.79	109.92	119.08	106.11	84.73	97.71	107.63	113.74
第四季度	**130.03**	**125.94**	**126.84**	**115.39**	**86.07**	**96.28**	**118.54**	**108.87**
按行业门类分								
工业	133.90	118.91	131.05	125.12	81.36	89.25	120.88	105.93
建筑业	160.00	152.08	150.00	132.08	83.55	77.10	150.00	122.92
交通运输、仓储和邮政业	125.00	143.75	118.75	93.75	81.25	93.75	106.25	125.00
批发和零售业	133.68	133.68	115.60	87.72	104.33	128.22	117.32	113.94
房地产业	81.82	127.27	118.18	100.00	90.91	145.45	100.00	118.18
社会服务业	133.33	166.67	144.44	133.33	66.67	77.78	144.44	111.11
信息传输、计算机服务和软件	137.05	144.44	144.44	129.62	148.16	111.11	114.83	107.43
住宿和餐饮业	83.33	100.00	66.67	58.33	75.00	100.00	75.00	83.33
按企业登记注册类型分								
国有企业	125.93	138.89	112.96	124.07	88.89	109.26	109.26	111.11
集体企业	120.00	120.00	120.00	90.00	60.00	100.00	110.00	90.00
股份合作企业	166.67	133.33	66.67	66.67	33.33	66.67	133.33	100.00
有限责任公司	137.50	130.61	142.50	130.61	83.75	88.75	127.50	116.89
股份有限公司	136.99	133.58	131.91	105.89	102.45	105.90	121.86	120.14
私营企业	100.00	80.95	109.52	66.67	61.90	90.48	114.29	85.71
外商及港、澳、台投资企业	133.33	125.00	150.00	133.33	110.94	89.06	125.00	94.27
按企业规模分								
大型	173.44	156.82	134.34	77.31	115.59	114.69	145.34	109.93
中型	144.00	138.67	133.33	132.00	100.00	104.00	114.67	112.00
小型	118.46	118.46	122.31	107.69	76.15	90.77	119.23	107.69

2011

三、核　算

National Economic Accounting

资料整理:李秀梅　李武清　章祥云

3-1 市县历年生产总值

（按当年价格计算）　　　　单位：万元

年份	全市生产总值	第一产业	第二产业	工业	建筑业	第三产业	交通运输、仓储及邮电业
1950	14579	11045	668	634	34	2866	188
1951	16005	11733	927	838	89	3345	241
1952	18672	13440	1530	1406	124	3702	304
1953	20659	14193	2208	2060	148	4258	378
1954	22956	15086	2969	2788	181	4901	378
1955	23864	14747	3755	3607	148	5362	532
1956	25471	15189	4111	3822	289	6171	687
1957	26758	16039	4079	3831	248	6640	810
1958	30488	17065	6182	5536	646	7241	1160
1959	32755	15795	8543	7436	1107	8417	1263
1960	29762	12227	8462	7353	1109	9073	1368
1961	28221	14535	5454	4965	489	8232	1019
1962	29555	16462	4906	4479	427	8187	897
1963	31163	17000	5507	4961	546	8656	946
1964	35644	19964	6369	5624	745	9311	1169
1965	42389	23181	8580	7837	743	10628	1558
1966	46541	23909	11391	10136	1255	11241	1866
1967	46388	24743	10878	9880	998	10767	1593
1968	40782	23827	6907	6060	847	10048	1295
1969	52541	25950	15050	13171	1879	11541	2035
1970	60720	27735	20668	18437	2231	12317	2487
1971	69067	30026	25477	23431	2046	13564	2914
1972	72197	31589	25129	23195	1934	15479	3261
1973	77352	32884	27342	25511	1831	17126	2597
1974	80318	32920	28380	26006	2374	19018	4024
1975	89675	36230	33568	31185	2383	19877	4323
1976	90518	35946	34324	32153	2171	20248	3780
1977	98629	38682	38036	35671	2365	21911	3957
1978	112199	48657	39615	36623	2992	23927	4338
1979	125660	56969	43217	39357	3860	25474	4548
1980	137553	61071	47318	42641	4677	29164	4761
1981	145432	64440	48514	42787	5727	32478	5498
1982	159560	73586	49495	43586	5909	36479	6001
1983	177108	82620	53489	47708	5781	40999	7071
1984	196925	85382	60196	52622	7574	51347	8532
1985	244166	104707	75447	65455	9992	64012	10167
1986	285370	112983	93072	78902	14170	79315	12235
1987	344724	129164	113667	91552	22115	101893	15645
1988	418198	160751	132132	109988	22144	125315	23345
1989	450632	169639	142332	122189	20143	138661	25981
1990	498848	204465	144381	123601	20780	150002	27637
1991	571349	221966	170084	150555	19529	179299	34786
1992	708678	259548	232689	204177	28512	216441	48369
1993	969285	323334	352873	306465	46408	293078	49249
1994	1342759	503310	434070	378832	55238	405379	69131
1995	1780326	650033	576206	497518	78688	554087	102216
1996	2231091	807117	691738	593261	98477	732236	140040
1997	2473050	900336	748504	641811	106693	824210	162500
1998	2596387	906685	829198	708897	120301	860504	171809
1999	2783155	962721	853252	723902	129350	967182	188987
2000	3024924	995009	935675	794947	140728	1094240	216512
2001	3325344	1049574	1014132	868083	146049	1261638	234207
2002	3607784	1074991	1124722	955968	168754	1408071	241362
2003	3915373	1056283	1398896	1175143	223753	1460194	223286
2004	4591601	1180498	1707277	1435200	272077	1703826	257744
2005	5120300	1198891	1869910	1556716	313193	2051499	276122
2006	5955241	1334230	2348282	2003383	344899	2272728	269851
2007	7240453	1577237	2907641	2505979	401662	2755576	365357
2008	8515923	1714224	3574559	3087130	487429	3227140	402310
2009	9482319	1779045	4120009	3540547	579462	3583265	406090
2010	11035587	2033138	4923527	4179268	744259	4078922	480710

3-1续表1　（按当年价格计算）　单位：万元

年份	市区生产总值	第一产业	第二产业	工业	建筑业	第三产业	交通运输、仓储及邮电业
1950	1464	276	146	140	6	1042	77
1951	1705	305	256	203	53	1144	111
1952	2180	383	547	476	71	1250	160
1953	2719	414	841	762	79	1464	198
1954	3488	430	1378	1283	95	1680	235
1955	4156	403	1852	1790	62	1901	299
1956	4805	465	1939	1788	151	2401	402
1957	4926	489	1947	1848	99	2490	405
1958	6030	589	2953	2658	295	2488	603
1959	8161	603	4608	4134	474	2950	655
1960	8976	586	4945	4473	472	3445	776
1961	7115	704	3097	2904	193	3314	514
1962	6750	658	2830	2730	100	3262	446
1963	7573	971	3191	3036	155	3411	418
1964	8298	904	3740	3568	172	3654	502
1965	10633	965	5636	5389	247	4032	620
1966	13288	786	8037	7417	620	4465	845
1967	12355	738	7489	7150	339	4128	710
1968	8648	853	3940	3781	159	3855	546
1969	16013	981	10477	9931	546	4555	870
1970	21132	1183	15393	14704	689	4556	1004
1971	24581	1196	18539	17973	566	4846	1127
1972	23129	1338	16304	15845	459	5487	1318
1973	26090	1344	18290	17851	439	6456	1387
1974	27578	1257	19059	18445	614	7262	1587
1975	32478	1654	23339	22615	724	7485	1678
1976	33033	1412	23647	23064	583	7974	1790
1977	35609	1557	25333	24694	639	8719	1689
1978	35545	1426	24795	24215	580	9324	1996
1979	38585	1588	27172	25762	1410	9825	2136
1980	42391	1740	28753	26788	1965	11898	2333
1981	43644	2121	28287	25919	2368	13236	2655
1982	46471	2204	29087	26440	2647	15180	3032
1983	53068	2738	33703	31301	2402	16627	3376
1984	65218	3147	38539	35503	3036	23532	4263
1985	82581	4012	46578	41798	4780	31991	5009
1986	102431	5113	58118	50092	8026	39200	5909
1987	129337	5488	71991	56823	15168	51858	7037
1988	143876	6748	77622	65561	12061	59506	11211
1989	148695	7811	76807	67708	9099	64077	11840
1990	156332	9098	76964	67815	9149	70270	12074
1991	187031	9436	90941	82493	8448	86654	16501
1992	235378	10843	123084	112456	10628	101451	19652
1993	318853	12711	168493	149746	18747	137649	18198
1994	385465	17936	201655	181939	19716	165874	17293
1995	501566	20941	261575	229174	32401	219050	23966
1996	621402	27498	311517	271722	39795	282387	31077
1997	705153	32689	344855	305545	39310	327609	42244
1998	783319	28867	395224	346126	49098	359228	45327
1999	891224	68594	408399	356230	52169	414231	52047
2000	998772	50424	457184	397734	59450	491164	68382
2001	1149010	68750	491208	410028	81180	589052	76143
2002	1269695	64543	528366	441660	86706	676786	90643
2003	1359907	41186	562619	476762	85857	756102	101168
2004	1563351	44416	646411	553425	92986	872524	118947
2005	1819747	45905	733747	627932	105815	1040095	111743
2006	2082617	47160	867396	752385	115011	1168061	125596
2007	2447379	55351	994278	883108	111170	1397750	148095
2008	2804498	63562	1124986	989911	135075	1615950	157721
2009	3137973	64517	1254599	1099452	155147	1818857	152979
2010	3608989	71103	1510937	1327700	183237	2026949	183455

3-1续表2 （按当年价格计算） 单位：万元

年份	阳朔县生产总值	第一产业	第二产业	工业	建筑业	第三产业	交通运输、仓储及邮电业
1950	772	670	25	18	7	77	4
1951	867	755	25	16	9	87	5
1952	1086	958	25	15	10	103	6
1953	1114	964	32	23	9	118	8
1954	1187	997	47	36	11	143	9
1955	1185	979	56	42	14	150	11
1956	1275	983	104	81	23	188	13
1957	1319	1004	112	83	29	203	13
1958	1422	1039	154	122	32	229	16
1959	1326	846	202	167	35	278	19
1960	1200	758	143	118	25	299	21
1961	1335	937	133	91	42	265	25
1962	1486	1089	130	80	50	267	24
1963	1584	1136	153	94	59	295	20
1964	1800	1301	183	103	80	316	25
1965	1895	1342	206	120	86	347	29
1966	2097	1474	243	136	107	380	30
1967	2131	1494	242	149	93	395	29
1968	2043	1439	231	122	109	373	23
1969	2275	1576	281	147	134	418	28
1970	2360	1635	278	172	106	447	28
1971	2694	1833	338	209	129	523	31
1972	2994	2036	414	304	110	544	34
1973	3200	2159	463	345	118	578	36
1974	3265	2132	496	369	127	637	40
1975	3478	2220	583	451	132	675	41
1976	3531	2242	573	440	133	716	34
1977	3697	2260	668	533	135	769	48
1978	4408	2973	613	474	139	822	52
1979	4808	3384	543	403	140	881	65
1980	4657	3052	654	509	145	951	72
1981	5858	3922	931	601	330	1005	66
1982	7055	5053	857	560	297	1145	74
1983	7812	5544	917	618	299	1351	93
1984	8450	5773	926	669	257	1751	189
1985	9999	6575	1285	891	394	2139	303
1986	12709	8340	1393	795	598	2976	349
1987	16222	11055	1576	1019	557	3591	407
1988	16740	10837	1829	1162	667	4074	460
1989	17056	11054	1808	1143	665	4194	471
1990	18073	11408	2100	1410	690	4565	571
1991	20641	13601	1850	1336	514	5190	881
1992	27699	18795	2547	1701	846	6357	985
1993	36726	23137	3609	2204	1404	9980	2132
1994	46695	26318	6038	4075	1963	14340	3323
1995	66263	36184	9913	6325	3587	20166	4909
1996	91789	46764	14571	9498	5072	30454	8342
1997	106980	56635	15225	10149	5076	35120	10181
1998	116004	59398	15695	11576	4119	40910	10825
1999	103045	50108	14425	11059	3366	38512	9515
2000	110722	52262	15145	12276	2870	43315	10644
2001	119016	51788	16907	13444	3463	50321	12265
2002	128925	52390	19038	15241	3797	57497	14061
2003	135699	55916	24614	17920	6694	55168	7604
2004	165087	64335	32603	22236	10367	68149	8827
2005	184783	65270	36813	25360	11453	82700	8526
2006	235058	76097	56475	36392	20083	102486	8528
2007	333060	97101	101144	64985	36159	134815	9436
2008	396708	106224	118517	73507	45010	171966	8841
2009	432368	109575	139558	81508	58050	183235	9237
2010	561293	133047	173874	97411	76463	254372	11601

3-1续表3　　　　　　　　　　（按当年价格计算）　　　　　　　　　　单位：万元

年份	临桂县生产总值	第一产业	第二产业	工业	建筑业	第三产业	交通运输、仓储及邮电业
1950	1290	1038	43	42	1	209	7
1951	1429	1119	54	53	1	256	10
1952	1620	1270	71	70	1	279	10
1953	1569	1195	87	86	1	287	13
1954	1719	1293	78	76	2	348	16
1955	1720	1240	87	87		393	18
1956	1785	1279	94	89	5	412	19
1957	1933	1412	120	113	7	401	21
1958	2150	1485	210	151	59	455	22
1959	2078	1341	234	132	102	503	24
1960	1544	785	253	84	169	506	27
1961	1475	907	141	128	13	427	27
1962	1907	1305	130	111	19	472	28
1963	1957	1324	134	113	21	499	28
1964	2281	1585	174	142	32	522	29
1965	2798	2026	216	172	44	556	31
1966	3294	2483	216	195	21	595	33
1967	3231	2419	224	191	33	588	34
1968	2941	2227	186	159	27	528	35
1969	3319	2533	211	167	44	575	37
1970	3597	2619	297	218	79	681	39
1971	4152	2948	559	394	165	645	41
1972	4962	3490	751	486	265	721	42
1973	5162	3785	613	474	139	764	43
1974	5109	3574	750	591	159	785	46
1975	5611	3992	805	652	153	814	48
1976	5386	3714	797	732	65	875	49
1977	5661	3783	982	843	139	896	52
1978	7221	4983	1293	1013	280	945	55
1979	8042	5821	1229	1038	191	992	71
1980	8504	5552	1923	1654	269	1029	61
1981	8850	5865	1747	1543	204	1238	83
1982	9788	6919	1513	1346	167	1356	72
1983	10543	7318	1651	1436	215	1574	89
1984	11074	7521	1681	1369	312	1872	137
1985	12937	9301	1869	1623	246	1767	76
1986	14324	9676	2341	1942	399	2307	86
1987	15682	10047	2913	2428	485	2722	89
1988	22101	13504	3854	3346	508	4743	465
1989	23985	13062	5563	5127	436	5360	519
1990	31808	20474	5580	5146	434	5754	658
1991	33552	21360	5583	5082	501	6609	867
1992	39791	24727	7895	6927	968	7169	1163
1993	55979	28463	14558	12759	1799	12958	2299
1994	83030	40877	21199	19351	1848	20954	5025
1995	115835	54165	28001	24833	3168	33669	10837
1996	148360	69977	33649	29534	4115	44734	15889
1997	165374	77650	31966	27532	4434	55758	18058
1998	168586	76588	27034	22728	4307	64964	18256
1999	180858	79242	30264	26398	3866	71351	17717
2000	201248	84494	36730	31470	5260	80025	19536
2001	224846	88503	43654	38378	5277	92689	22431
2002	256060	94649	51462	43744	7718	109950	26977
2003	272706	110794	91135	75317	15818	70777	9695
2004	325195	126508	115128	94925	20203	83559	13447
2005	401611	144011	157889	132168	25721	99711	18321
2006	506706	159663	226288	195490	30797	120755	22067
2007	676017	190399	339764	301573	38191	145853	26076
2008	829304	214775	449476	402341	47135	165053	26568
2009	930584	222781	524688	471122	53566	183115	28007
2010	1073821	247816	603653	529681	73973	222351	34645

3-1续表4　　（按当年价格计算）　　单位：万元

年　份	灵川县生产总值	第一产业	第二产业			第三产业	
				工　业	建筑业		交通运输、仓储及邮电业
1950	994	840	57	57		97	1
1951	1104	882	73	73		149	4
1952	1317	1095	88	87	1	134	4
1953	1500	1227	111	111		162	10
1954	1585	1351	98	97	1	136	5
1955	1648	1373	114	114		161	7
1956	1739	1453	125	123	2	161	6
1957	1802	1424	152	148	4	226	31
1958	2043	1556	236	203	33	251	41
1959	1925	1514	284	151	133	127	7
1960	1215	915	166	122	44	134	9
1961	1427	1164	153	109	44	110	10
1962	1510	1248	130	95	35	132	12
1963	1521	1217	185	112	73	119	11
1964	1824	1432	249	120	129	143	13
1965	2402	1997	204	146	58	201	38
1966	2445	1951	253	169	84	241	45
1967	2367	1959	229	132	97	179	29
1968	2089	1744	165	97	68	180	15
1969	2838	1990	488	212	276	360	97
1970	3332	2143	569	379	190	620	118
1971	4122	2270	1029	880	149	823	144
1972	4596	2268	1318	1163	155	1010	189
1973	4572	2410	1283	1134	149	879	150
1974	4703	2331	1309	1116	193	1063	195
1975	4917	2524	1281	1145	136	1112	160
1976	5311	2880	1215	1129	86	1216	175
1977	5545	2774	1401	1324	77	1370	205
1978	7103	4062	1601	1368	233	1440	143
1979	7791	4439	2134	1829	305	1218	173
1980	9694	5565	2576	2207	369	1553	204
1981	9566	5110	2389	1874	515	2067	245
1982	10039	5198	2235	1894	341	2606	296
1983	11372	5618	2538	2132	406	3216	370
1984	12512	6126	3003	2384	619	3383	467
1985	16393	8953	4550	3927	623	2890	646
1986	19526	8720	7047	6286	761	3759	678
1987	24196	10220	8367	7559	808	5609	716
1988	29179	12264	9404	8210	1194	7511	1227
1989	31048	13264	10361	9387	974	7423	1629
1990	35743	16783	10846	9823	1023	8114	2432
1991	39371	18301	11474	10013	1461	9596	2965
1992	48770	20883	16486	14792	1694	11401	3787
1993	69854	26679	27451	24701	2750	15724	5173
1994	103589	44253	34173	29522	4652	25163	7837
1995	130420	53799	40756	35712	5044	35865	9780
1996	155881	65405	44740	38976	5764	45737	10832
1997	171218	76849	41693	33842	7852	52676	12200
1998	188559	85612	46799	35875	10924	56148	14422
1999	200192	90760	47531	40610	6921	61901	15415
2000	212048	95747	46651	40384	6267	69650	17337
2001	227617	97267	51713	44655	7058	78636	19257
2002	246747	103814	53914	46582	7332	89018	20723
2003	257233	103539	76131	62518	13613	77563	14272
2004	314957	112871	112343	99096	13247	89743	16170
2005	386067	125202	151567	129072	22494	109298	17538
2006	431246	134798	180915	157482	23433	115533	17454
2007	491468	146815	209712	183470	26242	134942	20259
2008	570418	163284	251892	222917	28975	155243	24272
2009	634562	171394	284450	249635	34815	178718	26153
2010	727536	190753	332682	290457	42224	204101	31881

3-1续表5 （按当年价格计算） 单位:万元

年份	全州县生产总值	第一产业	第二产业	工业	建筑业	第三产业	交通运输、仓储及邮电业
1950	2447	1990	55	55		402	13
1951	2613	2093	74	73	1	446	17
1952	2963	2350	117	116	1	496	21
1953	3048	2359	147	145	2	542	31
1954	3353	2567	173	170	3	613	35
1955	3630	2683	250	244	6	697	58
1956	3775	2754	291	282	9	730	71
1957	3779	2733	287	282	5	759	86
1958	4021	2668	484	458	26	869	126
1959	4049	2384	583	549	34	1082	237
1960	3746	2143	567	536	31	1036	161
1961	4108	2797	325	320	5	986	126
1962	4269	2959	282	278	4	1028	97
1963	4029	2678	275	270	5	1076	128
1964	4926	3336	301	296	5	1289	253
1965	5859	4057	362	356	6	1440	336
1966	5993	3969	396	370	26	1628	35
1967	5865	3964	369	344	25	1532	314
1968	6011	4191	437	355	82	1383	260
1969	6784	4496	655	432	223	1633	499
1970	7172	4798	720	479	241	1654	552
1971	7727	5129	812	620	192	1786	601
1972	8510	5527	1033	896	137	1950	591
1973	8858	5537	1109	992	117	2212	720
1974	9165	5309	1329	1061	268	2527	859
1975	9615	5562	1452	1220	232	2601	897
1976	9664	5586	1573	1395	178	2505	753
1977	11436	6896	1906	1714	192	2634	794
1978	13737	8976	1900	1683	217	2861	823
1979	15799	10504	2242	1987	255	3053	869
1980	17668	12019	2346	2081	265	3303	940
1981	17619	11673	2401	2134	267	3545	1022
1982	19337	12963	2479	2255	224	3895	1085
1983	21064	14105	2561	2276	285	4398	1322
1984	22471	14788	2624	2199	425	5059	1506
1985	28179	18682	3516	2676	840	5981	1681
1986	31024	18808	4504	3428	1076	7712	2171
1987	36885	21956	5581	4247	1334	9348	3149
1988	47704	27652	8019	6102	1917	12033	4338
1989	52743	30387	9496	7226	2270	12860	4365
1990	58622	36157	9935	7560	2375	12530	3462
1991	66900	40210	11541	9781	1760	15149	2990
1992	81476	44939	16178	12909	3269	20359	6064
1993	110567	54706	30212	25444	4768	25649	6007
1994	170223	90351	44829	36880	7949	35043	7389
1995	215390	110753	62080	53041	9039	42557	8156
1996	248211	125797	70629	57789	12840	51785	9003
1997	289719	151305	77649	63688	13961	60765	9938
1998	311152	156726	83495	68618	14877	70931	10970
1999	315323	162316	74434	59361	15073	78573	12110
2000	344677	173855	84615	69721	14894	86207	13367
2001	376500	185605	90703	74987	15716	100192	14756
2002	398402	189179	101156	84509	16647	108067	16288
2003	431590	170886	159976	139904	20072	100728	17134
2004	480887	179494	186390	163224	23166	115003	19847
2005	520826	189151	213202	187173	26029	118473	26028
2006	559382	197720	219984	190748	29235	141678	37824
2007	630107	217683	235810	202000	33810	176614	54843
2008	792994	248105	323215	281778	41437	221674	76975
2009	886588	255238	374379	326847	47532	256971	79587
2010	996681	286370	416335	356326	60008	293976	97812

3-1续表6　　（按当年价格计算）　　单位：万元

年 份	兴安县生产总值	第一产业	第二产业	工 业	建筑业	第三产业	交通运输、仓储及邮电业
1950	1088	933	38	36	2	117	6
1951	1306	1053	55	52	3	198	7
1952	1563	1238	87	78	9	238	8
1953	1688	1306	111	103	8	271	9
1954	1727	1241	135	117	18	351	10
1955	1725	1178	173	160	13	374	12
1956	1798	1164	209	188	21	425	12
1957	2063	1349	213	197	16	501	40
1958	2457	1468	304	259	45	685	112
1959	2388	1317	352	287	65	719	91
1960	2059	1002	305	268	37	752	86
1961	1905	1001	214	201	13	690	38
1962	2236	1374	199	184	15	663	30
1963	2206	1242	210	194	16	754	31
1964	2503	1433	247	219	28	823	48
1965	3263	1770	279	231	48	1214	163
1966	2939	1660	347	264	83	932	96
1967	3012	1831	305	249	56	876	107
1968	2868	1760	308	255	53	800	67
1969	3461	2022	548	375	173	891	93
1970	3889	2073	676	498	178	1140	346
1971	5196	2932	937	774	163	1327	453
1972	5645	2806	1180	1071	109	1659	586
1973	5699	2701	1206	991	215	1792	668
1974	5736	2743	1132	999	133	1861	724
1975	6113	2878	1156	1052	104	2079	877
1976	5670	2945	1135	1020	115	1590	330
1977	6397	3234	1370	1278	92	1793	459
1978	8159	3967	2205	1887	318	1987	494
1979	9450	5105	2249	2016	233	2096	485
1980	10302	5875	2436	2164	272	1991	436
1981	10345	5839	2178	1922	256	2328	463
1982	10960	6382	2206	1836	370	2372	434
1983	13502	8592	2233	1837	396	2677	568
1984	14771	9207	2535	2281	254	3029	713
1985	17365	10664	3186	2917	269	3515	767
1986	19142	11204	3415	3014	401	4523	1016
1987	20969	11784	3677	3229	448	5508	1580
1988	28920	17090	4252	3601	651	7578	1964
1989	30558	14765	6167	5154	1013	9626	2468
1990	35393	18565	6238	5109	1129	10590	2351
1991	43111	19984	10448	9536	912	12679	3550
1992	53837	24080	14152	11940	2212	15605	5163
1993	72651	28572	23546	20176	3371	20533	5721
1994	112385	50691	27267	22766	4500	34428	7984
1995	154039	66501	35443	30178	5266	52095	14238
1996	193886	81193	45440	38327	7113	67252	19605
1997	216735	88171	50926	42921	8005	77638	22093
1998	225531	93847	57246	48269	8977	74438	23695
1999	231558	89986	59219	50003	9216	82354	24183
2000	248305	92942	65500	51112	14388	89863	24670
2001	265675	94366	64141	54618	9523	107169	27698
2002	284830	93032	69633	56729	12904	122166	26063
2003	273070	96131	88679	73884	14795	88260	11904
2004	339129	111812	125615	103614	22001	101702	12988
2005	376463	116927	144909	122168	22742	114627	14996
2006	413185	125502	164291	139276	25015	123392	16703
2007	511919	144167	224185	189645	34540	143567	20651
2008	620840	161461	293420	247197	46223	165959	26647
2009	695706	164761	349419	300229	49190	181526	26667
2010	817975	192065	420606	358924	61682	205304	31920

3-1续表7 （按当年价格计算） 单位：万元

年份	永福县生产总值	第一产业	第二产业	工业	建筑业	第三产业	交通运输、仓储及邮电业
1950	968	765	42	41	1	161	4
1951	1046	768	50	48	2	228	4
1952	1319	950	92	89	3	277	5
1953	1468	1058	132	127	5	278	8
1954	1610	1176	134	126	8	300	11
1955	1435	963	127	121	6	345	11
1956	1542	1025	145	135	10	372	16
1957	1541	990	156	147	9	395	30
1958	1970	1325	191	171	20	454	66
1959	2012	1203	261	237	24	548	76
1960	1670	830	236	194	42	604	139
1961	1461	791	188	164	24	482	88
1962	1796	1140	166	146	20	490	97
1963	2071	1287	207	159	48	577	133
1964	2216	1465	187	153	34	564	104
1965	2428	1655	179	158	21	594	119
1966	2540	1713	251	214	37	576	136
1967	2747	1868	264	231	33	615	147
1968	2307	1555	184	153	31	568	127
1969	2731	1799	249	206	43	683	143
1970	3088	2038	338	263	75	712	155
1971	3476	2244	406	323	83	826	196
1972	3855	2474	533	445	88	848	203
1973	4293	2691	680	571	109	922	250
1974	4297	2708	680	500	180	909	238
1975	4697	3003	729	608	121	965	232
1976	4891	3044	766	667	99	1081	249
1977	5155	3171	899	768	131	1085	266
1978	5704	3549	1007	874	133	1148	293
1979	6053	3698	988	876	112	1367	256
1980	6071	3505	1094	990	104	1472	250
1981	7103	4175	1350	1239	111	1578	339
1982	7948	4621	1669	1408	261	1658	362
1983	8503	5160	1599	1417	182	1744	381
1984	8723	5253	1673	1329	344	1797	292
1985	9939	5619	1983	1678	305	2337	380
1986	11231	6332	2090	1692	398	2809	445
1987	13828	7369	2851	2510	341	3608	541
1988	18290	10520	3638	3199	439	4132	640
1989	20392	11167	4230	3667	563	4995	829
1990	24079	13276	5150	4472	678	5653	1114
1991	25608	13210	5837	5040	797	6561	1500
1992	30151	14898	7583	6411	1172	7670	1795
1993	41118	18766	12011	10497	1514	10341	2004
1994	58875	29226	17020	14702	2318	12630	2176
1995	80693	40043	22726	20023	2703	17924	3465
1996	101360	48264	32571	28763	3809	20524	4399
1997	113682	51466	39162	34475	4687	23054	5223
1998	118885	51705	41035	35682	5354	26145	5684
1999	127526	56392	42770	34489	8281	28364	6125
2000	140583	60211	49155	36642	12513	31217	6592
2001	150814	63042	50569	46051	4518	37204	7180
2002	169383	67108	57803	52003	5800	44472	8398
2003	223237	76921	97125	81723	15402	49191	8419
2004	275136	84286	133232	108404	24828	57618	10159
2005	298093	89845	148100	118724	29376	60149	10837
2006	316588	94464	157553	131232	26321	64570	11438
2007	382578	98943	210701	176166	34535	72934	12907
2008	432759	110720	235828	202752	33076	86211	13779
2009	497341	118688	277923	233223	44700	100730	14280
2010	618709	134476	367930	293683	74247	116303	16593

3-1续表8 （按当年价格计算） 单位:万元

年 份	灌阳县生产总值	第一产业	第二产业	工 业	建筑业	第三产业	交通运输、仓储及邮电业
1950	799	722	25	24	1	52	2
1951	878	784	28	26	2	66	3
1952	974	856	41	37	4	77	4
1953	1128	949	65	57	8	114	6
1954	1245	1038	66	61	5	141	7
1955	1321	1079	88	82	6	154	9
1956	1425	1119	112	101	11	194	14
1957	1327	1023	109	99	10	195	16
1958	1585	1190	179	162	17	216	23
1959	1525	1032	246	219	27	247	21
1960	1271	845	213	187	26	213	18
1961	1388	1046	165	135	30	177	16
1962	1522	1183	147	101	46	192	18
1963	1534	1186	123	87	36	225	25
1964	1833	1420	169	126	43	244	25
1965	2186	1588	253	219	34	345	22
1966	2244	1626	252	198	54	366	22
1967	2297	1683	217	143	74	397	27
1968	2214	1691	158	98	60	365	24
1969	2577	1887	303	183	120	387	26
1970	2763	2023	320	191	129	420	29
1971	2916	2104	368	228	140	444	30
1972	2503	1596	392	243	149	515	32
1973	2741	1819	358	262	96	564	36
1974	2874	1888	393	269	124	593	38
1975	3175	2025	539	336	203	611	44
1976	3148	1946	558	360	198	644	48
1977	3505	2144	666	454	212	695	52
1978	5160	3657	737	567	170	766	58
1979	5783	4160	722	548	174	901	55
1980	5641	4040	652	484	168	949	54
1981	6033	4108	833	680	153	1092	65
1982	6366	4351	746	577	169	1269	83
1983	7482	5238	851	667	184	1393	140
1984	8316	5731	944	533	411	1641	201
1985	9616	6739	1033	615	418	1844	147
1986	10876	7445	1201	868	333	2230	150
1987	13857	9215	1798	1405	393	2844	308
1988	17223	10861	2373	1967	406	3989	580
1989	18651	11412	2900	2345	555	4339	677
1990	21119	14085	2600	2174	426	4434	571
1991	23240	15316	2965	2537	428	4959	367
1992	27219	16085	4290	3735	555	6844	1593
1993	38313	21874	7248	6373	875	9191	1578
1994	55722	31404	11603	10513	1089	12715	1662
1995	78469	37822	23139	21711	1429	17507	1816
1996	89044	44510	24000	22272	1728	20533	1857
1997	89107	43541	25181	23202	1979	20385	2048
1998	88254	41369	25466	23322	2143	21420	1723
1999	85751	42327	20804	18603	2201	22620	1362
2000	91963	44966	22703	19943	2760	24294	1210
2001	99091	47942	23425	20599	2826	27724	1066
2002	102599	49116	22444	19407	3037	31039	865
2003	110670	50206	29485	23852	5632	30979	643
2004	132116	57634	39515	32090	7425	34967	581
2005	157579	59702	50115	40990	9125	47761	5627
2006	179075	62173	61888	51816	10072	55013	8427
2007	218915	80567	74724	61964	12760	63624	8555
2008	275774	94642	109826	93727	16099	71305	8314
2009	320439	99211	140177	120114	20063	81051	8830
2010	401231	110796	193243	168538	24705	97192	10702

3-1续表9 （按当年价格计算） 单位：万元

年份	龙胜县生产总值	第一产业	第二产业	工业	建筑业	第三产业	交通运输、仓储及邮电业
1950	523	480	13	13		30	2
1951	547	495	17	17		35	2
1952	572	500	30	28	2	42	2
1953	635	513	55	48	7	67	3
1954	719	558	65	60	5	96	3
1955	787	591	64	58	6	132	3
1956	860	636	84	76	8	140	4
1957	994	721	103	87	16	170	4
1958	1023	699	138	121	17	186	5
1959	918	613	108	96	12	197	5
1960	780	456	123	108	15	201	6
1961	843	605	65	55	10	173	7
1962	933	685	80	73	7	168	7
1963	922	665	85	76	9	172	7
1964	1004	718	106	78	28	180	7
1965	1018	704	118	89	29	196	8
1966	1117	775	134	96	38	208	8
1967	1186	818	150	127	23	218	7
1968	1121	740	128	116	12	253	10
1969	1120	692	180	156	24	248	10
1970	1222	764	194	161	33	264	12
1971	1360	821	238	192	46	301	11
1972	1392	769	265	225	40	358	13
1973	1654	980	262	220	42	412	14
1974	1872	1067	325	262	63	480	14
1975	2060	1215	360	277	83	485	14
1976	2215	1287	386	292	94	542	15
1977	2408	1392	418	334	84	598	16
1978	2676	1587	440	298	142	649	20
1979	3573	2370	527	347	180	676	42
1980	3591	2083	742	530	212	766	31
1981	4423	2290	1181	727	454	952	47
1982	5383	3491	812	613	199	1080	51
1983	5540	3586	900	615	285	1054	50
1984	6133	3603	1261	950	311	1269	64
1985	7246	3922	1750	1416	334	1574	109
1986	7803	4161	1946	1581	365	1696	119
1987	9554	4885	2483	2063	420	2186	167
1988	11352	5341	2340	1786	554	3671	390
1989	13423	5762	3091	2477	614	4570	551
1990	13738	6609	3002	2357	645	4127	491
1991	14810	6795	3322	2644	678	4693	583
1992	17779	7392	4980	3671	1309	5407	783
1993	24834	9590	8376	7141	1234	6868	1143
1994	34034	17091	8175	6686	1489	8767	1646
1995	43958	19488	12778	10954	1824	11693	2739
1996	58105	23386	16774	14862	1911	17945	4247
1997	64773	29874	14640	12006	2634	20259	5714
1998	67048	30502	16843	14183	2660	19703	6671
1999	68863	29839	17599	15185	2413	21425	7493
2000	77090	32910	19609	16047	3562	24571	8454
2001	85983	33683	21859	16959	4900	30442	9574
2002	94980	36570	24192	19005	5187	34218	11498
2003	99328	30942	38818	32738	6081	29567	3579
2004	117989	34270	49022	40853	8169	34697	5356
2005	133288	35448	53567	45191	8376	44273	5440
2006	157189	38206	68998	59369	9629	49985	5526
2007	201570	47805	95610	84715	10895	58156	5613
2008	249716	56238	124157	109901	14256	69321	5791
2009	280715	56568	146764	129657	17107	77383	6139
2010	316945	63252	166168	142392	23776	87525	7515

3-1续表10　　（按当年价格计算）　　单位：万元

年 份	资源县生产总值	第一产业	第二产业			第三产业	
				工 业	建筑业		交通运输、仓储及邮电业
1950	555	434	28	27	1	93	1
1951	580	453	30	29	1	97	1
1952	613	471	34	33	1	108	1
1953	697	532	50	49	1	115	3
1954	823	636	50	49	1	137	3
1955	977	771	65	64	1	141	4
1956	1030	780	94	92	2	156	5
1957	1313	1017	121	119	2	175	10
1958	1413	939	270	267	3	204	15
1959	1232	757	239	235	4	236	21
1960	933	524	158	147	11	251	17
1961	1010	660	123	106	17	227	12
1962	1236	893	109	93	16	234	10
1963	1187	866	102	89	13	219	9
1964	1384	1002	156	121	35	226	12
1965	1524	1097	154	133	21	273	13
1966	1645	1166	179	143	36	300	15
1967	1776	1291	191	150	41	294	10
1968	1652	1193	195	162	33	264	11
1969	1850	1335	227	209	18	288	17
1970	2020	1471	242	211	31	307	21
1971	2060	1361	363	333	30	336	25
1972	2326	1518	417	388	29	391	23
1973	2463	1655	394	361	33	414	23
1974	2394	1577	414	376	38	403	25
1975	2528	1670	451	410	41	407	29
1976	2471	1574	468	412	56	429	33
1977	2637	1603	594	528	66	440	37
1978	2994	1825	616	533	83	553	39
1979	3020	1917	469	371	98	634	34
1980	3608	2392	560	450	110	656	26
1981	4081	2723	653	519	134	705	40
1982	4236	2791	683	554	129	762	53
1983	4443	2946	611	470	141	886	85
1984	4821	3202	662	560	102	957	66
1985	6337	3897	1002	801	201	1438	158
1986	7269	4260	1247	1012	235	1762	223
1987	8750	5016	1651	1182	469	2083	296
1988	11016	6173	1891	1364	527	2952	436
1989	11686	6689	1982	1491	491	3015	330
1990	13558	8235	2012	1695	317	3311	623
1991	14675	8305	2422	1956	466	3948	743
1992	16604	8727	2816	2260	556	5061	873
1993	18322	8071	3623	2967	656	6628	1297
1994	28019	12487	4906	4039	867	10626	2677
1995	38754	15160	6881	5802	1079	16713	4101
1996	52514	21346	7681	6446	1235	23487	6378
1997	60309	23598	9521	7722	1799	27190	8328
1998	61797	23221	9116	7295	1820	29461	9155
1999	65716	23656	9832	8047	1786	32227	9504
2000	75351	25537	15227	8740	6487	34587	10758
2001	81107	28459	12398	9883	2514	40251	11492
2002	90520	30624	13982	11346	2636	45913	13399
2003	78118	28815	21156	13471	7685	28147	3895
2004	93579	31711	28527	19025	9502	33341	5111
2005	103790	35016	31766	21570	10196	37007	4841
2006	115367	38687	35567	24900	10667	41113	4849
2007	134423	44570	41869	30119	11750	47984	4852
2008	170337	48819	64677	49618	15059	56841	5157
2009	195426	52427	73612	56423	17189	69387	5388
2010	245186	60099	101593	77947	23646	83495	6702

3-1续表11 （按当年价格计算） 单位：万元

年 份	平乐县生产总值	第一产业	第二产业	工 业	建筑业	第三产业	交通运输、仓储及邮电业
1950	1198	845	65	51	14	288	28
1951	1320	934	81	65	16	305	31
1952	1557	1092	143	125	18	322	36
1953	1724	1141	170	148	22	413	39
1954	1729	1083	205	180	25	441	46
1955	1778	1080	294	266	28	404	48
1956	1743	1034	312	280	32	397	69
1957	1720	1051	233	196	37	436	95
1958	2050	1256	340	298	42	454	65
1959	2344	1273	503	411	92	568	30
1960	2166	1024	451	353	98	691	24
1961	2001	1114	327	268	59	560	77
1962	2043	1259	281	215	66	503	56
1963	2086	1262	347	274	73	477	58
1964	2732	1868	360	278	82	504	70
1965	2996	2007	437	347	90	552	99
1966	3239	2176	466	366	100	597	117
1967	3284	2200	525	415	110	559	91
1968	3182	2205	421	299	122	556	92
1969	3366	2133	650	517	133	583	125
1970	3550	2316	681	534	147	553	90
1971	4028	2609	754	595	159	665	139
1972	4440	2753	955	782	173	732	131
1973	4536	2636	1105	918	187	795	152
1974	5086	3078	935	732	203	1073	146
1975	5999	3607	1191	971	220	1201	187
1976	6014	3540	1319	1079	240	1155	174
1977	6714	3814	1564	1303	261	1336	211
1978	7710	4608	1662	1379	283	1440	202
1979	8553	5438	1538	1206	332	1577	221
1980	9431	5513	1927	1569	358	1991	195
1981	10357	6142	2246	1860	386	1969	250
1982	11025	6693	2287	1893	394	2045	227
1983	11791	7059	2264	1860	404	2468	338
1984	12205	7211	2205	1604	601	2789	342
1985	15329	9465	2672	2037	635	3192	449
1986	17036	10847	2521	2001	520	3668	567
1987	19038	11853	3039	2381	658	4146	627
1988	24465	14476	5129	4299	830	4860	635
1989	28926	16746	6042	4709	1333	6138	1024
1990	30457	18257	5166	3792	1374	7034	1032
1991	31872	19196	5519	4515	1004	7157	1089
1992	39287	21849	8394	7013	1381	9044	1256
1993	56784	33262	10291	8618	1673	13231	2786
1994	80008	44819	13768	11930	1838	21421	6265
1995	122112	69247	22099	19447	2652	30767	10139
1996	164706	96056	28674	25300	3374	39976	14613
1997	174783	98686	31958	28163	3795	44140	16413
1998	184233	106747	33900	29780	4120	43587	16325
1999	189963	105458	36922	32723	4199	47583	17630
2000	204996	111004	41621	34535	7086	52371	18953
2001	220857	119061	42081	37935	4147	59714	20551
2002	233384	128253	44145	39691	4454	60986	21008
2003	239246	119471	64741	55096	9645	55034	4418
2004	279403	137166	79618	66852	12766	62619	6290
2005	305237	147221	94248	80793	13455	63768	6231
2006	340785	146222	113910	99542	14368	80653	6625
2007	388624	159309	133697	118496	15200	95618	7731
2008	475069	179616	178064	160606	17458	117389	9671
2009	524638	187280	204941	181247	23694	132417	9267
2010	613951	221418	238608	209703	28905	153924	11529

3-1续表12　　（按当年价格计算）　　单位：万元

年份	荔浦县生产总值	第一产业	第二产业			第三产业	
				工　业	建筑业		交通运输、仓储及邮电业
1950	1371	1070	53	53		248	28
1951	1480	1149	65	65		266	30
1952	1557	1190	71	70	1	296	31
1953	1731	1294	117	113	4	320	34
1954	1870	1409	116	112	4	345	36
1955	1725	1323	96	93	3	306	35
1956	1835	1379	125	118	7	331	38
1957	1974	1501	128	123	5	345	41
1958	2287	1643	248	217	31	396	45
1959	2464	1568	389	316	73	507	45
1960	2251	1411	347	293	54	493	45
1961	2218	1592	191	180	11	435	42
1962	2040	1471	145	137	8	424	38
1963	2563	1935	160	149	11	468	34
1964	2845	2179	190	175	15	476	36
1965	3000	2276	225	199	26	499	51
1966	3220	2429	248	224	24	543	50
1967	3493	2672	274	228	46	547	54
1968	3204	2468	213	185	28	523	58
1969	3418	2640	296	245	51	482	55
1970	3621	2724	392	231	161	505	58
1971	3404	2415	385	297	88	604	59
1972	3762	2585	453	397	56	724	81
1973	3915	2699	445	436	9	771	63
1974	4093	2732	537	462	75	824	67
1975	4450	3014	617	574	43	819	72
1976	4522	2877	748	622	126	897	77
1977	4882	3090	878	750	128	914	81
1978	6234	4045	1014	816	198	1175	88
1979	7085	4650	1191	1025	166	1244	116
1980	8161	5345	1430	1288	142	1386	95
1981	9500	5925	2114	1911	203	1461	86
1982	11323	7075	2734	2414	320	1514	136
1983	11846	8079	1894	1645	249	1873	131
1984	12399	8178	1929	1637	292	2292	156
1985	16036	10226	3010	2675	335	2800	177
1986	18699	11027	4001	3506	495	3671	257
1987	21166	12241	4208	3623	585	4717	290
1988	27524	15445	6398	5144	1254	5681	405
1989	32176	17712	7430	6496	934	7034	586
1990	33389	18688	7607	6639	968	7094	822
1991	42428	22879	10968	9671	1297	8581	830
1992	58875	31749	16308	13971	2337	10818	901
1993	86849	38404	30775	24673	6102	17670	1041
1994	124660	67955	29235	24144	5091	27470	1921
1995	163194	85463	37044	28686	8358	40687	5902
1996	193014	93608	47320	38909	8411	52086	11247
1997	215859	112300	49309	40917	8392	54250	12309
1998	206909	90915	58583	50626	7957	57410	15388
1999	218353	89689	63150	55651	7499	65515	16832
2000	236333	96379	66348	58340	8008	73606	20425
2001	251374	95572	71718	62326	9392	84084	23383
2002	264454	87440	78606	68161	10445	98407	26629
2003	263446	89999	86634	70193	16441	86813	32331
2004	316661	102994	110325	91534	18791	103342	12716
2005	343312	106534	118454	99312	19142	118324	15268
2006	374555	108198	134841	115148	19693	131516	16073
2007	453784	121738	179443	154617	24826	152602	17978
2008	550878	141714	233184	202164	31020	175980	19357
2009	624406	147771	269832	233684	36148	206803	22856
2010	742282	171318	332651	288071	44580	238314	23193

3-1续表13 （按当年价格计算） 单位：万元

年份	恭城县生产总值	第一产业	第二产业	工业	建筑业	第三产业	交通运输、仓储及邮电业
1950	1120	982	78	77	1	60	15
1951	1130	943	119	118	1	68	16
1952	1351	1087	184	182	2	80	16
1953	1638	1241	290	288	2	107	16
1954	1901	1307	424	421	3	170	17
1955	1777	1084	489	486	3	204	17
1956	1859	1114	477	469	8	268	18
1957	2067	1325	398	389	9	344	18
1958	2037	1208	475	449	26	354	21
1959	2333	1344	534	502	32	455	32
1960	1951	948	555	470	85	448	42
1961	1935	1217	332	304	28	386	41
1962	1847	1218	277	236	41	352	38
1963	1930	1231	335	308	27	364	30
1964	1998	1321	307	245	62	370	30
1965	2387	1697	311	278	33	379	30
1966	2480	1701	369	344	25	410	30
1967	2644	1806	399	371	28	439	30
1968	2502	1761	341	278	63	400	30
1969	2789	1866	485	391	94	438	32
1970	2974	1948	568	396	172	458	34
1971	3351	2164	749	613	136	438	35
1972	4083	2429	1114	950	164	540	36
1973	4169	2468	1134	956	178	567	41
1974	4146	2524	1021	824	197	601	40
1975	4553	2865	1065	874	191	623	39
1976	4662	2899	1139	941	198	624	38
1977	4983	2964	1357	1148	209	662	40
1978	5548	2999	1732	1516	216	817	47
1979	7118	3895	2213	1949	264	1010	60
1980	7834	4390	2225	1927	298	1219	89
1981	8053	4547	2204	1858	346	1302	104
1982	9629	5845	2187	1796	391	1597	125
1983	10142	6637	1767	1434	333	1738	129
1984	9832	5642	2214	1604	610	1976	146
1985	12209	6652	3013	2401	612	2544	220
1986	13300	7050	3248	2685	563	3002	272
1987	15240	8035	3532	3083	449	3673	369
1988	19808	9840	5383	4247	1136	4585	463
1989	21293	9808	6455	5259	1196	5030	495
1990	26539	14132	7181	5609	1572	5226	433
1991	28112	14893	7214	5951	1263	6005	414
1992	31172	16521	7976	6391	1585	6675	533
1993	40784	19102	13314	11605	1710	8368	641
1994	58580	29924	15726	13420	2305	12931	1400
1995	77273	40466	17442	14460	2982	19364	2141
1996	107265	63310	20009	15419	4590	23946	3294
1997	107840	57570	23644	17545	6099	26626	3416
1998	115143	61185	28174	22225	5948	25784	3633
1999	119448	68725	22276	17206	5070	28447	3469
2000	129857	74901	24401	19271	5130	30555	3003
2001	136865	75452	26270	20935	5335	35143	2785
2002	149706	81451	28617	23773	4845	39638	2630
2003	162940	81468	38191	30956	7236	43281	583
2004	191167	92996	48600	39973	8627	49571	544
2005	223735	99303	63765	54239	9527	60667	6435
2006	255417	105645	77695	67161	10534	72077	7159
2007	287033	113133	92656	80930	11726	81245	8839
2008	336353	125030	119706	103018	16688	91617	10740
2009	376522	127811	148400	126140	22260	100311	11590
2010	478509	151093	206093	178042	28051	121323	14476

3-2 市县历年生产总值构成

（按当年价格计算）

单位:%

年 份	全 市 生产总值	第一产业	第二产业			第三产业	
				工 业	建筑业		交通运输、仓储及邮电业
1950	100.0	75.8	4.6	4.3	0.2	19.7	1.3
1951	100.0	73.3	5.8	5.2	0.6	20.9	1.5
1952	100.0	72.0	8.2	7.5	0.7	19.8	1.6
1953	100.0	68.7	10.7	10.0	0.7	20.6	1.8
1954	100.0	65.7	12.9	12.1	0.8	21.3	1.6
1955	100.0	61.8	15.7	15.1	0.6	22.5	2.2
1956	100.0	59.6	16.1	15.0	1.1	24.2	2.7
1957	100.0	59.9	15.2	14.3	0.9	24.8	3.0
1958	100.0	56.0	20.3	18.2	2.1	23.8	3.8
1959	100.0	48.2	26.1	22.7	3.4	25.7	3.9
1960	100.0	41.1	28.4	24.7	3.7	30.5	4.6
1961	100.0	51.5	19.3	17.6	1.7	29.2	3.6
1962	100.0	55.7	16.6	15.2	1.4	27.7	3.0
1963	100.0	54.6	17.7	15.9	1.8	27.8	3.0
1964	100.0	56.0	17.9	15.8	2.1	26.1	3.3
1965	100.0	54.7	20.2	18.5	1.8	25.1	3.7
1966	100.0	51.4	24.5	21.8	2.7	24.2	4.0
1967	100.0	53.3	23.5	21.3	2.2	23.2	3.4
1968	100.0	58.4	16.9	14.9	2.1	24.6	3.2
1969	100.0	49.4	28.6	25.1	3.6	22.0	3.9
1970	100.0	45.7	34.0	30.4	3.7	20.3	4.1
1971	100.0	43.5	36.9	33.9	3.0	19.6	4.2
1972	100.0	43.8	34.8	32.1	2.7	21.4	4.5
1973	100.0	42.5	35.3	33.0	2.4	22.1	3.4
1974	100.0	41.0	35.3	32.4	3.0	23.7	5.0
1975	100.0	40.4	37.4	34.8	2.7	22.2	4.8
1976	100.0	39.7	37.9	35.5	2.4	22.4	4.2
1977	100.0	39.2	38.6	36.2	2.4	22.2	4.0
1978	100.0	43.4	35.3	32.6	2.7	21.3	3.9
1979	100.0	45.3	34.4	31.3	3.1	20.3	3.6
1980	100.0	44.4	34.4	31.0	3.4	21.2	3.5
1981	100.0	44.3	33.4	29.4	3.9	22.3	3.8
1982	100.0	46.1	31.0	27.3	3.7	22.9	3.8
1983	100.0	46.6	30.2	26.9	3.3	23.1	4.0
1984	100.0	43.4	30.6	26.7	3.8	26.1	4.3
1985	100.0	42.9	30.9	26.8	4.1	26.2	4.2
1986	100.0	39.6	32.6	27.6	5.0	27.8	4.3
1987	100.0	37.5	33.0	26.6	6.4	29.6	4.5
1988	100.0	38.4	31.6	26.3	5.3	30.0	5.6
1989	100.0	37.6	31.6	27.1	4.5	30.8	5.8
1990	100.0	41.0	28.9	24.8	4.2	30.1	5.5
1991	100.0	38.8	29.8	26.4	3.4	31.4	6.1
1992	100.0	36.6	32.8	28.8	4.0	30.5	6.8
1993	100.0	33.4	36.4	31.6	4.8	30.2	5.1
1994	100.0	37.5	32.3	28.2	4.1	30.2	5.1
1995	100.0	36.5	32.4	27.9	4.4	31.1	5.7
1996	100.0	36.2	31.0	26.6	4.4	32.8	6.3
1997	100.0	36.4	30.3	26.0	4.3	33.3	6.6
1998	100.0	34.9	31.9	27.3	4.6	33.1	6.6
1999	100.0	34.6	30.7	26.0	4.6	34.8	6.8
2000	100.0	32.9	30.9	26.3	4.7	36.2	7.2
2001	100.0	31.6	30.5	26.1	4.4	37.9	7.0
2002	100.0	29.8	31.2	26.5	4.7	39.0	6.7
2003	100.0	27.0	35.7	30.0	5.7	37.3	5.7
2004	100.0	25.7	37.2	31.3	5.9	37.1	5.6
2005	100.0	23.4	36.5	30.4	6.1	40.1	5.4
2006	100.0	22.4	39.4	33.6	5.8	38.2	4.5
2007	100.0	21.8	40.2	34.6	5.5	38.1	5.0
2008	100.0	20.1	42.0	36.3	5.7	37.9	4.7
2009	100.0	18.8	43.4	37.3	6.1	37.8	4.3
2010	100.0	18.4	44.6	37.9	6.7	37.0	4.4

3-2续表1　　（按当年价格计算）　　单位:%

年　份	市　区 生产总值	第一产业	第二产业			第三产业	
				工　业	建筑业		交通运输、仓储及邮电业
1950	100.0	18.9	10.0	9.6	0.4	71.2	5.3
1951	100.0	17.9	15.0	11.9	3.1	67.1	6.5
1952	100.0	17.6	25.1	21.8	3.3	57.3	7.3
1953	100.0	15.2	30.9	28.0	2.9	53.8	7.3
1954	100.0	12.3	39.5	36.8	2.7	48.2	6.7
1955	100.0	9.7	44.6	43.1	1.5	45.7	7.2
1956	100.0	9.7	40.4	37.2	3.1	50.0	8.4
1957	100.0	9.9	39.5	37.5	2.0	50.5	8.2
1958	100.0	9.8	49.0	44.1	4.9	41.3	10.0
1959	100.0	7.4	56.5	50.7	5.8	36.1	8.0
1960	100.0	6.5	55.1	49.8	5.3	38.4	8.6
1961	100.0	9.9	43.5	40.8	2.7	46.6	7.2
1962	100.0	9.7	41.9	40.4	1.5	48.3	6.6
1963	100.0	12.8	42.1	40.1	2.0	45.0	5.5
1964	100.0	10.9	45.1	43.0	2.1	44.0	6.0
1965	100.0	9.1	53.0	50.7	2.3	37.9	5.8
1966	100.0	5.9	60.5	55.8	4.7	33.6	6.4
1967	100.0	6.0	60.6	57.9	2.7	33.4	5.7
1968	100.0	9.9	45.6	43.7	1.8	44.6	6.3
1969	100.0	6.1	65.4	62.0	3.4	28.4	5.4
1970	100.0	5.6	72.8	69.6	3.3	21.6	4.8
1971	100.0	4.9	75.4	73.1	2.3	19.7	4.6
1972	100.0	5.8	70.5	68.5	2.0	23.7	5.7
1973	100.0	5.2	70.1	68.4	1.7	24.7	5.3
1974	100.0	4.6	69.1	66.9	2.2	26.3	5.8
1975	100.0	5.1	71.9	69.6	2.2	23.0	5.2
1976	100.0	4.3	71.6	69.8	1.8	24.1	5.4
1977	100.0	4.4	71.1	69.3	1.8	24.5	4.7
1978	100.0	4.0	69.8	68.1	1.6	26.2	5.6
1979	100.0	4.1	70.4	66.8	3.7	25.5	5.5
1980	100.0	4.1	67.8	63.2	4.6	28.1	5.5
1981	100.0	4.9	64.8	59.4	5.4	30.3	6.1
1982	100.0	4.7	62.6	56.9	5.7	32.7	6.5
1983	100.0	5.2	63.5	59.0	4.5	31.3	6.4
1984	100.0	4.8	59.1	54.4	4.7	36.1	6.5
1985	100.0	4.9	56.4	50.6	5.8	38.7	6.1
1986	100.0	5.0	56.7	48.9	7.8	38.3	5.8
1987	100.0	4.2	55.7	43.9	11.7	40.1	5.4
1988	100.0	4.7	54.0	45.6	8.4	41.4	7.8
1989	100.0	5.3	51.7	45.5	6.1	43.1	8.0
1990	100.0	5.8	49.2	43.4	5.9	44.9	7.7
1991	100.0	5.0	48.6	44.1	4.5	46.3	8.8
1992	100.0	4.6	52.3	47.8	4.5	43.1	8.3
1993	100.0	4.0	52.8	47.0	5.9	43.2	5.7
1994	100.0	4.7	52.3	47.2	5.1	43.0	4.5
1995	100.0	4.2	52.2	45.7	6.5	43.7	4.8
1996	100.0	4.4	50.1	43.7	6.4	45.4	5.0
1997	100.0	4.6	48.9	43.3	5.6	46.5	6.0
1998	100.0	3.7	50.5	44.2	6.3	45.9	5.8
1999	100.0	7.7	45.8	40.0	5.9	46.5	5.8
2000	100.0	5.0	45.8	39.8	6.0	49.2	6.8
2001	100.0	6.0	42.8	35.7	7.1	51.3	6.6
2002	100.0	5.1	41.6	34.8	6.8	53.3	7.1
2003	100.0	3.0	41.4	35.1	6.3	55.6	7.4
2004	100.0	2.8	41.3	35.4	5.9	55.8	7.6
2005	100.0	2.5	40.3	34.5	5.8	57.2	6.1
2006	100.0	2.3	41.6	36.1	5.5	56.1	6.0
2007	100.0	2.3	40.6	36.1	4.5	57.1	6.1
2008	100.0	2.3	40.1	35.3	4.8	57.6	5.6
2009	100.0	2.1	40.0	35.0	4.9	58.0	4.9
2010	100.0	2.0	41.9	36.8	5.1	56.2	5.1

3-2续表2 （按当年价格计算） 单位:%

年 份	阳朔县生产总值	第一产业	第二产业	工 业	建筑业	第三产业	交通运输、仓储及邮电业
1950	100.0	86.8	3.2	2.3	0.9	10.0	0.5
1951	100.0	87.1	2.9	1.8	1.0	10.0	0.6
1952	100.0	88.2	2.3	1.4	0.9	9.5	0.6
1953	100.0	86.5	2.9	2.1	0.8	10.6	0.7
1954	100.0	84.0	4.0	3.0	0.9	12.0	0.8
1955	100.0	82.6	4.7	3.5	1.2	12.7	0.9
1956	100.0	77.1	8.2	6.4	1.8	14.7	1.0
1957	100.0	76.1	8.5	6.3	2.2	15.4	1.0
1958	100.0	73.1	10.8	8.6	2.3	16.1	1.1
1959	100.0	63.8	15.2	12.6	2.6	21.0	1.4
1960	100.0	63.2	11.9	9.8	2.1	24.9	1.8
1961	100.0	70.2	10.0	6.8	3.1	19.9	1.9
1962	100.0	73.3	8.7	5.4	3.4	18.0	1.6
1963	100.0	71.7	9.7	5.9	3.7	18.6	1.3
1964	100.0	72.3	10.2	5.7	4.4	17.6	1.4
1965	100.0	70.8	10.9	6.3	4.5	18.3	1.5
1966	100.0	70.3	11.6	6.5	5.1	18.1	1.4
1967	100.0	70.1	11.4	7.0	4.4	18.5	1.4
1968	100.0	70.4	11.3	6.0	5.3	18.3	1.1
1969	100.0	69.3	12.4	6.5	5.9	18.4	1.2
1970	100.0	69.3	11.8	7.3	4.5	18.9	1.2
1971	100.0	68.0	12.5	7.8	4.8	19.4	1.2
1972	100.0	68.0	13.8	10.2	3.7	18.2	1.1
1973	100.0	67.5	14.5	10.8	3.7	18.1	1.1
1974	100.0	65.3	15.2	11.3	3.9	19.5	1.2
1975	100.0	63.8	16.8	13.0	3.8	19.4	1.2
1976	100.0	63.5	16.2	12.5	3.8	20.3	1.0
1977	100.0	61.1	18.1	14.4	3.7	20.8	1.3
1978	100.0	67.4	13.9	10.8	3.2	18.6	1.2
1979	100.0	70.4	11.3	8.4	2.9	18.3	1.4
1980	100.0	65.5	14.0	10.9	3.1	20.4	1.5
1981	100.0	67.0	15.9	10.3	5.6	17.2	1.1
1982	100.0	71.6	12.1	7.9	4.2	16.2	1.0
1983	100.0	71.0	11.7	7.9	3.8	17.3	1.2
1984	100.0	68.3	11.0	7.9	3.0	20.7	2.2
1985	100.0	65.8	12.9	8.9	3.9	21.4	3.0
1986	100.0	65.6	11.0	6.3	4.7	23.4	2.7
1987	100.0	68.1	9.7	6.3	3.4	22.1	2.5
1988	100.0	64.7	10.9	6.9	4.0	24.3	2.7
1989	100.0	64.8	10.6	6.7	3.9	24.6	2.8
1990	100.0	63.1	11.6	7.8	3.8	25.3	3.2
1991	100.0	65.9	9.0	6.5	2.5	25.1	4.3
1992	100.0	67.9	9.2	6.1	3.1	22.9	3.6
1993	100.0	63.0	9.8	6.0	3.8	27.2	5.8
1994	100.0	56.4	12.9	8.7	4.2	30.7	7.1
1995	100.0	54.6	15.0	9.5	5.4	30.4	7.4
1996	100.0	50.9	15.9	10.3	5.5	33.2	9.1
1997	100.0	52.9	14.2	9.5	4.7	32.8	9.5
1998	100.0	51.2	13.5	10.0	3.6	35.3	9.3
1999	100.0	48.6	14.0	10.7	3.3	37.4	9.2
2000	100.0	47.2	13.7	11.1	2.6	39.1	9.6
2001	100.0	43.5	14.2	11.3	2.9	42.3	10.3
2002	100.0	40.6	14.8	11.8	2.9	44.6	10.9
2003	100.0	41.2	18.1	13.2	4.9	40.7	5.6
2004	100.0	39.0	19.7	13.5	6.3	41.3	5.3
2005	100.0	35.3	19.9	13.7	6.2	44.8	4.6
2006	100.0	32.4	24.0	15.5	8.5	43.6	3.6
2007	100.0	29.2	30.4	19.5	10.9	40.5	2.8
2008	100.0	26.8	29.9	18.5	11.3	43.3	2.2
2009	100.0	25.3	32.3	18.9	13.4	42.4	2.1
2010	100.0	23.7	31.0	17.4	13.6	45.3	2.1

3-2续表3 （按当年价格计算） 单位:%

年份	临桂县生产总值	第一产业	第二产业	工业	建筑业	第三产业	交通运输、仓储及邮电业
1950	100.0	80.5	3.3	3.3	0.1	16.2	0.5
1951	100.0	78.3	3.8	3.7	0.1	17.9	0.7
1952	100.0	78.4	4.4	4.3	0.1	17.2	0.6
1953	100.0	76.2	5.5	5.5	0.1	18.3	0.8
1954	100.0	75.2	4.5	4.4	0.1	20.2	0.9
1955	100.0	72.1	5.1	5.1	0.0	22.8	1.0
1956	100.0	71.7	5.3	5.0	0.3	23.1	1.1
1957	100.0	73.0	6.2	5.8	0.4	20.7	1.1
1958	100.0	69.1	9.8	7.0	2.7	21.2	1.0
1959	100.0	64.5	11.3	6.4	4.9	24.2	1.2
1960	100.0	50.8	16.4	5.4	10.9	32.8	1.7
1961	100.0	61.5	9.6	8.7	0.9	28.9	1.8
1962	100.0	68.4	6.8	5.8	1.0	24.8	1.5
1963	100.0	67.7	6.8	5.8	1.1	25.5	1.4
1964	100.0	69.5	7.6	6.2	1.4	22.9	1.3
1965	100.0	72.4	7.7	6.1	1.6	19.9	1.1
1966	100.0	75.4	6.6	5.9	0.6	18.1	1.0
1967	100.0	74.9	6.9	5.9	1.0	18.2	1.1
1968	100.0	75.7	6.3	5.4	0.9	18.0	1.2
1969	100.0	76.3	6.4	5.0	1.3	17.3	1.1
1970	100.0	72.8	8.3	6.1	2.2	18.9	1.1
1971	100.0	71.0	13.5	9.5	4.0	15.5	1.0
1972	100.0	70.3	15.1	9.8	5.3	14.5	0.8
1973	100.0	73.3	11.9	9.2	2.7	14.8	0.8
1974	100.0	70.0	14.7	11.6	3.1	15.4	0.9
1975	100.0	71.1	14.3	11.6	2.7	14.5	0.9
1976	100.0	69.0	14.8	13.6	1.2	16.2	0.9
1977	100.0	66.8	17.3	14.9	2.5	15.8	0.9
1978	100.0	69.0	17.9	14.0	3.9	13.1	0.8
1979	100.0	72.4	15.3	12.9	2.4	12.3	0.9
1980	100.0	65.3	22.6	19.4	3.2	12.1	0.7
1981	100.0	66.3	19.7	17.4	2.3	14.0	0.9
1982	100.0	70.7	15.5	13.8	1.7	13.9	0.7
1983	100.0	69.4	15.7	13.6	2.0	14.9	0.8
1984	100.0	67.9	15.2	12.4	2.8	16.9	1.2
1985	100.0	71.9	14.4	12.5	1.9	13.7	0.6
1986	100.0	67.6	16.3	13.6	2.8	16.1	0.6
1987	100.0	64.1	18.6	15.5	3.1	17.4	0.6
1988	100.0	61.1	17.4	15.1	2.3	21.5	2.1
1989	100.0	54.5	23.2	21.4	1.8	22.3	2.2
1990	100.0	64.4	17.5	16.2	1.4	18.1	2.1
1991	100.0	63.7	16.6	15.1	1.5	19.7	2.6
1992	100.0	62.1	19.8	17.4	2.4	18.0	2.9
1993	100.0	50.8	26.0	22.8	3.2	23.1	4.1
1994	100.0	49.2	25.5	23.3	2.2	25.2	6.1
1995	100.0	46.8	24.2	21.4	2.7	29.1	9.4
1996	100.0	47.2	22.7	19.9	2.8	30.2	10.7
1997	100.0	47.0	19.3	16.6	2.7	33.7	10.9
1998	100.0	45.4	16.0	13.5	2.6	38.5	10.8
1999	100.0	43.8	16.7	14.6	2.1	39.5	9.8
2000	100.0	42.0	18.3	15.6	2.6	39.8	9.7
2001	100.0	39.4	19.4	17.1	2.3	41.2	10.0
2002	100.0	37.0	20.1	17.1	3.0	42.9	10.5
2003	100.0	40.6	33.4	27.6	5.8	26.0	3.6
2004	100.0	38.9	35.4	29.2	6.2	25.7	4.1
2005	100.0	35.9	39.3	32.9	6.4	24.8	4.6
2006	100.0	31.5	44.7	38.6	6.1	23.8	4.4
2007	100.0	28.2	50.3	44.6	5.6	21.6	3.9
2008	100.0	25.9	54.2	48.5	5.7	19.9	3.2
2009	100.0	23.9	56.4	50.6	5.8	19.7	3.0
2010	100.0	23.1	56.2	49.3	6.9	20.7	3.2

3-2续表4　　（按当年价格计算）　　单位:%

年份	灵川县生产总值	第一产业	第二产业	工业	建筑业	第三产业	交通运输、仓储及邮电业
1950	100.0	84.5	5.7	5.7	0.0	9.8	0.1
1951	100.0	79.9	6.6	6.6	0.0	13.5	0.4
1952	100.0	83.1	6.7	6.6	0.1	10.2	0.3
1953	100.0	81.8	7.4	7.4	0.0	10.8	0.7
1954	100.0	85.2	6.2	6.1	0.1	8.6	0.3
1955	100.0	83.3	6.9	6.9	0.0	9.8	0.4
1956	100.0	83.6	7.2	7.1	0.1	9.3	0.3
1957	100.0	79.0	8.4	8.2	0.2	12.5	1.7
1958	100.0	76.2	11.6	9.9	1.6	12.3	2.0
1959	100.0	78.6	14.8	7.8	6.9	6.6	0.4
1960	100.0	75.3	13.7	10.0	3.6	11.0	0.7
1961	100.0	81.6	10.7	7.6	3.1	7.7	0.7
1962	100.0	82.6	8.6	6.3	2.3	8.7	0.8
1963	100.0	80.0	12.2	7.4	4.8	7.8	0.7
1964	100.0	78.5	13.7	6.6	7.1	7.8	0.7
1965	100.0	83.1	8.5	6.1	2.4	8.4	1.6
1966	100.0	79.8	10.3	6.9	3.4	9.9	1.8
1967	100.0	82.8	9.7	5.6	4.1	7.6	1.2
1968	100.0	83.5	7.9	4.6	3.3	8.6	0.7
1969	100.0	70.1	17.2	7.5	9.7	12.7	3.4
1970	100.0	64.3	17.1	11.4	5.7	18.6	3.5
1971	100.0	55.1	25.0	21.3	3.6	20.0	3.5
1972	100.0	49.3	28.7	25.3	3.4	22.0	4.1
1973	100.0	52.7	28.1	24.8	3.3	19.2	3.3
1974	100.0	49.6	27.8	23.7	4.1	22.6	4.1
1975	100.0	51.3	26.1	23.3	2.8	22.6	3.3
1976	100.0	54.2	22.9	21.3	1.6	22.9	3.3
1977	100.0	50.0	25.3	23.9	1.4	24.7	3.7
1978	100.0	57.2	22.5	19.3	3.3	20.3	2.0
1979	100.0	57.0	27.4	23.5	3.9	15.6	2.2
1980	100.0	57.4	26.6	22.8	3.8	16.0	2.1
1981	100.0	53.4	25.0	19.6	5.4	21.6	2.6
1982	100.0	51.8	22.3	18.9	3.4	26.0	2.9
1983	100.0	49.4	22.3	18.7	3.6	28.3	3.3
1984	100.0	49.0	24.0	19.1	4.9	27.0	3.7
1985	100.0	54.6	27.8	24.0	3.8	17.6	3.9
1986	100.0	44.7	36.1	32.2	3.9	19.3	3.5
1987	100.0	42.2	34.6	31.2	3.3	23.2	3.0
1988	100.0	42.0	32.2	28.1	4.1	25.7	4.2
1989	100.0	42.7	33.4	30.2	3.1	23.9	5.2
1990	100.0	47.0	30.3	27.5	2.9	22.7	6.8
1991	100.0	46.5	29.1	25.4	3.7	24.4	7.5
1992	100.0	42.8	33.8	30.3	3.5	23.4	7.8
1993	100.0	38.2	39.3	35.4	3.9	22.5	7.4
1994	100.0	42.7	33.0	28.5	4.5	24.3	7.6
1995	100.0	41.3	31.3	27.4	3.9	27.5	7.5
1996	100.0	42.0	28.7	25.0	3.7	29.3	6.9
1997	100.0	44.9	24.4	19.8	4.6	30.8	7.1
1998	100.0	45.4	24.8	19.0	5.8	29.8	7.6
1999	100.0	45.3	23.7	20.3	3.5	30.9	7.7
2000	100.0	45.2	22.0	19.0	3.0	32.8	8.2
2001	100.0	42.7	22.7	19.6	3.1	34.5	8.5
2002	100.0	42.1	21.9	18.9	3.0	36.1	8.4
2003	100.0	40.3	29.6	24.3	5.3	30.2	5.5
2004	100.0	35.8	35.7	31.5	4.2	28.5	5.1
2005	100.0	32.4	39.3	33.4	5.8	28.3	4.5
2006	100.0	31.3	42.0	36.5	5.4	26.8	4.0
2007	100.0	29.9	42.7	37.3	5.3	27.5	4.1
2008	100.0	28.6	44.2	39.1	5.1	27.2	4.3
2009	100.0	27.0	44.8	39.3	5.5	28.2	4.1
2010	100.0	26.2	45.7	39.9	5.8	28.1	4.4

3-2续表5 （按当年价格计算） 单位:%

年份	全州县生产总值	第一产业	第二产业	工业	建筑业	第三产业	交通运输、仓储及邮电业
1950	100.0	81.3	2.2	2.2	0.0	16.4	0.5
1951	100.0	80.1	2.8	2.8	0.0	17.1	0.7
1952	100.0	79.3	3.9	3.9	0.0	16.7	0.7
1953	100.0	77.4	4.8	4.8	0.1	17.8	1.0
1954	100.0	76.6	5.2	5.1	0.1	18.3	1.0
1955	100.0	73.9	6.9	6.7	0.2	19.2	1.6
1956	100.0	73.0	7.7	7.5	0.2	19.3	1.9
1957	100.0	72.3	7.6	7.5	0.1	20.1	2.3
1958	100.0	66.4	12.0	11.4	0.6	21.6	3.1
1959	100.0	58.9	14.4	13.6	0.8	26.7	5.9
1960	100.0	57.2	15.1	14.3	0.8	27.7	4.3
1961	100.0	68.1	7.9	7.8	0.1	24.0	3.1
1962	100.0	69.3	6.6	6.5	0.1	24.1	2.3
1963	100.0	66.5	6.8	6.7	0.1	26.7	3.2
1964	100.0	67.7	6.1	6.0	0.1	26.2	5.1
1965	100.0	69.2	6.2	6.1	0.1	24.6	5.7
1966	100.0	66.2	6.6	6.2	0.4	27.2	0.6
1967	100.0	67.6	6.3	5.9	0.4	26.1	5.4
1968	100.0	69.7	7.3	5.9	1.4	23.0	4.3
1969	100.0	66.3	9.7	6.4	3.3	24.1	7.4
1970	100.0	66.9	10.0	6.7	3.4	23.1	7.7
1971	100.0	66.4	10.5	8.0	2.5	23.1	7.8
1972	100.0	64.9	12.1	10.5	1.6	22.9	6.9
1973	100.0	62.5	12.5	11.2	1.3	25.0	8.1
1974	100.0	57.9	14.5	11.6	2.9	27.6	9.4
1975	100.0	57.8	15.1	12.7	2.4	27.1	9.3
1976	100.0	57.8	16.3	14.4	1.8	25.9	7.8
1977	100.0	60.3	16.7	15.0	1.7	23.0	6.9
1978	100.0	65.3	13.8	12.3	1.6	20.8	6.0
1979	100.0	66.5	14.2	12.6	1.6	19.3	5.5
1980	100.0	68.0	13.3	11.8	1.5	18.7	5.3
1981	100.0	66.3	13.6	12.1	1.5	20.1	5.8
1982	100.0	67.0	12.8	11.7	1.2	20.1	5.6
1983	100.0	67.0	12.2	10.8	1.4	20.9	6.3
1984	100.0	65.8	11.7	9.8	1.9	22.5	6.7
1985	100.0	66.3	12.5	9.5	3.0	21.2	6.0
1986	100.0	60.6	14.5	11.0	3.5	24.9	7.0
1987	100.0	59.5	15.1	11.5	3.6	25.3	8.5
1988	100.0	58.0	16.8	12.8	4.0	25.2	9.1
1989	100.0	57.6	18.0	13.7	4.3	24.4	8.3
1990	100.0	61.7	16.9	12.9	4.1	21.4	5.9
1991	100.0	60.1	17.3	14.6	2.6	22.6	4.5
1992	100.0	55.2	19.9	15.8	4.0	25.0	7.4
1993	100.0	49.5	27.3	23.0	4.3	23.2	5.4
1994	100.0	53.1	26.3	21.7	4.7	20.6	4.3
1995	100.0	51.4	28.8	24.6	4.2	19.8	3.8
1996	100.0	50.7	28.5	23.3	5.2	20.9	3.6
1997	100.0	52.2	26.8	22.0	4.8	21.0	3.4
1998	100.0	50.4	26.8	22.1	4.8	22.8	3.5
1999	100.0	51.5	23.6	18.8	4.8	24.9	3.8
2000	100.0	50.4	24.5	20.2	4.3	25.0	3.9
2001	100.0	49.3	24.1	19.9	4.2	26.6	3.9
2002	100.0	47.5	25.4	21.2	4.2	27.1	4.1
2003	100.0	39.6	37.1	32.4	4.7	23.3	4.0
2004	100.0	37.3	38.8	33.9	4.8	23.9	4.1
2005	100.0	36.3	40.9	35.9	5.0	22.7	5.0
2006	100.0	35.3	39.3	34.1	5.2	25.3	6.8
2007	100.0	34.5	37.4	32.1	5.4	28.0	8.7
2008	100.0	31.3	40.8	35.5	5.2	28.0	9.7
2009	100.0	28.8	42.2	36.9	5.4	29.0	9.0
2010	100.0	28.7	41.8	35.8	6.0	29.5	9.8

3-2续表6 （按当年价格计算） 单位:%

年 份	兴安县生产总值	第一产业	第二产业	工 业	建筑业	第三产业	交通运输、仓储及邮电业
1950	100.0	85.8	3.5	3.3	0.2	10.8	0.6
1951	100.0	80.6	4.2	4.0	0.2	15.2	0.5
1952	100.0	79.2	5.6	5.0	0.6	15.2	0.5
1953	100.0	77.4	6.6	6.1	0.5	16.1	0.5
1954	100.0	71.9	7.8	6.8	1.0	20.3	0.6
1955	100.0	68.3	10.0	9.3	0.8	21.7	0.7
1956	100.0	64.7	11.6	10.5	1.2	23.6	0.7
1957	100.0	65.4	10.3	9.5	0.8	24.3	1.9
1958	100.0	59.7	12.4	10.5	1.8	27.9	4.6
1959	100.0	55.2	14.7	12.0	2.7	30.1	3.8
1960	100.0	48.7	14.8	13.0	1.8	36.5	4.2
1961	100.0	52.5	11.2	10.6	0.7	36.2	2.0
1962	100.0	61.4	8.9	8.2	0.7	29.7	1.3
1963	100.0	56.3	9.5	8.8	0.7	34.2	1.4
1964	100.0	57.3	9.9	8.7	1.1	32.9	1.9
1965	100.0	54.2	8.6	7.1	1.5	37.2	5.0
1966	100.0	56.5	11.8	9.0	2.8	31.7	3.3
1967	100.0	60.8	10.1	8.3	1.9	29.1	3.6
1968	100.0	61.4	10.7	8.9	1.8	27.9	2.3
1969	100.0	58.4	15.8	10.8	5.0	25.7	2.7
1970	100.0	53.3	17.4	12.8	4.6	29.3	8.9
1971	100.0	56.4	18.0	14.9	3.1	25.5	8.7
1972	100.0	49.7	20.9	19.0	1.9	29.4	10.4
1973	100.0	47.4	21.2	17.4	3.8	31.4	11.7
1974	100.0	47.8	19.7	17.4	2.3	32.4	12.6
1975	100.0	47.1	18.9	17.2	1.7	34.0	14.3
1976	100.0	51.9	20.0	18.0	2.0	28.0	5.8
1977	100.0	50.6	21.4	20.0	1.4	28.0	7.2
1978	100.0	48.6	27.0	23.1	3.9	24.4	6.1
1979	100.0	54.0	23.8	21.3	2.5	22.2	5.1
1980	100.0	57.0	23.6	21.0	2.6	19.3	4.2
1981	100.0	56.4	21.1	18.6	2.5	22.5	4.5
1982	100.0	58.2	20.1	16.8	3.4	21.6	4.0
1983	100.0	63.6	16.5	13.6	2.9	19.8	4.2
1984	100.0	62.3	17.2	15.4	1.7	20.5	4.8
1985	100.0	61.4	18.3	16.8	1.5	20.2	4.4
1986	100.0	58.5	17.8	15.7	2.1	23.6	5.3
1987	100.0	56.2	17.5	15.4	2.1	26.3	7.5
1988	100.0	59.1	14.7	12.5	2.3	26.2	6.8
1989	100.0	48.3	20.2	16.9	3.3	31.5	8.1
1990	100.0	52.5	17.6	14.4	3.2	29.9	6.6
1991	100.0	46.4	24.2	22.1	2.1	29.4	8.2
1992	100.0	44.7	26.3	22.2	4.1	29.0	9.6
1993	100.0	39.3	32.4	27.8	4.6	28.3	7.9
1994	100.0	45.1	24.3	20.3	4.0	30.6	7.1
1995	100.0	43.2	23.0	19.6	3.4	33.8	9.2
1996	100.0	41.9	23.4	19.8	3.7	34.7	10.1
1997	100.0	40.7	23.5	19.8	3.7	35.8	10.2
1998	100.0	41.6	25.4	21.4	4.0	33.0	10.5
1999	100.0	38.9	25.6	21.6	4.0	35.6	10.4
2000	100.0	37.4	26.4	20.6	5.8	36.2	9.9
2001	100.0	35.5	24.1	20.6	3.6	40.3	10.4
2002	100.0	32.7	24.4	19.9	4.5	42.9	9.2
2003	100.0	35.2	32.5	27.1	5.4	32.3	4.4
2004	100.0	33.0	37.0	30.6	6.5	30.0	3.8
2005	100.0	31.1	38.5	32.5	6.0	30.4	4.0
2006	100.0	30.4	39.8	33.7	6.1	29.9	4.0
2007	100.0	28.2	43.8	37.0	6.7	28.0	4.0
2008	100.0	26.0	47.3	39.8	7.4	26.7	4.3
2009	100.0	23.7	50.2	43.2	7.1	26.1	3.8
2010	100.0	23.5	51.4	43.9	7.5	25.1	3.9

3-2续表7 （按当年价格计算） 单位:%

年 份	永福县生产总值	第一产业	第二产业	工 业	建筑业	第三产业	交通运输、仓储及邮电业
1950	100.0	79.0	4.3	4.2	0.1	16.6	0.4
1951	100.0	73.4	4.8	4.6	0.2	21.8	0.4
1952	100.0	72.0	7.0	6.7	0.2	21.0	0.4
1953	100.0	72.1	9.0	8.7	0.3	18.9	0.5
1954	100.0	73.0	8.3	7.8	0.5	18.6	0.7
1955	100.0	67.1	8.9	8.4	0.4	24.0	0.8
1956	100.0	66.5	9.4	8.8	0.6	24.1	1.0
1957	100.0	64.2	10.1	9.5	0.6	25.6	1.9
1958	100.0	67.3	9.7	8.7	1.0	23.0	3.4
1959	100.0	59.8	13.0	11.8	1.2	27.2	3.8
1960	100.0	49.7	14.1	11.6	2.5	36.2	8.3
1961	100.0	54.1	12.9	11.2	1.6	33.0	6.0
1962	100.0	63.5	9.2	8.1	1.1	27.3	5.4
1963	100.0	62.1	10.0	7.7	2.3	27.9	6.4
1964	100.0	66.1	8.4	6.9	1.5	25.5	4.7
1965	100.0	68.2	7.4	6.5	0.9	24.5	4.9
1966	100.0	67.4	9.9	8.4	1.5	22.7	5.4
1967	100.0	68.0	9.6	8.4	1.2	22.4	5.4
1968	100.0	67.4	8.0	6.6	1.3	24.6	5.5
1969	100.0	65.9	9.1	7.5	1.6	25.0	5.2
1970	100.0	66.0	10.9	8.5	2.4	23.1	5.0
1971	100.0	64.6	11.7	9.3	2.4	23.8	5.6
1972	100.0	64.2	13.8	11.5	2.3	22.0	5.3
1973	100.0	62.7	15.8	13.3	2.5	21.5	5.8
1974	100.0	63.0	15.8	11.6	4.2	21.2	5.5
1975	100.0	63.9	15.5	12.9	2.6	20.5	4.9
1976	100.0	62.2	15.7	13.6	2.0	22.1	5.1
1977	100.0	61.5	17.4	14.9	2.5	21.0	5.2
1978	100.0	62.2	17.7	15.3	2.3	20.1	5.1
1979	100.0	61.1	16.3	14.5	1.9	22.6	4.2
1980	100.0	57.7	18.0	16.3	1.7	24.2	4.1
1981	100.0	58.8	19.0	17.4	1.6	22.2	4.8
1982	100.0	58.1	21.0	17.7	3.3	20.9	4.6
1983	100.0	60.7	18.8	16.7	2.1	20.5	4.5
1984	100.0	60.2	19.2	15.2	3.9	20.6	3.3
1985	100.0	56.5	20.0	16.9	3.1	23.5	3.8
1986	100.0	56.4	18.6	15.1	3.5	25.0	4.0
1987	100.0	53.3	20.6	18.2	2.5	26.1	3.9
1988	100.0	57.5	19.9	17.5	2.4	22.6	3.5
1989	100.0	54.8	20.7	18.0	2.8	24.5	4.1
1990	100.0	55.1	21.4	18.6	2.8	23.5	4.6
1991	100.0	51.6	22.8	19.7	3.1	25.6	5.9
1992	100.0	49.4	25.2	21.3	3.9	25.4	6.0
1993	100.0	45.6	29.2	25.5	3.7	25.2	4.9
1994	100.0	49.6	28.9	25.0	3.9	21.5	3.7
1995	100.0	49.6	28.2	24.8	3.3	22.2	4.3
1996	100.0	47.6	32.1	28.4	3.8	20.2	4.3
1997	100.0	45.3	34.4	30.3	4.1	20.3	4.6
1998	100.0	43.5	34.5	30.0	4.5	22.0	4.8
1999	100.0	44.2	33.5	27.0	6.5	22.2	4.8
2000	100.0	42.8	35.0	26.1	8.9	22.2	4.7
2001	100.0	41.8	33.5	30.5	3.0	24.7	4.8
2002	100.0	39.6	34.1	30.7	3.4	26.3	5.0
2003	100.0	34.5	43.5	36.6	6.9	22.0	3.8
2004	100.0	30.6	48.4	39.4	9.0	20.9	3.7
2005	100.0	30.1	49.7	39.8	9.9	20.2	3.6
2006	100.0	29.8	49.8	41.5	8.3	20.4	3.6
2007	100.0	25.9	55.1	46.0	9.0	19.1	3.4
2008	100.0	25.6	54.5	46.9	7.6	19.9	3.2
2009	100.0	23.9	55.9	46.9	9.0	20.3	2.9
2010	100.0	21.7	59.5	47.5	12.0	18.8	2.7

3-2续表8　　（按当年价格计算）　　单位：%

年 份	灌阳县生产总值	第一产业	第二产业	工 业	建筑业	第三产业	交通运输、仓储及邮电业
1950	100.0	90.4	3.1	3.0	0.1	6.5	0.3
1951	100.0	89.3	3.2	3.0	0.2	7.5	0.3
1952	100.0	87.9	4.2	3.8	0.4	7.9	0.4
1953	100.0	84.1	5.8	5.1	0.7	10.1	0.5
1954	100.0	83.4	5.3	4.9	0.4	11.3	0.6
1955	100.0	81.7	6.7	6.2	0.5	11.7	0.7
1956	100.0	78.5	7.9	7.1	0.8	13.6	1.0
1957	100.0	77.1	8.2	7.5	0.8	14.7	1.2
1958	100.0	75.1	11.3	10.2	1.1	13.6	1.5
1959	100.0	67.7	16.1	14.4	1.8	16.2	1.4
1960	100.0	66.5	16.8	14.7	2.0	16.8	1.4
1961	100.0	75.4	11.9	9.7	2.2	12.8	1.2
1962	100.0	77.7	9.7	6.6	3.0	12.6	1.2
1963	100.0	77.3	8.0	5.7	2.3	14.7	1.6
1964	100.0	77.5	9.2	6.9	2.3	13.3	1.4
1965	100.0	72.6	11.6	10.0	1.6	15.8	1.0
1966	100.0	72.5	11.2	8.8	2.4	16.3	1.0
1967	100.0	73.3	9.4	6.2	3.2	17.3	1.2
1968	100.0	76.4	7.1	4.4	2.7	16.5	1.1
1969	100.0	73.2	11.8	7.1	4.7	15.0	1.0
1970	100.0	73.2	11.6	6.9	4.7	15.2	1.0
1971	100.0	72.2	12.6	7.8	4.8	15.2	1.0
1972	100.0	63.8	15.7	9.7	6.0	20.6	1.3
1973	100.0	66.4	13.1	9.6	3.5	20.6	1.3
1974	100.0	65.7	13.7	9.4	4.3	20.6	1.3
1975	100.0	63.8	17.0	10.6	6.4	19.2	1.4
1976	100.0	61.8	17.7	11.4	6.3	20.5	1.5
1977	100.0	61.2	19.0	13.0	6.0	19.8	1.5
1978	100.0	70.9	14.3	11.0	3.3	14.8	1.1
1979	100.0	71.9	12.5	9.5	3.0	15.6	1.0
1980	100.0	71.6	11.6	8.6	3.0	16.8	1.0
1981	100.0	68.1	13.8	11.3	2.5	18.1	1.1
1982	100.0	68.3	11.7	9.1	2.7	19.9	1.3
1983	100.0	70.0	11.4	8.9	2.5	18.6	1.9
1984	100.0	68.9	11.4	6.4	4.9	19.7	2.4
1985	100.0	70.1	10.7	6.4	4.3	19.2	1.5
1986	100.0	68.5	11.0	8.0	3.1	20.5	1.4
1987	100.0	66.5	13.0	10.1	2.8	20.5	2.2
1988	100.0	63.1	13.8	11.4	2.4	23.2	3.4
1989	100.0	61.2	15.5	12.6	3.0	23.3	3.6
1990	100.0	66.7	12.3	10.3	2.0	21.0	2.7
1991	100.0	65.9	12.8	10.9	1.8	21.3	1.6
1992	100.0	59.1	15.8	13.7	2.0	25.1	5.9
1993	100.0	57.1	18.9	16.6	2.3	24.0	4.1
1994	100.0	56.4	20.8	18.9	2.0	22.8	3.0
1995	100.0	48.2	29.5	27.7	1.8	22.3	2.3
1996	100.0	50.0	27.0	25.0	1.9	23.1	2.1
1997	100.0	48.9	28.3	26.0	2.2	22.9	2.3
1998	100.0	46.9	28.9	26.4	2.4	24.3	2.0
1999	100.0	49.4	24.3	21.7	2.6	26.4	1.6
2000	100.0	48.9	24.7	21.7	3.0	26.4	1.3
2001	100.0	48.4	23.6	20.8	2.9	28.0	1.1
2002	100.0	47.9	21.9	18.9	3.0	30.3	0.8
2003	100.0	45.4	26.6	21.6	5.1	28.0	0.6
2004	100.0	43.6	29.9	24.3	5.6	26.5	0.4
2005	100.0	37.9	31.8	26.0	5.8	30.3	3.6
2006	100.0	34.7	34.6	28.9	5.6	30.7	4.7
2007	100.0	36.8	34.1	28.3	5.8	29.1	3.9
2008	100.0	34.3	39.8	34.0	5.8	25.9	3.0
2009	100.0	31.0	43.7	37.5	6.3	25.3	2.8
2010	100.0	27.6	48.2	42.0	6.2	24.2	2.7

3-2续表9　　（按当年价格计算）　　单位:%

年份	龙胜县生产总值	第一产业	第二产业	工业	建筑业	第三产业	交通运输、仓储及邮电业
1950	100.0	91.8	2.5	2.5	0.0	5.7	0.4
1951	100.0	90.5	3.1	3.1	0.0	6.4	0.4
1952	100.0	87.4	5.2	4.9	0.3	7.3	0.3
1953	100.0	80.8	8.7	7.6	1.1	10.6	0.5
1954	100.0	77.6	9.0	8.3	0.7	13.4	0.4
1955	100.0	75.1	8.1	7.4	0.8	16.8	0.4
1956	100.0	74.0	9.8	8.8	0.9	16.3	0.5
1957	100.0	72.5	10.4	8.8	1.6	17.1	0.4
1958	100.0	68.3	13.5	11.8	1.7	18.2	0.5
1959	100.0	66.8	11.8	10.5	1.3	21.5	0.5
1960	100.0	58.5	15.8	13.8	1.9	25.8	0.8
1961	100.0	71.8	7.7	6.5	1.2	20.5	0.8
1962	100.0	73.4	8.6	7.8	0.8	18.0	0.8
1963	100.0	72.1	9.2	8.2	1.0	18.7	0.8
1964	100.0	71.5	10.6	7.8	2.8	17.9	0.7
1965	100.0	69.2	11.6	8.7	2.8	19.3	0.8
1966	100.0	69.4	12.0	8.6	3.4	18.6	0.7
1967	100.0	69.0	12.6	10.7	1.9	18.4	0.6
1968	100.0	66.0	11.4	10.3	1.1	22.6	0.9
1969	100.0	61.8	16.1	13.9	2.1	22.1	0.9
1970	100.0	62.5	15.9	13.2	2.7	21.6	1.0
1971	100.0	60.4	17.5	14.1	3.4	22.1	0.8
1972	100.0	55.2	19.0	16.2	2.9	25.7	0.9
1973	100.0	59.3	15.8	13.3	2.5	24.9	0.8
1974	100.0	57.0	17.4	14.0	3.4	25.6	0.7
1975	100.0	59.0	17.5	13.4	4.0	23.5	0.7
1976	100.0	58.1	17.4	13.2	4.2	24.5	0.7
1977	100.0	57.8	17.4	13.9	3.5	24.8	0.7
1978	100.0	59.3	16.4	11.1	5.3	24.3	0.7
1979	100.0	66.3	14.7	9.7	5.0	18.9	1.2
1980	100.0	58.0	20.7	14.8	5.9	21.3	0.9
1981	100.0	51.8	26.7	16.4	10.3	21.5	1.1
1982	100.0	64.9	15.1	11.4	3.7	20.1	0.9
1983	100.0	64.7	16.2	11.1	5.1	19.0	0.9
1984	100.0	58.7	20.6	15.5	5.1	20.7	1.0
1985	100.0	54.1	24.2	19.5	4.6	21.7	1.5
1986	100.0	53.3	24.9	20.3	4.7	21.7	1.5
1987	100.0	51.1	26.0	21.6	4.4	22.9	1.7
1988	100.0	47.0	20.6	15.7	4.9	32.3	3.4
1989	100.0	42.9	23.0	18.5	4.6	34.0	4.1
1990	100.0	48.1	21.9	17.2	4.7	30.0	3.6
1991	100.0	45.9	22.4	17.9	4.6	31.7	3.9
1992	100.0	41.6	28.0	20.6	7.4	30.4	4.4
1993	100.0	38.6	33.7	28.8	5.0	27.7	4.6
1994	100.0	50.2	24.0	19.6	4.4	25.8	4.8
1995	100.0	44.3	29.1	24.9	4.1	26.6	6.2
1996	100.0	40.2	28.9	25.6	3.3	30.9	7.3
1997	100.0	46.1	22.6	18.5	4.1	31.3	8.8
1998	100.0	45.5	25.1	21.2	4.0	29.4	9.9
1999	100.0	43.3	25.6	22.1	3.5	31.1	10.9
2000	100.0	42.7	25.4	20.8	4.6	31.9	11.0
2001	100.0	39.2	25.4	19.7	5.7	35.4	11.1
2002	100.0	38.5	25.5	20.0	5.5	36.0	12.1
2003	100.0	31.2	39.1	33.0	6.1	29.8	3.6
2004	100.0	29.0	41.5	34.6	6.9	29.4	4.5
2005	100.0	26.6	40.2	33.9	6.3	33.2	4.1
2006	100.0	24.3	43.9	37.8	6.1	31.8	3.5
2007	100.0	23.7	47.4	42.0	5.4	28.9	2.8
2008	100.0	22.5	49.7	44.0	5.7	27.8	2.3
2009	100.0	20.2	52.3	46.2	6.1	27.6	2.2
2010	100.0	20.0	52.4	44.9	7.5	27.6	2.4

3-2续表10　　（按当年价格计算）　　单位:%

年 份	资源县生产总值	第一产业	第二产业	工 业	建筑业	第三产业	交通运输、仓储及邮电业
1950	100.0	78.2	5.0	4.9	0.2	16.8	0.2
1951	100.0	78.1	5.2	5.0	0.2	16.7	0.2
1952	100.0	76.8	5.5	5.4	0.2	17.6	0.2
1953	100.0	76.3	7.2	7.0	0.1	16.5	0.4
1954	100.0	77.3	6.1	6.0	0.1	16.6	0.4
1955	100.0	78.9	6.7	6.6	0.1	14.4	0.4
1956	100.0	75.7	9.1	8.9	0.2	15.1	0.5
1957	100.0	77.5	9.2	9.1	0.2	13.3	0.8
1958	100.0	66.5	19.1	18.9	0.2	14.4	1.1
1959	100.0	61.4	19.4	19.1	0.3	19.2	1.7
1960	100.0	56.2	16.9	15.8	1.2	26.9	1.8
1961	100.0	65.3	12.2	10.5	1.7	22.5	1.2
1962	100.0	72.2	8.8	7.5	1.3	18.9	0.8
1963	100.0	73.0	8.6	7.5	1.1	18.4	0.8
1964	100.0	72.4	11.3	8.7	2.5	16.3	0.9
1965	100.0	72.0	10.1	8.7	1.4	17.9	0.9
1966	100.0	70.9	10.9	8.7	2.2	18.2	0.9
1967	100.0	72.7	10.8	8.4	2.3	16.6	0.6
1968	100.0	72.2	11.8	9.8	2.0	16.0	0.7
1969	100.0	72.2	12.3	11.3	1.0	15.6	0.9
1970	100.0	72.8	12.0	10.4	1.5	15.2	1.0
1971	100.0	66.1	17.6	16.2	1.5	16.3	1.2
1972	100.0	65.3	17.9	16.7	1.2	16.8	1.0
1973	100.0	67.2	16.0	14.7	1.3	16.8	0.9
1974	100.0	65.9	17.3	15.7	1.6	16.8	1.0
1975	100.0	66.1	17.8	16.2	1.6	16.1	1.1
1976	100.0	63.7	18.9	16.7	2.3	17.4	1.3
1977	100.0	60.8	22.5	20.0	2.5	16.7	1.4
1978	100.0	61.0	20.6	17.8	2.8	18.5	1.3
1979	100.0	63.5	15.5	12.3	3.2	21.0	1.1
1980	100.0	66.3	15.5	12.5	3.0	18.2	0.7
1981	100.0	66.7	16.0	12.7	3.3	17.3	1.0
1982	100.0	65.9	16.1	13.1	3.0	18.0	1.3
1983	100.0	66.3	13.8	10.6	3.2	19.9	1.9
1984	100.0	66.4	13.7	11.6	2.1	19.9	1.4
1985	100.0	61.5	15.8	12.6	3.2	22.7	2.5
1986	100.0	58.6	17.2	13.9	3.2	24.2	3.1
1987	100.0	57.3	18.9	13.5	5.4	23.8	3.4
1988	100.0	56.0	17.2	12.4	4.8	26.8	4.0
1989	100.0	57.2	17.0	12.8	4.2	25.8	2.8
1990	100.0	60.7	14.8	12.5	2.3	24.4	4.6
1991	100.0	56.6	16.5	13.3	3.2	26.9	5.1
1992	100.0	52.6	17.0	13.6	3.3	30.5	5.3
1993	100.0	44.1	19.8	16.2	3.6	36.2	7.1
1994	100.0	44.6	17.5	14.4	3.1	37.9	9.6
1995	100.0	39.1	17.8	15.0	2.8	43.1	10.6
1996	100.0	40.6	14.6	12.3	2.4	44.7	12.1
1997	100.0	39.1	15.8	12.8	3.0	45.1	13.8
1998	100.0	37.6	14.8	11.8	2.9	47.7	14.8
1999	100.0	36.0	15.0	12.2	2.7	49.0	14.5
2000	100.0	33.9	20.2	11.6	8.6	45.9	14.3
2001	100.0	35.1	15.3	12.2	3.1	49.6	14.2
2002	100.0	33.8	15.4	12.5	2.9	50.7	14.8
2003	100.0	36.9	27.1	17.2	9.8	36.0	5.0
2004	100.0	33.9	30.5	20.3	10.2	35.6	5.5
2005	100.0	33.7	30.6	20.8	9.8	35.7	4.7
2006	100.0	33.5	30.8	21.6	9.2	35.6	4.2
2007	100.0	33.2	31.1	22.4	8.7	35.7	3.6
2008	100.0	28.7	38.0	29.1	8.8	33.4	3.0
2009	100.0	26.8	37.7	28.9	8.8	35.5	2.8
2010	100.0	24.5	41.4	31.8	9.6	34.1	2.7

3-2续表11　　(按当年价格计算)　　单位:%

年份	平乐县生产总值	第一产业	第二产业	工业	建筑业	第三产业	交通运输、仓储及邮电业
1950	100.0	70.5	5.4	4.3	1.2	24.0	2.3
1951	100.0	70.8	6.1	4.9	1.2	23.1	2.3
1952	100.0	70.1	9.2	8.0	1.2	20.7	2.3
1953	100.0	66.2	9.9	8.6	1.3	24.0	2.3
1954	100.0	62.6	11.9	10.4	1.4	25.5	2.7
1955	100.0	60.7	16.5	15.0	1.6	22.7	2.7
1956	100.0	59.3	17.9	16.1	1.8	22.8	4.0
1957	100.0	61.1	13.5	11.4	2.2	25.3	5.5
1958	100.0	61.3	16.6	14.5	2.0	22.1	3.2
1959	100.0	54.3	21.5	17.5	3.9	24.2	1.3
1960	100.0	47.3	20.8	16.3	4.5	31.9	1.1
1961	100.0	55.7	16.3	13.4	2.9	28.0	3.8
1962	100.0	61.6	13.8	10.5	3.2	24.6	2.7
1963	100.0	60.5	16.6	13.1	3.5	22.9	2.8
1964	100.0	68.4	13.2	10.2	3.0	18.4	2.6
1965	100.0	67.0	14.6	11.6	3.0	18.4	3.3
1966	100.0	67.2	14.4	11.3	3.1	18.4	3.6
1967	100.0	67.0	16.0	12.6	3.3	17.0	2.8
1968	100.0	69.3	13.2	9.4	3.8	17.5	2.9
1969	100.0	63.4	19.3	15.4	4.0	17.3	3.7
1970	100.0	65.2	19.2	15.0	4.1	15.6	2.5
1971	100.0	64.8	18.7	14.8	3.9	16.5	3.5
1972	100.0	62.0	21.5	17.6	3.9	16.5	3.0
1973	100.0	58.1	24.4	20.2	4.1	17.5	3.4
1974	100.0	60.5	18.4	14.4	4.0	21.1	2.9
1975	100.0	60.1	19.9	16.2	3.7	20.0	3.1
1976	100.0	58.9	21.9	17.9	4.0	19.2	2.9
1977	100.0	56.8	23.3	19.4	3.9	19.9	3.1
1978	100.0	59.8	21.6	17.9	3.7	18.7	2.6
1979	100.0	63.6	18.0	14.1	3.9	18.4	2.6
1980	100.0	58.5	20.4	16.6	3.8	21.1	2.1
1981	100.0	59.3	21.7	18.0	3.7	19.0	2.4
1982	100.0	60.7	20.7	17.2	3.6	18.5	2.1
1983	100.0	59.9	19.2	15.8	3.4	20.9	2.9
1984	100.0	59.1	18.1	13.1	4.9	22.9	2.8
1985	100.0	61.7	17.4	13.3	4.1	20.8	2.9
1986	100.0	63.7	14.8	11.7	3.1	21.5	3.3
1987	100.0	62.3	16.0	12.5	3.5	21.8	3.3
1988	100.0	59.2	21.0	17.6	3.4	19.9	2.6
1989	100.0	57.9	20.9	16.3	4.6	21.2	3.5
1990	100.0	59.9	17.0	12.5	4.5	23.1	3.4
1991	100.0	60.2	17.3	14.2	3.2	22.5	3.4
1992	100.0	55.6	21.4	17.9	3.5	23.0	3.2
1993	100.0	58.6	18.1	15.2	2.9	23.3	4.9
1994	100.0	56.0	17.2	14.9	2.3	26.8	7.8
1995	100.0	56.7	18.1	15.9	2.2	25.2	8.3
1996	100.0	58.3	17.4	15.4	2.0	24.3	8.9
1997	100.0	56.5	18.3	16.1	2.2	25.3	9.4
1998	100.0	57.9	18.4	16.2	2.2	23.7	8.9
1999	100.0	55.5	19.4	17.2	2.2	25.0	9.3
2000	100.0	54.1	20.3	16.8	3.5	25.5	9.2
2001	100.0	53.9	19.1	17.2	1.9	27.0	9.3
2002	100.0	55.0	18.9	17.0	1.9	26.1	9.0
2003	100.0	49.9	27.1	23.0	4.0	23.0	1.8
2004	100.0	49.1	28.5	23.9	4.6	22.4	2.3
2005	100.0	48.2	30.9	26.5	4.4	20.9	2.0
2006	100.0	42.9	33.4	29.2	4.2	23.7	1.9
2007	100.0	41.0	34.4	30.5	3.9	24.6	2.0
2008	100.0	37.8	37.5	33.8	3.7	24.7	2.0
2009	100.0	35.7	39.1	34.5	4.5	25.2	1.8
2010	100.0	36.1	38.9	34.2	4.7	25.1	1.9

3-2续表12　　（按当年价格计算）　　单位：%

年　份	荔浦县生产总值	第一产业	第二产业			第三产业	
				工　业	建筑业		交通运输、仓储及邮电业
1950	100.0	78.0	3.9	3.9	0.0	18.1	2.0
1951	100.0	77.6	4.4	4.4	0.0	18.0	2.0
1952	100.0	76.4	4.6	4.5	0.1	19.0	2.0
1953	100.0	74.8	6.8	6.5	0.2	18.5	2.0
1954	100.0	75.3	6.2	6.0	0.2	18.4	1.9
1955	100.0	76.7	5.6	5.4	0.2	17.7	2.0
1956	100.0	75.1	6.8	6.4	0.4	18.0	2.1
1957	100.0	76.0	6.5	6.2	0.3	17.5	2.1
1958	100.0	71.8	10.8	9.5	1.4	17.3	2.0
1959	100.0	63.6	15.8	12.8	3.0	20.6	1.8
1960	100.0	62.7	15.4	13.0	2.4	21.9	1.9
1961	100.0	71.8	8.6	8.1	0.5	19.6	1.7
1962	100.0	72.1	7.1	6.7	0.4	20.8	1.7
1963	100.0	75.5	6.2	5.8	0.4	18.3	1.4
1964	100.0	76.6	6.7	6.2	0.5	16.7	1.8
1965	100.0	75.9	7.5	6.6	0.9	16.6	1.7
1966	100.0	75.4	7.7	7.0	0.7	16.9	1.7
1967	100.0	76.5	7.8	6.5	1.3	15.7	1.7
1968	100.0	77.0	6.6	5.8	0.9	16.3	1.7
1969	100.0	77.2	8.7	7.2	1.5	14.1	1.7
1970	100.0	75.2	10.8	6.4	4.4	13.9	1.6
1971	100.0	70.9	11.3	8.7	2.6	17.7	2.4
1972	100.0	68.7	12.0	10.6	1.5	19.2	1.7
1973	100.0	68.9	11.4	11.1	0.2	19.7	1.7
1974	100.0	66.7	13.1	11.3	1.8	20.1	1.8
1975	100.0	67.7	13.9	12.9	1.0	18.4	1.7
1976	100.0	63.6	16.5	13.8	2.8	19.8	1.8
1977	100.0	63.3	18.0	15.4	2.6	18.7	1.8
1978	100.0	64.9	16.3	13.1	3.2	18.8	1.9
1979	100.0	65.6	16.8	14.5	2.3	17.6	1.3
1980	100.0	65.5	17.5	15.8	1.7	17.0	1.1
1981	100.0	62.4	22.3	20.1	2.1	15.4	1.4
1982	100.0	62.5	24.1	21.3	2.8	13.4	1.2
1983	100.0	68.2	16.0	13.9	2.1	15.8	1.3
1984	100.0	66.0	15.6	13.2	2.4	18.5	1.4
1985	100.0	63.8	18.8	16.7	2.1	17.5	1.6
1986	100.0	59.0	21.4	18.7	2.6	19.6	1.6
1987	100.0	57.8	19.9	17.1	2.8	22.3	1.9
1988	100.0	56.1	23.2	18.7	4.6	20.6	2.1
1989	100.0	55.0	23.1	20.2	2.9	21.9	2.6
1990	100.0	56.0	22.8	19.9	2.9	21.2	2.5
1991	100.0	53.9	25.9	22.8	3.1	20.2	2.1
1992	100.0	53.9	27.7	23.7	4.0	18.4	1.8
1993	100.0	44.2	35.4	28.4	7.0	20.3	2.2
1994	100.0	54.5	23.5	19.4	4.1	22.0	4.7
1995	100.0	52.4	22.7	17.6	5.1	24.9	6.9
1996	100.0	48.5	24.5	20.2	4.4	27.0	6.4
1997	100.0	52.0	22.8	19.0	3.9	25.1	7.1
1998	100.0	43.9	28.3	24.5	3.8	27.7	8.1
1999	100.0	41.1	28.9	25.5	3.4	30.0	9.4
2000	100.0	40.8	28.1	24.7	3.4	31.1	9.9
2001	100.0	38.0	28.5	24.8	3.7	33.4	10.6
2002	100.0	33.1	29.7	25.8	3.9	37.2	12.2
2003	100.0	34.2	32.9	26.6	6.2	33.0	4.8
2004	100.0	32.5	34.8	28.9	5.9	32.6	4.8
2005	100.0	31.0	34.5	28.9	5.6	34.5	4.7
2006	100.0	28.9	36.0	30.7	5.3	35.1	4.8
2007	100.0	26.8	39.5	34.1	5.5	33.6	4.3
2008	100.0	25.7	42.3	36.7	5.6	31.9	4.1
2009	100.0	23.7	43.2	37.4	5.8	33.1	3.7
2010	100.0	23.1	44.8	38.8	6.0	32.1	4.0

3-2续表13 （按当年价格计算） 单位:%

年份	恭城县生产总值	第一产业	第二产业	工业	建筑业	第三产业	交通运输、仓储及邮电业
1950	100.0	87.7	7.0	6.9	0.1	5.4	1.3
1951	100.0	83.5	10.5	10.4	0.1	6.0	1.4
1952	100.0	80.5	13.6	13.5	0.1	5.9	1.2
1953	100.0	75.8	17.7	17.6	0.1	6.5	1.0
1954	100.0	68.8	22.3	22.1	0.2	8.9	0.9
1955	100.0	61.0	27.5	27.3	0.2	11.5	1.0
1956	100.0	59.9	25.7	25.2	0.4	14.4	1.0
1957	100.0	64.1	19.3	18.8	0.4	16.6	0.9
1958	100.0	59.3	23.3	22.0	1.3	17.4	1.0
1959	100.0	57.6	22.9	21.5	1.4	19.5	1.4
1960	100.0	48.6	28.4	24.1	4.4	23.0	2.2
1961	100.0	62.9	17.2	15.7	1.4	19.9	2.1
1962	100.0	65.9	15.0	12.8	2.2	19.1	2.1
1963	100.0	63.8	17.4	16.0	1.4	18.9	1.6
1964	100.0	66.1	15.4	12.3	3.1	18.5	1.5
1965	100.0	71.1	13.0	11.6	1.4	15.9	1.3
1966	100.0	68.6	14.9	13.9	1.0	16.5	1.2
1967	100.0	68.3	15.1	14.0	1.1	16.6	1.1
1968	100.0	70.4	13.6	11.1	2.5	16.0	1.2
1969	100.0	66.9	17.4	14.0	3.4	15.7	1.1
1970	100.0	65.5	19.1	13.3	5.8	15.4	1.1
1971	100.0	64.6	22.4	18.3	4.1	13.1	1.0
1972	100.0	59.5	27.3	23.3	4.0	13.2	0.9
1973	100.0	59.2	27.2	22.9	4.3	13.6	1.0
1974	100.0	60.9	24.6	19.9	4.8	14.5	1.0
1975	100.0	62.9	23.4	19.2	4.2	13.7	0.9
1976	100.0	62.2	24.4	20.2	4.2	13.4	0.8
1977	100.0	59.5	27.2	23.0	4.2	13.3	0.8
1978	100.0	54.1	31.2	27.3	3.9	14.7	0.8
1979	100.0	54.7	31.1	27.4	3.7	14.2	0.8
1980	100.0	56.0	28.4	24.6	3.8	15.6	1.1
1981	100.0	56.5	27.4	23.1	4.3	16.2	1.3
1982	100.0	60.7	22.7	18.7	4.1	16.6	1.3
1983	100.0	65.4	17.4	14.1	3.3	17.1	1.3
1984	100.0	57.4	22.5	16.3	6.2	20.1	1.5
1985	100.0	54.5	24.7	19.7	5.0	20.8	1.8
1986	100.0	53.0	24.4	20.2	4.2	22.6	2.0
1987	100.0	52.7	23.2	20.2	2.9	24.1	2.4
1988	100.0	49.7	27.2	21.4	5.7	23.1	2.3
1989	100.0	46.1	30.3	24.7	5.6	23.6	2.3
1990	100.0	53.2	27.1	21.1	5.9	19.7	1.6
1991	100.0	53.0	25.7	21.2	4.5	21.4	1.5
1992	100.0	53.0	25.6	20.5	5.1	21.4	1.7
1993	100.0	46.8	32.6	28.5	4.2	20.5	1.6
1994	100.0	51.1	26.8	22.9	3.9	22.1	2.4
1995	100.0	52.4	22.6	18.7	3.9	25.1	2.8
1996	100.0	59.0	18.7	14.4	4.3	22.3	3.1
1997	100.0	53.4	21.9	16.3	5.7	24.7	3.2
1998	100.0	53.1	24.5	19.3	5.2	22.4	3.2
1999	100.0	57.5	18.6	14.4	4.2	23.8	2.9
2000	100.0	57.7	18.8	14.8	4.0	23.5	2.3
2001	100.0	55.1	19.2	15.3	3.9	25.7	2.0
2002	100.0	54.4	19.1	15.9	3.2	26.5	1.8
2003	100.0	50.0	23.4	19.0	4.4	26.6	0.4
2004	100.0	48.6	25.4	20.9	4.5	25.9	0.3
2005	100.0	44.4	28.5	24.2	4.3	27.1	2.9
2006	100.0	41.4	30.4	26.3	4.1	28.2	2.8
2007	100.0	39.4	32.3	28.2	4.1	28.3	3.1
2008	100.0	37.2	35.6	30.6	5.0	27.2	3.2
2009	100.0	33.9	39.4	33.5	5.9	26.6	3.1
2010	100.0	31.6	43.1	37.2	5.9	25.4	3.0

3–3 市县历年生产总值发展速度

（按可比价格计算，以上年为100）

单位：%

年 份	全 市 生产总值	第一产业	第二产业	工 业	建筑业	第三产业	交通运输、仓储及邮电业
1951	107.0	106.0	133.4	126.2	257.1	105.7	115.9
1952	116.4	114.8	161.6	164.5	137.8	111.0	126.1
1953	110.2	105.2	144.0	146.6	117.7	118.5	142.8
1954	110.9	104.8	138.5	139.4	127.4	120.7	128.1
1955	102.9	97.0	123.1	126.5	76.3	111.2	123.4
1956	106.9	103.5	109.7	107.6	155.6	114.9	132.5
1957	107.4	107.8	100.3	101.0	89.1	110.2	119.4
1958	111.7	105.6	148.3	141.4	250.0	104.5	133.5
1959	107.6	90.5	142.1	138.0	176.5	120.2	119.4
1960	90.4	74.1	100.6	98.6	113.4	110.1	103.9
1961	88.2	96.7	56.9	61.5	30.5	106.3	80.8
1962	98.4	109.4	84.2	84.3	83.6	92.9	85.5
1963	109.8	112.4	105.1	103.7	121.1	108.4	103.6
1964	114.0	118.6	122.2	120.0	144.0	104.2	125.1
1965	114.3	109.4	138.7	142.9	103.4	109.8	134.0
1966	111.9	104.3	135.1	131.4	177.1	108.9	140.8
1967	98.9	103.0	97.7	100.8	71.4	93.6	78.0
1968	86.5	96.6	61.2	59.6	80.4	90.7	79.8
1969	135.0	108.8	229.3	226.3	255.8	128.4	160.5
1970	117.8	106.7	145.3	147.1	131.3	107.0	125.8
1971	114.0	109.4	124.8	130.8	83.2	110.0	116.2
1972	103.0	95.7	107.4	109.0	89.6	114.4	111.9
1973	105.7	101.9	109.4	110.8	91.5	108.1	100.7
1974	110.3	105.3	112.8	112.4	119.3	116.3	115.7
1975	104.9	103.3	108.1	109.1	92.2	103.1	101.1
1976	101.7	98.5	103.3	104.4	84.0	104.9	103.4
1977	110.0	108.1	113.3	113.8	103.7	108.2	100.7
1978	111.2	105.1	109.9	109.7	116.5	123.8	94.1
1979	108.3	111.1	107.8	106.1	127.3	103.3	107.2
1980	103.7	97.9	109.2	108.3	117.1	107.6	99.4
1981	103.3	102.9	99.9	98.4	113.3	109.8	115.8
1982	107.4	109.0	103.6	103.6	103.6	110.0	108.2
1983	107.4	107.4	106.1	107.6	94.0	109.2	114.6
1984	109.9	100.5	114.4	114.5	113.6	120.9	116.6
1985	114.9	107.4	121.1	118.1	148.9	118.4	115.8
1986	109.5	102.3	113.0	113.5	109.3	114.9	107.8
1987	110.4	100.7	111.8	108.1	139.7	120.6	122.8
1988	105.3	101.7	105.6	107.3	96.0	108.7	140.7
1989	100.8	104.9	100.4	102.7	85.8	97.1	104.0
1990	103.0	102.4	101.7	102.0	100.0	105.3	93.3
1991	113.5	109.3	116.8	120.9	92.4	116.1	120.0
1992	117.8	110.3	131.4	132.2	125.0	114.2	127.0
1993	119.8	107.9	137.2	138.5	127.9	118.2	104.8
1994	112.4	111.2	113.1	113.7	108.8	113.0	112.1
1995	118.5	119.4	117.4	114.9	137.1	118.9	119.9
1996	121.0	116.8	120.3	119.9	122.9	126.7	132.2
1997	111.9	118.2	106.9	106.5	109.8	110.7	132.2
1998	107.8	102.7	113.7	113.8	113.4	107.4	127.8
1999	109.5	106.2	109.2	108.5	113.5	113.3	106.7
2000	110.1	105.2	111.3	111.7	108.7	113.6	111.9
2001	109.8	107.3	109.1	110.5	100.4	112.7	112.7
2002	109.2	102.5	111.6	110.9	116.4	112.8	101.0
2003	109.8	106.0	112.1	110.2	124.8	110.5	107.1
2004	113.1	109.2	115.9	115.8	116.5	113.4	97.5
2005	113.6	107.9	118.8	119.9	113.6	112.7	118.2
2006	112.2	106.5	116.3	117.8	108.9	111.8	107.4
2007	114.8	105.8	121.2	122.7	113.1	113.7	111.6
2008	112.9	106.0	118.2	119.7	109.6	111.1	109.9
2009	113.8	105.3	117.6	116.7	122.8	113.9	106.7
2010	113.8	104.8	120.7	120.2	123.7	110.3	116.4

3-3续表1　（按可比价格计算，以上年为100）　单位：%

年份	市区生产总值	第一产业	第二产业	工业	建筑业	第三产业	交通运输、仓储及邮政业
1951	107.8	110.2	170.0	138.3	771.4	99.5	130.6
1952	126.4	125.8	208.0	230.4	131.5	109.6	144.1
1953	125.7	107.6	152.5	159.9	108.5	121.4	142.5
1954	130.9	102.6	168.6	173.3	127.3	120.9	132.0
1955	117.6	92.9	130.6	136.5	60.2	115.1	127.9
1956	116.7	116.0	104.7	101.4	194.9	126.3	138.2
1957	104.6	107.4	101.8	104.2	67.8	105.8	102.1
1958	119.7	119.8	152.7	145.1	285.9	95.5	138.5
1959	138.9	100.0	160.3	159.8	165.0	123.3	119.6
1960	111.1	93.1	108.5	107.9	113.3	118.6	113.1
1961	80.6	97.8	55.8	59.2	28.2	112.6	72.3
1962	89.3	87.5	85.7	87.8	49.7	92.1	84.0
1963	110.9	165.7	105.5	104.1	147.3	107.3	92.2
1964	109.8	94.0	124.1	124.4	116.5	103.9	121.4
1965	124.6	100.6	154.8	155.0	150.4	106.3	124.2
1966	126.8	82.3	144.8	139.9	261.8	114.5	160.1
1967	93.5	93.5	96.0	99.7	49.0	90.2	76.6
1968	69.5	115.9	51.1	51.4	44.5	90.7	75.6
1969	191.4	114.8	277.6	273.6	396.3	131.9	162.6
1970	134.3	120.5	154.8	155.6	139.4	100.3	118.9
1971	116.5	100.4	122.1	124.9	74.6	106.3	111.4
1972	105.8	101.8	103.7	104.7	76.8	113.4	116.9
1973	112.5	98.3	112.9	113.5	92.4	115.0	96.1
1974	114.0	92.8	114.2	113.9	128.8	117.8	118.2
1975	109.8	130.9	111.5	111.6	108.3	101.7	99.6
1976	103.4	84.7	102.6	103.2	74.3	109.8	126.1
1977	109.6	110.7	109.7	109.8	104.2	109.3	90.8
1978	109.3	98.3	106.1	106.5	83.5	119.9	101.4
1979	109.0	100.4	111.7	108.3	243.3	103.9	104.9
1980	108.7	111.5	105.9	104.4	132.9	115.5	105.6
1981	103.4	121.9	100.1	98.9	116.9	108.7	115.1
1982	106.0	103.5	103.6	103.2	108.2	111.6	113.4
1983	109.3	100.8	111.3	113.9	82.5	106.7	107.6
1984	122.8	104.4	118.6	118.8	115.2	134.7	121.1
1985	123.8	121.9	117.9	113.1	193.4	135.1	117.9
1986	113.9	111.2	113.7	114.1	109.6	114.6	104.3
1987	116.4	103.3	113.7	107.1	177.0	122.2	107.0
1988	101.7	97.3	100.7	104.4	79.4	103.6	167.7
1989	94.2	114.2	92.8	95.3	73.6	94.8	102.5
1990	102.3	92.9	100.6	100.6	100.7	105.7	88.4
1991	116.3	94.6	115.3	118.6	90.8	120.2	133.2
1992	120.2	106.7	130.8	133.2	107.7	110.5	104.6
1993	118.4	105.4	122.2	120.7	136.1	116.3	79.6
1994	108.7	121.7	115.5	118.0	94.8	100.7	83.0
1995	114.8	103.0	116.1	111.7	160.9	114.7	122.4
1996	121.3	115.8	119.7	119.6	120.1	123.6	119.4
1997	112.0	113.6	110.6	112.1	99.7	113.5	124.8
1998	117.1	96.3	120.3	119.7	124.7	115.8	113.2
1999	114.1	122.1	110.9	110.8	111.9	116.9	115.0
2000	114.5	113.5	112.8	112.9	112.7	116.4	123.4
2001	113.2	104.4	110.6	107.7	132.9	116.5	93.3
2002	113.9	102.1	109.4	109.9	106.6	119.0	135.2
2003	107.5	103.9	101.9	102.5	97.8	112.7	111.1
2004	112.9	101.3	113.4	115.0	102.7	113.2	117.8
2005	109.4	106.3	115.3	114.2	121.5	105.9	89.3
2006	113.1	105.1	112.8	113.7	107.6	113.6	110.2
2007	113.7	104.4	116.4	118.7	102.6	112.2	115.1
2008	109.6	106.7	112.0	112.3	110.0	108.0	103.7
2009	112.6	105.9	110.8	109.7	118.5	114.2	98.6
2010	112.7	104.2	117.3	117.9	113.7	109.8	116.5

3-3续表2 （按可比价格计算，以上年为100） 单位：%

年 份	阳朔县生产总值	第一产业	第二产业	工 业	建筑业	第三产业	交通运输、仓储及邮政业
1951	110.9	112.4	96.0	88.2	112.5	102.4	125.0
1952	125.6	127.2	95.8	86.7	111.1	118.4	120.0
1953	102.2	100.3	126.1	153.8	90.0	117.5	150.0
1954	105.6	101.9	151.7	165.0	122.2	127.3	133.3
1955	99.2	97.5	115.9	115.2	118.2	106.5	125.0
1956	106.9	101.2	178.4	194.7	130.8	122.0	120.0
1957	105.5	103.9	108.8	102.7	135.3	112.5	100.0
1958	106.0	102.7	131.8	142.0	103.4	108.4	115.4
1959	92.6	79.7	135.2	140.0	116.7	124.5	126.7
1960	89.1	85.8	72.4	70.8	80.0	110.9	110.5
1961	98.6	100.4	78.9	70.2	114.3	103.6	123.8
1962	105.1	112.2	92.0	82.5	115.6	94.0	92.3
1963	113.4	113.7	110.7	109.1	113.5	113.5	83.3
1964	113.5	115.6	125.4	116.7	140.5	103.9	130.0
1965	100.9	97.2	116.1	119.0	111.9	105.4	115.4
1966	112.2	111.1	121.1	115.0	130.3	111.1	120.0
1967	101.0	100.9	98.5	113.0	79.1	102.4	88.9
1968	94.7	96.5	90.4	80.0	110.3	91.9	78.1
1969	115.8	109.4	131.8	125.0	141.3	126.2	128.0
1970	104.9	103.6	107.2	123.1	87.7	107.0	100.0
1971	113.3	111.3	119.7	124.6	110.4	117.0	110.7
1972	102.0	101.1	103.8	114.2	81.2	104.4	109.7
1973	105.0	103.8	111.7	114.5	103.2	104.9	94.1
1974	103.2	97.9	113.5	117.8	99.0	115.7	118.8
1975	104.7	103.6	108.2	111.3	95.9	105.6	94.7
1976	101.1	100.3	97.7	98.6	93.5	106.4	127.8
1977	105.4	101.2	119.4	124.3	95.4	108.1	104.3
1978	111.8	110.8	97.7	98.1	95.2	125.2	93.8
1979	104.7	108.2	88.2	81.0	122.4	103.8	110.3
1980	95.5	89.3	120.2	127.6	96.9	104.4	110.9
1981	119.3	119.7	141.9	119.7	233.9	102.8	90.1
1982	109.6	114.6	90.1	90.8	88.6	109.0	101.6
1983	103.1	100.1	104.9	108.0	98.1	113.7	129.2
1984	101.7	95.9	99.2	108.2	77.5	123.4	184.5
1985	109.7	104.2	118.7	120.0	114.5	119.4	158.7
1986	113.1	104.9	110.6	94.8	166.4	133.8	120.3
1987	108.3	103.1	113.8	124.1	93.2	115.2	116.6
1988	100.5	100.4	104.6	108.4	94.6	98.7	98.3
1989	99.6	103.6	96.5	93.5	106.0	94.3	101.5
1990	107.6	105.9	111.2	110.5	112.9	109.0	107.6
1991	111.4	115.3	91.9	101.0	73.2	110.9	150.6
1992	118.0	117.1	130.0	126.1	141.0	116.0	100.9
1993	105.6	96.6	116.1	110.5	130.8	121.1	170.6
1994	102.9	88.1	150.2	159.9	128.6	114.6	131.9
1995	128.5	131.7	151.5	140.4	182.5	116.4	134.6
1996	126.2	116.5	142.1	142.6	141.1	132.9	152.1
1997	116.8	125.4	108.3	110.7	103.1	110.1	119.1
1998	108.0	104.8	104.3	113.6	82.7	114.4	102.8
1999	97.6	100.7	95.4	97.8	87.9	94.6	84.1
2000	105.3	104.5	101.8	106.3	86.0	108.0	108.6
2001	108.4	105.5	110.0	107.8	119.9	111.7	110.2
2002	109.3	107.4	109.9	109.4	111.7	111.5	111.9
2003	109.2	109.0	115.2	108.1	142.6	106.9	111.5
2004	114.6	109.7	125.2	116.9	149.8	116.1	114.1
2005	106.1	103.3	109.8	110.2	109.1	106.9	128.3
2006	122.9	112.3	143.2	129.6	173.4	122.6	122.8
2007	128.2	111.7	155.2	143.3	174.8	126.6	126.6
2008	110.2	103.1	112.8	113.1	112.4	113.1	107.5
2009	111.0	105.7	121.5	112.9	133.2	107.7	106.2
2010	124.1	105.5	122.6	118.9	126.9	135.4	121.2

3-3续表3 （按可比价格计算，以上年为100） 单位:%

年 份	临桂县生产总值	第一产业	第二产业	工 业	建筑业	第三产业	交通运输、仓储及邮政业
1951	108.4	107.6	119.5	120.0	100.0	110.9	125.0
1952	113.4	113.7	128.6	129.2	100.0	109.4	100.0
1953	96.6	93.7	122.2	122.6	100.0	105.4	150.0
1954	109.5	106.7	93.5	92.1	200.0	126.9	800.0
1955	99.5	95.2	108.3	110.0	50.0	114.5	22.5
1956	104.0	103.7	109.0	105.2	400.0	104.2	92.6
1957	110.4	112.7	128.2	127.2	150.0	99.8	112.0
1958	109.4	104.5	168.6	127.9	814.3	109.2	100.0
1959	96.0	88.3	114.6	89.4	177.2	113.2	114.3
1960	74.8	56.0	118.4	63.8	187.1	103.6	112.5
1961	86.9	93.9	45.2	138.3	5.3	99.0	103.7
1962	120.1	138.9	86.1	81.3	140.0	103.1	103.6
1963	108.9	110.5	97.1	95.6	107.1	108.6	96.6
1964	115.3	121.0	136.3	132.2	160.0	101.2	107.1
1965	115.6	120.4	127.3	124.3	141.7	102.3	106.7
1966	118.3	123.9	102.8	115.4	50.0	108.3	125.0
1967	97.7	97.0	104.9	101.2	141.2	97.7	95.0
1968	90.4	92.4	80.6	80.8	79.2	87.3	100.0
1969	116.0	113.6	118.8	109.6	184.2	122.8	107.9
1970	109.8	103.2	148.6	137.2	197.1	118.4	107.3
1971	114.3	111.8	186.4	185.1	189.9	94.7	105.1
1972	110.8	107.7	129.2	120.3	152.0	112.1	102.4
1973	102.7	106.2	82.5	98.1	50.9	104.8	92.9
1974	99.8	93.6	131.1	137.7	105.2	107.9	110.3
1975	108.1	111.2	98.4	100.5	87.7	103.2	97.7
1976	96.1	92.4	102.7	113.5	39.3	107.9	121.4
1977	105.3	102.3	122.8	118.0	204.8	103.0	102.0
1978	115.1	110.2	126.2	120.2	184.9	123.8	90.4
1979	100.9	104.6	85.6	98.8	48.2	102.9	126.0
1980	104.1	93.8	158.1	158.7	154.6	96.7	77.8
1981	101.2	102.5	88.3	91.3	70.3	118.8	138.8
1982	108.1	113.3	93.4	96.5	69.8	105.4	76.5
1983	103.5	101.8	102.0	99.5	128.8	113.6	128.8
1984	104.9	105.2	94.8	89.8	136.5	114.9	165.7
1985	110.1	114.6	113.7	120.1	78.9	89.8	45.9
1986	99.8	90.9	119.9	111.1	192.3	120.8	109.8
1987	101.5	98.9	106.3	105.6	109.7	105.9	89.3
1988	121.6	107.6	130.5	138.3	94.6	159.8	528.0
1989	100.8	100.1	107.7	112.7	73.7	96.1	112.9
1990	107.4	111.3	100.6	101.2	94.1	105.0	135.2
1991	107.0	106.9	102.2	101.2	113.6	112.0	128.5
1992	115.6	115.5	129.6	126.3	165.3	103.3	124.9
1993	125.0	106.4	175.8	179.3	146.4	145.3	144.9
1994	119.6	109.4	140.0	144.5	94.6	123.6	171.2
1995	117.9	112.3	118.7	115.3	171.3	130.3	186.6
1996	117.7	119.8	116.0	114.7	129.6	115.5	119.3
1997	109.8	109.3	100.5	99.4	111.0	122.0	103.6
1998	101.4	103.1	89.3	88.1	99.0	110.0	89.8
1999	107.0	104.9	112.9	115.1	96.5	106.0	85.5
2000	108.0	106.5	113.4	110.6	137.3	105.9	102.5
2001	109.5	105.1	119.1	121.8	99.7	108.7	102.2
2002	112.1	105.1	124.2	121.3	149.0	112.1	102.3
2003	114.0	105.3	128.5	123.7	162.5	111.9	98.6
2004	115.6	111.0	122.3	122.1	123.6	113.8	119.8
2005	123.7	113.4	142.9	146.8	125.7	114.4	107.3
2006	119.5	110.6	133.5	136.4	118.4	110.5	112.5
2007	123.5	108.0	139.3	142.6	120.4	115.3	115.3
2008	115.5	104.9	124.4	126.3	111.5	109.0	99.7
2009	112.1	103.2	116.3	116.2	117.4	112.1	107.1
2010	120.3	105.1	127.3	126.6	133.0	118.7	119.4

3-3续表4 （按可比价格计算，以上年为100） 单位：%

年 份	灵川县生产总值	第一产业	第二产业	工 业	建筑业	第三产业	交通运输、仓储及邮政业
1951	108.9	104.7	122.2	122.2	0.0	139.3	400.0
1952	119.9	124.5	118.2	116.7	0.0	89.9	100.0
1953	113.6	111.6	126.9	128.6	0.0	123.9	300.0
1954	105.3	108.5	90.9	89.9	0.0	87.3	50.0
1955	103.3	100.9	114.4	114.6	100.0	120.7	150.0
1956	105.8	106.3	109.7	109.8	100.0	99.4	88.9
1957	105.7	100.1	123.0	121.4	300.0	146.6	512.5
1958	111.6	108.5	149.7	131.7	800.0	106.2	122.6
1959	93.2	95.1	124.2	76.4	409.4	52.1	18.4
1960	61.7	57.9	60.3	80.8	37.4	108.8	128.6
1961	98.9	103.4	77.8	81.4	69.4	96.3	111.1
1962	101.8	103.5	80.0	81.3	76.5	111.5	120.0
1963	106.8	106.2	131.7	110.3	196.2	92.5	91.7
1964	121.1	118.8	140.9	112.8	188.2	117.0	118.2
1965	125.9	131.3	86.5	125.8	46.9	134.2	300.0
1966	104.1	98.8	126.3	117.2	151.1	124.1	138.5
1967	95.0	99.9	88.2	81.1	102.9	72.6	59.3
1968	88.2	89.3	69.4	70.7	67.1	97.4	53.1
1969	142.2	114.0	314.7	229.3	463.8	223.1	635.3
1970	122.8	107.5	127.8	187.8	76.1	173.3	125.0
1971	126.0	110.0	183.1	236.9	71.1	132.7	121.2
1972	102.7	90.9	115.6	118.0	98.5	123.0	130.8
1973	98.2	104.0	97.7	98.2	93.2	85.3	72.7
1974	105.5	96.0	109.6	108.6	118.5	126.7	133.8
1975	102.0	107.7	90.2	93.3	65.3	104.1	77.5
1976	108.7	113.4	96.5	99.8	58.3	111.2	129.8
1977	105.4	96.8	118.5	120.3	83.9	112.9	112.0
1978	106.8	98.8	107.2	101.1	280.9	122.1	60.0
1979	103.7	108.7	124.0	122.3	134.2	74.7	119.9
1980	123.4	122.5	129.7	132.0	117.4	116.8	120.2
1981	103.8	98.1	96.4	88.2	145.4	135.4	123.5
1982	104.7	101.5	93.4	100.9	66.0	125.8	120.7
1983	109.1	104.1	109.4	108.5	114.9	118.9	120.5
1984	108.6	107.6	116.8	122.0	89.6	103.8	124.4
1985	102.5	100.8	135.2	133.0	150.6	76.6	124.0
1986	114.5	106.2	130.5	134.9	103.1	109.1	88.0
1987	112.1	106.0	107.5	108.9	96.1	135.0	95.6
1988	109.4	108.9	102.0	98.5	134.1	121.5	155.6
1989	98.6	100.2	102.1	105.9	75.6	91.6	123.1
1990	110.7	112.3	102.9	102.9	102.9	118.6	153.7
1991	112.8	117.8	103.2	99.3	140.4	115.3	118.8
1992	115.1	105.6	133.9	139.0	99.3	112.6	119.0
1993	123.0	110.1	152.9	156.1	127.4	113.0	108.9
1994	113.8	111.3	109.4	104.6	155.0	127.3	129.0
1995	118.8	119.9	112.5	113.1	108.0	126.2	117.0
1996	112.4	112.1	105.8	104.6	113.6	121.9	98.1
1997	108.4	114.8	92.9	85.5	139.8	115.9	111.6
1998	109.4	110.7	112.4	104.9	141.3	104.5	113.7
1999	108.6	109.3	104.2	116.9	67.9	112.0	109.8
2000	104.1	101.0	104.8	107.6	91.0	108.7	103.6
2001	108.0	104.4	111.1	111.1	111.5	111.0	108.0
2002	107.9	105.8	106.9	107.2	105.5	111.9	107.7
2003	112.5	104.3	125.6	122.7	142.7	112.9	158.4
2004	113.5	109.7	122.6	128.2	93.8	109.6	113.1
2005	125.3	111.0	145.2	141.9	167.6	118.5	108.7
2006	110.8	107.4	113.1	114.9	103.0	111.4	111.0
2007	111.6	104.5	114.9	115.8	108.7	114.8	113.0
2008	108.4	105.2	108.0	109.2	99.7	112.4	117.0
2009	114.2	105.0	118.8	118.1	124.1	116.5	109.5
2010	111.7	104.0	115.9	115.8	116.8	112.1	117.7

3-3续表5　（按可比价格计算，以上年为100）　单位：%

年　份	全州县生产总值	第一产业	第二产业	工　业	建筑业	第三产业	交通运输、仓储及邮政业
1951	104.7	104.9	128.8	126.9	0.0	100.5	113.3
1952	113.4	112.6	155.2	156.1	100.0	111.5	123.5
1953	102.7	100.0	126.0	125.2	200.0	112.1	171.4
1954	109.7	107.3	121.4	120.9	150.0	118.3	125.0
1955	107.5	103.7	141.5	140.4	200.0	116.0	166.7
1956	104.2	103.1	117.3	117.4	116.7	104.6	125.3
1957	102.3	101.3	99.6	100.8	57.1	106.6	122.3
1958	104.3	96.9	161.3	155.2	500.0	109.7	136.0
1959	100.5	87.3	124.0	123.3	136.0	129.1	206.8
1960	90.9	86.1	97.7	97.4	102.9	97.5	65.3
1961	99.3	106.1	51.7	54.5	11.4	111.5	85.4
1962	99.0	102.2	81.1	81.1	75.0	97.6	74.1
1963	100.8	98.6	91.3	90.8	133.3	107.0	130.0
1964	121.7	125.8	116.1	116.4	100.0	115.6	199.2
1965	112.8	114.6	122.9	122.8	125.0	107.8	134.0
1966	105.7	98.9	111.0	105.7	420.0	118.4	152.2
1967	96.2	99.4	95.8	96.5	85.7	90.9	65.9
1968	100.4	106.1	111.9	100.0	311.1	87.8	81.3
1969	117.5	107.1	156.1	126.5	316.1	130.8	195.8
1970	106.1	106.5	117.5	116.8	119.2	101.9	113.9
1971	107.3	106.3	113.4	132.3	72.2	107.8	108.0
1972	101.8	98.0	111.6	122.6	67.8	109.4	98.3
1973	101.8	98.0	107.9	111.5	82.2	109.8	111.3
1974	104.7	95.1	126.5	117.9	211.3	119.2	123.5
1975	102.8	104.3	100.8	104.7	79.5	100.9	98.3
1976	101.6	99.7	110.2	115.8	70.6	101.3	99.2
1977	118.8	124.0	124.2	126.0	102.6	104.6	101.4
1978	108.4	102.8	112.8	113.4	104.2	119.4	88.8
1979	108.0	110.1	104.4	104.4	104.4	103.9	103.9
1980	99.6	99.5	103.2	102.0	112.6	97.4	97.4
1981	98.3	95.0	101.1	102.3	92.5	107.7	107.8
1982	107.6	110.3	95.3	95.3	95.2	107.6	107.6
1983	102.4	99.1	103.6	103.6	103.5	111.8	119.8
1984	106.6	105.6	101.5	101.5	101.9	112.1	112.1
1985	111.6	109.2	132.4	119.8	229.9	107.2	107.2
1986	109.3	104.1	112.5	116.2	97.6	121.1	118.2
1987	107.2	99.1	118.1	118.2	117.7	119.2	145.8
1988	102.6	97.4	106.8	100.3	138.5	109.8	115.9
1989	106.7	107.4	124.2	132.1	96.6	95.9	97.6
1990	99.9	102.4	105.0	110.4	79.3	91.6	73.6
1991	111.0	108.7	117.5	131.6	72.8	112.6	65.7
1992	117.1	108.4	130.8	125.9	159.0	130.2	222.3
1993	129.2	115.1	177.1	192.6	112.5	110.1	83.7
1994	128.2	116.5	139.2	137.7	150.2	146.2	147.2
1995	113.5	114.6	113.8	114.2	111.3	109.0	120.8
1996	117.0	106.8	115.0	111.5	138.8	153.6	174.3
1997	119.1	128.4	110.2	110.3	109.7	114.0	103.6
1998	106.3	102.6	104.1	103.7	106.4	119.2	111.1
1999	106.4	105.4	104.6	104.3	106.7	111.0	108.0
2000	108.7	106.4	112.1	114.9	97.7	108.6	111.4
2001	108.7	106.7	109.2	110.3	102.7	111.9	106.2
2002	106.5	102.0	114.3	115.7	105.7	104.0	111.3
2003	112.2	103.5	120.7	121.6	114.0	115.2	106.0
2004	106.9	101.7	109.8	109.8	109.4	111.2	114.6
2005	112.7	106.3	128.1	131.0	113.4	105.4	107.9
2006	110.3	105.4	116.7	117.6	111.1	108.8	111.1
2007	105.4	103.2	103.4	101.9	112.3	110.5	107.9
2008	119.0	105.8	137.3	142.1	110.7	111.9	104.8
2009	115.8	104.9	122.3	122.8	118.5	117.8	105.1
2010	113.3	103.6	120.2	120.0	121.6	111.7	118.6

3-3续表6 （按可比价格计算，以上年为100） 单位:%

年份	兴安县生产总值	第一产业	第二产业	工业	建筑业	第三产业	交通运输、仓储及邮政业
1951	117.7	112.7	138.9	138.2	150.0	152.7	100.0
1952	119.6	117.8	158.0	148.9	300.0	120.8	114.3
1953	107.6	105.1	126.6	131.4	88.9	116.4	125.0
1954	101.7	93.7	126.0	116.3	237.5	135.4	130.0
1955	99.0	94.2	123.8	134.6	63.2	108.3	123.1
1956	103.9	99.2	119.9	118.8	133.3	112.6	100.0
1957	117.8	118.4	103.2	105.3	81.3	122.1	337.5
1958	115.6	108.1	125.9	115.1	268.8	130.9	260.0
1959	97.1	87.7	118.8	113.5	148.8	108.4	89.4
1960	85.6	72.8	88.0	93.5	64.1	107.2	90.3
1961	88.7	81.3	62.0	68.0	24.4	108.1	47.6
1962	107.6	132.4	87.1	85.8	110.0	89.6	77.5
1963	105.6	98.5	98.8	98.7	100.0	116.8	106.5
1964	112.4	116.5	124.4	119.5	190.9	105.6	148.5
1965	126.3	116.4	115.6	108.4	176.2	141.2	342.9
1966	89.9	94.8	126.1	115.5	181.1	78.4	69.0
1967	100.7	109.8	89.0	97.3	61.2	92.6	102.6
1968	93.7	96.4	98.1	100.0	87.8	88.6	61.3
1969	125.8	114.8	185.4	153.0	380.6	125.3	142.5
1970	115.5	102.3	132.0	139.5	113.9	127.5	380.8
1971	132.4	139.8	133.4	152.7	83.1	116.1	129.8
1972	102.9	87.1	130.2	144.1	63.5	125.2	129.4
1973	98.5	94.2	101.4	93.2	190.4	104.1	104.1
1974	103.4	100.7	102.6	111.2	57.0	108.3	111.9
1975	103.6	104.4	93.7	95.8	71.6	108.7	114.3
1976	94.2	101.6	98.4	98.1	102.7	81.4	44.3
1977	113.7	110.3	124.8	128.5	76.0	112.4	134.1
1978	117.6	99.2	154.5	147.2	317.5	123.2	92.4
1979	105.0	114.0	87.4	91.8	62.0	105.1	97.7
1980	109.1	112.5	121.5	120.6	129.9	90.6	85.8
1981	93.5	93.9	73.4	72.9	77.0	116.4	105.7
1982	110.9	113.9	119.0	112.2	170.1	98.0	90.0
1983	112.3	119.6	101.3	100.1	106.9	102.9	119.5
1984	106.3	97.9	117.2	128.2	66.3	121.9	124.4
1985	106.9	105.4	113.1	115.1	95.1	105.2	106.2
1986	108.7	106.2	106.6	102.7	148.3	116.7	120.0
1987	103.9	97.8	99.5	99.0	103.5	121.3	155.0
1988	107.4	105.2	99.9	98.2	112.3	116.4	105.1
1989	108.3	96.8	135.1	130.8	162.0	111.1	109.9
1990	104.9	105.5	98.7	96.7	108.7	108.5	94.4
1991	117.9	106.2	155.0	171.7	79.5	116.7	147.1
1992	116.8	108.5	134.1	126.5	207.6	116.7	135.5
1993	120.9	110.0	153.4	160.1	117.8	113.7	90.4
1994	116.8	115.2	107.2	105.4	120.6	129.0	121.8
1995	120.8	120.1	118.4	119.0	114.7	123.7	171.4
1996	117.0	113.2	122.6	121.1	132.3	117.8	125.1
1997	111.3	116.9	102.4	100.5	113.8	111.6	114.4
1998	104.6	106.7	118.0	119.1	112.2	91.5	106.1
1999	103.7	99.6	104.3	103.6	108.3	109.5	101.1
2000	103.7	98.4	110.4	102.2	154.6	104.9	100.3
2001	106.9	109.7	96.6	105.6	64.5	113.3	108.2
2002	105.1	99.6	107.4	102.6	135.5	110.3	97.4
2003	110.8	107.6	120.3	123.7	105.1	106.7	114.4
2004	115.6	110.9	130.4	128.3	141.2	107.3	112.1
2005	111.5	106.3	117.3	121.4	102.1	110.4	116.8
2006	112.2	107.0	118.3	120.5	108.8	110.0	104.0
2007	119.5	108.0	127.1	125.7	134.1	121.2	109.2
2008	114.2	106.1	122.4	122.7	120.9	110.5	114.3
2009	114.2	104.5	121.9	124.0	109.9	110.9	101.7
2010	114.6	105.8	121.1	121.2	120.8	110.9	115.5

3-3续表7　　（按可比价格计算，以上年为100）　　单位:%

年份	永福县生产总值	第一产业	第二产业	工业	建筑业	第三产业	交通运输、仓储及邮政业
1951	105.3	100.1	115.0	112.8	200.0	128.2	100.0
1952	125.8	124.0	178.3	179.5	150.0	122.0	125.0
1953	111.2	111.0	143.9	143.0	166.7	102.5	180.0
1954	109.9	109.6	105.1	102.7	160.0	113.0	155.6
1955	88.5	81.3	91.9	93.1	75.0	116.5	100.0
1956	107.6	107.0	114.0	113.0	133.3	107.5	150.0
1957	102.0	98.6	109.2	110.7	87.5	109.2	190.5
1958	127.4	133.0	137.4	132.0	211.1	110.1	206.7
1959	101.8	88.8	140.6	142.2	126.3	124.8	125.8
1960	82.3	66.0	92.5	81.7	195.8	112.2	174.4
1961	82.3	77.5	69.7	77.0	40.4	93.1	68.4
1962	113.4	139.2	82.8	83.3	78.9	95.1	107.5
1963	121.1	122.9	115.6	101.7	226.7	119.9	135.0
1964	106.4	115.0	95.5	101.6	73.5	95.7	79.3
1965	104.3	106.4	99.3	106.5	64.0	101.6	115.0
1966	106.3	104.7	142.6	137.1	187.5	101.0	134.1
1967	107.0	108.5	107.1	111.6	80.0	103.8	98.8
1968	83.8	83.6	67.3	64.9	87.5	89.8	84.7
1969	123.2	115.5	142.8	139.7	161.9	133.5	114.5
1970	113.0	113.1	143.3	133.9	194.1	104.6	112.7
1971	109.7	106.3	119.8	125.0	100.0	115.9	125.2
1972	102.6	100.3	116.0	119.2	101.3	102.9	103.6
1973	109.0	106.4	127.9	129.3	119.7	105.7	112.4
1974	101.3	99.9	104.4	96.5	151.6	103.2	98.7
1975	107.7	110.3	100.6	110.8	61.6	105.0	91.5
1976	104.7	100.7	106.6	111.1	75.3	115.7	127.5
1977	105.6	104.6	118.8	118.0	126.6	100.1	102.7
1978	110.7	107.3	114.9	117.1	93.8	117.4	94.4
1979	101.2	97.2	100.3	98.2	120.4	113.3	83.4
1980	99.4	96.5	105.4	102.1	131.4	101.9	92.3
1981	111.5	113.2	113.0	120.2	69.0	106.7	130.4
1982	112.3	109.4	130.7	120.7	236.4	104.5	104.6
1983	108.2	113.2	100.8	105.9	73.1	102.9	108.2
1984	99.2	97.4	98.1	87.9	177.8	105.2	78.3
1985	111.5	108.1	110.6	119.1	78.1	120.9	121.1
1986	102.1	101.0	104.1	98.6	136.2	103.0	100.3
1987	113.1	103.4	123.6	134.4	77.7	126.0	119.4
1988	106.0	102.6	122.0	121.8	123.2	99.1	102.1
1989	100.8	101.3	102.1	100.7	112.5	98.6	105.8
1990	113.3	103.6	126.7	126.9	125.5	118.2	140.6
1991	110.4	104.3	124.4	125.7	115.6	111.9	125.1
1992	114.3	110.4	125.8	125.8	125.8	111.4	113.2
1993	114.0	109.7	125.7	134.4	95.7	110.7	92.4
1994	108.0	104.5	124.3	122.6	132.6	97.6	94.0
1995	113.0	127.4	91.2	87.0	109.7	116.0	145.6
1996	136.1	113.6	210.4	232.3	132.3	105.7	111.4
1997	100.2	107.7	91.1	86.6	119.3	103.0	116.7
1998	103.5	100.8	101.1	99.2	109.5	113.0	107.7
1999	108.0	105.3	113.5	105.1	148.2	104.6	107.7
2000	110.8	105.2	119.1	110.7	143.5	107.4	99.9
2001	101.2	106.3	89.5	114.1	33.8	113.2	107.0
2002	110.8	103.9	116.1	115.1	123.1	114.8	104.6
2003	120.8	109.8	139.0	131.8	190.5	111.3	108.7
2004	118.0	111.4	127.8	123.9	146.8	110.4	101.0
2005	106.9	107.6	112.7	111.5	116.8	94.1	119.9
2006	110.6	105.4	112.4	119.6	88.6	113.8	101.6
2007	121.3	105.8	134.2	135.8	127.4	112.0	105.1
2008	108.8	105.4	107.9	112.4	86.5	115.8	106.7
2009	116.5	107.4	119.8	116.5	139.6	118.6	101.2
2010	117.5	105.8	123.9	116.9	160.0	113.1	105.3

3-3续表8　（按可比价格计算，以上年为100）　单位：%

年份	灌阳县生产总值	第一产业	第二产业	工业	建筑业	第三产业	交通运输、仓储及邮政业
1951	108.8	108.3	108.3	104.3	200.0	115.8	150.0
1952	110.7	109.4	142.3	137.5	200.0	116.7	133.3
1953	115.1	110.5	159.5	154.5	200.0	151.9	175.0
1954	109.6	107.8	103.4	109.8	62.5	129.1	128.6
1955	105.3	103.2	129.5	130.4	120.0	111.3	122.2
1956	107.9	104.1	126.6	126.0	133.3	125.6	163.6
1957	95.0	93.4	99.0	98.9	100.0	102.8	116.7
1958	116.0	115.5	136.6	134.5	160.0	106.2	137.5
1959	95.4	84.8	141.7	138.8	168.8	117.9	95.5
1960	81.7	78.5	87.8	85.3	107.4	88.5	85.7
1961	94.4	100.6	67.9	66.1	79.3	97.7	94.4
1962	104.3	109.2	82.4	69.7	147.8	100.9	111.8
1963	108.0	109.1	78.6	80.7	73.5	119.7	131.6
1964	120.0	120.9	150.0	158.2	128.0	105.5	104.0
1965	114.9	105.4	151.4	172.6	81.3	136.1	88.5
1966	104.0	103.5	101.0	91.3	169.2	107.4	117.4
1967	101.8	103.1	84.8	74.9	122.7	107.1	111.1
1968	95.2	100.8	69.8	67.2	75.9	89.3	86.7
1969	119.8	111.5	205.6	192.9	231.7	119.7	111.5
1970	108.0	107.0	113.2	109.9	118.9	108.4	151.7
1971	107.0	106.5	112.8	122.5	98.4	105.7	103.4
1972	79.0	69.0	99.4	98.7	100.8	116.4	106.7
1973	108.1	111.6	92.2	108.7	62.5	108.1	100.0
1974	105.9	102.9	114.5	113.1	118.8	110.6	112.5
1975	107.9	106.7	123.0	113.7	150.5	102.3	108.3
1976	98.7	95.4	102.8	108.7	89.5	106.0	128.2
1977	112.0	110.7	121.9	129.1	102.3	108.5	104.0
1978	129.1	131.8	119.5	132.9	73.3	128.7	96.2
1979	110.4	111.8	99.9	94.6	118.6	113.7	94.8
1980	92.5	91.9	89.3	90.9	84.8	97.7	98.2
1981	104.9	98.7	128.3	145.2	76.8	113.8	124.1
1982	102.0	103.0	81.9	76.7	111.6	114.7	125.4
1983	114.0	116.0	115.0	116.5	109.0	107.3	166.7
1984	101.2	97.4	102.3	78.3	203.8	114.0	143.6
1985	105.9	108.6	107.2	112.1	99.1	97.4	56.7
1986	108.5	105.2	112.3	137.6	65.9	117.3	117.5
1987	111.5	105.2	129.8	134.3	112.4	119.9	204.5
1988	105.2	99.0	109.4	113.9	88.5	118.9	166.1
1989	98.5	96.9	113.1	110.1	130.8	93.5	102.9
1990	101.9	107.9	86.2	88.7	73.9	99.3	81.4
1991	116.2	114.1	139.7	147.7	98.8	109.0	62.6
1992	111.4	100.5	133.5	136.4	110.9	131.2	404.7
1993	123.6	114.8	157.5	160.6	125.1	119.6	97.4
1994	109.0	110.5	100.3	99.2	115.2	114.3	110.8
1995	129.2	114.6	181.2	185.5	131.9	116.9	126.6
1996	104.6	102.0	103.5	102.3	121.5	112.3	112.0
1997	100.4	101.3	103.7	102.6	118.7	93.9	134.6
1998	100.4	96.4	101.6	100.8	111.0	107.9	99.8
1999	98.3	103.6	84.4	81.8	111.2	106.5	93.1
2000	103.2	100.7	105.3	102.5	127.4	105.8	104.8
2001	105.8	107.0	100.0	99.6	102.4	109.9	105.7
2002	99.5	97.1	93.8	91.1	110.3	109.8	94.3
2003	109.0	104.6	120.1	119.1	124.9	106.9	104.5
2004	112.8	110.3	122.9	121.8	128.4	107.4	115.1
2005	115.9	105.7	131.4	133.9	121.3	117.9	111.9
2006	109.8	105.8	116.7	118.4	109.2	108.2	108.6
2007	111.8	104.5	118.2	117.2	123.0	114.8	112.7
2008	116.4	111.2	127.2	130.0	114.0	110.4	108.2
2009	120.4	106.7	137.5	139.1	128.7	115.4	107.9
2010	121.8	105.0	136.7	139.9	118.6	118.0	117.0

3-3续表9　　（按可比价格计算，以上年为100）　　单位：%

年　份	龙胜县生产总值	第一产业	第二产业			第三产业	
				工　业	建筑业		交通运输、仓储及邮政业
1951	103.4	102.8	125.0	125.0	0.0	106.1	100.0
1952	104.3	101.3	180.0	166.7	0.0	120.0	100.0
1953	109.8	102.1	185.2	172.0	350.0	164.3	150.0
1954	112.5	107.4	120.0	127.9	71.4	149.3	133.3
1955	108.9	105.2	96.7	94.5	120.0	138.8	100.0
1956	109.1	108.1	129.3	132.7	100.0	105.6	125.0
1957	117.6	115.7	122.7	114.5	216.7	123.8	100.0
1958	100.6	96.4	121.5	125.3	100.0	105.3	125.0
1959	89.1	85.7	80.8	81.6	75.0	108.4	100.0
1960	83.8	71.2	115.2	111.8	141.7	105.2	120.0
1961	96.1	107.8	46.3	46.2	47.1	101.5	116.7
1962	104.5	109.5	116.1	125.0	62.5	90.3	100.0
1963	104.9	105.6	98.5	96.7	120.0	105.3	100.0
1964	108.9	109.1	131.3	108.6	350.0	101.0	100.0
1965	97.4	92.3	115.5	119.0	104.8	104.5	114.3
1966	110.9	111.3	115.5	108.0	140.9	107.7	125.0
1967	105.6	104.9	114.3	137.0	54.8	103.1	80.0
1968	95.1	90.8	83.6	89.2	47.1	113.0	137.5
1969	104.4	93.4	146.7	139.4	237.5	110.7	100.0
1970	109.7	110.3	114.0	108.7	152.6	106.2	127.3
1971	111.5	107.7	123.0	122.3	127.3	114.0	91.7
1972	92.1	85.2	86.2	87.0	81.0	119.3	118.2
1973	117.5	124.8	98.8	98.1	102.9	114.2	100.0
1974	115.1	107.9	132.1	131.3	137.1	122.4	100.0
1975	107.7	113.4	100.0	96.4	120.8	100.6	92.3
1976	106.9	105.2	106.2	106.4	105.2	111.7	133.3
1977	109.7	108.6	111.6	117.3	85.2	111.2	100.0
1978	114.0	109.8	106.0	98.2	155.8	128.2	106.3
1979	118.0	124.1	120.4	116.9	127.8	99.4	219.0
1980	96.8	86.4	122.0	132.2	102.4	110.9	67.4
1981	127.0	121.4	158.1	136.4	212.3	112.0	151.6
1982	95.7	97.4	73.5	90.0	46.9	121.1	106.4
1983	105.9	109.6	110.0	99.5	142.2	93.6	98.0
1984	111.9	99.9	130.2	143.5	101.3	127.6	161.2
1985	116.1	115.9	128.8	137.6	101.6	104.0	116.5
1986	101.0	100.1	107.5	101.8	131.1	95.5	104.3
1987	103.3	103.4	98.0	106.7	69.9	110.4	106.3
1988	111.5	95.1	90.6	83.2	126.9	176.4	263.7
1989	107.6	104.7	116.6	122.4	97.8	105.6	118.6
1990	100.2	96.0	123.0	120.6	133.0	89.7	93.7
1991	110.8	108.1	116.8	120.4	103.4	110.8	115.7
1992	114.7	106.3	138.1	131.7	165.2	109.8	125.0
1993	123.0	101.6	163.1	174.8	74.5	104.1	111.7
1994	94.1	118.5	71.6	69.3	111.3	105.9	131.6
1995	117.8	115.6	118.2	117.8	123.0	119.8	133.2
1996	121.3	111.9	123.0	124.7	104.9	129.5	132.0
1997	111.4	121.8	105.6	102.6	142.5	107.9	127.9
1998	98.9	107.2	103.4	103.4	103.3	86.1	107.3
1999	105.9	102.2	108.7	109.9	97.9	107.4	102.7
2000	107.9	106.8	105.4	101.0	149.5	112.2	107.1
2001	107.7	100.6	109.4	105.4	137.1	113.9	105.5
2002	109.8	105.3	115.1	116.4	108.2	108.8	111.9
2003	110.3	102.7	124.4	126.3	113.5	102.0	126.4
2004	113.2	113.4	113.3	110.6	130.4	112.8	143.4
2005	109.6	105.7	111.5	113.7	101.3	110.7	102.0
2006	115.0	109.9	122.4	124.0	113.7	110.5	104.6
2007	114.3	105.8	121.2	123.2	109.9	112.3	107.1
2008	116.7	112.5	121.6	122.2	118.2	113.0	115.2
2009	112.8	100.4	118.9	118.2	124.0	113.1	107.7
2010	112.2	103.1	116.7	114.0	133.9	111.2	118.1

3-3续表10　　（按可比价格计算，以上年为100）　　单位：%

年 份	资源县生产总值	第一产业	第二产业	工 业	建筑业	第三产业	交通运输、仓储及邮政业
1951	102.3	103.9	100.0	100.0	100.0	95.1	100.0
1952	105.7	104.3	111.1	111.5	100.0	111.3	100.0
1953	113.5	112.4	150.0	151.7	100.0	109.3	300.0
1954	117.8	117.8	102.2	102.3	100.0	123.7	133.3
1955	118.2	120.5	126.1	126.7	100.0	104.8	125.0
1956	105.3	101.5	148.3	147.4	200.0	109.8	140.0
1957	130.2	133.3	127.9	128.6	100.0	115.5	200.0
1958	103.4	91.7	174.0	174.3	150.0	112.0	140.0
1959	86.8	78.8	90.9	90.4	133.3	118.9	150.0
1960	74.7	66.3	66.2	62.1	300.0	109.4	81.0
1961	97.9	102.5	69.3	66.0	108.3	106.3	70.6
1962	114.1	130.6	83.0	81.7	92.3	95.9	83.3
1963	101.6	105.6	87.5	89.5	75.0	96.5	90.0
1964	115.9	116.8	161.0	144.1	288.9	99.6	133.3
1965	105.8	103.1	102.4	113.3	61.5	116.0	108.3
1966	109.4	107.5	118.1	109.0	181.3	111.0	138.5
1967	106.7	110.2	107.3	108.3	103.4	96.9	61.1
1968	92.3	92.7	100.0	105.3	76.7	87.2	109.1
1969	115.5	111.8	123.6	134.1	60.9	123.2	158.3
1970	109.5	110.0	112.1	105.9	192.9	106.6	126.3
1971	136.9	141.4	151.7	161.4	87.1	109.4	119.0
1972	105.0	101.5	109.4	110.8	92.6	116.7	92.0
1973	104.3	106.7	94.4	93.5	108.0	104.8	130.4
1974	98.8	94.5	114.5	115.0	107.4	102.2	80.0
1975	103.4	105.3	99.1	99.0	100.0	100.2	104.2
1976	97.3	93.6	103.3	101.8	124.1	106.2	136.0
1977	107.3	102.2	130.0	131.4	113.9	102.9	108.8
1978	117.7	113.8	104.6	103.8	114.6	147.2	91.9
1979	98.6	104.6	59.6	52.5	95.9	123.5	87.2
1980	93.6	87.7	125.2	136.3	94.0	96.5	73.5
1981	110.0	113.7	98.2	95.1	110.9	106.4	164.0
1982	101.8	102.5	92.6	89.5	103.3	106.1	129.3
1983	103.7	103.4	88.6	81.5	110.3	115.1	160.4
1984	101.7	100.8	103.5	117.3	72.7	103.7	77.6
1985	113.0	101.5	165.2	164.0	169.3	123.1	239.4
1986	108.4	103.8	117.5	126.4	86.0	114.5	125.9
1987	105.0	99.0	121.4	115.4	152.4	107.7	130.2
1988	108.8	97.8	109.3	99.8	146.9	133.1	134.7
1989	99.2	107.0	98.0	105.4	78.4	87.2	69.3
1990	102.6	98.4	102.8	115.4	57.8	110.8	162.4
1991	109.0	103.4	120.0	115.5	144.5	116.3	116.3
1992	111.4	106.3	112.3	114.7	102.2	122.0	109.5
1993	98.1	90.4	104.2	114.0	93.6	102.4	112.7
1994	117.8	111.0	122.9	123.2	122.6	120.9	166.1
1995	121.8	115.4	122.1	119.7	125.3	128.3	135.2
1996	116.9	116.9	109.2	104.5	115.2	124.2	131.8
1997	118.6	117.1	130.9	113.3	151.2	109.8	122.9
1998	102.1	100.7	98.7	92.7	103.9	106.8	100.2
1999	106.3	106.6	105.4	104.2	106.3	106.9	94.9
2000	106.1	105.4	109.5	107.0	111.4	103.7	107.4
2001	96.4	106.4	70.7	114.6	38.8	111.5	98.6
2002	108.9	109.2	109.3	110.1	107.7	108.3	105.1
2003	115.1	109.5	133.5	131.0	139.2	109.0	96.1
2004	115.1	111.9	123.1	124.3	120.6	112.0	124.4
2005	109.2	107.4	111.6	114.8	105.9	109.1	105.2
2006	110.6	110.0	112.3	116.8	103.5	109.7	108.5
2007	110.9	105.5	112.3	114.8	106.9	115.0	110.3
2008	115.9	106.0	128.2	133.5	115.8	114.6	117.5
2009	116.1	104.2	118.4	118.6	117.9	124.1	106.2
2010	117.1	107.7	123.0	119.5	132.5	118.5	120.1

3-3续表11　　（按可比价格计算，以上年为100）　　单位:%

年　份	平乐县生产总值	第一产业	第二产业			第三产业	
				工　业	建筑业		交通运输、仓储及邮政业
1951	107.2	110.3	117.2	120.4	106.7	95.9	100.0
1952	117.6	117.1	172.0	188.1	112.5	105.9	116.1
1953	110.5	104.0	118.6	118.0	122.2	132.3	125.0
1954	100.4	93.6	124.8	126.0	118.2	112.2	131.1
1955	101.5	98.9	138.7	144.2	103.8	93.3	105.1
1956	98.2	96.2	105.3	107.1	88.9	99.1	146.8
1957	101.7	103.7	74.9	70.6	120.8	113.1	139.6
1958	118.8	118.7	160.8	172.8	108.1	99.8	63.2
1959	114.1	99.0	152.5	141.8	227.5	128.7	51.7
1960	92.2	77.0	92.2	85.6	120.9	125.4	77.4
1961	84.8	88.5	62.4	69.1	41.8	94.3	341.7
1962	95.3	109.2	80.1	74.9	106.5	84.1	70.7
1963	106.1	109.1	116.0	119.3	104.1	97.1	101.7
1964	129.6	149.6	109.6	107.1	119.6	102.4	122.0
1965	105.2	101.2	125.2	128.4	113.1	105.4	141.7
1966	110.1	109.6	109.2	107.3	117.4	112.0	138.2
1967	100.1	100.6	113.3	117.1	98.8	91.1	71.6
1968	95.8	100.6	76.3	70.0	105.0	96.8	99.0
1969	110.2	96.6	166.6	180.3	125.0	116.6	139.0
1970	105.9	108.4	111.2	108.7	121.9	95.4	74.1
1971	109.1	106.5	110.6	113.9	98.0	120.1	153.3
1972	101.6	96.0	115.5	118.3	103.5	110.4	94.2
1973	100.2	93.7	116.0	118.3	104.7	106.3	106.2
1974	114.4	115.8	89.7	88.0	99.4	142.4	98.6
1975	115.4	116.6	117.2	120.7	100.0	110.6	121.3
1976	100.0	97.5	110.8	112.5	100.6	98.0	110.3
1977	112.4	108.2	121.1	123.8	103.2	115.9	115.9
1978	106.5	100.6	105.6	106.3	100.0	123.6	82.5
1979	111.4	121.9	88.3	83.0	114.4	105.5	105.3
1980	93.0	79.8	118.2	124.5	95.7	116.4	81.6
1981	100.2	113.0	70.2	70.0	70.7	98.6	130.8
1982	114.5	108.2	156.8	158.7	148.2	102.4	86.7
1983	106.2	105.6	98.4	97.2	104.3	116.7	148.4
1984	107.1	114.1	95.4	94.0	101.5	98.7	82.6
1985	101.2	91.7	121.8	118.7	134.5	112.5	131.0
1986	100.9	99.8	92.6	96.5	78.3	111.9	107.6
1987	102.6	97.9	108.3	109.1	104.8	108.7	139.3
1988	109.9	102.6	144.7	154.2	99.1	96.9	92.9
1989	125.4	128.1	130.3	127.3	152.3	113.8	142.3
1990	88.6	87.7	72.8	67.3	107.1	112.3	89.0
1991	105.0	106.6	107.0	119.7	71.8	99.2	102.9
1992	118.8	112.1	140.4	145.3	117.7	120.3	107.5
1993	111.9	112.5	111.1	114.1	95.4	111.3	178.9
1994	110.5	101.5	127.3	131.5	101.0	116.0	193.7
1995	128.5	121.1	154.4	155.7	144.0	118.3	153.9
1996	129.2	140.3	118.5	117.6	126.8	120.6	129.1
1997	113.5	118.6	106.9	105.8	115.8	109.8	112.6
1998	108.4	113.6	106.2	105.6	110.6	98.4	97.2
1999	109.0	107.1	110.8	110.9	109.5	112.3	104.9
2000	107.6	104.1	112.7	104.8	170.2	110.8	104.6
2001	109.1	111.6	100.1	109.5	58.1	114.0	106.7
2002	104.9	103.8	106.9	106.6	109.4	105.6	93.7
2003	109.2	108.7	110.5	106.6	141.9	108.7	87.1
2004	112.6	112.8	115.4	113.4	128.0	108.9	146.4
2005	112.4	108.5	123.7	128.2	104.1	108.0	90.9
2006	110.8	100.5	120.3	123.1	105.6	119.7	103.8
2007	109.5	105.4	113.7	115.5	102.7	111.2	111.5
2008	112.9	105.1	120.3	122.7	103.8	115.7	119.9
2009	114.9	105.0	125.8	124.1	140.2	114.7	97.4
2010	113.1	105.4	119.5	119.8	117.5	114.0	120.1

3-3续表12　　（按可比价格计算，以上年为100）　　单位：%

年 份	荔浦县生产总值	第一产业	第二产业	工 业	建筑业	第三产业	交通运输、仓储及邮政业
1951	105.7	107.2	118.0	118.0		97.1	96.8
1952	105.2	103.8	106.8	105.1		111.7	103.3
1953	110.9	108.2	165.1	161.3	400.0	111.8	125.8
1954	108.1	107.4	102.9	103.0	100.0	113.0	120.5
1955	91.9	93.2	80.4	80.6	75.0	90.1	95.7
1956	106.5	104.7	131.4	130.1	166.7	107.7	111.1
1957	109.9	111.2	103.5	104.6	80.0	106.6	110.0
1958	114.2	108.7	193.4	175.9	600.0	110.1	102.4
1959	107.0	93.3	161.1	149.5	240.0	131.8	109.5
1960	89.8	86.2	91.0	92.8	83.3	99.8	89.1
1961	87.6	91.7	48.4	55.5	15.0	103.6	100.0
1962	88.0	89.2	71.1	71.3	66.7	90.7	85.4
1963	131.9	143.3	103.4	101.8	133.3	113.2	134.3
1964	110.7	113.7	125.4	124.6	137.5	98.5	110.6
1965	100.4	98.4	121.6	116.9	181.8	101.0	98.1
1966	108.9	107.9	112.4	114.5	95.0	111.0	129.4
1967	107.3	109.5	111.5	105.3	173.7	99.1	97.0
1968	91.4	92.7	76.0	79.0	57.6	93.0	93.8
1969	108.8	106.8	145.8	138.0	210.5	103.3	108.3
1970	106.6	103.0	138.0	98.6	352.5	105.0	103.1
1971	95.0	90.0	101.2	131.6	49.7	119.6	135.6
1972	101.0	97.4	97.3	105.6	60.0	120.2	78.8
1973	102.5	102.2	99.8	110.6	14.6	105.1	96.8
1974	105.7	100.4	128.5	117.0	814.3	112.2	109.8
1975	107.1	109.8	106.6	112.9	52.6	98.7	101.5
1976	100.8	94.8	118.0	109.6	273.3	110.5	125.0
1977	108.6	107.9	120.5	123.8	96.3	102.2	103.5
1978	114.9	104.0	116.2	113.5	141.8	149.2	113.6
1979	107.2	108.8	114.1	122.0	81.4	96.3	74.1
1980	111.9	112.5	116.7	122.0	83.4	104.9	85.0
1981	109.5	102.4	140.5	141.0	135.6	105.2	158.8
1982	103.1	98.5	117.0	114.3	142.4	101.4	94.8
1983	108.1	118.9	74.4	73.2	83.7	121.9	117.2
1984	100.0	94.0	103.6	101.3	119.1	118.3	109.3
1985	121.3	118.1	146.9	153.8	108.2	108.2	128.7
1986	110.5	100.2	128.2	126.4	142.4	122.7	105.7
1987	104.0	98.1	100.7	99.0	113.2	123.4	134.5
1988	108.7	102.3	127.0	118.6	179.0	103.3	124.0
1989	108.5	105.2	114.8	124.8	73.7	107.6	121.8
1990	100.7	95.7	109.4	109.2	110.7	99.4	103.5
1991	124.5	120.8	139.8	141.0	131.7	117.9	105.7
1992	125.3	115.5	150.0	149.4	154.3	120.2	108.1
1993	130.3	108.4	169.4	161.9	199.2	135.5	139.5
1994	104.0	120.8	74.1	74.0	74.3	113.0	246.1
1995	120.8	121.7	114.0	100.2	158.9	124.3	168.6
1996	123.8	123.7	124.5	137.8	97.3	123.4	91.9
1997	106.9	113.9	105.9	108.1	99.6	96.6	115.2
1998	97.7	90.1	111.2	116.7	93.6	101.4	101.5
1999	111.8	102.9	130.2	138.3	98.2	111.0	110.3
2000	104.6	101.2	106.5	106.9	104.4	108.0	106.6
2001	105.2	98.0	111.5	111.3	112.9	109.4	104.8
2002	103.7	91.7	111.6	111.9	109.7	111.1	108.5
2003	108.6	104.7	109.8	106.5	128.8	111.6	102.8
2004	112.9	108.5	118.9	121.4	107.1	111.4	113.5
2005	108.4	106.7	107.3	108.8	100.6	111.0	110.9
2006	108.4	103.2	111.6	113.7	101.8	109.8	112.6
2007	114.6	105.2	124.9	125.3	122.4	112.2	101.2
2008	113.3	105.6	121.0	122.4	112.9	110.8	111.3
2009	114.9	107.9	115.8	115.0	120.4	119.2	103.1
2010	113.1	105.4	117.7	117.5	118.8	112.9	122.9

3-3续表13　　（按可比价格计算，以上年为100）　　单位：%

年份	恭城县生产总值	第一产业	第二产业	工业	建筑业	第三产业	交通运输、仓储及邮政业
1951	99.3	95.8	145.9	146.6	100.0	106.3	94.1
1952	118.8	115.6	151.9	151.4	200.0	117.6	100.0
1953	119.9	113.6	157.3	158.0	100.0	138.8	112.5
1954	114.6	103.9	150.4	150.4	150.0	165.8	122.2
1955	91.7	82.3	112.9	113.0	100.0	121.2	100.0
1956	105.5	103.3	98.9	98.2	200.0	130.5	109.1
1957	114.6	121.4	84.1	83.6	116.7	130.9	100.0
1958	96.4	90.5	114.0	110.2	277.8	98.8	111.1
1959	114.4	108.8	115.7	114.9	128.0	132.1	165.0
1960	83.0	67.5	106.0	93.4	296.9	101.1	124.2
1961	88.4	104.5	52.6	58.7	23.2	100.9	104.9
1962	90.2	96.6	77.8	72.6	140.9	85.2	90.7
1963	109.6	110.1	113.8	122.3	61.3	106.2	76.9
1964	104.0	108.3	96.1	84.3	242.1	98.6	103.3
1965	113.4	121.1	104.9	116.6	54.3	98.5	100.0
1966	105.7	101.3	121.0	125.4	80.0	109.7	119.4
1967	106.5	105.7	110.9	111.7	100.0	105.7	89.2
1968	93.2	97.8	81.2	72.9	215.0	88.6	97.0
1969	115.5	105.8	150.4	146.4	172.1	123.2	112.5
1970	107.7	104.2	123.3	106.3	202.7	104.5	108.3
1971	109.7	105.9	134.3	158.0	72.1	95.6	102.9
1972	109.7	102.1	124.7	126.6	113.7	123.7	102.9
1973	100.6	99.4	101.9	101.4	105.0	103.7	102.8
1974	101.4	101.4	96.0	95.0	102.0	111.4	102.7
1975	107.2	113.0	95.4	96.6	88.7	103.2	89.5
1976	102.0	100.5	107.2	109.0	95.5	100.6	114.7
1977	107.6	102.7	122.0	125.0	100.8	106.6	102.6
1978	109.4	93.2	127.8	131.4	95.3	144.9	100.0
1979	128.4	126.9	135.4	136.3	129.1	120.3	97.0
1980	93.3	90.2	90.9	89.3	102.4	112.9	139.1
1981	94.0	92.1	91.0	88.6	106.6	106.6	116.9
1982	118.8	133.1	90.0	87.7	102.5	119.9	118.3
1983	104.6	110.5	85.2	84.2	90.1	107.3	102.4
1984	92.0	79.4	121.4	108.4	177.3	109.6	112.7
1985	120.1	111.2	143.1	157.4	105.5	118.9	147.2
1986	100.4	102.6	91.8	95.3	78.4	106.0	102.4
1987	105.6	101.8	99.6	105.1	73.1	121.1	152.3
1988	109.5	100.9	137.4	132.6	170.6	101.1	105.2
1989	99.5	100.2	104.4	104.2	105.3	92.0	84.3
1990	112.5	108.9	117.7	123.8	85.4	113.3	90.0
1991	107.1	106.0	105.8	113.2	79.0	112.1	93.1
1992	112.6	117.6	107.7	107.7	107.4	106.1	120.6
1993	111.9	96.7	154.3	165.6	85.5	100.4	118.2
1994	112.8	114.5	104.1	102.3	124.8	121.6	216.6
1995	123.9	134.6	106.8	104.4	130.1	127.3	168.3
1996	116.0	128.7	93.3	85.4	154.6	117.5	167.3
1997	123.1	133.2	119.3	115.0	137.8	108.3	122.8
1998	107.6	101.2	137.7	148.3	100.0	96.0	122.3
1999	100.5	108.1	77.7	75.0	92.2	110.5	109.7
2000	106.9	105.3	108.4	109.7	102.8	109.2	99.8
2001	109.1	107.3	110.0	111.3	104.0	112.2	108.1
2002	110.2	107.0	113.1	117.2	93.1	114.3	107.1
2003	108.5	108.1	110.7	106.0	139.2	107.5	127.4
2004	121.2	129.8	117.2	117.4	116.1	108.0	111.8
2005	114.5	108.6	131.1	136.2	109.0	109.2	107.7
2006	110.6	107.6	107.3	106.9	109.4	119.6	107.3
2007	109.4	105.5	113.4	114.4	108.1	111.5	118.7
2008	115.6	107.1	129.3	129.5	128.6	114.0	117.2
2009	115.3	107.4	128.8	127.2	137.8	110.7	109.7
2010	116.8	104.3	128.1	129.4	121.4	118.4	120.6

3-4 市县历年人均地区生产总值

（按当年价格计算）

单位：元

年 份	全 市	市 区	阳朔县	临桂县	灵川县	全州县	兴安县
1950	70	109	56	62	57	77	68
1951	76	122	63	68	62	80	79
1952	87	157	78	77	72	89	91
1953	94	196	79	73	80	89	94
1954	102	236	83	79	83	96	93
1955	104	265	81	79	84	102	91
1956	109	289	85	83	88	104	93
1957	112	277	87	86	91	101	106
1958	125	333	93	90	102	105	125
1959	131	423	86	87	93	103	120
1960	119	426	78	66	60	92	104
1961	115	310	88	66	73	100	97
1962	118	279	96	86	78	101	113
1963	121	315	98	85	76	91	107
1964	135	339	107	97	89	109	118
1965	155	420	109	115	113	127	149
1966	165	502	116	130	112	125	130
1967	160	448	116	125	106	119	129
1968	137	309	108	112	92	119	120
1969	171	567	115	122	122	130	142
1970	192	726	116	127	138	134	155
1971	213	814	129	142	165	142	202
1972	217	737	140	165	180	153	214
1973	228	804	146	168	175	156	212
1974	232	832	146	162	177	158	209
1975	254	959	152	173	183	162	219
1976	252	946	152	163	195	161	200
1977	270	995	157	168	200	187	223
1978	301	953	184	211	252	220	280
1979	331	995	197	232	275	249	320
1980	357	1065	188	242	340	275	344
1981	372	1065	233	248	333	269	339
1982	402	1099	275	270	347	292	351
1983	439	1227	300	287	387	315	425
1984	480	1474	319	297	419	331	456
1985	586	1821	371	343	539	410	526
1986	674	2214	463	375	630	445	570
1987	802	2734	583	405	766	520	613
1988	953	2976	593	561	905	657	822
1989	1008	3005	595	597	947	711	849
1990	1105	3095	626	785	1079	784	979
1991	1256	3644	711	822	1179	888	1190
1992	1543	4512	948	953	1448	1071	1479
1993	2092	5987	1249	1308	2058	1448	1983
1994	2879	7079	1582	1916	3040	2226	3048
1995	3792	8937	2239	2650	3817	2812	4154
1996	4722	10711	3096	3383	4551	3233	5214
1997	5209	11834	3603	3758	4978	3772	5830
1998	5447	12898	3903	3807	5435	4058	6088
1999	5820	14444	3464	4064	5714	4128	6268
2000	6294	15781	3716	4495	6042	4514	6707
2001	6880	17525	3990	4998	6494	4917	7170
2002	7421	18683	4318	5678	7035	5197	7687
2003	8006	19415	4537	6026	7329	5621	7367
2004	9329	22093	5453	7096	8931	6249	9257
2005	10355	24990	6038	8656	10903	6804	10392
2006	11978	28162	7655	10864	12107	7322	11367
2007	14425	32608	10766	14367	13661	8118	13985
2008	16814	36994	12736	17445	15672	10216	16803
2009	18594	41365	13797	19412	17238	11230	18619
2010	21416	47638	17843	22134	19470	12364	21657

本表人均GDP为户籍人口数推算数

3-4续表　（按当年价格计算）　单位:元

年　份	永福县	灌阳县	龙胜县	资源县	平乐县	荔浦县	恭城县
1950	79	61	59	78	60	72	81
1951	82	66	60	80	65	78	79
1952	99	72	61	83	76	81	92
1953	107	82	67	92	83	89	109
1954	114	88	75	107	82	94	124
1955	100	92	79	121	84	85	114
1956	105	98	85	121	82	89	119
1957	104	90	97	150	80	95	130
1958	132	105	98	158	94	108	124
1959	132	99	85	134	107	115	140
1960	111	84	72	102	99	106	126
1961	101	93	79	113	94	107	133
1962	125	101	91	139	94	98	123
1963	141	97	90	130	93	118	124
1964	147	113	95	148	118	127	125
1965	156	131	94	158	125	129	145
1966	157	130	100	163	131	134	145
1967	171	128	103	169	128	142	149
1968	140	120	95	153	121	126	138
1969	155	136	93	166	125	130	149
1970	168	143	99	176	129	134	153
1971	185	148	107	175	142	123	169
1972	201	125	107	192	153	134	202
1973	219	135	125	199	153	136	202
1974	214	138	138	190	167	140	197
1975	229	150	150	197	193	149	213
1976	234	150	159	189	191	149	215
1977	242	164	170	198	210	159	227
1978	263	234	187	221	237	200	250
1979	275	258	246	219	258	224	316
1980	272	248	244	256	281	255	343
1981	313	261	297	286	303	293	349
1982	345	271	357	292	318	344	409
1983	364	314	364	302	336	356	418
1984	370	343	398	323	343	367	399
1985	416	388	463	419	426	470	487
1986	463	431	491	474	468	544	524
1987	560	540	592	564	512	611	594
1988	726	658	698	693	638	788	761
1989	796	702	819	720	736	915	806
1990	932	791	833	832	761	942	995
1991	985	870	895	900	786	1186	1047
1992	1149	1013	1071	1015	961	1636	1150
1993	1556	1421	1495	1117	1380	2406	1493
1994	2224	2059	2047	1707	1931	3446	2133
1995	3045	2892	2638	2359	2927	4502	2803
1996	3826	3271	3483	3196	3923	5316	3885
1997	4291	3274	3883	3656	4136	5936	3901
1998	4479	3258	4023	3724	4336	5678	4163
1999	4797	3171	4132	3952	4440	5974	4317
2000	5263	3401	4624	4531	4785	6446	4685
2001	5625	3663	5167	4880	5175	6845	4924
2002	6321	3791	5722	5446	5457	7192	5373
2003	8330	4085	5996	4692	5570	7144	5835
2004	10272	4832	7038	5617	6486	8557	6829
2005	11125	5702	7875	6228	7064	9245	7955
2006	11758	6428	9276	6902	7843	10051	9001
2007	14071	7768	11777	7989	8889	12119	10015
2008	15755	9690	14479	10045	10803	14651	11640
2009	17953	11192	16167	11440	11894	16543	12946
2010	22014	13886	18045	14234	13842	19450	16217

3-5 市县历年人均地区生产总值发展速度

（按可比价格计算，以上年为100）

单位：%

年 份	全 市	市 区	阳朔县	临桂县	灵川县	全州县	兴安县
1951	104.9	103.5	110.9	107.3	106.6	102.2	115.0
1952	114.2	127.6	124.1	112.3	117.3	111.0	114.7
1953	108.0	125.7	100.4	95.4	110.9	100.5	102.6
1954	108.4	122.9	104.1	108.3	102.7	107.3	98.8
1955	100.7	110.7	97.4	99.2	100.7	105.2	96.9
1956	105.1	110.2	104.7	105.1	104.8	101.9	101.9
1957	105.0	97.9	103.5	105.3	106.0	99.6	117.4
1958	109.3	117.4	105.8	103.8	109.6	102.0	113.6
1959	105.4	130.2	92.0	95.4	90.7	97.9	95.8
1960	90.4	101.7	89.1	77.0	62.3	87.9	86.4
1961	89.4	74.1	100.0	91.0	103.2	97.7	89.8
1962	96.9	84.7	103.1	119.6	102.5	96.2	106.1
1963	106.5	111.6	108.6	105.7	103.4	96.6	101.4
1964	110.9	107.7	109.1	112.2	117.8	119.2	109.5
1965	111.0	120.5	97.3	112.4	122.4	110.3	122.6
1966	107.8	121.4	108.1	113.8	100.7	102.2	86.8
1967	96.2	89.8	98.9	95.4	93.1	93.2	97.6
1968	84.6	68.5	92.2	89.0	87.2	97.8	91.5
1969	130.9	189.4	110.9	111.8	138.2	114.1	123.0
1970	114.2	130.4	101.4	105.4	117.9	103.5	112.6
1971	111.1	112.2	110.4	111.0	122.0	105.4	128.9
1972	100.6	101.8	99.9	108.0	100.3	99.6	100.6
1973	103.4	108.8	102.7	100.1	96.4	99.5	96.6
1974	108.0	111.6	100.8	97.2	103.6	102.5	101.3
1975	103.0	107.5	102.7	105.6	100.5	101.0	101.8
1976	100.0	100.2	99.5	94.2	107.3	99.9	92.9
1977	108.2	107.0	103.5	103.4	103.7	116.8	112.0
1978	109.0	104.9	109.8	113.1	105.3	106.5	115.7
1979	106.5	104.8	103.1	99.7	103.0	106.2	103.6
1980	102.1	105.9	94.3	102.7	122.4	98.0	97.9
1981	101.8	100.5	117.3	99.4	103.3	96.7	100.9
1982	105.6	102.7	107.5	106.4	104.0	106.4	108.5
1983	105.7	106.8	101.7	102.3	107.4	101.2	110.2
1984	108.1	120.1	99.9	103.5	106.8	105.1	104.4
1985	113.1	120.7	107.7	108.6	100.6	110.1	104.8
1986	107.9	111.7	111.2	98.6	112.4	107.7	106.8
1987	108.7	113.9	106.7	100.3	110.0	105.4	102.1
1988	103.2	99.5	99.0	119.5	107.2	100.2	104.4
1989	98.9	92.1	98.1	98.9	97.0	104.5	105.8
1990	102.0	100.2	106.7	106.4	109.5	99.2	104.5
1991	112.7	114.5	110.9	106.3	111.9	110.2	117.7
1992	116.6	118.3	117.2	113.0	114.1	116.0	116.2
1993	118.8	116.0	104.9	121.9	122.0	128.6	120.1
1994	111.7	106.3	102.5	118.1	113.4	128.0	116.0
1995	117.7	111.4	128.2	116.9	118.5	113.2	120.1
1996	120.3	117.3	126.0	117.4	112.1	116.8	116.7
1997	111.4	109.1	116.6	109.4	108.0	119.0	111.4
1998	107.4	114.9	107.9	100.7	108.5	106.5	105.0
1999	109.1	112.3	97.5	106.4	107.6	106.8	104.0
2000	109.5	111.6	105.1	107.3	103.9	108.7	103.5
2001	109.1	109.2	108.3	109.0	108.1	108.4	106.8
2002	108.6	109.9	109.2	111.8	107.8	106.3	105.1
2003	108.0	104.3	109.0	113.5	112.5	112.0	110.8
2004	112.4	110.5	113.2	114.1	113.1	106.7	117.0
2005	113.1	107.5	105.0	122.1	124.8	113.3	112.7
2006	111.6	111.4	122.5	118.9	110.2	110.5	111.8
2007	113.7	112.0	127.2	122.4	110.5	103.7	118.6
2008	111.9	108.5	109.5	114.3	107.1	119.0	113.2
2009	113.0	112.7	110.4	111.1	113.1	113.8	112.5
2010	112.6	112.7	123.6	118.9	110.1	110.9	113.4

3-5续表 （按可比价格计算，以上年为100） 单位:%

年份	永福县	灌阳县	龙胜县	资源县	平乐县	荔浦县	恭城县
1951	100.8	107.4	101.0	100.3	105.8	105.1	96.2
1952	120.8	108.7	102.0	103.7	115.9	104.6	115.2
1953	107.5	112.5	108.1	111.4	108.7	109.7	117.3
1954	107.1	107.1	110.5	115.5	99.3	105.7	112.8
1955	86.6	103.4	105.8	112.7	101.0	90.3	90.2
1956	105.9	106.6	107.3	100.2	97.7	105.0	104.5
1957	100.9	94.0	115.8	126.6	100.4	107.9	113.0
1958	126.5	113.3	98.3	100.7	117.7	112.2	93.4
1959	99.9	93.2	86.4	84.5	112.9	105.7	112.3
1960	83.1	82.6	83.1	75.1	92.8	90.7	89.5
1961	85.5	96.6	98.6	100.4	86.8	89.8	93.8
1962	114.5	102.7	108.1	114.1	93.7	87.6	87.4
1963	118.4	103.3	105.5	99.5	102.0	127.0	106.3
1964	103.2	116.3	105.7	112.8	125.8	106.6	100.8
1965	101.5	111.9	94.6	102.3	102.1	97.0	110.1
1966	102.1	100.4	107.2	104.7	106.2	105.2	101.9
1967	107.6	98.6	102.7	102.7	97.0	104.8	102.9
1968	82.0	92.4	93.2	89.5	93.4	88.8	90.9
1969	114.5	116.7	101.9	112.2	107.6	105.0	111.9
1970	108.6	105.7	106.6	106.4	103.0	103.8	104.0
1971	107.0	105.0	109.0	133.2	106.1	92.9	107.4
1972	100.7	77.9	90.2	102.5	99.2	99.1	107.7
1973	106.7	106.3	114.9	102.1	97.9	100.5	98.7
1974	98.9	103.7	112.8	96.9	111.8	103.8	99.4
1975	105.4	106.0	106.2	101.4	113.2	105.2	105.4
1976	102.6	99.0	105.3	95.5	98.4	99.1	100.6
1977	103.6	110.3	108.0	105.5	110.6	107.0	106.3
1978	108.7	124.9	112.7	115.8	104.7	113.1	107.9
1979	99.8	108.9	116.5	96.6	109.5	105.8	126.6
1980	98.1	91.1	95.7	92.0	91.7	110.6	91.9
1981	109.9	103.1	125.5	108.4	98.6	108.0	93.2
1982	110.4	100.3	94.5	100.2	112.8	101.6	116.4
1983	106.9	112.5	104.8	102.1	104.9	106.8	101.7
1984	98.1	99.5	110.5	100.3	105.6	98.7	90.5
1985	110.0	103.6	114.3	111.4	100.0	120.0	118.2
1986	100.6	106.6	99.6	107.0	99.8	109.7	99.2
1987	111.2	109.7	101.8	103.6	100.4	103.2	104.4
1988	103.9	103.2	110.5	106.2	106.6	107.8	107.8
1989	99.1	97.0	106.8	97.2	122.4	107.7	98.0
1990	112.3	101.5	99.6	102.3	87.0	99.9	111.5
1991	109.7	116.0	110.4	108.9	103.6	123.4	106.4
1992	113.4	110.9	114.4	111.0	117.8	124.6	111.6
1993	113.2	123.1	122.9	97.8	111.2	129.9	111.0
1994	107.8	108.6	94.0	117.8	109.8	103.7	112.2
1995	112.9	128.9	117.6	121.7	127.6	120.5	123.5
1996	136.1	104.2	121.2	116.9	128.4	123.6	115.9
1997	100.2	100.4	111.4	118.1	112.7	106.8	123.0
1998	103.3	100.9	99.0	101.5	107.9	97.5	107.5
1999	107.8	98.5	105.9	106.1	108.3	111.5	100.4
2000	110.3	103.2	107.9	106.1	107.5	104.3	106.7
2001	100.8	105.8	107.9	96.5	109.5	105.1	108.8
2002	110.9	99.5	110.1	108.9	104.7	103.5	109.9
2003	120.8	108.9	110.6	114.9	108.7	108.3	108.3
2004	118.1	111.8	111.9	115.0	112.3	112.5	120.9
2005	106.8	114.6	108.5	109.2	112.1	108.0	114.0
2006	110.0	108.9	114.9	110.2	110.2	108.0	109.6
2007	120.1	110.5	113.2	110.1	108.8	114.1	108.3
2008	107.7	115.2	115.8	115.0	112.2	112.8	114.6
2009	115.3	119.5	111.6	115.3	114.4	114.4	114.6
2010	115.8	120.6	110.9	116.1	112.5	111.9	115.1

桂林经济社会统计年鉴 GUILIN ECONOMIC AND SOCIAL STATISTICAL YEARBOOK

2011

四、人口·就业

Population and Employment

资料整理：李　凌　卢国军　陆宏新

4-1 市县区乡镇总户数、总人口

（2010年末）　　单位：人

区域	总户数（户）	总人口	非农业人口	出生人口	死亡人口
全市	1614548	5189562	1230306	102306	48431
市辖区	245370	757227	637403	9345	4901
秀峰区	36872	109558	92322	1050	495
白龙街道办事处	3035	10491	10491	78	38
白桦街道办事处	6818	21158	21153	148	87
丽君街道办事处	13316	39350	39340	308	180
榕城街道办事处	1695	5323	5323	50	34
甲山街道办事处	12008	33236	16015	466	156
叠彩区	43490	138569	138561	1691	892
叠彩街道办事处	8462	27203	27200	278	142
北门街道办事处	9807	29302	29301	335	170
大河乡	7487	27455	27454	585	247
芦笛办事处	11947	36960	36958	346	213
水塔山办事处	5787	17649	17648	147	120
象山区	85640	234509	234496	2868	933
平山街道办事处	18241	51065	51063	688	180
南门街道办事处	10131	29194	29192	243	145
桂青办事处	14785	41805	41803	415	170
安新办事处	6023	19329	19328	201	59
阳桥办事处	15405	30268	30266	197	100
二塘乡	9225	29387	29385	779	145
将军桥办事处	11830	33461	33459	345	134
七星区	60633	197595	163708	2502	707
穿山街道办事处	10705	33745	4569	588	93
朝阳乡	9423	38742	36340	481	111
东江街道办事处	10392	35705	35705	372	116
区县直辖单位	1473	4081	1772	73	130
三里店街道办事处	15016	43376	43376	562	152
七里店街道办事处	13624	41946	41946	426	105
雁山区	18735	76996	8316	1234	1874
柘木镇	6498	24208	3322	381	655
雁山镇	7174	33042	4324	378	562
大埠乡	3686	14618	381	380	518
草坪乡	1377	5128	289	95	139
阳朔县	92088	314745	43513	7607	9125
阳朔镇	16405	46624	27418	746	727
白沙镇	13111	47227	3493	1055	1455
福利镇	13441	47981	2619	1272	1667
兴坪镇	13014	44856	3403	1138	1614
葡萄镇	9877	35646	1915	1319	1250
高田镇	10026	35440	2754	644	888
金宝乡	9260	33302	806	846	814
杨堤乡	3313	11423	546	369	391

注：本表为公安部门的户籍人口数。

4-1续表1 （2010年末） 单位：人

区　　域	总户数（户）	总人口	非农业人口	出生人口	死亡人口
普益乡	3641	12246	559	218	319
临桂县	**134900**	**489420**	**58121**	**12944**	**6240**
南边山乡	8868	31501	836	980	1038
六塘镇	13344	46215	2805	1088	271
会仙镇	14286	56469	1689	1519	264
临桂镇	30534	97042	41595	2437	1256
四塘乡	11796	45482	1236	1348	840
两江镇	20263	78966	3534	2167	767
茶洞乡	6302	22504	621	569	514
五通镇	16367	61530	4013	1652	621
中庸乡	5327	20525	570	500	456
宛田瑶族乡	6186	23636	992	535	170
黄沙瑶族乡	1627	5550	230	149	43
灵川县	**116082**	**377027**	**63924**	**6618**	**2283**
灵川镇	12198	40965	3890	636	225
大圩镇	15992	56896	3521	1473	272
三街镇	7567	21806	1322	320	131
潭下镇	11264	38588	2018	585	243
甘棠镇	16832	39827	39475	419	123
定江镇	11921	34643	8395	759	127
青狮潭镇	12171	43754	2079	673	271
灵田乡	8188	30144	697	762	219
潮田乡	7435	26537	971	394	316
大境瑶族乡	3689	12749	441	160	141
海洋乡	7065	24729	876	356	168
兰田瑶族乡	1760	6389	239	81	47
全州县	**259704**	**817664**	**88276**	**22854**	**4365**
全州镇	38106	113545	65629	2478	468
石塘镇	23763	75891	2514	2913	270
绍水镇	16929	51666	4242	1061	206
黄沙河镇	7745	25599	1779	694	205
庙头镇	10291	33737	1849	1091	186
永岁乡	12434	40862	900	1006	246
才湾镇	17910	55227	1606	1433	372
咸水乡	10642	35982	1389	855	365
龙水镇	15638	50815	1067	1669	328
大西江镇	11632	35686	903	1084	215
枧塘乡	10311	33452	485	1150	183
凤凰乡	19798	58757	1177	1805	375
安和乡	12062	39878	863	824	152
蕉江瑶族乡	4665	14976	378	269	100
两河乡	14023	41660	869	1628	125
白宝乡	6287	20349	481	598	155
东山瑶族乡	10003	34495	709	814	254

4-1续表2　　(2010年末)　　单位:人

区　域	总户数(户)	总人口	非农业人口	出生人口	死亡人口
文桥镇	17465	55087	1436	1482	160
兴安县	**130343**	**379458**	**68359**	**6184**	**5617**
湘漓镇	18226	52312	2972	886	291
溶江镇	19590	55818	6268	777	396
高尚镇	14582	48900	2906	749	891
严关镇	6698	20335	1166	366	573
崔家乡	7526	22483	1408	476	315
白石乡	4061	12671	811	167	95
漠川乡	7138	22478	488	409	639
华江瑶族乡	6280	17221	1218	318	186
兴安镇	34166	89347	47370	1322	1186
界首镇	12076	37893	3752	714	1045
永福县	**80485**	**283902**	**32442**	**3812**	**1051**
永福镇	16041	53098	22184	665	255
百寿镇	10421	34508	2443	651	177
苏桥镇	7480	27950	1430	408	53
广福乡	6492	22477	1057	262	69
罗锦镇	11739	43149	1779	542	142
龙江乡	5746	22857	724	256	64
三皇乡	7765	25782	928	331	56
堡里乡	7152	26521	1147	323	83
永安乡	7649	27560	750	374	152
灌阳县	**100300**	**291095**	**29340**	**6231**	**1904**
灌阳镇	24818	72040	19122	2010	230
黄关镇	15497	44429	2598	690	93
文市镇	12926	38407	1785	942	436
水车乡	11310	33312	1582	614	135
新圩乡	9896	26910	1011	525	388
新街乡	15775	44871	1839	785	194
西山瑶族乡	4490	12977	579	371	140
观音阁乡	2714	8836	469	136	242
洞井瑶族乡	2874	9313	355	158	46
龙胜各族自治县	**50756**	**176864**	**25950**	**2853**	**1191**
龙胜镇	11540	35882	15897	571	212
瓢里镇	4826	15669	972	225	235
三门镇	4489	15289	2144	233	73
和平乡	4523	16421	1710	255	55
泗水乡	3458	13593	463	203	48
马堤乡	3125	11569	1700	204	178
伟江乡	2678	9964	805	221	48
江底乡	2480	9086	647	156	46
平等乡	8414	29446	901	505	78
乐江乡	5223	19945	711	280	218
资源县	**57904**	**173004**	**29231**	**2343**	**949**

4-1续表3　　（2010年末）　　单位：人

区　　域	总户数（户）	总人口	非农业人口	出生人口	死亡人口
资源镇	17535	49502	16994	634	219
中峰乡	10162	30290	3108	504	123
梅溪乡	10072	30603	3379	431	137
瓜里乡	7557	22663	1971	293	188
车田苗族乡	7583	24503	2239	332	167
两水苗族乡	3563	10631	1004	97	81
河口瑶族乡	1432	4812	536	52	34
平乐县	**141363**	**445865**	**59367**	**8502**	**5435**
平乐镇	33938	97311	36473	1332	862
沙子镇	13508	43150	3627	507	398
二塘镇	22545	72861	6264	1625	1123
张家镇	13547	44807	2977	641	703
同安镇	13294	49954	2837	1063	756
源头镇	16176	50872	3944	1877	626
阳安乡	7739	26579	729	424	219
青龙乡	7366	23352	554	513	313
桥亭乡	6333	18073	839	292	245
大发瑶族乡	6917	18906	1123	228	190
荔浦县	**115316**	**384816**	**54364**	**6112**	**3393**
荔城镇	23730	74318	40068	886	505
马岭镇	12745	44408	3402	927	305
双江镇	8836	30733	861	462	218
花篢镇	7673	25023	1187	327	103
蒲芦瑶族乡	3179	11153	397	194	148
茶城乡	3384	11607	377	231	74
修仁镇	10815	35613	2551	639	189
青山镇	10468	36595	1382	641	229
龙怀乡	3087	10415	410	118	90
新坪镇	9322	30675	1090	432	471
杜莫镇	7353	24871	1043	532	706
东昌镇	7696	25690	942	372	196
大塘镇	7028	23715	654	351	159
恭城瑶族自治县	**89937**	**298475**	**40016**	**6901**	**1977**
恭城镇	16554	53692	22104	864	328
莲花镇	17418	57849	3344	1400	257
栗木镇	13086	43736	2304	1080	328
西岭乡	10872	38488	1679	1394	326
嘉会乡	7888	26133	1700	699	197
平安乡	11471	38006	974	874	199
龙虎乡	3210	10475	753	207	67
三江乡	3915	14348	568	173	81
观音乡	2920	9579	421	149	116
区县直辖单位	**2603**	**6169**	**6169**	**61**	**78**

4-2 市县人口、户数及人口变动情况

（2010年末）

指　　标	单 位	全 市	市区	阳朔县	临桂县	灵川县	全州县	兴安县
年末总户数	户	1614548	245370	92088	134900	116082	259704	130343
年末总人口	人	5189562	757227	314745	489420	377027	817664	379458
#非农业人口	人	1230306	637403	43513	58121	63924	88276	68359
#未落户常住户口人数	人	8559	133	33	10	185	880	500
#男性人口	人	2699090	374698	162955	253840	192038	442859	196152
女性人口	人	2490472	382529	151790	235580	184989	374805	183306
性别比(女为100)	人	108.38	97.95	107.36	107.75	103.81	118.16	107.01
出生人数	人	102306	9345	7607	12944	6618	22854	6184
#男	人	53225	4902	3931	6698	3444	11968	3135
女	人	49081	4443	3676	6246	3174	10886	3049
本年迁入人口	人	66200	17181	3848	5808	4840	9451	4791
本年迁出人口	人	52595	22262	1977	3971	2507	5175	2160
年平均人口	人	5152928	757585	314568	485149	373674	806112	377699
人口出生率	‰	19.85	12.34	24.18	26.68	17.71	28.35	16.37
人口死亡率	‰	9.40	6.47	29.01	12.86	6.11	5.42	14.87
人口自然增长率	‰	10.45	5.87	-4.83	13.82	11.60	22.93	1.50
人口迁入率	‰	12.85	22.68	12.23	11.97	12.95	11.72	12.68
人口迁出率	‰	10.21	29.39	6.28	8.19	6.71	6.42	5.72

注：本表为公安部门的户籍人口数。

4-2续表

（2010年末）

指　　标	单 位	永福县	灌阳县	龙胜县	资源县	平乐县	荔浦县	恭城县
年末总户数	户	80485	100300	50756	57904	141363	115316	89937
年末总人口	人	283902	291095	176864	173004	445865	384816	298475
#非农业人口	人	32442	29340	25950	29231	59367	54364	40016
#未落户常住户口人数	人	2800	132	122	166	1415	2166	17
#男性人口	人	149608	157307	90661	90360	234374	198221	156017
女性人口	人	134294	133788	86203	82644	211491	186595	142458
性别比(女为100)	人	111.40	117.58	105.17	109.34	110.82	106.23	109.52
出生人数	人	3812	6231	2853	2343	8502	6112	6901
#男	人	2010	3387	1405	1300	4516	3084	3445
女	人	1802	2844	1448	1043	3986	3028	3456
本年迁入人口	人	2360	2985	1592	1004	5129	3451	3760
本年迁出人口	人	2223	3097	904	1020	3639	1801	1859
年平均人口	人	281056	288954	175638	172250	443546	381638	295062
人口出生率	‰	13.56	21.56	16.24	13.60	19.17	16.02	23.39
人口死亡率	‰	3.74	6.59	6.78	5.51	12.25	8.89	6.70
人口自然增长率	‰	9.82	14.97	9.46	8.09	6.92	7.13	16.69
人口迁入率	‰	8.40	10.33	9.06	5.83	11.56	9.04	12.74
人口迁出率	‰	7.91	10.72	5.15	5.92	8.20	4.72	6.30

4-3 单位数、从业人员、离岗职工及劳动报酬、生活费

（2010年）

项目	从业人员	市区	在岗职工	市区	离岗职工	市区
单位数(个)	7114	1691				
年末人数(人)	315943	157906	298579	148212	13905	7150
#国有单位	221029	99279	209965	93652	9884	5081
城镇单位	16511	8814	14836	8565	2122	576
其他单位	78403	49813	73778	45995	1899	1493
#企业	159645	101156	150132	95234	12284	6795
事业	114444	44424	108070	41272	1375	314
机关	41359	12113	39886	11497	246	41
民间非盈利组织	473	191	470	188		
其他	22	22	21	21		
平均人数(人)	313685	157003	296647	147556	14663	7831
#国有单位	219982	99171	209164	93697	10450	5614
城镇单位	16156	8649	14496	8399	2231	655
其他单位	77547	49183	72987	45460	1982	1562
#企业	158690	100816	149369	95107	13037	7443
事业	113330	43903	107077	40776	1375	347
机关	41179	12073	39719	11466	251	41
民间非盈利组织	464	189	461	186		
其他	22	22	21	21		
劳动报酬(工资、生活费)总额(万元)	945478	514497	914662	493949	10257	6926
#国有单位	707466	360594	690490	350224	7714	5325
城镇单位	37351	18558	34842	18161	785	277
其他单位	200661	135344	189331	125563	1757	1325
#企业	452803	303612	432794	289519	8998	6428
事业	350638	157015	341636	151282	855	403
机关	140908	53240	139110	52524	403	94
民间非盈利组织	1085	586	1080	581		
其他	44	44	43	43		
平均劳动报酬(工资、生活费)(元)	30141	32770	30833	33475	6995	8844
#国有单位	32160	36361	33012	37378	7382	9484
城镇单位	23119	21457	24036	21623	3520	4224
其他单位	25876	27518	25940	27621	8865	8480
#企业	28534	30115	28975	30441	6902	8637
事业	30940	35764	31906	37101	6217	11620
机关	34218	44098	35024	45809	16072	23000
民间非盈利组织	23386	31005	23425	31226		
其他	19818	19818	20524	20524		

注：本表劳动报酬、工资、生活费分别与从业人员、在岗职工、离岗职工对应。

4-4 单位数、从业人员、劳动报酬

(2010年)

	单位数（个）	单位从业人员（人）	女 性	在岗职工	其他从业人员	离开本单位仍保留劳动关系的职工年末人数（人）
全 市	**7114**	**315943**	**129003**	**298579**	**17364**	**13905**
按企业事业机关分组						
企业	1716	159645	59737	150132	9513	12284
事业	3206	114444	57503	108070	6374	1375
机关	2182	41359	11494	39886	1473	246
民间非盈利组织	8	473	258	470	3	
其他	2	22	11	21	1	
按国民经济行业分组						
农、林、牧、渔业	216	6430	2314	6122	308	793
采矿业	23	2848	1052	2844	4	114
制造业	334	62021	24269	59511	2510	4430
电力、燃气及水的生产和供应业	63	10970	3315	10510	460	384
建筑业	83	14880	2249	13080	1800	513
交通运输、仓储和邮政业	121	10745	3538	10603	142	1002
信息传输、计算机服务和软件业	55	3870	1878	2492	1378	214
批发和零售业	343	11254	4343	10803	451	2975
住宿和餐饮业	111	8200	4618	7907	293	754
金融业	206	11534	5976	9727	1807	430
房地产业	169	4492	1620	4337	155	133
租赁和商务服务业	251	11107	3432	10499	608	743
科学研究、技术服务和地质勘查业	356	7843	2174	7280	563	342
水利、环境和公共设施管理业	205	11357	5296	10230	1127	212
居民服务和其他服务业	34	1195	547	1143	52	83
教育	1450	59892	30765	57346	2546	126
卫生、社会保障和社会福利业	328	26055	16734	25021	1034	144
文化、体育和娱乐业	200	5672	2437	5368	304	168
公共管理和社会组织	2566	45578	12446	43756	1822	345
市 区	**1691**	**157906**	**64685**	**148212**	**9694**	**7150**
按企业事业机关分组						
企业	889	101156	38718	95234	5922	6795
事业	497	44424	22504	41272	3152	314
机关	298	12113	3339	11497	616	41
民间非盈利组织	5	191	113	188	3	
其他	2	22	11	21	1	
按国民经济行业分组						
农、林、牧、渔业	11	802	321	793	9	14
采矿业						
制造业	196	41539	16199	39665	1874	3018
电力、燃气及水的生产和供应业	7	2633	783	2633		119
建筑业	53	8791	1291	8519	272	423
交通运输、仓储和邮政业	55	6720	2165	6684	36	515
信息传输、计算机服务和软件业	38	3624	1816	2248	1376	214
批发和零售业	110	7444	2893	7247	197	1168
住宿和餐饮业	94	7671	4284	7390	281	607
金融业	68	7716	4391	6265	1451	133
房地产业	100	2703	1035	2607	96	131
租赁和商务服务业	121	8037	2330	7873	164	194
科学研究、技术服务和地质勘查业	80	5408	1544	5015	393	210
水利、环境和公共设施管理业	73	6127	2757	5431	696	178
居民服务和其他服务业	26	1013	454	977	36	59
教育	173	19883	10792	18773	1110	7
卫生、社会保障和社会福利业	61	10842	6632	10267	575	53
文化、体育和娱乐业	67	2819	1142	2580	239	46
公共管理和社会组织	358	14134	3856	13245	889	61

4-4续表1 （2010年）

项　　目	单位从业人员平均人数（人）	在岗职工	其他从业人员	离开本单位仍保留劳动关系的职工平均人数（人）	单位从业人员劳动报酬（万元）	在岗职工工资总额	其他从业人员劳动报酬
全　市	**313685**	**296647**	**17038**	**14663**	**9454776**	**9146623**	**308153**
按企业事业机关分组							
企业	158690	149369	9321	13037	4528026	4327936	200090
事业	113330	107077	6253	1375	3506383	3416355	90028
机关	41179	39719	1460	251	1409080	1391102	17978
民间非盈利组织	464	461	3		10851	10799	52
其他	22	21	1		436	431	5
按国民经济行业分组							
农、林、牧、渔业	6261	5943	318	793	141506	139449	2057
采矿业	2916	2877	39	112	111421	110931	490
制造业	62166	59738	2428	4789	1548039	1502996	45043
电力、燃气及水的生产和供应业	10951	10480	471	419	457250	450940	6310
建筑业	14423	12727	1696	571	363699	334278	29421
交通运输、仓储和邮政业	10754	10618	136	1034	375979	374122	1857
信息传输、计算机服务和软件业	3769	2455	1314	219	134281	89657	44624
批发和零售业	11159	10701	458	3097	330969	321531	9438
住宿和餐饮业	8207	7944	263	787	138367	128723	9644
金融业	11355	9569	1786	444	622343	572278	50065
房地产业	4450	4272	178	141	120457	116959	3498
租赁和商务服务业	10881	10337	544	716	201632	194047	7585
科学研究、技术服务和地质勘查业	7777	7225	552	369	309131	294763	14368
水利、环境和公共设施管理业	11315	10199	1116	288	241272	230267	11005
居民服务和其他服务业	1207	1151	56	82	31977	30682	1295
教育	59476	56959	2517	133	1851472	1824555	26917
卫生、社会保障和社会福利业	25584	24532	1052	148	821626	805835	15791
文化、体育和娱乐业	5632	5327	305	173	120525	116596	3929
公共管理和社会组织	45402	43593	1809	348	1532830	1508014	24816
市　区	**157003**	**147556**	**9447**	**7831**	**5144965**	**4939485**	**205480**
按企业事业机关分组							
企业	100816	95107	5709	7443	3036122	2895190	140932
事业	43903	40776	3127	347	1570147	1512815	57332
机关	12073	11466	607	41	532400	525241	7159
民间非盈利组织	189	186	3		5860	5808	52
其他	22	21	1		436	431	5
按国民经济行业分组							
农、林、牧、渔业	802	786	16	14	10063	9808	255
采矿业							
制造业	41970	40180	1790	3347	1124452	1089724	34728
电力、燃气及水的生产和供应业	2616	2616		135	172231	172231	
建筑业	8472	8276	196	481	236904	233269	3635
交通运输、仓储和邮政业	6753	6720	33	543	264904	264597	307
信息传输、计算机服务和软件业	3525	2213	1312	219	127939	83333	44606
批发和零售业	7380	7179	201	1255	254530	250884	3646
住宿和餐饮业	7682	7431	251	639	131047	121517	9530
金融业	7533	6100	1433	140	437623	393612	44011
房地产业	2739	2624	115	138	75406	72880	2526
租赁和商务服务业	7852	7687	165	210	146797	145079	1718
科学研究、技术服务和地质勘查业	5347	4963	384	220	246614	233553	13061
水利、环境和公共设施管理业	6079	5391	688	254	159408	152297	7111
居民服务和其他服务业	1025	985	40	58	27012	25914	1098
教育	19652	18559	1093	17	659652	645147	14505
卫生、社会保障和社会福利业	10707	10097	610	51	396154	386947	9207
文化、体育和娱乐业	2776	2534	242	49	69092	66248	2844
公共管理和社会组织	14093	13215	878	61	605137	592445	12692

4-4续表2 （2010年）

项　　目	离开本单位仍保留劳动关系的职工生活费（万元）	单位从业人员平均劳动报酬（元）	在岗职工平均工资	其他从业人员平均劳动报酬	离开本单位仍保留劳动关系的职工平均生活费（元）	本单位使用的劳务派遣工平均劳动报酬（元）
全　市	**102566**	**30141**	**30833**	**18086**	**6995**	**7837**
按企业事业机关分组						
企业	89983	28534	28975	21467	6902	7282
事业	8549	30940	31906	14398	6217	16220
机关	4034	34218	35024	12314	16072	25418
民间非盈利组织		23386	23425	17333		
其他		19818	20524	5000		
按国民经济行业分组						
农、林、牧、渔业	4131	22601	23464	6469	5209	6000
采矿业	2033	38210	38558	12564	18152	25305
制造业	23544	24902	25160	18551	4916	13909
电力、燃气及水的生产和供应业	5980	41754	43029	13397	14272	18659
建筑业	3556	25217	26265	17347	6228	19667
交通运输、仓储和邮政业	8162	34962	35235	13654	7894	22996
信息传输、计算机服务和软件业	3027	35628	36520	33960	13822	1006
批发和零售业	17153	29659	30047	20607	5539	18085
住宿和餐饮业	3408	16860	16204	36669	4330	16404
金融业	12464	54808	59805	28032	28072	26648
房地产业	998	27069	27378	19652	7078	11910
租赁和商务服务业	3080	18531	18772	13943	4302	13549
科学研究、技术服务和地质勘查业	3657	39749	40798	26029	9911	23976
水利、环境和公共设施管理业	2222	21323	22577	9861	7715	6736
居民服务和其他服务业	812	26493	26657	23125	9902	
教育	1792	31130	32033	10694	13474	23270
卫生、社会保障和社会福利业	1382	32115	32848	15010	9338	16584
文化、体育和娱乐业	679	21400	21888	12882	3925	11714
公共管理和社会组织	4486	33761	34593	13718	12891	24586
市　区	**69258**	**32770**	**33475**	**21751**	**8844**	**6562**
按企业事业机关分组						
企业	64283	30115	30441	24686	8637	6046
事业	4032	35764	37101	18335	11620	26822
机关	943	44098	45809	11794	23000	46708
民间非盈利组织		31005	31226	17333		
其他		19818	20524	5000		
按国民经济行业分组						
农、林、牧、渔业	16	12547	12478	15938	1143	
采矿业						
制造业	21522	26792	27121	19401	6430	13501
电力、燃气及水的生产和供应业	2756	65838	65838		20415	22134
建筑业	3478	27963	28186	18546	7231	19667
交通运输、仓储和邮政业	5945	39228	39375	9303	10948	23163
信息传输、计算机服务和软件业	3027	36295	37656	33998	13822	1006
批发和零售业	14720	34489	34947	18139	11729	19386
住宿和餐饮业	3298	17059	16353	37968	5161	16689
金融业	3065	58094	64527	30712	21893	26881
房地产业	990	27530	27774	21965	7174	11910
租赁和商务服务业	2646	18695	18873	10412	12600	13584
科学研究、技术服务和地质勘查业	2696	46122	47059	34013	12255	24769
水利、环境和公共设施管理业	2140	26223	28250	10336	8425	14778
居民服务和其他服务业	747	26353	26309	27450	12879	
教育	86	33567	34762	13271	5059	11333
卫生、社会保障和社会福利业	664	37000	38323	15093	13020	18985
文化、体育和娱乐业	402	24889	26144	11752	8204	14500
公共管理和社会组织	1060	42939	44831	14456	17377	44160

4-5 全市分经济类型单位数、从业人员、劳动报酬

（2010年）

项目	单位数（个）	单位从业人员（人）	女性	在岗职工	其他从业人员	离开本单位仍保留劳动关系的职工年末人数(人)
全　市	**7114**	**315943**	**129003**	**298579**	**17364**	**13905**
国有单位合计	**6116**	**221029**	**91337**	**209965**	**11064**	**9884**
按隶属关系分组						
中央	139	19189	6283	18468	721	1026
省、自治区、直辖市	221	28610	11421	26855	1755	1177
地区	865	59671	24152	55770	3901	3706
县及县以下	4889	113548	49476	108863	4685	3975
其他	2	11	5	9	2	
按企业、事业、机关分组						
企业	761	68105	24212	64762	3343	8274
#地方	685	53510	19697	50612	2898	7361
事业	3173	111559	55626	105311	6248	1364
#地方	3143	109069	54575	103016	6053	1258
机关	2181	41346	11490	39873	1473	246
#地方	2148	39242	10773	37850	1392	239
民间非盈利组织						
其他	1	19	9	19		
按国民经济行业分组						
农、林、牧、渔业	198	5589	2072	5357	232	728
采矿业	12	1738	631	1736	2	114
制造业	124	20331	7038	19385	946	3027
电力、燃气及水的生产和供应业	50	9158	2673	8708	450	346
建筑业	21	5124	931	4825	299	166
交通运输、仓储和邮政业	106	8302	2836	8184	118	461
信息传输、计算机服务和软件业	34	1974	753	1972	2	189
批发和零售业	183	4250	1545	4013	237	2229
住宿和餐饮业	46	2602	1483	2466	136	465
金融业	117	6921	3610	5914	1007	304
房地产业	47	1298	373	1260	38	18
租赁和商务服务业	153	4792	1576	4296	496	440
科学研究、技术服务和地质勘查业	327	7288	2067	6849	439	342
水利、环境和公共设施管理业	191	10277	4813	9150	1127	209
居民服务和其他服务业	21	524	229	486	38	74
教育	1422	58024	29601	55625	2399	125
卫生、社会保障和社会福利业	313	23836	15344	22827	1009	134
文化、体育和娱乐业	188	3480	1338	3199	281	168
公共管理和社会组织	2563	45521	12424	43713	1808	345
城镇集体单位合计	**343**	**16511**	**4510**	**14836**	**1675**	**2122**
按企业、事业、机关分组						
企业	327	16304	4414	14653	1651	2122
事业	15	204	94	181	23	
机关						
民间非盈利组织						
其他	1	3	2	2	1	
按国民经济行业分组						
农、林、牧、渔业						
采矿业	7	263	82	263		
制造业	51	2722	1458	2317	405	680
电力、燃气及水的生产和供应业						
建筑业	33	5337	591	4249	1088	89
交通运输、仓储和邮政业	4	315	157	315		414

4-5续表1　　　　　　　　　　（2010年）

项　　目	单位数（个）	单位从业人员（人）	女　性	在岗职工	其他从业人员	离开本单位仍保留劳动关系的职工年末人数（人）
信息传输、计算机服务和软件业	2	65	17	65		9
批发和零售业	101	2200	480	2119	81	827
住宿和餐饮业	16	484	315	468	16	25
金融业	73	2030	875	2020	10	100
房地产业	13	263	104	251	12	2
租赁和商务服务业	23	2133	317	2124	9	15
勘查业	13	163	46	135	28	
水利、环境和公共设施管理业	2	17	10	17		54
居民服务和其他服务业	4	85	51	85		9
教育	3	33	19	33		
卫生、社会保障和社会福利业	2	46	32	41	5	
文化、体育和娱乐业	2	18	13	18		56
公共管理和社会组织	3	56	22	39	17	
其他单位合计	**655**	**78403**	**33156**	**73778**	**4625**	**1899**
按登记注册类型分组						
内资	581	65714	27178	61330	4384	1837
股份合作	92	4925	2024	4830	95	259
联营	13	787	328	722	65	17
#国有联营	4	153	29	153		
集体联营	2	62	23	61	1	1
有限责任公司	288	33336	13053	31655	1681	959
#国有独资	24	2554	519	2509	45	295
股份有限公司	123	16996	7798	14651	2345	442
其他	65	9670	3975	9472	198	160
港、澳、台商投资	45	6320	2984	6179	141	22
外商投资	29	6369	2994	6269	100	40
按企业、事业、机关分组						
企业	628	75236	31111	70717	4519	1888
事业	18	2681	1783	2578	103	11
机关	1	13	4	13		
民间非盈利组织	8	473	258	470	3	
其他						
按国民经济行业分组						
农、林、牧、渔业	18	841	242	765	76	65
采矿业	4	847	339	845	2	
制造业	159	38968	15773	37809	1159	723
电力、燃气及水的生产和供应业	13	1812	642	1802	10	38
建筑业	29	4419	727	4006	413	258
交通运输、仓储和邮政业	11	2128	545	2104	24	127
信息传输、计算机服务和软件业	19	1831	1104	455	1376	25
批发和零售业	72	4812	2335	4693	119	122
住宿和餐饮业	50	5219	2901	5071	148	269
金融业	30	2822	1603	2035	787	74
房地产业	107	2861	1141	2750	111	28
租赁和商务服务业	59	3649	1408	3540	109	156
科学研究、技术服务和地质勘查业	15	385	66	294	91	
水利、环境和公共设施管理业	11	1029	459	1029		3
居民服务和其他服务业	9	588	274	574	14	
教育	25	1837	1147	1694	143	1
卫生、社会保障和社会福利业	13	2173	1359	2153	20	10
文化、体育和娱乐业	11	2182	1091	2159	23	
公共管理和社会组织						

4-5续表2　　　　　　　　　　　（2010年）

项　　目	单位从业人员平均人数(人)			离开本单位仍保留劳动关系的职工年平均人数(人)	单位从业人员劳动报酬(万元)		
		在岗职工	其他从业人员			在岗职工工资总额	其他从业人员劳动报酬
全　市	**313685**	**296647**	**17038**	**14663**	**9454776**	**9146623**	**308153**
国有单位合计	**219982**	**209164**	**10818**	**10450**	**7074658**	**6904897**	**169761**
按隶属关系分组							
中央	19119	18409	710	1121	877090	850759	26331
省、自治区、直辖市	28024	26413	1611	1153	1084196	1054397	29799
地区	59995	56159	3836	4138	1897538	1839172	58366
县及县以下	112831	108174	4657	4038	3215602	3160392	55210
其他	13	9	4		232	177	55
按企业、事业、机关分组							
企业	68309	65076	3233	8836	2278131	2214681	63450
#地方	53774	50974	2800	7837	1644412	1588651	55761
事业	110487	104362	6125	1363	3387215	3298882	88333
#地方	107990	102073	5917	1248	3242345	3171761	70584
机关	41167	39707	1460	251	1408907	1390929	17978
#地方	39080	37689	1391	244	1310406	1293321	17085
民间非盈利组织							
其他	19	19			405	405	
按国民经济行业分组							
农、林、牧、渔业	5423	5188	235	728	122160	120639	1521
采矿业	1753	1751	2	112	71910	71875	35
制造业	20995	20058	937	3349	544827	525775	19052
电力、燃气及水的生产和供应业	9149	8693	456	380	388985	382810	6175
建筑业	4837	4645	192	183	161174	157656	3518
交通运输、仓储和邮政业	8280	8165	115	489	310066	308394	1672
信息传输、计算机服务和软件业	1941	1939	2	193	67123	67105	18
批发和零售业	4289	4044	245	2320	167283	161625	5658
住宿和餐饮业	2571	2459	112	503	41672	40255	1417
金融业	6877	5881	996	314	374189	342439	31750
房地产业	1307	1269	38	18	31998	31272	726
租赁和商务服务业	4718	4287	431	395	95410	89287	6123
科学研究、技术服务和地质勘查业	7235	6806	429	369	290951	278965	11986
水利、环境和公共设施管理业	10205	9089	1116	234	224034	213029	11005
居民服务和其他服务业	532	490	42	73	16767	15731	1036
教育	57629	55265	2364	131	1798918	1774260	24658
卫生、社会保障和社会福利业	23412	22385	1027	138	744974	729675	15299
文化、体育和娱乐业	3484	3200	284	173	90502	87104	3398
公共管理和社会组织	45345	43550	1795	348	1531715	1507001	24714
城镇集体单位合计	**16156**	**14496**	**1660**	**2231**	**373506**	**348420**	**25086**
按企业、事业、机关分组							
企业	15949	14313	1636	2231	368607	343829	24778
事业	204	181	23		4868	4565	303
机关							
民间非盈利组织							
其他	3	2	1		31	26	5
按国民经济行业分组							
农、林、牧、渔业							
采矿业	263	263			7662	7662	
制造业	2577	2173	404	694		46350	4057
电力、燃气及水的生产和供应业							
建筑业	5363	4292	1071	89	107789	90262	17527
交通运输、仓储和邮政业	321	321		416	3032	3032	

4-5续表3

（2010年）

项　　目	单位从业人员平均人数（人）	在岗职工	其他从业人员	离开本单位仍保留劳动关系的职工年平均人数（人）	单位从业人员劳动报酬（万元）	在岗职工工资总额	其他从业人员劳动报酬
信息传输、计算机服务和软件业	63	63			1182	1182	
批发和零售业	2134	2052	82	878	52386	51537	849
住宿和餐饮业	450	434	16	25	5598	5482	116
金融业	1963	1950	13	97	90178	88931	1247
房地产业	269	257	12	2	6649	6535	114
租赁和商务服务业	2048	2039	9	15	34393	34367	26
勘查业	165	137	28		8956	8109	847
水利、环境和公共设施管理业	17	17		61	1113	1113	
居民服务和其他服务业	86	86		10	1292	1292	
教育	33	33			442	410	32
卫生、社会保障和社会福利业	47	42	5		1213	1044	169
文化、体育和娱乐业	18	18		56	99	99	
公共管理和社会组织	57	40	17		1115	1013	102
其他单位合计	**77547**	**72987**	**4560**	**1982**	**2006612**	**1893306**	**113306**
按登记注册类型分组							
内资	64865	60588	4277	1920	1696594	1592107	104487
股份合作	4940	4786	154	274	122650	120779	1871
联营	788	724	64	19	15134	14518	616
#国有联营	153	153			4259	4259	
集体联营	64	63	1	1	1440	1427	13
有限责任公司	32786	31214	1572	1015	791956	761490	30466
#国有独资	2606	2554	52	318	74974	73303	1671
股份有限公司	16725	14437	2288	454	477968	409403	68565
其他	9626	9427	199	158	288886	285917	2969
港、澳、台商投资	6396	6249	147	32	109344	106159	3185
外商投资	6286	6150	136	30	200674	195040	5634
按企业、事业、机关分组							
企业	74432	69980	4452	1970	1881288	1769426	111862
事业	2639	2534	105	12	114300	112908	1392
机关	12	12			173	173	
民间非盈利组织	464	461	3		10851	10799	52
其他							
按国民经济行业分组							
农、林、牧、渔业	838	755	83	65	19346	18810	536
采矿业	900	863	37		31849	31394	455
制造业	38594	37507	1087	746	952805	930871	21934
电力、燃气及水的生产和供应业	1802	1787	15	39	68265	68130	135
建筑业	4223	3790	433	299	94736	86360	8376
交通运输、仓储和邮政业	2153	2132	21	129	62881	62696	185
信息传输、计算机服务和软件业	1763	451	1312	26	65976	21370	44606
批发和零售业	4737	4618	119	128	111300	108369	2931
住宿和餐饮业	5235	5097	138	263	91097	82986	8111
金融业	2675	1898	777	77	157976	140908	17068
房地产业	2809	2675	134	29	81810	79152	2658
租赁和商务服务业	3712	3602	110	166	71829	70393	1436
科学研究、技术服务和地质勘查业	376	286	90		9224	7689	1535
水利、环境和公共设施管理业	1059	1059		3	16125	16125	
居民服务和其他服务业	591	577	14		13918	13659	259
教育	1816	1667	149	2	52112	49885	2227
卫生、社会保障和社会福利业	2126	2106	20	10	75439	75116	323
文化、体育和娱乐业	2138	2117	21		29924	29393	531
公共管理和社会组织							

4-5续表4

（2010年）

项　　目	离开本单位仍保留劳动关系的职工生活费（万元）	单位从业人员平均劳动报酬（元）	在岗职工平均工资	其他从业人员平均劳动报酬	离开本单位仍保留劳动关系的职工平均生活费（元）	本单位使用的劳务派遣工平均劳动报酬（元）
全　市	**102566**	**30141**	**30833**	**18086**	**6995**	**7837**
国有单位合计	**77142**	**32160**	**33012**	**15692**	**7382**	**5459**
按隶属关系分组						
中央	14014	45875	46214	37086	12501	2835
省、自治区、直辖市	15790	38688	39920	18497	13695	20757
地区	29372	31628	32749	15215	7098	12642
县及县以下	17966	28499	29216	11855	4449	15916
其他		17846	19667	13750		
按企业、事业、机关分组						
企业	64746	33350	34032	19626	7328	4618
#地方	52226	30580	31166	19915	6664	12844
事业	8362	30657	31610	14422	6135	16220
#地方	7005	30024	31073	11929	5613	16222
机关	4034	34224	35030	12314	16072	25418
#地方	3897	33531	34316	12283	15971	26344
民间非盈利组织						
其他		21316	21316			
按国民经济行业分组						
农、林、牧、渔业	2501	22526	23253	6472	3435	6000
采矿业	2033	41021	41048	17500	18152	25305
制造业	16875	25950	26213	20333	5039	8627
电力、燃气及水的生产和供应业	5528	42517	44037	13542	14547	19181
建筑业	1131	33321	33941	18323	6180	19667
交通运输、仓储和邮政业	6226	37448	37770	14539	12732	21556
信息传输、计算机服务和软件业	2415	34582	34608	9000	12513	1000
批发和零售业	15381	39003	39967	23094	6630	17513
住宿和餐饮业	2117	16208	16370	12652	4209	13250
金融业	7467	54412	58228	31878	23780	35529
房地产业	155	24482	24643	19105	8611	12191
租赁和商务服务业	630	20223	20827	14206	1595	9276
科学研究、技术服务和地质勘查业	3657	40214	40988	27939	9911	15667
水利、环境和公共设施管理业	2069	21953	23438	9861	8842	6736
居民服务和其他服务业	805	31517	32104	24667	11027	
教育	1754	31215	32105	10431	13389	23270
卫生、社会保障和社会福利业	1233	31820	32597	14897	8935	16584
文化、体育和娱乐业	679	25976	27220	11965	3925	11714
公共管理和社会组织	4486	33779	34604	13768	12891	24586
城镇集体单位合计	**7854**	**23119**	**24036**	**15112**	**3520**	**14165**
按企业、事业、机关分组						
企业	7854	23112	24022	15145	3520	14165
事业		23863	25221	13174		
机关						
民间非盈利组织						
其他		10333	13000	5000		
按国民经济行业分组						
农、林、牧、渔业						
采矿业		29133	29133			
制造业	1085	19560	21330	10042	1563	26592
电力、燃气及水的生产和供应业						
建筑业	78	20099	21030	16365	876	
交通运输、仓储和邮政业	1406	9445	9445		3380	

4-5续表5　　　　　　　　　　（2010年）

项　　目	离开本单位仍保留劳动关系的职工生活费（万元）	单位从业人员平均劳动报酬（元）	在岗职工平均工资	其他从业人员平均劳动报酬	离开本单位仍保留劳动关系的职工平均生活费（元）	本单位使用的劳务派遣工平均劳动报酬（元）
信息传输、计算机服务和软件业		18185	18185			
批发和零售业	1076	24560	25276	9032	1658	
住宿和餐饮业	69	13960	14129	8923	3286	
金融业	3190	50016	49682	95923	60189	9143
房地产业	713	19907	19924	19000	7585	
租赁和商务服务业	77	14032	14039	8667	497	13639
勘查业		53952	60970	25667		26313
水利、环境和公共设施管理业	153	21824	21824		3000	
居民服务和其他服务业	7	15381	15381		778	
教育		14258	15185	8000		
卫生、社会保障和社会福利业		26370	25463	33800		
文化、体育和娱乐业		9900	9900			
公共管理和社会组织		19561	23558	7286		
其他单位合计	**17570**	**25876**	**25940**	**24848**	**8865**	**17999**
按登记注册类型分组						
内资	17050	26156	26278	24430	8880	17960
股份合作	1724	24828	25236	12149	6292	20333
联营	63	19206	20052	9625	3316	
#国有联营		27837	27837			
集体联营	15	22500	22651	13000	15000	
有限责任公司	8653	24155	24396	19380	8525	16512
#国有独资	2027	28770	28701	32135	6374	26268
股份有限公司	5349	28578	28358	29967	11782	18924
其他	1261	30011	30330	14920	7981	19254
港、澳、台商投资	182	17096	16988	21667	5688	17486
外商投资	338	31924	31714	41426	11267	19759
按企业、事业、机关分组						
企业	17383	25275	25285	25126	8824	17999
事业	187	43312	44557	13257	15583	
机关		14417	14417			
民间非盈利组织		23386	23425	17333		
其他						
按国民经济行业分组						
农、林、牧、渔业	1630	23086	24914	6458	25077	
采矿业		35388	36378	12297		
制造业	5584	24688	24819	20178	7485	17234
电力、燃气及水的生产和供应业	452	37883	38125	9000	11590	12871
建筑业	2347	22433	22786	19344	7849	
交通运输、仓储和邮政业	530	29206	29407	8810	4109	27151
信息传输、计算机服务和软件业	612	37423	47384	33998	23538	18600
批发和零售业	696	23496	23467	24630	5438	18897
住宿和餐饮业	1222	17402	16281	58775	4646	17486
金融业	1807	59056	74240	21967	23468	18823
房地产业	130	29124	29590	19836	4483	10000
租赁和商务服务业	2373	19350	19543	13055	14295	
科学研究、技术服务和地质勘查业		24532	26885	17056		
水利、环境和公共设施管理业		15227	15227			
居民服务和其他服务业		23550	23672	18500		
教育	38	28696	29925	14946	19000	
卫生、社会保障和社会福利业	149	35484	35668	16150	14900	
文化、体育和娱乐业		13996	13884	25286		
公共管理和社会组织						

4-6 市区分经济类型单位数、从业人员、劳动报酬

（2010年）

项　　目	单位数（个）	单位从业人员（人）	女　性	在岗职工	其他从业人员	离开本单位仍保留劳动关系的职工年末人数（人）
总　计	1691	157906	64685	148212	9694	7150
国有单位合计	1150	99279	40604	93652	5627	5081
按隶属关系分组						
中央	85	16517	5259	16151	366	901
省、自治区、直辖市	122	20352	8488	19151	1201	640
地区	811	56080	23020	52299	3781	3498
县及县以下	130	6319	3832	6042	277	42
其他	2	11	5	9	2	
按企业、事业、机关分组						
企业	382	45306	16464	43321	1985	4737
#地方	328	32188	12588	30341	1847	3949
事业	470	41854	20796	38828	3026	303
#地方	452	39507	19797	36663	2844	197
机关	297	12100	3335	11484	616	41
#地方	284	11048	2951	10478	570	34
民间非盈利组织						
其他	1	19	9	19		
按国民经济行业分组						
农、林、牧、渔业	10	710	293	701	9	14
采矿业						
制造业	79	17143	6107	16335	808	2163
电力、燃气及水的生产和供应业	5	2426	599	2426		114
建筑业	16	3967	676	3798	169	166
交通运输、仓储和邮政业	49	4903	1740	4891	12	397
信息传输、计算机服务和软件业	17	1728	691	1728		189
批发和零售业	53	2211	769	2092	119	964
住宿和餐饮业	38	2425	1366	2301	124	318
金融业	55	5065	2841	4387	678	113
房地产业	19	638	190	614	24	16
租赁和商务服务业	51	2649	847	2587	62	33
科学研究、技术服务和地质勘查业	61	4922	1445	4645	277	210
水利、环境和公共设施管理业	67	6007	2690	5311	696	178
居民服务和其他服务业	14	398	169	376	22	50
教育	150	18554	9924	17587	967	6
卫生、社会保障和社会福利业	53	9273	5575	8718	555	43
文化、体育和娱乐业	57	2171	842	1941	230	46
公共管理和社会组织	356	14089	3840	13214	875	61
城镇集体单位合计	343	16511	4510	14836	1675	2122
按企业、事业、机关分组						
企业	327	16304	4414	14653	1651	2122
事业	15	204	94	181	23	
机关						
民间非盈利组织						
其他	1	3	2	2	1	
按国民经济行业分组						
农、林、牧、渔业						
采矿业	7	263	82	263		
制造业	51	2722	1458	2317	405	680
电力、燃气及水的生产和供应业						
建筑业	33	5337	591	4249	1088	89
交通运输、仓储和邮政业	4	315	157	315		414

4-6续表1 （2010年）

项　　目	单位数（个）	单位从业人员（人）	女　性	在岗职工	其他从业人员	离开本单位仍保留劳动关系的职工年末人数（人）
信息传输、计算机服务和软件业	2	65	21	65		
批发和零售业	88	2192	463	2097	95	624
住宿和餐饮业	15	379	234	370	9	20
金融业	59	1791	763	1778	13	52
房地产业	15	333	106	327	6	87
租赁和商务服务业	39	2666	448	2663	3	147
科学研究、技术服务和地质勘查业	14	170	41	137	33	
水利、环境和公共设施管理业	3	51	24	51		
居民服务和其他服务业	4	83	44	83		9
教育	3	31	17	27	4	
卫生、社会保障和社会福利业	2	46	31	41	5	
文化、体育和娱乐业	1	10	8	10		
公共管理和社会组织	3	57	22	43	14	
其他单位合计	**198**	**49813**	**22015**	**45995**	**3818**	**1493**
按登记注册类型分组						
内资	346	41752	18042	38147	3605	1442
股份合作	35	1938	848	1897	41	40
联营	10	540	190	531	9	17
#国有联营	4	153	29	153		
集体联营	2	62	23	61	1	1
有限责任公司	168	16855	7005	15779	1076	805
#国有独资	21	2530	512	2485	45	294
股份有限公司	73	13338	6340	11057	2281	420
其他	60	9081	3659	8883	198	160
港、澳、台商投资	32	3108	1517	2992	116	15
外商投资	20	4953	2456	4856	97	36
按企业、事业、机关分组						
企业	377	47207	20275	43495	3712	1482
事业	15	2402	1623	2299	103	11
机关	1	13	4	13		
民间非盈利组织	5	191	113	188	3	
其他						
按国民经济行业分组						
农、林、牧、渔业	1	92	28	92		
采矿业						
制造业	81	23175	9595	22202	973	528
电力、燃气及水的生产和供应业	2	207	184	207		5
建筑业	22	2813	412	2773	40	257
交通运输、仓储和邮政业	6	1817	425	1793	24	118
信息传输、计算机服务和软件业	19	1831	1104	455	1376	25
批发和零售业	36	3546	1803	3487	59	76
住宿和餐饮业	41	4867	2684	4719	148	269
金融业	12	2403	1418	1630	773	20
房地产业	68	1748	748	1682	66	28
租赁和商务服务业	51	2848	1065	2749	99	156
科学研究、技术服务和地质勘查业	12	350	63	267	83	
水利、环境和公共设施管理业	3	69	43	69		
居民服务和其他服务业	9	588	274	574	14	
教育	20	1298	851	1159	139	1
卫生、社会保障和社会福利业	6	1523	1026	1508	15	10
文化、体育和娱乐业	9	638	292	629	9	
公共管理和社会组织						

4-6续表2 （2010年）

项目	单位从业人员平均人数(人)	在岗职工	其他从业人员	离开本单位仍保留劳动关系的职工年平均人数(人)	单位从业人员劳动报酬(万元)	在岗职工工资总额	其他从业人员劳动报酬
总计	**157003**	**147556**	**9447**	**7831**	**5144965**	**4939485**	**205480**
国有单位合计	**99171**	**93697**	**5474**	**5614**	**3605942**	**3502242**	**103700**
按隶属关系分组							
中央	16461	16104	357	993	787763	766671	21092
省、自治区、直辖市	20072	18952	1120	662	831347	808873	22474
地区	56374	52657	3717	3917	1797510	1741240	56270
县及县以下	6251	5975	276	42	189090	185281	3809
其他	13	9	4		232	177	55
按企业、事业、机关分组							
企业	45719	43851	1868	5238	1612006	1571102	40904
#地方	32647	30907	1740	4367	1022043	984109	37934
事业	41372	38373	2999	335	1461304	1405667	55637
#地方	39018	36214	2804	220	1321102	1282994	38108
机关	12061	11454	607	41	532227	525068	7159
#地方	11026	10453	573	34	474629	468063	6566
民间非盈利组织							
其他	19	19			405	405	
按国民经济行业分组							
农、林、牧、渔业	715	706	9	14	7441	7260	181
采矿业							
制造业	17882	17082	800	2466	488222	471920	16302
电力、燃气及水的生产和供应业	2409	2409		130	169568	169568	
建筑业	3662	3600	62	183	135562	134404	1158
交通运输、仓储和邮政业	4897	4885	12	424	207596	207474	122
信息传输、计算机服务和软件业	1697	1697		193	60781	60781	
批发和零售业	2246	2125	121	1037	118000	116657	1343
住宿和餐饮业	2392	2292	100	355	38821	37518	1303
金融业	5028	4358	670	119	291017	263973	27044
房地产业	649	625	24	16	17189	16903	286
租赁和商务服务业	2643	2581	62	39	55508	54816	692
科学研究、技术服务和地质勘查业	4872	4605	267	220	230057	219218	10839
水利、环境和公共设施管理业	5953	5265	688	203	156044	148933	7111
居民服务和其他服务业	406	380	26	49	12515	11676	839
教育	18335	17391	944	15	621412	609108	12304
卫生、社会保障和社会福利业	9157	8567	590	41	332787	323892	8895
文化、体育和娱乐业	2180	1945	235	49	59035	56344	2691
公共管理和社会组织	14048	13184	864	61	604387	591797	12590
城镇集体单位合计	**16156**	**14496**	**1660**	**2231**	**373506**	**348420**	**25086**
按企业、事业、机关分组							
企业	15949	14313	1636	2231	368607	343829	24778
事业	204	181	23		4868	4565	303
机关							
民间非盈利组织							
其他	3	2	1		31	26	5
按国民经济行业分组							
农、林、牧、渔业							
采矿业	263	263			7662	7662	
制造业	2577	2173	404	694	50407	46350	4057
电力、燃气及水的生产和供应业							
建筑业	5363	4292	1071	89	107789	90262	17527
交通运输、仓储和邮政业	321	321		416	3032	3032	

3-6续表3　　（2010年）

项　　目	单位从业人员平均人数(人)	在岗职工	其他从业人员	离开本单位仍保留劳动关系的职工年平均人数(人)	单位从业人员劳动报酬(万元)	在岗职工工资总额	其他从业人员劳动报酬
信息传输、计算机服务和软件业	65	65			1182	1182	
批发和零售业	2133	2039	94	649	52386	51537	849
住宿和餐饮业	401	388	13	21	5598	5482	116
金融业	1803	1790	13	53	90178	88931	1247
房地产业	334	328	6	94	6649	6535	114
租赁和商务服务业	2451	2448	3	155	34393	34367	26
科学研究、技术服务和地质勘查业	166	133	33		8956	8109	847
水利、环境和公共设施管理业	51	51		51	1113	1113	
居民服务和其他服务业	84	84		9	1292	1292	
教育	31	27	4		442	410	32
卫生、社会保障和社会福利业	46	41	5		1213	1044	169
文化、体育和娱乐业	10	10			99	99	
公共管理和社会组织	57	43	14		1115	1013	102
其他单位合计	**49183**	**45460**	**3723**	**1562**	**1353440**	**1255631**	**97809**
按登记注册类型分组							
内资	41198	37730	3468	1516	1144994	1055069	89925
股份合作	1948	1886	62	58	42540	41524	1016
联营	542	534	8	19	11639	11351	288
#国有联营	153	153			4259	4259	
集体联营	64	63	1	1	1440	1427	13
有限责任公司	16406	15431	975	850	406286	387927	18359
#国有独资	2584	2532	52	317	74033	72362	1671
股份有限公司	13258	11034	2224	431	409859	342566	67293
其他	9044	8845	199	158	274670	271701	2969
港、澳、台商投资	3133	3011	122	20	51627	49033	2594
外商投资	4852	4719	133	26	156819	151529	5290
按企业、事业、机关分组							
企业	46619	43004	3615	1550	1242424	1146059	96365
事业	2363	2258	105	12	104983	103591	1392
机关	12	12			173	173	
民间非盈利组织	189	186	3		5860	5808	52
其他							
按国民经济行业分组							
农、林、牧、渔业	87	80	7		2622	2548	74
采矿业							
制造业	22812	21913	899	544	607821	591479	16342
电力、燃气及水的生产和供应业	207	207		5	2663	2663	
建筑业	2762	2690	72	298	57504	55296	2208
交通运输、仓储和邮政业	1856	1835	21	119	57308	57123	185
信息传输、计算机服务和软件业	1763	451	1312	26	65976	21370	44606
批发和零售业	3508	3447	61	80	90312	88221	2091
住宿和餐饮业	4889	4751	138	263	86628	78517	8111
金融业	2257	1494	763	21	136480	119513	16967
房地产业	1772	1687	85	28	52312	50186	2126
租赁和商务服务业	2885	2785	100	166	59269	58269	1000
科学研究、技术服务和地质勘查业	343	259	84		8466	7091	1375
水利、环境和公共设施管理业	75	75			2251	2251	
居民服务和其他服务业	591	577	14		13918	13659	259
教育	1286	1141	145	2	37798	35629	2169
卫生、社会保障和社会福利业	1504	1489	15	10	62154	62011	143
文化、体育和娱乐业	586	579	7		9958	9805	153
公共管理和社会组织							

4-6续表4 （2010年）

项　　目	离开本单位仍保留劳动关系的职工生活费（万元）	单位从业人员平均劳动报酬（元）	在岗职工平均工资	其他从业人员平均劳动报酬	离开本单位仍保留劳动关系的职工平均生活费（元）	本单位使用的劳务派遣工平均劳动报酬（元）
总　计	**69258**	**32770**	**33475**	**21751**	**8844**	**6562**
国有单位合计	**53245**	**36361**	**37378**	**18944**	**9484**	**3924**
按隶属关系分组						
中央	11529	47856	47607	59081	11610	2503
省、自治区、直辖市	13572	41418	42680	20066	20502	25608
地区	27261	31885	33068	15139	6960	11964
县及县以下	883	30250	31009	13801	21024	13250
其他		17846	19667	13750		
按企业、事业、机关分组						
企业	48457	35259	35828	21897	9251	3211
#地方	38422	31306	31841	21801	8798	8822
事业	3845	35321	36632	18552	11478	26822
#地方	2488	33859	35428	13591	11309	26822
机关	943	44128	45841	11794	23000	46708
#地方	806	43046	44778	11459	23706	48500
民间非盈利组织						
其他		21316	21316			
按国民经济行业分组						
农、林、牧、渔业	16	10407	10283	20111	1143	
采矿业						
制造业	15506	27302	27627	20378	6288	8870
电力、燃气及水的生产和供应业	2732	70389	70389		21015	22134
建筑业	1131	37019	37334	18677	6180	19667
交通运输、仓储和邮政业	5473	42392	42472	10167	12908	20141
信息传输、计算机服务和软件业	2415	35817	35817		12513	1000
批发和零售业	13545	52538	54897	11099	13062	16721
住宿和餐饮业	2007	16230	16369	13030	5654	13250
金融业	2589	57879	60572	40364	21756	36532
房地产业	147	26485	27045	11917	9188	12191
租赁和商务服务业	236	21002	21238	11161	6051	9522
科学研究、技术服务和地质勘查业	2696	47220	47604	40596	12255	17714
水利、环境和公共设施管理业	1987	26213	28287	10336	9788	14778
居民服务和其他服务业	740	30825	30726	32269	15102	
教育	48	33892	35024	13034	3200	11333
卫生、社会保障和社会福利业	515	36342	37807	15076	12561	18985
文化、体育和娱乐业	402	27080	28969	11451	8204	14500
公共管理和社会组织	1060	43023	44888	14572	17377	44160
城镇集体单位合计	**7854**	**23119**	**24036**	**15112**	**3520**	**14165**
按企业、事业、机关分组						
企业	7854	23112	24022	15145	3520	14165
事业		23863	25221	13174		
机关						
民间非盈利组织						
其他		10333	13000	5000		
按国民经济行业分组						
农、林、牧、渔业						
采矿业		29133	29133			
制造业	1085	19560	21330	10042	1563	26592
电力、燃气及水的生产和供应业						
建筑业	78	20099	21030	16365	876	
交通运输、仓储和邮政业	1406	9445	9445		3380	

4-6续表5

（2010年）

项　　目	离开本单位仍保留劳动关系的职工生活费（万元）	单位从业人员平均劳动报酬（元）	在岗职工平均工资	其他从业人员平均劳动报酬	离开本单位仍保留劳动关系的职工平均生活费（元）	本单位使用的劳务派遣工平均劳动报酬（元）
信息传输、计算机服务和软件业		18185	18185			
批发和零售业	1076	24560	25276	9032	1658	
住宿和餐饮业	69	13960	14129	8923	3286	
金融业	3190	50016	49682	95923	60189	9143
房地产业	713	19907	19924	19000	7585	
租赁和商务服务业	77	14032	14039	8667	497	13639
科学研究、技术服务和地质勘查业		53952	60970	25667		26313
水利、环境和公共设施管理业	153	21824	21824		3000	
居民服务和其他服务业	7	15381	15381		778	
教育		14258	15185	8000		
卫生、社会保障和社会福利业		26370	25463	33800		
文化、体育和娱乐业		9900	9900			
公共管理和社会组织		19561	23558	7286		
其他单位合计	**13246**	**27518**	**27621**	**26272**	**8480**	**18101**
按登记注册类型分组						
内资	12856	27792	27964	25930	8480	18050
股份合作	348	21838	22017	16387	6000	
联营	63	21474	21257	36000	3316	
#国有联营		27837	27837			
集体联营	15	22500	22651	13000	15000	
有限责任公司	6143	24764	25139	18830	7227	15929
#国有独资	2002	28651	28579	32135	6315	26437
股份有限公司	5041	30914	31046	30258	11696	19621
其他	1261	30370	30718	14920	7981	19254
港、澳、台商投资	87	16478	16285	21262	4350	17939
外商投资	303	32320	32110	39774	11654	19759
按企业、事业、机关分组						
企业	13059	26651	26650	26657	8425	18101
事业	187	44428	45877	13257	15583	
机关		14417	14417			
民间非盈利组织		31005	31226	17333		
其他						
按国民经济行业分组						
农、林、牧、渔业		30138	31850	10571		
采矿业						
制造业	4939	26645	26992	18178	9079	16867
电力、燃气及水的生产和供应业	24	12865	12865		4800	
建筑业	2347	20820	20556	30667	7876	
交通运输、仓储和邮政业	472	30877	31130	8810	3966	27151
信息传输、计算机服务和软件业	612	37423	47384	33998	23538	18600
批发和零售业	464	25745	25594	34279	5800	21443
住宿和餐饮业	1222	17719	16526	58775	4646	17939
金融业	476	60470	79995	22237	22667	18628
房地产业	130	29521	29749	25012	4643	10000
租赁和商务服务业	2373	20544	20922	10000	14295	
科学研究、技术服务和地质勘查业		24682	27378	16369		
水利、环境和公共设施管理业		30013	30013			
居民服务和其他服务业		23550	23672	18500		
教育	38	29392	31226	14959	19000	
卫生、社会保障和社会福利业	149	41326	41646	9533	14900	
文化、体育和娱乐业		16993	16934	21857		
公共管理和社会组织						

4-7 市县单位数

（2010年末）　　　　单位：个

项目	全市	市区	阳朔县	临桂县	灵川县	全州县	兴安县
总计	7114	1691	473	502	411	780	393
国有单位合计	6116	1150	425	388	342	747	374
按隶属关系分组							
中央	139	85	3	3	4		1
省、自治区、直辖市	221	122	6	5	16	7	4
地区	865	811		4	5	22	2
县及县以下	4889	130	416	376	317	718	367
其他	2	2					
按企业、事业、机关分组							
企业	761	382	19	16	27	107	36
#地方	685	328	18	15	27	107	36
事业	3173	470	265	273	153	538	174
#地方	3143	452	264	272	150	538	174
机关	2181	297	141	99	162	102	164
#地方	2148	284	140	98	161	102	163
民间非盈利组织							
其他	1	1					
按国民经济行业分组							
农、林、牧、渔业	198	10	1	3	7	38	7
采矿业	12			1			
制造业	124	79		3	6	27	1
电力、燃气及水的生产和供应业	50	5	2	1	4	11	6
建筑业	21	16				2	1
交通运输、仓储和邮政业	106	49	8	4	8	1	2
信息传输、计算机服务和软件业	34	17			1	2	
批发和零售业	183	53	11	3	6	43	16
住宿和餐饮业	46	38				1	2
金融业	117	55	2	1	10	14	1
房地产业	47	19	4	4	2	5	2
租赁和商务服务业	153	51	18	15	10	6	4
科学研究、技术服务和地质勘查业	327	61	64	92	8	8	11
水利、环境和公共设施管理业	191	67	29	15	21	4	5
居民服务和其他服务业	21	14		1	1	1	1
教育	1422	150	105	43	60	302	110
卫生、社会保障和社会福利业	313	53	22	22	19	32	21
文化、体育和娱乐业	188	57	16	20	9	5	15
公共管理和社会组织	2563	356	143	160	170	245	169
城镇集体单位合计	343	143	27	7	37	28	6
按企业、事业、机关分组							
企业	327	130	27	7	36	28	6
事业	15	12			1		
机关							
民间非盈利组织							
其他	1	1					
按国民经济行业分组							
农、林、牧、渔业							
采矿业	7						
制造业	51	36		6	1	3	2
电力、燃气及水的生产和供应业							
建筑业	33	15	3		2	2	2
交通运输、仓储和邮政业	4		3				
信息传输、计算机服务和软件业	2	2					
批发和零售业	88	21	13		15	21	1
住宿和餐饮业	15	15					
金融业	59	1	1		18	1	1
房地产业	15	13					
租赁和商务服务业	39	19			1	1	
科学研究、技术服务和地质勘查业	14	7	6	1			
水利、环境和公共设施管理业	3	3					
居民服务和其他服务业	4	3	1				
教育	3	3					
卫生、社会保障和社会福利业	2	2					
文化、体育和娱乐业	1	1					
公共管理和社会组织	3	2					
其他单位合计	655	398	21	107	32	5	13

4-7续表 （2010年末） 单位：个

项　　目	永福县	灌阳县	龙胜县	资源县	平乐县	荔浦县	恭城县
总 计	348	426	402	265	460	510	453
国有单位合计	327	402	373	264	423	470	431
按隶属关系分组							
中央	2	8	6	3	3	13	8
省、自治区、直辖市	15	8	1	4	5	15	13
地区	2	1	2	7	4	3	2
县及县以下	308	385	364	250	411	439	408
其他							
按企业、事业、机关分组							
企业	49	20	30	21	14	11	29
#地方	47	15	27	19	13	9	24
事业	147	270	170	143	190	171	209
#地方	147	269	169	143	190	168	207
机关	131	112	173	100	219	288	193
#地方	131	110	171	99	217	280	192
民间非盈利组织							
其他							
按国民经济行业分组							
农、林、牧、渔业	2	15	64	36	5	1	9
采矿业			9	1			1
制造业	1	2		2	1		2
电力、燃气及水的生产和供应业	2	4	5	3		2	5
建筑业	1				1		
交通运输、仓储和邮政业	8	2	5	3	4	4	8
信息传输、计算机服务和软件业		1	11				2
批发和零售业	23	5	5	5	5	1	7
住宿和餐饮业			2	1	1		1
金融业	19	5	1	2	1	2	4
房地产业	2	2	3	2		2	
租赁和商务服务业	15	3	6	9	2	2	12
科学研究、技术服务和地质勘查业	16	15	4	15	4	6	23
水利、环境和公共设施管理业	12	2	6	8	8	7	7
居民服务和其他服务业		1	1		1		
教育	67	167	31	24	130	111	122
卫生、社会保障和社会福利业	18	18	21	25	23	22	17
文化、体育和娱乐业	6	14	6	22	9	6	3
公共管理和社会组织	135	146	193	106	228	304	208
城镇集体单位合计	8	20	12	1	16	23	15
按企业、事业、机关分组							
企业	8	19	12	1	16	22	15
事业		1				1	
机关							
民间非盈利组织							
其他							
按国民经济行业分组							
农、林、牧、渔业							
采矿业	3		4				
制造业	1						2
电力、燃气及水的生产和供应业							
建筑业	3	2	1	1			2
交通运输、仓储和邮政业						1	
信息传输、计算机服务和软件业							
批发和零售业	1	2	4			1	9
住宿和餐饮业							
金融业		15	1			20	1
房地产业			2				
租赁和商务服务业		1			16		1
科学研究、技术服务和地质勘查业							
水利、环境和公共设施管理业							
居民服务和其他服务业							
教育							
卫生、社会保障和社会福利业							
文化、体育和娱乐业							
公共管理和社会组织						1	
其他单位合计	13	4	17		21	17	7

4-8 市县单位从业人数

（2010年末）　　　　单位：人

项　目	全　市	市　区	阳朔县	临桂县	灵川县	全州县	兴安县
总 计	315943	157906	11272	23065	17111	20493	15650
国有单位合计	221029	99279	8425	13461	12695	18994	10115
按隶属关系分组							
中央	19189	16517	194	230	190		110
省、自治区、直辖市	28610	20352	486	1290	823	889	349
地区	59671	56080		380	1073	891	169
县及县以下	113548	6319	7745	11561	10609	17214	9487
其他	11	11					
按企业、事业、机关分组							
企业	68105	45306	825	3045	2024	5310	1599
#地方	53510	32188	750	2934	2024	5310	1599
事业	111559	41854	5586	8085	7445	10038	5939
#地方	109069	39507	5568	8073	7392	10038	5939
机关	41346	12100	2014	2331	3226	3646	2577
#地方	39242	11048	1913	2224	3089	3646	2467
民间非盈利组织							
其他	19	19					
按国民经济行业分组							
农、林、牧、渔业	5589	710	41	68	61	1188	95
采矿业	1738			871			
制造业	20331	17143		478	1006	963	63
电力、燃气及水的生产和供应业	9158	2426	329	368	589	1705	743
建筑业	5124	3967				808	220
交通运输、仓储和邮政业	8302	4903	410	1022	215	146	166
信息传输、计算机服务和软件业	1974	1728			35	106	
批发和零售业	4250	2211	142	94	244	542	242
住宿和餐饮业	2602	2425				8	98
金融业	6921	5065	110	111	165	218	107
房地产业	1298	638	30	80	24	358	59
租赁和商务服务业	4792	2649	169	122	704	70	143
科学研究、技术服务和地质勘查业	7288	4922	461	986	74	88	152
水利、环境和公共设施管理业	10277	6007	849	441	698	210	261
居民服务和其他服务业	524	398		13	32	25	14
教育	58024	18554	2510	4605	4091	6310	3077
卫生、社会保障和社会福利业	23836	9273	1048	1078	1277	1960	1870
文化、体育和娱乐业	3480	2171	123	199	132	108	182
公共管理和社会组织	45521	14089	2203	2925	3348	4181	2623
城镇集体单位合计	**16511**	**8814**	**1059**	**147**	**762**	**1138**	**1773**
按企业、事业、机关分组							
企业	16304	8643	1059	147	748	1138	1773
事业	204	168			16		
机关							
民间非盈利组织							
其他	3	3					
按国民经济行业分组							
农、林、牧、渔业							
采矿业	263						
制造业	2722	1221		136	13	31	1244
电力、燃气及水的生产和供应业							
建筑业	5337	2011	461			651	
交通运输、仓储和邮政业	315		305				
信息传输、计算机服务和软件业	65	65					
批发和零售业	2192	1687	46			163	
住宿和餐饮业	379	379					
金融业	1791	248	168		202	277	208
房地产业	333	317					
租赁和商务服务业	2666	2540			16	16	
科学研究、技术服务和地质勘查业	170	136	23	11			
水利、环境和公共设施管理业	51	51					
居民服务和其他服务业	83	27	56				
教育	31	31					
卫生、社会保障和社会福利业	46	46					
文化、体育和娱乐业	10	10					
公共管理和社会组织	57	45					
其他单位合计	78403	49813	1788	9457	3654	361	3762

4-8续表　　　　（2010年末）　　　　单位：人

项　　目	永福县	灌阳县	龙胜县	资源县	平乐县	荔浦县	恭城县
总计	12762	7582	8733	6449	12205	11971	10744
国有单位合计	8036	7136	7003	6344	11146	9265	9130
按隶属关系分组							
中央	78	259	256	222	288	271	574
省、自治区、直辖市	295	525	8	447	1938	241	967
地区	101	6	103	386	206	174	102
县及县以下	7562	6346	6636	5289	8714	8579	7487
其他							
按企业、事业、机关分组							
企业	863	835	1719	1320	2388	776	2095
#地方	785	666	1537	1167	2291	646	1613
事业	4763	4268	3716	3539	6235	5307	4784
#地方	4763	4261	3712	3539	6235	5282	4760
机关	2410	2033	1568	1485	2523	3182	2251
#地方	2410	1950	1498	1416	2332	3066	2183
民间非盈利组织							
其他							
按国民经济行业分组							
农、林、牧、渔业	38	145	523	495	2054	5	166
采矿业			753	24			90
制造业	6	88		67	83		434
电力、燃气及水的生产和供应业	293	458	517	478		543	709
建筑业	8				121		
交通运输、仓储和邮政业	273	105	181	208	238	193	242
信息传输、计算机服务和软件业		17	64				24
批发和零售业	146	85	200	165	30	23	126
住宿和餐饮业			25	5	4		37
金融业	240	92	70	223	97	34	389
房地产业	24	15	25	24		21	
租赁和商务服务业	329	20	140	178	53	32	183
科学研究、技术服务和地质勘查业	92	109	15	133	28	70	158
水利、环境和公共设施管理业	346	109	139	247	273	459	238
居民服务和其他服务业		3	23		16		
教育	2558	2603	1870	1688	3988	3319	2851
卫生、社会保障和社会福利业	1166	794	734	769	1506	1325	1036
文化、体育和娱乐业	72	94	62	130	80	95	32
公共管理和社会组织	2445	2399	1662	1510	2575	3146	2415
城镇集体单位合计	1112	253	319	105	75	253	701
按企业、事业、机关分组							
企业	1112	245	319	105	75	241	701
事业		8				12	
机关							
民间非盈利组织							
其他							
按国民经济行业分组							
农、林、牧、渔业							
采矿业	171		92				
制造业	45						32
电力、燃气及水的生产和供应业							
建筑业		70	8	105			426
交通运输、仓储和邮政业						10	
信息传输、计算机服务和软件业							
批发和零售业		33	65			14	41
住宿和餐饮业							
金融业		142	138			217	191
房地产业			16				
租赁和商务服务业		8			75		11
科学研究、技术服务和地质勘查业							
水利、环境和公共设施管理业							
居民服务和其他服务业							
教育							
卫生、社会保障和社会福利业							
文化、体育和娱乐业							
公共管理和社会组织						12	
其他单位合计	3614	193	1411		984	2453	913

4-9 市县在岗职工人数

（2010年末） 单位：人

项　　目	全　市	市　区	阳朔县	临桂县	灵川县	全州县	兴安县
总　计	**298579**	**148212**	**10648**	**23030**	**14968**	**20304**	**14278**
国有单位合计	**209965**	**93652**	**8102**	**13451**	**11075**	**18854**	**9447**
按隶属关系分组							
中央	18468	16151	194	230	157		107
省、自治区、直辖市	26855	19151	483	1290	590	781	327
地区	55770	52299		380	1013	891	162
县及县以下	108863	6042	7425	11551	9315	17182	8851
其他	9	9					
按企业、事业、机关分组							
企业	64762	43321	796	3039	1711	5194	1357
#地方	50612	30341	721	2928	1711	5194	1357
事业	105311	38828	5333	8081	6412	10024	5625
#地方	103016	36663	5315	8069	6370	10024	5625
机关	39873	11484	1973	2331	2952	3636	2465
#地方	37850	10478	1872	2224	2837	3636	2358
民间非盈利组织							
其他	19	19					
按国民经济行业分组							
农、林、牧、渔业	5357	701	28	68	61	1080	93
采矿业	1736			871			
制造业	19385	16335		472	950	955	63
电力、燃气及水的生产和供应业	8708	2426	323	368	414	1705	655
建筑业	4825	3798				808	90
交通运输、仓储和邮政业	8184	4891	393	1022	181	146	163
信息传输、计算机服务和软件业	1972	1728			35	106	
批发和零售业	4013	2092	140	94	175	542	236
住宿和餐饮业	2466	2301				8	88
金融业	5914	4387	110	111	157	218	107
房地产业	1260	614	30	80	23	358	59
租赁和商务服务业	4296	2587	163	122	486	70	131
科学研究、技术服务和地质勘查业	6849	4645	333	982	65	88	152
水利、环境和公共设施管理业	9150	5311	800	441	695	210	129
居民服务和其他服务业	486	376		13	19	25	12
教育	55625	17587	2482	4605	3420	6310	2950
卫生、社会保障和社会福利业	22827	8718	1022	1078	1250	1938	1847
文化、体育和娱乐业	3199	1941	118	199	127	108	174
公共管理和社会组织	43713	13214	2160	2925	3017	4179	2498
城镇集体单位合计	**14836**	**8565**	**771**	**146**	**658**	**1089**	**1190**
按企业、事业、机关分组							
企业	14653	8418	771	146	642	1089	1190
事业	181	145			16		
机关							
民间非盈利组织							
其他	2	2					
按国民经济行业分组							
农、林、牧、渔业							
采矿业	263						
制造业	2317	1128		135	13	31	937
电力、燃气及水的生产和供应业							
建筑业	4249	1948	174			651	34
交通运输、仓储和邮政业	315		311				
信息传输、计算机服务和软件业	65	65					
批发和零售业	2097	1668	43			114	11
住宿和餐饮业	370	370					
金融业	1778	248	164		202	277	208
房地产业	327	311					
租赁和商务服务业	2663	2537			16	16	
科学研究、技术服务和地质勘查业	137	103	23	11			
水利、环境和公共设施管理业	51	51					
居民服务和其他服务业	83	27	56				
教育	27	27					
卫生、社会保障和社会福利业	41	41					
文化、体育和娱乐业	10	10					
公共管理和社会组织	43	31					
其他单位合计	**73778**	**45995**	**1775**	**9433**	**3235**	**361**	**3641**

4-9续表　　　　（2010年末）　　　　单位：人

项　　目	永福县	灌阳县	龙胜县	资源县	平乐县	荔浦县	恭城县
总　计	**11987**	**7581**	**8712**	**6057**	**12108**	**11676**	**8919**
国有单位合计	**7358**	**7135**	**6986**	**6000**	**11071**	**8978**	**7796**
按隶属关系分组							
中央	70	259	256	212	288	271	273
省、自治区、直辖市	262	525	8	436	1938	241	820
地区	101	6	103	339	206	172	98
县及县以下	6925	6345	6619	5013	8639	8294	6605
其他							
按企业、事业、机关分组							
企业	822	834	1710	1215	2383	772	1583
#地方	752	665	1528	1062	2286	642	1400
事业	4233	4268	3710	3376	6186	5100	4115
#地方	4233	4261	3706	3376	6186	5075	4093
机关	2303	2033	1566	1409	2502	3106	2098
#地方	2303	1950	1496	1350	2311	2990	2030
民间非盈利组织							
其他							
按国民经济行业分组							
农、林、牧、渔业	38	145	523	421	2053	5	140
采矿业			751	24			90
制造业	5	88		22	83		412
电力、燃气及水的生产和供应业	291	458	510	467		539	546
建筑业	8				121		
交通运输、仓储和邮政业	272	105	181	207	238	189	181
信息传输、计算机服务和软件业		17	64				22
批发和零售业	137	85	200	158	30	23	101
住宿和餐饮业			25	5	2		37
金融业	211	92	70	186	97	34	134
房地产业	13	15	25	22		21	
租赁和商务服务业	194	20	135	173	53	31	130
科学研究、技术服务和地质勘查业	87	109	15	128	28	68	152
水利、环境和公共设施管理业	218	109	139	247	261	449	133
居民服务和其他服务业		2	23		16		
教育	2349	2603	1870	1671	3951	3175	2657
卫生、社会保障和社会福利业	1139	794	733	714	1505	1280	784
文化、体育和娱乐业	64	94	61	119	80	85	31
公共管理和社会组织	2332	2399	1661	1436	2553	3079	2246
城镇集体单位合计	**1094**	**253**	**319**	**57**	**75**	**245**	**320**
按企业、事业、机关分组							
企业	1094	245	319	57	75	233	320
事业		8				12	
机关							
民间非盈利组织							
其他							
按国民经济行业分组							
农、林、牧、渔业							
采矿业	171		92				
制造业	45						28
电力、燃气及水的生产和供应业							
建筑业	866	70	8	57			49
交通运输、仓储和邮政业						10	
信息传输、计算机服务和软件业							
批发和零售业	12	33	65			14	41
住宿和餐饮业							
金融业		142	138			209	191
房地产业			16				
租赁和商务服务业		8			75		11
科学研究、技术服务和地质勘查业							
水利、环境和公共设施管理业							
居民服务和其他服务业							
教育							
卫生、社会保障和业							
文化、体育和娱乐业							
公共管理和社会组织						12	
其他单位合计	**3535**	**193**	**1407**		**962**	**2453**	**803**

4-10 市县离岗职工人数

（2010年末） 单位：人

项目	全市	市区	阳朔县	临桂县	灵川县	全州县	兴安县
总计	**13905**	**7150**	**734**	**228**	**573**	**2486**	**521**
国有单位合计	**9884**	**5081**	**171**	**185**	**496**	**1788**	**436**
按隶属关系分组							
中央	1026	901	24	25			
省、自治区、直辖市	1177	640		52	300	135	27
地区	3706	3498		35	96	42	16
县及县以下	3975	42	147	73	100	1611	393
其他							
按企业、事业、机关分组							
企业	8274	4737	44	122	192	1533	166
#地方	7361	3949	20	97	192	1533	166
事业	1364	303	125	63	300	152	245
#地方	1258	197	125	63	300	152	245
机关	246	41	2		4	103	25
#地方	239	34	2		4	103	25
民间非盈利组织							
其他							
按国民经济行业分组							
农、林、牧、渔业	728	14	119	11		193	119
采矿业	114			37			
制造业	3027	2163		38	138	514	8
电力、燃气及水的生产和供应业	346	114		1	1	20	43
建筑业	166	166					
交通运输、仓储和邮政业	461	397		9		11	
信息传输、计算机服务和软件业	189	189					
批发和零售业	2229	964	1		30	616	16
住宿和餐饮业	465	318				124	11
金融业	304	113	24	25	23	31	27
房地产业	18	16					
租赁和商务服务业	440	33			300	73	6
科学研究、技术服务和地质勘查业	342	210	3	54			73
水利、环境和公共设施管理业	209	178	1				12
居民服务和其他服务业	74	50				3	1
教育	125	6					70
卫生、社会保障和社会福利业	134	43	1	1		28	12
文化、体育和娱乐业	168	46	19	9		6	5
公共管理和社会组织	345	61	3		4	169	33
城镇集体单位合计	**2122**	**576**	**563**		**53**	**553**	**20**
按企业、事业、机关分组							
企业	2122	576	563		53	553	20
事业							
机关							
民间非盈利组织							
其他							
按国民经济行业分组							
农、林、牧、渔业							
采矿业							
制造业	680	327				352	
电力、燃气及水的生产和供应业							
建筑业	89		59			2	
交通运输、仓储和邮政业	414		414				
信息传输、计算机服务和软件业							
批发和零售业	624	128	90		39	198	
住宿和餐饮业	20	20					
金融业	52				14	1	20
房地产业	87	87					
租赁和商务服务业	147	5					
科学研究、技术服务和地质勘查业							
水利、环境和公共设施管理业							
居民服务和其他服务业	9	9					
教育							
卫生、社会保障和社会福利业							
文化、体育和娱乐业							
公共管理和社会组织							
其他单位合计	**1899**	**1493**		**43**	**24**	**145**	**65**

4-10续表　　　　（2010年末）　　　　单位：人

项　　目	永福县	灌阳县	龙胜县	资源县	平乐县	荔浦县	恭城县
总　计	314	232	299	97	566	125	580
国有单位合计	309	188	265	97	358	73	437
按隶属关系分组							
中央		16	23	7	20		10
省、自治区、直辖市		2		4	5		12
地区	3		2		11	1	2
县及县以下	306	170	240	86	322	72	413
其他							
按企业、事业、机关分组							
企业	222	185	250	77	341	30	375
#地方	222	169	227	70	321	30	365
事业	82	3	15	10	15	31	20
#地方	82	3	15	10	15	31	20
机关	5			10	2	12	42
#地方	5			10	2	12	42
民间非盈利组织							
其他							
按国民经济行业分组							
农、林、牧、渔业	10		33		53		176
采矿业			75	2			
制造业		88		8			70
电力、燃气及水的生产和供应业	20	3	71	13		9	51
建筑业							
交通运输、仓储和邮政业	3	8	8	1	11	1	12
信息传输、计算机服务和软件业							
批发和零售业	169	56	41	38	224	3	71
住宿和餐饮业					12		
金融业	9	8	18	6	20		
房地产业	1			1			
租赁和商务服务业	25						3
科学研究、技术服务和地质勘查业	1	1					
水利、环境和公共设施管理业	10				6	1	1
居民服务和其他服务业		19			1		
教育	37			1	1	10	
卫生、社会保障和社会福利业	16			1		19	13
文化、体育和娱乐业	2	3	19	15	26	18	
公共管理和社会组织	6	2		11	4	12	40
城镇集体单位合计		44	26		142	7	138
按企业、事业、机关分组							
企业		44	26		142	7	138
事业							
机关							
民间非盈利组织							
其他							
按国民经济行业分组							
农、林、牧、渔业							
采矿业							
制造业							1
电力、燃气及水的生产和供应业							
建筑业		2	26				
交通运输、仓储和邮政业							
信息传输、计算机服务和软件业							
批发和零售业		32					137
住宿和餐饮业							
金融业		10				7	
房地产业							
租赁和商务服务业					142		
科学研究、技术服务和地质勘查业							
水利、环境和公共设施管理业							
居民服务和其他服务业							
教育							
卫生、社会保障和社会福利业							
文化、体育和娱乐业							
公共管理和社会组织							
其他单位合计	5		8		66	45	5

4-11 市县单位从业人员平均人数

（2010年）　　　　单位：人

项　目	全　市	市　区	阳朔县	临桂县	灵川县	全州县	兴安县
总　计	313685	157003	11201	22858	17055	20436	15451
国有单位合计	219982	99171	8356	13183	12646	18936	10118
按隶属关系分组							
中央	19119	16461	194	230	190		109
省、自治区、直辖市	28024	20072	483	1285	751	906	347
地区	59995	56374		388	1104	881	168
县及县以下	112831	6251	7679	11280	10601	17149	9494
其他	13	13					
按企业、事业、机关分组							
企业	68309	45719	800	3041	2050	5304	1630
#地方	53774	32647	725	2930	2050	5304	1630
事业	110487	41372	5557	7814	7373	10009	5912
#地方	107990	39018	5539	7802	7320	10009	5912
机关	41167	12061	1999	2328	3223	3623	2576
#地方	39080	11026	1898	2221	3086	3623	2467
民间非盈利组织							
其他	19	19					
按国民经济行业分组							
农、林、牧、渔业	5423	715	40	68	61	1207	95
采矿业	1753			885			
制造业	20995	17882		487	1032	926	63
电力、燃气及水的生产和供应业	9149	2409	323	353	589	1737	744
建筑业	4837	3662				799	220
交通运输、仓储和邮政业	8280	4897	395	1024	218	145	165
信息传输、计算机服务和软件业	1941	1697			33	106	
批发和零售业	4289	2246	142	83	245	537	273
住宿和餐饮业	2571	2392				8	98
金融业	6877	5028	110	111	164	216	105
房地产业	1307	649	30	80	23	355	59
租赁和商务服务业	4718	2643	168	122	633	70	143
科学研究、技术服务和地质勘查业	7235	4872	466	981	75	88	147
水利、环境和公共设施管理业	10205	5953	836	429	710	210	263
居民服务和其他服务业	532	406		13	32	25	14
教育	57629	18335	2509	4402	4089	6310	3113
卫生、社会保障和社会福利业	23412	9157	1024	1043	1264	1923	1812
文化、体育和娱乐业	3484	2180	125	197	131	108	181
公共管理和社会组织	45345	14048	2188	2905	3347	4166	2623
城镇集体单位合计	**16156**	**8649**	**1042**	**144**	**748**	**1137**	**1572**
按企业、事业、机关分组							
企业	15949	8478	1042	144	732	1137	1572
事业	204	168			16		
机关							
民间非盈利组织							
其他	3	3					
按国民经济行业分组							
农、林、牧、渔业							
采矿业	263						
制造业	2577	1276		133	13	31	1043
电力、燃气及水的生产和供应业							
建筑业	5363	2048	436		414	647	310
交通运输、仓储和邮政业	321		311				
信息传输、计算机服务和软件业	65	65					
批发和零售业	2133	1626	47		102	164	11
住宿和餐饮业	401	401			203		
金融业	1803	248	169			279	208
房地产业	334	318					
租赁和商务服务业	2451	2324			16	16	
科学研究、技术服务和地质勘查业	166	132	23	11			
水利、环境和公共设施管理业	51	51					
居民服务和其他服务业	84	28	56				
教育	31	31					
卫生、社会保障和社会福利业	46	46					
文化、体育和娱乐业	10	10					
公共管理和社会组织	57	45					
其他单位合计	**77547**	**49183**	**1803**	**9531**	**3661**	**363**	**3761**

4-11续表　　　　（2010年）　　　　单位：人

项　　目	永福县	灌阳县	龙胜县	资源县	平乐县	荔浦县	恭城县
总　计	**12533**	**7511**	**8624**	**6448**	**12014**	**11862**	**10689**
国有单位合计	**7960**	**7046**	**6924**	**6343**	**10973**	**9255**	**9071**
按隶属关系分组							
中央	78	253	255	218	288	269	574
省、自治区、直辖市	286	525	8	440	1766	241	914
地区	101	6	104	387	204	176	102
县及县以下	7495	6262	6557	5298	8715	8569	7481
其他							
按企业、事业、机关分组							
企业	866	818	1713	1316	2244	774	2034
#地方	788	655	1532	1168	2147	646	1552
事业	4703	4208	3670	3549	6208	5315	4797
#地方	4703	4201	3666	3549	6208	5290	4773
机关	2391	2020	1541	1478	2521	3166	2240
#地方	2391	1937	1471	1408	2330	3050	2172
民间非盈利组织							
其他							
按国民经济行业分组							
农、林、牧、渔业	40	143	494	505	1884	5	166
采矿业			753	25			90
制造业	6	69		67	82		381
电力、燃气及水的生产和供应业	293	464	514	471		543	709
建筑业	8				148		
交通运输、仓储和邮政业	278	100	182	204	236	194	242
信息传输、计算机服务和软件业		17	64				24
批发和零售业	146	85	197	164	30	23	118
住宿和餐饮业			26	5	4		38
金融业	240	91	70	223	97	32	390
房地产业	24	17	25	24		21	
租赁和商务服务业	332	20	138	181	53	32	183
科学研究、技术服务和地质勘查业	90	108	19	133	28	70	158
水利、环境和公共设施管理业	354	111	132	249	268	452	238
居民服务和其他服务业		3	23		16		
教育	2538	2566	1869	1692	3994	3333	2879
卫生、社会保障和社会福利业	1110	773	721	766	1473	1324	1022
文化、体育和娱乐业	69	94	62	130	81	94	32
公共管理和社会组织	2432	2385	1635	1504	2579	3132	2401
城镇集体单位合计	**1196**	**261**	**320**	**105**	**76**	**253**	**653**
按企业、事业、机关分组							
企业	1196	253	320	105	76	241	653
事业		8				12	
机关							
民间非盈利组织							
其他							
按国民经济行业分组							
农、林、牧、渔业							
采矿业	171		92				
制造业	45						36
电力、燃气及水的生产和供应业							
建筑业	950	77	8	105			368
交通运输、仓储和邮政业						10	
信息传输、计算机服务和软件业							
批发和零售业	30	33	65			14	41
住宿和餐饮业							
金融业		143	139			217	197
房地产业			16				
租赁和商务服务业		8			76		11
科学研究、技术服务和地质勘查业							
水利、环境和公共设施管理业							
居民服务和其他服务业							
教育							
卫生、社会保障和业							
文化、体育和娱乐业							
公共管理和社会组织						12	
其他单位合计	**3377**	**204**	**1380**		**965**	**2354**	**965**

4-12 市县在岗职工平均人数

（2010年） 单位：人

项目	全市	市区	阳朔县	临桂县	灵川县	全州县	兴安县
总计	296647	147556	10648	22825	14989	20248	14101
国有单位合计	209164	93697	8102	13174	11090	18798	9449
按隶属关系分组							
中央	18409	16104	194	230	157		106
省、自治区、直辖市	26413	18952	483	1285	583	797	325
地区	56159	52657		388	1042	881	161
县及县以下	108174	5975	7425	11271	9308	17120	8857
其他	9	9					
按企业、事业、机关分组							
企业	65076	43851	796	3036	1735	5187	1384
#地方	50974	30907	721	2925	1735	5187	1384
事业	104362	38373	5333	7810	6406	9997	5599
#地方	102073	36214	5315	7798	6364	9997	5599
机关	39707	11454	1973	2328	2949	3614	2466
#地方	37689	10453	1872	2221	2834	3614	2360
民间非盈利组织							
其他	19	19					
按国民经济行业分组							
农、林、牧、渔业	5188	706	28	68	61	1098	93
采矿业	1751			885			
制造业	20058	17082		482	975	918	63
电力、燃气及水的生产和供应业	8693	2409	323	353	414	1737	654
建筑业	4645	3600				799	90
交通运输、仓储和邮政业	8165	4885	393	1024	185	145	162
信息传输、计算机服务和软件业	1939	1697			33	106	
批发和零售业	4044	2125	140	83	175	537	265
住宿和餐饮业	2459	2292				8	88
金融业	5881	4358	110	111	156	216	105
房地产业	1269	625	30	80	22	355	59
租赁和商务服务业	4287	2581	163	122	480	70	131
科学研究、技术服务和地质勘查业	6806	4605	333	977	66	88	147
水利、环境和公共设施管理业	9089	5265	800	429	705	210	131
居民服务和其他服务业	490	380		13	19	25	12
教育	55265	17391	2482	4402	3419	6310	2984
卫生、社会保障和社会福利业	22385	8567	1022	1043	1237	1904	1792
文化、体育和娱乐业	3200	1945	118	197	127	108	173
公共管理和社会组织	43550	13184	2160	2905	3016	4164	2500
城镇集体单位合计	14496	8399	771	143	641	1087	989
按企业、事业、机关分组							
企业	14313	8252	771	143	625	1087	989
事业	181	145			16		
机关							
民间非盈利组织							
其他	2	2					
按国民经济行业分组							
农、林、牧、渔业							
采矿业	263						
制造业	2173	1185		132	13	31	736
电力、燃气及水的生产和供应业							
建筑业	4292	1986	174		310	647	34
交通运输、仓储和邮政业	321		311				
信息传输、计算机服务和软件业	65	65					
批发和零售业	2039	1607	43		99	114	11
住宿和餐饮业	388	388					
金融业	1790	248	164		203	279	208
房地产业	328	312					
租赁和商务服务业	2448	2321			16	16	
科学研究、技术服务和地质勘查业	133	99	23	11			
水利、环境和公共设施管理业	51	51					
居民服务和其他服务业	84	28	56				
教育	27	27					
卫生、社会保障和社会福利业	41	41					
文化、体育和娱乐业	10	10					
公共管理和社会组织	43	31					
其他单位合计	72987	45460	1775	9508	3258	363	3663

4-12续表　　　　（2010年）　　　　单位：人

项　　目	永福县	灌阳县	龙胜县	资源县	平乐县	荔浦县	恭城县
总　计	11756	7510	8603	6052	11914	11568	8877
国有单位合计	7285	7045	6907	5995	10900	8969	7753
按隶属关系分组							
中央	70	253	255	208	288	269	275
省、自治区、直辖市	253	525	8	429	1766	241	766
地区	101	6	104	343	204	174	98
县及县以下	6861	6261	6540	5015	8642	8285	6614
其他							
按企业、事业、机关分组							
企业	825	817	1704	1214	2239	770	1518
#地方	755	654	1523	1066	2142	642	1333
事业	4176	4208	3664	3384	6161	5108	4143
#地方	4176	4201	3660	3384	6161	5083	4121
机关	2284	2020	1539	1397	2500	3091	2092
#地方	2284	1937	1469	1337	2309	2975	2024
民间非盈利组织							
其他							
按国民经济行业分组							
农、林、牧、渔业	40	143	494	429	1883	5	140
采矿业			751	25			90
制造业	5	69		22	82		360
电力、燃气及水的生产和供应业	291	464	507	460		539	542
建筑业	8				148		
交通运输、仓储和邮政业	277	100	182	203	236	190	183
信息传输、计算机服务和软件业		17	64				22
批发和零售业	137	85	197	157	30	23	90
住宿和餐饮业			26	5	2		38
金融业	211	91	70	189	97	32	135
房地产业	13	17	25	22		21	
租赁和商务服务业	197	20	133	176	53	31	130
科学研究、技术服务和地质勘查业	87	108	19	128	28	68	152
水利、环境和公共设施管理业	226	111	132	249	256	442	133
居民服务和其他服务业		2	23		16		
教育	2331	2566	1869	1675	3959	3189	2688
卫生、社会保障和社会福利业	1082	773	720	711	1472	1279	783
文化、体育和娱乐业	61	94	61	119	81	85	31
公共管理和社会组织	2319	2385	1634	1425	2557	3065	2236
城镇集体单位合计	1178	261	320	57	76	245	329
按企业、事业、机关分组							
企业	1178	253	320	57	76	233	329
事业		8				12	
机关							
民间非盈利组织							
其他							
按国民经济行业分组							
农、林、牧、渔业							
采矿业	171		92				
制造业	45						31
电力、燃气及水的生产和供应业							
建筑业	950	77	8	57			49
交通运输、仓储和邮政业						10	
信息传输、计算机服务和业							
批发和零售业	12	33	65			14	41
住宿和餐饮业							
金融业		143	139			209	197
房地产业			16				
租赁和商务服务业		8			76		11
科学研究、技术服务和地质勘查业							
水利、环境和公共设施管理业							
居民服务和其他服务业							
教育							
卫生、社会保障和社会福利业							
文化、体育和娱乐业							
公共管理和社会组织						12	
其他单位合计	3293	204	1376		938	2354	795

4-13 市县离岗职工平均人数

（2010年）　　　　单位：人

项　　目	全　市	市　区	阳朔县	临桂县	灵川县	全州县	兴安县
总　计	**14663**	**7831**	**739**	**252**	**551**	**2500**	**526**
国有单位合计	**10450**	**5614**	**174**	**201**	**454**	**1799**	**441**
按隶属关系分组							
中央	1121	993	24	25			
省、自治区、直辖市	1153	662		56	246	132	28
地区	4138	3917		36	107	42	16
县及县以下	4038	42	150	84	101	1625	397
其他							
按企业、事业、机关分组							
企业	8836	5238	44	123	204	1542	174
#地方	7837	4367	20	98	204	1542	174
事业	1363	335	128	78	246	152	243
#地方	1248	220	128	78	246	152	243
机关	251	41	2		4	105	24
#地方	244	34	2		4	105	24
民间非盈利组织							
其他							
按国民经济行业分组							
农、林、牧、渔业	728	14	121	12		190	119
采矿业	112			35			
制造业	3349	2466		41	149	520	8
电力、燃气及水的生产和供应业	380	130		1	2	26	43
建筑业	183	183					
交通运输、仓储和邮政业	489	424		9		11	
信息传输、计算机服务和软件业	193	193					
批发和零售业	2320	1037	1		30	614	20
住宿和餐饮业	503	355				124	12
金融业	314	119	24	25	23	31	28
房地产业	18	16					
租赁和商务服务业	395	39			246	75	6
科学研究、技术服务和地质勘查业	369	220	4	68			75
水利、环境和公共设施管理业	234	203	1				12
居民服务和其他服务业	73	49				3	1
教育	131	15					68
卫生、社会保障和社会福利业	138	41	1	1		30	12
文化、体育和娱乐业	173	49	19	9		6	5
公共管理和社会组织	348	61	3		4	169	32
城镇集体单位合计	**2231**	**655**	**565**		**64**	**561**	**20**
按企业、事业、机关分组							
企业	2231	655	565		64	561	20
事业							
机关							
民间非盈利组织							
其他							
按国民经济行业分组							
农、林、牧、渔业							
采矿业							
制造业	694	337				356	
电力、燃气及水的生产和供应业							
建筑业	89		59			2	
交通运输、仓储和邮政业	416		416				
信息传输、计算机服务和软件业							
批发和零售业	649	138	90		49	202	
住宿和餐饮业	21	21					
金融业	53				15	1	20
房地产业	94	94					
租赁和商务服务业	155	5					
科学研究、技术服务和地质勘查业							
水利、环境和公共设施管理业	51	51					
居民服务和其他服务业	9	9					
教育							
卫生、社会保障和社会福利业							
文化、体育和娱乐业							
公共管理和社会组织							
其他单位合计	**1982**	**1562**		**51**	**33**	**140**	**65**

4-13续表 （2010年） 单位：人

项　　目	永福县	灌阳县	龙胜县	资源县	平乐县	荔浦县	恭城县
总　计	**319**	**232**	**303**	**102**	**585**	**134**	**589**
国有单位合计	**313**	**188**	**269**	**102**	**368**	**82**	**445**
按隶属关系分组							
中央		17	25	7	20		10
省、自治区、直辖市		2		6	5		16
地区	3		2		11	2	2
县及县以下	310	169	242	89	332	80	417
其他							
按企业、事业、机关分组							
企业	226	185	254	82	351	30	383
#地方	226	168	229	75	331	30	373
事业	82	3	15	10	15	36	20
#地方	82	3	15	10	15	36	20
机关	5			10	2	16	42
#地方	5			10	2	16	42
民间非盈利组织							
其他							
按国民经济行业分组							
农、林、牧、渔业	10		33		53		176
采矿业			75	2			
制造业		87		8			70
电力、燃气及水的生产和供应业	21	3	71	15		9	59
建筑业							
交通运输、仓储和邮政业	3	8	8	1	11	2	12
信息传输、计算机服务和软件业							
批发和零售业	172	56	43	41	234	1	71
住宿和餐饮业					12		
金融业	9	9	20	6	20		
房地产业	1			1			
租赁和商务服务业	26						3
科学研究、技术服务和地质勘查业	1	1					
水利、环境和公共设施管理业	10				6	1	1
居民服务和其他服务业		19			1		
教育	36			1	1	10	
卫生、社会保障和社会福利业	16			1		23	13
文化、体育和娱乐业	2	3	19	15	26	20	
公共管理和社会组织	6	2		11	4	16	40
城镇集体单位合计		**44**	**26**		**150**	**7**	**139**
按企业、事业、机关分组							
企业		44	26		150	7	139
事业							
机关							
民间非盈利组织							
其他							
按国民经济行业分组							
农、林、牧、渔业							
采矿业							
制造业							1
电力、燃气及水的生产和供应业							
建筑业		2	26				
交通运输、仓储和邮政业							
信息传输、计算机服务和软件业							
批发和零售业		32					138
住宿和餐饮业							
金融业		10				7	
房地产业							
租赁和商务服务业					150		
科学研究、技术服务和地质勘查业							
水利、环境和公共设施管理业							
居民服务和其他服务业							
教育							
卫生、社会保障和社会福利业							
文化、体育和娱乐业							
公共管理和社会组织							
其他单位合计	**6**		**8**		**67**	**45**	**5**

4-14 市县单位从业人员劳动报酬总额

（2010年）　　　　单位：万元

项　　目	全　市	市　区	阳朔县	临桂县	灵川县	全州县	兴安县
总 计	**945478**	**514497**	**27175**	**62602**	**43043**	**56624**	**43148**
国有单位合计	**707466**	**360594**	**22800**	**40596**	**32790**	**53262**	**30431**
按隶属关系分组							
中央	87709	78776	711	977	853		280
省、自治区、直辖市	108420	83135	1724	5662	1369	1378	1381
地区	189754	179751		706	2123	2959	505
县及县以下	321560	18909	20365	33250	28445	48925	28264
其他	23	23					
按企业、事业、机关分组							
企业	227813	161201	1893	11373	6507	11362	4853
#地方	164441	102204	1712	10906	6507	11362	4853
事业	338722	146130	14533	21608	17206	31127	17817
#地方	324235	132110	14463	21572	17012	31127	17817
机关	140891	53223	6375	7616	9076	10773	7761
#地方	131041	47463	5915	7141	8418	10773	7481
民间非盈利组织							
其他	41	41					
按国民经济行业分组							
农、林、牧、渔业	12216	744	59	123	172	1774	232
采矿业	7191			3714			
制造业	54483	48822		724	2035	1724	143
电力、燃气及水的生产和供应业	38899	16957	1002	1305	2578	4428	2813
建筑业	16117	13556				1784	405
交通运输、仓储和邮政业	31007	20760	711	4704	456	460	442
信息传输、计算机服务和软件业	6712	6078			129	223	
批发和零售业	16728	11800	313	280	979	946	613
住宿和餐饮业	4167	3882				21	185
金融业	37419	29102	257	467	895	985	390
房地产业	3200	1719	99	184	92	667	150
租赁和商务服务业	9541	5551	442	286	1029	150	343
科学研究、技术服务和地质勘查业	29095	23006	974	2553	213	236	427
水利、环境和公共设施管理业	22403	15604	1347	781	1117	379	436
居民服务和其他服务业	1677	1252		16	139	61	41
教育	179892	62141	7568	13224	10025	21854	9030
卫生、社会保障和社会福利业	74497	33279	2892	2690	3233	5998	6374
文化、体育和娱乐业	9050	5904	311	469	315	256	468
公共管理和社会组织	153172	60439	6825	9079	9384	11316	7941
城镇集体单位合计	**37351**	**18558**	**1787**	**189**	**2084**	**2783**	**4439**
按企业、事业、机关分组							
企业	36861	18169	1787	189	2044	2783	4439
事业	487	386			40		
机关							
民间非盈利组织							
其他	3	3					
按国民经济行业分组							
农、林、牧、渔业							
采矿业	766						
制造业	5041	2841		170	16	49	1882
电力、燃气及水的生产和供应业							
建筑业	10779	4384	723		1050	1338	671
交通运输、仓储和邮政业	303		291				
信息传输、计算机服务和软件业	118	118					
批发和零售业	5239	4622	43		136	185	41
住宿和餐饮业	560	560					
金融业	9018	1013	592		843	1167	1845
房地产业	665	591					
租赁和商务服务业	3439	3202			40	44	
科学研究、技术服务和地质勘查业	896	809	67	19			
水利、环境和公共设施管理业	111	111					
居民服务和其他服务业	129	58	71				
教育	44	44					
卫生、社会保障和社会福利业	121	121					
文化、体育和娱乐业	10	10					
公共管理和社会组织	112	75					
其他单位合计	**200661**	**135344**	**2587**	**21816**	**8169**	**579**	**8279**

4-14续表　　　　　　　　　　　　（2010年）　　　　　　　　　　　　单位：万元

项　　目	永福县	灌阳县	龙胜县	资源县	平乐县	荔浦县	恭城县
总 计	**35865**	**21946**	**26653**	**17347**	**33362**	**32103**	**31115**
国有单位合计	**23854**	**20718**	**22201**	**17177**	**30025**	**26641**	**26377**
按隶属关系分组							
中央	308	1058	931	439	916	995	1466
省、自治区、直辖市	1142	1806	31	1575	5875	828	2515
地区	216	19	260	2048	502	475	190
县及县以下	22189	17835	20980	13117	22733	24342	22207
其他							
按企业、事业、机关分组							
企业	3804	2407	5346	4078	7016	2725	5249
#地方	3496	1745	4702	3808	6752	2378	4016
事业	12849	12212	11914	8817	15790	14561	14159
#地方	12849	12187	11906	8817	15790	14501	14086
机关	7202	6099	4942	4282	7219	9355	6969
#地方	7202	5728	4662	4115	6567	8767	6810
民间非盈利组织							
其他							
按国民经济行业分组							
农、林、牧、渔业	31	319	1337	880	6155	11	380
采矿业			2749	85			644
制造业	23	64		43	171		734
电力、燃气及水的生产和供应业	1288	1435	1378	1609		2147	1957
建筑业	17				355		
交通运输、仓储和邮政业	621	281	456	511	578	455	573
信息传输、计算机服务和软件业		60	169				53
批发和零售业	275	155	420	346	94	62	445
住宿和餐饮业			33	13	7		27
金融业	1880	457	388	1393	263	118	824
房地产业	80	39	62	49		61	
租赁和商务服务业	480	23	266	339	123	73	436
科学研究、技术服务和地质勘查业	294	293	64	287	62	172	514
水利、环境和公共设施管理业	528	167	211	437	424	604	369
居民服务和其他服务业		3	61		105		
教育	7542	7659	6948	4792	10732	9243	9136
卫生、社会保障和社会福利业	3407	2486	2297	1734	3389	4089	2630
文化、体育和娱乐业	137	217	163	297	196	239	78
公共管理和社会组织	7250	7059	5200	4364	7371	9368	7577
城镇集体单位合计	**2367**	**928**	**1110**	**169**	**93**	**835**	**2008**
按企业、事业、机关分组							
企业	2367	904	1110	169	93	799	2008
事业		24				37	
机关							
民间非盈利组织							
其他							
按国民经济行业分组							
农、林、牧、渔业							
采矿业	656		110				
制造业	51						32
电力、燃气及水的生产和供应业							
建筑业	1611	141	10	169			682
交通运输、仓储和邮政业						13	
信息传输、计算机服务和软件业							
批发和零售业	50	22	79			22	39
住宿和餐饮业							
金融业		741	836			765	1217
房地产业			74				
租赁和商务服务业		24			93		37
科学研究、技术服务和地质勘查业							
水利、环境和公共设施管理业							
居民服务和其他服务业							
教育							
卫生、社会保障和社会福利业							
文化、体育和娱乐业							
公共管理和社会组织						37	
其他单位合计	**9644**	**301**	**3341**		**3244**	**4627**	**2730**

4-15 市县在岗职工工资总额

（2010年） 单位：万元

项目	全市	市区	阳朔县	临桂县	灵川县	全州县	兴安县
总计	**914662**	**493949**	**26460**	**62511**	**39826**	**56456**	**41397**
国有单位合计	**690490**	**350224**	**22576**	**40581**	**30322**	**53124**	**29619**
按隶属关系分组							
中央	85076	76667	711	977	816		280
省、自治区、直辖市	105440	80887	1724	5662	1062	1305	1347
地区	183917	174124		706	1982	2959	502
县及县以下	316039	18528	20141	33235	26461	48859	27490
其他	18	18					
按企业、事业、机关分组							
企业	221468	157110	1889	11369	5634	11278	4546
#地方	158865	98411	1707	10902	5634	11278	4546
事业	329888	140567	14334	21596	16114	31097	17434
#地方	317176	128299	14264	21561	15937	31097	17434
机关	139093	52507	6353	7616	8574	10749	7639
#地方	129332	46806	5894	7141	7935	10749	7359
民间非盈利组织							
其他	41	41					
按国民经济行业分组							
农、林、牧、渔业	12064	726	52	123	172	1701	226
采矿业	7188			3714			
制造业	52578	47192		720	1866	1712	143
电力、燃气及水的生产和供应业	38281	16957	1002	1305	2247	4428	2781
建筑业	15766	13440				1784	169
交通运输、仓储和邮政业	30839	20747	708	4704	428	460	441
信息传输、计算机服务和软件业	6711	6078			129	223	
批发和零售业	16163	11666	313	280	622	946	605
住宿和餐饮业	4026	3752				21	177
金融业	34244	26397	257	467	882	985	390
房地产业	3127	1690	99	184	92	667	150
租赁和商务服务业	8929	5482	432	286	735	150	338
科学研究、技术服务和地质勘查业	27897	21922	911	2541	201	236	427
水利、环境和公共设施管理业	21303	14893	1306	781	1110	379	302
居民服务和其他服务业	1573	1168		16	122	61	37
教育	177426	60911	7520	13224	9461	21854	8874
卫生、社会保障和社会福利业	72968	32389	2870	2690	3197	5945	6320
文化、体育和娱乐业	8710	5634	304	469	312	256	445
公共管理和社会组织	150700	59180	6801	9079	8748	11314	7793
城镇集体单位合计	**34842**	**18161**	**1384**	**189**	**2016**	**2753**	**3620**
按企业、事业、机关分组							
企业	34383	17803	1384	189	1976	2753	3620
事业	457	356			40		
机关							
民间非盈利组织							
其他	3	3					
按国民经济行业分组							
农、林、牧、渔业							
采矿业	766						
制造业	4635	2633		169	16	49	1688
电力、燃气及水的生产和供应业							
建筑业	9026	4357	345		985	1338	45
交通运输、仓储和邮政业	303		291				
信息传输、计算机服务和软件业	118	118					
批发和零售业	5154	4601	39		133	155	41
住宿和餐饮业	548	548					
金融业	8893	1013	570		843	1167	1845
房地产业	654	579					
租赁和商务服务业	3437	3199			40	44	
科学研究、技术服务和地质勘查业	811	724	67	19			
水利、环境和公共设施管理业	111	111					
居民服务和其他服务业	129	58	71				
教育	41	41					
卫生、社会保障和社会福利业	104	104					
文化、体育和娱乐业	10	10					
公共管理和社会组织	101	65					
其他单位合计	**189331**	**125563**	**2500**	**21741**	**7488**	**579**	**8159**

4-15续表　　　　　　　　　　　　（2010年）　　　　　　　　　　　　单位：万元

项　　目	永福县	灌阳县	龙胜县	资源县	平乐县	荔浦县	恭城县
总　计	**35182**	**21946**	**26629**	**16980**	**33291**	**31690**	**28347**
国有单位合计	**23256**	**20717**	**22186**	**16888**	**29971**	**26331**	**24694**
按隶属关系分组							
中央	293	1058	931	428	916	995	1005
省、自治区、直辖市	1082	1806	31	1565	5875	828	2266
地区	216	19	260	1990	502	470	187
县及县以下	21666	17834	20965	12906	22680	24037	21237
其他							
按企业、事业、机关分组							
企业	3735	2407	5339	3989	7010	2721	4443
#地方	3442	1745	4695	3718	6747	2374	3667
事业	12419	12212	11908	8694	15757	14347	13409
#地方	12419	12187	11901	8694	15757	14286	13340
机关	7102	6099	4939	4205	7205	9264	6842
#地方	7102	5728	4659	4048	6552	8676	6683
民间非盈利组织							
其他							
按国民经济行业分组							
农、林、牧、渔业	31	319	1337	865	6154	11	346
采矿业			2746	85			644
制造业	23	64		17	171		670
电力、燃气及水的生产和供应业	1286	1435	1374	1599		2143	1724
建筑业	17				355		
交通运输、仓储和邮政业	620	281	456	510	578	450	457
信息传输、计算机服务和软件业		60	169				51
批发和零售业	264	155	420	341	94	62	395
住宿和餐饮业			33	13	3		27
金融业	1827	457	388	1349	263	118	464
房地产业	41	39	62	45		61	
租赁和商务服务业	385	23	261	335	123	72	307
科学研究、技术服务和地质勘查业	286	293	64	279	62	167	506
水利、环境和公共设施管理业	435	167	211	437	418	597	267
居民服务和其他服务业		3	61		105		
教育	7407	7659	6948	4771	10707	9088	9004
卫生、社会保障和社会福利业	3353	2486	2296	1666	3388	4049	2318
文化、体育和娱乐业	133	217	161	289	196	218	76
公共管理和社会组织	7149	7059	5199	4289	7355	9297	7437
城镇集体单位合计	**2341**	**928**	**1110**	**91**	**93**	**732**	**1425**
按企业、事业、机关分组							
企业	2341	904	1110	91	93	696	1425
事业		24				37	
机关							
民间非盈利组织							
其他							
按国民经济行业分组							
农、林、牧、渔业							
采矿业	656		110				
制造业	51						29
电力、燃气及水的生产和供应业							
建筑业	1611	141	10	91			103
交通运输、仓储和邮政业						13	
信息传输、计算机服务和软件业							
批发和零售业	23	22	79			22	39
住宿和餐饮业							
金融业		741	836			662	1217
房地产业			74				
租赁和商务服务业		24			93		37
科学研究、技术服务和地质勘查业							
水利、环境和公共设施管理业							
居民服务和其他服务业							
教育							
卫生、社会保障和社会福利业							
文化、体育和娱乐业							
公共管理和社会组织						37	
其他单位合计	**9586**	**301**	**3333**		**3227**	**4627**	**2228**

4-16 市县离岗职工生活费总额

（2010年） 单位:万元

项目	全市	市区	阳朔县	临桂县	灵川县	全州县	兴安县
总计	10257	6926	229	255	232	537	775
国有单位合计	7714	5325	78	187	156	526	375
按隶属关系分组							
中央	1401	1153	43	50			
省、自治区、直辖市	1579	1357		41		54	65
地区	2937	2726		26	51	85	17
县及县以下	1797	88	35	70	105	387	293
其他							
按企业、事业、机关分组							
企业	6475	4846	47	144	146	289	175
#地方	5223	3842	3	95	146	289	175
事业	836	385	31	43		65	194
#地方	701	249	31	43		65	194
机关	403	94			10	172	6
#地方	390	81			10	172	6
民间非盈利组织							
其他							
按国民经济行业分组							
农、林、牧、渔业	250	2	24	1		59	2
采矿业	203			51			
制造业	1688	1551		30	51	44	10
电力、燃气及水的生产和供应业	553	273		1	4	63	25
建筑业	113	113					
交通运输、仓储和邮政业	623	547		12			
信息传输、计算机服务和软件业	242	242					
批发和零售业	1538	1355	1		10	3	30
住宿和餐饮业	212	201				2	9
金融业	747	259	43	50	81	85	65
房地产业	16	15					
租赁和商务服务业	63	24				34	3
科学研究、技术服务和地质勘查业	366	270	4	42			50
水利、环境和公共设施管理业	207	199	1				4
居民服务和其他服务业	81	74				4	1
教育	175	5					151
卫生、社会保障和社会福利业	123	52				35	12
文化、体育和娱乐业	68	40	2	1			3
公共管理和社会组织	449	106	2		10	196	11
城镇集体单位合计	785	277	151		53	7	237
按企业、事业、机关分组							
企业	785	277	151		53	7	237
事业							
机关							
民间非盈利组织							
其他							
按国民经济行业分组							
农、林、牧、渔业							
采矿业							
制造业	109	108				1	
电力、燃气及水的生产和供应业							
建筑业	8						
交通运输、仓储和邮政业	141		141				
信息传输、计算机服务和软件业							
批发和零售业	108	71	10		15	6	
住宿和餐饮业	7	7					
金融业	319				38		237
房地产业	71	71					
租赁和商务服务业	8	4					
科学研究、技术服务和地质勘查业							
水利、环境和公共设施管理业	15	15					
居民服务和其他服务业	1	1					
教育							
卫生、社会保障和社会福利业							
文化、体育和娱乐业							
公共管理和社会组织							
其他单位合计	1757	1325		68	23	4	163

4-16续表　　　　（2010年）　　　　单位：万元

项　　目	永福县	灌阳县	龙胜县	资源县	平乐县	荔浦县	恭城县
总 计	83	88	372	91	250	114	307
国有单位合计	73	56	359	91	120	80	291
按隶属关系分组							
中央		39	59	5	42		11
省、自治区、直辖市		5		10	15		32
地区	4		3		16	4	4
县及县以下	69	13	296	75	48	75	243
其他							
按企业、事业、机关分组							
企业	62	51	321	63	104	10	220
#地方	62	13	261	58	62	10	209
事业	11	5	38	17	12	33	4
#地方	11	5	38	17	12	33	4
机关	1			11	5	37	67
#地方	1			11	5	37	67
民间非盈利组织							
其他							
按国民经济行业分组							
农、林、牧、渔业			40		53		70
采矿业			151	2			
制造业				2			
电力、燃气及水的生产和供应业	15		53	20		10	89
建筑业							
交通运输、仓储和邮政业	4	13	9	2	16	4	16
信息传输、计算机服务和软件业							
批发和零售业	3	12	42	34			48
住宿和餐饮业							
金融业	39	25	54	3	42		
房地产业				1			
租赁和商务服务业	1						2
科学研究、技术服务和地质勘查业							
水利、环境和公共设施管理业	1				2		
居民服务和其他服务业					3		
教育				2		18	
卫生、社会保障和社会福利业	9			1		11	4
文化、体育和娱乐业		1	10	12			
公共管理和社会组织	1	5		13	5	37	63
城镇集体单位合计		32	8		4	17	
按企业、事业、机关分组							
企业		32	8		4	17	
事业							
机关							
民间非盈利组织							
其他							
按国民经济行业分组							
农、林、牧、渔业							
采矿业							
制造业							
电力、燃气及水的生产和供应业							
建筑业			8				
交通运输、仓储和邮政业							
信息传输、计算机服务和软件业							
批发和零售业		5					
住宿和餐饮业							
金融业		27				17	
房地产业							
租赁和商务服务业					4		
科学研究、技术服务和地质勘查业							
水利、环境和公共设施管理业							
居民服务和其他服务业							
教育							
卫生、社会保障和社会福利业							
文化、体育和娱乐业							
公共管理和社会组织							
其他单位合计	10		6		126	18	16

4-17 市县在岗职工平均工资

（2010年）　　单位：元

项　　目	全　市	市　区	阳朔县	临桂县	灵川县	全州县	兴安县
总 计	30833	33475	24850	27387	26570	27882	29357
国有单位合计	33012	37378	27865	30804	27342	28260	31346
按隶属关系分组							
中央	46214	47607	36655	42487	51962		26406
省、自治区、直辖市	39920	42680	35696	44063	18223	16376	41443
地区	32749	33068		18206	19025	33587	31186
县及县以下	29216	31009	27126	29488	28429	28539	31037
其他	19667	19667					
按企业、事业、机关分组							
企业	34032	35828	23732	37448	32473	21742	32844
#地方	31166	31841	23680	37273	32473	21742	32844
事业	31610	36632	26878	27652	25154	31106	31138
#地方	31073	35428	26838	27649	25043	31106	31138
机关	35030	45841	32200	32714	29075	29742	30977
#地方	34316	44778	31482	32152	27999	29742	31182
民间非盈利组织							
其他	21316	21316					
按国民经济行业分组							
农、林、牧、渔业	23253	10283	18679	18118	28213	15495	24333
采矿业	41048			41962			
制造业	26213	27627		14938	19133	18650	22762
电力、燃气及水的生产和供应业	44037	70389	31031	36955	54275	25494	42517
建筑业	33941	37334				22330	18778
交通运输、仓储和邮政业	37770	42472	18010	45937	23119	31697	27235
信息传输、计算机服务和软件业	34608	35817			39121	21066	
批发和零售业	39967	54897	22336	33723	35560	17620	22830
住宿和餐饮业	16370	16369				26500	20159
金融业	58228	60572	23391	42054	56519	45583	37105
房地产业	24643	27045	32933	22963	41591	18783	25356
租赁和商务服务业	20827	21238	26521	23443	15310	21443	25802
科学研究、技术服务和地质勘查业	40988	47604	27369	26011	30379	26830	29068
水利、环境和公共设施管理业	23438	28287	16325	18196	15749	18052	23069
居民服务和其他服务业	32104	30726		11923	64421	24480	31167
教育	32105	35024	30300	30041	27671	34633	29738
卫生、社会保障和社会福利业	32597	37807	28080	25793	25842	31226	35268
文化、体育和娱乐业	27220	28969	25771	23807	24551	23741	25711
公共管理和社会组织	34604	44888	31487	31253	29005	27171	31171
城镇集体单位合计	24036	21623	17944	13189	31451	25329	36600
按企业、事业、机关分组							
企业	24022	21574	17944	13189	31616	25329	36600
事业	25221	24531			25000		
机关							
民间非盈利组织							
其他	13000	13000					
按国民经济行业分组							
农、林、牧、渔业							
采矿业	29133						
制造业	21330	22215		12826	12231	15806	22940
电力、燃气及水的生产和供应业							
建筑业	21030	21938	19845		31761	20680	13294
交通运输、仓储和邮政业	9445		9347				
信息传输、计算机服务和软件业	18185	18185					
批发和零售业	25276	28629	9047		13404	13596	37636
住宿和餐饮业	14129	14129					
金融业	49682	40831	34762		41517	41842	88688
房地产业	19924	18561					
租赁和商务服务业	14039	13785			25000	27438	
科学研究、技术服务和地质勘查业	60970	73172	29217	17545			
水利、环境和公共设施管理业	21824	21824					
居民服务和其他服务业	15381	20679	12732				
教育	15185	15185					
卫生、社会保障和社会福利业	25463	25463					
文化、体育和娱乐业	9900	9900					
公共管理和社会组织	23558	20903					
其他单位合计	25940	27621	14086	22866	22983	15948	22273

4-17续表 （2010年） 单位：元

项　　目	永福县	灌阳县	龙胜县	资源县	平乐县	荔浦县	恭城县
总　计	29927	29223	30953	28056	27943	27395	31933
国有单位合计	31923	29407	32121	28170	27497	29358	31851
按隶属关系分组							
中央	41814	41798	36525	20563	31792	36993	36538
省、自治区、直辖市	42751	34402	38125	36469	33266	34365	29582
地区	21356	32333	24962	58023	24583	27034	19031
县及县以下	31578	28485	32056	25734	26243	29013	32109
其他							
按企业、事业、机关分组							
企业	45267	29460	31332	32856	31308	35331	29269
#地方	45587	26682	30829	34877	31496	36977	27509
事业	29739	29020	32501	25692	25575	28087	32366
#地方	29739	29009	32515	25692	25575	28106	32370
机关	31096	30192	32092	30102	28819	29970	32705
#地方	31096	29573	31715	30280	28378	29162	33018
民间非盈利组织							
其他							
按国民经济行业分组							
农、林、牧、渔业	7725	22308	27055	20166	32681	22400	24721
采矿业			36558	33880			71522
制造业	45400	9319		7727	20805		18608
电力、燃气及水的生产和供应业	44175	30935	27108	34761		39755	31815
建筑业	21000				24000		
交通运输、仓储和邮政业	22365	28060	25066	25143	24470	23700	24989
信息传输、计算机服务和软件业		35235	26422				23182
批发和零售业	19241	18235	21335	21720	31367	26783	43900
住宿和餐饮业			12615	25200	15000		7026
金融业	86588	50220	55429	71381	27144	36813	34400
房地产业	31462	22824	24720	20227		28810	
租赁和商务服务业	19563	11700	19639	19011	23189	23097	23592
科学研究、技术服务和地质勘查业	32874	27148	33789	21813	22250	24574	33296
水利、环境和公共设施管理业	19252	15063	15955	17566	16309	13498	20075
居民服务和其他服务业		15000	26522		65625		
教育	31775	29848	37173	28482	27044	28497	33497
卫生、社会保障和社会福利业	30991	32162	31892	23426	23016	31657	29607
文化、体育和娱乐业	21869	23032	26443	24244	24222	25612	24613
公共管理和社会组织	30829	29597	31820	30095	28764	30333	33261
城镇集体单位合计	19869	35559	34691	16035	12184	29894	43298
按企业、事业、机关分组							
企业	19869	35723	34691	16035	12184	29867	43298
事业		30375				30417	
机关							
民间非盈利组织							
其他							
按国民经济行业分组							
农、林、牧、渔业							
采矿业	38351		12000				
制造业	11333						9323
电力、燃气及水的生产和供应业							
建筑业	16955	18338	12875	16035			20939
交通运输、仓储和邮政业						12500	
信息传输、计算机服务和软件业							
批发和零售业	19250	6667	12154			15571	9561
住宿和餐饮业							
金融业		51790	60144			31656	61792
房地产业			46500				
租赁和商务服务业		30375			12184		33182
科学研究、技术服务和地质勘查业							
水利、环境和公共设施管理业							
居民服务和其他服务业							
教育							
卫生、社会保障和社会福利业							
文化、体育和娱乐业							
公共管理和社会组织						30417	
其他单位合计	29109	14740	24219		34404	19655	28024

4-18 市县离岗职工平均生活费

（2010年）　　　　单位：元

项　　目	全　市	市　区	阳朔县	临桂县	灵川县	全州县	兴安县
总　计	**6995**	**8844**	**3093**	**10099**	**4211**	**2146**	**14728**
国有单位合计	**7382**	**9484**	**4477**	**9294**	**3425**	**2923**	**8497**
按隶属关系分组							
中央	12501	11610	18000	19800			
省、自治区、直辖市	13695	20502		7286		4061	23179
地区	7098	6960		7250	4757	20310	10813
县及县以下	4449	21024	2313	8381	10356	2381	7368
其他							
按企业、事业、机关分组							
企业	7328	9251	10568	11707	7137	1876	10029
#地方	6664	8798	1650	9643	7137	1876	10029
事业	6135	11478	2453	5487		4243	7975
#地方	5613	11309	2453	5487		4243	7975
机关	16072	23000			24750	16381	2667
#地方	15971	23706			24750	16381	2667
民间非盈利组织							
其他							
按国民经济行业分组							
农、林、牧、渔业	3435	1143	1983	1000		3084	160
采矿业	18152			14429			
制造业	5039	6288		7317	3416	852	12000
电力、燃气及水的生产和供应业	14547	21015		12000	19000	24308	5767
建筑业	6180	6180					
交通运输、仓储和邮政业	12732	12908		13556			
信息传输、计算机服务和软件业	12513	12513					
批发和零售业	6630	13062	12000		3200	52	15150
住宿和餐饮业	4209	5654				153	7583
金融业	23780	21756	18000	19800	35348	27516	23179
房地产业	8611	9188					
租赁和商务服务业	1595	6051				4573	4167
科学研究、技术服务和地质勘查业	9911	12255	11000	6118			6680
水利、环境和公共设施管理业	8842	9788	8000				3250
居民服务和其他服务业	11027	15102				11667	5000
教育	13389	3200					22221
卫生、社会保障和社会福利业	8935	12561				11700	10167
文化、体育和娱乐业	3925	8204	1105	667			6000
公共管理和社会组织	12891	17377	7333		24750	11621	3375
城镇集体单位合计	**3520**	**4224**	**2667**		**8328**	**121**	**118500**
按企业、事业、机关分组							
企业	3520	4224	2667		8328	121	118500
事业							
机关							
民间非盈利组织							
其他							
按国民经济行业分组							
农、林、牧、渔业							
采矿业							
制造业	1563	3196				22	
电力、燃气及水的生产和供应业							
建筑业	876						
交通运输、仓储和邮政业	3380		3380				
信息传输、计算机服务和软件业							
批发和零售业	1658	5152	1122		3102	297	
住宿和餐饮业	3286	3286					
金融业	60189				25400		118500
房地产业	7585	7585					
租赁和商务服务业	497	7400					
科学研究、技术服务和地质勘查业							
水利、环境和公共设施管理业	3000	3000					
居民服务和其他服务业	778	778					
教育							
卫生、社会保障和社会福利业							
文化、体育和娱乐业							
公共管理和社会组织							
其他单位合计	**8865**	**8480**		**13275**	**7030**	**286**	**25077**

4-18续表 （2010年） 单位：元

项目	永福县	灌阳县	龙胜县	资源县	平乐县	荔浦县	恭城县
总 计	**2599**	**3793**	**12287**	**8892**	**4270**	**8515**	**5205**
国有单位合计	**2329**	**2984**	**13335**	**8892**	**3266**	**9707**	**6535**
按隶属关系分组							
中央		22647	23720	7000	21000		11100
省、自治区、直辖市		24000		17333	30000		20188
地区	12667		16500		14182	22000	22000
县及县以下	2229	757	12236	8472	1434	9400	5827
其他							
按企业、事业、机关分组							
企业	2721	2773	12626	7646	2949	3200	5736
#地方	2721	762	11415	7707	1858	3200	5592
事业	1329	16000	25333	17000	8000	9111	1850
#地方	1329	16000	25333	17000	8000	9111	1850
机关	1000			11000	23500	23250	16048
#地方	1000			11000	23500	23250	16048
民间非盈利组织							
其他							
按国民经济行业分组							
农、林、牧、渔业			12212		9962		3960
采矿业			20147	8500			
制造业				2625			
电力、燃气及水的生产和供应业	7238		7479	13000		10667	15119
建筑业							
交通运输、仓储和邮政业	12667	16500	11125	17000	14182	22000	12917
信息传输、计算机服务和软件业							
批发和零售业	180	2107	9791	8268	13		6775
住宿和餐饮业							
金融业	43778	28111	26850	5333	21000		
房地产业				8000			
租赁和商务服务业	385						5333
科学研究、技术服务和地质勘查业							
水利、环境和公共设施管理业	1200				3833		
居民服务和其他服务业					25000		
教育				18000		17700	
卫生、社会保障和社会福利业	5438			14000		4652	2846
文化、体育和娱乐业		3333	5000	7667			
公共管理和社会组织	833	24000		11909	11750	23250	15750
城镇集体单位合计		**7250**	**3000**		**267**	**24143**	**22**
按企业、事业、机关分组							
企业		7250	3000		267	24143	22
事业							
机关							
民间非盈利组织							
其他							
按国民经济行业分组							
农、林、牧、渔业							
采矿业							
制造业							
电力、燃气及水的生产和供应业							
建筑业			3000				
交通运输、仓储和邮政业							
信息传输、计算机服务和软件业							
批发和零售业		1531					22
住宿和餐饮业							
金融业		27000				24143	
房地产业							
租赁和商务服务业					267		
科学研究、技术服务和地质勘查业							
水利、环境和公共设施管理业							
居民服务和其他服务业							
教育							
卫生、社会保障和社会福利业							
文化、体育和娱乐业							
公共管理和社会组织							
其他单位合计	**16667**		**7250**		**18746**	**3911**	**31000**

4-19 单位从业人员增减变动

（2010年）　　单位：人

项　目	本年增加人数	从农村招收	从城镇招收	录用的退伍军人	录用的大、中专、技工学校毕业生	调　入	外省、自治区、直辖市调入	其　他
全市	**24054**	**4844**	**5107**	**307**	**7542**	**3335**	**99**	**2919**
国有单位	12036	1200	1778	169	3994	2812	70	2083
城镇集体单位	1792	1268	133	5	206	29		151
其他单位	10226	2376	3196	133	3342	494	29	685
市区	**14567**	**2907**	**3511**	**218**	**4781**	**1254**	**84**	**1896**
国有单位	6227	547	1184	118	2369	869	63	1140
城镇集体单位	1646	1168	124	5	188	11		150
其他单位	6694	1192	2203	95	2224	374	21	606

4-19续表　　（2010年）　　单位：人

项　目	本年减少人数	离休、退休、退职	开除、除名、辞退	终止解除合同	离开本单位仍保留劳动关系的职工	死　亡	调　出	其　他
全市	**23597**	**5916**	**736**	**9929**	**437**	**360**	**2997**	**3222**
国有单位	11947	4156	330	3114	244	312	2421	1370
城镇集体单位	1887	330	2	1127	131	9	91	197
其他单位	9763	1430	404	5688	62	39	485	1655
市区	**14833**	**3629**	**541**	**6678**	**352**	**129**	**1035**	**2469**
国有单位	7268	2330	226	2694	180	101	651	1086
城镇集体单位	1640	152	2	1086	127	5	76	192
其他单位	5925	1147	313	2898	45	23	308	1191

2011

五、农村经济

Rural Economy

资料整理：莫年才　黎　艺　欧阳友根

5-1 市县区农村社会经济基本情况表

（2010年）

指　　标	单　位	全　市	秀峰区	叠彩区	象山区	七星区	雁山区
农村基层组织							
乡镇政府个数	个	133		1	1	1	4
#镇政府	个	64					2
村委会个数	个	1654	7	15	8	16	37
居民委员会	个	122	4				3
村民小组	个	29652	85	158	100	188	318
农村社会基础设施							
通汽车村数	个	1651	7	15	8	16	37
通电话村数	个	1650	7	15	8	16	34
水受益村数	个	1056	7	4	8	16	6
乡村总户数	万户	107.62	0.45	0.63	0.53	1.13	1.46
乡村总人口	万人	397.92	1.63	2.51	2.18	4.10	6.33
乡村从业人员	万人	212.85	0.87	1.32	1.17	2.17	3.70
#女劳动力	万人	103.74	0.44	0.67	0.61	1.23	1.88
农林牧渔业	万人	152.75	0.27	1.04	0.68	1.47	2.65
#种植业	万人	142.35	0.19	1.02	0.43	1.20	2.42
牧　业	万人	5.06	0.04	0.01	0.17	0.13	0.14
渔　业	万人	2.17	0.04	0.01	0.07	0.14	0.09
工　业	万人	24.16		0.03	0.10	0.12	0.18
建筑业	万人	10.75	0.01	0.04	0.03	0.08	0.30
交通运输、邮电业及仓储业	万人	5.10	0.08	0.03	0.04	0.05	0.13
批发、零售贸易业	万人	7.87	0.12	0.05	0.09	0.14	0.15
其　他	万人	12.22	0.39	0.13	0.23	0.31	0.29
农业生产条件							
年末耕地面积	公顷	262499	371	746	989	802	4286
#水田	公顷	189314	347	584	827	447	2544
当年新增加的耕地面积	公顷	1488					
当年减少的耕地面积	公顷	1688	57	32			
农业机械总动力	千瓦	3648159	9775	7649	26361	21861	92428
有效灌溉面积	公顷	218720	516	808	808	764	2954
机耕地面积	公顷	381497	565	248	1096	450	5743
化肥施用量(按实物量计)	吨	643223	340	2110	1940	1182	10712
农药使用量	吨	6906	2	5	14	17	176
农村用电量	万度	48732	481	400	280	911	319
农村经济情况							
农村经济总收入	万元	3034825	12713	21338	18721	30977	40517
#农民家庭经营收入	万元	2109767	4897	12612	10652	9408	29622
农村经济纯收入	万元	2180679	10636	13972	12066	27442	30659
农村居民生活费总支出	万元	1538701	5869	14415	11699	14788	21631
农林牧渔业总产值(现价)	万元	3197986	13380	14283	13784	19772	62025
农业产值	万元	1855685	3981	8391	4836	8239	22509
林业产值	万元	184233		15			194
牧业产值	万元	987387	7637	4731	7357	9575	36106
渔业产值	万元	81335	1046	306	961	803	1944
农林牧渔服务业	万元	89346	716	840	630	1155	1272
农林牧渔业总产值构成	%	100.00	100.00	100.00	100.00	100.00	100.00
农业产值	%	58.03	29.75	58.75	35.08	41.67	36.29
林业产值	%	5.76		0.11			0.31
牧业产值	%	30.88	57.08	33.12	53.37	48.43	58.21
渔业产值	%	2.54	7.82	2.14	6.97	4.06	3.13
农林牧渔服务业	%	2.79	5.35	5.88	4.57	5.84	2.05
农业总产值发展速度(以上年为100)	%	105.09	104.48	100.22	106.27	101.27	104.84
农业产值	%	105.88	106.82	97.74	107.78	93.82	106.38

5-1续表1 （2010年）

指　　标	单　位	阳朔县	临桂县	灵川县	全州县	兴安县	永福县
农村基层组织							
乡镇政府个数	个	9	11	11	18	10	9
#镇政府	个	6	5	6	9	6	4
村委会个数	个	99	161	129	273	115	93
居民委员会	个	15	6	14	11	10	6
村民小组	个	2209	3094	2026	4236	1861	1866
农村社会基础设施							
通汽车村数	个	98	160	129	273	115	93
通电话村数	个	99	161	129	273	115	93
水受益村数	个	47	61	115	159	90	55
乡村总户数	万户	7.17	9.68	7.60	20.74	8.90	6.06
乡村总人口	万人	27.95	41.70	30.50	70.62	31.41	24.38
乡村从业人员	万人	15.78	22.83	16.63	35.33	16.77	12.40
#女劳动力	万人	7.46	11.39	8.25	16.48	9.01	6.13
农林牧渔业	万人	10.28	12.87	13.36	27.04	13.49	10.36
#种植业	万人	9.99	11.84	12.16	25.66	12.46	9.95
牧　业	万人	0.18	0.53	0.38	0.49	0.49	0.16
渔　业	万人	0.09	0.16	0.26	0.34	0.10	0.12
工　业	万人	3.39	3.56	1.13	2.42	0.68	0.64
建筑业	万人	0.70	1.98	0.52	2.49	0.88	0.33
交通运输、邮电业及仓储业	万人	0.33	0.59	0.44	0.98	0.47	0.30
批发、零售贸易业	万人	0.47	1.07	0.58	0.97	0.63	0.43
其　他	万人	0.61	2.76	0.60	1.43	0.62	0.34
农业生产条件							
年末耕地面积	公顷	17081	33345	22034	46742	21553	21913
#水田	公顷	10704	27484	18436	35074	16796	15563
当年新增加的耕地面积	公顷	361			14	129	28
当年减少的耕地面积	公顷	228	74	49	40	164	26
农业机械总动力	千瓦	190696	225914	377288	458069	394993	183693
有效灌溉面积	公顷	12940	29450	19330	36250	22090	14890
机耕地面积	公顷	26450	47485	38817	73141	38966	27113
化肥施用量(按实物量计)	吨	56210	57037	45586	107352	59361	49296
农药使用量	吨	877	797	410	858	412	334
农村用电量	万度	2219	2432	7179	7497	2401	3351
农村经济情况							
农村经济总收入	万元	218074	335233	270610	513138	287435	187017
#农民家庭经营收入	万元	148583	234016	183308	330427	180500	147005
农村经济纯收入	万元	174021	252291	172304	394313	205606	134214
农村居民生活费总支出	万元	102517	153167	114874	236839	172637	80291
农林牧渔业总产值(现价)	万元	205160	414347	298013	447602	298230	215130
农业产值	万元	135743	185129	169453	258324	184916	114337
林业产值	万元	4609	13354	19818	26671	16770	13885
牧业产值	万元	53655	193842	94249	137148	80864	73809
渔业产值	万元	6025	11054	7252	17019	7550	5001
农林牧渔服务业	万元	5128	10968	7241	8440	8130	8098
农林牧渔业总产值构成	%	100.00	100.00	100.00	100.00	100.00	100.00
农业产值	%	66.16	44.68	56.86	57.71	62.00	53.15
林业产值	%	2.25	3.22	6.65	5.96	5.62	6.45
牧业产值	%	26.15	46.78	31.63	30.64	27.11	34.31
渔业产值	%	2.94	2.67	2.43	3.80	2.53	2.32
农林牧渔服务业	%	2.50	2.65	2.43	1.89	2.73	3.76
农业总产值发展速度(以上年为100)	%	105.66	105.24	103.96	103.95	106.12	106.09
农业产值	%	107.29	105.06	104.60	102.37	110.47	108.41

5-1续表2　　　　　　　　　　　　（2010年）

指　　标	单　位	灌阳县	龙胜县	资源县	平乐县	荔浦县	恭城县
农村基层组织							
乡镇政府个数	个	9	10	7	10	13	9
#镇政府	个	3	3	1	6	10	3
村委会个数	个	138	119	71	134	122	117
居民委员会	个	3	6	3	11	22	8
村民小组	个	2438	1649	1536	2267	3310	2311
农村社会基础设施							
通汽车村数	个	138	119	71	133	122	117
通电话村数	个	138	119	71	133	122	117
水受益村数	个	123	119	61	51	60	74
乡村总户数	万户	7.47	3.83	4.31	11.51	9.44	6.71
乡村总人口	万人	25.07	15.24	15.86	40.12	32.98	25.34
乡村从业人员	万人	13.31	7.59	8.00	21.93	19.87	13.18
#女劳动力	万人	6.38	3.76	3.95	10.53	9.68	5.89
农林牧渔业	万人	10.23	6.69	4.83	12.65	13.37	11.47
#种植业	万人	9.58	6.50	4.32	12.07	11.31	11.27
牧　业	万人	0.29	0.08	0.09	0.31	1.47	0.08
渔　业	万人	0.13	0.01	0.06	0.21	0.29	0.05
工　业	万人	1.46	0.20	1.25	5.95	2.74	0.31
建筑业	万人	0.73	0.11	0.31	1.00	1.00	0.24
交通运输、邮电业及仓储业	万人	0.30	0.13	0.16	0.41	0.48	0.18
批发、零售贸易业	万人	0.31	0.22	0.26	1.22	0.93	0.23
其　他	万人	0.28	0.24	1.19	0.70	1.35	0.75
农业生产条件							
年末耕地面积	公顷	13329	11953	6890	20084	22256	18126
#水田	公顷	10496	6110	5911	12491	13790	11707
当年新增加的耕地面积	公顷	21			185	749	
当年减少的耕地面积	公顷	32	91		85	790	17
农业机械总动力	千瓦	223662	184751	178549	353732	313689	405049
有效灌溉面积	公顷	12420	6140	5680	13600	15290	24790
机耕地面积	公顷	20618	3959	8104	38465	30225	20052
化肥施用量(按实物量计)	吨	44441	15365	9430	74914	42489	65458
农药使用量	吨	387	109	97	833	849	729
农村用电量	万度	4593	1391	1169	5892	6036	2184
农村经济情况							
农村经济总收入	万元	156744	75884	85177	271654	342647	166947
#农民家庭经营收入	万元	119185	55018	53000	167138	293406	130988
农村经济纯收入	万元	104672	51960	68422	211035	188984	128134
农村居民生活费总支出	万元	95258	52702	46205	168422	142370	105017
农林牧渔业总产值(现价)	万元	175725	96751	91691	331509	272297	228287
农业产值	万元	95495	49588	53057	236604	162129	162954
林业产值	万元	17850	20812	15868	16646	9413	8328
牧业产值	万元	52145	22206	18042	62485	87622	45914
渔业产值	万元	3603	484	991	7097	5013	5186
农林牧渔服务业	万元	6632	3661	3733	8677	8120	5905
农林牧渔业总产值构成	%	100.00	100.00	100.00	100.00	100.00	100.00
农业产值	%	54.34	51.25	57.87	71.37	59.54	71.38
林业产值	%	10.16	21.51	17.31	5.02	3.46	3.65
牧业产值	%	29.67	22.95	19.68	18.85	32.18	20.11
渔业产值	%	2.05	0.50	1.08	2.14	1.84	2.27
农林牧渔服务业	%	3.77	3.78	4.07	2.62	2.98	2.59
农业总产值发展速度(以上年为100)	%	105.16	103.31	108.02	105.68	105.74	104.46
农业产值	%	104.79	105.81	113.13	106.12	106.53	104.71

5-1续表3 （2010年）

指　　标	单　位	全　市	秀峰区	叠彩区	象山区	七星区	雁山区
林业产值	%	99.37		60.95			48.02
牧业产值	%	104.50	103.74	104.16	105.59	107.14	104.62
渔业产值	%	106.84	101.62	109.81	104.83	111.44	103.76
农林牧渔服务业	%	106.29	104.51	101.15	106.08	103.61	103.15
农业总产值发展速度(以1952年为100)	%	1621.79					
农作物总播种面积	公顷	**651284**	**811**	**2519**	**2544**	**2486**	**9377**
粮食作物播种面积	公顷	370745	316	689	1331	461	4243
#稻　谷	公顷	278790	316	593	1104	392	2807
玉　米	公顷	32892		3	4	32	206
大　豆	公顷	11981		39	59	23	311
经济作物播种面积	公顷	55288		64	87	22	247
#油　料	公顷	19096		44	31	22	228
甘　蔗	公顷	6440		4			12
木　薯	公顷	6982					
其他农作物播种面积	公顷	225251	495	1766	1126	2003	4887
#蔬　菜	公顷	163896	421	1607	830	1889	3611
主要农产品产量							
粮食总产量	吨	1861717	1923	3802	6217	2060	19261
油料总产量	吨	48753		116	60	99	363
甘蔗总产量	吨	404755		414			900
蔬菜总产量	吨	3235318	9108	41211	13781	48937	69307
茶叶总产量	吨	3954					
水果总产量	吨	2519982	138	397	324	107	17234
#柑桔	吨	894118	15		251	3	12257
果园面积	公顷	164397	14	245	48	30	1312
当年造林面积	公顷	18693					67
当年出栏肉猪头数	头	4102998	38534	20188	40312	56442	80661
当年出栏肉用牛	头	152467	25	281	126	27	1085
当年出栏肉用羊	头	178255		181	702	1237	77
肉类总产量	吨	494768	4144	2459	3848	5211	16942
#猪牛羊肉	吨	324875	2892	1544	3046	4255	6155
年末大牲畜存栏	头	495278	38	772	1781	1196	7263
年末生猪存栏	头	2823299	27240	16324	29405	22688	52008
年末羊存栏	头	145925		60	520	1466	58
水产品总产量	吨	91081	1181	345	1088	909	2205
人均情况(按农村人口平均)							
人均耕地面积	亩	0.99	0.34	0.45	0.68	0.29	1.02
人均水田面积	亩	0.71	0.32	0.35	0.57	0.16	0.60
人均粮食产量	公斤	468	118	151	285	50	304
人均蔬菜产量	公斤	813	559	1642	632	1194	1095
人均水果产量	公斤	633	8	16	15	3	272
人均出栏肉猪头数	头	1.03	2.36	0.80	1.85	1.38	1.27
人均肉产量	公斤	124	254	98	177	127	268
人均农业总产值	元	8037	8209	5690	6323	4822	9799
人均农村总收入	元	7637	8009	8716	8611	7603	6451
人均现金收入	元	6630	7830	8505	7959	6775	5842
人均农村总支出	元	6245	5170	8924	9053	4562	5138
人均现金支出	元	5436	5170	8680	8643	4327	4573
人均生活消费支出	元	3872	3697	5888	5381	3630	3444
人均食品消费支出	元	1827	1595	2253	2479	2118	1585
农民人均纯收入	元	5487	6700	5707	5550	6736	4881

5-1续表4　　　　　　　　　　（2010年）

指　　标	单　位	阳朔县	临桂县	灵川县	全州县	兴安县	永福县
林业产值	%	80.73	110.16	89.85	112.09	83.20	92.57
牧业产值	%	104.43	105.09	104.28	105.05	103.56	105.41
渔业产值	%	107.98	106.38	106.11	106.98	106.49	108.06
农林牧渔服务业	%	105.08	105.26	127.10	104.32	103.76	105.28
农业总产值发展速度(以1952年为100)	%	1465.43	1784.71	2041.34	1342.62	1261.30	1715.59
农作物总播种面积	公顷	**43981**	**78317**	**58555**	**119246**	**64126**	**48933**
粮食作物播种面积	公顷	24447	47368	32979	76983	40115	28331
#稻　谷	公顷	17189	42233	25981	61556	28237	22761
玉　米	公顷	2699	897	2198	4231	4946	2564
大　豆	公顷	722	1079	1478	1950	1386	375
经济作物播种面积	公顷	2894	4104	1651	11982	3279	7552
#油　料	公顷	1561	500	676	4230	1807	442
甘　蔗	公顷	239	533	164	516	48	3828
木　薯	公顷	267	236	184	1370	338	855
其他农作物播种面积	公顷	16640	26845	23925	30281	20732	13050
#蔬　菜	公顷	11351	18823	18020	20575	13814	10115
主要农产品产量							
粮食总产量	吨	112908	241540	164095	393523	207070	140008
油料总产量	吨	3812	951	1558	10683	4935	1390
甘蔗总产量	吨	17162	49731	13342	33315	2145	202367
蔬菜总产量	吨	216254	375253	449217	402585	273127	198381
茶叶总产量	吨	131	109	104	1105	272	13
水果总产量	吨	223778	63034	133784	188763	208482	75922
#柑桔	吨	98494	20268	47727	76024	78062	52517
果园面积	公顷	14732	6585	14350	20690	14653	9650
当年造林面积	公顷	427	1309		2667	787	3142
当年出栏肉猪头数	头	235935	356605	336911	765228	483755	197433
当年出栏肉用牛	头	13057	19969	9600	26445	12555	11911
当年出栏肉用羊	头	42802	8820	18331	14034	13758	32721
肉类总产量	吨	27152	87390	45598	72081	44056	35358
#猪牛羊肉	吨	19583	28773	26452	60111	37690	16427
年末大牲畜存栏	头	46080	51800	21998	79617	33352	30368
年末生猪存栏	头	162668	238647	222109	444951	326164	135128
年末羊存栏	头	32384	5128	13010	15467	11767	30256
水产品总产量	吨	6572	12417	8271	18699	8529	5590
人均情况(按农村人口平均)							
人均耕地面积	亩	0.92	1.20	1.08	0.99	1.03	1.35
人均水田面积	亩	0.57	0.99	0.91	0.74	0.80	0.96
人均粮食产量	公斤	404	579	538	557	659	574
人均蔬菜产量	公斤	774	900	1473	570	870	814
人均水果产量	公斤	801	151	439	267	664	311
人均出栏肉猪头数	头	0.84	0.86	1.10	1.08	1.54	0.81
人均肉产量	公斤	97	210	150	102	140	145
人均农业总产值	元	7340	9936	9771	6338	9495	8824
人均农村总收入	元	7811	8151	8885	7307	9159	7608
人均现金收入	元	7146	7413	8111	5965	7794	6841
人均农村总支出	元	5316	5836	7321	5208	8721	5432
人均现金支出	元	4811	5161	6717	4483	7397	4823
人均生活消费支出	元	3672	3724	3772	3372	5501	3266
人均食品消费支出	元	1608	1791	2072	1492	2634	1549
农民人均纯收入	元	6233	6135	5658	5615	6552	5460

5-1续表5 （2010年）

指　　标	单　位	灌阳县	龙胜县	资源县	平乐县	荔浦县	恭城县
林业产值	%	111.92	97.31	98.91	105.78	111.51	99.61
牧业产值	%	103.64	103.08	103.49	104.22	103.99	104.03
渔业产值	%	108.52	106.39	102.49	106.29	107.12	108.56
农林牧渔服务业	%	105.44	102.20	105.93	105.34	105.38	104.55
农业总产值发展速度(以1952年为100)	%	1290.03	1210.42	1819.06	2345.54	1366.00	1643.93
农作物总播种面积	公顷	**37434**	**18587**	**19399**	**61578**	**46989**	**36402**
粮食作物播种面积	公顷	25015	10223	8903	29274	22461	17606
#稻　谷	公顷	18322	5840	5626	20927	16617	8289
玉　米	公顷	2007	1847	932	3552	2282	4492
大　豆	公顷	466	434	265	920	686	1788
经济作物播种面积	公顷	2355	1612	2710	7274	3857	5598
#油　料	公顷	1131	125	366	3205	1143	3585
甘　蔗	公顷	67			424	605	
木　薯	公顷	213	484	12	1104	1147	772
其他农作物播种面积	公顷	10064	6752	7786	25030	20671	13198
#蔬　菜	公顷	8145	6380	6248	19994	13044	9029
主要农产品产量							
粮食总产量	吨	132372	54004	45827	150221	113511	73375
油料总产量	吨	2586	197	915	8783	3433	8872
甘蔗总产量	吨	3063			34053	48263	
蔬菜总产量	吨	137115	92426	121498	436965	209320	140833
茶叶总产量	吨	280	466	52	846	15	561
水果总产量	吨	198675	49560	40598	486662	148347	684177
#柑桔	吨	47363	38851	4503	101429	57532	258822
果园面积	公顷	13043	4949	2709	23265	8917	29205
当年造林面积	公顷	1240	824	1200	3605	2334	1091
当年出栏肉猪头数	头	338757	90651	85742	297191	477640	201013
当年出栏肉用牛	头	6120	12568	5525	12036	7097	14040
当年出栏肉用羊	头	4639	15328	7923	7011	7575	3116
肉类总产量	吨	29113	10823	9308	31441	47413	22431
#猪牛羊肉	吨	26053	8225	7069	23536	36607	16457
年末大牲畜存栏	头	24594	32355	31421	40290	27577	64776
年末生猪存栏	头	244770	76024	77166	224617	373430	149960
年末羊存栏	头	3251	8292	7495	8035	6030	2706
水产品总产量	吨	4022	547	1120	8029	5670	5887
人均情况(按农村人口平均)							
人均耕地面积	亩	0.80	1.18	0.65	0.75	1.01	1.07
人均水田面积	亩	0.63	0.60	0.56	0.47	0.63	0.69
人均粮食产量	公斤	528	354	289	374	344	290
人均蔬菜产量	公斤	547	606	766	1089	635	556
人均水果产量	公斤	792	325	256	1213	450	2700
人均出栏肉猪头数	头	1.35	0.59	0.54	0.74	1.45	0.79
人均肉产量	公斤	116	71	59	78	144	89
人均农业总产值	元	7009	6348	5781	8263	8256	9009
人均农村总收入	元	6232	5025	5426	6591	10401	6671
人均现金收入	元	4869	3733	4173	5696	9409	5906
人均农村总支出	元	6393	5186	4086	5931	9238	5777
人均现金支出	元	5200	3662	3114	5154	8409	4977
人均生活消费支出	元	3787	3490	2943	4086	4322	4196
人均食品消费支出	元	1945	1883	1574	1940	1928	1654
农民人均纯收入	元	4162	3441	4358	5120	5737	5120

5-2 市县区农业机械化、电气化、化学化及灌溉情况

（2010年）

指标	单位	全市	秀峰区	叠彩区	象山区	七星区	雁山区
农业机械总动力合计	**千瓦**	**3648159**	**9775**	**7649**	**26361**	**21861**	**92428**
柴油发动机动力	千瓦	3039293	6605	6744	24902	19334	78140
汽油发动机动力	千瓦	124940	12	22	306	226	5650
电动机动力	千瓦	478769	3158	883	1153	2301	8638
其他机械动力	千瓦	5157					
耕作机械							
大中型拖拉机	台	343			5		15
小型拖拉机	台	50716	65	50	54	9	1051
大中型拖拉机机引农具	部	500			10		61
小型拖拉机机引农具	部	40722	24		33	5	162
农用排灌机械							
柴油机	台	101428	37	115	790	189	6082
电动机	台	35556	75	53	35	417	953
农用水泵	台	163994	132	235	902	712	8853
喷灌机械	套						
收获机械							
联合收割机	台	2006			2		28
机动脱粒机	台	196164	200	368	1127	450	3418
机动喷雾（喷粉）器	部						
渔用机动船	艘	99					4
运输机械							
农用载重汽车	辆	2954	8	5	70	36	
农用运输车	辆	11044	95	50	80	201	512
推土机	台						
当年机耕地面积	公顷	**381497**	**565**	**248**	**1096**	**450**	**5743**
水电建设							
乡（镇）办水电站个数	个	52					
村和村民小组办水电站	个	51					
农村用电量	万度	48732	481	400	280	911	319
农用化肥施用量（按实物量计）	**吨**	**643223**	**340**	**2110**	**1940**	**1182**	**10712**
氮　肥	吨	262588	126	1124	834	503	6032
磷　肥	吨	136013	47	163	332	173	2130
钾　肥	吨	95730	45	98	144	145	951
复合肥	吨	148892	122	725	630	361	1599
农用塑料薄膜使用量	**吨**	**2075**		**6**	**7**	**7**	**32**
地膜使用量	吨	890		5	7	4	28
地膜覆盖面积	公顷	13208		51	63	100	885
农用柴油	吨	50128	30	71	1158	70	466
农药使用量（按实物量计）	吨	6906	2	5	14	17	176
灌溉情况							
有效灌溉面积	公顷	218720	516	808	808	764	2954
#实灌面积	公顷	175500	515	732	702	577	1614
旱涝保收面积	公顷	165010	504	741	836	832	1847
机电排灌面积	公顷	20240	90	142	123	238	467

5-2续表1 （2010年）

指　　标	单　位	阳朔县	临桂县	灵川县	全州县	兴安县	永福县
农业机械总动力合计	**千瓦**	**190696**	**225914**	**377288**	**458069**	**394993**	**183693**
柴油发动机动力	千瓦	162324	198408	348507	399891	335248	162080
汽油发动机动力	千瓦	5483	10632	6382	8471	8827	5312
电动机动力	千瓦	22867	16606	20275	49430	50560	16146
其他机械动力	千瓦	22	268	2124	277	358	155
耕作机械							
大中型拖拉机	台	79	13	3	5	10	17
小型拖拉机	台	3063	2022	8280	6024	5416	2139
大中型拖拉机机引农具	部	101	37	1	5	15	36
小型拖拉机机引农具	部	390	1415	7668	6420	7594	2060
农用排灌机械							
柴油机	台	4887	12609	8495	12256	6020	3287
电动机	台	7713	321	1031	1347	899	1420
农用水泵	台	14605	14414	9869	19147	7994	6970
喷灌机械	套						
收获机械							
联合收割机	台	39	120	134	898	105	360
机动脱粒机	台	11385	21003	12383	28286	26459	8887
机动喷雾(喷粉)器	部						
渔用机动船	艘	61		26	4		
运输机械							
农用载重汽车	辆	19	99	450	462	561	77
农用运输车	辆	273	495	794	1683	1307	301
推土机	台						
当年机耕地面积	**公顷**	**26450**	**47485**	**38817**	**73141**	**38966**	**27113**
水电建设							
乡(镇)办水电站个数	个		9	2	14	4	
村和村民小组办水电站	个		8		3	4	
农村用电量	万度	2219	2432	7179	7497	2401	3351
农用化肥施用量(按实物量计)	**吨**	**56210**	**57037**	**45586**	**107352**	**59361**	**49296**
氮　肥	吨	21028	25746	19276	45404	25084	18915
磷　肥	吨	11012	12224	7450	25474	15395	10517
钾　肥	吨	9289	9879	6725	15062	9058	7834
复合肥	吨	14881	9188	12135	21412	9824	12030
农用塑料薄膜使用量	**吨**	**551**	**269**	**172**	**441**	**115**	**66**
地膜使用量	吨	172	245	94	80	28	45
地膜覆盖面积	公顷	2256	2942	1044	706	298	743
农用柴油	吨	2962	4037	4640	8703	3290	3900
农药使用量(按实物量计)	吨	877	797	410	858	412	334
灌溉情况							
有效灌溉面积	公顷	12940	29450	19330	36250	22090	14890
#实灌面积	公顷	10670	24180	16230	32770	17730	12380
旱涝保收面积	公顷	10550	27620	16490	27940	16250	11390
机电排灌面积	公顷	2280	3000	2380	5060	1750	1610

5-2续表2　　　　（2010年）

指　　标	单　位	灌阳县	龙胜县	资源县	平乐县	荔浦县	恭城县
农业机械总动力合计	**千瓦**	**223662**	**184751**	**178549**	**353732**	**313689**	**405049**
柴油发动机动力	千瓦	144268	98693	110807	304177	250791	388374
汽油发动机动力	千瓦	3375	21999	14652	14521	15885	3185
电动机动力	千瓦	75466	63791	52550	34942	46845	13158
其他机械动力	千瓦	553	268	540	92	168	332
耕作机械							
大中型拖拉机	台	6			153	1	36
小型拖拉机	台	2202	1690	548	3193	2130	12780
大中型拖拉机机引农具	部	12			166	4	52
小型拖拉机机引农具	部	2026		410	3399	156	8960
农用排灌机械							
柴油机	台	1459	395	545	10047	12127	22088
电动机	台	2784	295	526	9819	7057	811
农用水泵	台	6367	604	891	19653	23265	29381
喷灌机械	套						
收获机械							
联合收割机	台	94	5	21	76	97	27
机动脱粒机	台	16448	2990	3709	14490	28346	16215
机动喷雾（喷粉）器	部						
渔用机动船	艘					4	
运输机械							
农用载重汽车	辆	213	117	217	287	333	
农用运输车	辆	1040	542	553	780	525	1813
推土机	台						
当年机耕地面积	**公顷**	**20618**	**3959**	**8104**	**38465**	**30225**	**20052**
水电建设							
乡（镇）办水电站个数	个		14		8		1
村和村民小组办水电站	个	4	19		2		11
农村用电量	万度	4593	1391	1169	5892	6036	2184
农用化肥施用量（按实物量计）	**吨**	**44441**	**15365**	**9430**	**74914**	**42489**	**65458**
氮　肥	吨	18599	5001	4001	31184	13808	25923
磷　肥	吨	11178	2418	2234	14647	9041	11578
钾　肥	吨	6144	1318	822	12825	6220	9171
复合肥	吨	8520	6628	2373	16258	13420	18786
农用塑料薄膜使用量	**吨**	**116**	**21**	**14**	**71**	**128**	**59**
地膜使用量	吨	9	18	13	50	58	34
地膜覆盖面积	公顷	172	663	654	1017	1086	528
农用柴油	吨	3138	1209	1289	2975	2096	10094
农药使用量（按实物量计）	吨	387	109	97	833	849	729
灌溉情况							
有效灌溉面积	公顷	12420	6140	5680	13600	15290	24790
#实灌面积	公顷	12050	5400	5610	11740	11700	10900
旱涝保收面积	公顷	11020	4140	4120	8720	11600	10410
机电排灌面积	公顷	430	40	20	1600	810	200

5-3 农作物播种面积和产量

（2010年）

指标	播种面积（公顷）			总产量（吨）			
	本年	上年	±%	本年	上年	增减量	±%
农作物总播种面积	**651284**	**638454**	**2.01**				
粮食合计	**370745**	**369324**	**0.38**	**1861717**	**1933059**	**-71342**	**-3.69**
谷物合计	314468	314823	-0.11	1723803	1777907	-54104	-3.04
稻　谷	278790	281490	-0.96	1569983	1627551	-57568	-3.54
早　稻	133650	135127	-1.09	773307	796887	-23580	-2.96
中　稻	32943	32986	-0.13	206520	227129	-20609	-9.07
晚　稻	112191	113372	-1.04	590136	603519	-13383	-2.22
旱　稻	6	5	20.00	20	16	4	25.00
小　麦	704	582	20.96	1422	1155	267	23.12
玉　米	32892	30928	6.35	146283	143670	2613	1.82
粟(谷子)	589	253	132.81	1386	615	771	125.37
高　粱	1235	1315	-6.08	4363	4619	-256	-5.54
其他谷物	258	255	1.18	366	297	69	23.23
豆类合计	24586	23708	3.70	40965	47961	-6996	-14.59
#大　豆	11981	11413	4.98	29513	27907	1606	5.75
绿　豆	2290	2163	5.87	4813	4778	35	0.73
薯　类	31691	30793	2.92	96949	107191	-10242	-9.55
红　薯	29618	28875	2.57	91634	99154	-7520	-7.58
马铃薯	2073	1918	8.08	5315	8037	-2722	-33.87
经济作物	**55288**	**51571**	**7.21**				
油料作物	19096	17899	6.69	48753	44874	3879	8.64
#花　生	15615	14876	4.97	44218	41011	3207	7.82
油菜籽	2170	1741	24.64	2862	2260	602	26.64
棉　花	363	350	3.71	406	390	16	4.10
麻　类	552	577	-4.33	1594	1576	18	1.14
#苎　麻	444	462	-3.90	1372	1339	33	2.46
甘　蔗	6440	5627	14.45	404755	346952	57803	16.66
#糖　蔗	4524	3782	19.62	260419	208492	51927	24.91
烟　叶	109	165	-33.94	170	253	-83	-32.81
#烤　烟	89	155	-42.58	135	226	-91	-40.27
药　材	17041	15268	11.61				
木　薯	6982	6949	0.47	36832	35458	1374	3.88
其他经济作物	4705	4736	-0.65	6244		6244	
#红瓜籽	3326	3629	-8.35	5821	5943	-122	-2.05
其他农作作物	**225251**	**217559**	**3.54**				
蔬菜(包括菜用瓜)	163896	161295	1.61	3235318	3143037	92281	2.94
食用菌(干鲜混合)	2813	2656	5.91	89771	85124	4647	5.46
果用瓜(西瓜.香瓜)	14291	13277	7.64	439604	411344	28260	6.87
#西瓜	11630	10852	7.17	395611	370766	24845	6.70
青饲料	3398	2297	47.93				
饲　草	3108	3301	-5.85	13866	13016	850	6.53
绿　肥	25863	23825	8.55				
马　蹄	10347	10059	2.86	340107	315519	24588	7.79
其　他	1535	849	80.80				

5-4 主要农作物生产情况

（2010年） 单位：公顷；公斤；吨

区 域	农作物总播种面积	一、全年粮食合计			1、春收粮食		
		播种面积	公顷单产	总产量	播种面积	公顷单产	总产量
全 市	**651284**	**370745**	**5022**	**1861717**	**12298**	**970**	**11927**
秀峰区	811	316	6085	1923			
叠彩区	2519	689	5518	3802	20	850	17
象山区	2544	1331	4671	6217			
七星区	2486	461	4469	2060	10	1800	18
雁山区	9377	4243	4539	19261	603	2715	1637
阳朔县	43981	24447	4618	112908	1078	576	621
临桂县	78317	47368	5099	241540	1060	574	608
灵川县	58555	32979	4976	164095	1305	667	870
全州县	119246	76983	5112	393523	3013	748	2255
兴安县	64126	40115	5162	207070	1414	810	1146
永福县	48933	28331	4942	140008	771	1497	1154
灌阳县	37434	25015	5292	132372	930	1169	1087
龙胜县	18587	10223	5283	54004	3	2000	6
资源县	19399	8903	5147	45827	128	1250	160
平乐县	61578	29274	5132	150221	1012	1645	1665
荔浦县	46989	22461	5054	113511	545	783	427
恭城县	36402	17606	4168	73375	406	631	256

5-4续表1 （2010年） 单位：公顷；公斤；吨

区 域	2、夏收粮食			3、秋收粮食		
	播种面积	公顷单产	总产量	播种面积	公顷单产	总产量
全 市	**167728**	**5348**	**896971**	**190719**	**4996**	**952819**
秀峰区	20	4950	99	296	6162	1824
叠彩区	175	4577	801	494	6040	2984
象山区	689	5254	3620	642	4045	2597
七星区	95	4379	416	356	4567	1626
雁山区	2593	5212	13515	1047	3925	4109
阳朔县	12254	5077	62217	11115	4505	50070
临桂县	23795	5341	127080	22513	5057	113852
灵川县	13757	5484	75438	17917	4900	87787
全州县	33910	5600	189885	40060	5027	201383
兴安县	17691	5418	95858	21010	5239	110066
永福县	14353	5267	75602	13207	4789	63252
灌阳县	10582	5706	60383	13503	5251	70902
龙胜县	1672	3868	6467	8548	5560	47531
资源县	873	4000	3492	7902	5337	42175
平乐县	14650	5365	78600	13612	5139	69956
荔浦县	12433	5437	67594	9483	4797	45490
恭城县	8186	4386	35904	9014	4129	37215

5-4续表2　　（2010年）　　单位：公顷；公斤；吨

区　域	(一)谷物合计			1、稻谷			①早稻		
	播种面积	公顷单产	总产量	播种面积	公顷单产	总产量	播种面积	公顷单产	总产量
全　市	**314468**	**5482**	**1723803**	**278790**	**5631**	**1569983**	**133650**	**5786**	**773307**
秀峰区	316	6085	1923	316	6085	1923	20	4950	99
叠彩区	601	5963	3584	593	5995	3555	156	4821	752
象山区	1108	5115	5667	1104	5116	5648	668	5353	3576
七星区	425	4699	1997	392	4717	1849	63	5032	317
雁山区	3039	5348	16252	2807	5574	15645	2235	5740	12830
阳朔县	20102	5203	104592	17189	5410	92994	9342	5629	52587
临桂县	43208	5390	232912	42233	5414	228633	22405	5500	123236
灵川县	28300	5418	153334	25981	5534	143771	11345	5862	66510
全州县	66451	5555	369136	61556	5654	348053	28545	5977	170603
兴安县	33790	5633	190335	28237	5816	164231	12946	5877	76079
永福县	25485	5216	132923	22761	5305	120739	12162	5503	66932
灌阳县	20925	5780	120937	18322	6060	111040	8655	6164	53351
龙胜县	7704	6025	46419	5840	6639	38771			
资源县	6702	5932	39753	5626	6293	35403			
平乐县	24482	5606	137240	20927	5714	119584	11158	5849	65268
荔浦县	18984	5472	103888	16617	5568	92521	10134	5759	58360
恭城县	12846	4897	62911	8289	5504	45623	3816	5977	22807

5-4续表3　　（2010年）　　单位：公顷；公斤；吨

区　域	②中稻			③晚稻			④旱稻		
	播种面积	公顷单产	总产量	播种面积	公顷单产	总产量	播种面积	公顷单产	总产量
全　市	**32943**	**6269**	**206520**	**112191**	**5260**	**590136**	6	3333	20
秀峰区	287	6220	1785	9	4333	39			
叠彩区	418	6483	2710	19	4895	93			
象山区	124	4258	528	312	4949	1544			
七星区	321	4667	1498	8	4250	34			
雁山区	114	4868	555	458	4934	2260			
阳朔县				7847	5149	40407			
临桂县	2824	6115	17268	17003	5183	88126	1	3000	3
灵川县	5159	5912	30500	9477	4934	46761			
全州县	5011	6055	30340	28000	5254	147110			
兴安县	3949	6936	27392	11342	5357	60760			
永福县	439	6271	2753	10160	5025	51054			
灌阳县	1605	6240	10015	8057	5915	47657	5	3400	17
龙胜县	5840	6639	38771						
资源县	5608	6295	35302	18	5611	101			
平乐县	33	6515	215	9736	5557	54101			
荔浦县	132	6614	873	6351	5241	33288			
恭城县	1079	5575	6015	3394	4950	16801			

5-4续表4　　(2010年)　　单位：公顷；公斤；吨

区　域	2、小麦			3、玉米			4、粟(谷子)		
	播种面积	公顷单产	总产量	播种面积	公顷单产	总产量	播种面积	公顷单产	总产量
全　市	704	2020	1422	32892	4447	146283	589	2353	1386
秀峰区									
叠彩区				3	4333	13			
象山区				4	4750	19			
七星区				32	4531	145			
雁山区				206	2442	503			
阳朔县				2699	4009	10821			
临桂县				897	4427	3971			
灵川县				2198	4177	9180	9	2444	22
全州县	273	2216	605	4231	4677	19787	100	1490	149
兴安县	45	2022	91	4946	4953	24499	338	2275	769
永福县				2564	4546	11657			
灌阳县	386	1881	726	2007	4209	8447	87	2874	250
龙胜县				1847	4111	7593	10	2800	28
资源县				932	4188	3903	41	3854	158
平乐县				3552	4967	17643			
荔浦县				2282	4850	11067			
恭城县				4492	3792	17035	4	2500	10

5-4续表5　　(2010年)　　单位：公顷；公斤；吨

区　域	5、高粱			6、其他谷物			(二)豆类合计		
	播种面积	公顷单产	总产量	播种面积	公顷单产	总产量	播种面积	公顷单产	总产量
全　市	1235	3533	4363	258	1419	366	24586	1666	40965
秀峰区									
叠彩区	5	3200	16				61	1984	121
象山区							59	1763	104
七星区	1	3000	3				24	1542	37
雁山区	26	4000	104				355	1389	493
阳朔县	214	3631	777				2257	1245	2811
临桂县	73	4164	304	5	800	4	2239	1109	2482
灵川县	112	3223	361				2670	1631	4355
全州县	133	2850	379	158	1032	163	5412	1499	8113
兴安县	160	3788	606	64	2172	139	2889	2052	5929
永福县	160	3294	527				1031	1834	1891
灌阳县	121	3884	470	2	2000	4	1141	1474	1682
龙胜县	6	4167	25	1	2000	2	442	2735	1209
资源县	83	3120	259	20	1500	30	349	2318	809
平乐县	3	4333	13				1867	2185	4080
荔浦县	77	3584	276	8	3000	24	1434	2267	3251
恭城县	61	3984	243				2356	1527	3598

5-4续表6　　(2010年)　　单位：公顷；公斤；吨

区　域	#大豆			绿豆			㈢薯类		
	播种面积	公顷单产	总产量	播种面积	公顷单产	总产量	播种面积	公顷单产	总产量
全　市	**11981**	**2463**	**29513**	**2290**	**2102**	**4813**	**31691**	**3059**	**96949**
秀峰区									
叠彩区	39	2564	100	1	2000	2	27	3593	97
象山区	59	1763	104				164	2720	446
七星区	23	1609	37				12	2167	26
雁山区	311	1469	457				849	2963	2516
阳朔县	722	1878	1356	350	1977	692	2088	2636	5505
临桂县	1079	1590	1716	59	2441	144	1921	3199	6146
灵川县	1478	2526	3733	3	1667	5	2009	3189	6406
全州县	1950	2581	5032	709	2007	1423	5120	3179	16274
兴安县	1386	3287	4556	213	2122	452	3436	3145	10806
永福县	375	3029	1136	88	2591	228	1815	2862	5194
灌阳县	466	2155	1004	126	2302	290	2949	3307	9753
龙胜县	434	2737	1188	7	2714	19	2077	3070	6376
资源县	265	2785	738				1852	2843	5265
平乐县	920	3162	2909	420	1929	810	2925	3043	8901
荔浦县	686	3523	2417	172	2517	433	2043	3119	6372
恭城县	1788	1695	3030	142	2218	315	2404	2856	6866

5-4续表7　　(2010年)　　单位：公顷；公斤；吨

区　域	#红薯			二、经济作物播种面积	1、油料作物		
	播种面积	公顷单产	总产量		播种面积	公顷单产	总产量
全　市	**29618**	**3094**	**91634**	**55288**	**19096**	**2553**	**48753**
秀峰区							
叠彩区	27	3593	97	64	44	2636	116
象山区	164	2720	446	87	31	1935	60
七星区	3	2667	8	22	22	4500	99
雁山区	288	3167	912	247	228	1592	363
阳朔县	2078	2640	5485	2894	1561	2442	3812
临桂县	1864	3233	6026	4104	500	1902	951
灵川县	1893	3250	6153	1651	676	2305	1558
全州县	5034	3193	16075	11982	4230	2526	10683
兴安县	3225	3215	10369	3279	1807	2731	4935
永福县	1511	2865	4329	7552	442	3145	1390
灌阳县	2918	3320	9687	2355	1131	2286	2586
龙胜县	2074	3071	6370	1612	125	1576	197
资源县	1798	2866	5153	2710	366	2500	915
平乐县	2396	3139	7520	7274	3205	2740	8783
荔浦县	1979	3140	6214	3857	1143	3003	3433
恭城县	2366	2870	6790	5598	3585	2475	8872

5-4续表8　　（2010年）　　单位：公顷；公斤；吨

区　域	#花生			油菜籽			2、棉花		
	播种面积	公顷单产	总产量	播种面积	公顷单产	总产量	播种面积	公顷单产	总产量
全　市	**15615**	**2832**	**44218**	**2170**	**1319**	**2862**	**363**	**1118**	**406**
秀峰区									
叠彩区	40	2700	108	4	2000	8	10	1100	11
象山区	31	1935	60						
七星区	22	4500	99						
雁山区	228	1592	363				7	857	6
阳朔县	1234	2792	3445	44	1432	63	85	1224	104
临桂县	465	1955	909	12	1500	18	12	917	11
灵川县	619	2420	1498				32	1469	47
全州县	3204	2963	9494	964	1138	1097	86	849	73
兴安县	1731	2793	4835	54	1500	81	23	739	17
永福县	366	3467	1269	66	1621	107			
灌阳县	618	2906	1796	512	1539	788	9	1778	16
龙胜县	72	1806	130	52	1250	65	20	1050	21
资源县	234	2987	699	107	1505	161	7	1286	9
平乐县	2524	3134	7910	31	1677	52	19		
荔浦县	974	3246	3162	19	947	18	3	1333	4
恭城县	3253	2595	8441	305	1325	404	50	1740	87

5-4续表9　　（2010年）　　单位：公顷；公斤；吨

区　域	3、麻类			#苎麻			4、甘蔗		
	播种面积	公顷单产	总产量	播种面积	公顷单产	总产量	播种面积	公顷单产	总产量
全　市	**552**	**2888**	**1594**	**444**	**3090**	**1372**	**6440**	**62850**	**404755**
秀峰区									
叠彩区							4	103500	414
象山区									
七星区									
雁山区							12	75000	900
阳朔县	35	1600	56	35	1600	56	239	71808	17162
临桂县							533	93304	49731
灵川县	14	2286	32				164	81354	13342
全州县	93	2011	187				516	64564	33315
兴安县							48	44688	2145
永福县							3828	52865	202367
灌阳县	48	2708	130	48	2708	130	67	45716	3063
龙胜县									
资源县									
平乐县	332	3268	1085	332	3268	1085	424	80314	34053
荔浦县	30	3467	104	29	3483	101	605	79774	48263
恭城县									

5-4续表10 （2010年） 单位：公顷；公斤；吨

区 域	#糖蔗			5、烟叶			#烤烟		
	播种面积	公顷单产	总产量	播种面积	公顷单产	总产量	播种面积	公顷单产	总产量
全 市	4524	57564	260419	109	1560	170	89	1517	135
秀峰区									
叠彩区									
象山区									
七星区									
雁山区									
阳朔县	10	90000	900	2	2500	5	1	3000	3
临桂县	58	113862	6604	3	1000	3	3	1000	3
灵川县	29	79483	2305	11	818	9			
全州县				51	1667	85	51	1667	85
兴安县				5	1400	7	5	1400	7
永福县	3774	52824	199356	10	1700	17	10	1700	17
灌阳县				2	3000	6			
龙胜县				7	1429	10	7	1429	10
资源县				8	1875	15	6	833	5
平乐县	284	80261	22794						
荔浦县	369	77127	28460	6	833	5	6	833	5
恭城县				4	2000	8			

5-4续表11 （2010年） 单位：公顷；公斤；吨

区 域	6、木薯			7、药材播种面积	#淮山		罗汉果	
	播种面积	公顷单产	总产量		播种面积	总产量	播种面积	总产量(万个)
全 市	6982	5275	36832	17041	3235	78966	4589	51813.29
秀峰区								
叠彩区								
象山区				56	50	1337		
七星区								
雁山区			6					
阳朔县	267	4569	1220	499	242	5793	57	616.10
临桂县	236	5343	1261	2706	461	12878	1364	16957.75
灵川县	184	5174	952	507	42	434	215	3557.37
全州县	1370	5120	7014	3901	799	15945	201	2056.20
兴安县	338	4938	1669	636	75	387	260	1690.64
永福县	855	4801	4105	2154	38	36	1477	14164.75
灌阳县	213	4854	1034	531	28	419	56	306.11
龙胜县	484	5281	2556	960			709	9823.49
资源县	12	4917	59	2294	48	422	56	422.32
平乐县	1104	5085	5614	1720	1352	39175	4	24.35
荔浦县	1147	6168	7075	602	50	583	16	30.00
恭城县	772	5527	4267	475	50	1557	174	2164.21

5-4续表12　　　　(2010年)　　　　单位:公顷;公斤;吨

区　域	厚朴		杜仲		8、其他经济作物面积	#红瓜籽		三、其他农作物面积
	播种面积	总产量	播种面积	总产量		播种面积	总产量	
全　市	**1502**	**3111**	**1480**	**2315**	**4705**	**3326**	**5821**	**225251**
秀峰区								495
叠彩区					6			1766
象山区								1126
七星区								2003
雁山区								4887
阳朔县					206	65		16640
临桂县	11	44	15	39	114			26845
灵川县	33	414	23	30	63			23925
全州县	685	1391	751	1431	1735	1573	2775	30281
兴安县	133	29	8	20	422	332	749	20732
永福县					263	4	6	13050
灌阳县	276	323	51	48	354	354	744	10064
龙胜县	171	494	32	450	16			6752
资源县	183	360	500	279	23			7786
平乐县					470	298	807	25030
荔浦县	6	7	97		321		5	20671
恭城县	4	49	3	18	712	700	735	13198

5-4续表13　　　　(2010年)　　　　单位:公顷;公斤;吨

区　域	1、蔬菜(包括菜用瓜)		#叶菜类		瓜菜类		块根、块茎类	
	播种面积	总产量	播种面积	总产量	播种面积	总产量	播种面积	总产量
全　市	**163896**	**3235318**	**39705**	**715713**	**15331**	**314529**	**30362**	**624316**
秀峰区	421	9108	152	3376	33	760	3	70
叠彩区	1607	41211	615	16564	255	6851	163	4422
象山区	830	13781	232	4669	85	1406	81	1263
七星区	1889	48937	754	25584	360	5728	215	4290
雁山区	3611	69307	884	8714	306	8917	283	4091
阳朔县	11351	216254	2919	47831	948	20137	1865	39466
临桂县	18823	375253	4556	64053	1968	64070	2702	46950
灵川县	18020	449217	4076	82291	2051	45697	2981	89778
全州县	20575	402585	5131	95002	1496	37678	4776	89176
兴安县	13814	273127	3397	66418	1668	28642	2941	55781
永福县	10115	198381	2033	33458	1162	17839	1617	28045
灌阳县	8145	137115	1208	10853	927	14693	2098	53564
龙胜县	6380	92426	1077	11812	646	6967	1129	15903
资源县	6248	121498	1092	13748	587	9687	989	8173
平乐县	19994	436965	6085	169860	1214	22462	2104	48986
荔浦县	13044	209320	3599	41480	925	14640	4039	82227
恭城县	9029	140833	1895	20000	700	8355	2376	52131

5-4续表14　　(2010年)　　单位:公顷;公斤;吨

区　域	茄果菜类		葱蒜类		菜用豆类		水生菜类		2、食用菌(干鲜混合)	
	播种面积	总产量	播种面积	总产量	播种面积	总产量	播种面积	总产量	播种面积	总产量
全　市	**23773**	**608058**	**7350**	**81123**	**10498**	**174986**	**1460**	**34861**	**2813**	**89771**
秀峰区	5	130			15	359	204	4248	1	7
叠彩区	77	1946	99	1949	100	2777	2	19	7	61
象山区	35	779	8	77	76	739	1	12		
七星区	178	4344	72	1660	160	4154	11	291		
雁山区	210	3678	117	983	301	7212				
阳朔县	1553	34854	247	2784	1044	17917	117	1134	143	1641
临桂县	2201	52306	1293	18315	1291	19497	57	795	312	6354
灵川县	2884	89008	1063	25608	1440	31713	42	827	226	4704
全州县	3749	81027	957	9302	1072	20388	109	2024	884	35707
兴安县	1716	52249	1071	5439	858	12460	11	55	243	6492
永福县	2524	75753	349	3098	1119	16999	67	1394	165	2255
灌阳县	1850	32083	531	3146	314	3308	14	81	29	908
龙胜县	2046	39944	289	854	359	3653			21	556
资源县	1685	64233	41	201	204	2509	4	32	83	1089
平乐县	1286	40644	708	3705	1180	11594	313	12209	43	1663
荔浦县	1049	24001	218	2306	682	13162	459	11125	605	27932
恭城县	725	11079	287	1696	283	6545	49	615	51	402

5-4续表15　　(2010年)　　单位:公顷;公斤;吨

区　域	食用菌产量中				3、瓜果类播种面积	①西瓜		②香瓜	
	香菇(干)	蘑菇(鲜)	木耳(干)	其他菌		播种面积	总产量	播种面积	总产量
全　市	**9891**	**75690**	**1817**	**2373**	**14291**	**11630**	**395611**	**2505**	**40987**
秀峰区		7							
叠彩区	4	37	20		12	7	209	5	92
象山区					206	195	4472	11	
七星区					81	66	1259	15	75
雁山区					1029	1016	25380	3	
阳朔县	674	872	45	50	1024	606	22701	417	10032
临桂县	924	4785	310	335	3270	3024	95570	243	3042
灵川县	1067	3318	159	160	1797	1386	56039	335	5644
全州县	1100	34168	150	289	1648	1393	41078	254	4235
兴安县	845	4871	680	96	862	603	31373	234	5894
永福县	840	1145	109	161	913	711	31354	196	2239
灌阳县	118	563	137	90	744	722	19203	22	445
龙胜县	157	66	43	290	93	90	3808	1	6
资源县	503	488	83	15	230	224	10770	6	
平乐县	120	1426		117	1434	1006	38952	428	5580
荔浦县	3323	23812	34	763	789	426	8303	331	3564
恭城县	216	132	47	7	159	155	5140	4	139

5-4续表16 （2010年） 单位：公顷；公斤；吨

区 域	③草莓		4、青饲料	5、饲草	6、绿肥	6、马蹄		7、其他
	播种面积	总产量				播种面积	总产量	
全 市	**156**	**3006**	**3398**	**3108**	**25863**	**10347**	**340107**	**1535**
秀峰区			2		13	9	209	49
叠彩区			19		7	1	38	113
象山区			6	21	39			24
七星区						33	898	
雁山区	10	30	5	3	13	201	4526	25
阳朔县	1	602	148	456	3136	217	5677	165
临桂县	3	3	175	789	2387	908	26941	181
灵川县	76	1659	185	577	2665	395	11506	60
全州县	1	5	755	27	5963	421	8620	8
兴安县	25	124	353	567	4005	286	7273	602
永福县	6	42	555	255	477	570	13794	
灌阳县			180	64	863	36	742	3
龙胜县	2	85	17	1	237			3
资源县			125	78	977	4	9	41
平乐县			160	145	1064	2137	88201	53
荔浦县	32	456	342	78	592	5038	169995	183
恭城县			371	47	3425	91	1678	25

5-4续表17 （2010年） 单位：公顷；公斤；吨

区 域	附：花卉作物播种面积	花卉作物产量					
		1.出售的切花、切叶（万枝）	2.出售的盆栽（盆景、植物、万盆）	3.出售的观赏苗木（万株）	4.食用与药用花卉（干重公斤）	5.工业及其他用花卉（鲜重公斤）	6.出售的草坪草皮（平方米）
全 市	**812**	**3860.67**	**1503.42**		**2906**		**406170**
秀峰区	10	510.00	284.80				380000
叠彩区	113						
象山区	24	517.60	7.02				26170
七星区							
雁山区	25		11.72				
阳朔县	165		85.50				
临桂县	61	280.59	215.99		2390		
灵川县	60	1161.10	5.92				
全州县	8	46.15	6.08				
兴安县	138	620.00	240.00				
永福县		4.82	0.15				
灌阳县	2	20.16	1.94				
龙胜县	1	128.25	4.98				
资源县	1	0.30	0.53				
平乐县	53		545.26				
荔浦县	138	571.70	34.57		516		
恭城县	13		58.96				

5-5 市县区茶叶、水果及渔业生产情况

（2010年）

指　　标	单 位	全 市	秀峰区	叠彩区	象山区	七星区	雁山区
茶叶合计	**吨**	**3954**					
红 毛 茶	吨	39					
绿 毛 茶	吨	965					
其 它 茶	吨	2950					
水果合计	**吨**	**2519982**	**138**	**397**	**324**	**107**	**17234**
柚 子	吨	248874		9			130
#沙田柚	吨	248874		9			130
柑 桔	吨	894118	15		251	3	12257
橙	吨	391494		39			338
梨	吨	121917	8	299	14	31	2780
枣 子(按鲜枣计算)	吨	9966					
柿 子(按鲜柿计算)	吨	424400				4	477
葡 萄	吨	155983	35	17			55
其他水果	吨	273230	80	33	59	69	1197
茶 园	公顷	2698					
#当年采摘面积	公顷	2276					
果 园	公顷	164397	14	245	48	30	1312
#柑桔橙园	公顷	80371	2	46	16	3	659
梨 园	公顷	10486	6	160	12	17	204
水产品总产量	**吨**	**91081**	**1181**	**345**	**1088**	**909**	**2205**
淡水捕捞	吨	10654			16	1	72
鱼 类	吨	9336			16	1	62
虾蟹类	吨	461					3
贝 类	吨	618					7
其他类	吨	239					
淡水养殖	吨	80427	1181	345	1072	908	2133
鱼 类	吨	78633	1178	344	1072	908	2133
虾蟹类	吨	236					
贝 类	吨	169					
其他类	吨	1389	3	1			
淡水养殖面积	**公顷**	**13940**	**90**	**36**	**155**	**146**	**468**
池塘养殖	公顷	6428	90	36	155	146	375
河沟养殖	公顷	162					3
山塘水库养殖	公顷	7221					90
其他养殖	公顷	129					
稻田养鱼面积	**公顷**	**28453**					

5-5续表1　　（2010年）

指　　标	单　位	阳朔县	临桂县	灵川县	全州县	兴安县	永福县
茶叶合计	**吨**	**131**	**109**	**104**	**1105**	**272**	**13**
红　毛　茶	吨				15		
绿　毛　茶	吨		9		611	3	
其　它　茶	吨	131	100	104	479	269	13
水果合计	**吨**	**223778**	**63034**	**133784**	**188763**	**208482**	**75922**
柚　　子	吨	52058	5519	4964	4476	1361	3312
#沙田柚	吨	52058	5519	4964	4476	1361	3312
柑　　桔	吨	98494	20268	47727	76024	78062	52517
橙	吨	33458	20879	14677	31273	10003	8737
梨	吨	3318	5634	17991	24273	8033	3629
枣　子(按鲜枣计算)	吨	177	168	290	5639	763	365
柿　子(按鲜柿计算)	吨	17312	919	6171	8076	1503	1653
葡　萄	吨	1353	3779	10908	14652	98811	1457
其他水果	吨	17608	5868	31056	24350	9946	4252
茶　园	公顷	86	130	4	392	117	35
#当年采摘面积	公顷	86	118	1	383	114	11
果　园	公顷	14732	6585	14350	20690	14653	9650
#柑桔橙园	公顷	9151	3799	5673	13043	6798	7838
梨　　园	公顷	241	611	2129	1912	1212	272
水产品总产量	**吨**	**6572**	**12417**	**8271**	**18699**	**8529**	**5590**
淡水捕捞	吨	666	1622	1389	2651	833	1061
鱼　类	吨	579	1313	1167	2457	621	1003
虾蟹类	吨	50	82	65	99	60	24
贝　类	吨	32	173	137	20	132	23
其他类	吨	5	54	20	75	20	11
淡水养殖	吨	5906	10795	6882	16048	7696	4529
鱼　类	吨	5584	10509	6836	15396	7480	4424
虾蟹类	吨	46	27	19	37	72	10
贝　类	吨	6	43	11	29	39	8
其他类	吨	270	216	16	586	105	87
淡水养殖面积	**公顷**	**942**	**2280**	**2214**	**1714**	**1162**	**1133**
池塘养殖	公顷	452	1798	568	676	269	289
河沟养殖	公顷	20	10	34	41	2	11
山塘水库养殖	公顷	464	457	1571	983	884	832
其他养殖	公顷	6	15	41	14	7	1
稻田养鱼面积	**公顷**			**1**	**16592**	**5914**	**3**

5-5续表2　　　　　　　　　　　　（2010年）

指　　标	单　位	灌阳县	龙胜县	资源县	平乐县	荔浦县	恭城县
茶叶合计	**吨**	**280**	**466**	**52**	**846**	**15**	**561**
红　毛　茶	吨			22		2	
绿　毛　茶	吨		150	8	180	4	
其　它　茶	吨	280	316	22	666	9	561
水果合计	**吨**	**198675**	**49560**	**40598**	**486662**	**148347**	**684177**
柚　　子	吨	2304	346	1225	62460	3085	107625
#沙田柚	吨	2304	346	1225	62460	3085	107625
柑　　桔	吨	47363	38851	4503	101429	57532	258822
橙	吨	19692	2559	11298	59055	52355	127131
梨	吨	46889	2523	859	4364	760	512
枣　子(按鲜枣计算)	吨	1566	40	161	524	269	4
柿　子(按鲜柿计算)	吨	22897	1060	906	183861	19280	160281
葡　萄	吨	1771	207	15846	6415	587	90
其他水果	吨	56193	3974	5800	68554	14479	29712
茶　园	公顷	205	199	257	882	103	288
#当年采摘面积	公顷	156	142	77	874	100	214
果　园	公顷	13043	4949	2709	23265	8917	29205
#柑桔橙园	公顷	3716	3307	1238	6653	5652	12777
梨　　园	公顷	2113	872	113	397	106	109
水产品总产量	**吨**	**4022**	**547**	**1120**	**8029**	**5670**	**5887**
淡水捕捞	吨	352	152	196	307	410	926
鱼　类	吨	303	133	160	280	382	859
虾蟹类	吨	28	7	9	17	6	11
贝　类	吨	9	8	12		14	51
其他类	吨	12	4	15	10	8	5
淡水养殖	吨	3670	395	924	7722	5260	4961
鱼　类	吨	3584	389	920	7718	5223	4935
虾蟹类	吨	9	1	1	1	7	6
贝　类	吨	13	1		3	12	4
其他类	吨	64	4	3		18	16
淡水养殖面积	**公顷**	**468**	**59**	**229**	**935**	**1013**	**896**
池塘养殖	公顷	251	47	160	391	326	399
河沟养殖	公顷	14		4	6	12	5
山塘水库养殖	公顷	199	12	65	500	673	491
其他养殖	公顷	4			38	2	1
稻田养鱼面积	**公顷**	**4133**	**321**	**1444**		**45**	

5-6 市县区林业生产情况

（2010年）

指标	单位	全市	秀峰区	叠彩区	象山区	七星区	雁山区
营林情况							
荒山荒(沙)地造林面积	公顷	18693					67
#人工造林	公顷	13969					67
#竹林面积	公顷	776					
#用材林	公顷	10579					27
#速生丰产林	公顷	5458					
经济林	公顷	2276					36
防护林	公顷	5838					4
有林地造林面积	公顷	537					533
更新造林(迹地更新)	公顷	5542					7
低产低效林改造面积	公顷	2291		13			
当年四旁零星植树	万株	715.15					3.50
年末实有封山(沙)育林面积	公顷	209859					582
当年幼林抚育作业面积	公顷	23630					680
当年幼林抚育实际面积	公顷	20037					680
成林抚育面积	公顷	26455					
#中、幼林抚育面积	公顷	6272					
抚育改造出材量	立方米	256687					
#中、幼林抚育出材量	立方米	24018					
林木种籽采集量	吨						
当年苗木产量	万株	15025.60	70.00	121.00			35.92
育苗面积	公顷	295		6			3
#本年新增育苗面积	公顷	219					3
年末实有母树林面积	公顷						
年末实有种子园面积	公顷						
林产品产量(包括农户自用)							
生漆	吨	24					
油桐籽(籽:油=4:1)	吨	8533					
油茶籽(籽:油=5:1))	吨	27860					
乌桕籽	吨	118					
五倍籽	吨	72					
棕片	吨	2798					
松脂	吨	48668		11			
竹笋干(鲜笋按1/3折干)	吨	5491					
板栗	吨	16715				2	
八角	吨	605					
桂皮	吨	67					
白果	吨	7788		19			
云(木)耳	吨	1817		20			
竹木采伐量							
木材	立方米	1508866					1027
#原木	立方米	1044838					1027
#桉木	立方米	26824					
毛竹	万根	6511.51					
篙竹	万根	1664.59					
大杂竹	万根	1605.06					
小杂竹	吨	28452					

5-6续表1　　　　　　　　　　　　(2010年)

指　　标	单　位	阳朔县	临桂县	灵川县	全州县	兴安县	永福县
营林情况							
荒山荒(沙)地造林面积	公顷	427	1309		2667	787	3142
#人工造林	公顷	427	1309		2667	787	3142
#竹林面积	公顷		5		73	7	57
#用　材　林	公顷	193	1174		2000	661	3012
#速生丰产林	公顷	57			125		2932
经 济 林	公顷	234	135			116	130
防 护 林	公顷				667	10	
有林地造林面积	公顷						
更新造林(迹地更新)	公顷	270	380	151	766	213	253
低产低效林改造面积	公顷						
当年四旁零星植树	万株	85.00	62.00	7.72	60.00	35.00	30.62
年末实有封山(沙)育林面积	公顷	667	2933	3519	667	57573	267
当年幼林抚育作业面积	公顷	623	1467			1000	3142
当年幼林抚育实际面积	公顷	623	1467			1000	3142
成林抚育面积	公顷		53	1356	1533	1400	
#中、幼林抚育面积	公顷		53	1356		1400	
抚育改造出材量	立方米		686			20	
#中、幼林抚育出材量	立方米		686			20	
林木种籽采集量	吨						
当年苗木产量	万株	30.94	3100.00	1245.04	2250.00	753.00	600.00
育苗面积	公顷	14	46	13	30	20	20
#本年新增育苗面积	公顷	8	13	13	30	18	20
年末实有母树林面积	公顷						
年末实有种子园面积	公顷						
林产品产量(包括农户自用)							
生　漆	吨						3
油桐籽(籽:油=4:1)	吨	710	96	580	1282	121	1489
油茶籽(籽:油=5:1))	吨	2667	192	824	1861	259	2255
乌桕籽	吨		1			11	11
五倍籽	吨		4				3
棕　片	吨	63	980	29	662	90	314
松　脂	吨	786	9625	9569	5924	2966	3477
竹笋干(鲜笋按1/3折干)	吨	195	590	1099	704	291	1185
板　栗	吨	2101	656	2537	672	416	2321
八　角	吨		26	5	2	1	189
桂　皮	吨					24	38
白　果	吨	6	74	2911	1731	2827	12
云(木)耳	吨	45	310	159	150	680	109
竹木采伐量							
木　材	立方米	23757	65163	61003	156791	68297	136464
#原 木	立方米	10152	65163	43387	142893	68297	70834
#桉木	立方米		10348	4463			11827
毛　竹	万根	22.89	52.31	796.95	1437.29	1470.82	231.50
篙　竹	万根	21.59	17.71	5.41	209.54	46.00	38.45
大杂竹	万根	23.93	49.29	177.26	539.51	45.49	68.08
小杂竹	吨	273	2164	3915	8608	4764	1164

5-6续表2 （2010年）

指标	单位	灌阳县	龙胜县	资源县	平乐县	荔浦县	恭城县
营林情况							
荒山荒(沙)地造林面积	公顷	1240	824	1200	3605	2334	1091
#人工造林	公顷	1240	824	1200	815	667	824
#竹林面积	公顷		316				318
#用材林	公顷	1050	316		724	667	755
#速生丰产林	公顷	800			448	608	488
经济林	公顷	190	508	533	58		336
防护林	公顷			667	2823	1667	
有林地造林面积	公顷			4			
更新造林(迹地更新)	公顷	767	1483	514	324		414
低产低效林改造面积	公顷		1631	495	66		86
当年四旁零星植树	万株	15.00	20.33	51.00	24.32	105.08	215.58
年末实有封山(沙)育林面积	公顷	2934	66582	1333	31690	18657	22455
当年幼林抚育作业面积	公顷	3990	2150	376	7186		3016
当年幼林抚育实际面积	公顷	3990	2150	376	3593		3016
成林抚育面积	公顷	1226		667	16641		3579
#中、幼林抚育面积	公顷	130		667	1333		1333
抚育改造出材量	立方米	38496	197475	20010			
#中、幼林抚育出材量	立方米	3302		20010			
林木种籽采集量	吨						
当年苗木产量	万株	899.00	520.00	407.00	1318.70	337.50	3337.50
育苗面积	公顷	45	16	14	9	9	50
#本年新增育苗面积	公顷	45		1	9	9	50
年末实有母树林面积	公顷						
年末实有种子园面积	公顷						
林产品产量(包括农户自用)							
生漆	吨			21			
油桐籽(籽:油=4:1)	吨	446	1503	156	1390	362	398
油茶籽(籽:油=5:1))	吨	1043	7303	100	8477	2393	486
乌桕籽	吨		7	1			87
五倍籽	吨		61	4			
棕片	吨	31	122			442	65
松脂	吨	2851	286	3249	4401	3134	2389
竹笋干(鲜笋按1/3折干)	吨	29	224	377	93	474	230
板栗	吨	843	364	183	5718	836	66
八角	吨	5	21		62	187	107
桂皮	吨	4	1				
白果	吨	46	26	84	29	5	18
云(木)耳	吨	137	43	83		34	47
竹木采伐量							
木材	立方米	380149	276649	91161	65188	67841	115376
#原木	立方米	76573	276649	91161	65188	67841	65673
#桉木	立方米				66		120
毛竹	万根	556.42	218.26	1126.00	495.44	98.88	4.75
篙竹	万根	54.81	21.71	553.17	546.68	63.29	86.23
大杂竹	万根	123.99	17.24	381.97	82.01	31.04	65.25
小杂竹	吨	796	622	2102	2041	1580	423

5-7 市县区牧业生产情况

（2010年）

指　　标	单　位	全　市	秀峰区	叠彩区	象山区	七星区	雁山区
大牲畜年末存栏头数	头	495278	38	772	1781	1196	7263
#从事农事劳役的	头	320839		381	1303	537	5985
#牛	头	480660	38	772	1781	1196	7263
黄牛	头	302754	10	277	503	409	3128
#能繁殖的母畜	头	112135		15	296	101	2169
当年生的仔畜	头	51941		21	73	31	497
水牛	头	176363	28	444	1062	600	4125
#能繁殖的母畜	头	75081		11	347	183	2781
当年生的仔畜	头	32356		36	108	37	417
良种及改良种乳牛	头	1543		51	216	187	10
马	匹	14618					
猪年末存栏头数	头	2823299	27240	16324	29405	22688	52008
#能繁殖的母畜	头	302997	1530	1542	3588	1730	10082
羊年末存栏头数	只	145925		60	520	1466	58
#能繁殖的母畜	头	57080		30	267	697	
家禽年末存栏头数	万只	3865.99	25.50	22.67	16.01	9.39	347.71
鸡	万只	3144.57	14.50	17.99	9.17	8.99	343.98
鸭	万只	668.37	11.00	4.68	6.84	0.29	3.63
鹅	万只	53.05				0.11	0.10
兔年末存栏头数	万只	29.13		0.03	0.20	0.04	
当年出栏供宰杀的牛	头	152467	25	281	126	27	1085
牛肉产量	吨	14475	2	27	12	3	104
当年出栏的肉猪	头	4102998	38534	20188	40312	56442	80661
猪肉产量	吨	307724	2890	1514	3023	4233	6050
当年出栏的羊	只	178255		181	702	1237	77
羊肉产量	吨	2676		3	11	19	1
当年出栏的家禽	万只	10760.05	76.30	59.59	50.68	62.24	714.01
鸡	万只	8913.62	46.90	51.13	35.75	58.03	710.02
鸭	万只	1710.58	29.40	8.25	14.93	3.56	3.80
鹅	万只	135.85		0.21		0.65	0.19
禽肉产量	吨	162476	1152	900	765	940	10781
当年出栏的兔	万只	71.54		0.05	0.63	0.06	
兔肉产量	吨	1074		1	9	1	
牛奶产量	吨	2430		163	398	861	28
蜂蜜产量	吨	509					
禽蛋产量	吨	47985	74	134	369	119	2055
蚕茧产量	吨	1640		1			
肉类总产量	吨	494768	4144	2459	3848	5211	16942

5-7续表1 （2010年）

指标	单位	阳朔县	临桂县	灵川县	全州县	兴安县	永福县
大牲畜年末存栏头数	头	46080	51800	21998	79617	33352	30368
#从事农事劳役的	头	27520	39526	15422	56554	12922	22835
#牛	头	45834	51245	21655	77206	31417	29256
黄牛	头	31923	26455	15069	51614	28208	13119
#能繁殖的母畜	头	12831	11738	7085	22146	8812	7348
当年生的仔畜	头	8871	4194	2479	10143	3709	2331
水牛	头	13891	24306	6586	25572	3195	15716
#能繁殖的母畜	头	5237	11458	3292	11045	840	8102
当年生的仔畜	头	2333	4069	1365	5630	423	3336
良种及改良种乳牛	头	20	484		20	14	421
马	匹	246	555	343	2411	1935	1112
猪年末存栏头数	头	162668	238647	222109	444951	326164	135128
#能繁殖的母畜	头	16721	15498	21642	45895	49145	12012
羊年末存栏头数	只	32384	5128	13010	15467	11767	30256
#能繁殖的母畜	头	13113	2085	5437	4879	4990	13104
家禽年末存栏头数	万只	162.07	1255.98	379.23	275.02	177.70	465.44
鸡	万只	119.82	1049.94	306.24	175.51	108.76	381.95
鸭	万只	40.39	197.87	70.41	88.33	50.40	82.02
鹅	万只	1.86	8.17	2.58	11.18	18.54	1.47
兔年末存栏头数	万只	2.34	2.25	4.69	4.95	3.02	3.52
当年出栏供宰杀的牛	头	13057	19969	9600	26445	12555	11911
牛肉产量	吨	1246	1896	909	2508	1202	1129
当年出栏的肉猪	头	235935	356605	336911	765228	483755	197433
猪肉产量	吨	17695	26745	25268	57392	36282	14807
当年出栏的羊	只	42802	8820	18331	14034	13758	32721
羊肉产量	吨	642	132	275	211	206	491
当年出栏的家禽	万只	461.83	3810.31	1196.98	740.15	376.24	1211.96
鸡	万只	349.63	3268.42	968.28	468.11	201.53	1086.45
鸭	万只	107.51	528.09	220.77	250.59	116.91	122.09
鹅	万只	4.69	13.80	7.93	21.45	57.80	3.42
禽肉产量	吨	6973	57535	18075	11177	5681	18301
当年出栏的兔	万只	5.33	4.90	15.78	11.55	5.98	9.74
兔肉产量	吨	80	74	237	173	90	146
牛奶产量	吨	49	37		28	44	155
蜂蜜产量	吨	267	82	9	38	7	2
禽蛋产量	吨	1795	13147	7246	7368	2735	1691
蚕茧产量	吨	58	301	183	13	45	727
肉类总产量	吨	27152	87390	45598	72081	44056	35358

5-7续表2 （2010年）

指　　标	单　位	灌阳县	龙胜县	资源县	平乐县	荔浦县	恭城县
大牲畜年末存栏头数	头	24594	32355	31421	40290	27577	64776
#从事农事劳役的	头	17685	22687	15180	25787	18652	37863
#牛	头	23662	30936	29618	39676	24789	64316
黄牛	头	20559	29765	28009	15709	6023	31974
#能繁殖的母畜	头	6960	8626	5904	6658	2798	8648
当年生的仔畜	头	3697	2780	3799	3878	1228	4210
水牛	头	3096	1092	1609	23967	18732	32342
#能繁殖的母畜	头	1333	342	610	10906	8373	10221
当年生的仔畜	头	628	104	245	4730	3603	5292
良种及改良种乳牛	头	7	79			34	
马	匹	932	1419	1803	614	2788	460
猪年末存栏头数	头	244770	76024	77166	224617	373430	149960
#能繁殖的母畜	头	23183	4483	6359	21907	55912	11768
羊年末存栏头数	只	3251	8292	7495	8035	6030	2706
#能繁殖的母畜	头	1319	3239	1917	2401	3157	445
家禽年末存栏头数	万只	108.34	57.60	64.73	130.48	191.88	176.24
鸡	万只	84.48	43.93	39.66	121.81	160.88	156.96
鸭	万只	21.67	13.34	22.84	7.82	28.07	18.77
鹅	万只	2.19	0.33	2.23	0.85	2.93	0.51
兔年末存栏头数	万只	0.39	0.91	1.25	1.79	3.29	0.45
当年出栏供宰杀的牛	头	6120	12568	5525	12036	7097	14040
牛肉产量	吨	576	1196	519	1142	670	1334
当年出栏的肉猪	头	338757	90651	85742	297191	477640	201013
猪肉产量	吨	25407	6799	6431	22289	35823	15076
当年出栏的羊	只	4639	15328	7923	7011	7575	3116
羊肉产量	吨	70	230	119	105	114	47
当年出栏的家禽	万只	195.28	156.14	140.60	484.73	653.55	369.46
鸡	万只	147.27	106.46	82.99	456.34	556.97	319.34
鸭	万只	44.04	48.94	51.51	23.40	87.97	48.82
鹅	万只	3.97	0.74	6.10	4.99	8.61	1.30
禽肉产量	吨	2949	2358	2123	7319	9868	5579
当年出栏的兔	万只	0.53	2.46	1.04	5.41	7.00	1.08
兔肉产量	吨	8	37	16	81	105	16
牛奶产量	吨	20	591			56	
蜂蜜产量	吨	25	27	2	5	23	22
禽蛋产量	吨	1350	453	630	3748	2400	2671
蚕茧产量	吨	33		4	91	184	
肉类总产量	吨	29113	10823	9308	31441	47413	22431

5-8 市县区农林牧渔业总产值、中间消耗表

（2010年）

指　　标	单　位	全　市	秀峰区	叠彩区	象山区	七星区	雁山区
农林牧渔业总产值(当年价)	**万元**	**3197986**	**13380**	**14283**	**13784**	**19772**	**62025**
农业产值	万元	1855685	3981	8391	4836	8239	22509
种植业	万元	1829972	3981	8286	4833	8239	22462
主产品	万元	1816804	3977	8270	4800	8228	22329
粮食作物	万元	424757	450	935	1386	484	5540
经济作物	万元	146867		90	576	49	237
蔬菜、园艺	万元	680530	3451	7127	2262	7550	11459
茶、桑、果	万元	536985	35	109	464	145	5076
其他种植业	万元	27665	41	9	112		17
副产品	万元	13168	4	16	33	11	133
#粮食作物	万元	11000	4	14	33	10	128
其他农业	万元	25713		105	3		47
林业产值	万元	184233		15			194
林木种植与培育	万元	7042		7			142
林产品	万元	110082					52
竹木采伐	万元	67109		8			
牧业产值	万元	987387	7637	4731	7357	9575	36106
大小牲畜	万元	565357	4746	2589	5025	6992	10307
大牲畜饲养	万元	54719	9	101	45	10	389
猪	万元	504362	4737	2482	4955	6938	9915
羊	万元	6276		6	25	44	3
家禽的饲养	万元	340092	2298	1887	1555	2005	23185
活的畜禽产品	万元	63350	93	235	628	510	2584
其他动物及产品	万元	18588	500	20	149	68	30
渔业产值	万元	81335	1046	306	961	803	1944
农林牧渔业服务产值	万元	89346	716	840	630	1155	1272
农业	万元	36065	228	391	175	311	336
林业	万元	6790					20
牧业	万元	43271	417	422	415	767	861
渔业	万元	3220	71	27	40	77	55
农林牧渔业生产中间消耗总计	**万元**	**1164848**	**5975**	**5423**	**6043**	**8125**	**27043**
农业中间消耗合计	万元	513072	1136	2284	1392	2119	6289
种植业中间消耗	万元	501215	1136	2217	1392	2119	6248
中间物质消耗	万元	422179	970	941	1300	1721	5470
#用种量	万元	118209	624	256	224	269	767
役畜用饲料、饲草	万元	13808	7	16	46	16	168
肥料	万元	194715	243	510	467	297	3668
燃料	万元	25891	37	37	376	581	189
农药	万元	25957	13	16	51	64	550
农用塑料薄膜	万元	3007		7	10	432	38
用电量	万元	3320	18	14	10	33	11
小农具购置费	万元	11573	28	29	20	29	79
生产服务支出	万元	79036	166	1276	92	398	778
其他农业中间消耗	万元	11857		67			41
中间物质消耗	万元	6939		18			22
#原材料	万元	2440					10
燃　料	万元	2283					10
用电量	万元	386		8			

5-8续表1 （2010年）

指标	单位	阳朔县	临桂县	灵川县	全州县	兴安县	永福县
农林牧渔业总产值(当年价)	**万元**	**205160**	**414347**	**298013**	**447602**	**298230**	**215130**
农业产值	万元	135743	185129	169453	258324	184916	114337
种植业	万元	133837	182523	167280	254511	180675	111447
主产品	万元	133068	181450	166355	252180	179181	109949
粮食作物	万元	25059	53562	38075	89402	47672	31420
经济作物	万元	7209	27064	8190	22343	4957	23902
蔬菜、园艺	万元	39607	73095	81026	93137	51432	36355
茶、桑、果	万元	58415	21079	35150	44449	70761	16602
其他种植业	万元	2778	6650	3914	2849	4359	1670
副产品	万元	769	1073	925	2331	1494	1498
#粮食作物	万元	674	948	865	2023	1419	769
其他农业	万元	1906	2606	2173	3813	4241	2890
林业产值	万元	4609	13354	19818	26671	16770	13885
林木种植与培育	万元	193	455	112	785	323	789
林产品	万元	1863	3855	9341	18384	12966	5860
竹木采伐	万元	2553	9044	10365	7502	3481	7236
牧业产值	万元	53655	193842	94249	137148	80864	73809
大小牲畜	万元	35192	51308	45503	104056	64467	29694
大牲畜饲养	万元	4683	7162	3443	9496	4517	4273
猪	万元	29002	43836	41415	94066	59466	24269
羊	万元	1507	310	645	494	484	1152
家禽的饲养	万元	14379	120674	37595	22657	11907	38660
活的畜禽产品	万元	2268	18721	9071	9237	3450	2182
其他动物及产品	万元	1816	3139	2080	1198	1040	3273
渔业产值	万元	6025	11054	7252	17019	7550	5001
农林牧渔业服务产值	万元	5128	10968	7241	8440	8130	8098
农业	万元	2336	2517	2432	3554	3227	3115
林业	万元	135	293	293	398	783	722
牧业	万元	2389	7768	4339	3970	3913	4051
渔业	万元	268	390	177	518	207	210
农林牧渔业生产中间消耗总计	**万元**	**72113**	**166531**	**107260**	**161232**	**106165**	**80654**
农业中间消耗合计	万元	37261	50246	45652	71142	51665	31318
种植业中间消耗	万元	36891	47151	44552	68479	48253	31114
中间物质消耗	万元	28792	39336	31646	58840	36836	27284
#用种量	万元	4190	15101	7191	16426	6596	7821
役畜用饲料、饲草	万元	872	1458	1060	1999	1600	887
肥料	万元	17574	13265	14483	28733	15116	12398
燃料	万元	1205	1644	2472	4265	1647	1588
农药	万元	2749	2499	2706	2691	1453	1446
农用塑料薄膜	万元	661	323	206	529	162	79
用电量	万元	80	88	1740	270	92	121
小农具购置费	万元	477	648	593	904	5047	400
生产服务支出	万元	8099	7815	12906	9639	11417	3830
其他农业中间消耗	万元	370	3095	1100	2663	3412	204
中间物质消耗	万元	95	420	400	2663	2212	204
#原材料	万元				1820	500	
燃 料	万元				652	1500	
用电量	万元		120				

5-8续表2 （2010年）

指　　标	单　位	灌阳县	龙胜县	资源县	平乐县	荔浦县	恭城县
农林牧渔业总产值(当年价)	**万元**	**175725**	**96751**	**91691**	**331509**	**272297**	**228287**
农业产值	万元	95495	49588	53057	236604	162129	162954
种植业	万元	94056	48442	51981	234923	159974	162522
主产品	万元	93224	47921	51639	233634	158938	161661
粮食作物	万元	29533	12703	11471	34832	25819	16414
经济作物	万元	2529	11079	3255	21384	5793	8210
蔬菜、园艺	万元	23859	14959	19271	88392	101913	25635
茶、桑、果	万元	36287	9142	17096	87345	24480	110350
其他种植业	万元	1016	38	546	1681	933	1052
副产品	万元	832	521	342	1289	1036	861
#粮食作物	万元	780	472	333	1039	773	716
其他农业	万元	1439	1146	1076	1681	2155	432
林业产值	万元	17850	20812	15868	16646	9413	8328
林木种植与培育	万元	700	655	415	1388	432	646
林产品	万元	14281	15518	11704	7415	4045	4798
竹木采伐	万元	2869	4639	3749	7843	4936	2884
牧业产值	万元	52145	22206	18042	62485	87622	45914
大小牲畜	万元	44000	16192	12804	41095	61532	29855
大牲畜饲养	万元	2195	4509	1985	4316	2551	5035
猪	万元	41642	11143	10540	36532	58714	24710
羊	万元	163	540	279	247	267	110
家禽的饲养	万元	6102	4777	4294	15645	20757	11715
活的畜禽产品	万元	1699	814	790	4692	3028	3348
其他动物及产品	万元	344	423	154	1053	2305	996
渔业产值	万元	3603	484	991	7097	5013	5186
农林牧渔业服务产值	万元	6632	3661	3733	8677	8120	5905
农业	万元	2391	1452	1628	4459	3801	3712
林业	万元	1066	1186	1091	494	179	130
牧业	万元	2980	982	750	3471	3956	1820
渔业	万元	195	41	264	253	184	243
农林牧渔业生产中间消耗总计	**万元**	**64929**	**33499**	**31592**	**110091**	**100979**	**77194**
农业中间消耗合计	万元	27350	14052	15354	65161	45284	45367
种植业中间消耗	万元	27278	13506	15300	65054	45176	45349
中间物质消耗	万元	24313	11428	14013	56685	40727	41877
#用种量	万元	2862	2562	8290	16356	25388	3286
役畜用饲料、饲草	万元	1086	1344	440	1225	621	963
肥料	万元	14508	3787	2978	27767	10096	28825
燃料	万元	2767	526	784	1853	853	5067
农药	万元	2205	342	304	3918	2662	2288
农用塑料薄膜	万元	139	25	29	142	154	71
用电量	万元	166	50	42	289	217	79
小农具购置费	万元	334	174	256	1418	567	570
生产服务支出	万元	2965	2078	1287	8369	4449	3472
其他农业中间消耗	万元	72	546	54	107	108	18
中间物质消耗	万元	72	546	54	107	108	18
#原材料	万元		110				
燃　料	万元		121				
用电量	万元		258				

5-8续表3　　　　　　　　　　　　　　(2010年)

指　　标	单　位	全　市	秀峰区	叠彩区	象山区	七星区	雁山区
生产服务支出	万元	4918		49			19
林业中间物质消耗	万元	43642		3			45
中间物质消耗	万元	35464		2			41
#用种量	万元	9580		2			3
肥　料	万元	7022					21
农　药	万元	433					2
生产服务支出	万元	8178		1			4
牧业中间消耗合计	万元	526822	4068	2515	3958	5034	19310
中间物质消耗	万元	518646	3999	2472	3898	4948	18985
#用 种 量	万元	14795	135	82	80	60	978
饲料、饲草	万元	478947	3749	2289	3471	4744	17768
燃　　料	万元	16558	11	49	296	17	127
用 电 量	万元	3213	41	29	19	65	23
畜牧用药品	万元	15					
生产服务支出	万元	8176	69	43	60	86	325
渔业中间消耗合计	万元	25043	321	93	297	246	598
中间物质消耗	万元	24300	311	90	289	239	575
#用种量	万元	6274	92	26	80	68	160
饲　料	万元	12262	146	41	144	113	283
燃　料	万元	810	2	1	19	1	7
用电量	万元	207	2	2	2	4	1
生产服务支出	万元	743	10	3	8	7	23
农林牧渔服务业中间消耗	万元	56269	450	528	396	726	801
农业	万元	22719	143	246	112	195	211
林业	万元	4277					12
牧业	万元	27249	262	265	260	483	543
渔业	万元	2024	45	17	24	48	35
农林牧渔业总产值构成	**%**	**100.00**	**100.00**	**100.00**	**100.00**	**100.00**	**100.00**
农业	%	58.03	29.75	58.75	35.08	41.67	36.29
林业	%	5.76		0.11			0.31
牧业	%	30.88	57.08	33.12	53.37	48.43	58.21
渔业	%	2.54	7.82	2.14	6.97	4.06	3.13
农林牧渔服务业	%	2.79	5.35	5.88	4.57	5.84	2.05
农业总产值发展速度(以上年为100)	**%**	**105.09**	**104.48**	**100.22**	**106.27**	**101.27**	**104.84**
农业产值	%	105.88	106.82	97.74	107.78	93.82	106.38
林业产值	%	99.37		60.95			48.02
牧业产值	%	104.50	103.74	104.16	105.59	107.14	104.62
渔业产值	%	106.84	101.62	109.81	104.83	111.44	103.76
农林牧渔服务业	%	106.29	104.51	101.15	106.08	103.61	103.15
农业总产值发展速度(以1952年为100)	**%**	**1621.79**					
农林牧渔业中间消耗率	**%**	**36.42**	**44.66**	**37.97**	**43.84**	**41.09**	**43.60**
农业	%	27.65	28.54	27.22	28.78	25.72	27.94
林业	%	23.69		20.00			23.20
牧业	%	53.36	53.27	53.16	53.80	52.57	53.48
渔业	%	30.79	30.69	30.39	30.91	30.64	30.76
农林牧渔服务业	%	62.98	62.85	62.86	62.86	62.86	62.97

5-8续表4 （2010年）

指　　标	单　位	阳朔县	临桂县	灵川县	全州县	兴安县	永福县
生产服务支出	万元	275	2675	700		1200	
林业中间物质消耗	万元	1069	3095	4597	6184	3891	3220
中间物质消耗	万元	873	2521	3745	5037	3070	2623
#用种量	万元	219	431	969	1208	960	634
肥　料	万元	340	674	564	1234	671	592
农　药	万元	58	51	26	54	26	22
生产服务支出	万元	196	574	852	1147	821	597
牧业中间消耗合计	万元	28695	102891	50216	73348	43165	39472
中间物质消耗	万元	28214	101146	49469	72114	42537	38808
#用 种 量	万元	645	5279	1677	1017	525	1610
饲料、饲草	万元	25636	93388	45403	66545	40144	35184
燃　　料	万元	1269	1707	1410	3126	1134	1392
用 电 量	万元	160	175	517	540	173	241
畜牧用药品	万元						
生产服务支出	万元	481	1745	747	1234	628	664
渔业中间消耗合计	万元	1858	3390	2234	5242	2324	1544
中间物质消耗	万元	1802	3291	2170	5089	2255	1494
#用种量	万元	514	824	518	1245	585	413
饲　料	万元	867	1752	1144	2704	1153	718
燃　料	万元	50	65	76	141	53	80
用电量	万元	12	10	30	31	10	14
生产服务支出	万元	56	99	64	153	69	50
农林牧渔服务业中间消耗	万元	3230	6909	4561	5316	5120	5100
农业	万元	1473	1585	1533	2238	2033	1962
林业	万元	85	186	184	251	493	455
牧业	万元	1504	4892	2733	2500	2464	2551
渔业	万元	168	246	111	327	130	132
农林牧渔业总产值构成	**%**	**100.00**	**100.00**	**100.00**	**100.00**	**100.00**	**100.00**
农业	%	66.16	44.68	56.86	57.71	62.00	53.15
林业	%	2.25	3.22	6.65	5.96	5.62	6.45
牧业	%	26.15	46.78	31.63	30.64	27.11	34.31
渔业	%	2.94	2.67	2.43	3.80	2.53	2.32
农林牧渔服务业	%	2.50	2.65	2.43	1.89	2.73	3.76
农业总产值发展速度(以上年为100)	**%**	**105.66**	**105.24**	**103.96**	**103.95**	**106.12**	**106.09**
农业产值	%	107.29	105.06	104.60	102.37	110.47	108.41
林业产值	%	80.73	110.16	89.85	112.09	83.20	92.57
牧业产值	%	104.43	105.09	104.28	105.05	103.56	105.41
渔业产值	%	107.98	106.38	106.11	106.98	106.49	108.06
农林牧渔服务业	%	105.08	105.26	127.10	104.32	103.76	105.28
农业总产值发展速度(以1952年为100)	**%**	**1465.43**	**1784.71**	**2041.34**	**1342.62**	**1261.30**	**1715.59**
农林牧渔业中间消耗率	**%**	**35.15**	**40.19**	**35.99**	**36.02**	**35.60**	**37.49**
农业	%	27.45	27.14	26.94	27.54	27.94	27.39
林业	%	23.19	23.18	23.20	23.19	23.20	23.19
牧业	%	53.48	53.08	53.28	53.48	53.38	53.48
渔业	%	30.84	30.67	30.81	30.80	30.78	30.87
农林牧渔服务业	%	62.99	62.99	62.99	62.99	62.98	62.98

5-8续表5 （2010年）

指　　标	单　位	灌阳县	龙胜县	资源县	平乐县	荔浦县	恭城县
生产服务支出	万元						
林业中间物质消耗	万元	4450	5118	3934	3861	2178	1997
中间物质消耗	万元	3683	3907	3252	3238	1834	1638
#用种量	万元	1217	934	1461	695	424	423
肥　料	万元	504	192	106	804	516	804
农　药	万元	26	6	6	54	54	48
生产服务支出	万元	767	1211	682	623	344	359
牧业中间消耗合计	万元	27840	11875	9646	33417	46859	24513
中间物质消耗	万元	27376	11675	9484	32894	46530	24097
#用 种 量	万元	274	213	194	618	902	506
饲料、饲草	万元	26991	10639	8625	30446	43660	20265
燃　　料	万元	59	600	482	1047	904	2928
用 电 量	万元	31	100	84	424	434	157
畜牧用药品	万元	10			5		
生产服务支出	万元	464	200	162	523	329	416
渔业中间消耗合计	万元	1112	149	308	2186	1543	1598
中间物质消耗	万元	1079	145	299	2123	1498	1551
#用种量	万元	298	30	70	581	396	374
饲　料	万元	493	63	149	1018	736	738
燃　料	万元	51	20	21	49	34	140
用电量	万元	19	6	5	25	25	9
生产服务支出	万元	33	4	9	63	45	47
农林牧渔服务业中间消耗	万元	4177	2305	2350	5466	5115	3719
农业	万元	1506	915	1025	2810	2394	2338
林业	万元	671	747	687	311	113	82
牧业	万元	1877	618	473	2186	2492	1146
渔业	万元	123	25	165	159	116	153
农林牧渔业总产值构成	**%**	**100.00**	**100.00**	**100.00**	**100.00**	**100.00**	**100.00**
农业	%	54.34	51.25	57.87	71.37	59.54	71.38
林业	%	10.16	21.51	17.31	5.02	3.46	3.65
牧业	%	29.67	22.95	19.68	18.85	32.18	20.11
渔业	%	2.05	0.50	1.08	2.14	1.84	2.27
农林牧渔服务业	%	3.77	3.78	4.07	2.62	2.98	2.59
农业总产值发展速度(以上年为100)	**%**	**105.16**	**103.31**	**108.02**	**105.68**	**105.74**	**104.46**
农业产值	%	104.79	105.81	113.13	106.12	106.53	104.71
林业产值	%	111.92	97.31	98.91	105.78	111.51	99.61
牧业产值	%	103.64	103.08	103.49	104.22	103.99	104.03
渔业产值	%	108.52	106.39	102.49	106.29	107.12	108.56
农林牧渔服务业	%	105.44	102.20	105.93	105.34	105.38	104.55
农业总产值发展速度(以1952年为100)	**%**	**1290.03**	**1210.42**	**1819.06**	**2345.54**	**1366.00**	**1643.93**
农林牧渔业中间消耗率	**%**	**36.95**	**34.62**	**34.45**	**33.21**	**37.08**	**33.81**
农业	%	28.64	28.34	28.94	27.54	27.93	27.84
林业	%	24.93	24.59	24.79	23.19	23.14	23.98
牧业	%	53.39	53.48	53.46	53.48	53.48	53.39
渔业	%	30.86	30.79	31.08	30.80	30.78	30.81
农林牧渔服务业	%	62.98	62.96	62.95	62.99	62.99	62.98

5-9 乡镇社会经济基本情况

（2010年）

指标	单位	甲山街道办	大河乡	二塘乡	穿山街道办	朝阳乡	雁山镇
居民委员会个数	个	4					1
村民委员会个数	个	7	15	6	6	8	15
#通电的村	个	7	15	6	6	8	15
通电话的村	个	7	15	6	6	8	15
通公路的村	个	7	15	6	6	8	15
通有线电视的村	个	7	15	6	6	8	15
通自来水的村	个	7	4	6	6	8	1
垃圾集中处理的村	个	7	15	6	6	8	15
乡镇行政区域面积	公顷	4100	3900	6297	3950	1512	9056
年末有效灌溉面积	公项	371	460	481	441	183	594
乡镇用电总量	万千瓦时	466.2	400	146	180	680	87
乡镇总户数	户	4500	6300	3615	2380	8348	4949
乡镇总人口	人	16335	25091	15042	10585	28018	21925
#外来人口	人		12473	431			316
乡镇从业人员数	人	8626	13376	8045	5548	14752	11486
#外来从业人员	人		8210	286	25	1750	165
#第二产业	人	86	679	843	217	4482	1757
第三产业	人	4858	2284	1946	603		1811
农作物总播种面积	公顷	793	2473	2129	848	1335	3445
#粮食播种面积	公顷	315	658	1279	348		1425
粮食总产量	吨	2073	4098	5760	2174		7375
肉类总产量	吨	3630	1312	3519	1856	3010	7843
企业个数	个	1178	553	495	461	845	462
#工业企业	个	140	69	108	102	48	29
企业从业人员	人	3960	2350	2532	3310	4480	1631
#工业企业	人	1411	510	1451	2410	985	623
企业实交税金总额	万元	2351.23	670	580	582	1327	396
财政供给人数	人	52	73	102	55	48	67
#公务员	人	20	44	21	22	21	29
事业编制	人	32	29	25	33	27	31
财政供给人员全年工资总额	万元	77	216	201	205	112	265
财政总收入	万元	585	884	849	1523	704	353
#一般预算收入	万元	585	884	633	246	704	353
财政支出	万元	585	863	849	1365	704	353
固定资产投资完成额	万元	1034	29560	360	890	860	76384
#农业投资完成额	万元					160	520
储蓄所	个			1	1		1
乡镇政府到县政府距离	公里	2	2	6	2	4	2
本乡镇公路里程	公里		21	20	10	25	65
市场个数	个	1	3	1	1	11	1
农技推广服务从业人员	人	3	6	6	6	7	4
农业专业合作经济组织个数	个			2	4	8	
农业专业合作经济组织成员	户			45	9	57	
小学校总数	个	2	4	1	2	4	5
小学在校学生总数	人	554	2142	1392	883	3283	1347
小学教师总数	人	40	116	83	69	219	144
中学校总数	个	1	1	1			1
中学在校学生总数	人	1534	340	429		2461	831
中学教师总数	人	141	50	52			75
幼儿园、托儿所	个	10	5	1	3	31	3
医院、卫生院	个	1	1	1	1		1
医生数	人	6	14	8	11		24
病床数	床	20	26	50	25		50
农民人均纯收入	元	6700	5709	5280	6321	7184	4902
参加农村新型合作医疗	人	15673	22587	14553	9211	27171	19550
享受居民最低生活保障	人	688	430	623	893	971	992

5-9续表1　　（2010年）

指　　标	单　位	柘木镇	大埠乡	草　坪回族乡	阳朔镇	白沙镇	福利镇
居民委员会个数	个	1		1	6	1	1
村民委员会个数	个	8	11	3	5	15	16
#通电的村	个	8	11	3	5	15	16
通电话的村	个	8	8	3	5	15	16
通公路的村	个	8	11	3	5	15	16
通有线电视的村	个	8	11	3	5	13	16
通自来水的村	个	2		3	5	11	4
垃圾集中处理的村	个	8	11	3	4	13	1
乡镇行政区域面积	公顷	6697	8568	3104	7598	15250	22860
年末有效灌溉面积	公顷	761	673	223	689	1141	1603
乡镇用电总量	万千瓦时	160	42	31	13454	2168	1967
乡镇总户数	户	5530	2786	1310	11451	11644	12037
乡镇总人口	人	22089	14083	5166	46423	46075	47002
#外来人口	人	578			1810	869	460
乡镇从业人员数	人	14683	8085	2859	26915	25392	27990
#外来从业人员	人	275			985	667	385
#第二产业	人	1773	1071	226	7761	5551	7155
第三产业	人	2169	1204	600	11644	3251	857
农作物总播种面积	公顷	2721	2249	762	3155	6517	8127
#粮食播种面积	公顷	1302	1143	374	1607	3096	4207
粮食总产量	吨	6398	5498	1714	7387	13623	20357
肉类总产量	吨	2837	3274	540	2379	3378	4692
企业个数	个	456	71	95	2385	1092	655
#工业企业	个	62	20		221	355	131
企业从业人员	人	2456	528	210	8456	7414	2530
#工业企业	人	828	348		1845	4616	1306
企业实交税金总额	万元	1178	96	54	1570	735	650
财政供给人数	人	70	65	47	709	477	685
#公务员	人	31	18	17	101	45	34
事业编制	人	32	39	21	504	432	651
财政供给人员全年工资总额	万元	210	154	98	1492	1535	145
财政总收入	万元	450	370	300	5089	2762	233
#一般预算收入	万元	450	370	300	2612	331	25
财政支出	万元	450	370	300	3172	2733	230
固定资产投资完成额	万元	66855	6006	2217	75800	37734	17770
#农业投资完成额	万元	38	30	12	1360	862	8490
储蓄所	个	1		1	14	3	1
乡镇政府到县政府距离	公里	20	3	55	2	9	9
本乡镇公路里程	公里	40	80	20	42	60	76
市场个数	个	1		1	4	1	1
农技推广服务从业人员	人	9	4	4	6	11	13
农业专业合作经济组织个数	个				4	50	4
农业专业合作经济组织成员	户				20	830	35
小学校总数	个	4	3	1	9	15	15
小学在校学生总数	人	1062	537	212	2190	3022	2132
小学教师总数	人	136	75	30	165	212	184
中学校总数	个	1	1	1	5	2	1
中学在校学生总数	人	541	425	343	5775	999	1080
中学教师总数	人	76	46	19	410	101	92
幼儿园、托儿所	个	3			6	4	5
医院、卫生院	个	1	1	1	1	1	1
医生数	人	8	5	4	6	32	35
病床数	床	13	8	8	30	60	40
农民人均纯收入	元	4965	4721	4881	5459	5548	5085
参加农村新型合作医疗	人	20111	12266	4215	20133	44959	4606
享受居民最低生活保障	人	600	530	230	1233	100	108

5-9续表2　　　　　　　　　　　　（2010年）

指　　标	单　位	兴坪镇	葡萄镇	高田镇	金宝乡	普益乡	杨堤乡
居民委员会个数	个	2	1	1	1	1	1
村民委员会个数	个	14	11	11	12	8	7
#通电的村	个	14	11	11	12	8	7
通电话的村	个	14	11	11	12	8	7
通公路的村	个	14	11	11	12	8	7
通有线电视的村	个	14	6	4	4	8	3
通自来水的村	个	2	6	3	12	6	7
垃圾集中处理的村	个	4	3	1	6	1	3
乡镇行政区域面积	公顷	30540	13140	15660	20490	7020	10280
年末有效灌溉面积	公项	1427	1340	1721	1231	710	437
乡镇用电总量	万千瓦时	735	1097	1224	773	604	175
乡镇总户数	户	11914	9877	9938	7637	3321	3049
乡镇总人口	人	44305	35659	35176	32098	12491	11440
#外来人口	人	597	1550	506	3356	118	
乡镇从业人员数	人	23423	19125	18644	18712	7865	6639
#外来从业人员	人	350	883	455	802	118	210
#第二产业	人	4845	4704	255	8466	2897	2150
第三产业	人	1038	3316	200	1225	588	1241
农作物总播种面积	公顷	6223	7669	7205	4114	2351	1648
#粮食播种面积	公顷	3571	3727	4169	2219	951	898
粮食总产量	吨	16710	17781	19781	11082	3934	3860
肉类总产量	吨	2949	3575	4663	2071	2013	1864
企业个数	个	212	1153	499	377	212	125
#工业企业	个	178	268	499	162	55	17
企业从业人员	人	970	6442	2527	4612	808	543
#工业企业	人	742	4335	2527	4250	320	179
企业实交税金总额	万元	704	1008	310		92	39
财政供给人数	人	384	381	452	374	165	237
#公务员	人	39	31	37	38	23	23
事业编制	人	309	350	415	336	142	120
财政供给人员全年工资总额	万元	1160	1130	1175	873	498	338
财政总收入	万元	1390	1968	520	1586	806	780
#一般预算收入	万元	1193	205	415	112	83	778
财政支出	万元	1238	1925	655	1567	808	778
固定资产投资完成额	万元	48600	25008	39108	18536	18000	11028
#农业投资完成额	万元	12660	1034	18990	415	5400	
储蓄所	个	2	2	1	2	2	1
乡镇政府到县政府距离	公里	26	25	10	26	18	39
本乡镇公路里程	公里	17	58	55	97	32	12
市场个数	个	1	1	1	3	2	1
农技推广服务从业人员	人	11	4	11	11	10	3
农业专业合作经济组织个数	个	4	6		6	6	6
农业专业合作经济组织成员	户	50	30		450	220	71
小学校总数	个	14	11	8	11	5	3
小学在校学生总数	人	1958	1830	952	1907	370	650
小学教师总数	人	155	131	68	121	49	36
中学校总数	个	1	1	1	1	1	1
中学在校学生总数	人	847	1082	1250	707	230	302
中学教师总数	人	67	94	115	54	28	26
幼儿园、托儿所	个	3	2	3	1	2	
医院、卫生院	个	1	1	1	1	1	1
医生数	人	8	19	10	34	5	6
病床数	床	30	44	45	25	18	15
农民人均纯收入	元	4950	4541	5530	5463	6551	4223
参加农村新型合作医疗	人	40609	32000	34716	32531	12083	11309
享受居民最低生活保障	人	128	3509		104	1220	1074

5-9续表3　（2010年）

指　　　标	单　位	临桂镇	六塘镇	会仙镇	两江镇	五通镇	南边山乡
居民委员会个数	个	3	1		1	1	
村民委员会个数	个	16	15	16	26	22	13
#通电的村	个	16	15	16	26	22	13
通电话的村	个	16	13	16	26	22	13
通公路的村	个	16	15	16	26	22	13
通有线电视的村	个	7	14	4	11	10	4
通自来水的村	个	4	12	9	7	8	7
垃圾集中处理的村	个	16	15	1	20	1	1
乡镇行政区域面积	公顷	21985	10100	17450	26400	26000	15970
年末有效灌溉面积	公项	3599	1792	3618	6337	2936	1378
乡镇用电总量	万千瓦时	403	181.7	1533	416	355.53	94
乡镇总户数	户	11284	10016	13781	20267	13819	6482
乡镇总人口	人	50591	40557	55601	78533	57930	29453
#外来人口	人	12913	1096	641	1492	3900	
乡镇从业人员数	人	27939	24480	28905	37853	32773	15306
#外来从业人员	人	7281	780	828	1429	3300	
#第二产业	人	6625	5416	1560	6940	10482	4962
第三产业	人	7003	4204	1100	15321	5644	1037
农作物总播种面积	公顷	10599	6561	9875	14916	11132	5124
#粮食播种面积	公顷	6718	3974	5980	9581	6862	2685
粮食总产量	吨	36406	20608	29700	49798	34535	14105
肉类总产量	吨	25512	3607	7273	10736	11707	2209
企业个数	个	6092	699	1057	1431	1687	315
#工业企业	个	1032	195	286	205	508	73
企业从业人员	人	29874	3274	2660	4345	5308	2230
#工业企业	人	17335	2127	1560	2367	3171	1723
企业实交税金总额	万元	71889	530	1070	1690	440	269
财政供给人数	人	256	232	373	143	128	144
#公务员	人	53	34	37	55	44	33
事业编制	人	96	198	58	88	45	111
财政供给人员全年工资总额	万元	787	680	370	407	564	316
财政总收入	万元	3213	368	1523	969	606	433
#一般预算收入	万元	3213	368	680	207	178	433
财政支出	万元	2213	315	1523	966	882	467
固定资产投资完成额	万元	138000	30000	47000	56670	33900	16000
#农业投资完成额	万元	1395	15300	15400	14080		
储蓄所	个	5	2	1	4	3	1
乡镇政府到县政府距离	公里	5	42	30	22	30	44
本乡镇公路里程	公里	59	70	66	152	58	13
市场个数	个	5	2	1	6	2	2
农技推广服务从业人员	人	8	4	7	24	8	3
农业专业合作经济组织个数	个	9		4	2	4	3
农业专业合作经济组织成员	户	155		80	326	600	300
小学校总数	个	16	15	14	25	10	12
小学在校学生总数	人	7856	2091	2552	4433	2750	1280
小学教师总数	人	427	167	191	334	273	113
中学校总数	个	7	2	2	3	3	1
中学在校学生总数	人	7685	2180	1542	4186	2512	825
中学教师总数	人	567	182	144	287	239	69
幼儿园、托儿所	个	18	2	2	3	5	1
医院、卫生院	个	1	1	1	2	2	1
医生数	人	18	32	22	66	11	25
病床数	床	12	45	44	60	46	40
农民人均纯收入	元	5634	4507	6110	587	5162	5120
参加农村新型合作医疗	人	46580	39173	49954	66697	49875	27520
享受居民最低生活保障	人	3098	246	5679	5786	5338	4380

5-9续表4 （2010年）

指　　标	单　位	四塘乡	茶洞乡	中庸乡	宛　田 瑶族乡	黄　沙 瑶族乡	灵川镇
居民委员会个数	个						4
村民委员会个数	个	15	11	7	15	5	12
#通电的村	个	15	11	7	15	5	12
通电话的村	个	15	11	7	15	5	12
通公路的村	个	15	11	7	15	4	12
通有线电视的村	个	15	1	7	3		10
通自来水的村	个				15	5	12
垃圾集中处理的村	个			7	2	2	12
乡镇行政区域面积	公顷	14850	21750	6130	33000	19800	11429
年末有效灌溉面积	公项	2432	1106	1170	1186	205	2704
乡镇用电总量	万千瓦时	238	188	89.85	144	69.92	2932.28
乡镇总户数	户	11817	5940	4648	5553	1605	29030
乡镇总人口	人	45581	22047	20183	23326	5499	80792
#外来人口	人	205		285	615		3502
乡镇从业人员数	人	22069	12861	10151	13276	2542	20096
#外来从业人员	人	97		255	338		1572
#第二产业	人	3887	6124	3579	1517	456	1439
第三产业	人	3575	1844	3606	3451	679	3779
农作物总播种面积	公顷	9644	2046	53339	2770	1052	7826
#粮食播种面积	公顷	5121	1739	34181	1644	474	4324
粮食总产量	吨	25671	11489	116302	7994		22425
肉类总产量	吨	5020	3586	5525	4492	1382	8246
企业个数	个	740	137	713	898	106	2198
#工业企业	个	127	56	225	299	25	352
企业从业人员	人	4619	753	3034	4697	654	9973
#工业企业	人	2955	566	988	3682	474	4968
企业实交税金总额	万元	153	154	65	179	117	5057
财政供给人数	人	83	63	85	136	42	133
#公务员	人	30	24	20	24	21	45
事业编制	人	53	39	40	60	21	42
财政供给人员全年工资总额	万元	384		229	190	141	304
财政总收入	万元	594	405	590	587	331	13956
#一般预算收入	万元		405	142	80	45	6053
财政支出	万元	581	353	616	512	364	4264
固定资产投资完成额	万元	24097	10165	10670	9480	2059	289003
#农业投资完成额	万元		450				18300
储蓄所	个	1	1	1	2	1	5
乡镇政府到县政府距离	公里	13	28	32	40	77	
本乡镇公路里程	公里	27	8	7	94	28	42
市场个数	个	3	1	1	1	1	3
农技推广服务从业人员	人	19	8	12	4	2	28
农业专业合作经济组织个数	个			1	3		7
农业专业合作经济组织成员	户			620	286		420
小学校总数	个	11	8	7	4	2	9
小学在校学生总数	人	2076	1095	1090	937	198	750
小学教师总数	人	178	111	69	91	30	161
中学校总数	个	1	1	1	1	1	1
中学在校学生总数	人	1267	1069	484	402	42	420
中学教师总数	人	124	67	44	52	8	91
幼儿园、托儿所	个	1		2	2		3
医院、卫生院	个	1	1	1	1	1	1
医生数	人	11	7	20	14	8	13
病床数	床	26	11	6	12	4	15
农民人均纯收入	元	5007	4300	5700	4841	4510	6154
参加农村新型合作医疗	人	38569	19673	19777	20369	4957	35606
享受居民最低生活保障	人	2931	3990	2158	3157	1888	1744

5-9续表5　　　　　　　　　　　　　　　（2010年）

指　　标	单　位	大圩镇	定江镇	三街镇	潭下镇	青狮潭镇	潮田乡
居民委员会个数	个	1	2	1	1	2	1
村民委员会个数	个	17	7	11	14	24	10
#通电的村	个	17	7	11	14	24	10
通电话的村	个	17	7	11	14	24	10
通公路的村	个	17	7	11	14	24	10
通有线电视的村	个	9	7	11	14	24	10
通自来水的村	个	14	7	11	14	19	10
垃圾集中处理的村	个	17	7	11	14	24	10
乡镇行政区域面积	公顷	20947	8529	18094	14643	46138	22683
年末有效灌溉面积	公项	1706	1718	1077	2722	1647	1210
乡镇用电总量	万千瓦时	914.6	687.93	516.3	578.02	411.82	498.4
乡镇总户数	户	15992	11921	7567	11264	12171	7435
乡镇总人口	人	56896	34643	21806	38588	43754	26537
#外来人口	人	1582	9986	366	600	243	780
乡镇从业人员数	人	28126	15768	13501	19462	22587	13369
#外来从业人员	人	983	4113	260	170	233	1300
#第二产业	人	2136	3699	1083	5537	5584	797
第三产业	人	4174	1968	883	2067	1032	2136
农作物总播种面积	公顷	8944	4886	4015	8169	6055	5210
#粮食播种面积	公顷	4770	2810	2085	4818	3908	2806
粮食总产量	吨	24896	15538	11399	24827	19651	13817
肉类总产量	吨	4934	4392	3859	7491	8172	2779
企业个数	个	1405	1345	712	1422	967	349
#工业企业	个	227	284	76	310	248	76
企业从业人员	人	4730	5865	1978	7604	3868	1189
#工业企业	人	1930	3881	758	4823	2593	408
企业实交税金总额	万元	1506	5293	736	2175	705	200
财政供给人数	人	112	125	80	110	219	78
#公务员	人	40	37	26	42	68	22
事业编制	人	53	65	54	37	138	35
财政供给人员全年工资总额	万元	252	216	190	325	464	175
财政总收入	万元	3110	6424	2174	2329	2988	1549
#一般预算收入	万元	3110		1015	655	193	328
财政支出	万元	3041	2184	1577	2442	2978	1446
固定资产投资完成额	万元	58976	233610	88153	25556	17680	44494
#农业投资完成额	万元	15000	18767	560	6510	1700	3500
储蓄所	个	2	4	1	3	3	1
乡镇政府到县政府距离	公里	37	15	9	8	18	70
本乡镇公路里程	公里	67	36	31	68	213	48
市场个数	个	1	4	1	3	2	2
农技推广服务从业人员	人	19	13	21	5	34	7
农业专业合作经济组织个数	个	5	1	6	13	4	5
农业专业合作经济组织成员	户	3100	150	32	490	387	15
小学校总数	个	6	8	4	4	16	4
小学在校学生总数	人	2328	1165	656	1236	1488	1092
小学教师总数	人	155	98	103	142	155	91
中学校总数	个	2	1	1	2	2	1
中学在校学生总数	人	1137	571	295	1849	768	458
中学教师总数	人	129	62	44	167	213	58
幼儿园、托儿所	个	5	8	2	3	9	5
医院、卫生院	个	1	2	1	1	2	1
医生数	人	30	42	13	39	35	19
病床数	床	65	135	40	55	50	25
农民人均纯收入	元	5591	6198	5038	5411	4209	4495
参加农村新型合作医疗	人	49497	19896	19256	34783	39486	25345
享受居民最低生活保障	人	2537	57	1370	2209	2968	1343

5-9续表6　（2010年）

指　　标	单　位	大境瑶族乡	海洋乡	灵田乡	兰田瑶族乡	全州镇	黄沙河镇
居民委员会个数	个		1			6	1
村民委员会个数	个	8	13	10	3	13	9
#通电的村	个	8	13	10	3	13	9
通电话的村	个	8	13	10	3	13	9
通公路的村	个	8	13	10	3	13	9
通有线电视的村	个	1	4	8	3	9	3
通自来水的村	个	2	13	10	3	13	3
垃圾集中处理的村	个	1	13	10	3	8	
乡镇行政区域面积	公顷	26520	21883	26738	12489	16920	11200
年末有效灌溉面积	公项	493	1316	2068	169	1773	890
乡镇用电总量	万千瓦时	70	226	245	98	874	129
乡镇总户数	户	3689	7065	8188	1760	38106	7745
乡镇总人口	人	12749	24729	30144	6389	113545	25599
#外来人口	人	101	165	490	30	39850	2721
乡镇从业人员数	人	6042	12245	18091	3321	19376	13590
#外来从业人员	人	50	141	610	16	2895	2192
#第二产业	人	48	1034	959	142	6056	2840
第三产业	人	330	260	2580	341	7090	1218
农作物总播种面积	公顷	1476	4829	6459	755	7137	3564
#粮食播种面积	公顷	904	2491	3601	464	3926	2265
粮食总产量	吨	4007	13012	20087	1936	21023	11272
肉类总产量	吨	620	2351	2371	395	8450	4332
企业个数	个	170	120	120	123	4646	807
#工业企业	个	40	112	107	35	1592	202
企业从业人员	人	800	1083	1625	880	16146	4072
#工业企业	人	504	800	1100	745	8256	1163
企业实交税金总额	万元	197	265	1270	336	6213	220
财政供给人数	人	62	84	86	78	293	181
#公务员	人	25	29	29	39	72	19
事业编制	人	30	35	36	16	66	34
财政供给人员全年工资总额	万元	170	185	218	98	541	246
财政总收入	万元	432	1491	2048	731	6383	296
#一般预算收入	万元	432	281	1918	337	1142	296
财政支出	万元	432	1491	1891	698	995	296
固定资产投资完成额	万元	6847	19186	32506	4538	219488	18531
#农业投资完成额	万元			120	1300	320	1876
储蓄所	个	1	1	1	1	18	2
乡镇政府到县政府距离	公里	63	68	22	48	1	27
本乡镇公路里程	公里	53	68	54	48	70	58
市场个数	个	1	2	1	1	8	2
农技推广服务从业人员	人	3	22	7	3	15	9
农业专业合作经济组织个数	个		21	6	1	5	4
农业专业合作经济组织成员	户		356	75	5	301	262
小学校总数	个	5	15	1	1	17	6
小学在校学生总数	人	402	1124	1041	314	9141	1120
小学教师总数	人	103	99	105	35	641	84
中学校总数	个	1	1	1	1	6	1
中学在校学生总数	人	215	450	440	113	13980	602
中学教师总数	人	30	51	48	20	839	93
幼儿园、托儿所	个	1	4	1	1	58	7
医院、卫生院	个	1	1	1	1	2	1
医生数	人	21	22	14	5	100	10
病床数	床	20	20	25	16	89	20
农民人均纯收入	元	4260	5635	4912	3660	6088	5610
参加农村新型合作医疗	人	11983	22100	28461	5619	37332	21830
享受居民最低生活保障	人	575	1852	1995	157	5260	1280

5-9续表7　　　　　　　　　　　　　　(2010年)

指　　标	单　位	庙头镇	文桥镇	大西江镇	龙水镇	才湾镇	绍水镇
居民委员会个数	个	1				1	1
村民委员会个数	个	11	18	15	19	16	17
#通电的村	个	11	18	15	19	16	17
通电话的村	个	11	18	15	19	16	17
通公路的村	个	11	18	15	19	16	17
通有线电视的村	个	7	15	6		6	8
通自来水的村	个	10	9	15	17	4	2
垃圾集中处理的村	个	3	15	1	14	15	
乡镇行政区域面积	公顷	12500	28380	33750	27800	35828	25000
年末有效灌溉面积	公顷	1417	3088	1546	3303	3362	2557
乡镇用电总量	万千瓦时	210	383	614	1005	699	1200
乡镇总户数	户	10291	17465	11632	15638	17910	16929
乡镇总人口	人	33737	55087	35686	50815	55227	51666
#外来人口	人	3629	486	452	1140	1360	3380
乡镇从业人员数	人	16626	29786	14347	28208	21582	27901
#外来从业人员	人	1285	420	461	640	320	1100
#第二产业	人	1232	6885	1574	1330	3466	1769
第三产业	人	1156	1340	682	2749	1514	1623
农作物总播种面积	公顷	5413	9095	5493	10352	9323	9575
#粮食播种面积	公顷	3487	6856	3765	7182	6718	5797
粮食总产量	吨	17225	37089	20567	37460	35450	31199
肉类总产量	吨	2654	3031	5527	6386	4651	4899
企业个数	个	318	2584	432	156	2458	2007
#工业企业	个	285	1069	273	83	884	1228
企业从业人员	人	1698	11025	1964	4213	10452	8896
#工业企业	人	1568	5452	1396	2640	4720	6385
企业实交税金总额	万元	80	413	254	214	398	544
财政供给人数	人	259	69	127	347	453	127
#公务员	人	36	34	32	25	67	38
事业编制	人	44	32	31	35	320	55
财政供给人员全年工资总额	万元	526	208	198	407	504	370
财政总收入	万元	310	590	800	347	510	762
#一般预算收入	万元	310	590	314	347	510	580
财政支出	万元	310	590	391	347	510	762
固定资产投资完成额	万元	24000	26153	31486	18687	58000	60310
#农业投资完成额	万元	426	1856	9542		2000	
储蓄所	个	2	3	1	2	5	3
乡镇政府到县政府距离	公里	36	45	33	17	13	23
本乡镇公路里程	公里	33	43	55	90	63	87
市场个数	个	2	5	1	1	5	3
农技推广服务从业人员	人	12	5	5	26	14	6
农业专业合作经济组织个数	个	4	2	3	6	7	6
农业专业合作经济组织成员	户	265	105	110	362	340	156
小学校总数	个	13	18	16	20	19	20
小学在校学生总数	人	1387	2510	1680	2012	2016	2680
小学教师总数	人	94	165	130	159	206	207
中学校总数	个	2	2	1	2	2	3
中学在校学生总数	人	1462	1296	685	1820	910	2520
中学教师总数	人	132	115	71	86	117	195
幼儿园、托儿所	个	6	15	10	3	20	7
医院、卫生院	个	2	1	1	1	4	1
医生数	人	24	56	4	5	106	29
病床数	床	30	60	20	10	42	60
农民人均纯收入	元	4692	4212	5278	5768	5190	6045
参加农村新型合作医疗	人	29335	44978	28603	41515	47083	41363
享受居民最低生活保障	人	3456	130	1290	1900	2211	2270

5-9续表8　　　　(2010年)

指　标	单　位	石塘镇	永岁乡	枧塘乡	咸水乡	凤凰乡	蕉江瑶族乡
居民委员会个数	个	1					
村民委员会个数	个	31	17	12	12	20	8
#通电的村	个	31	17	12	12	20	8
通电话的村	个	31	17	12	12	20	8
通公路的村	个	31	17	12	12	20	8
通有线电视的村	个	31	8	3	4	15	6
通自来水的村	个	9	12	5	9	2	8
垃圾集中处理的村	个	31	10		3	2	1
乡镇行政区域面积	公顷	27140	17514	12300	21549	18348	23000
年末有效灌溉面积	公顷	2840	2381	1600	2010	2900	505
乡镇用电总量	万千瓦时	716	134	148	151	480	29
乡镇总户数	户	23763	12434	10311	10642	19798	4665
乡镇总人口	人	75891	40862	33452	35982	58757	14976
#外来人口	人	1282	517	250	1542	9008	820
乡镇从业人员数	人	36182	26996	16160	8761	46593	8276
#外来从业人员	人	857	517	225	1100	8541	510
#第二产业	人	2503	7986	5357	987	13519	605
第三产业	人	2759	4313	501	980	2638	207
农作物总播种面积	公顷	9791	5789	4763	6953	10192	2224
#粮食播种面积	公顷	5952	4191	2699	4689	6999	1305
粮食总产量	吨	31513	22640	14533	23979	37558	6319
肉类总产量	吨	5885	5309	4402	4575	4598	2402
企业个数	个	1426	1718	14	35	750	1
#工业企业	个	620	1115	14	25	150	
企业从业人员	人	10580	9203	480	1050	4800	5
#工业企业	人	4010	7986	480	890	1211	
企业实交税金总额	万元	432	312	1005	80	68	2
财政供给人数	人	181	296	72	243	90	128
#公务员	人	40	48	29	40	39	15
事业编制	人	140	36	43	29	45	44
财政供给人员全年工资总额	万元	303	350	160	608	180	130
财政总收入	万元	789	384	1005	96	76	130
#一般预算收入	万元	91	128	730	96	76	130
财政支出	万元	789	384	379	96	76	105
固定资产投资完成额	万元	21940	24316	26560	22400	37000	11482
#农业投资完成额	万元	8550			4000	15000	
储蓄所	个	4	1	1	1	1	1
乡镇政府到县政府距离	公里	25	14	7	31	38	57
本乡镇公路里程	公里	56	13		58		
市场个数	个	1	1	1	1	2	1
农技推广服务从业人员	人	20	3	9	12	9	1
农业专业合作经济组织个数	个	1			8	1	
农业专业合作经济组织成员	户	3856			400	11	
小学校总数	个	31	16	14	12	19	9
小学在校学生总数	人	3790	1672	1021	1280	2510	620
小学教师总数	人	191	147	113	104	142	58
中学校总数	个	3	1	1	2	2	1
中学在校学生总数	人	2567	664	615	1420	1321	312
中学教师总数	人	310	110	102	145	145	36
幼儿园、托儿所	个	33	20		16	20	11
医院、卫生院	个	1	1	1	1	2	1
医生数	人	86	24	9	8	20	26
病床数	床	20	32	8	38	14	19
农民人均纯收入	元	5100	4654	4615	4696	5107	3546
参加农村新型合作医疗	人	64636	40100	27920	26958	44695	13932
享受居民最低生活保障	人	153	1918	1567	11	2803	809

5-9续表9　　（2010年）

指　　标	单　位	安和乡	两河乡	白宝乡	东　山瑶族乡	兴安镇	湘漓镇
居民委员会个数	个					7	
村民委员会个数	个	14	16	9	16	15	14
#通电的村	个	14	16	9	16	15	14
通电话的村	个	14	16	9	16	15	14
通公路的村	个	14	16	9	16	15	14
通有线电视的村	个	9	6	9	4	11	7
通自来水的村	个	6	10	9	16	15	7
垃圾集中处理的村	个		1			10	10
乡镇行政区域面积	公顷	16180	15370	2673	42000	20457	15960
年末有效灌溉面积	公项	1360	1104	794	1758	2525	2950
乡镇用电总量	万千瓦时	221	119	124	260	300	340
乡镇总户数	户	12062	14023	6287	10003	33676	13577
乡镇总人口	人	39878	41660	20349	34495	87654	51522
#外来人口	人		1200	418	320	9705	355
乡镇从业人员数	人	19436	20938	7126	15483	25322	28107
#外来从业人员	人		340	213	248	1393	230
#第二产业	人	4860	8990	2617	3074	2998	620
第三产业	人	3183	1270	3927	2886	1885	1500
农作物总播种面积	公顷	5516	5294	3016	5715	8393	10983
#粮食播种面积	公顷	3553	3246	1544	2812	5444	6483
粮食总产量	吨	18261	16274	8124	16227	30324	34284
肉类总产量	吨	4380	3556	2525	3378	7211	6260
企业个数	个	531	753	10	52	5137	1278
#工业企业	个	151	1	10	42	805	273
企业从业人员	人	3460	3358	487	1645	23871	4410
#工业企业	人	2790	65	487	1280	11654	1765
企业实交税金总额	万元	210	218	112	105	20500	2150
财政供给人数	人	204	111	159	428	90	150
#公务员	人	36	25	21	27	44	40
事业编制	人	21	86	74	401	40	87
财政供给人员全年工资总额	万元	301	273	245	432	270	395
财政总收入	万元	491	460	248	398	3846	1810
#一般预算收入	万元	491	23	240	318	3600	1150
财政支出	万元	491	460	248	398	835	1730
固定资产投资完成额	万元	16823	7750	3116	6792	371100	62800
#农业投资完成额	万元	10160		327		10000	14500
储蓄所	个	3	1	1	1	19	2
乡镇政府到县政府距离	公里	43	36	18	37	2	2
本乡镇公路里程	公里	60	51	250	81	170	53
市场个数	个	3	2	1	1	3	2
农技推广服务从业人员	人	3	12	4	6	10	9
农业专业合作经济组织个数	个	2	2		2	6	21
农业专业合作经济组织成员	户	80	85		210	30	835
小学校总数	个	14	17	9	21	12	3
小学在校学生总数	人	1480	1142	420	1522	1700	1190
小学教师总数	人	105	108	54	135	250	169
中学校总数	个	2	1	1	1	1	1
中学在校学生总数	人	1211	546	256	514	927	1128
中学教师总数	人	100	82	30	65	83	122
幼儿园、托儿所	个	3	11	2	18	6	8
医院、卫生院	个	1	1	1	1	5	1
医生数	人	6	21	14	46	445	15
病床数	床	18	24	4	22	380	31
农民人均纯收入	元	4780	3169	3560	3052	6358	5815
参加农村新型合作医疗	人	31074	31567	17000	29323	44614	49460
享受居民最低生活保障	人	1954	1955	1000	1301	3683	1900

5-9续表10　　　　　　　　　　（2010年）

指　　标	单　位	界首镇	高尚镇	严关镇	溶江镇	漠川乡	白石乡
居民委员会个数	个	1	1		1		
村民委员会个数	个	11	16	6	17	13	6
#通电的村	个	11	16	6	17	13	6
通电话的村	个	11	16	6	17	13	6
通公路的村	个	11	16	6	17	13	6
通有线电视的村	个	11	7	6	12	5	6
通自来水的村	个	11	4	6	17	13	6
垃圾集中处理的村	个	3					2
乡镇行政区域面积	公顷	15913	27239	12163	46185	31200	8804
年末有效灌溉面积	公项	1920	3112	1189	3094	950	532
乡镇用电总量	万千瓦时	1700	506	118	352	115	205
乡镇总户数	户	10355	13022	5450	13673	6772	3758
乡镇总人口	人	36329	47905	19881	56622	21799	11955
#外来人口	人	370	60	865	1135	18	52
乡镇从业人员数	人	19140	23365	8774	27900	9903	5804
#外来从业人员	人	135	52	708	2730	18	52
#第二产业	人	178	1745	546	1551	613	40
第三产业	人	834	5489	162	2122	635	21
农作物总播种面积	公顷	9225	10690	3462	11938	2338	2508
#粮食播种面积	公顷	5120	8879	2475	6610	1408	1480
粮食总产量	吨	25006	37103	13400	38594	7604	7700
肉类总产量	吨	6357	7720	3284	7620	1410	1285
企业个数	个	502	1071	863	1677	484	433
#工业企业	个	263	275	344	833	82	120
企业从业人员	人	1775	3505	8285	13690	1520	1542
#工业企业	人	1562	1449	6500	8130	486	826
企业实交税金总额	万元	425	430	756	1250	215	97
财政供给人数	人	90	103	62	118	41	41
#公务员	人	32	34	26	54	23	21
事业编制	人	40	64	30	64	16	16
财政供给人员全年工资总额	万元	250	240	190	354	105	110
财政总收入	万元	735	730	1156	1850	375	232
#一般预算收入	万元	635	180	1156	613	375	232
财政支出	万元	336	408	531	1705	375	187
固定资产投资完成额	万元	120000	17010	69000	131000	23437	6000
#农业投资完成额	万元	11210	130	2090	9850	280	1687
储蓄所	个	4	2	1	4	1	1
乡镇政府到县政府距离	公里	18	27	9	26	36	24
本乡镇公路里程	公里	189	80	23	70	32	8
市场个数	个	3	4	2	2	2	1
农技推广服务从业人员	人	10	10	8	13	5	7
农业专业合作经济组织个数	个	20	8	1	43	2	2
农业专业合作经济组织成员	户	136	568	8	2137	20	16
小学校总数	个	11	10	6	13	8	6
小学在校学生总数	人	1440	1645	657	1753	860	382
小学教师总数	人	135	158	103	193	101	40
中学校总数	个	2	1	1	2	1	1
中学在校学生总数	人	1440	790	326	2092	465	328
中学教师总数	人	174	74	59	151	31	24
幼儿园、托儿所	个	8	6	9	9	3	4
医院、卫生院	个	2	1	1	3	1	1
医生数	人	228	52	13	35	13	15
病床数	床	200	31	23	61	28	15
农民人均纯收入	元	6570	5100	7020	6846	5111	4009
参加农村新型合作医疗	人	35523	44559	18584	42938	20927	11510
享受居民最低生活保障	人	2058	1070	14	386	1192	750

5-9续表11 (2010年)

指标	单位	崔家乡	华江瑶族乡	永福镇	罗锦镇	百寿镇	苏桥镇
居民委员会个数	个			3	1	1	1
村民委员会个数	个	8	9	11	13	11	8
#通电的村	个	8	9	11	13	11	8
通电话的村	个	8	4	11	13	11	8
通公路的村	个	8	9	11	13	11	8
通有线电视的村	个	8	3	3	3	2	8
通自来水的村	个	8	6	8	3	3	4
垃圾集中处理的村	个		4	2	2	1	2
乡镇行政区域面积	公顷	9504	42279	27500	22712	41319	12350
年末有效灌溉面积	公项	1430	677	1715	3299	1155	2007
乡镇用电总量	万千瓦时	69	80	339	581	443	330
乡镇总户数	户	6426	5608	16041	11739	10421	7480
乡镇总人口	人	21458	17094	52746	43149	34508	27850
#外来人口	人	28	1735	4156	395	113	2185
乡镇从业人员数	人	10545	8432	16226	16464	16308	14494
#外来从业人员	人	21	838	2561	351	86	1711
#第二产业	人	513	1329	600	2171	1631	993
第三产业	人	933	1438	869	2172	572	1509
农作物总播种面积	公顷	5770	1543	5036	7947	4020	5687
#粮食播种面积	公顷	3310	884	3619	5943	2614	3703
粮食总产量	吨	17264	5963	18180	29902	13703	19080
肉类总产量	吨	3383	1380	5110	9267	2151	6115
企业个数	个	539	808	1258	830	365	766
#工业企业	个	113	250	896	401	203	339
企业从业人员	人	1914	10643	13365	5762	2413	4435
#工业企业	人	605	9359	6415	3840	1816	2552
企业实交税金总额	万元	215	809	1416	450	198	216
财政供给人数	人	89	106	35	69	66	56
#公务员	人	24	37	28	30	30	21
事业编制	人	65	59	5	20	31	20
财政供给人员全年工资总额	万元	238	240	145	150	94	135
财政总收入	万元	385	1209	2826	198	368	774.8
#一般预算收入	万元	67	767	2525	198	347	487.2
财政支出	万元	383	962	2680	198	368	774.8
固定资产投资完成额	万元	26100	45800	17111	18100	6241	15947
#农业投资完成额	万元	5145	1690	800	1680		9289
储蓄所	个	1	1	5	3	3	3
乡镇政府到县政府距离	公里	11	42	1	14	40	18
本乡镇公路里程	公里	38	58	15	35	28	37
市场个数	个	2	1	3	2	3	1
农技推广服务从业人员	人	11	7	9	8	22	12
农业专业合作经济组织个数	个	1	4	17	2	1	12
农业专业合作经济组织成员	户	50	36	142	24	24	196
小学校总数	个	7	9	17	13	12	8
小学在校学生总数	人	833	715	6862	2213	3024	1507
小学教师总数	人	81	88	255	143	228	94
中学校总数	个	1	1	3	2	2	1
中学在校学生总数	人	486	206	3518	1651	1821	580
中学教师总数	人	52	29	299	108	115	52
幼儿园、托儿所	个	13	1	8	3	5	2
医院、卫生院	个	2	1	3	1	1	1
医生数	人	20	54	351	25	160	12
病床数	床	18	54	448	46	56	20
农民人均纯收入	元	5013	6957	4763	5592	5367	5640
参加农村新型合作医疗	人	20490	16176	26504	36821	31503	23240
享受居民最低生活保障	人	1084	800	6221	2760	2293	2252

5-9续表12 （2010年）

指标	单位	堡里乡	广福乡	三皇乡	永安乡	龙江乡	灌阳镇
居民委员会个数	个						3
村民委员会个数	个	12	8	11	9	10	26
#通电的村	个	12	8	11	9	10	26
通电话的村	个	12	8	11	9	10	26
通公路的村	个	12	8	11	9	10	26
通有线电视的村	个	12	2	11	3	3	26
通自来水的村	个	7	4	11	9	6	26
垃圾集中处理的村	个	5	2	1	2	2	12
乡镇行政区域面积	公顷	37750	45002	20180	34905	37630	27900
年末有效灌溉面积	公项	1511	1420	1963	1680	890	1613
乡镇用电总量	万千瓦时	381	338	318	331	290	1609
乡镇总户数	户	7152	6492	7765	7649	5746	24818
乡镇总人口	人	26371	22477	25432	27226	22857	72040
#外来人口	人	356	45	158			2760
乡镇从业人员数	人	12981	10340	12081	14133	11505	24008
#外来从业人员	人	220	26	95			2236
#第二产业	人	799	1133	694	657	432	1516
第三产业	人	1169	740	1002	1934	820	1521
农作物总播种面积	公顷	3994	4383	6858	5394	3174	6187
#粮食播种面积	公顷	2532	2786	2964	3294	876	3902
粮食总产量	吨	12758	13721	14813	16483	4492	21850
肉类总产量	吨	3381	3207	2635	2500	1031	5696
企业个数	个	25	31	7	15	64	2018
#工业企业	个	21	31	6	11	62	210
企业从业人员	人	265	1002	545	517	450	7215
#工业企业	人	226	1002	368	458	379	3112
企业实交税金总额	万元	48	370	235	220	59	2341
财政供给人数	人	46	29	40	42	38	112
#公务员	人	23	22	20	24	23	39
事业编制	人	17	7	15	13	11	51
财政供给人员全年工资总额	万元	85	97	89	96	79	351
财政总收入	万元	342	351	385	225	572	2408
#一般预算收入	万元	212.65	340	378	210	560	698
财政支出	万元	342	246	385	225	535	766
固定资产投资完成额	万元	6280	5549	5800	4817	2711	158000
#农业投资完成额	万元	5280	560	1235			138
储蓄所	个	1	1	2	1	2	11
乡镇政府到县政府距离	公里	22	12	77	86	48	1
本乡镇公路里程	公里	75	35	30	39	108	98
市场个数	个	1	2	1	3	2	2
农技推广服务从业人员	人	21	4	4	5	2	26
农业专业合作经济组织个数	个	12	8	3	1	4	6
农业专业合作经济组织成员	户	390	102	281	24	21	101
小学校总数	个	8	6	7	9	10	26
小学在校学生总数	人	1041	1109	1038	1018	1480	4455
小学教师总数	人	96	86	95	92	92	208
中学校总数	个	1	1	1	1	1	6
中学在校学生总数	人	436	346	935	348	151	6932
中学教师总数	人	53	38	83	48	25	420
幼儿园、托儿所	个	3	1	2	1	1	19
医院、卫生院	个	1	1	1	1	1	8
医生数	人	21	26	45	15	17	159
病床数	床	35	20	28	20	25	308
农民人均纯收入	元	4701	5819	5973	5470	5612	4688
参加农村新型合作医疗	人	22747	20412	20293	21954	18970	47634
享受居民最低生活保障	人	2400	1750	840	1762	1173	6602

5-9续表13　　（2010年）

指　标	单　位	黄关镇	文市镇	洞井瑶族乡	观音阁乡	西山瑶族乡	新街乡
居民委员会个数	个						
村民委员会个数	个	15	21	9	6	10	21
#通电的村	个	15	21	9	6	10	21
通电话的村	个	15	21	9	6	10	21
通公路的村	个	15	21	9	6	10	21
通有线电视的村	个	6	5	5	6	1	5
通自来水的村	个	15	12	9	6	10	19
垃圾集中处理的村	个	1	5	2	6	2	9
乡镇行政区域面积	公顷	20600	14000	20900	12800	18800	16900
年末有效灌溉面积	公顷	1920	1204	437	462	476	2123
乡镇用电总量	万千瓦时	1449	2898	326	344	219	1158
乡镇总户数	户	15497	12926	2874	2714	4490	15775
乡镇总人口	人	44429	38407	9313	8836	12977	44871
#外来人口	人	50	185	75		25	
乡镇从业人员数	人	21974	19272	4698	5311	5850	21970
#外来从业人员	人	50		72		23	
#第二产业	人	1750	4687	735	708	1177	2224
第三产业	人	1255	1332	316	380	325	1060
农作物总播种面积	公顷	6314	4669	1960	1656	1644	6929
#粮食播种面积	公顷	4493	2858	1226	1184	903	5062
粮食总产量	吨	25696	15761	6236	5588	4145	29510
肉类总产量	吨	5307	3626	914	1081	857	5938
企业个数	个	743	745	260	189	215	968
#工业企业	个	264	372	91	111	95	431
企业从业人员	人	2752	3265	1051	1080	1192	3484
#工业企业	人	1956	2575	797	816	720	2669
企业实交税金总额	万元	472	745	149	100	288	785
财政供给人数	人	93	80	43	55	48	74
#公务员	人	31	28	18	19	17	24
事业编制	人	58	45	23	36	31	49
财政供给人员全年工资总额	万元	378	260	156	87	107	310
财政总收入	万元	503	931	186	113	306	1267
#一般预算收入	万元	146	217	85	45	127	295
财政支出	万元	503	468	186	113	306	524
固定资产投资完成额	万元	24563	38867	17293	11700	17390	46369
#农业投资完成额	万元	933	121	38	26	409	196
储蓄所	个	3	3	1	1	1	2
乡镇政府到县政府距离	公里	21	39	48	41	33	12
本乡镇公路里程	公里	51	75	56	20	42	59
市场个数	个	1	1	1	1	1	2
农技推广服务从业人员	人	19	15	6	4	5	12
农业专业合作经济组织个数	个	1	1	5	4		9
农业专业合作经济组织成员	户	86	10	28	32		265
小学校总数	个	17	22	9	6	10	20
小学在校学生总数	人	2077	1916	413	520	548	1767
小学教师总数	人	165	174	63	63	84	177
中学校总数	个	1	1	1	1	1	1
中学在校学生总数	人	727	760	340	212	275	858
中学教师总数	人	92	77	30	18	28	102
幼儿园、托儿所	个	13	12	4	2	4	23
医院、卫生院	个	1	1	1	1	1	1
医生数	人	27	20	7	6	6	19
病床数	床	105	60	21	26	21	28
农民人均纯收入	元	4494	4467	3587	3829	3239	4680
参加农村新型合作医疗	人	40019	31487	8056	8492	11421	39650
享受居民最低生活保障	人	3134	2530	726	620	1185	2510

5-9续表14 （2010年）

指　　标	单　位	新圩乡	水车乡	龙胜镇	瓢里镇	三门镇	和平乡
居民委员会个数	个			4	1	1	
村民委员会个数	个	16	14	14	10	13	15
#通电的村	个	16	14	14	10	13	15
通电话的村	个	16	14	14	10	13	15
通公路的村	个	16	14	14	10	13	15
通有线电视的村	个	9	14	14	10	4	15
通自来水的村	个	11	14	14	10	13	15
垃圾集中处理的村	个	2	2	5	2	1	2
乡镇行政区域面积	公顷	18200	21000	32000	20782	32788	23734
年末有效灌溉面积	公顷	1056	1204	390	561	569	372
乡镇用电总量	万千瓦时	489	987	117	136	1046	119
乡镇总户数	户	9896	11310	11540	4826	4489	4523
乡镇总人口	人	26910	33312	35882	15669	15289	16421
#外来人口	人	49		3721	941	523	277
乡镇从业人员数	人	14885	15203	13274	8386	7298	9750
#外来从业人员	人	49		2914	658	433	267
#第二产业	人	2925	3216	1250	2907	3127	1110
第三产业	人	364	2427	2578	1080	519	1421
农作物总播种面积	公顷	3754	4338	2768	1852	1767	2046
#粮食播种面积	公顷	2338	3046	1430	1060	998	1047
粮食总产量	吨	11053	16454	8097	6303	5516	5690
肉类总产量	吨	2866	2745	1534	848	1347	975
企业个数	个	352	380	477	224	300	159
#工业企业	个	167	215	124	53	98	43
企业从业人员	人	1742	1576	3828	2131	2403	1274
#工业企业	人	1375	1141	1250	763	1858	441
企业实交税金总额	万元	155	408	3294	808	3902	920
财政供给人数	人	62	62	198	63	106	60
#公务员	人	25	22	55	25	22	29
事业编制	人	34	40	39	34	42	29
财政供给人员全年工资总额	万元	240	260	343	195	160	179
财政总收入	万元	172	479	3694	1434	4833	1011
#一般预算收入	万元	150	143	3694	487	1345	438
财政支出	万元	172	343	1362	467	624	607
固定资产投资完成额	万元	35848	26229	89939	31153	25347	17089
#农业投资完成额	万元	71	69	1315	434	457	437
储蓄所	个	1	2	3	1	2	1
乡镇政府到县政府距离	公里	15	35		22	47	12
本乡镇公路里程	公里	46	45	95	106	218	150
市场个数	个	2	1	1	1	1	1
农技推广服务从业人员	人	6	9	17	13	7	9
农业专业合作经济组织个数	个	4	6	4	4	1	4
农业专业合作经济组织成员	户	38	60	230	20	7	20
小学校总数	个	16	16	5	8	8	7
小学在校学生总数	人	943	1037	1037	635	677	794
小学教师总数	人	131	137	104	94	98	92
中学校总数	个	1	1	2	1	1	1
中学在校学生总数	人	429	461	3200	420	322	269
中学教师总数	人	71	72	263	51	41	46
幼儿园、托儿所	个	3	5	4	1	1	1
医院、卫生院	个	1	1	3	1	1	1
医生数	人	10	10	237	25	13	7
病床数	床	29	28	291	15	15	10
农民人均纯收入	元	3694	3902	3658	3716	3718	3145
参加农村新型合作医疗	人	20753	28830	17742	13568	12364	14790
享受居民最低生活保障	人	2095	1996	2120	1822	2159	2450

5-9续表15 （2010年）

指　　标	单　位	泗水乡	江底乡	马堤乡	伟江乡	平等乡	乐江乡
居民委员会个数	个						
村民委员会个数	个	9	8	8	8	21	13
#通电的村	个	9	8	8	8	21	13
通电话的村	个	9	8	8	8	21	13
通公路的村	个	9	8	8	8	21	13
通有线电视的村	个	7	1	8	8	21	13
通自来水的村	个	9	8	8	8	21	13
垃圾集中处理的村	个	5	2	2	3	1	5
乡镇行政区域面积	公顷	16780	25117	14184	15070	34912	22788
年末有效灌溉面积	公项	636	287	468	188	1184	725
乡镇用电总量	万千瓦时	156	157	50	100	266	152
乡镇总户数	户	3458	2480	3125	2690	8414	5223
乡镇总人口	人	13593	9086	11569	9964	29446	19945
#外来人口	人	75	67	102	160	375	667
乡镇从业人员数	人	7304	4487	5740	4584	12974	10325
#外来从业人员	人	75	53	87	45	341	387
#第二产业	人	996	737	600	921	2168	971
第三产业	人	682	325	410	381	874	1338
农作物总播种面积	公顷	1576	1219	1427	1319	2919	1846
#粮食播种面积	公顷	978	756	642	442	1817	1017
粮食总产量	吨	6134	4022	3659	2462	10847	6289
肉类总产量	吨	2040	1900	1938	1221	2044	1878
企业个数	个	112	83	70	63	192	104
#工业企业	个	41	30	12	11	54	45
企业从业人员	人	893	669	560	510	1537	841
#工业企业	人	441	306	121	332	755	455
企业实交税金总额	万元	565	167	152	158	201	183
财政供给人数	人	62	41	56	42	64	57
#公务员	人	24	21	19	16	28	24
事业编制	人	36	18	37	23	32	33
财政供给人员全年工资总额	万元	178	128	149	126	209	188
财政总收入	万元	763	417	340	322	509	478
#一般预算收入	万元	314	189	138	305	402	175
财政支出	万元	432	417	307	322	509	412
固定资产投资完成额	万元	17881	13730	8954	10332	19346	16086
#农业投资完成额	万元	290	832	276	283	752	641
储蓄所	个	1	1	1	1	1	1
乡镇政府到县政府距离	公里	12	37	23	48	65	36
本乡镇公路里程	公里	38	79	76	111	122	119
市场个数	个	1	1	1	1	1	1
农技推广服务从业人员	人	8	3	8	6	5	5
农业专业合作经济组织个数	个	2	1	5	2	3	1
农业专业合作经济组织成员	户	30	20	522	186	440	280
小学校总数	个	6	3	7	7	13	10
小学在校学生总数	人	791	387	734	395	1059	806
小学教师总数	人	106	41	92	60	151	95
中学校总数	个	1	1	1	1	1	1
中学在校学生总数	人	311	323	278	256	496	430
中学教师总数	人	38	28	32	24	56	39
幼儿园、托儿所	个	1	1		1	1	1
医院、卫生院	个	1	1	2	1	1	1
医生数	人	7	19	17	8	8	10
病床数	床	6	9	10	14	20	14
农民人均纯收入	元	2932	3646	2726	2826	2970	3118
参加农村新型合作医疗	人	11736	8983	10166	8742	27719	18356
享受居民最低生活保障	人	995	1231	2269	1922	2329	3607

5-9续表16 （2010年）

指标	单位	资源镇	中峰乡	梅溪乡	瓜里乡	车田苗族乡	两水苗族乡
居民委员会个数	个	2		1			
村民委员会个数	个	14	10	13	11	12	6
#通电的村	个	14	10	13	11	12	6
通电话的村	个	14	10	13	11	12	6
通公路的村	个	14	10	13	11	12	6
通有线电视的村	个	14	10	13	6	3	6
通自来水的村	个	14	10	13	11	2	6
垃圾集中处理的村	个	14	10	13	5	1	4
乡镇行政区域面积	公顷	32600	31918	37630	24471	30900	13270
年末有效灌溉面积	公顷	1003	750	966	546	688	458
乡镇用电总量	万千瓦时	415	413	188	75	132	49
乡镇总户数	户	16850	9716	7960	6159	7451	2820
乡镇总人口	人	48631	30123	31025	21982	24349	10800
#外来人口	人	12507	631	705	80	121	80
乡镇从业人员数	人	16927	18715	19220	12670	11458	950
#外来从业人员	人	1439	715	500	52	100	100
#第二产业	人	3703	1685	1300	1500	1140	400
第三产业	人	4278	8284	2800	1862	1031	450
农作物总播种面积	公顷	5048	3903	2779	2248	3281	2391
#粮食播种面积	公顷	1809	1614	1390	1108	1446	1114
粮食总产量	吨	11309	10933	8780	7040	7239	5751
肉类总产量	吨	1770	2056	1485	1372	1195	958
企业个数	个	728	75	900	302	550	161
#工业企业	个	379	39	150	44	105	98
企业从业人员	人	4398	815	3000	998	2680	810
#工业企业	人	2298	678	1000	300	1750	578
企业实交税金总额	万元	133	1080	720	24	193	142
财政供给人数	人	37	35	28	24	33	22
#公务员	人	30	24	26	22	31	18
事业编制	人	5	3	2	2	2	4
财政供给人员全年工资总额	万元	81	108	50	70	120	54
财政总收入	万元	1086	1136	720	310	321	179
#一般预算收入	万元	1086	1136	700	20	254	179
财政支出	万元	764	1136	400	285	321	179
固定资产投资完成额	万元	86454	48980	30505	27751	37138	14364
#农业投资完成额	万元	17587	12110	16200	570	6026	920
储蓄所	个	5	4	3	2	2	1
乡镇政府到县政府距离	公里	2	12	30	41	30	44
本乡镇公路里程	公里	150	150	384	32	117	95
市场个数	个	3	2	1	1	2	1
农技推广服务从业人员	人	4	13	3	9	10	8
农业专业合作经济组织个数	个	10				1	
农业专业合作经济组织成员	户	400				60	
小学校总数	个	26	16	13	22	11	7
小学在校学生总数	人	1939	1347	1800	1056	1202	508
小学教师总数	人	225	154	135	97	107	50
中学校总数	个	1	2	1	1	1	1
中学在校学生总数	人	901	613	850	501	609	281
中学教师总数	人	88	102	78	65	57	25
幼儿园、托儿所	个	6	4	3	3	2	1
医院、卫生院	个	2	1	1	1	1	1
医生数	人	124	40	23	9	18	6
病床数	床	149	30	40	25	30	8
农民人均纯收入	元	4039	4181	3786	3649	3502	3183
参加农村新型合作医疗	人	33112	29231	27000	19880	21078	9800
享受居民最低生活保障	人	1794	1578	1750	1415	2681	20

5-9续表17 （2010年）

指　　标	单　位	河　口瑶族乡	平乐镇	二塘镇	沙子镇	同安镇	张家镇
居民委员会个数	个		4	1	1	1	2
村民委员会个数	个	5	29	18	10	12	12
#通电的村	个	5	29	18	10	12	12
通电话的村	个	5	29	18	10	12	12
通公路的村	个	5	28	18	10	12	12
通有线电视的村	个	5	22	18	10	12	12
通自来水的村	个	5	14	1	1	3	4
垃圾集中处理的村	个	2	5	1	1	1	2
乡镇行政区域面积	公顷	10900	31360	22616	19236	13715	11740
年末有效灌溉面积	公项	176	1606	1757	1055	1441	1433
乡镇用电总量	万千瓦时	20	1185	1397	720	878	726
乡镇总户数	户	1395	33938	22545	13508	13294	13547
乡镇总人口	人	5031	97311	72861	43150	49954	44807
#外来人口	人	20	5520	1565	298	395	380
乡镇从业人员数	人	2077	50128	37580	19552	26592	26283
#外来从业人员	人	18	2620	1045	290	395	262
#第二产业	人	90	14295	11476	4318	7946	7554
第三产业	人	174	16348	12520	1205	1693	1672
农作物总播种面积	公顷	968	8853	9978	6899	7128	5002
#粮食播种面积	公顷	426	4250	4423	2854	3536	2988
粮食总产量	吨	1967	23328	22793	14963	19090	16359
肉类总产量	吨	506	5368	5487	3122	2654	3082
企业个数	个	121	3247	1961	751	1486	1207
#工业企业	个	44	825	318	227	259	239
企业从业人员	人	859	21355	9854	2396	4570	4226
#工业企业	人	356	15238	4854	1268	2171	2554
企业实交税金总额	万元	82	3424	1236	665	482	442
财政供给人数	人	20	82	57	48	31	36
#公务员	人	14	55	47	33	25	32
事业编制	人	5	20	8	10	4	3
财政供给人员全年工资总额	万元	35	328	180	143	108	100
财政总收入	万元	116	3473	1736	692	501	467
#一般预算收入	万元	116	2138	1493	692	501	287
财政支出	万元	116	2246	403	360	307	303
固定资产投资完成额	万元	6227	45380	54296	29588	34511	25973
#农业投资完成额	万元		250	320	410	1065	158
储蓄所	个	1	13	4	2	4	2
乡镇政府到县政府距离	公里	55	1	15	40	40	35
本乡镇公路里程	公里	36	59	48	45	40	42
市场个数	个	1	7	3	3	2	1
农技推广服务从业人员	人	3	20	9	13	9	6
农业专业合作经济组织个数	个		8	12	7	5	3
农业专业合作经济组织成员	户		3020	1256	650	485	240
小学校总数	个	3	27	16	7	11	10
小学在校学生总数	人	205	6830	5647	2226	2566	2524
小学教师总数	人	20	552	393	175	197	209
中学校总数	个	1	6	2	1	2	2
中学在校学生总数	人	98	8196	3089	720	916	1950
中学教师总数	人	14	572	235	88	87	105
幼儿园、托儿所	个	1	15	13	14	8	15
医院、卫生院	个	1	9	1	1	1	1
医生数	人	6	485	128	33	32	26
病床数	床	5	724	84	40	50	34
农民人均纯收入	元	3249	5095	5161	5002	4542	4580
参加农村新型合作医疗	人	4608	54650	59314	35500	41886	37542
享受居民最低生活保障	人	343	3570	749	420	502	374

5-9续表18 （2010年）

指　　标	单　位	源头镇	阳安乡	青龙乡	桥亭乡	大　发 瑶族乡	荔城镇
居民委员会个数	个	1			1		10
村民委员会个数	个	17	10	8	8	10	10
#通电的村	个	17	10	8	8	10	10
通电话的村	个	17	10	8	7	10	10
通公路的村	个	17	10	8	8	10	10
通有线电视的村	个	17	10	8	8	10	10
通自来水的村	个	6	7	3	2	1	
垃圾集中处理的村	个	2	3	1	2	1	1
乡镇行政区域面积	公顷	23233	7378	6433	10584	45639	9500
年末有效灌溉面积	公项	2216	977	1035	540	431	820
乡镇用电总量	万千瓦时	752	924	374	299	232	1892
乡镇总户数	户	16176	7739	7366	6333	6917	23730
乡镇总人口	人	50872	26579	23352	18073	18906	74318
#外来人口	人	580	8	8	16	24	3180
乡镇从业人员数	人	25676	15613	13038	9435	12783	41717
#外来从业人员	人	403	8	5	16	24	2189
#第二产业	人	6578	6910	8412	2650	2012	26241
第三产业	人	1928	850	674	880	648	8289
农作物总播种面积	公顷	9512	4435	4128	2532	3352	3721
#粮食播种面积	公顷	3880	2083	2227	1412	1615	1857
粮食总产量	吨	20134	11606	12317	7363	7896	9956
肉类总产量	吨	4478	3262	1547	1401	1040	7067
企业个数	个	830	406	162	369	268	3980
#工业企业	个	265	96	56	134	114	469
企业从业人员	人	2728	1933	531	1452	886	27378
#工业企业	人	1348	693	289	689	577	18650
企业实交税金总额	万元	230	186	72	46	24	7280
财政供给人数	人	37	35	26	28	26	80
#公务员	人	26	21	23	18	23	39
事业编制	人	5	14	2	6	2	38
财政供给人员全年工资总额	万元	110	82	68	62	57	350
财政总收入	万元	235.52	275	263	55	68	7829
#一般预算收入	万元	235.52	275	167	55	68	609
财政支出	万元	218.11	192	255	54	66	812
固定资产投资完成额	万元	16319.3	6099	4799	7129	4113	9899
#农业投资完成额	万元		2701	16	32	8	200
储蓄所	个	3	1	1	1	1	16
乡镇政府到县政府距离	公里	50	39	39	23	24	1
本乡镇公路里程	公里	50	5	10	8	20	45
市场个数	个	2	1	1	1	3	6
农技推广服务从业人员	人	3	8	2	8	7	6
农业专业合作经济组织个数	个	2	6	6	6	1	14
农业专业合作经济组织成员	户	227	380	146	280	16	378
小学校总数	个	8	10	8	5	8	11
小学在校学生总数	人	2768	1267	1106	648	686	5519
小学教师总数	人	190	153	104	82	91	385
中学校总数	个	2	1	1	1	1	1
中学在校学生总数	人	1084	483	694	301	256	898
中学教师总数	人	112	64	44	38	42	76
幼儿园、托儿所	个	4	4	2	2	1	20
医院、卫生院	个	2	1	1	1	1	4
医生数	人	34	15	32	11	12	185
病床数	床	62	22	26	17	15	409
农民人均纯收入	元	4403	5148	2647	5117	4995	5665
参加农村新型合作医疗	人	40823	23111	20332	15453	15891	29806
享受居民最低生活保障	人	579	368	183	179	262	2631

5-9续表19　　　　(2010年)

指　　标	单　位	东昌镇	新平镇	杜莫镇	青山镇	修仁镇	大塘镇	花篢镇
居民委员会个数	个	1	1	1	1	1	1	1
村民委员会个数	个	10	13	10	10	9	11	8
#通电的村	个	10	13	10	10	9	11	8
通电话的村	个	10	13	10	10	9	11	8
通公路的村	个	10	13	10	10	9	11	8
通有线电视的村	个	9	5	3	10	9	7	7
通自来水的村	个	4	13	3	8	9	2	
垃圾集中处理的村	个	10	8	1	1	3	11	1
乡镇行政区域面积	公顷	14500	25100	11900	7200	10900	10400	13800
年末有效灌溉面积	公项	940	884	1077	1541	1241	1092	767
乡镇用电总量	万千瓦时	244	305	328	260	324	604	318
乡镇总户数	户	7696	9322	7353	10468	10815	7028	7673
乡镇总人口	人	25690	30675	24871	36595	35613	23715	25023
#外来人口	人	825	507	1018	1212	556	55	89
乡镇从业人员数	人	16017	15927	15482	25155	19037	12081	13279
#外来从业人员	人	267	507	885	846	397	55	32
#第二产业	人	3495	669	1455	8507	4198	3269	2162
第三产业	人	3388	7212	1817	2893	1778	1696	2320
农作物总播种面积	公顷	3497	4814	3581	4301	4995	4541	2751
#粮食播种面积	公顷	1584	2206	2037	1942	2296	2228	1316
粮食总产量	吨	7999	11414	10471	10630	11940	11772	6718
肉类总产量	吨	2512	3804	1919	5644	5016	2606	2727
企业个数	个	603	1143	643	51	1289	618	579
#工业企业	个	174	245	133	47	220	142	169
企业从业人员	人	2629	3593	1996	7928	4586	2446	2645
#工业企业	人	1895	1914	706	7836	1883	1236	1580
企业实交税金总额	万元	224	828	212	3211	567	146	306
财政供给人数	人	53	69	63	69	66	50	48
#公务员	人	27	26	34	32	35	28	26
事业编制	人	26	30	29	32	28	22	22
财政供给人员全年工资总额	万元	120	209	185	147	146	112	138
财政总收入	万元	663	877	379	4736	709	433	472
#一般预算收入	万元	177	677	277	1140	709	433	312
财政支出	万元	663	663	368	1140	709	430	471
固定资产投资完成额	万元	153	342	4117	32125	8637	1784	3598
#农业投资完成额	万元	82	227	685	212	663	320	1020
储蓄所	个	1	1	1	1	5	1	1
乡镇政府到县政府距离	公里	15	7	13	9	17	11	17
本乡镇公路里程	公里	50	46	30	37	17	18	17
市场个数	个	1	1	1	1	1	1	1
农技推广服务从业人员	人	7	7	6	14	3	21	4
农业专业合作经济组织个数	个	4	6	6	22	14	3	4
农业专业合作经济组织成员	户	125	42	185	112	7053	67	401
小学校总数	个	5	16	11	11	16	12	10
小学在校学生总数	人	1023	1482	1466	1722	1680	939	980
小学教师总数	人	107	145	115	160	141	112	112
中学校总数	个	1	1	1	1	1	1	1
中学在校学生总数	人	505	656	1051	1780	797	472	416
中学教师总数	人	50	71	76	120	61	56	39
幼儿园、托儿所	个	3	4	3	7	12	2	3
医院、卫生院	个	1	1	1	1	1	2	1
医生数	人	13	25	15	28	47	26	7
病床数	床	25	28	10	55	36	30	21
农民人均纯收入	元	5350	5509	4788	5906	5146	4421	5275
参加农村新型合作医疗	人	22331	28010	22138	32602	30645	21312	21390
享受居民最低生活保障	人	2039	1856	44	1797	1522	1192	1235

5-9续表20　　　　　　　　（2010年）

指　　　标	单　位	双江镇	马岭镇	龙怀乡	茶城乡	蒲　芦 瑶族乡	恭城镇	栗木镇
居民委员会个数	个	1	1	1	1	1	3	2
村民委员会个数	个	10	14	4	5	8	14	17
#通电的村	个	10	14	4	5	8	14	17
通电话的村	个	10	14	4	5	8	14	17
通公路的村	个	10	14	4	5	8	14	17
通有线电视的村	个	10	14	4	5		14	17
通自来水的村	个	3	6	4	5	8	3	4
垃圾集中处理的村	个	10	1	1	1	2	3	4
乡镇行政区域面积	公顷	14492	14300	8100	9800	25900	9310	27700
年末有效灌溉面积	公项	1260	1487	459	510	311	937	2747
乡镇用电总量	万千瓦时	256	784	335	86	298	758	314
乡镇总户数	户	8836	12745	3087	3384	3179	16400	10524
乡镇总人口	人	30733	44408	10415	11607	11153	52943	43458
#外来人口	人	415	1826	176	92	298	15882	671
乡镇从业人员数	人	19133	22492	6206	6874	5352	30052	22115
#外来从业人员	人	300	1545	53	29	298	7748	572
#第二产业	人	2346	2640	478	1045	1957	3606	1619
第三产业	人	2295	5084	1218	372	263	3547	2432
农作物总播种面积	公顷	4818	5042	2017	1981	1359	2274	6475
#粮食播种面积	公顷	2242	2482	874	805	595	919	3750
粮食总产量	吨	11556	13140	4395	4187	3229	4285	16364
肉类总产量	吨	4317	8293	1489	1405	614	3408	3569
企业个数	个	952	1346	24	14	39	2073	1213
#工业企业	个	37	504	15	14	16	176	226
企业从业人员	人	3768	7017	1386	873	287	6426	4071
#工业企业	人	1418	4608	870	354	253	4473	1705
企业实交税金总额	万元	807	1152	304	191	200	501	349
财政供给人数	人	54	63	44	41	41	203	294
#公务员	人	30	37	21	18	18	43	39
事业编制	人	24	26	20	23	23	33	146
财政供给人员全年工资总额	万元	129	216	104	108	82	262	314
财政总收入	万元	872	1704	353	259.7	299.55	592	391
#一般预算收入	万元	672	1153	87.2	68	299.55	589	391
财政支出	万元	678	528	349	237	299.55	592	324
固定资产投资完成额	万元	2280	7140	6450	7291	250	29072	25613
#农业投资完成额	万元	520	1010	89	62	70.49	3155	7112
储蓄所	个	1	3	1	1	1	3	4
乡镇政府到县政府距离	公里	12	18	20	20	30	2	35
本乡镇公路里程	公里	75	50	25	10	27	350	38
市场个数	个	2	2	1	1	1	3	1
农技推广服务从业人员	人	7	12	7	6	7	9	12
农业专业合作经济组织个数	个	7	3	4	7		94	112
农业专业合作经济组织成员	户	1800	65	119	36		1967	3432
小学校总数	个	7	11	5	5	18	15	17
小学在校学生总数	人	1385	2052	483	536	430	3507	1882
小学教师总数	人	108	174	62	72	65	271	192
中学校总数	个	1	1				3	2
中学在校学生总数	人	725	1231				4859	1291
中学教师总数	人	60	88				356	173
幼儿园、托儿所	个	2	6	2	1	1	9	7
医院、卫生院	个	1	1	1	1	1	4	2
医生数	人	8	25	20	5	8	138	17
病床数	床	13	40	18	18	12	329	70
农民人均纯收入	元	5698	5339	4662	4502	3400	4894	3904
参加农村新型合作医疗	人	26791	37549	9337	10036	9430	25881	38251
享受居民最低生活保障	人	1158	2061	1042	906	829	2096	4012

5-9续表21 （2010年）

指标	单位	莲花镇	平安乡	三江乡	嘉会乡	西岭乡	观音乡	龙虎乡
居民委员会个数	个	1			1	1		
村民委员会个数	个	23	15	10	13	17	4	4
#通电的村	个	23	15	10	13	17	4	4
通电话的村	个	23	15	10	13	17	4	4
通公路的村	个	23	15	10	13	17	4	4
通有线电视的村	个	11	15	1	13	17	4	4
通自来水的村	个	20	7	10	10	15	4	2
垃圾集中处理的村	个	1			13	8	4	
乡镇行政区域面积	公顷	36500	27499	29600	24800	43808	1400	5800
年末有效灌溉面积	公项	1975	2560	458	1929	1778	481	522
乡镇用电总量	万千瓦时	644	230	92	190	383	72	182
乡镇总户数	户	12946	9517	3872	7744	9986	2542	3222
乡镇总人口	人	52859	37486	14213	24973	37014	9274	9961
#外来人口	人	800	213	273	313	2184	132	210
乡镇从业人员数	人	29013	18321	7326	12805	18216	4863	5400
#外来从业人员	人	460	152	273	216	1310	104	105
#第二产业	人	3191	810	1245	1143	958	36	320
第三产业	人	3771	2198	284	1536	2003	814	538
农作物总播种面积	公顷	6113	3026	2695	5261	7126	1933	1561
#粮食播种面积	公顷	3013	1437	1204	2181	3462	925	761
粮食总产量	吨	13438	6117	4991	8762	13049	4329	3641
肉类总产量	吨	28888	3196	2051	3206	2308	1460	1850
企业个数	个	1486	789	381	786	861	111	212
#工业企业	个	340	75	138	270	328	36	26
企业从业人员	人	4811	2731	1445	4716	5166	532	1272
#工业企业	人	2340	1026	999	1850	1968	439	183
企业实交税金总额	万元	426	590	123	202	1182	80	60
财政供给人数	人	244	187	138	156	226	47	48
#公务员	人	49	37	23	34	59	15	19
事业编制	人	39	57	38	31	49	32	29
财政供给人员全年工资总额	万元	366	361	415	246	303	75	140
财政总收入	万元	443	590	177	241	1820	124	80
#一般预算收入	万元	443	590	177	241	1820	124	80
财政支出	万元	443	361	177	241	1640	124	80
固定资产投资完成额	万元	19702	17943	11944	18174	13400	9200	7344
#农业投资完成额	万元		744	1866		10720		
储蓄所	个	3	2	1	1	1	1	1
乡镇政府到县政府距离	公里	14	3	49	20	15	48	43
本乡镇公路里程	公里	87	25	39	252	780	15	
市场个数	个	2	2	1	1	1	1	1
农技推广服务从业人员	人	3	6	3	5	3	2	1
农业专业合作经济组织个数	个	147	177	60	69	109	32	36
农业专业合作经济组织成员	户	6069	7267	2433	4641	5460	767	1813
小学校总数	个	23	14	5	13	16	5	6
小学在校学生总数	人	3441	1868	871	1265	2134	547	594
小学教师总数	人	278	189	83	148	209	53	55
中学校总数	个	3	2	1	1	1		
中学在校学生总数	人	3299	675	375	930	729		
中学教师总数	人	230	81	31	72	84		
幼儿园、托儿所	个	6	15	1	6	5	4	2
医院、卫生院	个	1	1	1	1	1	1	1
医生数	人	23	14	7	15	15	4	4
病床数	床	50	15	40	31	40	22	4
农民人均纯收入	元	4900	4509	3846	4280	4180	4261	3895
参加农村新型合作医疗	人	48077	34113	13776	21945	35165	7752	7902
享受居民最低生活保障	人	620	2568	1357	3157	3726	1032	149

5-10 市县区农村住户调查人均情况

（2010年）

指标	单位	全市	秀峰区	叠彩区	象山区	七星区	雁山区
土地经营情况							
期末经营耕地面积	亩	1.30	0.41	0.27	0.70	0.47	1.06
山地面积	亩	0.57					
园地面积	亩	0.29					0.01
粮食播种面积	亩	1.36	0.37	0.16	0.77	0.25	0.71
#水稻	亩	1.18	0.37	0.13	0.75	0.24	0.66
经济作物播种面积	亩	1.45	0.11	0.26	0.18	0.49	0.58
#蔬菜	亩	1.34	0.09	0.26	0.18	0.47	0.50
农村住户当年生产经营情况							
农业							
谷物产量	公斤	497.71	163.67	47.20	381.44	92.97	355.81
#普通稻谷产量	公斤	467.51	163.67	47.20	381.44	91.24	349.87
优质稻谷产量	公斤						
红薯产量	公斤	6.76		1.03	1.56	0.02	0.43
豆类产量	公斤	8.23		0.85	0.66	0.12	2.65
油料产量	公斤	8.85		0.17		3.52	2.11
蔬菜产量	公斤	291.53	79.93	580.51	266.07	685.20	1904.75
#叶菜类产量	公斤	281.61	64.12	580.51	266.07	685.07	1904.73
西瓜产量	公斤	44.63	56.48			0.41	125.17
园林水果产量	公斤	346.53				0.78	45.33
#柑桔类产量	公斤	144.75					39.17
林业							8.20
柴	公担	2.56			0.13		0.52
草	公担	0.34					0.94
牧业							33.47
畜禽肉产量(出售、自宰)	公斤	66.88	77.57	205.87	119.73	32.24	23.76
肉猪肉产量	公斤	45.91	77.25	204.29	116.09	25.74	19.39
鸡的肉产量	公斤	13.88	0.16	1.03	3.18	2.63	0.89
蛋类产量	公斤	2.67	1.10		0.12	1.43	0.07
渔业							26.89
鱼类产量	公斤	3.19	10.92		1.99	3.52	26.88
农村住户总收入与总支出							
总收入	元	7636.72	8008.66	8715.66	8611.47	7603.10	6450.78
工资性收入	元	1901.98	1819.16	2000.75	2597.31	2929.90	1631.59
在非企业组织中劳动得到收入	元	167.69			35.30	74.03	
在本乡地域内劳动得到收入	元	872.01		1186.07	321.42	2209.75	849.85
在企业中劳动得到收入	元	216.98		432.20	61.55	1002.90	125.28
#乡镇企业收入	元						
在国家投资基建项目得到收入	元	3.23					
提供其他劳务收入	元	651.81		753.87	259.87	1206.84	724.57
外出从业得到收入	元	862.28	1819.16	814.68	2240.60	646.12	781.74
#在省外国内从业得到收入	元	497.43		8.82		151.76	
家庭经营收入	元	5308.94	3085.11	5151.41	4899.83	2309.09	4716.26
第一产业收入	元	4374.92	1813.07	4210.32	3157.96	1936.49	4546.10
农业收入	元	2814.47	567.40	1461.57	1198.22	1449.44	2721.56
#农产品收入	元	2786.43	567.40	1369.97	1198.22	1425.91	2721.56
#粮食收入	元	1050.01	343.35	98.67	752.87	179.34	724.17
蔬菜收入	元	566.87	176.62	1219.71	444.48	1148.81	1792.82
瓜果收入	元	51.42	40.55			3.15	103.27
园林水果收入	元	721.73				44.07	76.87
林业收入	元	354.87		6.78		0.06	51.93
#林业产品收入	元	353.66		6.78		0.06	51.93
#采集林产品收入	元	46.28				0.06	49.15
竹木采伐收入	元	197.60					2.78
牧业收入	元	1170.25	1151.01	2741.98	1942.29	457.93	1501.10
#牧业产品收入	元	1136.67	1151.01	2741.98	1940.30	457.93	534.58

5-10续表1 （2010年）

指标名称	单位	全市	秀峰区	叠彩区	象山区	七星区	雁山区
#猪收入	元	698.15	1135.45	2716.68	1719.98	336.27	307.67
菜羊收入	元	2.20				16.83	
肉牛收入	元	41.25				21.72	60.00
成龄家禽收入	元	194.13	3.70	23.26	61.29	62.24	24.18
渔业收入	元	35.33	94.66		17.45	29.06	271.51
#渔业产品收入	元	35.06	94.66		17.45	29.06	271.51
第二产业收入	元	322.28	101.56		162.87		
工业收入	元	244.23			16.89		
建筑业收入	元	78.05	101.56		145.97		
第三产业收入	元	611.74	1170.47	941.09	1579.00	372.60	170.16
#交通、运输、邮电业收入	元	217.78	626.96	650.13	659.16	25.52	14.61
批零贸易业、饮食业收入	元	283.67	288.90	283.73	919.85	343.10	155.54
社会服务业收入	元	20.13	36.72	5.95			
文教卫生业收入	元	48.29	0.20				
财产性收入	元	136.64	2374.70	1415.22	992.10	2334.77	9.23
#集体分配股息和红利	元	8.01	289.06		481.81	261.74	8.94
租金（包括农业机械）	元	37.53	2094.52	3.81	222.04	1873.37	0.29
土地征用补偿收入	元	29.53			252.65	146.55	
转移性收入	元	289.16	729.69	148.28	122.23	29.34	93.71
#家庭非常住人口寄回和带回收入	元	87.78		85.59		5.17	50.11
城市亲友赠送收入	元	16.62		16.95			
农村亲友赠送收入	元	73.98	23.59	3.18	39.07	6.55	
总支出	元	6244.62	5170.34	8923.91	9052.82	4562.48	5138.35
家庭经营费用支出	元	1954.91	1111.46	2968.01	2764.66	828.28	1420.59
第一产业生产费用支出	元	1649.09	894.17	2888.61	2020.06	808.91	1420.59
农业生产费用支出	元	942.31	277.61	1221.21	613.03	442.05	900.01
农业生产资料支出	元	876.45	271.61	1070.99	601.77	429.62	862.28
#种籽支出	元	66.31	15.74	27.13	170.42	131.58	52.48
农业服务性支出	元	65.86	6.00	150.22	11.25	12.43	37.73
林业生产费用支出	元	37.58	2.34	28.60	0.44	1.41	0.72
牧业生产费用支出	元	661.36	576.17	1638.80	1401.53	361.70	303.23
牧业生产资料支出	元	654.00	576.05	1638.80	1396.26	361.67	287.90
#饲料支出	元	551.01	328.30	971.80	769.33	221.34	154.10
牧业服务性支出	元	7.35	0.12		5.27	0.03	15.33
渔业生产费用支出	元	7.83	38.05		5.06	3.74	216.63
第二产业生产费用支出	元	149.52	60.94	18.83	0.17	5.69	
工业生产费用支出	元	112.18	60.94	0.10			
建筑业生产费用支出	元	37.34		18.73	0.17	5.69	
第三产业生产费用支出	元	156.30	156.34	60.57	744.43	13.68	
交通运输邮电业生产费用支出	元	58.09	112.00	53.28	279.60	0.24	
批零贸易餐饮业生产费用支出	元	91.85	42.97		464.81	0.35	
社会服务业生产费用支出	元	0.83		0.08	0.02		
文教卫生业生产费用支出	元	1.31	1.38			0.19	
其他行业生产费用支出	元	4.23		7.20		12.90	
购置生产性固定资产支出	元	172.80	0.23	6.66	516.11	22.55	125.04
建造生产性固定资产雇工支出	元	0.80					
税费支出	元	3.51	0.01	36.42	51.40	0.33	1.40
第一产业税	元	0.01		0.12	2.21		
第二产业税	元		0.01				
第三产业生产纳税	元	0.16			28.70	0.04	
其他各种收费	元	3.34		36.29	20.49	0.28	1.40
生活消费支出	元	3871.93	3697.42	5888.04	5381.45	3629.59	3443.93
食品消费支出	元	1827.24	1595.35	2252.84	2478.69	2118.49	1585.23
食品消费品支出	元	1546.51	1411.17	1981.06	2006.21	1893.68	1458.65
#谷物	元	391.28	128.69	262.29	413.26	315.35	467.99
豆类	元	16.18	2.97	6.40	1.63	8.07	4.16

5-10续表2　　　　　　　　　　　（2010年）

指标名称	单位	桂林市	秀峰区	叠彩区	象山区	七星区	雁山区
食用油	元	33.37	67.52	65.69	31.38	84.42	33.51
蔬菜及制品	元	195.93	242.49	282.25	227.56	182.50	111.94
肉、禽、蛋、奶及制品	元	555.36	604.09	832.58	778.03	937.24	455.68
食品消费服务性支出	元	280.72	184.18	271.78	472.48	224.81	126.57
#在外饮食	元	275.07	183.64	268.96	467.80	224.04	121.73
衣着消费支出	元	150.72	92.79	131.51	186.36	140.57	234.82
居住消费支出	元	689.60	1153.24	1707.91	1382.79	520.07	264.01
家庭设备、用品消费支出	元	231.97	149.11	396.97	359.33	146.28	241.10
交通和通讯消费支出	元	359.67	228.15	401.86	259.27	233.08	226.38
文化教育、娱乐消费支出	元	301.33	296.95	561.50	430.54	237.48	664.08
医疗保健消费支出	元	236.73	157.30	375.43	223.52	95.69	181.58
其他商品和服务消费支出	元	74.67	24.52	60.02	60.94	137.95	46.73
财产性支出	元	7.63					
转移性支出	元	233.04	361.22	24.78	339.19	81.73	147.38
农村住户纯收入来源							
全年纯收入	元	5487.38	6700.24	5706.91	5550.13	6735.57	4881.26
工资性收入	元	1901.98	1819.16	2000.75	2597.31	2929.90	1631.59
在非企业组织中劳动得到收入	元	167.69			35.30	74.03	
在本乡地域内劳动得到收入	元	872.01		1186.07	321.42	2209.75	849.85
外出从业得到收入	元	862.28	1819.16	814.68	2240.60	646.12	781.74
家庭经营纯收入	元	3233.40	1800.28	2145.85	1877.56	1448.11	3146.73
第一产业纯收入	元	2626.22	867.94	1286.31	1030.44	1094.92	3018.65
农业收入	元	1796.53	238.83	207.45	551.13	986.56	1754.55
林业收入	元	316.76	-2.34	-22.17	-0.44	-1.36	51.21
牧业收入	元	485.59	574.84	1101.03	468.29	84.40	1158.01
渔业收入	元	27.34	56.61		11.46	25.32	54.88
第二产业纯收入	元	168.06	40.62	-19.21	123.85	-5.69	
工业收入	元	127.59	-60.95	-0.10	13.44		
建筑业收入	元	40.47	101.56	-19.11	110.41	-5.69	
第三产业纯收入	元	439.12	891.73	878.75	723.27	358.88	128.08
交通、运输、邮电业收入	元	147.79	392.57	596.24	291.66	25.28	-26.65
批零贸易业、饮食业收入	元	190.92	245.93	283.73	431.63	342.75	154.73
社会服务业收入	元	18.10	36.72	5.87	-0.02		
文教卫生业收入	元	46.93	-1.18			-0.24	
其他行业收入	元	35.38	217.70	-7.09		-8.91	
财产性纯收入	元	136.64	2374.70	1415.22	992.10	2334.77	9.23
转移性纯收入	元	215.36	706.09	145.10	83.16	22.79	93.71
全年现金纯收入	元	4629.53	6607.79	5499.77	5000.33	5912.15	4346.22
全年实物纯收入	元	857.85	92.45	207.14	549.81	823.42	535.04
农村住户可支配收入来源结构							
全年可支配收入	元	5320.50	6362.61	5685.31	5250.02	6660.39	4733,87
工资性收入	元	1901.98	1819.16	2000.75	2597.31	2929.90	1631.59
家庭经营收入	元	3233.40	1800.28	2145.85	1877.56	1448.11	3146.73
财产性收入	元	129.01	2374.70	1415.22	992.10	2334.77	9.23
转移性收入	元	56.12	368.46	123.50	-216.96	-52.39	-53.68
农村住户现金收支情况							
期内现金收入	元	6630.22	7829.53	8505.11	7958.56	6775.21	5841.98
工资性收入	元	1900.94	1819.16	2000.75	2577.85	2898.94	1631.59
在非企业组织中劳动得到收入	元	167.34			35.30	74.03	
在本乡地域内劳动得到收入	元	871.48		1186.07	301.95	2178.78	849.85
外出从业得到收入	元	862.12	1819.16	814.68	2240.60	646.12	781.74
家庭经营现金收入	元	4325.38	2890.09	5972.17	4289.55	1512.17	4107.45
第一产业现金收入	元	3391.95	1618.06	5031.08	2547.68	1139.56	3937.30
农业现金收入	元	1973.03	356.04	2855.85	554.95	915.98	2125.70
林业现金收入	元	333.38		6.78		0.06	51.09
牧业现金收入	元	1050.85	1145.92	2168.46	1971.81	214.06	1491.67

5-10续表3　　（2010年）

指标名称	单位	全市	秀峰区	叠彩区	象山区	七星区	雁山区
渔业现金收入	元	34.69	116.09		20.92	9.47	268.84
第二产业现金收入	元	321.88	101.56		162.87		
工业收入	元	244.23			16.89		
建筑业收入	元	77.65	101.56		145.97		
第三产业现金收入	元	611.55	1170.47	941.09	1579.00	372.60	170.16
财产性收入	元	120.21	2390.59	386.75	968.94	2334.77	9.23
转移性收入	元	283.69	729.69	145.44	122.23	29.34	93.71
非收入现金所得	元	407.47	122.25	194.36	563.67	33.83	56.43
非借贷性现金所得	元	117.24	122.25	73.17	200.32	33.83	34.20
借贷性现金所得	元	290.23		121.19	363.35		22.22
期内现金支出	元	5436.24	5170.34	8679.93	8643.09	4326.75	4573.07
生产费用支出	元	2040.32	1111.69	2974.67	3280.77	862.59	1545.63
家庭经营费用支出	元	1866.73	1111.46	2968.01	2764.66	840.04	1420.59
第一产业生产费用支出	元	1560.90	894.17	2888.61	2020.06	820.67	1420.59
农业生产费用支出	元	940.36	277.61	1221.21	613.03	453.81	900.01
林业生产费用支出	元	37.58	2.34	28.60	0.44	1.41	0.72
牧业生产费用支出	元	575.12	576.17	1638.80	1401.53	361.70	303.23
渔业生产费用支出	元	7.83	38.05		5.06	3.74	216.63
第二产业生产费用支出	元	149.52	60.94	18.83	0.17	5.69	
工业生产费用支出	元	112.18	60.94	0.10			
建筑业生产费用支出	元	37.34		18.73	0.17	5.69	
第三产业生产费用支出	元	156.30	156.34	60.57	744.43	13.68	
交通运输邮电业生产费用支出	元	58.09	112.00	53.28	279.60	0.24	
批零贸易餐饮业生产费用支出	元	91.85	42.97		464.81	0.35	
社会服务业生产费用支出	元	0.83		0.08	0.02		
文教卫生业生产费用支出	元	1.31	1.38			0.19	
其他行业生产费用支出	元	4.23		7.20		12.90	
购置生产性固定资产支出	元	172.80	0.23	6.66	516.11	22.55	125.04
建造生产性固定资产雇工支出	元	0.80					
税费支出	元	3.51	0.01	36.42	51.40	0.28	1.40
生活消费支出	元	3152.18	3697.42	5644.06	4971.73	3382.14	2878.66
食品消费支出	元	1129.53	1595.35	2008.86	2068.96	1871.03	1019.95
衣着	元	150.72	92.79	131.51	186.36	140.57	234.82
居住	元	667.56	1153.24	1707.91	1382.79	520.07	264.01
家庭设备、用品及服务	元	231.97	149.11	396.97	359.33	146.28	241.10
交通和通讯	元	359.67	228.15	401.86	259.27	233.08	226.38
文化教育、娱乐用品及服务	元	301.33	296.95	561.50	430.54	237.48	664.08
医疗保健	元	236.73	157.30	375.43	223.52	95.69	181.58
其他商品和服务	元	74.67	24.52	60.02	60.94	137.95	46.73
财产性支出	元	7.63					
转移性支出	元	232.61	361.22	24.78	339.19	81.73	147.38
非消费性支出	元	505.46	334.81	1280.79	247.87	199.00	110.11
非借贷性支出	元	297.68	319.18	851.97	235.92	181.93	104.56
储蓄、借贷性支出	元	207.78	15.63	428.81	11.95	17.07	5.56
出售产品情况	**元**	**3537.84**	**1618.06**	**4940.76**	**2545.69**	**1116.03**	**2970.78**
农业	元	1945.00	356.04	2764.25	554.95	892.45	2125.70
出售谷物数量	公斤	199.16	43.04	0.25	103.28	0.76	110.81
金额	元	428.37	114.73	0.51	210.91	2.62	238.88
#出售普通稻谷数量	公斤	129.52	13.90			0.34	
金额	元	267.87	34.29			1.38	
出售优质稻谷数量	公斤	59.87	29.14		103.28	0.41	104.87
金额	元	140.75	80.45		210.91	1.24	227.64
出售蔬菜数量	公斤	183.05	90.14	1275.14	198.53	457.72	1831.92
金额	元	405.79	200.72	2712.90	343.17	807.38	1683.56
出售园林水果数量	公斤	337.58				5.27	42.97
金额	元	708.93				44.07	73.43

5-10续表4　　　　　　　　　　（2010年）

指标名称	单位	全市	秀峰区	叠彩区	象山区	七星区	雁山区
#出售柑桔类数量	公斤	139.09					38.33
金额	元	270.30					57.00
牧业	元	1017.27	1145.92	2168.46	1969.82	214.06	525.15
出售肉猪及猪肉总重量	公斤	42.04	77.25	110.27	118.46	13.11	19.39
金额	元	654.75	1135.45	2146.93	1762.60	179.47	307.67
出售肉牛及牛肉总重量	公斤	2.17				1.26	2.64
金额	元	40.82				20.69	60.00
出售家禽总重量	公斤	14.07	0.32		2.09	0.25	1.08
金额	元	129.55	3.70		46.11	3.66	15.31
渔业	元	34.42	116.09		20.92	9.47	268.84
出售鱼类数量	公斤	2.99	11.64		1.89	1.17	26.49
金额	元	31.67	99.58		20.43	9.47	268.56
购买商品情况	元	**3999.82**	**2987.31**	**7287.66**	**6424.22**	**3344.61**	**3504.77**
购买生活消费品情况	元	2137.50	2034.72	4473.81	3246.35	2513.44	2018.44
食品类	元	848.81	1411.17	1737.08	1596.49	1646.23	893.38
购买谷物数量	公斤	23.30	48.88	79.34	60.37	71.44	2.68
购买谷物金额	元	55.02	128.69	169.70	151.05	183.76	7.19
#购买稻谷	公斤	2.08				0.01	1.28
金额	元	4.39				0.06	3.06
购买大米	公斤	17.24	37.35	49.72	57.88	67.09	0.40
金额	元	39.86	87.84	114.21	140.83	169.00	1.00
购买蔬菜及制品金额	元	34.75	242.49	147.13	126.24	120.73	38.50
购买蔬菜	公斤	9.95	72.70	45.68	30.55	32.80	10.63
金额	元	31.70	242.32	141.60	120.03	115.18	33.20
购买肉、禽、蛋、奶及其制品金额	元	421.97	604.09	823.83	737.80	891.03	446.25
购买猪肉	公斤	15.72	19.52	25.08	23.52	32.59	15.91
金额	元	280.31	328.65	460.19	421.77	612.49	287.27
购买水产品及制品金额	元	34.58	79.49	82.79	57.27	56.44	38.28
#购买淡水鱼类	公斤	2.51	5.57	7.35	4.07	4.39	2.76
金额	元	30.39	65.93	78.20	44.94	50.47	35.46
衣着类	元	150.24	92.79	131.51	186.27	140.57	233.96
购买生产资料情况	元	1689.53	952.35	2807.19	2661.76	808.61	1361.29
购买农业用种籽	公斤	7.47	0.77	3.40	2.51	11.62	1.95
金额	元	65.44	15.74	27.13	170.42	131.58	52.48
购买化肥	公斤	186.24	2.78	46.08	134.52	41.63	176.74
金额	元	469.85	23.24	119.33	346.00	113.48	416.86
购买农药	元	167.60	160.38	67.00	75.78	50.78	130.20
购买薄膜	公斤	0.39	0.39	0.14	0.05	0.40	0.69
金额	元	5.29	8.59	1.38	1.07	5.63	10.91
购买牧业用饲料	公斤	199.03	150.18	395.29	370.96	82.92	74.46
金额	元	464.78	328.30	971.80	769.33	221.34	154.10
农村住户食品消费情况							
粮食消费量	公斤	205.31	50.05	130.28	198.24	142.93	243.81
油脂类消费量	公斤	2.80	9.15	7.70	2.57	11.20	3.08
豆制品	公斤	2.25	8.11	6.46	4.41	4.08	2.11
蔬菜及菜制品消费量	公斤	115.41	72.71	136.34	98.75	74.55	59.93
水果类	公斤	21.37	14.47	34.47	15.25	19.87	24.25
肉禽及其制品	公斤	31.54	31.85	44.52	40.35	48.13	23.48
#猪肉	公斤	20.01	19.52	25.08	24.67	32.59	15.91
水产品	公斤	3.19	6.52	7.68	5.00	5.26	3.53
#鱼类	公斤	3.04	5.99	7.44	4.48	5.05	3.47

5-10续表5　　　　　　　　　　（2010年）

指标名称	单位	阳朔县	临桂县	灵川县	全州县	兴安县	永福县
土地经营情况							
期末经营耕地面积	亩	0.68	2.12	1.10	2.34	1.45	1.15
山地面积	亩	0.35	0.38	0.22	0.22	2.57	
园地面积	亩	0.53	0.26	0.20	0.09	0.26	0.18
粮食播种面积	亩	0.63	1.92	0.99	2.90	1.26	1.13
#水稻	亩	0.57	1.81	0.87	2.62	0.97	1.07
经济作物播种面积	亩	0.32	0.33	0.36	6.46	0.38	0.35
#蔬菜	亩	0.25	0.23	0.33	6.22	0.30	0.29
农村住户当年生产经营情况							
农业							
谷物产量	公斤	240.76	594.38	341.96	1079.82	471.22	499.98
#普通稻谷产量	公斤	235.31	588.79	329.68	1008.84	408.54	497.30
优质稻谷产量	公斤						
红薯产量	公斤	2.59	4.55	2.91	1.15	4.82	0.97
豆类产量	公斤	2.48	11.03	7.05	15.89	10.31	4.91
油料产量	公斤	10.13	3.99	1.68	12.27	6.77	0.55
蔬菜产量	公斤	184.10	231.32	486.32	82.96	286.22	309.14
#叶菜类产量	公斤	184.03	230.78	486.32	78.37	286.22	307.98
西瓜产量	公斤		164.24	12.12	81.67	27.38	
园林水果产量	公斤	506.41	263.54	158.77	28.99	285.76	402.36
#柑桔类产量	公斤	311.05	10.90	3.38	21.86	109.69	400.25
林业							
柴	公担	1.68	0.72	1.82	2.12	5.40	3.69
草	公担	0.57	0.49	0.65			0.41
牧业							
畜禽肉产量(出售、自宰)	公斤	114.22	50.36	71.05	60.89	56.34	72.66
肉猪肉产量	公斤	19.34	29.55	28.55	48.87	48.60	36.05
鸡的肉产量	公斤	89.09	8.24	40.65	1.85	4.33	19.68
蛋类产量	公斤	1.35	1.00	19.58	1.15	1.95	0.24
渔业							
鱼类产量	公斤	0.41	3.55	11.78	2.12	0.46	5.55
农村住户总收入与总支出							
总收入	元	7810.74	8151.28	8885.33	7306.50	9159.01	7607.64
工资性收入	元	2169.45	2021.67	2589.87	1934.74	2730.13	1460.96
在非企业组织中劳动得到收入	元	221.96	339.20	54.88	283.67	74.84	56.64
在本乡地域内劳动得到收入	元	1021.31	532.42	1230.85	593.01	1837.60	933.30
在企业中劳动得到收入	元	43.97	170.97	285.47	146.44	660.62	355.71
#乡镇企业收入	元						
在国家投资基建项目得到收入	元	0.10	11.57		4.10		1.97
提供其他劳务收入	元	977.24	349.88	945.38	442.47	1176.98	575.62
外出从业得到收入	元	926.17	1150.05	1304.15	1058.06	817.69	471.01
#在省外国内从业得到收入	元	402.36	607.31	802.71	621.70	496.23	186.00
家庭经营收入	元	5321.79	5690.17	6018.83	4704.91	5751.54	5980.01
第一产业收入	元	3752.65	4510.88	4303.10	4055.93	5623.94	5230.45
农业收入	元	2662.88	2998.93	2473.10	2581.36	2966.42	3361.42
#农产品收入	元	2654.09	2986.87	2355.73	2568.40	2966.42	3341.65
#粮食收入	元	526.88	1406.92	732.32	2129.87	960.45	1126.70
蔬菜收入	元	374.79	318.90	1177.13	158.36	732.56	562.54
瓜果收入	元	0.92	176.82	25.41	87.02	44.83	4.41
园林水果收入	元	1611.04	495.68	375.41	62.88	1172.42	833.17
林业收入	元	83.23	296.69	34.75	207.23	1628.41	599.92
#林业产品收入	元	83.23	286.65	34.75	207.23	1628.14	599.64
#采集林产品收入	元	41.12	19.08	10.55	32.04	11.03	24.75
竹木采伐收入	元	20.83	185.68	5.34	159.51	557.10	534.74
牧业收入	元	1001.93	1171.95	1678.98	1241.33	1022.17	1203.10
#牧业产品收入	元	984.20	1061.84	1678.98	1224.88	994.33	1203.10

5-10续表6　　　　（2010年）

指　标　名　称	单　位	阳朔县	临桂县	灵川县	全州县	兴安县	永福县
#猪收入	元	318.26	491.12	451.81	870.40	682.32	641.52
菜羊收入	元	14.56	1.75			7.02	
肉牛收入	元	62.36	48.89		36.86	22.86	23.90
成龄家禽收入	元	529.82	270.19	510.09	120.65	98.58	312.66
渔业收入	元	4.62	43.31	116.27	26.01	6.94	66.01
#渔业产品收入	元	4.34	43.31	116.27	26.01	6.94	66.01
第二产业收入	元	608.66	495.87	65.89	80.71	17.23	369.20
工业收入	元	457.39	145.87	57.25	42.27	15.24	306.04
建筑业收入	元	151.28	350.00	8.63	38.43	1.99	63.16
第三产业收入	元	960.47	683.42	1649.84	568.28	110.37	380.36
#交通、运输、邮电业收入	元	217.84	290.12	1061.04	131.36	4.76	153.16
批零贸易业、饮食业收入	元	434.80	333.97	572.44	182.73	31.62	120.39
社会服务业收入	元	10.15	0.97		53.49	66.74	3.48
文教卫生业收入	元		36.31	15.37	163.25		13.23
财产性收入	元	148.26	38.84	214.41	129.51	160.65	21.88
#集体分配股息和红利	元		1.69	4.41		1.29	
租金（包括农业机械）	元	75.86	7.97	7.68	1.25		0.30
土地征用补偿收入	元	1.40	20.50	195.81	0.48	42.78	2.56
转移性收入	元	171.24	400.60	62.22	537.33	516.68	144.80
#家庭非常住人口寄回和带回收入	元	60.05	210.29		201.08	43.82	11.60
城市亲友赠送收入	元		10.89	1.47	70.60	2.15	0.35
农村亲友赠送收入	元	36.70	74.17	11.14	164.04	299.76	10.09
总支出	元	5315.53	5836.43	7321.13	5207.56	8720.87	5431.68
家庭经营费用支出	元	1419.45	1778.97	3064.11	1391.49	2177.73	2087.01
第一产业生产费用支出	元	1197.91	1678.49	2109.08	1265.98	2034.65	1910.93
农业生产费用支出	元	621.60	1041.47	840.19	587.06	1382.75	1166.56
农业生产资料支出	元	595.90	904.71	823.53	565.38	1188.02	1114.82
#种籽支出	元	34.33	85.52	37.69	78.59	57.70	122.98
农业服务性支出	元	25.70	136.76	16.65	21.67	194.73	51.73
林业生产费用支出	元	11.27	61.56	9.09	37.31	123.11	46.87
牧业生产费用支出	元	558.34	570.78	1250.70	637.14	527.72	675.08
牧业生产资料支出	元	554.45	559.85	1238.66	633.85	517.49	672.37
#饲料支出	元	500.97	430.55	1137.69	513.77	437.41	549.81
牧业服务性支出	元	3.88	10.93	12.05	3.29	10.23	2.70
渔业生产费用支出	元	6.70	4.69	9.09	4.47	1.08	22.42
第二产业生产费用支出	元	74.54	39.92	133.75	50.93	62.95	158.92
工业生产费用支出	元	65.93	18.39	27.99	0.08	0.18	77.99
建筑业生产费用支出	元	8.61	21.53	105.76	50.84	62.77	80.93
第三产业生产费用支出	元	147.00	60.56	821.28	74.58	80.14	17.17
交通运输邮电业生产费用支出	元	56.75	36.96	373.03	26.54	70.28	16.52
批零贸易餐饮业生产费用支出	元	47.42	22.92	432.06	45.78	6.94	0.12
社会服务业生产费用支出	元	1.39	0.41	4.20		2.67	
文教卫生业生产费用支出	元	0.30	0.14	11.85	0.14		
其他行业生产费用支出	元	41.15	0.14	0.14	2.12	0.26	0.53
购置生产性固定资产支出	元	71.58	125.00	342.90	44.19	421.79	15.16
建造生产性固定资产雇工支出	元			3.45			
税费支出	元		1.35	2.23	1.29	4.64	
第一产业税	元						
第二产业税	元						
第三产业生产纳税	元						
其他各种收费	元		1.35	2.23	1.29	4.64	
生活消费支出	元	3671.83	3724.30	3771.83	3372.32	5501.01	3266.13
食品消费支出	元	1607.69	1791.46	2072.25	1492.06	2633.52	1549.20
食品消费品支出	元	1348.35	1655.94	1419.50	1404.06	2036.14	1338.41
#谷物	元	300.32	437.45	337.73	443.50	457.14	416.73
豆类	元	8.68	31.76	18.09	3.73	27.37	15.07

5-10续表7　　（2010年）

指标名称	单位	阳朔县	临桂县	灵川县	全州县	兴安县	永福县
食用油	元	33.76	35.29	11.33	56.29	15.72	24.13
蔬菜及制品	元	171.98	164.00	132.89	76.22	295.47	158.09
肉、禽、蛋、奶及制品	元	450.49	568.78	580.55	509.73	767.73	444.63
食品消费服务性支出	元	259.35	135.52	652.76	87.99	597.38	210.79
#在外饮食	元	253.25	126.49	646.77	80.21	594.67	206.54
衣着消费支出	元	176.47	135.51	138.66	133.90	286.80	173.34
居住消费支出	元	437.93	553.19	586.65	635.04	757.41	462.22
家庭设备、用品消费支出	元	243.10	235.90	201.63	237.25	330.97	258.14
交通和通讯消费支出	元	683.96	302.52	312.40	234.90	493.85	367.88
文化教育、娱乐消费支出	元	260.52	361.60	158.36	398.87	413.90	261.35
医疗保健消费支出	元	168.88	281.89	234.67	177.88	457.59	134.37
其他商品和服务消费支出	元	93.28	62.21	67.20	62.43	126.97	59.63
财产性支出	元	1.35	28.98	15.84	0.05		22.24
转移性支出	元	151.31	177.83	120.77	398.22	615.68	41.14
农村住户纯收入来源							
全年纯收入	元	6232.89	6134.52	5657.50	5614.58	6551.55	5459.67
工资性收入	元	2169.45	2021.67	2589.87	1934.74	2730.13	1460.96
在非企业组织中劳动得到收入	元	221.96	339.20	54.88	283.67	74.84	56.64
在本乡地域内劳动得到收入	元	1021.31	532.42	1230.85	593.01	1837.60	933.30
外出从业得到收入	元	926.17	1150.05	1304.15	1058.06	817.69	471.01
家庭经营纯收入	元	3780.63	3747.58	2802.13	3177.03	3443.84	3841.78
第一产业纯收入	元	2465.72	2674.34	2101.52	2672.68	3481.64	3268.85
农业收入	元	1967.01	1830.24	1580.65	1895.97	1506.91	2144.65
林业收入	元	71.96	235.14	25.52	169.83	1505.16	553.05
牧业收入	元	428.83	570.47	389.72	585.41	463.71	527.56
渔业收入	元	-2.08	38.50	105.64	21.47	5.86	43.59
第二产业纯收入	元	532.91	454.14	-67.89	27.94	-61.85	210.28
工业收入	元	390.87	125.67	29.26	40.35	-1.06	228.05
建筑业收入	元	142.04	328.47	-97.15	-12.41	-60.78	-17.77
第三产业纯收入	元	782.01	619.11	768.50	476.41	24.05	362.65
交通、运输、邮电业收入	元	160.34	251.01	632.84	88.19	-67.67	136.33
批零贸易业、饮食业收入	元	387.38	310.10	138.52	136.95	21.10	120.28
社会服务业收入	元	-3.37	0.56	-4.68	53.49	63.89	3.48
文教卫生业收入	元	-0.30	36.17	3.37	162.94		12.99
其他行业收入	元	237.96	21.26	-1.55	34.84	6.73	89.57
财产性纯收入	元	148.26	38.84	214.41	129.51	160.65	21.88
转移性纯收入	元	134.54	326.43	51.09	373.30	216.92	135.05
全年现金纯收入	元	5643.82	5481.65	5010.24	4461.08	5457.43	4750.48
全年实物纯收入	元	589.07	652.87	647.26	1153.50	1094.12	709.19
农村住户可支配收入来源结构							
全年可支配收入	元	6116.92	6001.89	5532.02	5380.34	6235.62	5406.03
工资性收入	元	2169.45	2021.67	2589.87	1934.74	2730.13	1460.96
家庭经营收入	元	3780.63	3747.58	2802.13	3177.03	3443.84	3841.78
财产性收入	元	146.91	9.86	198.57	129.47	160.65	-0.37
转移性收入	元	19.93	222.77	-58.55	139.11	-99.00	103.66
农村住户现金收支情况							
期内现金收入	元	7145.98	7413.21	8110.70	5965.41	7793.84	6840.55
工资性收入	元	2168.98	2016.75	2589.87	1934.74	2730.13	1460.96
在非企业组织中劳动得到收入	元	221.96	335.83	54.88	283.67	74.84	56.64
在本乡地域内劳动得到收入	元	1020.84	532.42	1230.85	593.01	1837.60	933.30
外出从业得到收入	元	926.17	1148.50	1304.15	1058.06	817.69	471.01
家庭经营现金收入	元	4660.61	4986.54	5243.78	3375.89	4416.87	5228.17
第一产业现金收入	元	3091.48	3812.90	3528.05	2726.90	4289.26	4478.61
农业现金收入	元	2051.90	2392.10	1794.97	1370.52	1923.13	2823.05
林业现金收入	元	74.45	296.92	34.57	205.96	1595.28	432.66
牧业现金收入	元	962.28	1086.64	1584.96	1124.57	765.43	1156.89

5-10续表8　　　　　　　　　　　（2010年）

指标名称	单位	阳朔县	临桂县	灵川县	全州县	兴安县	永福县
渔业现金收入	元	2.85	37.23	113.55	25.84	5.42	66.01
第二产业现金收入	元	608.66	491.99	65.89	80.71	17.23	369.20
工业收入	元	457.39	145.87	57.25	42.27	15.24	306.04
建筑业收入	元	151.28	346.11	8.63	38.43	1.99	63.16
第三产业现金收入	元	960.47	681.66	1649.84	568.28	110.37	380.36
财产性收入	元	148.56	38.84	214.82	128.09	130.17	6.62
转移性收入	元	167.83	371.09	62.22	526.69	516.68	144.80
非收入现金所得	元	469.63	182.18	212.88	438.67	182.19	226.86
非借贷性现金所得	元	208.94	149.93	157.73	40.01	137.84	92.62
借贷性现金所得	元	260.69	32.26	55.16	398.67	44.35	134.25
期内现金支出	元	4810.94	5161.47	6717.39	4483.28	7396.65	4822.91
生产费用支出	元	1476.20	1899.91	3358.26	1326.29	2391.14	2069.87
家庭经营费用支出	元	1404.62	1774.91	3011.91	1282.10	1969.35	2054.72
第一产业生产费用支出	元	1183.07	1674.43	2056.88	1156.59	1826.26	1878.63
农业生产费用支出	元	612.10	1041.47	831.91	586.81	1382.75	1166.56
林业生产费用支出	元	11.27	61.56	9.09	37.31	123.11	46.87
牧业生产费用支出	元	553.00	566.72	1206.78	527.99	319.33	642.78
渔业生产费用支出	元	6.70	4.69	9.09	4.47	1.08	22.42
第二产业生产费用支出	元	74.54	39.92	133.75	50.93	62.95	158.92
工业生产费用支出	元	65.93	18.39	27.99	0.08	0.18	77.99
建筑业生产费用支出	元	8.61	21.53	105.76	50.84	62.77	80.93
第三产业生产费用支出	元	147.00	60.56	821.28	74.58	80.14	17.17
交通运输邮电业生产费用支出	元	56.75	36.96	373.03	26.54	70.28	16.52
批零贸易餐饮业生产费用支出	元	47.42	22.92	432.06	45.78	6.94	0.12
社会服务业生产费用支出	元	1.39	0.41	4.20		2.67	
文教卫生业生产费用支出	元	0.30	0.14	11.85	0.14		
其他行业生产费用支出	元	41.15	0.14	0.14	2.12	0.26	0.53
购置生产性固定资产支出	元	71.58	125.00	342.90	44.19	421.79	15.16
建造生产性固定资产雇工支出	元			3.45			
税费支出	元		1.35	2.23	1.29	4.64	
生活消费支出	元	3182.08	3053.40	3220.28	2757.43	4385.18	2689.65
食品消费支出	元	1135.24	1140.35	1538.60	894.39	1538.97	978.32
衣着	元	176.47	135.51	138.66	133.90	286.80	173.34
居住	元	420.64	533.41	568.76	617.82	736.13	456.62
家庭设备、用品及服务	元	243.10	235.90	201.63	237.24	330.97	258.14
交通和通讯	元	683.96	302.52	312.40	234.90	493.85	367.88
文化教育、娱乐用品及服务	元	260.52	361.60	158.36	398.87	413.90	261.35
医疗保健	元	168.88	281.89	234.67	177.88	457.59	134.37
其他商品和服务	元	93.28	62.21	67.20	62.43	126.97	59.63
财产性支出	元	1.35	28.98	15.84	0.05		22.24
转移性支出	元	151.31	177.83	120.77	398.22	615.68	41.14
非消费性支出	元	583.07	293.64	186.35	339.36	496.99	250.65
非借贷性支出	元	382.85	251.21	177.89	200.14	425.22	216.75
储蓄、借贷性支出	元	200.21	42.43	8.45	139.21	71.77	33.90
出售产品情况	**元**	**3476.69**	**3691.35**	**3420.53**	**2725.57**	**4276.10**	**4764.60**
农业	元	2043.12	2380.19	1677.61	1357.55	1923.13	2803.28
出售谷物数量	公斤	45.38	380.98	60.97	518.74	90.51	372.67
金额	元	135.87	897.46	149.77	1023.69	198.56	866.54
#出售普通稻谷数量	公斤	38.50	1.26	0.38	492.70	78.74	303.83
金额	元	81.07	2.37	1.21	981.81	175.36	679.61
出售优质稻谷数量	公斤	0.09	374.95	59.65		1.37	65.63
金额	元	0.35	884.35	147.20		5.93	180.39
出售蔬菜数量	公斤	104.51	148.84	428.26	50.35	120.07	203.55
金额	元	255.31	194.82	1090.05	106.64	483.33	402.46
出售园林水果数量	公斤	494.29	261.72	156.12	24.53	279.40	393.32
金额	元	1568.13	490.89	371.92	51.69	1177.62	816.34

5-10续表9 （2010年）

指标名称	单位	阳朔县	临桂县	灵川县	全州县	兴安县	永福县
#出售柑桔类数量	公斤	285.33	8.92	3.02	20.26	99.87	390.49
金额	元	790.52	19.11	5.33	35.26	268.29	809.92
牧业	元	944.55	976.53	1584.96	1108.13	737.59	1156.89
出售肉猪及猪肉总重量	公斤	19.66	29.48	24.23	46.24	37.00	36.05
金额	元	322.60	490.21	398.13	837.77	540.19	641.52
出售肉牛及牛肉总重量	公斤	3.34	2.67		2.25	0.75	1.52
金额	元	62.36	48.89		36.86	21.37	23.90
出售家禽总重量	公斤	88.72	12.37	40.17	3.18	0.29	32.30
金额	元	495.44	191.88	474.76	43.91	5.20	268.63
渔业	元	2.56	37.23	113.55	25.84	5.42	66.01
出售鱼类数量	公斤	0.15	2.87	11.44	2.09	0.24	5.65
金额	元	2.56	33.43	110.08	19.32	5.36	62.35
购买商品情况	元	**3667.84**	**3856.90**	**4950.30**	**3096.64**	**4802.81**	**3845.57**
购买生活消费品情况	元	2284.11	2165.30	1852.05	1917.68	2753.65	1940.24
食品类	元	875.89	1004.83	885.84	806.40	941.59	767.54
购买谷物数量	公斤	29.32	18.58	15.90	11.69	20.48	25.66
购买谷物金额	元	71.81	48.21	33.89	26.09	49.32	59.14
#购买稻谷	公斤	0.54	0.02	4.35	1.33		0.13
金额	元	1.20	0.05	9.36	2.33		0.41
购买大米	公斤	26.97	16.13	7.27	3.14	19.32	20.91
金额	元	65.23	39.31	12.30	7.55	45.32	47.61
购买蔬菜及制品金额	元	52.95	40.94	47.43	30.56	35.39	27.12
购买蔬菜	公斤	15.58	12.25	13.14	9.82	9.12	7.60
金额	元	48.84	35.71	43.69	28.11	34.48	24.99
购买肉、禽、蛋、奶及其制品金额	元	405.43	481.85	471.85	382.58	432.68	382.21
购买猪肉	公斤	13.77	16.86	19.50	14.90	14.69	15.92
金额	元	257.34	302.85	346.93	256.68	251.07	282.75
购买水产品及制品金额	元	53.93	42.11	30.65	31.66	37.87	43.63
#购买淡水鱼类	公斤	3.28	3.19	1.88	2.78	2.47	2.80
金额	元	46.95	37.21	23.51	29.32	32.66	38.76
衣着类	元	176.30	135.47	138.29	132.52	286.48	173.21
购买生产资料情况	元	1312.15	1566.60	2755.35	1134.77	1627.36	1890.18
购买农业用种籽	公斤	1.87	13.97	1.84	10.19	6.46	11.60
金额	元	25.41	85.52	37.09	78.35	57.70	122.98
购买化肥	公斤	83.44	171.13	203.66	162.59	175.91	294.43
金额	元	233.90	440.35	506.19	323.84	381.94	747.53
购买农药	元	198.14	175.41	204.38	120.76	155.56	164.12
购买薄膜	公斤	0.38	0.25	0.13	0.41	1.11	0.16
金额	元	5.46	3.95	1.09	4.28	18.78	2.32
购买牧业用饲料	公斤	145.60	207.39	491.90	211.11	77.58	177.74
金额	元	495.63	426.49	1093.77	404.63	229.03	517.51
农村住户食品消费情况							
粮食消费量	公斤	151.56	232.43	180.79	231.25	246.21	216.95
油脂类消费量	公斤	2.59	3.04	1.12	4.59	1.74	2.24
豆制品	公斤	2.35	1.29	2.06	3.66	2.28	1.10
蔬菜及菜制品消费量	公斤	94.94	94.66	70.51	40.20	182.61	95.06
水果类	公斤	28.43	18.08	19.76	15.59	30.17	17.51
肉禽及其制品	公斤	22.85	30.76	33.33	31.27	45.99	23.79
#猪肉	公斤	13.77	16.96	24.95	17.72	31.56	16.97
水产品	公斤	3.86	4.28	2.77	3.01	2.92	3.05
#鱼类	公斤	3.56	3.90	2.68	2.88	2.69	2.94

5-10续表10　　　　（2010年）

指标	单位	灌阳县	龙胜县	资源县	平乐县	荔浦县	恭城县
土地经营情况							
期末经营耕地面积	亩	1.14	1.28	0.99	0.77	0.80	0.29
山地面积	亩	0.51	1.41	1.94	0.18	0.73	0.04
园地面积	亩	0.25	0.31	0.16	0.33	0.26	1.08
粮食播种面积	亩	1.60	0.99	0.53	0.90	0.76	0.39
#水稻	亩	1.19	0.56	0.37	0.72	0.74	0.21
经济作物播种面积	亩	0.24	0.28	1.51	0.33	0.18	0.27
#蔬菜	亩	0.17	0.26	1.47	0.20	0.11	0.13
农村住户当年生产经营情况							
农业							
谷物产量	公斤	557.99	317.22	174.32	344.66	326.59	117.82
#普通稻谷产量	公斤	496.79	279.03	169.41	318.27	319.25	91.39
优质稻谷产量	公斤						
红薯产量	公斤	19.96	35.27	12.02	17.90	0.93	3.26
豆类产量	公斤	12.17	3.26	6.60	2.46	1.81	13.33
油料产量	公斤	10.80	1.28	3.75	18.75	2.35	28.16
蔬菜产量	公斤	184.29	208.32	617.12	217.02	535.30	121.98
#叶菜类产量	公斤	184.27	198.30	608.81	216.56	436.87	121.98
西瓜产量	公斤	7.23		8.94		85.52	
园林水果产量	公斤	169.54	91.77	11.53	434.54	353.32	2051.38
#柑桔类产量	公斤	22.35	75.50	3.78	95.80	103.47	963.29
林业							
柴	公担	3.64	1.39	9.21	1.66	1.34	4.05
草	公担	0.70		0.36	0.32	0.77	0.05
牧业							
畜禽肉产量(出售、自宰)	公斤	97.83	54.08	32.90	37.43	127.89	24.11
肉猪肉产量	公斤	86.67	44.11	22.34	26.87	121.34	14.83
鸡的肉产量	公斤	6.37	5.18	4.33	4.20	3.47	3.26
蛋类产量	公斤	4.30	0.34	2.38	0.97	0.08	1.51
渔业							
鱼类产量	公斤	2.56	0.49	1.72	0.55	2.91	1.24
农村住户总收入与总支出							
总收入	元	6231.93	5024.63	5425.72	6590.99	10401.31	6671.18
工资性收入	元	1218.06	1192.07	1672.18	2114.96	1356.84	1335.00
在非企业组织中劳动得到收入	元	123.59	99.61	89.88	128.91	211.18	99.29
在本乡地域内劳动得到收入	元	626.58	930.18	1117.80	625.15	1001.96	491.84
在企业中劳动得到收入	元	20.75	58.26	158.52	23.60	533.34	40.55
#乡镇企业收入	元						
在国家投资基建项目得到收入	元				11.35		
提供其他劳务收入	元	605.82	871.92	959.28	590.19	468.62	451.29
外出从业得到收入	元	467.90	162.28	464.51	1360.90	143.70	743.87
#在省外国内从业得到收入	元	340.75	9.50	155.84	1150.72	45.99	498.30
家庭经营收入	元	4738.63	3643.00	3376.11	4055.18	8906.57	5234.27
第一产业收入	元	4074.57	3003.24	3197.66	3053.23	6924.89	4748.14
农业收入	元	2216.66	1465.56	1678.75	2280.21	4759.53	4129.98
#农产品收入	元	2101.14	1464.98	1672.98	2245.16	4739.38	4129.98
#粮食收入	元	1189.08	728.40	403.14	765.60	647.82	285.44
蔬菜收入	元	321.26	427.86	1094.70	355.75	1417.48	185.61
瓜果收入	元	8.05	1.33	12.45	0.10	108.65	0.37
园林水果收入	元	261.41	193.84	42.02	616.20	831.43	3385.10
林业收入	元	267.27	656.61	1004.47	35.63	192.39	178.93
#林业产品收入	元	267.27	653.18	1004.47	35.63	192.39	178.93
#采集林产品收入	元	48.65	42.65	510.47	22.42	35.23	26.33
竹木采伐收入	元	207.24	588.83	479.96	12.23	72.24	150.70
牧业收入	元	1569.18	867.53	499.61	722.06	1946.03	422.75
#牧业产品收入	元	1569.18	867.53	499.61	719.56	1946.03	418.12

5-10续表11 （2010年）

指 标	单 位	灌阳县	龙胜县	资源县	平乐县	荔浦县	恭城县
#猪收入	元	1241.94	633.57	305.82	382.01	1644.38	210.68
菜羊收入	元		4.49	2.59			
肉牛收入	元	27.38	41.40	45.98	41.91	63.53	96.92
成龄家禽收入	元	148.99	124.23	101.31	115.07	69.91	63.73
渔业收入	元	21.46	13.54	14.83	15.34	26.93	16.49
#渔业产品收入	元	21.46	13.54	14.83	14.68	26.93	13.64
第二产业收入	元	415.82	203.34	3.16	245.57	1382.18	145.78
工业收入	元	393.48	203.34		245.57	1177.84	145.78
建筑业收入	元	22.34		3.16		204.34	
第三产业收入	元	248.24	436.42	175.29	756.38	599.50	340.34
#交通、运输、邮电业收入	元	112.35	129.73	49.37	239.73	12.03	120.90
批零贸易业、饮食业收入	元	134.49	177.46	24.02	397.63	587.47	196.92
社会服务业收入	元	0.63	71.07	2.23	0.44		21.01
文教卫生业收入	元		55.90		110.57		1.45
财产性收入	元	21.80	49.53	187.42	78.51	0.53	36.10
#集体分配股息和红利	元	0.08			7.50		
租金（包括农业机械）	元				2.46	0.53	22.82
土地征用补偿收入	元		1.72	100.22	17.12		
转移性收入	元	253.44	140.04	190.01	342.34	137.36	65.81
#家庭非常住人口寄回和带回收入	元	11.69	22.65	134.20	110.70	28.13	
城市亲友赠送收入	元	5.19	0.09	3.65	19.87	0.80	
农村亲友赠送收入	元	52.77	25.93	12.59	22.23	20.30	6.04
总支出	元	6393.46	5185.64	4085.96	5930.64	9238.42	5776.77
家庭经营费用支出	元	1816.54	1496.45	996.56	1381.34	4533.35	1430.45
第一产业生产费用支出	元	1547.99	1217.75	973.28	1044.77	3440.17	1388.63
农业生产费用支出	元	679.55	650.41	634.35	649.87	2125.55	1178.85
农业生产资料支出	元	600.09	633.28	504.24	630.87	2020.31	1131.79
#种籽支出	元	99.95	56.05	50.25	39.61	74.75	32.12
农业服务性支出	元	79.46	17.13	130.11	19.00	105.24	47.07
林业生产费用支出	元	47.10	49.27	104.70	2.49	9.64	3.88
牧业生产费用支出	元	821.12	517.01	232.87	391.67	1304.24	205.37
牧业生产资料支出	元	808.15	515.71	231.76	383.35	1290.78	200.51
#饲料支出	元	734.92	404.65	148.42	308.09	1199.55	146.51
牧业服务性支出	元	12.97	1.31	1.11	8.32	13.46	4.86
渔业生产费用支出	元	0.21	1.05	1.36	0.74	0.74	0.53
第二产业生产费用支出	元	197.54	165.76	2.11	94.86	908.94	25.60
工业生产费用支出	元	197.50	16.30	0.28	94.86	890.58	25.60
建筑业生产费用支出	元	0.04	149.46	1.83		18.36	
第三产业生产费用支出	元	71.02	112.95	21.17	241.72	184.25	16.22
交通运输邮电业生产费用支出	元	34.51	39.91	8.20	28.72	1.79	15.45
批零贸易餐饮业生产费用支出	元	36.51	72.15	9.56	206.79	178.46	
社会服务业生产费用支出	元			3.08	0.03		0.47
文教卫生业生产费用支出	元		0.05	0.12		3.92	
其他行业生产费用支出	元		0.84	0.22	6.18	0.08	0.29
购置生产性固定资产支出	元	468.24	94.35	50.32	207.25	221.45	101.03
建造生产性固定资产雇工支出	元		13.96				
税费支出	元	15.58		16.90	1.15		4.75
第一产业税	元						
第二产业税	元						
第三产业生产纳税	元						
其他各种收费	元	15.58		16.90	1.15		4.75
生活消费支出	元	3787.33	3489.63	2943.22	4086.33	4321.74	4196.47
食品消费支出	元	1945.44	1882.98	1573.63	1940.32	1927.59	1653.58
食品消费品支出	元	1767.78	1731.40	1537.36	1241.23	1736.57	1548.61
#谷物	元	412.91	495.39	259.68	331.92	431.54	291.13
豆类	元	31.48	14.94	20.66	3.02	7.30	41.91

5-10续表12　　　　（2010年）

指　　标	单　位	灌阳县	龙胜县	资源县	平乐县	荔浦县	恭城县
食用油	元	4.98	13.14	24.24	53.11	37.95	17.94
蔬菜及制品	元	196.85	277.21	352.52	213.46	360.82	215.14
肉、禽、蛋、奶及制品	元	717.58	657.62	541.40	387.69	576.43	535.80
食品消费服务性支出	元	177.65	151.58	36.27	699.10	191.02	104.97
#在外饮食	元	175.25	150.72	35.75	691.38	183.78	101.05
衣着消费支出	元	137.46	133.53	110.09	90.83	164.11	129.15
居住消费支出	元	531.27	594.74	320.71	1111.59	755.35	1222.63
家庭设备、用品消费支出	元	228.66	170.78	175.71	171.88	235.98	244.30
交通和通讯消费支出	元	224.42	284.06	333.11	237.34	572.81	509.23
文化教育、娱乐消费支出	元	403.42	204.28	183.52	224.34	233.44	175.15
医疗保健消费支出	元	263.05	151.87	167.04	223.72	351.90	197.23
其他商品和服务消费支出	元	53.63	67.37	79.41	86.31	80.57	65.19
财产性支出	元	8.00	0.46	2.86	0.66	14.35	0.71
转移性支出	元	297.76	90.79	76.09	253.91	147.53	43.36
农村住户纯收入来源							
全年纯收入	元	4161.63	3440.53	4358.45	5120.21	5736.76	5120.23
工资性收入	元	1218.06	1192.07	1672.18	2114.96	1356.84	1335.00
在非企业组织中劳动得到收入	元	123.59	99.61	89.88	128.91	211.18	99.29
在本乡地域内劳动得到收入	元	626.58	930.18	1117.80	625.15	1001.96	491.84
外出从业得到收入	元	467.90	162.28	464.51	1360.90	143.70	743.87
家庭经营纯收入	元	2721.11	2084.83	2321.43	2605.11	4262.31	3689.36
第一产业纯收入	元	2357.73	1738.72	2166.34	1949.12	3401.45	3253.08
农业收入	元	1407.12	776.27	1003.72	1595.36	2589.86	2852.08
林业收入	元	220.17	606.27	888.41	33.15	182.75	175.04
牧业收入	元	709.24	343.69	260.73	306.02	602.64	210.00
渔业收入	元	21.21	12.48	13.47	14.60	26.20	15.95
第二产业纯收入	元	209.03	32.70	0.98	150.71	452.57	118.16
工业收入	元	186.74	182.16	-0.28	150.71	266.58	118.16
建筑业收入	元	22.30	-149.46	1.27		185.99	
第三产业纯收入	元	154.34	313.41	154.11	505.28	408.29	318.12
交通、运输、邮电业收入	元	61.44	81.89	41.17	204.08	3.29	105.45
批零贸易业、饮食业收入	元	97.99	103.18	14.46	190.11	409.00	195.66
社会服务业收入	元	0.63	71.07	-0.85	0.41		15.80
文教卫生业收入	元		55.86	-0.12	110.57	-3.92	1.45
其他行业收入	元	-5.71	1.42	99.45	0.12	-0.08	-0.23
财产性纯收入	元	21.80	49.53	187.42	78.51	0.53	36.10
转移性纯收入	元	200.66	114.11	177.42	321.63	117.06	59.77
全年现金纯收入	元	3147.78	2506.16	3126.74	4386.50	4800.95	4459.44
全年实物纯收入	元	1013.85	934.37	1231.71	733.72	935.80	660.79
农村住户可支配收入来源结构							
全年可支配收入	元	3908.65	3375.21	4292.09	4886.36	5595.18	5082.20
工资性收入	元	1218.06	1192.07	1672.18	2114.96	1356.84	1335.00
家庭经营收入	元	2721.11	2084.83	2321.43	2605.11	4262.31	3689.36
财产性收入	元	13.80	49.07	184.56	77.86	-13.81	35.39
转移性收入	元	-44.32	49.24	113.93	88.43	-10.17	22.45
农村住户现金收支情况							
期内现金收入	元	4868.99	3732.84	4173.41	5695.95	9409.08	5906.11
工资性收入	元	1218.06	1192.07	1670.21	2114.96	1356.84	1335.00
在非企业组织中劳动得到收入	元	123.59	99.61	89.88	128.91	211.18	99.29
在本乡地域内劳动得到收入	元	626.58	930.18	1115.82	625.15	1001.96	491.84
外出从业得到收入	元	467.90	162.28	464.51	1360.90	143.70	743.87
家庭经营现金收入	元	3375.28	2391.70	2219.20	3174.52	7914.33	4470.09
第一产业现金收入	元	2711.22	1751.94	2040.76	2172.57	5932.65	3983.97
农业现金收入	元	1094.79	557.27	785.71	1460.23	3833.71	3481.79
林业现金收入	元	255.85	623.53	889.04	34.24	191.08	164.73
牧业现金收入	元	1354.85	554.22	364.58	641.43	1880.93	324.18

5-10续表13　　（2010年）

指　标	单　位	灌阳县	龙胜县	资源县	平乐县	荔浦县	恭城县
渔业现金收入	元	5.73	16.91	1.42	36.66	26.93	13.27
第二产业现金收入	元	415.82	203.34	3.16	245.57	1382.18	145.78
工业收入	元	393.48	203.34		245.57	1177.84	145.78
建筑业收入	元	22.34		3.16		204.34	
第三产业现金收入	元	248.24	436.42	175.29	756.38	599.50	340.34
财产性收入	元	22.22	9.04	101.04	64.14	0.53	35.21
转移性收入	元	253.44	140.04	182.96	342.34	137.36	65.81
非收入现金所得	元	652.44	440.82	119.95	1039.45	387.42	391.38
非借贷性现金所得	元	182.05	342.05	32.79	76.78	101.69	97.45
借贷性现金所得	元	470.39	98.76	87.16	962.66	285.72	293.93
期内现金支出	元	5200.04	3662.26	3113.60	5154.17	8409.05	4977.09
生产费用支出	元	2028.41	1278.21	1046.88	1461.06	4753.82	1482.05
家庭经营费用支出	元	1560.16	1169.89	996.56	1253.81	4532.37	1381.02
第一产业生产费用支出	元	1291.60	891.19	973.28	917.23	3439.18	1339.20
农业生产费用支出	元	679.55	650.41	634.35	644.44	2125.55	1176.29
林业生产费用支出	元	47.10	49.27	104.70	2.49	9.64	3.88
牧业生产费用支出	元	564.74	190.46	232.87	269.57	1303.25	158.50
渔业生产费用支出	元	0.21	1.05	1.36	0.74	0.74	0.53
第二产业生产费用支出	元	197.54	165.76	2.11	94.86	908.94	25.60
工业生产费用支出	元	197.50	16.30	0.28	94.86	890.58	25.60
建筑业生产费用支出	元	0.04	149.46	1.83		18.36	
第三产业生产费用支出	元	71.02	112.95	21.17	241.72	184.25	16.22
交通运输邮电业生产费用支出	元	34.51	39.91	8.20	28.72	1.79	15.45
批零贸易餐饮业生产费用支出	元	36.51	72.15	9.56	206.79	178.46	
社会服务业生产费用支出	元			3.08	0.03		0.47
文教卫生业生产费用支出	元		0.05	0.12		3.92	
其他行业生产费用支出	元		0.84	0.22	6.18	0.08	0.29
购置生产性固定资产支出	元	468.24	94.35	50.32	207.25	221.45	101.03
建造生产性固定资产雇工支出	元		13.96				
税费支出	元	15.58		16.90	1.15		4.75
生活消费支出	元	2850.29	2292.81	1970.87	3441.62	3493.35	3446.22
食品消费支出	元	1050.73	686.16	679.56	1310.38	1118.49	957.82
衣着	元	137.46	133.53	110.09	90.83	164.11	129.15
居住	元	488.93	594.74	242.42	1096.82	736.05	1168.14
家庭设备、用品及服务	元	228.66	170.78	175.71	171.88	235.98	244.30
交通和通讯	元	224.42	284.06	333.11	237.34	572.81	509.23
文化教育、娱乐用品及服务	元	403.42	204.28	183.52	224.34	233.44	175.15
医疗保健	元	263.05	151.87	167.04	223.72	351.90	197.23
其他商品和服务	元	53.63	67.37	79.41	86.31	80.57	65.19
财产性支出	元	8.00	0.46	2.86	0.66	14.35	0.71
转移性支出	元	297.76	90.79	76.09	249.68	147.53	43.36
非消费性支出	元	260.55	637.25	419.54	1203.04	766.92	716.32
非借贷性支出	元	210.03	595.89	353.34	251.01	391.28	462.05
储蓄、借贷性支出	元	50.52	41.36	66.20	952.03	375.64	254.27
出售产品情况	**元**	**2964.41**	**1950.82**	**2034.98**	**2337.72**	**7076.86**	**4047.19**
农业	元	979.26	556.69	779.93	1425.19	3813.56	3481.79
出售谷物数量	公斤	175.46	2.29	18.88	91.81	55.22	23.15
金额	元	359.10	4.58	27.22	213.82	116.84	47.98
#出售普通稻谷数量	公斤	28.12		4.94	79.39	50.20	2.19
金额	元	55.48		9.26	185.20	107.24	4.99
出售优质稻谷数量	公斤	138.47		0.12	4.68		11.42
金额	元	286.71		0.49	13.43		26.18
出售蔬菜数量	公斤	69.56	30.06	321.67	85.86	313.57	6.66
金额	元	149.16	151.35	652.89	158.89	1082.11	12.63
出售园林水果数量	公斤	146.80	167.62	3.62	405.10	332.17	2016.48
金额	元	242.19	299.66	31.23	579.47	802.92	3344.42

5-10续表14 （2010年）

指标	单位	灌阳县	龙胜县	资源县	平乐县	荔浦县	恭城县
#出售柑桔类数量	公斤	17.81	148.38	0.07	76.51	88.49	946.83
金额	元	27.52	178.67	0.15	99.08	191.54	1576.28
牧业	元	1354.85	554.22	364.58	638.94	1880.93	319.56
出售肉猪及猪肉总重量	公斤	82.63	27.90	19.24	23.72	121.34	12.37
金额	元	1191.81	433.10	283.90	342.97	1644.38	180.22
出售肉牛及牛肉总重量	公斤	1.42	1.78	3.41	2.22	2.07	5.67
金额	元	27.38	41.40	48.96	37.84	63.53	96.92
出售家禽总重量	公斤	1.33	0.71	1.08	6.27	0.24	0.54
金额	元	24.78	16.93	14.81	86.93	5.13	14.68
渔业	元	5.73	16.91	1.42	36.00	26.93	10.43
出售鱼类数量	公斤	0.27	0.57	0.10	2.40	2.91	0.77
金额	元	5.70	16.91	1.42	29.93	26.93	10.43
购买商品情况	元	**3760.58**	**2739.58**	**2400.09**	**3395.92**	**6876.68**	**4100.50**
购买生活消费品情况	元	1969.17	1665.78	1507.12	1979.92	2442.23	2671.62
食品类	元	873.07	534.58	643.29	611.28	927.47	852.85
购买谷物数量	公斤	33.70	11.55	42.56	8.84	32.30	50.70
购买谷物金额	元	80.86	28.45	88.08	21.63	75.39	121.79
#购买稻谷	公斤	10.58	0.69	2.84	1.65	4.32	1.63
金额	元	22.48	1.37	7.54	4.02	8.45	3.23
购买大米	公斤	17.99	8.78	30.87	5.79	26.90	43.83
金额	元	44.39	20.75	61.94	13.12	63.23	98.28
购买蔬菜及制品金额	元	24.60	13.65	10.07	18.23	22.31	42.15
购买蔬菜	公斤	4.32	2.83	3.35	6.70	5.98	11.24
金额	元	18.89	12.53	9.75	16.22	19.50	38.62
购买肉、禽、蛋、奶及其制品金额	元	479.07	253.76	254.99	345.84	511.33	413.41
购买猪肉	公斤	20.03	9.12	10.57	13.25	16.53	16.12
金额	元	347.45	166.77	190.06	245.58	305.15	281.78
购买水产品及制品金额	元	23.58	27.28	17.24	27.45	33.34	26.23
#购买淡水鱼类	公斤	2.03	1.64	0.38	1.86	3.14	1.75
金额	元	22.55	20.61	5.17	23.98	32.21	25.97
衣着类	元	137.46	133.24	109.86	90.61	163.12	128.90
购买生产资料情况	元	1323.17	979.44	842.65	1208.74	4213.00	1327.85
购买农业用种籽	公斤	8.28	6.37	3.74	4.19	9.87	5.89
金额	元	99.95	56.05	50.25	39.61	74.75	29.56
购买化肥	公斤	208.82	266.69	92.89	141.10	342.67	189.05
金额	元	324.32	488.11	277.95	365.32	1261.07	515.44
购买农药	元	92.24	50.92	81.48	168.12	224.65	396.86
购买薄膜	公斤	0.18	0.07	1.26	0.18	0.63	0.08
金额	元	2.50	0.94	14.56	2.18	8.15	1.32
购买牧业用饲料	公斤	163.60	27.12	73.96	86.67	513.86	34.54
金额	元	478.54	78.09	148.42	186.12	1198.56	99.64
农村住户食品消费情况							
粮食消费量	公斤	221.31	269.97	142.00	171.82	220.65	152.92
油脂类消费量	公斤	0.38	1.28	2.24	3.08	3.64	1.44
豆制品	公斤	1.74	1.33	0.85	1.39	3.83	1.08
蔬菜及菜制品消费量	公斤	119.36	177.21	181.81	136.96	230.22	126.92
水果类	公斤	20.97	12.40	10.36	22.22	28.87	30.41
肉禽及其制品	公斤	40.49	42.81	33.35	20.18	31.21	30.03
#猪肉	公斤	25.69	32.27	21.82	13.36	16.53	20.28
水产品	公斤	4.40	2.30	3.08	2.05	3.20	2.24
#鱼类	公斤	4.32	2.03	3.04	1.95	3.14	2.22

2011

六、工　业

Industry

资料整理：粟峥群　林福元　林　政　胡绍意

6-1 市县区全部工业总产值和增加值

（2010年）

指 标	全市	秀峰区	叠彩区	象山区	高新区	雁山区
全部工业						
总产值（当年价格、万元）						
2010年	12542867	223567	229087	1102459	1968205	200265
2009年	9681702	195784	194349	911753	1591295	168631
增长速度(%)	29.6	14.2	17.9	20.9	23.7	18.8
增加值（当年价格、万元）						
2010年	4179268	79195	55728	394724	704929	51402
2009年	3241418	73381	43972	341414	566272	44165
增加值（可比价格、万元）						
2010年	3894847	79733	51283	392212	689755	49715
增长速度(%)	20.2	8.7	16.6	14.9	21.8	12.6
规模以上工业						
总产值（当年价格、万元）						
2010年	9428569	180269	160674	946480	1821115	149993
2009年	7020702	158430	135886	777781	1465426	125427
增长速度(%)	34.3	13.8	18.2	21.7	24.3	19.6
增加值（当年价格、万元）						
2010年	3005800	62880	29950	335951	649506	32459
2009年	2238753	59306	21943	290933	518844	27885
增加值（可比价格、万元）						
2010年	2813729	64702	27534	338064	638693	32263
增长速度(%)	25.7	9.1	25.5	16.2	23.1	15.7
规模以下工业						
总产值（当年价格、万元）						
2010年	3114298	43298	68413	155979	147090	50272
2009年	2661000	37354	58463	133972	125869	43204
增长速度(%)	17.0	15.9	17.0	16.4	16.9	16.4
增加值（当年价格、万元）						
2010年	1173468	16315	25778	58773	55423	18943
2009年	1002665	14075	22029	50481	47428	16279
增加值（可比价格、万元）						
2010年	10811118	15031	23749	84148	51062	17452
增长速度(%)	7.8	6.8	7.8	7.3	7.7	7.2

6-1续表1 （2010年）

指　　标	阳朔县	临桂县	灵川县	全州县	兴安县	永福县
全部工业						
总产值(当年价格、万元)						
2010年	297074	1617487	946527	1062910	1007470	854102
2009年	224566	1193356	757515	773261	758327	655933
增长速度(%)	32.3	35.5	25.0	37.5	32.9	30.2
增加值(当年价格、万元)						
2010年	100486	484103	288306	350797	350315	293608
2009年	74923	383010	228933	257808	267745	226674
增加值(可比价格、万元)						
2010年	89172	482883	264919	309386	323811	266014
增长速度(%)	19.0	26.1	15.7	20.0	20.9	17.4
规模以上工业						
总产值(当年价格、万元)						
2010年	166295	1323470	722038	622084	638578	551817
2009年	114027	944615	565023	398416	444108	397483
增长速度(%)	45.8	40.1	27.8	56.1	43.8	38.8
增加值(当年价格、万元)						
2010年	51208	373317	203719	184694	211317	179707
2009年	33272	289285	156402	116567	149347	129290
增加值(可比价格、万元)						
2010年	43772	380816	186998	156355	195751	161077
增长速度(%)	31.6	31.6	19.6	34.1	31.1	24.6
规模以下工业						
总产值(当年价格、万元)						
2010年	130779	294017	224489	440826	368892	302285
2009年	110539	248741	192492	374845	314219	258450
增长速度(%)	18.3	18.2	16.6	17.6	17.4	17.0
增加值(当年价格、万元)						
2010年	49278	110786	84587	166103	138998	113901
2009年	41651	93725	72531	141241	118398	97384
增加值(可比价格、万元)						
2010年	45400	102067	77931	153031	128060	104937
增长速度(%)	9.0	8.9	7.4	8.3	8.2	7.8

6-1续表2 （2010年）

指 标	灌阳县	龙胜县	资源县	平乐县	荔浦县	恭城县
全部工业						
总产值（当年价格、万元）						
2010年	512303	292046	200725	716596	821001	500199
2009年	321402	241913	159877	535533	675693	322714
增长速度(%)	59.4	20.7	25.5	33.8	21.5	55.0
增加值（当年价格、万元）						
2010年	157723	132598	83591	217942	271296	171828
2009年	100466	113879	57881	157064	227885	113086
增加值（可比价格、万元）						
2010年	140518	129717	69144	188193	268485	146100
增长速度(%)	39.9	13.9	19.5	19.8	17.8	29.2
规模以上工业						
总产值（当年价格、万元）						
2010年	367368	204502	151339	475990	570033	376526
2009年	200276	166694	117635	330587	460969	217919
增长速度(%)	83.4	22.7	28.7	44.0	23.7	72.8
增加值（当年价格、万元）						
2010年	103112	99611	64982	127282	176731	125228
2009年	54826	85537	41964	79840	146977	73599
增加值（可比价格、万元）						
2010年	90204	99326	52000	104667	181362	103167
增长速度(%)	64.5	16.1	23.9	31.1	23.4	40.2
规模以下工业						
总产值（当年价格、万元）						
2010年	144935	87544	49386	240606	250968	123673
2009年	121126	75219	42242	204946	214724	104795
增长速度(%)	19.7	16.4	16.9	17.4	16.9	18.0
增加值（当年价格、万元）						
2010年	54611	32987	18609	90660	94565	46600
2009年	45640	28342	15917	77224	80908	39487
增加值（可比价格、万元）						
2010年	50314	30391	17144	83526	87123	42933
增长速度(%)	10.2	7.2	7.7	8.2	7.7	8.7

6-2 工业主要产品产量

(2010年)

产品名称	计量单位	生产量	产品名称	计量单位	生产量
原煤	吨	2418	#羽绒服	万件	61.75
铁矿石原矿	吨	38563	西服套装	万件	19.80
锰矿石成品矿	吨	2712874	衬衫	万件	1.20
铜金属含量	吨	28	轻革	平方米	31790
铅金属含量	吨	84986	皮革鞋靴	万双	10.40
锌金属含量	吨	126174	人造板	立方米	1588789
锡金属含量	吨	3825	#胶合板	立方米	725469
钨精矿折合量(折三氧化钨65%)	吨	11443	纤维板	立方米	333586
小麦粉	吨	48717	刨花板	立方米	9852
大米	吨	461471	人造板表面装饰板	平方米	15200
饲料	吨	1982406	家具	件	2292061
#配合饲料	吨	603744	#木质家具	件	1750350
混合饲料	吨	95725	软体家具	件	9965
精制食用植物油	吨	15718	纸浆(原生浆及废纸浆)	吨	20174
成品糖	吨	18144	机制纸及纸板(外购原纸加工除外)	吨	183065
鲜、冷藏肉	吨	42150	卫生用纸原纸	吨	123
淀粉	吨	4110	箱纸板	吨	45777
糕点	吨	781	纸制品	吨	283042
饼干	吨	271	#瓦楞纸箱	吨	196737
糖果	吨	1779	单色印刷品	令	471017
罐头	吨	125321	多色印刷品	对开色令	1307202
味精(谷氨酸钠)	吨	1057	本册	万本	1060.50
酱油	吨	2596	光盘复制品	万张	48918.00
冷冻饮品	吨	1860	硫酸(折100%)	吨	39877
食品添加剂	吨	63455	碳化钙(电石,折 300升/千克)	吨	52075
饮料酒	千升	1070746	农用氮、磷、钾化学肥料总计(折纯)	吨	32655
#白酒(折65度,商品量)	千升	97145	1、氮肥(折含N100%)	吨	26475
啤酒	千升	936926	#尿素(折含N100%)	吨	3531
黄酒	千升	404	2、磷肥(折五氧化二磷100 %)	吨	6180
软饮料	吨	2221206	化学农药原药(折有效成分100%)	吨	21773
#碳酸饮料类(汽水)	吨	78754	#杀虫剂原药	吨	874
包装饮用水类	吨	1609896	除草剂原药	吨	3981
果汁和蔬菜汁饮料类	吨	16334	涂料	吨	5487
精制茶	吨	256	油墨	吨	9
纱	吨	10639	合成橡胶	吨	6499
1、棉纱	吨	4332	松香	吨	78087
2、棉混纺纱	吨	5248	肥(香)皂	吨	9889
3、化学纤维纱	吨	1059	合成洗涤剂	吨	114974
生丝	吨	485	#合成洗衣粉	吨	72520
服装	万件	412.11	牙膏(折65克标准支)	万支	3011.00
1、针织服装	万件	164.20	化学药品原药	吨	685
2、梭织服装	万件	245.91	中成药	吨	25205

6-2续表 (2010年)

产品名称	计量单位	生产量	产品名称	计量单位	生产量
化学纤维	吨	481	液压元件	件	1490
合成纤维	吨	481	工业电炉	台	24
#锦纶纤维	吨	481	风机	台	20036
橡胶轮胎外胎	条	638655	包装专用设备	台	2
塑料制品	吨	68429	减速机	台	4789
#塑料薄膜	吨	6108	铸钢件	吨	32314
塑料管及其附件	吨	3898	采矿专用设备	吨	17585
塑料丝、绳及编织品	吨	26315	挖掘、铲土运输机械	台	674
泡沫塑料	吨	78	#挖掘机	台	674
塑料包装箱及容器	吨	10714	金属冶炼设备	吨	2949
日用塑料制品	吨	2606	炼油、化工生产专用设备	吨	1571
水泥熟料	吨	5120060	模具	套	641
水泥	吨	9134889	小型拖拉机	台	5134
#强度等级42.5水泥(含R型)	吨	319323	农作物收获机械	台	114293
强度等级52.5水泥(含R型)	吨	81180	#联合收割机	台	939
商品混凝土	立方米	2949100	场上作业机械	台	1125
水泥混凝土排水管	千米	3757.00	环境污染防治专用设备	台(套)	926
水泥混凝土电杆	根	87745	汽车	辆	2040
预应力混凝土桩	米	10021	客车	辆	2040
砖	万块	230803.00	(1)大型客车(车长>10米)	辆	824
瓦	万片	9614.84	(2)中型客车(7米<车长≤10米)	辆	491
天然大理石建筑板材	平方米	10341782	(3)轻型客车(车长≤7米)	辆	725
天然花岗石建筑板材	平方米	848619	改装汽车	辆	27
钢化玻璃	平方米	3190526	发电机组(发电设备)	千瓦	7412
夹层玻璃	平方米	1176648	风力发电机组	千瓦	7412
日用玻璃制品	吨	307328	变压器	千伏安	615940
玻璃纤维增强塑料制品	吨	238	互感器	台	5474
日用陶瓷制品	万件	81.90	电力电容器	千乏	24813703
生铁	吨	5933	通信及电子网络用电缆	对千米	6446
钢材	吨	609085	电力电缆	千米	62916
#钢筋	吨	609085	绝缘制品	吨	1660
铁合金	吨	744416	太阳能电池	千瓦	52620
#硅铁(折合含硅75%)	吨	6868	房间空气调节器	台	237
锰硅合金	吨	363990	电光源	万只	7.18
十种有色金属	吨	45199	微波终端机	部	33415
#锌	吨	44548	电子计算机整机	台	8987
锡	吨	651	微型计算机设备	台	8987
铝合金	吨	1134	半导体分立器件	万只	155795.35
铜材	吨	8526	集成电路	万块	101.30
铝材	吨	500	电子元件	万只	55469.00
#铝箔材	吨	476	印制电路板	平方米	58899
钢绞线	吨	8929	电工仪器仪表	台	28726
锁具	万把	0.55	分析仪器及装置	台(套)	4742
不锈钢日用制品	吨	678	试验机	台	482
金属切削机床	台	4980	环境监测专用仪器仪表	台	28
#数控金属切削机床	台	84	光学仪器	台(个)	91582
金属成形机床	台	0	发电量	万千瓦小时	832659
电焊机	台	80	#火力发电量	万千瓦小时	432899
起重机	吨	101	水力发电量	万千瓦小时	399488
泵	台	1020	煤气生产量	万立方米	1222.20
阀门	吨	1386	自来水生产量	万立方米	14723.23

6-3 规模工业主要经济指标

(2010年) 单位:万元

项 目	企业单位数(个)	亏损企业	工业总产值(当年价格)	工业销售产值(当年价格)	出口交货值	资产总计
全 市	801	99	9428569	8864997	510829	6956620
按登记注册类型分组						
内资企业	759	93	8605124	8096045	417162	6444711
国有企业	63	10	840391	822057	56253	1077712
中央企业	11		284574	278519	26411	339828
地方企业	52	10	555817	543538	29842	737884
集体企业	13	2	122101	121730	1644	64716
股份合作企业	10	2	381360	374768		203366
联营企业	4	1	32129	31797		26436
国有与集体联营企业	1		27002	27002		16110
其他联营企业	3	1	5127	4794		10327
有限责任公司	148	27	2622057	2418351	69415	2473003
国有独资公司	2	1	264268	262669		319594
其他有限责任公司	146	26	2357789	2155682	69415	2153409
股份有限公司	28	5	755273	720700	139727	834116
私营企业	488	45	3813287	3568698	145524	1757263
私营独资企业	75	5	397789	371448	12227	115549
私营合作企业	37	2	176680	174566	7707	81140
私营有限责任公司	357	38	3022347	2826464	117358	1491739
私营股份有限公司	19		216472	196220	8232	68836
其他企业	5	1	38526	37944	4600	8098
港、澳、台商投资企业	14	2	130772	119183	30381	65342
合资经营企业(港或澳、台资)	9	2	112263	102593	30282	48021
合作经营企业(港或澳、台资)	1		3736	3736		11103
港澳台商独资经营企业	4		14773	12855	100	6218
外商投资企业	28	4	692674	649769	63286	446567
中外合资经营企业	19	2	429290	403341	28143	187294
外资企业	8	2	249782	232827	35143	235852
外商投资股份有限公司	1		13601	13601		23421
按经济组织类型分组						
独资企业	163	19	1624836	1560916	105366	1500047
国有企业	63	10	840391	822057	56253	1077712
集体企业	13	2	122101	121730	1644	64716
私营独资企业	75	5	397789	371448	12227	115549
港澳台商独资经营企业	4		14773	12855	100	6218
外资企业	8	2	249782	232827	35143	235852
合作、合伙企业	57	6	632430	622811	12307	330142
股份合作企业	10	2	381360	374768		203366
国有与集体联营企业	1		27002	27002		16110
其他联营企业	3	1	5127	4794		10327
私营合伙企业	37	2	176680	174566	7707	81140
合作经营企业(港或澳、台资)	1		3736	3736		11103
其他企业(内资)	5	1	38526	37944	4600	8098
股份有限公司	48	5	985346	930521	147958	926374
股份有限公司(内资)	28	5	755273	720700	139727	834116
私营股份有限公司	19		216472	196220	8232	68836
外商投资股份有限公司	1		13601	13601		23421
有限责任公司	533	69	6185957	5750749	245197	4200056

6-3续表1　　（2010年）　　单位:万元

项　目	企业单位数（个）	亏损企业	工业总产值（当年价格）	工业销售产值（当年价格）	出口交货值	资产总计
国有独资公司	2	1	264268	262669		319594
私营有限责任公司	357	38	3022347	2826464	117358	1491739
合资经营企业(港或澳、台资)	9	2	112263	102593	30282	48021
中外合资经营企业	19	2	429290	403341	28143	187294
其他有限责任公司	146	26	2357789	2155682	69415	2153409
在总计中:亏损企业	99	99	426118	366649	18215	680300
在总计中:国有控股企业	95	16	2216520	2093125	95947	2710479
在总计中:农村工业	30	1	185666	169113	4987	85596
在总计中:轻工业	331	35	3501174	3265316	220682	2377985
重工业	470	64	5927395	5599681	290147	4578635
在总计中:大型企业	4		1072723	982590	120117	759186
中型企业	113	10	4256768	4045027	264222	3789393
小型企业	684	89	4099078	3837380	126491	2408040
按工业行业大中小类分						
采矿业	44	5	739720	711424	32467	205852
黑色金属矿采选业	5		305240	304536		12818
其他黑色金属矿采选	5		305240	304536		12818
有色金属矿采选业	18	2	280523	259869		92907
常用有色金属矿采选	12	2	190047	175244		74008
铅锌矿采选	10	1	177386	164182		63607
锡矿采选	1	1	10663	9063		10173
其他常用有色金属矿采选	1		1999	1999		228
贵金属矿采选	1		6537	6537		3324
银矿采选	1		6537	6537		3324
稀有稀土金属矿采选	5		83939	78088		15575
钨钼矿采选	3		70596	65066		12128
其他稀有金属矿采选	2		13342	13022		3446
非金属矿采选业	21	3	153957	147019	32467	100127
土砂石开采	6	2	17026	15990		6564
建筑装饰用石开采	1		1761	1761		880
耐火土石开采	1		5565	4716		1137
粘土及其他土砂石开采	4	2	9701	9513		4548
化学矿采选	1		10643	10635	1644	3985
石棉及其他非金属矿采选	14	1	126288	120395	30824	89578
石墨、滑石采选	8	1	100558	95488	30824	85143
其他非金属矿采选	6		25730	24906		4435
制造业	706	85	7928004	7394020	478362	5304722
农副食品加工业	57	1	623034	598298	21842	227698
谷物磨制	14	1	97896	95706		38815
饲料加工	9		209384	209285		78073
植物油加工	1		57517	49277		23854
食用植物油加工	1		57517	49277		23854
制糖	2		9499	5719		15598
屠宰及肉类加工	5		81482	78924		14957
畜禽屠宰	3		69942	69054		9676
肉制品及副产品加工	2		11540	9870		5281
蔬菜、水果和坚果加工	19		145274	138921	20920	41830
其他农副食品加工	7		21982	20466	922	14571

6-3续表2 (2010年) 单位:万元

项目	企业单位数(个)	亏损企业	工业总产值(当年价格)	工业销售产值(当年价格)	出口交货值	资产总计
淀粉及淀粉制品的制造	3		9266	7760	922	7003
豆制品制造	3		7882	7959		5200
其他未列明的农副食品加工	1		4834	4746		2369
食品制造业	33	3	243899	226280	57169	145030
焙烤食品制造	4		9430	6567		7039
糕点、面包制造	4		9430	6567		7039
糖果、巧克力及蜜饯制造	1		899	899		424
蜜饯制作	1		899	899		424
方便食品制造	7		39472	37659		25645
米、面制品制造	6		38007	36194		24252
方便面及其他方便食品制造	1		1465	1465		1393
罐头制造	7	1	77729	73828	57169	39815
蔬菜、水果罐头制造	7	1	77729	73828	57169	39815
调味品、发酵制品制造	4		33074	31386		17461
味精制造	1		3307	1286		2232
其他调味品、发酵制品制造	3		29766	30100		15229
其他食品制造	10	2	83296	75941		54646
营养、保健食品制造	2		44627	41744		8651
食品及饲料添加剂制造	4	1	27175	23002		14303
其他未列明的食品制造	4	1	11493	11195		31692
饮料制造业	37	1	948413	900327	88	506121
酒的制造	8		409036	393378	88	242387
白酒制造	6		65302	53622	88	61844
啤酒制造	1		331358	327461		178565
其他酒制造	1		12377	12295		1978
软饮料制造	27	1	532005	499748		262600
碳酸饮料制造	2		23472	17880		17611
瓶(罐)装饮用水制造	5		317131	313017		151503
果菜汁及果菜汁饮料制造	1		29591	18210		17069
固体饮料制造	16	1	156350	145280		63893
茶饮料及其他软饮料制造	3		5462	5362		12525
精制茶加工	2		7372	7201		1133
纺织业	5	2	45393	38780	1243	45583
棉、化纤纺织及印染精加工	1	1	28984	22763	231	35503
棉、化纤纺织加工	1	1	28984	22763	231	35503
丝绢纺织及精加工	3	1	13756	13443	1012	8112
缫丝加工	3	1	13756	13443	1012	8112
针织品、编织品及其制品制造	1		2653	2574		1967
毛针织品及编织品制造	1		2653	2574		1967
纺织服装、鞋、帽制造业	4	3	14137	13030	1579	10456
纺织服装制造	4	3	14137	13030	1579	10456
皮革、毛皮、羽毛(绒)及其制品业	1		4484	4484	4461	2398
皮革制品制造	1		4484	4484	4461	2398
其他皮革制品制造	1		4484	4484	4461	2398
木材加工及木、竹、藤、棕、草制品业	97	7	520642	491325	78417	193047
锯材、木片加工	5	1	20537	19681		9364
锯材加工	1	1	635	635		299

6-3续表3　　(2010年)　　单位:万元

项　目	企业单位数(个)	亏损企业	工业总产值(当年价格)	工业销售产值(当年价格)	出口交货值	资产总计
木片加工	4		19903	19046		9065
人造板制造	25	1	177785	169849		79071
胶合板制造	14	1	100934	97381		33713
纤维板制造	7		55285	53831		35073
刨花板制造	2		16589	14157		6628
其他人造板、材制造	2		4977	4481		3657
木制品制造	51	4	259628	242815	64855	87145
建筑用木料及木材组件加工	2		6830	6116		3100
木容器制造	1		1411	1411		696
软木制品及其他木制品制造	48	4	251387	235288	64855	83350
竹、藤、棕、草制品制造	16	1	62692	58980	13562	17467
家具制造业	7		46367	39502	2085	18137
木质家具制造	4		14350	12093		8021
竹、藤家具制造	1		25015	20650		4780
其他家具制造	2		7002	6758	2085	5336
造纸及纸制品业	31	3	267343	240281	2327	191136
造纸	12		117781	95670	2011	119982
机制纸及纸板制造	12		117781	95670	2011	119982
纸制品制造	19	3	149562	144611	317	71154
纸和纸板容器的制造	14	1	90662	86909		45907
其他纸制品制造	5	2	58900	57702	317	25247
印刷业和记录媒介的复制	18	4	188625	178279		157656
印刷	17	4	114217	106359		134467
书、报、刊印刷	6	2	29792	27547		28977
本册印制	1		1115	1115		625
包装装潢及其他印刷	10	2	83310	77697		104865
记录媒介的复制	1		74408	71920		23190
化学原料及化学制品制造业	47	2	394404	379213	229	137101
基础化学原料制造	4		34072	32254		18305
无机盐制造	2		28075	26370		16530
有机化学原料制造	1		3980	3877		524
其他基础化学原料制造	1		2018	2007		1251
肥料制造	4		29318	27938		14257
磷肥制造	1		4609	3517		1353
复混肥料制造	2		19640	19340		9381
其他肥料制造	1		5069	5081		3523
农药制造	8		63496	60940		23095
化学农药制造	8		63496	60940		23095
涂料、油墨、颜料及类似产品制造	3		8365	8014		4538
涂料制造	3		8365	8014		4538
合成材料制造	1		1986	1903		273
其他合成材料制造	1		1986	1903		273
专用化学产品制造	21		165328	157510		36227
化学试剂和助剂制造	1		4217	3960		600
专项化学用品制造	1		18978	17213		1771
林产化学产品制造	13		113472	110111		23786
炸药及火工产品制造	3		12424	12064		4857

6-3续表4 (2010年) 单位:万元

项　目	企业单位数(个)	亏损企业	工业总产值(当年价格)	工业销售产值(当年价格)	出口交货值	资产总计
其他专用化学产品制造	3		16238	14161		5213
日用化学产品制造	6	2	91839	90655	229	40406
肥皂及合成洗涤剂制造	2	1	45347	45434	229	24600
口腔清洁用品制造	1	1	5483	5480		1675
香料、香精制造	1		682	672		2071
其他日用化学产品制造	2		40328	39069		12060
医药制造业	32	9	387253	353119	22307	574516
化学药品原药制造	4	2	26366	14988		19080
化学药品制剂制造	7	2	132206	123094	9420	154321
中药饮片加工	3	1	18498	17584	3458	3541
中成药制造	14	2	191021	182433	2900	328038
生物、生化制品的制造	4	2	19163	15019	6529	69537
橡胶制品业	7		156350	87608	12244	226938
轮胎制造	2		125656	57854	6076	197971
车辆、飞机及工程机械轮胎制造	2		125656	57854	6076	197971
橡胶板、管、带的制造	1		3840	3464		7634
日用及医用橡胶制品制造	4		26853	26290	6168	21333
塑料制品业	15	2	62662	61066	212	24130
塑料薄膜制造	2		10302	9787		2029
塑料板、管、型材的制造	2	2	3582	3433		4703
塑料丝、绳及编织品的制造	2		11709	11709		3667
泡沫塑料制造	2		4334	4337		1057
塑料包装箱及容器制造	3		13176	13142		4313
日用塑料制造	1		3791	3226		1397
日用塑料杂品制造	1		3791	3226		1397
其他塑料制品制造	3		15769	15432	212	6965
非金属矿物制品业	81	10	683475	648496	27868	483672
水泥、石灰和石膏的制造	26	6	295446	277525		256669
水泥制造	26	6	295446	277525		256669
水泥及石膏制品制造	15		159682	157237	4600	53039
水泥制品制造	9		94998	93075		39136
轻质建筑材料制造	6		64684	64163	4600	13903
砖瓦、石材及其他建筑材料制造	22	3	45774	44431		22680
粘土砖瓦及建筑砌块制造	14	1	25046	24376		13670
建筑陶瓷制品制造	1		2561	2508		2286
建筑用石加工	5	1	14205	13603		3885
其他建筑材料制造	2	1	3962	3945		2839
玻璃及玻璃制品制造	7		121613	111353	18492	86148
技术玻璃制品制造	3		71539	63744	18492	50222
光学玻璃制造	1		1438	1481		587
日用玻璃制品及玻璃包装容器制造	2		46260	43686		33899
玻璃纤维增强塑料制品制造	1		2377	2442		1441
陶瓷制品制造	1		2235	2184		631
日用陶瓷制品制造	1		2235	2184		631
石墨及其他非金属矿物制品制造	10	1	58725	55765	4776	64504
其他非金属矿物制品制造	10	1	58725	55765	4776	64504

6-3续表5　　(2010年)　　单位:万元

项　　目	企业单位数(个)	亏损企业	工业总产值(当年价格)	工业销售产值(当年价格)	出口交货值	资产总计
黑色金属冶炼及压延加工业	54	14	764621	732812	183	280279
钢压延加工	2		264258	262896		26280
铁合金冶炼	52	14	500363	469917	183	253999
有色金属冶炼及压延加工业	9	1	224245	205433	33198	97144
常用有色金属冶炼	5	1	159479	143218		50180
铅锌冶炼	3	1	61153	47512		28612
锡冶炼	1		82467	80052		6323
其他常用有色金属冶炼	1		15859	15655		15245
稀有稀土金属冶炼	2		16157	15317		8696
稀土金属冶炼	2		16157	15317		8696
有色金属合金制造	1		3019	1691		1368
有色金属压延加工	1		45591	45207	33198	36901
常用有色金属压延加工	1		45591	45207	33198	36901
金属制品业	18	1	124931	115499	20118	52427
结构性金属制品制造	2		3253	3203		2044
金属门窗制造	2		3253	3203		2044
金属工具制造	1		2798	2649		2966
其他金属工具制造	1		2798	2649		2966
金属丝绳及其制品的制造	1		11796	11179		2823
建筑、安全用金属制品制造	1		4997	4991		2464
建筑、家具用金属配件制造	1		4997	4991		2464
不锈钢及类似日用金属制品制造	8		87279	79120	20118	29389
其他日用金属制品制造	8		87279	79120	20118	29389
其他金属制品制造	5	1	14808	14358		12742
其他未列明的金属制品制造	5	1	14808	14358		12742
通用设备制造业	32	4	179416	173752	14003	194753
锅炉及原动机制造	1	1	1289	1168		1014
内燃机及配件制造	1	1	1289	1168		1014
金属加工机械制造	7		57599	56999	1207	118816
金属切削机床制造	3		42995	45093	1207	108065
金属成形机床制造	1		3388	3388		2720
金属切割及焊接设备制造	2		8098	6001		5235
其他金属加工机械制造	1		3118	2517		2796
起重运输设备制造	2		4988	4940		1467
泵、阀门、压缩机及类似机械的制造	2	1	3092	3791	381	14654
泵及真空设备制造	1		2247	3037		12371
阀门和旋塞的制造	1	1	845	754	381	2283
轴承、齿轮、传动和驱动部件的制造	1		2641	2641		539
齿轮、传动和驱动部件制造	1		2641	2641		539
烘炉、熔炉及电炉制造	1		1005	1005		299
风机、衡器、包装设备等通用设备	3	1	27221	25765	10058	28654
气体、液体分离及纯净设备制造	1	1	3107	673		2456
风动和电动工具制造	1		17124	19638	10058	22107
其他通用设备制造	1		6989	5454		4090
通用零部件制造及机械修理	1	1	1531	1531	310	1240
机械零部件加工及设备修理	1	1	1531	1531	310	1240
金属铸、锻加工	14		80051	75913	2048	28071

6-3续表6　　(2010年)　　单位:万元

项　　目	企业单位数(个)	亏损企业	工　业总产值(当年价格)	工业销售产值(当年价格)	出　口交货值	资产总计
钢铁铸件制造	14		80051	75913	2048	28071
专用设备制造业	37	4	373071	330419	31776	344493
矿山、冶金、建筑专用设备制造	7	2	56806	52811	1169	43825
采矿、采石设备制造	3	2	20929	19174		12208
建筑工程用机械制造	2		26801	25981	1169	24319
建筑材料生产专用机械制造	1		2197	2197		1064
冶金专用设备制造	1		6879	5458		6234
化工、木材、非金属加工专用设备	14		174123	166370	20462	160772
橡胶加工专用设备制造	12		170737	163024	20462	157925
木材加工机械制造	1		2431	2402		2049
模具制造	1		955	944		798
印刷、制药、日化生产专用设备制造	1		1201	937		463
制药专用设备制造	1		1201	937		463
电子和电工机械专用设备制造	2		7301	6507		4648
电工机械专用设备制造	1		5177	4673		3056
电子工业专用设备制造	1		2125	1834		1592
农、林、牧、渔专用机械制造	4	1	28509	24878	124	17125
拖拉机制造	2		10721	10715		2367
机械化农业及园艺机具制造	2	1	17788	14164	124	14757
医疗仪器设备及器械制造	4		54748	31804	7710	59031
医疗诊断、监护及治疗设备制造	3		32184	20036		42360
口腔科用设备及器具制造	1		22565	11767	7710	16671
环保、社会公共安全及其他专用设备制造	5	1	50383	47112	2311	58630
环境污染防治专用设备制造	2	1	12782	10383	2166	12268
其他专用设备制造	3		37601	36729	145	46362
交通运输设备制造业	18	3	496993	489889	8702	540344
汽车制造	15	3	469847	459969	8702	471791
汽车整车制造	3	1	56216	55417	3302	130708
汽车零部件及配件制造	12	2	413632	404552	5400	341083
自行车制造	1		3337	3337		1716
助动自行车制造	1		3337	3337		1716
船舶及浮动装置制造	1		3245	6015		3504
船用配套设备制造	1		3245	6015		3504
航空航天器制造	1		20564	20568		63334
飞机制造及修理	1		20564	20568		63334
电气机械及器材制造业	17	2	748629	714736	123094	420395
电机制造	4	1	29090	26363		18775
发电机及发电机组制造	1		5945	5945		1108
电动机制造	1		5396	3763		2769
微电机及其他电机制造	2	1	17749	16656		14898
输配电及控制设备制造	6	1	141682	124478	426	130454
变压器、整流器和电感器制造	3	1	17457	16913		16825
电容器及其配套设备制造	1		104491	87710	426	102090
配电开关控制设备制造	1		637	637		1000
电力电子元器件制造	1		19098	19219		10540
电线、电缆、光缆及电工器材制造	4		517820	503147	122668	191355
电线电缆制造	2		445568	430895	122007	153980
绝缘制品制造	1		70359	70359	661	35483

6-3续表7　　(2010年)　　单位:万元

项目	企业单位数(个)	亏损企业	工业总产值(当年价格)	工业销售产值(当年价格)	出口交货值	资产总计
其他电工器材制造	1		1893	1893		1893
电池制造	2		55524	55521		79007
照明器具制造	1		4513	5227		804
电光源制造	1		4513	5227		804
通信设备、计算机及其他电子设备	34	8	329848	298132	2114	327151
通信设备制造	15	4	236101	215825	691	182401
通信传输设备制造	13	4	222587	204133	691	176972
通信终端设备制造	1		11589	9767		4281
移动通信及终端设备制造	1		1925	1925		1148
雷达及配套设备制造	1		25675	25199		55313
广播电视设备制造	3		11198	11156	718	9918
广播电视接收设备及器材制造	2		4871	4830		2883
应用电视设备及其他广播电视设备	1		6326	6326	718	7035
电子计算机制造	3		4815	4680		2611
计算机网络设备制造	3		4815	4680		2611
电子器件制造	4	2	19948	11896	705	33061
半导体分立器件制造	3	2	9026	7340	86	17512
光电子器件及其他电子器件制造	1		10921	4556	619	15549
电子元件制造	6	1	27762	25990		41764
电子元件及组件制造	4		21996	20509		37911
印制电路板制造	2	1	5766	5481		3852
其他电子设备制造	2	1	4350	3387		2084
仪器仪表及文化、办公用机械制造	13	1	83229	60190	12209	96455
通用仪器仪表制造	8	1	55907	47012	10860	74676
工业自动控制系统装置制造	1		3793	3788		3391
绘图、计算及测量仪器制造	5	1	38130	29241	10860	64693
试验机制造	1		8981	8981		3711
供应用仪表及其他通用仪器制造	1		5003	5003		2881
专用仪器仪表制造	3		13959	5260	435	10338
汽车及其他用计数仪表制造	1		4695	1203		3959
地质勘探和地震专用仪器制造	1		3658	1463		2795
电子测量仪器制造	1		5605	2595	435	3585
光学仪器及眼镜制造	2		13363	7918	915	11441
光学仪器制造	2		13363	7918	915	11441
工艺品及其他制造业	1		12988	9158	895	5214
工艺美术品制造	1		12988	9158	895	5214
珠宝首饰及有关物品的制造	1		12988	9158	895	5214
废弃资源和废旧材料回收加工业	1		3554	3914		2448
金属废料和碎屑的加工处理	1		3554	3914		2448
电力、燃气及水的生产和供应业	51	9	760845	759554		1446046
电力、热力的生产和供应业	43	7	727321	726323		1290151
电力生产	29	7	219485	218487		778189
火力发电	1		145463	145463		278186
水力发电	28	7	74022	73024		500003
电力供应	14		507836	507836		511963
燃气生产和供应业	1		13601	13601		23421
水的生产和供应业	7	2	19923	19629		132474
自来水的生产和供应	6	2	18323	18164		131128
污水处理及其再生利用	1		1600	1465		1347

6-3续表8　　(2010年)　　单位:万元

项　　目	流动资产合计	应收帐款	存　货	产成品	固定资产合计	固定资产原价
全　市	**3138879**	**734622**	**843269**	**408796**	**2997564**	**3814884**
按登记注册类型分组						
内资企业	2782103	609135	767436	380327	2865220	3629444
国有企业	444777	88979	115662	49655	554383	674206
中央企业	219646	55432	61567	17711	92181	142087
地方企业	225130	33547	54095	31944	462202	532119
集体企业	37532	12289	9992	3691	10143	19900
股份合作企业	65192	3881	21514	4584	128960	208234
联营企业	3575	1753	1010	400	16639	18559
国有与集体联营企业	1315	27	565		8995	9495
其他联营企业	2260	1726	445	400	7643	9064
有限责任公司	978014	261215	227111	117505	1256748	1512355
国有独资公司	14903	743	1402	399	295789	435621
其他有限责任公司	963111	260472	225708	117106	960959	1076734
股份有限公司	435399	64289	100576	35868	227696	279103
私营企业	813762	175917	288795	168094	666568	907747
私营独资企业	59572	14654	29067	18872	47210	81333
私营合作企业	26634	4958	11591	5830	53380	72492
私营有限责任公司	689407	150144	237142	137190	539868	716974
私营股份有限公司	38149	6161	10995	6203	26110	36948
其他企业	3852	813	2777	531	4085	9340
港、澳、台商投资企业	28844	5801	10864	4983	25076	30056
合资经营企业(港或澳、台资)	25156	5144	9580	4839	13338	16345
合作经营企业(港或澳、台资)	1596	375	446		7930	8649
港澳台商独资经营企业	2093	281	837	144	3808	5062
外商投资企业	327932	119686	64969	23486	107268	155384
中外合资经营企业	136042	52924	28959	10696	41201	84503
外资企业	182713	65391	34602	12767	51824	60028
外商投资股份有限公司	9177	1372	1408	23	14244	10852
按经济组织类型分组						
独资企业	726686	181595	190160	85128	667368	840529
国有企业	444777	88979	115662	49655	554383	674206
集体企业	37532	12289	9992	3691	10143	19900
私营独资企业	59572	14654	29067	18872	47210	81333
港澳台商独资经营企业	2093	281	837	144	3808	5062
外资企业	182713	65391	34602	12767	51824	60028
合作、合伙企业	100848	11780	37338	11345	210992	317275
股份合作企业	65192	3881	21514	4584	128960	208234
国有与集体联营企业	1315	27	565		8995	9495
其他联营企业	2260	1726	445	400	7643	9064
私营合伙企业	26634	4958	11591	5830	53380	72492
合作经营企业(港或澳、台资)	1596	375	446		7930	8649
其他企业(内资)	3852	813	2777	531	4085	9340
股份有限公司	482726	71821	112979	42094	268049	326903
股份有限公司(内资)	435399	64289	100576	35868	227696	279103
私营股份有限公司	38149	6161	10995	6203	26110	36948
外商投资股份有限公司	9177	1372	1408	23	14244	10852
有限责任公司	1828619	469426	502792	270230	1851155	2330177

6-3续表9 (2010年) 单位:万元

项目	流动资产合计	应收帐款	存货	产成品	固定资产合计	固定资产原价
国有独资公司	14903	743	1402	399	295789	435621
私营有限责任公司	689407	150144	237142	137190	539868	716974
合资经营企业(港或澳、台资)	25156	5144	9580	4839	13338	16345
中外合资经营企业	136042	52924	28959	10696	41201	84503
其他有限责任公司	963111	260472	225708	117106	960959	1076734
在总计中:亏损企业	286130	50441	86365	38603	239628	281514
在总计中:国有控股企业	879323	204475	227454	87407	1647210	2072752
在总计中:农村工业	41007	5109	20832	12892	39967	65008
在总计中:轻工业	1072085	197931	287313	132148	874360	1151188
重工业	2066794	536691	555956	276648	2123204	2663696
在总计中:大型企业	362300	64133	100331	52250	357286	384576
中型企业	1683892	411302	408744	178807	1641847	2174870
小型企业	1092687	259188	334194	177739	998431	1255439
按工业行业大中小类分						
采矿业	99099	15596	38484	33306	83419	124789
黑色金属矿采选业	6008	326	1223	701	6448	9390
其他黑色金属矿采选	6008	326	1223	701	6448	9390
有色金属矿采选业	38989	3345	11863	9144	39796	65143
常用有色金属矿采选	32981	2251	8814	6386	27302	40926
铅锌矿采选	30824	2042	7923	5987	24105	37687
锡矿采选	2008	108	844	399	3119	3119
其他常用有色金属矿采选	150	102	47		78	121
贵金属矿采选	1069				2256	4429
银矿采选	1069				2256	4429
稀有稀土金属矿采选	4939	1094	3049	2757	10238	19788
钨钼矿采选	3869	867	2809	2598	8260	17460
其他稀有金属矿采选	1070	227	240	160	1978	2328
非金属矿采选业	54102	11926	25398	23462	37176	50256
土砂石开采	3448	2143	929	780	2972	3328
建筑装饰用石开采	200	58	41	28	586	586
耐火土石开采	694	222	248	248	443	812
粘土及其他土砂石开采	2554	1863	640	504	1944	1929
化学矿采选	2098	19	1683	1280	1274	2465
石棉及其他非金属矿采选	48556	9764	22787	21402	32930	44463
石墨、滑石采选	45630	9198	21932	20555	31870	43127
其他非金属矿采选	2926	566	855	847	1060	1336
制造业	2824078	685321	796389	375466	1728716	2292039
农副食品加工业	132098	25334	37346	17114	68387	86801
谷物磨制	25636	3928	5545	2755	8597	9530
饲料加工	49187	14016	14365	2351	8394	17277
植物油加工	13449	457	2054	1199	10405	11901
食用植物油加工	13449	457	2054	1199	10405	11901
制糖	9653	784	1968	1445	5738	4159
屠宰及肉类加工	10158	1964	5756	3851	4608	6682
畜禽屠宰	6590	1184	3296	1857	2895	4776
肉制品及副产品加工	3568	780	2460	1994	1713	1906
蔬菜、水果和坚果加工	18339	3824	5645	4514	22265	24611
其他农副食品加工	5676	361	2014	1000	8380	12642

6-3续表10　　(2010年)　　单位:万元

项目	流动资产合计	应收帐款	存货	产成品	固定资产合计	固定资产原价
淀粉及淀粉制品的制造	2495	91	608	457	4476	6488
豆制品制造	2865	211	1317	519	1852	2882
其他未列明的农副食品加工	316	59	90	24	2053	3272
食品制造业	71568	11611	28817	18338	54249	65185
焙烤食品制造	2094	552	1141	12	1716	2100
糕点、面包制造	2094	552	1141	12	1716	2100
糖果、巧克力及蜜饯制造	209	74	3		214	249
蜜饯制作	209	74	3		214	249
方便食品制造	20105	1966	6077	5508	5384	7389
米、面制品制造	19106	1169	6029	5508	4991	6529
方便面及其他方便食品制造	1000	797	48		393	860
罐头制造	16665	3268	8426	7482	17658	18169
蔬菜、水果罐头制造	16665	3268	8426	7482	17658	18169
调味品、发酵制品制造	7725	-538	4313	941	5015	7368
味精制造	231	109	57	27	653	740
其他调味品、发酵制品制造	7494	-647	4256	914	4362	6628
其他食品制造	24770	6290	8858	4396	24261	29911
营养、保健食品制造	5475	2265	2746	1841	2789	6347
食品及饲料添加剂制造	9249	2464	2805	1324	3854	5066
其他未列明的食品制造	10046	1560	3307	1232	17617	18499
饮料制造业	178815	24301	50201	15776	275992	402170
酒的制造	79084	2828	26894	8933	141266	222022
白酒制造	28933	1146	10416	7279	17337	22818
啤酒制造	49869	1589	16341	1567	122233	197250
其他酒制造	282	93	137	87	1696	1954
软饮料制造	99198	21394	23121	6745	134131	178481
碳酸饮料制造	10398	1100	3226	17	7170	19531
瓶(罐)装饮用水制造	35592	59	4927	1924	94515	132455
果菜汁及果菜汁饮料制造	5544	2116	602	434	11525	2384
固体饮料制造	45438	17452	13714	4278	12240	14973
茶饮料及其他软饮料制造	2227	667	651	92	8682	9138
精制茶加工	533	79	186	98	595	1668
纺织业	24200	5305	9591	4516	20220	40231
棉、化纤纺织及印染精加工	17529	4017	5984	2762	17204	37056
棉、化纤纺织加工	17529	4017	5984	2762	17204	37056
丝绢纺织及精加工	5872	1104	3599	1754	1939	1603
缫丝加工	5872	1104	3599	1754	1939	1603
针织品、编织品及其制品制造	799	184	9		1077	1573
毛针织品及编织品制造	799	184	9		1077	1573
纺织服装、鞋、帽制造业	2329	185	1563	68	2050	3232
纺织服装制造	2329	185	1563	68	2050	3232
皮革、毛皮、羽毛(绒)及其制品业	2076	740	1127		269	1447
皮革制品制造	2076	740	1127		269	1447
其他皮革制品制造	2076	740	1127		269	1447
木材加工及木、竹、藤、棕、草制品业	108136	18173	49141	26345	69853	106655
锯材、木片加工	5973	2470	3179	2049	3387	3850
锯材加工	165		97	85	135	135

6-3续表11　　(2010年)　　单位:万元

项　　目	流动资产合计	应收帐款	存　货	产成品	固定资产合计	固定资产原价
木片加工	5808	2470	3082	1965	3252	3715
人造板制造	41631	3977	15241	10387	31988	51262
胶合板制造	15435	1388	6579	5899	17454	25868
纤维板制造	21033	903	6629	3026	9443	13472
刨花板制造	2233	135	1406	983	4395	11426
其他人造板、材制造	2930	1551	628	480	696	497
木制品制造	49665	9575	24825	8741	28362	41781
建筑用木料及木材组件加工	1572	195	483	387	505	743
木容器制造	644	86	24		52	68
软木制品及其他木制品制造	47450	9294	24319	8354	27805	40970
竹、藤、棕、草制品制造	10867	2151	5896	5167	6117	9762
家具制造业	9235	1742	3554	2560	7224	9670
木质家具制造	4787	928	2429	1814	3234	3970
竹、藤家具制造	2394	310	465	465	986	1120
其他家具制造	2054	504	660	281	3004	4580
造纸及纸制品业	95058	24261	25919	18588	49604	67142
造纸	55367	15671	12267	11311	29733	40343
机制纸及纸板制造	55367	15671	12267	11311	29733	40343
纸制品制造	39691	8591	13652	7277	19872	26799
纸和纸板容器的制造	26106	6010	8841	5729	13732	18609
其他纸制品制造	13585	2581	4811	1548	6140	8191
印刷业和记录媒介的复制	54602	20085	17440	7108	54837	76335
印刷	45326	13612	14740	7108	49430	67104
书、报、刊印刷	13172	6471	3775	802	4026	11116
本册印制	339	251	61		286	447
包装装潢及其他印刷	31815	6891	10904	6306	45118	55541
记录媒介的复制	9276	6473	2700		5408	9232
化学原料及化学制品制造业	78290	22070	36011	21977	47141	63336
基础化学原料制造	7891	1792	1508	1242	8933	11065
无机盐制造	6284	1428	1306	1147	8765	10784
有机化学原料制造	395	238	95	95	130	205
其他基础化学原料制造	1212	126	107		39	76
肥料制造	9125	3780	3752	2448	3801	3924
磷肥制造	947	76	490		406	439
复混肥料制造	7126	3501	3141	2430	924	809
其他肥料制造	1051	204	121	18	2471	2676
农药制造	10124	2335	6630	2631	11588	12577
化学农药制造	10124	2335	6630	2631	11588	12577
涂料、油墨、颜料及类似产品制造	3756	1235	921	364	781	1646
涂料制造	3756	1235	921	364	781	1646
合成材料制造	188	67	87	72	83	83
其他合成材料制造	188	67	87	72	83	83
专用化学产品制造	22326	3084	12937	11474	12842	21304
化学试剂和助剂制造	322	85	226	171	271	362
专项化学用品制造	987		976	976	785	939
林产化学产品制造	17414	2296	10497	9424	5698	13022
炸药及火工产品制造	1222	50	471	160	3255	3779

6-3续表12 (2010年) 单位:万元

项目	流动资产合计	应收帐款	存货	产成品	固定资产合计	固定资产原价
其他专用化学产品制造	2381	654	767	743	2833	3201
日用化学产品制造	24880	9777	10178	3746	9111	12737
肥皂及合成洗涤剂制造	14027	4842	4536	416	4268	7983
口腔清洁用品制造	818	75	556	156	857	896
香料、香精制造	1144	281	854	36	817	314
其他日用化学产品制造	8891	4579	4232	3138	3169	3544
医药制造业	298198	34043	48106	18464	117863	166370
化学药品原药制造	11484	149	1916	322	6828	9297
化学药品制剂制造	47969	8698	13129	4055	49921	74658
中药饮片加工	2544	1470	983	10	997	3023
中成药制造	206079	18632	17978	7409	54863	70133
生物、生化制品的制造	30123	5093	14100	6668	5254	9258
橡胶制品业	109177	23663	37010	24501	109231	69839
轮胎制造	89772	20873	27925	20334	104513	59281
车辆、飞机及工程机械轮胎制造	89772	20873	27925	20334	104513	59281
橡胶板、管、带的制造	3860	868	1802	1232	1128	3139
日用及医用橡胶制品制造	15545	1923	7284	2935	3590	7420
塑料制品业	15832	5820	5143	3311	7030	9354
塑料薄膜制造	766	110	561	487	894	1221
塑料板、管、型材的制造	3608	574	1052	440	602	757
塑料丝、绳及编织品的制造	2857	422	2327	1925	696	736
泡沫塑料制造	517	235	145	17	540	762
塑料包装箱及容器制造	3077	1354	386	289	1067	1532
日用塑料制造	583	177	288	69	799	1363
日用塑料杂品制造	583	177	288	69	799	1363
其他塑料制品制造	4424	2948	385	85	2433	2983
非金属矿物制品业	191064	71742	48306	20494	262719	336601
水泥、石灰和石膏的制造	81081	41217	13295	4096	159544	187882
水泥制造	81081	41217	13295	4096	159544	187882
水泥及石膏制品制造	31561	15420	7369	3069	19772	33120
水泥制品制造	25965	14020	4356	2530	12032	19542
轻质建筑材料制造	5596	1401	3013	539	7739	13578
砖瓦、石材及其他建筑材料制造	8757	1920	3316	1837	13161	20121
粘土砖瓦及建筑砌块制造	4760	930	2254	1338	8211	10721
建筑陶瓷制品制造	1170	462	127	95	1116	1569
建筑用石加工	1168	231	659	368	2718	6486
其他建筑材料制造	1659	297	276	36	1117	1346
玻璃及玻璃制品制造	31524	9345	12131	4553	50757	73675
技术玻璃制品制造	19700	6968	7191	3436	29597	43996
光学玻璃制造	382	307	57	26	205	309
日用玻璃制品及玻璃包装容器制造	10221	1523	4824	1071	20736	29091
玻璃纤维增强塑料制品制造	1222	547	60	21	219	280
陶瓷制品制造	343	90	163	112	288	469
日用陶瓷制品制造	343	90	163	112	288	469
石墨及其他非金属矿物制品制造	37798	3749	12032	6827	19198	21334
其他非金属矿物制品制造	37798	3749	12032	6827	19198	21334

6-3续表13　　(2010年)　　单位:万元

项目	流动资产合计	应收帐款	存货	产成品	固定资产合计	固定资产原价
黑色金属冶炼及压延加工业	188510	30733	76273	50538	84001	131663
钢压延加工	12812	4583	8228	6828	13469	27089
铁合金冶炼	175698	26149	68044	43709	70533	104574
有色金属冶炼及压延加工业	51812	7067	28307	10990	28292	61566
常用有色金属冶炼	19000	810	14620	5772	18997	44341
铅锌冶炼	13566	195	12695	4623	5258	6157
锡冶炼	2523	565	1247	1015	3199	24273
其他常用有色金属冶炼	2911	49	679	134	10540	13912
稀有稀土金属冶炼	6916	474	6041	4404	1517	2194
稀土金属冶炼	6916	474	6041	4404	1517	2194
有色金属合金制造	1321	220	234		45	70
有色金属压延加工	24575	5564	7412	814	7732	14962
常用有色金属压延加工	24575	5564	7412	814	7732	14962
金属制品业	31077	10959	8628	4832	18216	21755
结构性金属制品制造	1735	89	147	44	120	130
金属门窗制造	1735	89	147	44	120	130
金属工具制造	865	793	72	72	2101	2120
其他金属工具制造	865	793	72	72	2101	2120
金属丝绳及其制品的制造	2052	389	497		771	915
建筑、安全用金属制品制造	313	21	61	55	2151	2308
建筑、家具用金属配件制造	313	21	61	55	2151	2308
不锈钢及类似日用金属制品制造	17459	8050	5184	2921	9944	13937
其他日用金属制品制造	17459	8050	5184	2921	9944	13937
其他金属制品制造	8653	1616	2667	1740	3129	2345
其他未列明的金属制品制造	8653	1616	2667	1740	3129	2345
通用设备制造业	137181	29100	42791	16323	38313	55710
锅炉及原动机制造	979	258	597	558	35	145
内燃机及配件制造	979	258	597	558	35	145
金属加工机械制造	84734	15315	30882	11266	24263	33484
金属切削机床制造	80475	13633	30098	10929	21373	31375
金属成形机床制造	328	121	45	1	278	107
金属切割及焊接设备制造	2016	573	411	147	1732	675
其他金属加工机械制造	1915	987	328	189	881	1328
起重运输设备制造	1368	338	223	136	99	151
泵、阀门、压缩机及类似机械的制造	6949	1403	1896	402	1511	2160
泵及真空设备制造	5023	1134	1158		1353	1866
阀门和旋塞的制造	1926	269	738	402	158	294
轴承、齿轮、传动和驱动部件的制造	402	312	15	2	135	177
齿轮、传动和驱动部件制造	402	312	15	2	135	177
烘炉、熔炉及电炉制造	292	203	57	5	7	62
风机、衡器、包装设备等通用设备	23289	5573	3516	432	3116	7968
气体、液体分离及纯净设备制造	411				17	21
风动和电动工具制造	19271	4631	980	2	2616	7174
其他通用设备制造	3607	942	2535	430	483	773
通用零部件制造及机械修理	986	69	56		254	282
机械零部件加工及设备修理	986	69	56		254	282
金属铸、锻加工	18182	5629	5550	3522	8893	11281

6-3续表14 (2010年) 单位:万元

项　　目	流动资产合计	应收帐款	存　货	产成品	固定资产合计	固定资产原价
钢铁铸件制造	18182	5629	5550	3522	8893	11281
专用设备制造业	242522	72265	59134	16035	61246	78740
矿山、冶金、建筑专用设备制造	27801	7890	10471	5570	11138	13092
采矿、采石设备制造	8463	970	3478	1983	3015	4210
建筑工程用机械制造	13494	4710	6397	3198	6691	7233
建筑材料生产专用机械制造	293	121	36		765	648
冶金专用设备制造	5551	2090	561	389	668	1001
化工、木材、非金属加工专用设备	120622	44463	26905	1512	20171	32672
橡胶加工专用设备制造	118391	43694	26578	1476	19630	31966
木材加工机械制造	1714	722	301	24	269	370
模具制造	517	46	26	12	272	336
印刷、制药、日化生产专用设备制造	444	84	341	326	19	54
制药专用设备制造	444	84	341	326	19	54
电子和电工机械专用设备制造	4147	298	908	815	491	329
电工机械专用设备制造	2653	289	198	115	393	221
电子工业专用设备制造	1494	9	710	700	98	108
农、林、牧、渔专用机械制造	10783	1534	4858	1427	3496	5927
拖拉机制造	1597	45	480		770	924
机械化农业及园艺机具制造	9186	1489	4378	1427	2725	5003
医疗仪器设备及器械制造	40096	11576	6173	4702	7359	11271
医疗诊断、监护及治疗设备制造	36844	9572	5175	4309	4284	7863
口腔科用设备及器具制造	3251	2004	998	393	3074	3408
环保、社会公共安全及其他专用设备制造	38630	6419	9479	1684	18573	15395
环境污染防治专用设备制造	8625	3274	2597	4	2216	3276
其他专用设备制造	30006	3145	6881	1680	16357	12119
交通运输设备制造业	289509	72857	61558	29370	155298	200693
汽车制造	263757	67505	56622	27146	115080	155270
汽车整车制造	76062	28932	11344	1419	6487	18118
汽车零部件及配件制造	187695	38572	45278	25727	108593	137152
自行车制造	928	420	382	382	558	213
助动自行车制造	928	420	382	382	558	213
船舶及浮动装置制造	3064	1379	479		239	359
船用配套设备制造	3064	1379	479		239	359
航空航天器制造	21760	3554	4076	1842	39421	44850
飞机制造及修理	21760	3554	4076	1842	39421	44850
电气机械及器材制造业	256878	93170	62251	27782	112509	115043
电机制造	12315	5531	2545	739	3629	4102
发电机及发电机组制造	893	714	179	24	215	444
电动机制造	1996	968	165		563	775
微电机及其他电机制造	9426	3849	2201	714	2852	2882
输配电及控制设备制造	101939	54304	19853	8852	22178	32157
变压器、整流器和电感器制造	10735	5206	2296	1271	1871	2786
电容器及其配套设备制造	81289	41969	16047	6774	18683	26464
配电开关控制设备制造	944	912			56	56
电力电子元器件制造	8971	6218	1509	807	1569	2852
电线、电缆、光缆及电工器材制造	131474	31900	37421	16262	57168	48692
电线电缆制造	101581	25031	27298	13417	52399	38589
绝缘制品制造	28537	5605	10070	2846	4233	9501

6-3续表15 (2010年) 单位:万元

项 目	流动资产合计	应收帐款	存 货	产成品	固定资产合计	固定资产原价
其他电工器材制造	1356	1265	53		536	602
电池制造	10458	1250	2133	1698	29422	29980
照明器具制造	693	185	299	232	112	112
电光源制造	693	185	299	232	112	112
通信设备、计算机及其他电子设备	205268	69589	44600	15560	62733	90184
通信设备制造	123506	52635	18233	7431	27703	37946
通信传输设备制造	120595	51419	17307	6754	25332	36960
通信终端设备制造	1819	450	601	485	2325	940
移动通信及终端设备制造	1093	767	326	192	46	46
雷达及配套设备制造	32637	3838	10535	610	13167	21793
广播电视设备制造	5918	1952	1121	405	2584	2916
广播电视接收设备及器材制造	955	189	435	295	715	789
应用电视设备及其他广播电视设备	4963	1762	686	109	1869	2127
电子计算机制造	1175	507	357	9	76	303
计算机网络设备制造	1175	507	357	9	76	303
电子器件制造	10729	3173	732	134	8937	9848
半导体分立器件制造	6993	741	601	134	7801	8562
光电子器件及其他电子器件制造	3736	2432	131		1136	1286
电子元件制造	29366	6934	13158	6778	10157	17078
电子元件及组件制造	26114	6726	12572	6760	9557	16399
印制电路板制造	3253	208	586	18	600	679
其他电子设备制造	1937	551	465	195	110	302
仪器仪表及文化、办公用机械制造	44732	10300	12558	4422	19935	29583
通用仪器仪表制造	37855	9064	10241	3578	17326	27743
工业自动控制系统装置制造	330	84	192		39	60
绘图、计算及测量仪器制造	32695	7940	8102	2458	15525	25606
试验机制造	2785	390	1171	633	926	1053
供应用仪表及其他通用仪器制造	2045	650	776	488	836	1023
专用仪器仪表制造	2928	617	763	390	1117	1519
汽车及其他用计数仪表制造	538	133	200		213	243
地质勘探和地震专用仪器制造	514	5	195	127	281	521
电子测量仪器制造	1876	478	368	263	623	755
光学仪器及眼镜制造	3949	619	1555	454	1491	322
光学仪器制造	3949	619	1555	454	1491	322
工艺品及其他制造业	4077	162	972	423	1134	1773
工艺美术品制造	4077	162	972	423	1134	1773
珠宝首饰及有关物品的制造	4077	162	972	423	1134	1773
废弃资源和废旧材料回收加工业	1837	47	42	31	371	961
金属废料和碎屑的加工处理	1837	47	42	31	371	961
电力、燃气及水的生产和供应业	215702	33705	8395	25	1185429	1398056
电力、热力的生产和供应业	180607	32102	5763		1065167	1312373
电力生产	110959	23565	758		643270	708871
火力发电	55240	15941			220815	286613
水力发电	55719	7624	758		422454	422258
电力供应	69648	8538	5005		421897	603502
燃气生产和供应业	9177	1372	1408	23	14244	10852
水的生产和供应业	25917	231	1224	1	106019	74831
自来水的生产和供应	24596	133	1148	1	106001	74766
污水处理及其再生利用	1321	97	77		18	65

6-3续表16 (2010年) 单位:万元

项　　目	固定资产合计	固定资产原价	累计折旧	固定资产净值	负债合计	流动负债合计
全　市	**2997564**	**3814884**	**1252476**	**2562408**	**4104343**	**2774750**
按登记注册类型分组						
内资企业	2865220	3629444	1175021	2454424	3843409	2554814
国有企业	554383	674206	243509	430697	595011	390388
中央企业	92181	142087	57018	85070	184142	166940
地方企业	462202	532119	186492	345627	410869	223448
集体企业	10143	19900	10169	9732	31535	26875
股份合作企业	128960	208234	84452	123781	44054	41765
联营企业	16639	18559	2465	16095	9134	2639
国有与集体联营企业	8995	9495	1044	8451	3915	
其他联营企业	7643	9064	1421	7643	5219	2639
有限责任公司	1256748	1512355	432598	1079757	1832253	1061583
国有独资公司	295789	435621	154813	280809	317728	21377
其他有限责任公司	960959	1076734	277786	798948	1514525	1040206
股份有限公司	227696	279103	102061	177042	322205	267501
私营企业	666568	907747	294389	613358	1005401	761982
私营独资企业	47210	81333	37556	43777	60368	42239
私营合作企业	53380	72492	20236	52256	37547	21311
私营有限责任公司	539868	716974	224226	492748	864629	665001
私营股份有限公司	26110	36948	12371	24577	42858	33431
其他企业	4085	9340	5377	3963	3815	2083
港、澳、台商投资企业	25076	30056	6005	24051	34048	22780
合资经营企业(港或澳、台资)	13338	16345	3573	12772	26130	17968
合作经营企业(港或澳、台资)	7930	8649	720	7930	5364	2364
港澳台商独资经营企业	3808	5062	1712	3350	2553	2448
外商投资企业	107268	155384	71450	83934	226887	197156
中外合资经营企业	41201	84503	43423	41080	95367	83056
外资企业	51824	60028	26449	33579	115616	104197
外商投资股份有限公司	14244	10852	1579	9274	15904	9904
按经济组织类型分组						
独资企业	667368	840529	319395	521135	805083	566146
国有企业	554383	674206	243509	430697	595011	390388
集体企业	10143	19900	10169	9732	31535	26875
私营独资企业	47210	81333	37556	43777	60368	42239
港澳台商独资经营企业	3808	5062	1712	3350	2553	2448
外资企业	51824	60028	26449	33579	115616	104197
合作、合伙企业	210992	317275	113250	204024	99915	70161
股份合作企业	128960	208234	84452	123781	44054	41765
国有与集体联营企业	8995	9495	1044	8451	3915	
其他联营企业	7643	9064	1421	7643	5219	2639
私营合伙企业	53380	72492	20236	52256	37547	21311
合作经营企业(港或澳、台资)	7930	8649	720	7930	5364	2364
其他企业(内资)	4085	9340	5377	3963	3815	2083
股份有限公司	268049	326903	116011	210893	380967	310835
股份有限公司(内资)	227696	279103	102061	177042	322205	267501
私营股份有限公司	26110	36948	12371	24577	42858	33431
外商投资股份有限公司	14244	10852	1579	9274	15904	9904
有限责任公司	1851155	2330177	703820	1626357	2818379	1827608

6-3续表17　　(2010年)　　单位:万元

项　　目	固定资产合计	固定资产原价	累计折旧	固定资产净值	负债合计	流动负债合计
国有独资公司	295789	435621	154813	280809	317728	21377
私营有限责任公司	539868	716974	224226	492748	864629	665001
合资经营企业(港或澳、台资)	13338	16345	3573	12772	26130	17968
中外合资经营企业	41201	84503	43423	41080	95367	83056
其他有限责任公司	960959	1076734	277786	798948	1514525	1040206
在总计中:亏损企业	239628	281514	98814	182700	464210	371243
在总计中:国有控股企业	1647210	2072752	668509	1404243	1734839	994814
在总计中:农村工业	39967	65008	25184	39825	38260	26363
在总计中:轻工业	874360	1151188	400264	750923	1126144	807791
重工业	2123204	2663696	852211	1811485	2978199	1966960
在总计中:大型企业	357286	384576	142658	241917	504600	386515
中型企业	1641847	2174870	723467	1451403	2169753	1431878
小型企业	998431	1255439	386350	869088	1429990	956358
按工业行业大中小类分						
采矿业	83419	124789	49728	75061	78834	66819
黑色金属矿采选业	6448	9390	3079	6311	718	666
其他黑色金属矿采选	6448	9390	3079	6311	718	666
有色金属矿采选业	39796	65143	25901	39242	41943	39518
常用有色金属矿采选	27302	40926	14085	26841	37560	36838
铅锌矿采选	24105	37687	13669	24018	29151	28512
锡矿采选	3119	3119	374	2745	8307	8307
其他常用有色金属矿采选	78	121	42	78	102	19
贵金属矿采选	2256	4429	2174	2256	180	180
银矿采选	2256	4429	2174	2256	180	180
稀有稀土金属矿采选	10238	19788	9642	10145	4203	2500
钨钼矿采选	8260	17460	9200	8260	3223	1723
其他稀有金属矿采选	1978	2328	442	1885	981	778
非金属矿采选业	37176	50256	20748	29508	36173	26635
土砂石开采	2972	3328	649	2678	3439	2829
建筑装饰用石开采	586	586		586	41	41
耐火土石开采	443	812	370	443	777	777
粘土及其他土砂石开采	1944	1929	280	1650	2621	2011
化学矿采选	1274	2465	1246	1220	858	858
石棉及其他非金属矿采选	32930	44463	18853	25610	31877	22948
石墨、滑石采选	31870	43127	18577	24550	28229	20882
其他非金属矿采选	1060	1336	276	1060	3648	2066
制造业	1728716	2292039	810070	1481969	2959037	2287734
农副食品加工业	68387	86801	22521	64279	134962	99474
谷物磨制	8597	9530	1800	7731	26288	23088
饲料加工	8394	17277	9105	8172	40420	25154
植物油加工	10405	11901	1496	10405	19011	14573
食用植物油加工	10405	11901	1496	10405	19011	14573
制糖	5738	4159	552	3607	13183	12483
屠宰及肉类加工	4608	6682	2113	4569	12567	8618
畜禽屠宰	2895	4776	1920	2856	9079	5130
肉制品及副产品加工	1713	1906	193	1713	3487	3487
蔬菜、水果和坚果加工	22265	24611	3206	21405	16302	12696
其他农副食品加工	8380	12642	4250	8391	7191	2861

6-3续表18　　(2010年)　　单位:万元

项目	固定资产合计	固定资产原价	累计折旧	固定资产净值	负债合计	流动负债合计
淀粉及淀粉制品的制造	4476	6488	2012	4476	2434	434
豆制品制造	1852	2882	1019	1863	3564	2062
其他未列明的农副食品加工	2053	3272	1219	2053	1193	366
食品制造业	54249	65185	15546	49639	80271	39451
焙烤食品制造	1716	2100	440	1660	6228	5608
糕点、面包制造	1716	2100	440	1660	6228	5608
糖果、巧克力及蜜饯制造	214	249	34	214	92	92
蜜饯制作	214	249	34	214	92	92
方便食品制造	5384	7389	2005	5384	21721	3950
米、面制品制造	4991	6529	1538	4991	21513	3742
方便面及其他方便食品制造	393	860	466	393	209	209
罐头制造	17658	18169	4472	13696	24722	14202
蔬菜、水果罐头制造	17658	18169	4472	13696	24722	14202
调味品、发酵制品制造	5015	7368	2495	4873	5977	5622
味精制造	653	740	87	653	2184	2184
其他调味品、发酵制品制造	4362	6628	2409	4219	3793	3438
其他食品制造	24261	29911	6100	23811	21531	9977
营养、保健食品制造	2789	6347	3967	2380	4300	4072
食品及饲料添加剂制造	3854	5066	1251	3815	6033	2329
其他未列明的食品制造	17617	18499	881	17617	11199	3576
饮料制造业	275992	402170	146081	256089	151477	129635
酒的制造	141266	222022	88394	133628	56338	50776
白酒制造	17337	22818	8079	14739	18993	13431
啤酒制造	122233	197250	80057	117193	37021	37021
其他酒制造	1696	1954	258	1696	324	324
软饮料制造	134131	178481	56614	121867	94648	78368
碳酸饮料制造	7170	19531	12361	7170	17629	17629
瓶(罐)装饮用水制造	94515	132455	38078	94377	22674	22608
果菜汁及果菜汁饮料制造	11525	2384	461	1924	9967	4077
固体饮料制造	12240	14973	4877	10097	38041	31441
茶饮料及其他软饮料制造	8682	9138	838	8300	6336	2614
精制茶加工	595	1668	1074	595	492	492
纺织业	20220	40231	20772	19459	34243	32836
棉、化纤纺织及印染精加工	17204	37056	19852	17204	25868	25389
棉、化纤纺织加工	17204	37056	19852	17204	25868	25389
丝绢纺织及精加工	1939	1603	424	1178	6983	6882
缫丝加工	1939	1603	424	1178	6983	6882
针织品、编织品及其制品制造	1077	1573	496	1077	1392	566
毛针织品及编织品制造	1077	1573	496	1077	1392	566
纺织服装、鞋、帽制造业	2050	3232	1182	2050	9593	9593
纺织服装制造	2050	3232	1182	2050	9593	9593
皮革、毛皮、羽毛(绒)及其制品业	269	1447	1178	269	1015	1015
皮革制品制造	269	1447	1178	269	1015	1015
其他皮革制品制造	269	1447	1178	269	1015	1015
木材加工及木、竹、藤、棕、草制品业	69853	106655	42602	64053	96422	60995
锯材、木片加工	3387	3850	466	3383	4875	4402
锯材加工	135	135		135	213	213

6-3续表19　　(2010年)　　单位:万元

项　目	固定资产合计	固定资产原价	累计折旧	固定资产净值	负债合计	流动负债合计
木片加工	3252	3715	466	3249	4662	4189
人造板制造	31988	51262	22335	28927	38183	19317
胶合板制造	17454	25868	10492	15377	9251	6869
纤维板制造	9443	13472	4641	8831	22477	8741
刨花板制造	4395	11426	7150	4275	3924	1176
其他人造板、材制造	696	497	52	445	2532	2532
木制品制造	28362	41781	15949	25832	45700	32629
建筑用木料及木材组件加工	505	743	238	505	2058	1113
木容器制造	52	68	16	52	330	330
软木制品及其他木制品制造	27805	40970	15695	25275	43313	31187
竹、藤、棕、草制品制造	6117	9762	3852	5910	7664	4647
家具制造业	7224	9670	2447	7224	6933	4480
木质家具制造	3234	3970	737	3234	3720	2220
竹、藤家具制造	986	1120	134	986	2518	1565
其他家具制造	3004	4580	1576	3004	695	695
造纸及纸制品业	49604	67142	27205	39937	153078	100107
造纸	29733	40343	19562	20781	101975	64123
机制纸及纸板制造	29733	40343	19562	20781	101975	64123
纸制品制造	19872	26799	7643	19157	51103	35984
纸和纸板容器的制造	13732	18609	5197	13411	35859	24202
其他纸制品制造	6140	8191	2446	5745	15244	11782
印刷业和记录媒介的复制	54837	76335	23398	52938	99602	64532
印刷	49430	67104	19574	47530	71621	48779
书、报、刊印刷	4026	11116	7126	3990	18508	16927
本册印制	286	447	161	286	467	467
包装装潢及其他印刷	45118	55541	12287	43255	52646	31386
记录媒介的复制	5408	9232	3824	5408	27981	15753
化学原料及化学制品制造业	47141	63336	18679	44657	70847	64357
基础化学原料制造	8933	11065	2132	8933	9480	8577
无机盐制造	8765	10784	2019	8765	7914	7172
有机化学原料制造	130	205	76	130	320	170
其他基础化学原料制造	39	76	37	39	1246	1235
肥料制造	3801	3924	675	3249	7799	6493
磷肥制造	406	439	33	406	997	997
复混肥料制造	924	809	234	576	4421	4191
其他肥料制造	2471	2676	408	2268	2381	1305
农药制造	11588	12577	2164	10413	9551	8853
化学农药制造	11588	12577	2164	10413	9551	8853
涂料、油墨、颜料及类似产品制造	781	1646	864	781	2689	1760
涂料制造	781	1646	864	781	2689	1760
合成材料制造	83	83	2	81	10	10
其他合成材料制造	83	83	2	81	10	10
专用化学产品制造	12842	21304	8506	12798	20201	18631
化学试剂和助剂制造	271	362	91	271	368	368
专项化学用品制造	785	939	154	785	365	365
林产化学产品制造	5698	13022	7353	5669	15062	14317
炸药及火工产品制造	3255	3779	524	3255	1008	1008

6-3续表20　　(2010年)　　单位:万元

项　　目	固定资产合计	固定资产原价	累计折旧	固定资产净值	负债合计	流动负债合计
其他专用化学产品制造	2833	3201	383	2818	3399	2574
日用化学产品制造	9111	12737	4337	8401	21118	20032
肥皂及合成洗涤剂制造	4268	7983	3722	4261	11557	11471
口腔清洁用品制造	857	896	178	718	1403	1403
香料、香精制造	817	314	62	252	1416	1416
其他日用化学产品制造	3169	3544	376	3169	6742	5742
医药制造业	117863	166370	62928	103442	168769	137683
化学药品原药制造	6828	9297	2546	6751	10334	3765
化学药品制剂制造	49921	74658	26274	48385	52982	42675
中药饮片加工	997	3023	2029	995	1744	1744
中成药制造	54863	70133	27795	42339	62616	50534
生物、生化制品的制造	5254	9258	4285	4973	41093	38965
橡胶制品业	109231	69839	36375	33464	192970	148479
轮胎制造	104513	59281	30534	28747	176654	132162
车辆、飞机及工程机械轮胎制造	104513	59281	30534	28747	176654	132162
橡胶板、管、带的制造	1128	3139	2011	1128	4826	4826
日用及医用橡胶制品制造	3590	7420	3830	3590	11491	11491
塑料制品业	7030	9354	2440	6914	12120	9010
塑料薄膜制造	894	1221	327	894	251	251
塑料板、管、型材的制造	602	757	155	602	1073	1047
塑料丝、绳及编织品的制造	696	736	93	643	2044	716
泡沫塑料制造	540	762	223	540	488	242
塑料包装箱及容器制造	1067	1532	465	1067	3965	2680
日用塑料制造	799	1363	564	799	925	925
日用塑料杂品制造	799	1363	564	799	925	925
其他塑料制品制造	2433	2983	614	2369	3375	3150
非金属矿物制品业	262719	336601	84348	252253	226892	143513
水泥、石灰和石膏的制造	159544	187882	32769	155112	119348	68845
水泥制造	159544	187882	32769	155112	119348	68845
水泥及石膏制品制造	19772	33120	14469	18650	22135	19425
水泥制品制造	12032	19542	8160	11382	15590	14860
轻质建筑材料制造	7739	13578	6309	7269	6545	4565
砖瓦、石材及其他建筑材料制造	13161	20121	7255	12866	7815	6121
粘土砖瓦及建筑砌块制造	8211	10721	2549	8172	3997	3235
建筑陶瓷制品制造	1116	1569	453	1116	1033	433
建筑用石加工	2718	6486	4024	2462	1231	955
其他建筑材料制造	1117	1346	229	1117	1554	1499
玻璃及玻璃制品制造	50757	73675	23602	50073	29630	26760
技术玻璃制品制造	29597	43996	14779	29217	12365	9495
光学玻璃制造	205	309	170	139	358	358
日用玻璃制品及玻璃包装容器制造	20736	29091	8593	20498	15554	15554
玻璃纤维增强塑料制品制造	219	280	61	219	1354	1354
陶瓷制品制造	288	469	196	274	443	361
日用陶瓷制品制造	288	469	196	274	443	361
石墨及其他非金属矿物制品制造	19198	21334	6056	15277	47521	22001
其他非金属矿物制品制造	19198	21334	6056	15277	47521	22001

6-3续表21 (2010年) 单位:万元

项　　目	固定资产合计	固定资产原价	累计折旧	固定资产净值	负债合计	流动负债合计
黑色金属冶炼及压延加工业	84001	131663	65848	65815	191101	154926
钢压延加工	13469	27089	13620	13469	9062	4912
铁合金冶炼	70533	104574	52227	52347	182039	150014
有色金属冶炼及压延加工业	28292	61566	33520	28046	64787	49934
常用有色金属冶炼	18997	44341	25409	18932	41600	27352
铅锌冶炼	5258	6157	965	5192	18139	8254
锡冶炼	3199	24273	21074	3199	4032	2968
其他常用有色金属冶炼	10540	13912	3371	10540	19429	16129
稀有稀土金属冶炼	1517	2194	857	1337	5027	4547
稀土金属冶炼	1517	2194	857	1337	5027	4547
有色金属合金制造	45	70	25	45	538	538
有色金属压延加工	7732	14962	7230	7732	17622	17497
常用有色金属压延加工	7732	14962	7230	7732	17622	17497
金属制品业	18216	21755	5867	15888	31704	18319
结构性金属制品制造	120	130	76	54	1643	1643
金属门窗制造	120	130	76	54	1643	1643
金属工具制造	2101	2120	19	2101	800	800
其他金属工具制造	2101	2120	19	2101	800	800
金属丝绳及其制品的制造	771	915	144	771	1381	1381
建筑、安全用金属制品制造	2151	2308	284	2024	248	248
建筑、家具用金属配件制造	2151	2308	284	2024	248	248
不锈钢及类似日用金属制品制造	9944	13937	4818	9118	18137	6990
其他日用金属制品制造	9944	13937	4818	9118	18137	6990
其他金属制品制造	3129	2345	526	1819	9496	7258
其他未列明的金属制品制造	3129	2345	526	1819	9496	7258
通用设备制造业	38313	55710	27102	28609	141058	116673
锅炉及原动机制造	35	145	111	35	849	849
内燃机及配件制造	35	145	111	35	849	849
金属加工机械制造	24263	33484	18636	14849	97200	81149
金属切削机床制造	21373	31375	17903	13471	88867	72982
金属成形机床制造	278	107	74	33	2354	2354
金属切割及焊接设备制造	1732	675	212	464	4164	3998
其他金属加工机械制造	881	1328	447	881	1815	1815
起重运输设备制造	99	151	51	99	383	383
泵、阀门、压缩机及类似机械的制造	1511	2160	680	1480	15362	12294
泵及真空设备制造	1353	1866	513	1353	13084	10016
阀门和旋塞的制造	158	294	167	127	2278	2278
轴承、齿轮、传动和驱动部件的制造	135	177	42	135	636	636
齿轮、传动和驱动部件制造	135	177	42	135	636	636
烘炉、熔炉及电炉制造	7	62	56	7	244	244
风机、衡器、包装设备等通用设备	3116	7968	4852	3116	9600	9214
气体、液体分离及纯净设备制造	17	21	3	17	2267	2267
风动和电动工具制造	2616	7174	4558	2616	4091	4091
其他通用设备制造	483	773	290	483	3242	2856
通用零部件制造及机械修理	254	282	28	254	397	397
机械零部件加工及设备修理	254	282	28	254	397	397
金属铸、锻加工	8893	11281	2646	8635	16387	11508

6-3续表22　　(2010年)　　单位:万元

项　　目	固定资产合计	固定资产原价	累计折旧	固定资产净值	负债合计	流动负债合计
钢铁铸件制造	8893	11281	2646	8635	16387	11508
专用设备制造业	61246	78740	32573	46167	229553	210120
矿山、冶金、建筑专用设备制造	11138	13092	4640	8452	28050	22251
采矿、采石设备制造	3015	4210	2008	2202	11028	8927
建筑工程用机械制造	6691	7233	2254	4979	13422	10055
建筑材料生产专用机械制造	765	648	45	603	574	243
冶金专用设备制造	668	1001	333	668	3027	3027
化工、木材、非金属加工专用设备	20171	32672	14269	18403	123088	120898
橡胶加工专用设备制造	19630	31966	14105	17861	120837	118821
木材加工机械制造	269	370	100	269	1811	1811
模具制造	272	336	64	272	440	265
印刷、制药、日化生产专用设备制造	19	54	35	19	155	155
制药专用设备制造	19	54	35	19	155	155
电子和电工机械专用设备制造	491	329	128	201	385	385
电工机械专用设备制造	393	221	118	103	93	93
电子工业专用设备制造	98	108	10	98	292	292
农、林、牧、渔专用机械制造	3496	5927	2432	3496	11995	11667
拖拉机制造	770	924	154	770	875	875
机械化农业及园艺机具制造	2725	5003	2278	2725	11120	10792
医疗仪器设备及器械制造	7359	11271	4136	7135	25322	24381
医疗诊断、监护及治疗设备制造	4284	7863	3713	4150	21184	20243
口腔科用设备及器具制造	3074	3408	423	2985	4138	4138
环保、社会公共安全及其他专用设备制造	18573	15395	6933	8462	40558	30383
环境污染防治专用设备制造	2216	3276	1211	2065	3412	2612
其他专用设备制造	16357	12119	5722	6397	37146	27772
交通运输设备制造业	155298	200693	58856	141837	345771	263904
汽车制造	115080	155270	50733	104537	312742	233820
汽车整车制造	6487	18118	11970	6149	55907	37316
汽车零部件及配件制造	108593	137152	38763	98389	256835	196504
自行车制造	558	213	55	158	775	775
助动自行车制造	558	213	55	158	775	775
船舶及浮动装置制造	239	359	120	239	1742	1597
船用配套设备制造	239	359	120	239	1742	1597
航空航天器制造	39421	44850	7948	36902	30512	27712
飞机制造及修理	39421	44850	7948	36902	30512	27712
电气机械及器材制造业	112509	115043	27694	87349	280465	226731
电机制造	3629	4102	472	3629	8517	8481
发电机及发电机组制造	215	444	229	215	665	665
电动机制造	563	775	213	563	1175	1140
微电机及其他电机制造	2852	2882	31	2852	6677	6677
输配电及控制设备制造	22178	32157	10404	21753	88699	76504
变压器、整流器和电感器制造	1871	2786	948	1838	11457	11334
电容器及其配套设备制造	18683	26464	7781	18683	69110	57166
配电开关控制设备制造	56	56	38	18	830	830
电力电子元器件制造	1569	2852	1638	1214	7302	7175
电线、电缆、光缆及电工器材制造	57168	48692	16259	32433	123640	97236
电线电缆制造	52399	38589	10925	27664	106227	80822
绝缘制品制造	4233	9501	5269	4233	17294	16293

6-3续表23 (2010年) 单位:万元

项 目	固定资产合计	固定资产原价	累计折旧	固定资产净值	负债合计	流动负债合计
其他电工器材制造	536	602	66	536	120	120
电池制造	29422	29980	558	29422	59224	44124
照明器具制造	112	112		112	386	386
电光源制造	112	112		112	386	386
通信设备、计算机及其他电子设备	62733	90184	38621	51563	174336	152111
通信设备制造	27703	37946	14007	23939	86544	86336
通信传输设备制造	25332	36960	13659	23300	82929	82774
通信终端设备制造	2325	940	332	609	3389	3361
移动通信及终端设备制造	46	46	16	30	227	202
雷达及配套设备制造	13167	21793	11109	10684	26573	19908
广播电视设备制造	2584	2916	346	2570	7612	7192
广播电视接收设备及器材制造	715	789	88	701	2586	2581
应用电视设备及其他广播电视设备	1869	2127	258	1869	5026	4611
电子计算机制造	76	303	227	76	1184	1147
计算机网络设备制造	76	303	227	76	1184	1147
电子器件制造	8937	9848	4255	5593	29984	21667
半导体分立器件制造	7801	8562	4081	4481	16890	8573
光电子器件及其他电子器件制造	1136	1286	175	1111	13094	13094
电子元件制造	10157	17078	8477	8601	21386	15017
电子元件及组件制造	9557	16399	8398	8001	18095	11734
印制电路板制造	600	679	79	600	3291	3283
其他电子设备制造	110	302	200	101	1054	845
仪器仪表及文化、办公用机械制造	19935	29583	11059	18524	55924	45074
通用仪器仪表制造	17326	27743	10506	17236	40207	29860
工业自动控制系统装置制造	39	60	21	39	3277	3277
绘图、计算及测量仪器制造	15525	25606	10171	15435	33230	22959
试验机制造	926	1053	127	926	2504	2504
供应用仪表及其他通用仪器制造	836	1023	188	836	1197	1121
专用仪器仪表制造	1117	1519	402	1117	7697	7194
汽车及其他用计数仪表制造	213	243	30	213	3558	3394
地质勘探和地震专用仪器制造	281	521	241	280	2305	2305
电子测量仪器制造	623	755	131	623	1834	1495
光学仪器及眼镜制造	1491	322	151	171	8020	8020
光学仪器制造	1491	322	151	171	8020	8020
工艺品及其他制造业	1134	1773	639	1134	3197	3197
工艺美术品制造	1134	1773	639	1134	3197	3197
珠宝首饰及有关物品的制造	1134	1773	639	1134	3197	3197
废弃资源和废旧材料回收加工业	371	961	591	371	1947	1587
金属废料和碎屑的加工处理	371	961	591	371	1947	1587
电力、燃气及水的生产和供应业	1185429	1398056	392678	1005378	1066473	420197
电力、热力的生产和供应业	1065167	1312373	359430	952943	970206	381234
电力生产	643270	708871	148501	560370	581683	297891
火力发电	220815	286613	65798	220815	271104	190140
水力发电	422454	422258	82703	339555	310579	107751
电力供应	421897	603502	210929	392573	388523	83343
燃气生产和供应业	14244	10852	1579	9274	15904	9904
水的生产和供应业	106019	74831	31669	43161	80363	29060
自来水的生产和供应	106001	74766	31623	43143	80117	28839
污水处理及其再生利用	18	65	47	18	246	221

6-3续表24　　(2010年)　　单位:万元

项　　目	应付账款	长期负债合计	所有者权益合计	实收资本	国家资本	集体资本
全　市	**600649**	**1201798**	**2821663**	**1474785**	**166870**	**21931**
按登记注册类型分组						
内资企业	530770	1175157	2570449	1328384	165889	14314
国有企业	78267	198235	481284	227244	107748	4019
中央企业	55072	16202	155682	61092	34597	
地方企业	23195	182033	325602	166152	73151	4019
集体企业	7180	3059	33156	9491		2706
股份合作企业	15587	513	159312	32284		1372
联营企业	3	2580	17302	4895	1015	
国有与集体联营企业			12194	1015	1015	
其他联营企业	3	2580	5108	3880		
有限责任公司	206850	722072	623942	450605	44382	4199
国有独资公司	11912	292031	1866	6766	6766	
其他有限责任公司	194937	430041	622076	443839	37616	4199
股份有限公司	45004	51455	508182	199568	12717	596
私营企业	177326	195532	743990	402411	27	1421
私营独资企业	8585	5763	54595	22073		
私营合作企业	4566	15892	43484	33796		138
私营有限责任公司	157706	164959	620433	316606	27	782
私营股份有限公司	6469	8917	25478	29937		500
其他企业	553	1711	3282	1885		
港、澳、台商投资企业	6053	10427	31294	16350		4611
合资经营企业(港或澳、台资)	3831	7322	21890	5792		
合作经营企业(港或澳、台资)	2041	3000	5739	6148		4611
港澳台商独资经营企业	181	105	3665	4410		
外商投资企业	63826	16214	219920	130052	981	3006
中外合资经营企业	20261	9345	91536	56266	981	981
外资企业	42243	870	120867	68724		
外商投资股份有限公司	1322	6000	7518	5063		2025
按经济组织类型分组						
独资企业	136456	208032	693566	331941	107748	6726
国有企业	78267	198235	481284	227244	107748	4019
集体企业	7180	3059	33156	9491		2706
私营独资企业	8585	5763	54595	22073		
港澳台商独资经营企业	181	105	3665	4410		
外资企业	42243	870	120867	68724		
合作、合伙企业	22751	23697	229119	79008	1015	6121
股份合作企业	15587	513	159312	32284		1372
国有与集体联营企业			12194	1015	1015	
其他联营企业	3	2580	5108	3880		
私营合伙企业	4566	15892	43484	33796		138
合作经营企业(港或澳、台资)	2041	3000	5739	6148		4611
其他企业(内资)	553	1711	3282	1885		
股份有限公司	52795	66372	541178	234567	12717	3121
股份有限公司(内资)	45004	51455	508182	199568	12717	596
私营股份有限公司	6469	8917	25478	29937		500
外商投资股份有限公司	1322	6000	7518	5063		2025
有限责任公司	388647	903698	1357801	829269	45390	5963

6-3续表25　　　　　　　　　　(2010年)　　　　　　　　　　单位:万元

项　　目	应付账款	长期负债合计	所有者权益合计	实收资本	国家资本	集体资本
国有独资公司	11912	292031	1866	6766	6766	
私营有限责任公司	157706	164959	620433	316606	27	782
合资经营企业(港或澳、台资)	3831	7322	21890	5792		
中外合资经营企业	20261	9345	91536	56266	981	981
其他有限责任公司	194937	430041	622076	443839	37616	4199
在总计中:亏损企业	49686	62584	215924	185780	45449	1527
在总计中:国有控股企业	200923	719992	966540	543568	163186	4584
在总计中:农村工业	2931	7341	47303	39475		
在总计中:轻工业	176155	259842	1245564	578175	29453	9622
重工业	424494	941957	1576099	896610	137417	12308
在总计中:大型企业	66149	118085	250526	68743		
中型企业	326702	705187	1613845	826708	131202	4271
小型企业	207798	378526	957292	579335	35668	17659
按工业行业大中小类分						
采矿业	5725	6925	125040	54292	12044	131
黑色金属矿采选业	81	32	11099	4105		
其他黑色金属矿采选	81	32	11099	4105		
有色金属矿采选业	2438	2080	49987	19306	8187	81
常用有色金属矿采选	1663	377	35472	12220	7433	81
铅锌矿采选	943	300	33479	5403	667	81
锡矿采选	714		1866	6766	6766	
其他常用有色金属矿采选	6	77	127	51		
贵金属矿采选			3144	3000		
银矿采选			3144	3000		
稀有稀土金属矿采选	776	1703	11371	4086	754	
钨钼矿采选	586	1500	8906	3230		
其他稀有金属矿采选	190	203	2466	856	754	
非金属矿采选业	3206	4812	63954	30881	3857	50
土砂石开采	352	150	3126	1014		
建筑装饰用石开采			839	50		
耐火土石开采	227		360	99		
粘土及其他土砂石开采	125	150	1927	865		
化学矿采选	188		3128	2310		
石棉及其他非金属矿采选	2666	4662	57701	27556	3857	50
石墨、滑石采选	2390	3280	56914	25067	3773	50
其他非金属矿采选	276	1382	787	2490	84	
制造业	546451	561793	2325040	1164146	108974	16856
农副食品加工业	16738	22043	92394	43173	298	622
谷物磨制	2866	3200	12527	3993	48	125
饲料加工	7471	3000	37641	11896		465
植物油加工	817	4438	4842	8000		
食用植物油加工	817	4438	4842	8000		
制糖	194	700	2415	898		
屠宰及肉类加工	2881	3949	2390	2720	250	
畜禽屠宰	2299	3949	596	2370	250	
肉制品及副产品加工	582		1794	350		
蔬菜、水果和坚果加工	1908	2650	25198	9680		32
其他农副食品加工	601	4106	7381	5986		

6-3续表26　　(2010年)　　单位:万元

项　目	应付账款	长期负债合计	所有者权益合计	实收资本	国家资本	集体资本
淀粉及淀粉制品的制造	60	2000	4569	4183		
豆制品制造	541	1278	1636	1403		
其他未列明的农副食品加工		828	1175	400		
食品制造业	8541	17279	64187	37994	240	845
焙烤食品制造	540	620	611	328		
糕点、面包制造	540	620	611	328		
糖果、巧克力及蜜饯制造			332	248		
蜜饯制作			332	248		
方便食品制造	511	1169	3924	2253		101
米、面制品制造	406	1169	2739	1811		101
方便面及其他方便食品制造	106		1185	442		
罐头制造	3087	10520	15083	6682		
蔬菜、水果罐头制造	3087	10520	15083	6682		
调味品、发酵制品制造	586	346	11482	3658		625
味精制造	40		46	50		
其他调味品、发酵制品制造	547	346	11436	3608		625
其他食品制造	3816	4625	32756	24827	240	120
营养、保健食品制造	1282	50	3995	1347	240	
食品及饲料添加剂制造	394	3703	8267	6280		120
其他未列明的食品制造	2140	871	20493	17200		
饮料制造业	28531	18375	354612	172579	981	4611
酒的制造	16088	5562	186018	45117		
白酒制造	2050	5562	42820	18231		
啤酒制造	13877		141544	26874		
其他酒制造	161		1654	12		
软饮料制造	12443	12813	167952	126853	981	4611
碳酸饮料制造	2595		-18	4025	981	
瓶(罐)装饮用水制造	2757		128828	104959		
果菜汁及果菜汁饮料制造	1814	5891	7102	7420		
固体饮料制造	3131	3200	25852	3501		
茶饮料及其他软饮料制造	2146	3722	6188	6948		4611
精制茶加工			642	610		
纺织业	3584	928	11340	12060	5978	
棉、化纤纺织及印染精加工	956		9635	9150	5183	
棉、化纤纺织加工	956		9635	9150	5183	
丝绢纺织及精加工	2357	101	1129	2115		
缫丝加工	2357	101	1129	2115		
针织品、编织品及其制品制造	270	826	575	795	795	
毛针织品及编织品制造	270	826	575	795	795	
纺织服装、鞋、帽制造业	258		864	798		
纺织服装制造	258		864	798		
皮革、毛皮、羽毛(绒)及其制品业	475		1384	887		
皮革制品制造	475		1384	887		
其他皮革制品制造	475		1384	887		
木材加工及木、竹、藤、棕、草制品业	21805	32152	95669	42243		361
锯材、木片加工	3695	472	4489	1555		
锯材加工			86	15		

6-3续表27　　(2010年)　　单位:万元

项　　目	应付账款	长期负债合计	所有者权益合计	实收资本	国家资本	集体资本
木片加工	3695	472	4403	1540		
人造板制造	3899	17077	40200	18263		138
胶合板制造	1571	2344	24333	13658		138
纤维板制造	1472	11985	12041	2206		
刨花板制造	30	2748	2705	1700		
其他人造板、材制造	825		1121	700		
木制品制造	12825	12428	41218	16495		223
建筑用木料及木材组件加工	84	660	1042	773		
木容器制造	218		366	100		
软木制品及其他木制品制造	12523	11768	39810	15622		223
竹、藤、棕、草制品制造	1387	2175	9763	5929		
家具制造业	506	2453	11204	6995		
木质家具制造	383	1500	4300	2470		
竹、藤家具制造	20	953	2262	185		
其他家具制造	103		4641	4340		
造纸及纸制品业	15640	44505	37962	13369	368	1355
造纸	8331	37809	18007	8185	368	62
机制纸及纸板制造	8331	37809	18007	8185	368	62
纸制品制造	7309	6696	19955	5183		1294
纸和纸板容器的制造	6172	3236	9952	2992		778
其他纸制品制造	1138	3460	10003	2191		516
印刷业和记录媒介的复制	10061	33546	57401	23912	1038	
印刷	9515	21318	62192	18912	1038	
书、报、刊印刷	2234	1582	10468	7515	1038	
本册印制	66		158	218		
包装装潢及其他印刷	7215	19736	51565	11179		
记录媒介的复制	546	12228	-4791	5000		
化学原料及化学制品制造业	16733	5770	64409	29089	1530	500
基础化学原料制造	3006	903	8826	3618		
无机盐制造	1882	742	8616	3528		
有机化学原料制造		150	205	60		
其他基础化学原料制造	1124	11	5	31		
肥料制造	376	1305	6458	2225		
磷肥制造			356	65		
复混肥料制造	166	230	4960	2150		
其他肥料制造	210	1075	1142	10		
农药制造	706	697	11735	9769		500
化学农药制造	706	697	11735	9769		500
涂料、油墨、颜料及类似产品制造	67	929	1849	894		
涂料制造	67	929	1849	894		
合成材料制造			263	62		
其他合成材料制造			263	62		
专用化学产品制造	4577	850	15990	7868	1530	
化学试剂和助剂制造	24		232	165		
专项化学用品制造			1406	502		
林产化学产品制造	3501	26	8697	5983	1530	
炸药及火工产品制造	449		3849	608		

6-3续表28 (2010年) 单位:万元

项目	应付账款	长期负债合计	所有者权益合计	实收资本	国家资本	集体资本
其他专用化学产品制造	603	824	1806	610		
日用化学产品制造	8001	1086	19289	4652		
肥皂及合成洗涤剂制造	5644	86	13043	2352		
口腔清洁用品制造	479		272	500		
香料、香精制造	1081		655	700		
其他日用化学产品制造	797	1000	5319	1100		
医药制造业	20726	26078	403861	183218	8890	696
化学药品原药制造	5	2600	8745	5091		
化学药品制剂制造	3797	10279	100339	58322	8890	396
中药饮片加工	524		1372	1424		
中成药制造	15375	11455	264961	102310		300
生物、生化制品的制造	1025	1744	28444	16071		
橡胶制品业	21948	44491	33967	28826		
轮胎制造	17992	44491	21317	24165		
车辆、飞机及工程机械轮胎制造	17992	44491	21317	24165		
橡胶板、管、带的制造	1002		2808	1000		
日用及医用橡胶制品制造	2954		9841	3661		
塑料制品业	4229	1830	11553	7828		
塑料薄膜制造	44		1778	200		
塑料板、管、型材的制造	90		3630	3600		
塑料丝、绳及编织品的制造	470	200	1166	180		
泡沫塑料制造	26	245	569	530		
塑料包装箱及容器制造	1686	1284	349	590		
日用塑料制造	20		472	437		
日用塑料杂品制造	20		472	437		
其他塑料制品制造	1893	100	3590	2291		
非金属矿物制品业	41672	79355	250291	128756	9950	2100
水泥、石灰和石膏的制造	21607	49435	137045	60401	4449	351
水泥制造	21607	49435	137045	60401	4449	351
水泥及石膏制品制造	9470	2709	28125	13847		848
水泥制品制造	7485	729	22904	10974		848
轻质建筑材料制造	1985	1980	5221	2873		
砖瓦、石材及其他建筑材料制造	1269	1555	14865	11856		504
粘土砖瓦及建筑砌块制造	514	700	9673	6480		504
建筑陶瓷制品制造	328	600	1253	1000		
建筑用石加工	125	255	2654	3326		
其他建筑材料制造	302		1285	1050		
玻璃及玻璃制品制造	6629	2870	54085	31800		
技术玻璃制品制造	3654	2870	37457	24846		
光学玻璃制造	50		228	74		
日用玻璃制品及玻璃包装容器制造	2632		16312	6820		
玻璃纤维增强塑料制品制造	294		87	60		
陶瓷制品制造	82		188	100		
日用陶瓷制品制造	82		188	100		
石墨及其他非金属矿物制品制造	2615	22786	15983	10752	5501	397
其他非金属矿物制品制造	2615	22786	15983	10752	5501	397

6-3续表29　　(2010年)　　单位:万元

项　　目	应付账款	长期负债合计	所有者权益合计	实收资本	国家资本	集体资本
黑色金属冶炼及压延加工业	43024	14900	88740	63491		238
钢压延加工	3848		17218	6000		
铁合金冶炼	39176	14900	71522	57491		238
有色金属冶炼及压延加工业	16347	11369	32358	33414	18676	
常用有色金属冶炼	9520	10764	8580	13868		
铅锌冶炼	4849	6400	10474	5768		
锡冶炼	75	1064	2291	3800		
其他常用有色金属冶炼	4596	3300	-4184	4300		
稀有稀土金属冶炼	1305	480	3668	670		
稀土金属冶炼	1305	480	3668	670		
有色金属合金制造	176		830	200		
有色金属压延加工	5347	125	19279	18676	18676	
常用有色金属压延加工	5347	125	19279	18676	18676	
金属制品业	6268	12913	20141	13056		230
结构性金属制品制造	50		400	350		
金属门窗制造	50		400	350		
金属工具制造	96		1640	800		
其他金属工具制造	96		1640	800		
金属丝绳及其制品的制造	248		1442	1442		
建筑、安全用金属制品制造	25		2216	2208		
建筑、家具用金属配件制造	25		2216	2208		
不锈钢及类似日用金属制品制造	4244	10678	11197	6845		
其他日用金属制品制造	4244	10678	11197	6845		
其他金属制品制造	1605	2235	3246	1411		230
其他未列明的金属制品制造	1605	2235	3246	1411		230
通用设备制造业	21844	23721	53006	33416	5184	1736
锅炉及原动机制造	608		165	60		
内燃机及配件制造	608		165	60		
金属加工机械制造	13248	15963	21615	15068	3827	1536
金属切削机床制造	12328	15797	19198	13890	3827	1536
金属成形机床制造	173		365	100		
金属切割及焊接设备制造	324	166	1071	718		
其他金属加工机械制造	423		981	360		
起重运输设备制造	99		1085	850		
泵、阀门、压缩机及类似机械的制造	1079	3048	-708	3288	588	200
泵及真空设备制造	838	3068	-713	3088	588	
阀门和旋塞的制造	241	-21	5	200		200
轴承、齿轮、传动和驱动部件的制造	295		-97	100		
齿轮、传动和驱动部件制造	295		-97	100		
烘炉、熔炉及电炉制造	31		55	51		
风机、衡器、包装设备等通用设备	3413	386	19045	5911	768	
气体、液体分离及纯净设备制造			180	180		
风动和电动工具制造	2389		18016	4962		
其他通用设备制造	1024	386	849	768	768	
通用零部件制造及机械修理	83		843	123		
机械零部件加工及设备修理	83		843	123		
金属铸、锻加工	2989	4325	11004	7964		

6-3续表30　　(2010年)　　单位:万元

项　目	应付账款	长期负债合计	所有者权益合计	实收资本	国家资本	集体资本
钢铁铸件制造	2989	4325	11004	7964		
专用设备制造业	63022	15024	114727	46837	677	2671
矿山、冶金、建筑专用设备制造	7055	2432	15775	4853	677	
采矿、采石设备制造	2190	2101	1180	2103	677	
建筑工程用机械制造	2130		10897	2500		
建筑材料生产专用机械制造	1	331	491	200		
冶金专用设备制造	2734		3207	50		
化工、木材、非金属加工专用设备	33327	2191	37587	12494		300
橡胶加工专用设备制造	33115	2016	36992	12129		300
木材加工机械制造	175		237	235		
模具制造	37	175	358	130		
印刷、制药、日化生产专用设备制造	46		308	100		
制药专用设备制造	46		308	100		
电子和电工机械专用设备制造	35		4263	208		
电工机械专用设备制造	35		2963	198		
电子工业专用设备制造			1300	10		
农、林、牧、渔专用机械制造	2695	328	5066	5596		
拖拉机制造	57		1429	1266		
机械化农业及园艺机具制造	2638	328	3637	4330		
医疗仪器设备及器械制造	12182	702	33707	10655		1270
医疗诊断、监护及治疗设备制造	10561	702	21173	10555		1270
口腔科用设备及器具制造	1621		12533	100		
环保、社会公共安全及其他专用设备制造	7682	9372	18022	12931		1101
环境污染防治专用设备制造	1466	800	8856	6780		
其他专用设备制造	6216	8572	9166	6151		1101
交通运输设备制造业	71213	71732	190307	114387	35312	168
汽车制造	50978	68787	154783	80694	2398	168
汽车整车制造	14581	8456	74801	58928		
汽车零部件及配件制造	36397	60331	79982	21766	2398	168
自行车制造			941	720		
助动自行车制造			941	720		
船舶及浮动装置制造	701	145	1762	60		
船用配套设备制造	701	145	1762	60		
航空航天器制造	19534	2800	32822	32914	32914	
飞机制造及修理	19534	2800	32822	32914	32914	
电气机械及器材制造业	64172	52611	139519	51625	3036	16
电机制造	2771	36	10159	2922		
发电机及发电机组制造	77		443	200		
电动机制造	639	36	1594	60		
微电机及其他电机制造	2055		8122	2662		
输配电及控制设备制造	23460	12071	41756	19807	3036	16
变压器、整流器和电感器制造	5278		5369	4650	1000	
电容器及其配套设备制造	15103	11944	32980	13573	2036	
配电开关控制设备制造	55		170	60		
电力电子元器件制造	3024	127	3237	1524		16
电线、电缆、光缆及电工器材制造	12637	25404	67403	15528		
电线电缆制造	10800	25404	47753	11288		
绝缘制品制造	1788		18189	3740		

6-3续表31　　　　(2010年)　　　　单位:万元

项　　目	应付账款	长期负债合计	所有者权益合计	实收资本	国家资本	集体资本
其他电工器材制造	49		1461	500		
电池制造	25124	15100	19783	13200		
照明器具制造	180		418	168		
电光源制造	180		418	168		
通信设备、计算机及其他电子设备	43872	22163	152435	58173	16818	
通信设备制造	29569	183	95853	30674	16349	
通信传输设备制造	28792	155	94039	29599	16324	
通信终端设备制造	704	28	892	1000		
移动通信及终端设备制造	74		921	75	25	
雷达及配套设备制造	8668	6665	28740	9079		
广播电视设备制造	1687	420	2306	1037		
广播电视接收设备及器材制造	230	5	297	37		
应用电视设备及其他广播电视设备	1457	415	2009	1000		
电子计算机制造	42		1080	360		
计算机网络设备制造	42		1080	360		
电子器件制造	2067	8317	3077	4732	469	
半导体分立器件制造	956	8317	622	2732	469	
光电子器件及其他电子器件制造	1111		2455	2000		
电子元件制造	1512	6369	20349	11640		
电子元件及组件制造	1418	6361	19816	11020		
印制电路板制造	94	8	533	620		
其他电子设备制造	327	209	1030	651		
仪器仪表及文化、办公用机械制造	5756	8198	40531	16166		707
通用仪器仪表制造	4871	8034	34469	12483		707
工业自动控制系统装置制造	31		115	100		
绘图、计算及测量仪器制造	4749	7958	31463	11847		707
试验机制造	90		1207	336		
供应用仪表及其他通用仪器制造		76	1684	200		
专用仪器仪表制造	498	164	2641	483		
汽车及其他用计数仪表制造		164	401	200		
地质勘探和地震专用仪器制造	19		489	63		
电子测量仪器制造	479		1751	220		
光学仪器及眼镜制造	388		3421	3200		
光学仪器制造	388		3421	3200		
工艺品及其他制造业	-598		1681	1656		
工艺美术品制造	-598		1681	1656		
珠宝首饰及有关物品的制造	-598		1681	1656		
废弃资源和废旧材料回收加工业	86	360	500	200		
金属废料和碎屑的加工处理	86	360	500	200		
电力、燃气及水的生产和供应业	48472	633081	371583	256348	45852	4944
电力、热力的生产和供应业	45443	576241	312055	237674	34191	2919
电力生产	29687	279644	188615	206249	19065	2919
火力发电	24278	79900	7082	64495		
水力发电	5410	199744	181533	141754	19065	2919
电力供应	15756	296597	123440	31425	15126	
燃气生产和供应业	1322	6000	7518	5063		2025
水的生产和供应业	1707	50840	52011	13611	11661	
自来水的生产和供应	1672	50815	51010	12611	11661	
污水处理及其再生利用	35	25	1000	1000		

6-3续表32　　(2010年)　　单位:万元

项目	个人资本	港澳台资本	外商资本	主营业务收入	主营业务成本	主营业务税金及附加	其他业务收入
全　市	**389139**	**6825**	**94123**	**8610484**	**6946966**	**101819**	**86932**
按登记注册类型分组							
内资企业	382295	3083	4000	7868533	6341667	99838	78918
国有企业	30262	3083		775754	603840	7966	24652
中央企业				254651	202718	937	16110
地方企业	30262	3083		521104	401122	7029	8542
集体企业	3309			126608	116753	173	29
股份合作企业	7808			338900	220872	27275	9949
联营企业	80			31743	26755	201	142
国有与集体联营企业				27002	23172	134	142
其他联营企业	80			4741	3583	67	
有限责任公司	85665			2364314	1920261	14880	26300
国有独资公司				262708	261065	585	840
其他有限责任公司	85665			2101606	1659196	14295	25460
股份有限公司	82309		4000	697058	460485	13057	6139
私营企业	172378			3496261	2962697	36179	11708
私营独资企业	13327			376000	328082	4370	38
私营合作企业	6637			174474	144925	917	
私营有限责任公司	148526			2745899	2322521	25471	11669
私营股份有限公司	3889			199888	167169	5421	1
其他企业	485			37895	30004	107	
港、澳、台商投资企业	2951	3509	1169	110533	88339	239	788
合资经营企业(港或澳、台资)	495	1143	44	93824	72679	211	784
合作经营企业(港或澳、台资)		1537		3593	3496		
港澳台商独资经营企业	2456	829	1125	13116	12164	28	5
外商投资企业	3892	233	88954	631419	516960	1742	7226
中外合资经营企业	3892	233	24313	405648	322933	1459	4598
外资企业			61604	212312	183702	105	2363
外商投资股份有限公司			3038	13459	10326	179	266
按经济组织类型分组							
独资企业	49353	3912	62729	1503790	1244542	12642	27085
国有企业	30262	3083		775754	603840	7966	24652
集体企业	3309			126608	116753	173	29
私营独资企业	13327			376000	328082	4370	38
港澳台商独资经营企业	2456	829	1125	13116	12164	28	5
外资企业			61604	212312	183702	105	2363
合作、合伙企业	15010	1537		586604	426051	28501	10092
股份合作企业	7808			338900	220872	27275	9949
国有与集体联营企业				27002	23172	134	142
其他联营企业	80			4741	3583	67	
私营合伙企业	6637			174474	144925	917	
合作经营企业(港或澳、台资)		1537		3593	3496		
其他企业(内资)	485			37895	30004	107	
股份有限公司	86198		7038	910405	637980	18656	6406
股份有限公司(内资)	82309		4000	697058	460485	13057	6139
私营股份有限公司	3889			199888	167169	5421	1
外商投资股份有限公司			3038	13459	10326	179	266
有限责任公司	238578	1376	24357	5609685	4638393	42021	43350

6-3续表33 （2010年） 单位:万元

项 目	个人资本	港澳台资 本	外商资本	主营业务收入	主营业务成本	主营业务税金及附加	其他业务收入
国有独资公司				262708	261065	585	840
私营有限责任公司	148526			2745899	2322521	25471	11669
合资经营企业(港或澳、台资)	495	1143	44	93824	72679	211	784
中外合资经营企业	3892	233	24313	405648	322933	1459	4598
其他有限责任公司	85665			2101606	1659196	14295	25460
在总计中:亏损企业	66180	338	36580	328869	294235	1848	3805
在总计中:国有控股企业	52848	3083		1998613	1593757	40335	52697
在总计中:农村工业	7767		41	176027	147919	1133	
在总计中:轻工业	200778	3509	13421	3199351	2494514	51884	20870
重工业	188361	3316	80702	5411134	4452452	49935	66062
在总计中:大型企业	16801		4000	953298	679431	29324	25056
中型企业	142662	3289	66256	3971171	3152673	31145	51002
小型企业	229676	3537	23867	3686016	3114862	41351	10875
按工业行业大中小类分							
采矿业	10788	3083		687559	496868	10312	3663
黑色金属矿采选业	4020			303465	206864	4517	
其他黑色金属矿采选	4020			303465	206864	4517	
有色金属矿采选业	2515			253709	210662	2142	725
常用有色金属矿采选	2415			169887	141675	1856	725
铅锌矿采选	2364			159358	131772	1842	65
锡矿采选				8530	8221	3	660
其他常用有色金属矿采选	51			1999	1682	11	
贵金属矿采选				6537	4863	7	
银矿采选				6537	4863	7	
稀有稀土金属矿采选	100			77285	64124	278	
钨钼矿采选	100			64481	52532	246	
其他稀有金属矿采选				12804	11592	33	
非金属矿采选业	4253	3083		130385	79342	3653	2937
土砂石开采	959			15990	13387	249	
建筑装饰用石开采	50			1761	1325	15	
耐火土石开采	99			4716	4590	42	
粘土及其他土砂石开采	810			9513	7471	192	
化学矿采选				10498	8520	45	29
石棉及其他非金属矿采选	3295	3083		103897	57435	3359	2909
石墨、滑石采选	889	3083		78991	36322	3341	2903
其他非金属矿采选	2406			24906	21113	18	5
制造业	335183	3742	91085	7171401	5790330	87479	76782
农副食品加工业	16097		2795	616082	564177	3833	436
谷物磨制	2938			94076	85256	129	77
饲料加工	4704		2795	211609	202297	25	265
植物油加工				55223	50001	3246	
食用植物油加工				55223	50001	3246	
制糖	730			13014	11292	29	
屠宰及肉类加工	350			79670	72600	61	56
畜禽屠宰				70001	64741	25	56
肉制品及副产品加工	350			9669	7860	36	
蔬菜、水果和坚果加工	7295			140906	124353	212	6
其他农副食品加工	80			21584	18378	130	31

6-3续表34　　(2010年)　　单位:万元

项　　目	个人资本	港澳台资　本	外商资本	主营业务收入	主营业务成本	主营业务税金及附加	其他业务收入
淀粉及淀粉制品的制造				8826	7497	71	
豆制品制造	80			7996	6531	60	31
其他未列明的农副食品加工				4762	4350		
食品制造业	26462		5258	225163	169784	2633	286
焙烤食品制造	328			5642	4449	29	60
糕点、面包制造	328			5642	4449	29	60
糖果、巧克力及蜜饯制造	248			899	843		
蜜饯制作	248			899	843		
方便食品制造	760			37631	33124	1816	34
米、面制品制造	760			36166	32397	1809	34
方便面及其他方便食品制造				1465	727	7	
罐头制造	3489			73738	53836	417	184
蔬菜、水果罐头制造	3489			73738	53836	417	184
调味品、发酵制品制造	3033			31879	26436	92	7
味精制造	50			1807	1764	2	
其他调味品、发酵制品制造	2983			30072	24672	90	7
其他食品制造	18604		5258	75374	51098	279	
营养、保健食品制造	260		242	41175	23850	218	
食品及饲料添加剂制造	1144		5016	23002	18192	38	
其他未列明的食品制造	17200			11197	9056	24	
饮料制造业	23880	1685	2944	872385	602304	34326	10689
酒的制造	19719			356972	220203	33787	9746
白酒制造	12905			53561	29460	7130	120
啤酒制造	6801			291115	180646	26653	9626
其他酒制造	12			12295	10098	5	
软饮料制造	3962	1685	2944	508320	375815	535	943
碳酸饮料制造	100		2944	24020	18039	8	163
瓶(罐)装饮用水制造	1319	148		309826	222145	116	14
果菜汁及果菜汁饮料制造				20714	17030		675
固体饮料制造	1743			148541	113771	401	92
茶饮料及其他软饮料制造	800	1537		5219	4831	9	
精制茶加工	200			7093	6285	5	
纺织业	2269			37071	34185	181	1377
棉、化纤纺织及印染精加工	204			22526	20862	126	778
棉、化纤纺织加工	204			22526	20862	126	778
丝绢纺织及精加工	2065			12987	12604	39	518
缫丝加工	2065			12987	12604	39	518
针织品、编织品及其制品制造				1558	720	17	80
毛针织品及编织品制造				1558	720	17	80
纺织服装、鞋、帽制造业	60	338		7788	7254	16	101
纺织服装制造	60	338		7788	7254	16	101
皮革、毛皮、羽毛(绒)及其制品业			487	4484	3833		88
皮革制品制造			487	4484	3833		88
其他皮革制品制造			487	4484	3833		88
木材加工及木、竹、藤、棕、草制品业	13491	839	1169	482021	404798	4776	145
锯材、木片加工	1055			19681	14995	51	
锯材加工	15			635	627	1	

6-3续表35　　(2010年)　　单位:万元

项目	个人资本	港澳台资本	外商资本	主营业务收入	主营业务成本	主营业务税金及附加	其他业务收入
木片加工	1040			19046	14368	51	
人造板制造	4395			169670	131767	3548	
胶合板制造	3189			97891	76052	3200	
纤维板制造	1206			52404	41022	203	
刨花板制造				14894	11523	21	
其他人造板、材制造				4481	3169	125	
木制品制造	4221	159		233825	205855	1103	110
建筑用木料及木材组件加工	773			6103	4399	56	
木容器制造				1411	1126	7	
软木制品及其他木制品制造	3448	159		226311	200330	1040	110
竹、藤、棕、草制品制造	3820	680	1169	58846	52181	74	35
家具制造业	2815			39502	34633	134	7
木质家具制造	2410			12093	10007	70	7
竹、藤家具制造	185			20650	18562	52	
其他家具制造	220			6758	6064	12	
造纸及纸制品业	5547	46		233414	203416	1278	2412
造纸	2957			95353	86326	514	1146
机制纸及纸板制造	2957			95353	86326	514	1146
纸制品制造	2590	46		138061	117090	764	1266
纸和纸板容器的制造	1819			84234	73015	422	426
其他纸制品制造	771	46		53826	44075	342	840
印刷业和记录媒介的复制	13368			164745	132120	399	2722
印刷	8368			92825	77568	304	234
书、报、刊印刷	959			17871	15514	66	93
本册印制				1111	968	6	4
包装装潢及其他印刷	7409			73843	61086	232	138
记录媒介的复制	5000			71920	54552	95	2488
化学原料及化学制品制造业	17414			375585	323033	1340	340
基础化学原料制造	3618			32150	27969	129	
无机盐制造	3528			26370	22909	116	
有机化学原料制造	60			3773	3152	2	
其他基础化学原料制造	31			2007	1909	11	
肥料制造	2187			27417	23800	8	
磷肥制造	27			3517	2981		
复混肥料制造	2150			18819	16858		
其他肥料制造	10			5081	3962	8	
农药制造	4167			60931	51024	375	1
化学农药制造	4167			60931	51024	375	1
涂料、油墨、颜料及类似产品制造	550			8140	7343	94	
涂料制造	550			8140	7343	94	
合成材料制造				1903	1865	1	
其他合成材料制造				1903	1865	1	
专用化学产品制造	4773			157539	133004	564	115
化学试剂和助剂制造	165			3960	3854	2	
专项化学用品制造				17213	15258	19	
林产化学产品制造	3390			110185	91936	352	
炸药及火工产品制造	608			12021	9190	153	115

6-3续表36　　(2010年)　　单位:万元

项　目	个人资本	港澳台资本	外商资本	主营业务收入	主营业务成本	主营业务税金及附加	其他业务收入
其他专用化学产品制造	610			14161	12767	38	
日用化学产品制造	2118			87505	78027	171	224
肥皂及合成洗涤剂制造	1152			43393	38976	100	224
口腔清洁用品制造	266			5480	3087	34	
香料、香精制造	700			1002	818		
其他日用化学产品制造				37630	35148	37	
医药制造业	76364	600		340007	195388	6085	643
化学药品原药制造	3991	600		13560	7070	30	
化学药品制剂制造	19618			119668	89382	3433	102
中药饮片加工	150			18519	16378	33	
中成药制造	36634			174647	71811	2575	522
生物、生化制品的制造	15971			13615	10747	15	18
橡胶制品业	250	233	233	105005	77839	1521	13718
轮胎制造				75207	53162	1402	12919
车辆、飞机及工程机械轮胎制造				75207	53162	1402	12919
橡胶板、管、带的制造				3465	2442	34	175
日用及医用橡胶制品制造	250	233	233	26333	22235	85	624
塑料制品业	4306		15	57057	51255	138	309
塑料薄膜制造	200			9787	9342	44	
塑料板、管、型材的制造	600			2160	1673	5	
塑料丝、绳及编织品的制造	130			10265	8591	41	
泡沫塑料制造	530			4337	3869	14	
塑料包装箱及容器制造	590			11849	10353	16	
日用塑料制造				3226	2948	11	
日用塑料杂品制造				3226	2948	11	
其他塑料制品制造	2256		15	15432	14480	6	309
非金属矿物制品业	28999		10000	631600	521488	5433	1637
水泥、石灰和石膏的制造	6683			272987	224798	1541	188
水泥制造	6683			272987	224798	1541	188
水泥及石膏制品制造	9894			151482	127857	2107	38
水泥制品制造	8921			87357	74180	1789	38
轻质建筑材料制造	973			64125	53677	318	
砖瓦、石材及其他建筑材料制造	5994			44367	38582	523	
粘土砖瓦及建筑砌块制造	2218			24376	21017	131	
建筑陶瓷制品制造				2308	1846	9	
建筑用石加工	2726			13738	12179	252	
其他建筑材料制造	1050			3945	3539	132	
玻璃及玻璃制品制造	4064		10000	105738	82432	297	325
技术玻璃制品制造	2146		10000	62062	46619	90	296
光学玻璃制造	74			1452	1138	7	29
日用玻璃制品及玻璃包装容器制造	1820			39771	32514	188	
玻璃纤维增强塑料制品制造	24			2452	2162	12	
陶瓷制品制造				2184	1986	6	
日用陶瓷制品制造				2184	1986	6	
石墨及其他非金属矿物制品制造	2364			54843	45833	959	1087
其他非金属矿物制品制造	2364			54843	45833	959	1087

6-3续表37　　(2010年)　　单位:万元

项　　目	个人资本	港澳台资　本	外商资本	主营业务收入	主营业务成本	主营业务税金及附加	其他业务收入
黑色金属冶炼及压延加工业	15722		36409	733435	675777	7362	1191
钢压延加工	6000			265328	249916	1783	
铁合金冶炼	9722		36409	468107	425862	5579	1191
有色金属冶炼及压延加工业	4942			207512	192598	10021	137
常用有色金属冶炼	4242			145830	135546	9777	
铅锌冶炼	442			49722	44503	17	
锡冶炼	3800			80453	79161	9544	
其他常用有色金属冶炼				15655	11882	216	
稀有稀土金属冶炼	500			15317	13638	39	13
稀土金属冶炼	500			15317	13638	39	13
有色金属合金制造	200			1691	1567	10	
有色金属压延加工				44675	41847	196	124
常用有色金属压延加工				44675	41847	196	124
金属制品业	7581		91	113317	93136	680	24
结构性金属制品制造	350			3203	2631	137	15
金属门窗制造	350			3203	2631	137	15
金属工具制造				701	700	6	
其他金属工具制造				701	700	6	
金属丝绳及其制品的制造				11179	8063	41	
建筑、安全用金属制品制造	2208			4991	4447	2	
建筑、家具用金属配件制造	2208			4991	4447	2	
不锈钢及类似日用金属制品制造	3841		91	79142	65182	469	
其他日用金属制品制造	3841		91	79142	65182	469	
其他金属制品制造	1181			14101	12112	24	8
其他未列明的金属制品制造	1181			14101	12112	24	8
通用设备制造业	12119		5554	163399	139797	654	10880
锅炉及原动机制造	60			1171	940	8	83
内燃机及配件制造	60			1171	940	8	83
金属加工机械制造	4163			46944	38735	401	10722
金属切削机床制造	2985			38009	31200	356	10650
金属成形机床制造	100			1216	1023	5	
金属切割及焊接设备制造	718			4624	3928	22	72
其他金属加工机械制造	360			3096	2585	18	
起重运输设备制造	850			4361	3820	106	30
泵、阀门、压缩机及类似机械的制造				3777	2797	13	5
泵及真空设备制造				3021	2246	8	
阀门和旋塞的制造				757	551	5	5
轴承、齿轮、传动和驱动部件的制造	100			2641	2482	4	
齿轮、传动和驱动部件制造	100			2641	2482	4	
烘炉、熔炉及电炉制造	5			1005	934	1	
风机、衡器、包装设备等通用设备			4962	26236	19720	19	34
气体、液体分离及纯净设备制造				1144	1120	1	3
风动和电动工具制造			4962	19638	13648		32
其他通用设备制造				5454	4953	18	
通用零部件制造及机械修理			98	1510	1438		
机械零部件加工及设备修理			98	1510	1438		
金属铸、锻加工	6941		493	75754	68931	102	6

6-3续表38　　(2010年)　　单位:万元

项　　目	个人资本	港澳台资　本	外商资本	主营业务收入	主营业务成本	主营业务税金及附加	其他业务收入
钢铁铸件制造	6941		493	75754	68931	102	6
专用设备制造业	6130		6000	294673	223978	1469	5119
矿山、冶金、建筑专用设备制造	936			51024	40430	201	665
采矿、采石设备制造	436			18389	14699	114	327
建筑工程用机械制造	250			25704	21325	42	338
建筑材料生产专用机械制造	200			2197	1283	6	
冶金专用设备制造	50			4733	3123	38	
化工、木材、非金属加工专用设备	1690			131696	104276	736	2340
橡胶加工专用设备制造	1325			128221	101666	724	2340
木材加工机械制造	235			2402	1916	7	
模具制造	130			1073	694	5	
印刷、制药、日化生产专用设备制造	100			937	846	2	
制药专用设备制造	100			937	846	2	
电子和电工机械专用设备制造	208			5054	4005	22	
电工机械专用设备制造	198			3534	2518	22	
电子工业专用设备制造	10			1520	1487		
农、林、牧、渔专用机械制造	2266			23750	19602	33	
拖拉机制造	1266			10721	9887	5	
机械化农业及园艺机具制造	1000			13029	9715	28	
医疗仪器设备及器械制造	100			35892	19363	294	28
医疗诊断、监护及治疗设备制造				24448	14451	185	22
口腔科用设备及器具制造	100			11444	4913	109	6
环保、社会公共安全及其他专用设备制造	830		6000	46321	35455	181	2086
环境污染防治专用设备制造	780		6000	10682	8131	19	417
其他专用设备制造	50			35639	27324	162	1668
交通运输设备制造业	14170		11000	478931	390781	1736	7382
汽车制造	13450		11000	456274	374311	1714	6852
汽车整车制造			11000	60120	53566	290	901
汽车零部件及配件制造	13450			396153	320744	1424	5951
自行车制造	720			2435	1998	21	
助动自行车制造	720			2435	1998	21	
船舶及浮动装置制造				7153	4786		
船用配套设备制造				7153	4786		
航空航天器制造				13069	9686	1	530
飞机制造及修理				13069	9686	1	530
电气机械及器材制造业	22263		4657	675920	502931	2451	13659
电机制造	2872			23756	17644	104	2
发电机及发电机组制造	150			5945	5193	29	
电动机制造	60			3763	3085	12	2
微电机及其他电机制造	2662			14049	9366	63	
输配电及控制设备制造	6183			103170	72975	954	1008
变压器、整流器和电感器制造				16565	13403	61	201
电容器及其配套设备制造	4615			69324	44777	835	
配电开关控制设备制造	60			637	577	2	
电力电子元器件制造	1508			16644	14218	56	807
电线、电缆、光缆及电工器材制造	500		4657	488243	369640	953	12649
电线电缆制造			4657	427558	318155	661	3558
绝缘制品制造				58793	49972	263	9091

6-3续表39 （2010年） 单位:万元

项 目	个人资本	港澳台资本	外商资本	主营业务收入	主营业务成本	主营业务税金及附加	其他业务收入
其他电工器材制造	500			1893	1513	29	
电池制造	12540			55524	39281	359	
照明器具制造	168			5227	3392	80	
电光源制造	168			5227	3392	80	
通信设备、计算机及其他电子设备	7828		3812	247110	196538	651	2931
通信设备制造	3870		3739	170188	138977	351	1860
通信传输设备制造	2870		3739	160023	131114	291	1860
通信终端设备制造	1000			9116	7032	58	
移动通信及终端设备制造				1049	831	3	
雷达及配套设备制造				27883	22556	24	107
广播电视设备制造	1037			8112	6422	65	447
广播电视接收设备及器材制造	37			3323	2449	57	
应用电视设备及其他广播电视设备	1000			4789	3973	7	447
电子计算机制造	60			3725	3136	83	
计算机网络设备制造	60			3725	3136	83	
电子器件制造	1990		73	11176	8673	60	3
半导体分立器件制造	1990		73	6638	5235	36	3
光电子器件及其他电子器件制造				4538	3438	24	
电子元件制造	220			23181	14278	55	514
电子元件及组件制造	100			20490	12780	47	514
印制电路板制造	120			2691	1499	7	
其他电子设备制造	651			2847	2497	12	
仪器仪表及文化、办公用机械制造	11914			51990	38713	360	550
通用仪器仪表制造	8464			41072	31641	288	521
工业自动控制系统装置制造	14			1368	1217	14	
绘图、计算及测量仪器制造	8415			28557	20296	235	521
试验机制造				6399	6399	16	
供应用仪表及其他通用仪器制造	35			4748	3730	23	
专用仪器仪表制造	450			6019	4222	37	1
汽车及其他用计数仪表制造	200			1803	693	3	
地质勘探和地震专用仪器制造	30			1621	1360	7	1
电子测量仪器制造	220			2595	2169	26	
光学仪器及眼镜制造	3000			4899	2850	36	28
光学仪器制造	3000			4899	2850	36	28
工艺品及其他制造业	994		662	9555	7158		
工艺美术品制造	994		662	9555	7158		
珠宝首饰及有关物品的制造	994		662	9555	7158		
废弃资源和废旧材料回收加工业	200			3652	3414	4	
金属废料和碎屑的加工处理	200			3652	3414	4	
电力、燃气及水的生产和供应业	43168		3038	751525	659769	4028	6488
电力、热力的生产和供应业	41218			719795	638120	3673	4816
电力生产	41218			217222	174508	1605	2037
火力发电				145463	128876	719	1814
水力发电	41218			71759	45632	886	223
电力供应				502573	463611	2068	2779
燃气生产和供应业			3038	13459	10326	179	266
水的生产和供应业	1950			18271	11323	177	1407
自来水的生产和供应	950			17672	10884	170	1403
污水处理及其再生利用	1000			599	439	7	4

6-3续表40　　(2010年)　　单位:万元

项　目	其他业务利润	营业费用	管理费用	税　金	财务费用	利息支出	营业利润
全　市	**21696**	**299266**	**496476**	**57307**	**86786**	**75677**	**1055792**
按登记注册类型分组							
内资企业	18760	260618	460561	52761	85064	73954	951956
国有企业	1598	36144	101590	13676	11519	11162	71425
中央企业	93	6549	34399	1829	2193	1944	25442
地方企业	1505	29595	67191	11848	9326	9218	45983
集体企业	24	2219	4744	232	312	292	5331
股份合作企业	1670	17398	22508	1245	-656	216	54169
联营企业		147	400		159	159	3929
国有与集体联营企业			263		-27	-27	3359
其他联营企业		147	137		186	186	571
有限责任公司	11732	65031	117829	11924	37030	30507	292678
国有独资公司	166	82	2363	442	73	12	2066
其他有限责任公司	11567	64949	115467	11481	36957	30495	290612
股份有限公司	1192	46221	52405	4390	8029	6751	129594
私营企业	2544	87839	160648	21269	28406	24620	389861
私营独资企业	-60	10583	17060	1472	2487	2254	25991
私营合作企业		6616	11030	1290	2478	1383	14422
私营有限责任公司	2602	59320	119499	17658	21839	19445	333534
私营股份有限公司	1	11320	13058	849	1602	1538	15914
其他企业		5620	437	26	265	247	4969
港、澳、台商投资企业	21	9421	6298	1341	600	519	15157
合资经营企业(港或澳、台资)	17	8896	5524	1298	488	408	14025
合作经营企业(港或澳、台资)		365	468	33	92	91	392
港澳台商独资经营企业	4	159	306	10	20	19	740
外商投资企业	2915	29227	29617	3206	1123	1204	88679
中外合资经营企业	878	22702	16278	853	955	630	43090
外资企业	1831	6390	12064	2308	362	242	43570
外商投资股份有限公司	206	135	1276	45	-195	331	2019
按经济组织类型分组							
独资企业	3398	55495	135764	17697	14700	13970	147057
国有企业	1598	36144	101590	13676	11519	11162	71425
集体企业	24	2219	4744	232	312	292	5331
私营独资企业	-60	10583	17060	1472	2487	2254	25991
港澳台商独资经营企业	4	159	306	10	20	19	740
外资企业	1831	6390	12064	2308	362	242	43570
合作、合伙企业	1670	30146	34843	2593	2338	2096	77881
股份合作企业	1670	17398	22508	1245	-656	216	54169
国有与集体联营企业			263		-27	-27	3359
其他联营企业		147	137		186	186	571
私营合伙企业		6616	11030	1290	2478	1383	14422
合作经营企业(港或澳、台资)		365	468	33	92	91	392
其他企业(内资)		5620	437	26	265	247	4969
股份有限公司	1399	57676	66740	5284	9437	8621	147527
股份有限公司(内资)	1192	46221	52405	4390	8029	6751	129594
私营股份有限公司	1	11320	13058	849	1602	1538	15914
外商投资股份有限公司	206	135	1276	45	-195	331	2019
有限责任公司	15230	155949	259131	31733	60312	50990	683327

6-3续表41　　　　　　　　　　　　　　(2010年)　　　　　　　　　　　　　　单位:万元

项　　目	其他业务利润	营业费用	管理费用	税　金	财务费用	利息支出	营业利润
国有独资公司	166	82	2363	442	73	12	2066
私营有限责任公司	2602	59320	119499	17658	21839	19445	333534
合资经营企业(港或澳、台资)	17	8896	5524	1298	488	408	14025
中外合资经营企业	878	22702	16278	853	955	630	43090
其他有限责任公司	11567	64949	115467	11481	36957	30495	290612
在总计中:亏损企业	798	11775	31248	2726	8472	8236	-16407
在总计中:国有控股企业	10082	68613	184045	22589	31151	30703	200569
在总计中:农村工业		5688	10128	1556	2086	1157	14551
在总计中:轻工业	6227	166263	182876	12703	28328	22490	397442
重工业	15469	133003	313601	44604	58458	53187	658350
在总计中:大型企业	7797	31730	53676	6265	10432	9216	155524
中型企业	8498	162888	243325	25800	40347	33630	506897
小型企业	5401	104647	199475	25242	36007	32831	393371
按工业行业大中小类分							
采矿业	127	21080	44925	6324	2779	1982	131465
黑色金属矿采选业		3678	4945	534	1023	795	80199
其他黑色金属矿采选		3678	4945	534	1023	795	80199
有色金属矿采选业	101	2223	19917	2450	718	559	38865
常用有色金属矿采选	101	970	11949	2328	188	130	27920
铅锌矿采选	54	745	9433	1874	177	118	28418
锡矿采选	47	82	2363	442	12	12	-506
其他常用有色金属矿采选		143	154	11			9
贵金属矿采选		88	445		6	6	1030
银矿采选		88	445		6	6	1030
稀有稀土金属矿采选		1165	7523	122	524	424	9915
钨钼矿采选		923	5082		364	264	8735
其他稀有金属矿采选		242	2441	122	160	160	1180
非金属矿采选业	27	15179	20063	3340	1038	628	12401
土砂石开采		677	2029	570	251	51	997
建筑装饰用石开采		48	95	2	72	23	166
耐火土石开采		72	1349	460	28	28	290
粘土及其他土砂石开采		557	585	108	151		541
化学矿采选	24	710	1216	41	-2	-2	57
石棉及其他非金属矿采选	3	13792	16817	2729	789	579	11347
石墨、滑石采选	3	13499	10494	1147	692	482	9771
其他非金属矿采选		293	6323	1582	98	97	1576
制造业	19437	263809	405190	43599	60824	50402	889651
农副食品加工业	97	10444	16268	1703	3599	2742	39132
谷物磨制	2	1961	2043	525	1152	459	3747
饲料加工	81	2454	3373	328	864	788	5456
植物油加工		1962	1696	2	316	316	2237
食用植物油加工		1962	1696	2	316	316	2237
制糖		31	252	13	539	538	871
屠宰及肉类加工	12	616	1176	82	109	104	6402
畜禽屠宰	12	219	532	69	46	46	4831
肉制品及副产品加工		397	644	13	63	59	1571
蔬菜、水果和坚果加工	2	2538	6746	725	486	405	18947
其他农副食品加工		882	984	28	134	131	1472

6-3续表42　　　　(2010年)　　　　单位:万元

项　　目	其他业务利润	营业费用	管理费用	税　金	财务费用	利息支出	营业利润
淀粉及淀粉制品的制造		178	322	2	72	71	1141
豆制品制造		620	586	25	10	9	215
其他未列明的农副食品加工		83	76		52	52	116
食品制造业	120	15523	9951	757	2268	1985	27991
焙烤食品制造	21	491	633	17	28	28	427
糕点、面包制造	21	491	633	17	28	28	427
糖果、巧克力及蜜饯制造		28	3	1			29
蜜饯制作		28	3	1			29
方便食品制造	5	801	964	44	433	221	1602
米、面制品制造	5	569	794	44	434	221	1281
方便面及其他方便食品制造		231	170				321
罐头制造	94	2583	3215	399	1019	995	13723
蔬菜、水果罐头制造	94	2583	3215	399	1019	995	13723
调味品、发酵制品制造		318	1609	229	134	134	4803
味精制造		13	148	95			822
其他调味品、发酵制品制造		305	1461	134	134	134	3981
其他食品制造		11303	3528	67	653	607	7408
营养、保健食品制造		10573	1485	27	104	99	1702
食品及饲料添加剂制造		640	891	33	250	209	5257
其他未列明的食品制造		91	1152	7	299	299	449
饮料制造业	1629	48411	50618	3138	1651	2369	149527
酒的制造	1548	19284	23796	1648	-806	-15	62852
白酒制造	104	2330	2441	149	-149	-231	13077
啤酒制造	1445	16932	19724	846	-658	215	48089
其他酒制造		22	1630	653	1	1	1686
软饮料制造	80	29109	26760	1489	2454	2384	85906
碳酸饮料制造	79	4131	1400	46	331	322	2895
瓶(罐)装饮用水制造	13	5906	12106	9	-38	-108	69735
果菜汁及果菜汁饮料制造	28	1521	5332	1162	-16		4958
固体饮料制造	-40	17158	7412	240	2067	2061	7824
茶饮料及其他软饮料制造		393	510	33	110	109	493
精制茶加工		18	63		4		769
纺织业	279	375	2829	441	968	1136	-1019
棉、化纤纺织及印染精加工		339	1706	343	866	1075	-1654
棉、化纤纺织加工		339	1706	343	866	1075	-1654
丝绢纺织及精加工	279	36	525	98	74	33	363
缫丝加工	279	36	525	98	74	33	363
针织品、编织品及其制品制造			598		27	28	272
毛针织品及编织品制造			598		27	28	272
纺织服装、鞋、帽制造业	50	112	1067	218	15	-1	-317
纺织服装制造	50	112	1067	218	15	-1	-317
皮革、毛皮、羽毛(绒)及其制品业	19	4	470	7	-1	17	199
皮革制品制造	19	4	470	7	-1	17	199
其他皮革制品制造	19	4	470	7	-1	17	199
木材加工及木、竹、藤、棕、草制品业	107	13009	27025	5758	4873	3677	49801
锯材、木片加工		366	656	1	151	134	3076
锯材加工			2				-1

6-3续表43　　　　　　　　　　　　(2010年)　　　　　　　　　　　　单位:万元

项　　目	其他业务利润	营业费用	管理费用	税　金	财务费用	利息支出	营业利润
木片加工		366	654	1	151	134	3077
人造板制造		3678	13903	4900	1928	1598	28599
胶合板制造		2580	11926	4879	1124	950	14556
纤维板制造		254	1513	21	314	298	10256
刨花板制造		641	80		311	311	3318
其他人造板、材制造		203	384		179	39	468
木制品制造	107	7706	10183	702	2404	1573	13171
建筑用木料及木材组件加工		186	487	15	34	34	943
木容器制造		140	109				31
软木制品及其他木制品制造	107	7380	9587	687	2370	1539	12197
竹、藤、棕、草制品制造		1259	2283	155	390	372	4956
家具制造业	7	1249	1455	17	332	318	2305
木质家具制造	7	415	474	10	203	190	1529
竹、藤家具制造		682	700		103	103	552
其他家具制造		152	280	7	26	21	224
造纸及纸制品业	610	9711	11318	1130	1888	1863	20134
造纸	227	2594	3770	314	1115	1114	4472
机制纸及纸板制造	227	2594	3770	314	1115	1114	4472
纸制品制造	383	7117	7548	817	773	749	15661
纸和纸板容器的制造	318	1008	4318	560	571	570	9418
其他纸制品制造	65	6109	3230	257	202	179	6244
印刷业和记录媒介的复制	2686	2327	12212	1377	6802	2965	42386
印刷	198	1390	6331	619	2261	2070	22446
书、报、刊印刷	71	248	2568	317	1	1	2199
本册印制	4	37	76	2	21	21	6
包装装潢及其他印刷	124	1105	3688	300	2239	2049	20241
记录媒介的复制	2488	936	5881	758	4541	895	19940
化学原料及化学制品制造业	84	6242	12386	2188	1989	1880	39303
基础化学原料制造		394	887	12	177	174	3272
无机盐制造		323	792		161	157	2749
有机化学原料制造		43	40	1	17	17	520
其他基础化学原料制造		27	55	11			3
肥料制造		316	511	50	252	250	3514
磷肥制造		1	109	1	30	30	1397
复混肥料制造		172	270	5	23	20	1881
其他肥料制造		143	132	44	200	200	237
农药制造		1051	1153	96	410	333	8360
化学农药制造		1051	1153	96	410	333	8360
涂料、油墨、颜料及类似产品制造		295	979	87	56	56	462
涂料制造		295	979	87	56	56	462
合成材料制造		6	34				12
其他合成材料制造		6	34				12
专用化学产品制造	-8	1099	6210	1759	505	502	20446
化学试剂和助剂制造		20	797	311	18	18	372
专项化学用品制造		101	57	2	15	15	1763
林产化学产品制造		610	3277	778	416	415	14625
炸药及火工产品制造	-8	99	265	12	-2	-2	2309

6-3续表44　　(2010年)　　单位:万元

项目	其他业务利润	营业费用	管理费用	税金	财务费用	利息支出	营业利润
其他专用化学产品制造		269	1814	657	57	57	1378
日用化学产品制造	91	3082	2613	185	589	565	3236
肥皂及合成洗涤剂制造	91	141	1415	149	338	328	2635
口腔清洁用品制造		2181	293	8	28	20	-142
香料、香精制造		39	145	6		1	1
其他日用化学产品制造		721	760	22	223	216	742
医药制造业	191	51163	37332	1401	3829	3360	60966
化学药品原药制造		461	1553	1	175	-26	3720
化学药品制剂制造	2	10484	13164	979	1697	1623	14408
中药饮片加工		131	142	2	27	31	1204
中成药制造	172	39472	19993	266	1170	1072	42579
生物、生化制品的制造	17	616	2480	153	760	661	-945
橡胶制品业	5252	6073	18978	2564	3025	2562	15237
轮胎制造	4992	4123	16290	2503	2623	2313	14845
车辆、飞机及工程机械轮胎制造	4992	4123	16290	2503	2623	2313	14845
橡胶板、管、带的制造	74	255	928	40	50	49	-179
日用及医用橡胶制品制造	186	1695	1759	21	353	201	571
塑料制品业	11	1006	3121	194	121	113	1546
塑料薄膜制造		73	135	6	2		193
塑料板、管、型材的制造		199	224		31	30	-167
塑料丝、绳及编织品的制造		131	1265		10	10	124
泡沫塑料制造		63	52		8	8	349
塑料包装箱及容器制造		321	1059	75	18	18	463
日用塑料制造		103	165	94	4	4	11
日用塑料杂品制造		103	165	94	4	4	11
其他塑料制品制造	11	117	221	19	48	44	572
非金属矿物制品业	792	22264	30619	3641	5077	4543	83515
水泥、石灰和石膏的制造	115	6372	9107	1548	2275	2245	39558
水泥制造	115	6372	9107	1548	2275	2245	39558
水泥及石膏制品制造		7308	3045	327	381	380	18305
水泥制品制造		1375	2545	325	287	287	9225
轻质建筑材料制造		5933	500	2	94	94	9080
砖瓦、石材及其他建筑材料制造		1400	1821	240	813	857	2054
粘土砖瓦及建筑砌块制造		675	1057	159	491	424	1247
建筑陶瓷制品制造			115		205	205	130
建筑用石加工		433	496	26	87	87	599
其他建筑材料制造		292	153	55	29	140	78
玻璃及玻璃制品制造	195	5192	8855	706	704	206	19030
技术玻璃制品制造	192	2887	5496	688	614	119	13514
光学玻璃制造	3	36	157		35	35	82
日用玻璃制品及玻璃包装容器制造		2222	3049		15	15	5426
玻璃纤维增强塑料制品制造		46	152	18	41	38	9
陶瓷制品制造		18	76	2	10	10	89
日用陶瓷制品制造		18	76	2	10	10	89
石墨及其他非金属矿物制品制造	482	1974	7715	819	895	846	4479
其他非金属矿物制品制造	482	1974	7715	819	895	846	4479

6-3续表45　　　　　　　　(2010年)　　　　　　　　单位:万元

项　　目	其他业务利润	营业费用	管理费用	税　金	财务费用	利息支出	营业利润
黑色金属冶炼及压延加工业	584	9315	12419	2259	2108	2214	47612
钢压延加工		3968	4150	983	344	344	19837
铁合金冶炼	584	5347	8269	1276	1764	1870	27775
有色金属冶炼及压延加工业	58	1534	11885	3855	1354	1180	15345
常用有色金属冶炼		276	8628	3335	1023	1023	11997
铅锌冶炼		102	8319	3328	335	335	4798
锡冶炼		132	82	7	129	129	4469
其他常用有色金属冶炼		41	228		559	559	2730
稀有稀土金属冶炼		257	238	2	1		159
稀土金属冶炼		257	238	2	1		159
有色金属合金制造			46		15		24
有色金属压延加工	58	1001	2973	518	316	157	3166
常用有色金属压延加工	58	1001	2973	518	316	157	3166
金属制品业	15	5270	3794	48	1214	1089	10016
结构性金属制品制造	8	25	164	16	10	9	65
金属门窗制造	8	25	164	16	10	9	65
金属工具制造		25	26		5		21
其他金属工具制造		25	26		5		21
金属丝绳及其制品的制造		337	199	1	21	21	2518
建筑、安全用金属制品制造		29	77		2	2	433
建筑、家具用金属配件制造		29	77		2	2	433
不锈钢及类似日用金属制品制造		4734	2834	21	1010	916	5765
其他日用金属制品制造		4734	2834	21	1010	916	5765
其他金属制品制造	7	120	494	11	168	141	1213
其他未列明的金属制品制造	7	120	494	11	168	141	1213
通用设备制造业	300	3643	11932	505	2299	1958	19588
锅炉及原动机制造	83	82	238	2	25		-40
内燃机及配件制造	83	82	238	2	25		-40
金属加工机械制造	154	2381	7423	303	1098	951	4401
金属切削机床制造	109	2176	6288	101	1078	939	2813
金属成形机床制造		44	69		4		72
金属切割及焊接设备制造	45	63	812	192	14	12	1270
其他金属加工机械制造		98	253	10	2		246
起重运输设备制造	27	30	279	5			284
泵、阀门、压缩机及类似机械的制造	3	339	906	44	120	119	307
泵及真空设备制造		324	677		141	140	122
阀门和旋塞的制造	3	16	229	44	-21	-21	185
轴承、齿轮、传动和驱动部件的制造		13	112		11	11	18
齿轮、传动和驱动部件制造		13	112		11	11	18
烘炉、熔炉及电炉制造			70	1			1
风机、衡器、包装设备等通用设备	32	228	1433	83	173	24	6499
气体、液体分离及纯净设备制造			51				-29
风动和电动工具制造	32	228	973	63	115	-8	4934
其他通用设备制造			409	21	58	32	1594
通用零部件制造及机械修理		43	28		6		-3
机械零部件加工及设备修理		43	28		6		-3
金属铸、锻加工		527	1443	67	866	853	8122

6-3续表46　　　　(2010年)　　　　单位:万元

项　　目	其他业务利润	营业费用	管理费用	税　金	财务费用	利息支出	营业利润
钢铁铸件制造		527	1443	67	866	853	8122
专用设备制造业	1281	14224	42766	2692	3990	3677	38486
矿山、冶金、建筑专用设备制造	289	2873	4898	665	846	836	3108
采矿、采石设备制造		962	1846	158	470	472	605
建筑工程用机械制造	289	1347	2105	495	205	205	1264
建筑材料生产专用机械制造			269		160	160	479
冶金专用设备制造		563	679	12	11		761
化工、木材、非金属加工专用设备	518	4439	19383	1265	1524	1311	17752
橡胶加工专用设备制造	518	4154	19011	1260	1522	1310	17656
木材加工机械制造		192	279	5			9
模具制造		93	93		2	1	86
印刷、制药、日化生产专用设备制造			12				78
制药专用设备制造			12				78
电子和电工机械专用设备制造		143	227	10	-33	-33	724
电工机械专用设备制造		113	190		-33	-33	724
电子工业专用设备制造		29	37	10			
农、林、牧、渔专用机械制造		1576	1939	266	410	404	2552
拖拉机制造		18	566	239	50	49	966
机械化农业及园艺机具制造		1558	1373	28	360	355	1587
医疗仪器设备及器械制造	26	3041	9991	272	-12	21	8390
医疗诊断、监护及治疗设备制造	22	2458	9139	237	40	16	1964
口腔科用设备及器具制造	4	583	852	36	-52	5	6426
环保、社会公共安全及其他专用设备制造	448	2153	6317	213	1255	1138	5882
环境污染防治专用设备制造	417	1340	722	141	43	-2	1826
其他专用设备制造	31	814	5594	73	1212	1141	4056
交通运输设备制造业	2359	13893	23064	1492	4588	3432	51391
汽车制造	2296	13670	18951	1483	4539	3384	49266
汽车整车制造	765	2977	6326	210	-947	-915	-57
汽车零部件及配件制造	1531	10694	12625	1273	5487	4299	49324
自行车制造		136	52		13	13	216
助动自行车制造		136	52		13	13	216
船舶及浮动装置制造		5	734	1	-8	-8	1633
船用配套设备制造		5	734	1	-8	-8	1633
航空航天器制造	64	81	3328	8	43	42	276
飞机制造及修理	64	81	3328	8	43	42	276
电气机械及器材制造业	-85	17436	32397	4838	6531	5442	111388
电机制造	2	756	2331	312	148	144	5952
发电机及发电机组制造		158	458		1		724
电动机制造	2	192	304	99	6	5	990
微电机及其他电机制造		406	1569	213	142	139	4238
输配电及控制设备制造	176	12021	10785	1020	827	683	8002
变压器、整流器和电感器制造	176	1339	1874	4	135	131	520
电容器及其配套设备制造		10512	7443	993	493	440	6764
配电开关控制设备制造		25	75		5		15
电力电子元器件制造		144	1393	23	195	113	703
电线、电缆、光缆及电工器材制造	-262	3189	17946	3346	4422	3686	84956
电线电缆制造	422	2557	11320	2371	4210	3426	75505
绝缘制品制造	-684	518	6474	975	212	259	9289

6-3续表47　　(2010年)　　单位:万元

项　　目	其他业务利润	营业费用	管理费用	税　金	财务费用	利息支出	营业利润
其他电工器材制造		114	152				162
电池制造		1355	1148	161	1065	858	11696
照明器具制造		116	187		71	71	782
电光源制造		116	187		71	71	782
通信设备、计算机及其他电子设备	2558	7332	23275	2418	1054	1026	52373
通信设备制造	1724	4364	12699	1931	103	144	45893
通信传输设备制造	1724	4069	11537	1818	67	135	44031
通信终端设备制造		227	1106	112	31	4	1824
移动通信及终端设备制造		68	57	1	6	5	39
雷达及配套设备制造	68	541	3843	158	215	213	396
广播电视设备制造	422	661	658	96	58	32	1507
广播电视接收设备及器材制造		72	47				584
应用电视设备及其他广播电视设备	422	589	611	96	58	32	922
电子计算机制造		395	63	11			81
计算机网络设备制造		395	63	11			81
电子器件制造	3	272	1916	217	220	175	2241
半导体分立器件制造	3	201	984	91	115	95	403
光电子器件及其他电子器件制造		71	932	125	105	79	1838
电子元件制造	342	989	3857	3	445	450	2233
电子元件及组件制造	342	960	3704	3	373	375	2168
印制电路板制造		29	152		72	76	65
其他电子设备制造		110	240	4	13	13	23
仪器仪表及文化、办公用机械制造	434	3207	7003	640	1062	695	9665
通用仪器仪表制造	405	2509	5771	529	1051	691	7618
工业自动控制系统装置制造		94	30		12		1
绘图、计算及测量仪器制造	405	1512	4725	521	1037	690	5669
试验机制造		677	761	8			1436
供应用仪表及其他通用仪器制造		226	255		1	1	512
专用仪器仪表制造	1	418	506	105	18	10	1058
汽车及其他用计数仪表制造		273	132		17	10	84
地质勘探和地震专用仪器制造	1	58	114	7			83
电子测量仪器制造		88	260	99			891
光学仪器及眼镜制造	28	280	726	6	-7	-6	989
光学仪器制造	28	280	726	6	-7	-6	989
工艺品及其他制造业		45	965	318	129	105	1897
工艺美术品制造		45	965	318	129	105	1897
珠宝首饰及有关物品的制造		45	965	318	129	105	1897
废弃资源和废旧材料回收加工业			43		57	57	1186
金属废料和碎屑的加工处理			43		57	57	1186
电力、燃气及水的生产和供应业	2132	14378	46362	7384	23184	23293	34676
电力、热力的生产和供应业	1619	11521	40796	6900	22175	21829	32663
电力生产	932	197	10595	1029	21654	21388	13076
火力发电	873		2294	242	10863	10863	5879
水力发电	59	197	8301	786	10791	10525	7197
电力供应	687	11324	30201	5871	521	441	19587
燃气生产和供应业	206	135	1276	45	-195	331	2019
水的生产和供应业	307	2722	4291	439	1203	1132	-7
自来水的生产和供应	306	2722	4149	438	1203	1132	-18
污水处理及其再生利用	1		142	1			12

6-3续表48 (2010年) 单位:万元

项目	投资收益	补贴收入	营业外收入	营业外支出	利润总额	应交所得税	亏损企业亏损总额
全市	**3443**	**18594**	**37847**	**28782**	**1070525**	**67831**	**15794**
按登记注册类型分组							
内资企业	3288	18472	36475	28271	965830	59788	15305
国有企业	-322	1341	5122	2414	74407	6866	3064
中央企业	-450	714	1574	290	26726	1778	
地方企业	128	627	3548	2124	47681	5088	3064
集体企业	2092	104	61	120	5271	414	198
股份合作企业		5	2250	157	56262	8894	67
联营企业			203	4	4128	586	6
国有与集体联营企业			147	4	3502	586	
其他联营企业			56		626		6
有限责任公司	176	9581	23440	18388	300055	18691	5379
国有独资公司			164	238	1992	307	458
其他有限责任公司	176	9581	23276	18150	298063	18385	4921
股份有限公司	1242	49	2090	1298	130386	9514	2230
私营企业	100	7393	3295	5856	390372	14803	4328
私营独资企业	4	312	26	20	26289	782	236
私营合作企业		29	5	1217	13239	457	234
私营有限责任公司	96	7050	3187	4338	335134	13279	3858
私营股份有限公司		2	78	281	15711	284	
其他企业			14	34	4949	19	34
港、澳、台商投资企业	-5	31	10	60	15103	1367	64
合资经营企业(港或澳、台资)	-5	30	6	57	13970	1328	64
合作经营企业(港或澳、台资)			1		393		
港澳台商独资经营企业		1	3	3	740	39	
外商投资企业	159	91	1363	451	89592	6676	425
中外合资经营企业		5	385	277	43198	1513	39
外资企业	159	87	814	132	44253	4769	386
外商投资股份有限公司			164	42	2141	395	
按经济组织类型分组							
独资企业	1934	1844	6025	2689	150960	12871	3883
国有企业	-322	1341	5122	2414	74407	6866	3064
集体企业	2092	104	61	120	5271	414	198
私营独资企业	4	312	26	20	26289	782	236
港澳台商独资经营企业		1	3	3	740	39	
外资企业	159	87	814	132	44253	4769	386
合作、合伙企业		34	2473	1412	78971	9956	340
股份合作企业		5	2250	157	56262	8894	67
国有与集体联营企业			147	4	3502	586	
其他联营企业			56		626		6
私营合伙企业		29	5	1217	13239	457	234
合作经营企业(港或澳、台资)			1		393		
其他企业(内资)			14	34	4949	19	34
股份有限公司	1242	51	2332	1621	148238	10193	2230
股份有限公司(内资)	1242	49	2090	1298	130386	9514	2230
私营股份有限公司		2	78	281	15711	284	
外商投资股份有限公司			164	42	2141	395	
有限责任公司	268	16665	27018	23060	692357	34811	9340

6-3续表49　　　　(2010年)　　　　单位:万元

项　　目	投资收益	补贴收入	营业外收入	营业外支出	利润总额	应交所得税	亏损企业亏损总额
国有独资公司			164	238	1992	307	458
私营有限责任公司	96	7050	3187	4338	335134	13279	3858
合资经营企业(港或澳、台资)	-5	30	6	57	13970	1328	64
中外合资经营企业		5	385	277	43198	1513	39
其他有限责任公司	176	9581	23276	18150	298063	18385	4921
在总计中:亏损企业	32	1100	1608	1578	-15794	132	15794
在总计中:国有控股企业	-307	12197	20395	14262	208567	22787	4929
在总计中:农村工业	27			10	14541	260	64
在总计中:轻工业	2400	4541	9038	7108	401992	27844	6801
重工业	1043	14053	28809	21674	668534	39986	8992
在总计中:大型企业	973		12876	3621	164779	12398	
中型企业	2360	13238	18728	19520	508341	35395	5052
小型企业	110	5356	6243	5640	397406	20038	10742
按工业行业大中小类分							
采矿业	-227	440	972	2931	129718	7356	535
黑色金属矿采选业				2499	77700	4365	
其他黑色金属矿采选				2499	77700	4365	
有色金属矿采选业	-224	440	102	289	38894	1128	486
常用有色金属矿采选		440	102	283	28178	997	486
铅锌矿采选		440	27	257	28627	997	28
锡矿采选			75	27	-458		458
其他常用有色金属矿采选					9		
贵金属矿采选					1030		
银矿采选					1030		
稀有稀土金属矿采选	-224			6	9686	132	
钨钼矿采选					8735	88	
其他稀有金属矿采选	-224			6	951	44	
非金属矿采选业	-3		871	144	13124	1863	48
土砂石开采					997		46
建筑装饰用石开采					166		
耐火土石开采					290		
粘土及其他土砂石开采					541		46
化学矿采选			22	71	8	2	
石棉及其他非金属矿采选	-3		849	73	12119	1861	2
石墨、滑石采选	-3		844	38	10572	1848	2
其他非金属矿采选			5	35	1546	13	
制造业	3631	11705	28625	14053	909679	56768	13083
农副食品加工业	2095	495	959	551	39793	1111	47
谷物磨制		197	21	157	3705		47
饲料加工	2095	104	709	53	6115	634	
植物油加工			64	264	2037	28	
食用植物油加工			64	264	2037	28	
制糖				4	867		
屠宰及肉类加工		38	90	60	6470	88	
畜禽屠宰		38	90	58	4901		
肉制品及副产品加工				3	1569	88	
蔬菜、水果和坚果加工		118	11	11	19065	266	
其他农副食品加工		38	63	1	1534	95	

6-3续表50　　(2010年)　　单位:万元

项　目	投资收益	补贴收入	营业外收入	营业外支出	利润总额	应交所得税	亏损企业亏损总额
淀粉及淀粉制品的制造		2			1141	51	
豆制品制造		36	63	1	277	44	
其他未列明的农副食品加工					116		
食品制造业	36	604	314	129	28680	1528	1122
焙烤食品制造			21	6	442	9	
糕点、面包制造			21	6	442	9	
糖果、巧克力及蜜饯制造				13	16	5	
蜜饯制作				13	16	5	
方便食品制造		86	73	10	1751	56	
米、面制品制造		86	73	10	1430	7	
方便面及其他方便食品制造					321	49	
罐头制造	36	510	3	30	14106	206	360
蔬菜、水果罐头制造	36	510	3	30	14106	206	360
调味品、发酵制品制造			93	3	4894	390	
味精制造				1	821	1	
其他调味品、发酵制品制造			93	2	4072	390	
其他食品制造		8	124	69	7471	862	762
营养、保健食品制造					1702	617	
食品及饲料添加剂制造		8	90	64	5292	110	85
其他未列明的食品制造			34	5	478	136	677
饮料制造业	226	1768	2306	2428	149833	11591	65
酒的制造	215	1	2198	154	64896	9064	
白酒制造	215	1	87	36	13128	825	
啤酒制造			2111	118	50082	8211	
其他酒制造					1686	28	
软饮料制造	10	1767	108	2271	84171	2527	65
碳酸饮料制造			49	26	2918	98	
瓶(罐)装饮用水制造		873	1	2164	67572	1673	
果菜汁及果菜汁饮料制造			1	2	4958		
固体饮料制造	10	894	56	79	8229	754	65
茶饮料及其他软饮料制造			1		494	2	
精制茶加工				3	767		
纺织业		135	537	576	-923	50	1492
棉、化纤纺织及印染精加工			358	161	-1457		1457
棉、化纤纺织加工			358	161	-1457		1457
丝绢纺织及精加工			19	1	381	50	35
缫丝加工			19	1	381	50	35
针织品、编织品及其制品制造		135	160	414	153		
毛针织品及编织品制造		135	160	414	153		
纺织服装、鞋、帽制造业		40	1	1	-278	2	282
纺织服装制造		40	1	1	-278	2	282
皮革、毛皮、羽毛(绒)及其制品业			6	14	191	55	
皮革制品制造			6	14	191	55	
其他皮革制品制造			6	14	191	55	
木材加工及木、竹、藤、棕、草制品业	22	1005	59	1659	48755	2750	393
锯材、木片加工				20	3056		1
锯材加工					-1		1

6-3续表51　　　　(2010年)　　　　单位:万元

项　目	投资收益	补贴收入	营业外收　入	营业外支　出	利润总额	应　交所得税	亏损企业亏损总额
木片加工				20	3057		
人造板制造		813	16	163	28817	1201	16
胶合板制造		1		33	14524	38	16
纤维板制造		812	2	127	10497	1164	
刨花板制造			14	3	3328		
其他人造板、材制造					468		
木制品制造	22	187	41	1471	11924	1139	259
建筑用木料及木材组件加工				2	941	22	
木容器制造					31		
软木制品及其他木制品制造	22	187	41	1469	10952	1118	259
竹、藤、棕、草制品制造		5	2	4	4958	409	118
家具制造业		4	4	11	2303	32	
木质家具制造		4	4	11	1527	15	
竹、藤家具制造					552		
其他家具制造					224	16	
造纸及纸制品业	1	220	2060	748	21503	1237	64
造纸	1	137	1994	680	5787	489	
机制纸及纸板制造	1	137	1994	680	5787	489	
纸制品制造		84	66	68	15716	748	64
纸和纸板容器的制造		62	65	15	9524	116	5
其他纸制品制造		22	2	53	6192	631	58
印刷业和记录媒介的复制	18		14	134	42284	354	606
印刷	18		14	134	22344	354	606
书、报、刊印刷	17		14	82	2148	49	335
本册印制				1	5	1	
包装装潢及其他印刷				51	20190	304	271
记录媒介的复制					19940		
化学原料及化学制品制造业		440	242	97	39839	1753	151
基础化学原料制造					3272	1	
无机盐制造					2749		
有机化学原料制造					520		
其他基础化学原料制造					3	1	
肥料制造		366	8	10	3879	85	
磷肥制造					1397		
复混肥料制造		50	8	3	1935	85	
其他肥料制造		316		7	546		
农药制造			13	23	8350	146	
化学农药制造			13	23	8350	146	
涂料、油墨、颜料及类似产品制造					462	30	
涂料制造					462	30	
合成材料制造					12		
其他合成材料制造					12		
专用化学产品制造		25	8	2	20477	760	
化学试剂和助剂制造					372	3	
专项化学用品制造					1763		
林产化学产品制造		25	8	1	14657	99	
炸药及火工产品制造				1	2308	648	

6-3续表52 (2010年) 单位:万元

项　　目	投资收益	补贴收入	营业外收入	营业外支出	利润总额	应交所得税	亏损企业亏损总额
其他专用化学产品制造					1378	10	
日用化学产品制造		49	213	62	3386	732	151
肥皂及合成洗涤剂制造		49	207	62	2779	697	9
口腔清洁用品制造					-142		142
香料、香精制造					1		
其他日用化学产品制造			6		748	35	
医药制造业	2	156	1359	696	61750	6611	2543
化学药品原药制造		8		222	3498	447	582
化学药品制剂制造	70		378	16	14770	641	217
中药饮片加工		2			1204	131	12
中成药制造	-109	146	671	190	43181	5390	92
生物、生化制品的制造	41		310	268	-903	3	1640
橡胶制品业	62	98	5216	66	20387	121	
轮胎制造			5011	58	19798	9	
车辆、飞机及工程机械轮胎制造			5011	58	19798	9	
橡胶板、管、带的制造			192	1	12	9	
日用及医用橡胶制品制造	62	98	13	7	577	102	
塑料制品业			8	5	1549	130	163
塑料薄膜制造					193		
塑料板、管、型材的制造			3		-163	17	163
塑料丝、绳及编织品的制造					124	31	
泡沫塑料制造					349		
塑料包装箱及容器制造					463		
日用塑料制造					11	3	
日用塑料杂品制造					11	3	
其他塑料制品制造			5	5	572	79	
非金属矿物制品业	314	1724	841	295	85635	7492	1290
水泥、石灰和石膏的制造		1672	180	27	41286	5716	1075
水泥制造		1672	180	27	41286	5716	1075
水泥及石膏制品制造			16	44	18277	549	
水泥制品制造			16	13	9228	518	
轻质建筑材料制造				31	9049	30	
砖瓦、石材及其他建筑材料制造					2054	120	154
粘土砖瓦及建筑砌块制造					1247	40	64
建筑陶瓷制品制造					130	47	
建筑用石加工					599		34
其他建筑材料制造					77	34	56
玻璃及玻璃制品制造		51	542	96	19476	873	
技术玻璃制品制造		51	534		14047	635	
光学玻璃制造				10	72	2	
日用玻璃制品及玻璃包装容器制造			8	82	5352	234	
玻璃纤维增强塑料制品制造			1	4	5	1	
陶瓷制品制造					89	22	
日用陶瓷制品制造					89	22	
石墨及其他非金属矿物制品制造	314	1	103	128	4454	212	61
其他非金属矿物制品制造	314	1	103	128	4454	212	61

6-3续表53 (2010年) 单位:万元

项目	投资收益	补贴收入	营业外收入	营业外支出	利润总额	应交所得税	亏损企业亏损总额
黑色金属冶炼及压延加工业		67	372	220	47830	1397	1418
钢压延加工					19837	698	
铁合金冶炼		67	372	220	27993	699	1418
有色金属冶炼及压延加工业		2255	461	633	15173	5	125
常用有色金属冶炼		2255	30	588	11440		125
铅锌冶炼		2255	6		4804		125
锡冶炼			24	588	3906		
其他常用有色金属冶炼					2730		
稀有稀土金属冶炼			29	43	145	12	
稀土金属冶炼			29	43	145	12	
有色金属合金制造					24		
有色金属压延加工			402	3	3565	-6	
常用有色金属压延加工			402	3	3565	-6	
金属制品业	1	10	52	106	9969	909	39
结构性金属制品制造			9	2	73	10	
金属门窗制造			9	2	73	10	
金属工具制造					21	9	
其他金属工具制造					21	9	
金属丝绳及其制品的制造					2518		
建筑、安全用金属制品制造					433		
建筑、家具用金属配件制造					433		
不锈钢及类似日用金属制品制造		3	1	71	5696	797	
其他日用金属制品制造		3	1	71	5696	797	
其他金属制品制造	1	7	42	34	1229	94	39
其他未列明的金属制品制造	1	7	42	34	1229	94	39
通用设备制造业	159	89	276	287	19631	1946	92
锅炉及原动机制造					-40		40
内燃机及配件制造					-40		40
金属加工机械制造		46	261	51	4658	502	
金属切削机床制造			261	50	3024	315	
金属成形机床制造					72	18	
金属切割及焊接设备制造		46			1316	14	
其他金属加工机械制造					246	154	
起重运输设备制造					284	49	
泵、阀门、压缩机及类似机械的制造				208	99		20
泵及真空设备制造				4	119		
阀门和旋塞的制造				205	-20		20
轴承、齿轮、传动和驱动部件的制造					18		
齿轮、传动和驱动部件制造					18		
烘炉、熔炉及电炉制造					1		
风机、衡器、包装设备等通用设备	159	34	7	20	6486	1300	29
气体、液体分离及纯净设备制造					-29		29
风动和电动工具制造	159	34	5	15	4924	1279	
其他通用设备制造			2	4	1591	20	
通用零部件制造及机械修理					-3		3
机械零部件加工及设备修理					-3		3
金属铸、锻加工		8	8	9	8130	95	

6-3续表54　　　(2010年)　　　单位:万元

项　　目	投资收益	补贴收入	营业外收　入	营业外支　出	利润总额	应　交所得税	亏损企业亏损总额
钢铁铸件制造		8	8	9	8130	95	
专用设备制造业	8	1980	2442	437	41710	3673	1620
矿山、冶金、建筑专用设备制造		325	262	7	3689	868	220
采矿、采石设备制造		325	217	1	1146	310	220
建筑工程用机械制造			45	5	1304	308	
建筑材料生产专用机械制造					479	60	
冶金专用设备制造				2	760	190	
化工、木材、非金属加工专用设备	8	632	1064	274	18542	845	
橡胶加工专用设备制造	8	632	1062	274	18444	821	
木材加工机械制造			2		12	3	
模具制造					86	21	
印刷、制药、日化生产专用设备制造					78		
制药专用设备制造					78		
电子和电工机械专用设备制造					724	181	
电工机械专用设备制造					724	181	
电子工业专用设备制造							
农、林、牧、渔专用机械制造		22	4	35	2543	145	1361
拖拉机制造		22		22	966		
机械化农业及园艺机具制造			4	13	1577	145	1361
医疗仪器设备及器械制造		872	17	6	9273	945	
医疗诊断、监护及治疗设备制造			14	1	1978	68	
口腔科用设备及器具制造		872	3	5	7296	878	
环保、社会公共安全及其他专用设备制造		127	1095	115	6862	688	39
环境污染防治专用设备制造			33	45	1814	158	39
其他专用设备制造		127	1061	70	5048	530	
交通运输设备制造业	167	480	8262	4392	55261	3488	690
汽车制造	167	480	8257	4369	53154	3130	690
汽车整车制造	167	480	2188	57	2073	189	458
汽车零部件及配件制造			6069	4312	51081	2942	232
自行车制造					216	106	
助动自行车制造					216	106	
船舶及浮动装置制造					1633	252	
船用配套设备制造					1633	252	
航空航天器制造			6	23	258		
飞机制造及修理			6	23	258		
电气机械及器材制造业	455		1837	307	112919	6227	57
电机制造			3		5954	466	51
发电机及发电机组制造					724	81	
电动机制造			3		992	49	
微电机及其他电机制造					4238	336	51
输配电及控制设备制造	1		478	175	8306	1764	6
变压器、整流器和电感器制造			75	13	582	213	6
电容器及其配套设备制造			306	61	7009	1441	
配电开关控制设备制造					15	3	
电力电子元器件制造	1		98	101	700	107	
电线、电缆、光缆及电工器材制造	454		704	90	85570	3397	
电线电缆制造	973		602	35	76072	2666	
绝缘制品制造	-519		102	55	9336	731	

6-3续表55　　(2010年)　　单位:万元

项　　目	投资收益	补贴收入	营业外收入	营业外支出	利润总额	应交所得税	亏损企业亏损总额
其他电工器材制造					162		
电池制造			653	42	12307	364	
照明器具制造					782	236	
电光源制造					782	236	
通信设备、计算机及其他电子设备	13	88	655	179	52880	3973	793
通信设备制造	3	10	279	121	46061	3300	514
通信传输设备制造		10	272	118	44195	3244	514
通信终端设备制造	3		7	2	1828	53	
移动通信及终端设备制造					39	2	
雷达及配套设备制造		47	79	23	452	109	
广播电视设备制造				2	1505	55	
广播电视接收设备及器材制造					584		
应用电视设备及其他广播电视设备				2	921	55	
电子计算机制造		21			102	9	
计算机网络设备制造		21			102	9	
电子器件制造	13	10	136	21	2357	121	218
半导体分立器件制造	13	10		21	382	65	218
光电子器件及其他电子器件制造			136		1974	56	
电子元件制造	-3		107	12	2328	378	35
电子元件及组件制造	-3		107	8	2267	359	
印制电路板制造				3	62	19	35
其他电子设备制造			53	1	75	1	27
仪器仪表及文化、办公用机械制造	53	46	289	30	9924	331	35
通用仪器仪表制造	53	46	267	28	7857	261	35
工业自动控制系统装置制造					1		
绘图、计算及测量仪器制造	53	46	267	28	5907	250	35
试验机制造					1436	11	
供应用仪表及其他通用仪器制造					512		
专用仪器仪表制造			11	1	1068	33	
汽车及其他用计数仪表制造			11		95		
地质勘探和地震专用仪器制造				1	82	20	
电子测量仪器制造					891	13	
光学仪器及眼镜制造			10		999	37	
光学仪器制造			10		999	37	
工艺品及其他制造业		2	53	55	1895	4	
工艺美术品制造		2	53	55	1895	4	
珠宝首饰及有关物品的制造		2	53	55	1895	4	
废弃资源和废旧材料回收加工业					1186		
金属废料和碎屑的加工处理					1186		
电力、燃气及水的生产和供应业	40	6449	8250	11798	31128	3707	2176
电力、热力的生产和供应业	40	6449	7600	11730	28533	3114	2121
电力生产	39	6449	6586	11082	8580	451	2121
火力发电		6449	6459	10718	1619		
水力发电	38		127	364	6961	451	2121
电力供应	1		1014	648	19953	2663	
燃气生产和供应业			164	42	2141	395	
水的生产和供应业			487	26	454	198	55
自来水的生产和供应			487	26	443	195	55
污水处理及其再生利用					12	3	

6-3续表56　(2010年)　单位:万元

项　　目	利税总额	本年应付工资总额	本年应付福利费总额	本年应交增值税	本年进项税额	本年销项税额	全部从业人员年平均人数(人)
全　市	**1528977**	**727277**	**32057**	**356633**	**736982**	**1035381**	**170789**
按登记注册类型分组							
内资企业	1398479	662254	27512	332811	670198	951829	155677
国有企业	116716	111307	7193	34343	58658	80404	23982
中央企业	32363	47589	1426	4701	28944	30997	6585
地方企业	84352	63719	5768	29643	29714	49407	17397
集体企业	9013	7355	544	3569	5949	6191	1753
股份合作企业	105107	36928	920	21570	29573	50348	6941
联营企业	6411	4018	216	2082	607	547	642
国有与集体联营企业	5523	3709	207	1887	563	474	547
其他联营企业	888	309	9	195	45	73	95
有限责任公司	415064	177162	8437	100128	227845	366042	39827
国有独资公司	10757	14153	1394	8180	3316	43545	1608
其他有限责任公司	404306	163010	7043	91948	224528	322498	38219
股份有限公司	183348	52343	1836	39905	83256	90187	14317
私营企业	556513	270304	8329	129963	259460	352725	67460
私营独资企业	42644	32086	619	11986	18464	26956	8840
私营合作企业	19817	17167	265	5662	17406	21200	4227
私营有限责任公司	465512	206992	6797	104907	214770	292198	51395
私营股份有限公司	28540	14058	648	7409	8821	12372	2998
其他企业	6307	2837	37	1251	4849	5384	755
港、澳、台商投资企业	19819	14301	686	4477	9820	13711	3357
合资经营企业(港或澳、台资)	18037	12635	615	3856	8046	12607	2899
合作经营企业(港或澳、台资)	430	421	13	37	1321	614	109
港澳台商独资经营企业	1353	1245	59	585	453	490	349
外商投资企业	110679	50722	3859	19345	56965	69840	11755
中外合资经营企业	57616	31026	2302	12960	29454	40587	8699
外资企业	50492	16788	1484	6134	26646	28137	2879
外商投资股份有限公司	2572	2908	72	252	865	1117	177
按经济组织类型分组							
独资企业	220217	168782	9899	56616	110170	142178	37803
国有企业	116716	111307	7193	34343	58658	80404	23982
集体企业	9013	7355	544	3569	5949	6191	1753
私营独资企业	42644	32086	619	11986	18464	26956	8840
港澳台商独资经营企业	1353	1245	59	585	453	490	349
外资企业	50492	16788	1484	6134	26646	28137	2879
合作、合伙企业	138072	61371	1452	30601	53756	78094	12674
股份合作企业	105107	36928	920	21570	29573	50348	6941
国有与集体联营企业	5523	3709	207	1887	563	474	547
其他联营企业	888	309	9	195	45	73	95
私营合伙企业	19817	17167	265	5662	17406	21200	4227
合作经营企业(港或澳、台资)	430	421	13	37	1321	614	109
其他企业(内资)	6307	2837	37	1251	4849	5384	755
股份有限公司	214460	69310	2556	47565	92942	103675	17492
股份有限公司(内资)	183348	52343	1836	39905	83256	90187	14317
私营股份有限公司	28540	14058	648	7409	8821	12372	2998
外商投资股份有限公司	2572	2908	72	252	865	1117	177
有限责任公司	956228	427815	18151	221850	480114	711434	102820

6-3续表57 (2010年) 单位:万元

项 目	利税总额	本年应付工资总额	本年应付福利费总额	本年应交增值税	本年进项税额	本年销项税额	全部从业人员年平均人数(人)
国有独资公司	10757	14153	1394	8180	3316	43545	1608
私营有限责任公司	465512	206992	6797	104907	214770	292198	51395
合资经营企业(港或澳、台资)	18037	12635	615	3856	8046	12607	2899
中外合资经营企业	57616	31026	2302	12960	29454	40587	8699
其他有限责任公司	404306	163010	7043	91948	224528	322498	38219
在总计中:亏损企业	-2177	46219	1737	11769	35720	43388	16362
在总计中:国有控股企业	340391	214455	10946	91489	155819	280346	45159
在总计中:农村工业	20853	15347	426	5179	15882	18745	3701
在总计中:轻工业	593578	310885	11527	139702	231185	339283	79443
重工业	935399	416393	20530	216931	505797	696097	91346
在总计中:大型企业	241696	78784	3268	47593	143216	179861	14955
中型企业	731431	346671	17041	191945	318128	501076	78560
小型企业	555851	301823	11748	117094	275638	354444	77274
按工业行业大中小类分							
采矿业	174522	45646	3438	34493	63740	95381	9824
黑色金属矿采选业	96843	7700	274	14626	37044	51024	2468
其他黑色金属矿采选	96843	7700	274	14626	37044	51024	2468
有色金属矿采选业	51307	17822	1792	10272	20270	28943	3160
常用有色金属矿采选	35883	12769	1681	5849	14956	19985	2147
铅锌矿采选	36297	10933	1584	5828	14364	19488	1730
锡矿采选	-455	1824	97		586	471	395
其他常用有色金属矿采选	41	12		21	6	27	22
贵金属矿采选	1332	457		295	816	1111	89
银矿采选	1332	457		295	816	1111	89
稀有稀土金属矿采选	14092	4596	111	4128	4498	7846	924
钨钼矿采选	12100	3593	21	3119	3280	6299	683
其他稀有金属矿采选	1992	1004	90	1009	1217	1547	241
非金属矿采选业	26372	20124	1372	9596	6426	15415	4196
土砂石开采	1893	1450	37	647	910	1233	372
建筑装饰用石开采	198	137		18		18	68
耐火土石开采	709	968	20	377	609	780	179
粘土及其他土砂石开采	985	346	17	252	301	435	125
化学矿采选	387	1699	197	333	66	399	171
石棉及其他非金属矿采选	24093	16976	1138	8616	5450	13782	3653
石墨、滑石采选	21282	14748	1066	7368	3063	10536	3236
其他非金属矿采选	2812	2227	72	1248	2387	3246	417
制造业	1281288	620035	24058	284130	629259	833785	149258
农副食品加工业	55725	25602	942	12098	18787	22550	6560
谷物磨制	4751	1390	155	917	4805	5090	547
饲料加工	9187	5575	373	3046	3648	2854	1301
植物油加工	8044	915		2761		2761	215
食用植物油加工	8044	915		2761		2761	215
制糖	1310	1895	10	414	723	1137	435
屠宰及肉类加工	7239	2115	96	708	5952	6325	609
畜禽屠宰	5257	1095	65	330	5227	5222	304
肉制品及副产品加工	1982	1020	30	377	726	1103	305
蔬菜、水果和坚果加工	22548	11140	245	3271	2872	3100	2498
其他农副食品加工	2647	2571	64	982	787	1284	955

6-3续表58　　(2010年)　　单位:万元

项　　目	利税总额	本年应付工资总额	本年应付福利费总额	本年应交增值税	本年进项税额	本年销项税额	全部从业人员年平均人数(人)
淀粉及淀粉制品的制造	1595	672	29	383	166	302	211
豆制品制造	705	1435	22	368	621	751	657
其他未列明的农副食品加工	347	464	13	231		231	87
食品制造业	38781	24806	1290	7468	22980	28699	7958
焙烤食品制造	719	1353	13	248	642	889	505
糕点、面包制造	719	1353	13	248	642	889	505
糖果、巧克力及蜜饯制造	55	95		38	115	153	102
蜜饯制作	55	95		38	115	153	102
方便食品制造	4273	1278	94	706	2913	3588	515
米、面制品制造	3806	1108	92	567	2814	3351	460
方便面及其他方便食品制造	467	170	2	139	99	237	55
罐头制造	17163	8517	943	2640	9098	10725	1979
蔬菜、水果罐头制造	17163	8517	943	2640	9098	10725	1979
调味品、发酵制品制造	5859	2000	50	874	2887	3761	474
味精制造	833	97		9	126	135	21
其他调味品、发酵制品制造	5027	1903	50	865	2761	3626	453
其他食品制造	10713	11564	189	2962	7325	9583	4383
营养、保健食品制造	4250	9417	35	2331	4736	6967	3679
食品及饲料添加剂制造	5675	1077	50	345	906	891	296
其他未列明的食品制造	787	1070	104	286	1684	1725	408
饮料制造业	234615	68902	2271	50456	61763	111143	14082
酒的制造	121469	35588	827	22787	34127	56759	6827
白酒制造	23765	2303	78	3508	5059	8567	853
啤酒制造	95876	31908	718	19141	26991	46102	5673
其他酒制造	1829	1377	31	138	2076	2090	301
软饮料制造	112233	32566	1419	27527	27391	53998	7119
碳酸饮料制造	3481	1868	289	555	3360	3920	530
瓶(罐)装饮用水制造	91258	6934	304	23569	12674	36087	1596
果菜汁及果菜汁饮料制造	4958	1256	116				335
固体饮料制造	11954	22001	696	3324	9916	13215	4484
茶饮料及其他软饮料制造	582	507	14	79	1441	777	174
精制茶加工	913	747	25	142	245	386	136
纺织业	1031	8094	167	1773	5743	7309	3116
棉、化纤纺织及印染精加工	-206	3503		1126	4243	5319	2131
棉、化纤纺织加工	-206	3503		1126	4243	5319	2131
丝绢纺织及精加工	930	1838	8	510	1372	1726	343
缫丝加工	930	1838	8	510	1372	1726	343
针织品、编织品及其制品制造	306	2754	159	137	128	265	642
毛针织品及编织品制造	306	2754	159	137	128	265	642
纺织服装、鞋、帽制造业	-51	1551	74	211	629	726	940
纺织服装制造	-51	1551	74	211	629	726	940
皮革、毛皮、羽毛(绒)及其制品业	243	710	4	53	341	326	400
皮革制品制造	243	710	4	53	341	326	400
其他皮革制品制造	243	710	4	53	341	326	400
木材加工及木、竹、藤、棕、草制品业	70037	69802	1487	16505	31042	39969	17373
锯材、木片加工	3332	1483	12	225	198	419	404
锯材加工	29	21		29		29	12

6-3续表59 (2010年) 单位:万元

项 目	利税总额	本年应付工资总额	本年应付福利费总额	本年应交增值税	本年进项税额	本年销项税额	全部从业人员年平均人数(人)
木片加工	3303	1463	12	196	198	391	392
人造板制造	38310	16981	383	5945	5913	9791	3637
胶合板制造	20837	9270	239	3113	882	2155	1985
纤维板制造	12746	5549	117	2047	4646	6471	1095
刨花板制造	4049	962	1	700	131	815	317
其他人造板、材制造	678	1200	25	85	254	349	240
木制品制造	21122	45737	921	8095	20034	23586	11385
建筑用木料及木材组件加工	1084	835	26	87	158	246	158
木容器制造	80	42		42	198	240	25
软木制品及其他木制品制造	19958	44859	896	7966	19678	23100	11202
竹、藤、棕、草制品制造	7273	5601	172	2241	4896	6173	1947
家具制造业	3798	9183	566	1361	818	1183	1806
木质家具制造	2084	2587	160	487	418	681	545
竹、藤家具制造	1375	5762	391	772			1057
其他家具制造	339	834	16	102	400	502	204
造纸及纸制品业	36422	22767	813	13641	26975	31259	5840
造纸	16264	9204	71	9963	10395	12718	2402
机制纸及纸板制造	16264	9204	71	9963	10395	12718	2402
纸制品制造	20158	13563	742	3678	16580	18540	3438
纸和纸板容器的制造	12199	8364	183	2252	8933	9502	2039
其他纸制品制造	7959	5199	559	1426	7647	9039	1399
印刷业和记录媒介的复制	46432	10531	459	3749	7521	10425	2830
印刷	25285	8158	309	2637	6184	7976	2390
书、报、刊印刷	2739	2560	136	525	2406	2932	967
本册印制	70	129	2	58	132	190	78
包装装潢及其他印刷	22477	5469	171	2054	3645	4853	1345
记录媒介的复制	21147	2373	150	1112	1337	2449	440
化学原料及化学制品制造业	49574	29981	1424	8395	29018	35815	8019
基础化学原料制造	4430	3416	19	1029	3935	4851	1218
无机盐制造	3744	3259	17	879	3718	4483	1165
有机化学原料制造	548	121	2	26	145	171	22
其他基础化学原料制造	138	36		125	72	197	31
肥料制造	4142	2157	74	256	2334	2914	514
磷肥制造	1433	64	1	36	1403	1763	20
复混肥料制造	2088	1396	49	152	482	634	245
其他肥料制造	622	696	24	68	449	517	249
农药制造	10553	4249	81	1828	910	1100	982
化学农药制造	10553	4249	81	1828	910	1100	982
涂料、油墨、颜料及类似产品制造	921	1022	52	365	1023	1388	230
涂料制造	921	1022	52	365	1023	1388	230
合成材料制造	16	30		3			38
其他合成材料制造	16	30		3			38
专用化学产品制造	24220	8362	291	3178	12915	15758	2111
化学试剂和助剂制造	407	255	2	33	504	673	50
专项化学用品制造	1782	224	3				40
林产化学产品制造	17241	6002	230	2233	9622	11330	1425
炸药及火工产品制造	2863	643	6	402	1144	1486	348

6-3续表60 (2010年) 单位:万元

项　　目	利税总额	本年应付工资总额	本年应付福利费总额	本年应交增值税	本年进项税额	本年销项税额	全部从业人员年平均人数(人)
其他专用化学产品制造	1927	1238	49	511	1645	2269	248
日用化学产品制造	5293	10746	908	1736	7900	9804	2926
肥皂及合成洗涤剂制造	3757	2198	11	878	6257	7118	868
口腔清洁用品制造	159	1977	6	267	664	932	1033
香料、香精制造	2	83		1	62	170	45
其他日用化学产品制造	1375	6488	891	590	916	1583	980
医药制造业	93119	36214	1747	25283	25760	44384	9518
化学药品原药制造	3728	1172	29	200	967	1855	388
化学药品制剂制造	22934	9760	335	4730	11029	9627	3424
中药饮片加工	2395	677	4	1158	1091	2616	171
中成药制造	64638	20910	1100	18883	10873	29168	4995
生物、生化制品的制造	-576	3695	279	312	1800	1119	540
橡胶制品业	26345	19169	348	4436	22884	43408	3926
轮胎制造	24622	13242	235	3422	20866	40887	2756
车辆、飞机及工程机械轮胎制造	24622	13242	235	3422	20866	40887	2756
橡胶板、管、带的制造	367	959	10	320	287	607	309
日用及医用橡胶制品制造	1356	4968	104	693	1731	1913	861
塑料制品业	2554	4641	117	868	6056	6818	1259
塑料薄膜制造	262	186	5	25	705	729	68
塑料板、管、型材的制造	-112	223	16	47	321	367	122
塑料丝、绳及编织品的制造	379	595	36	215	1427	1617	210
泡沫塑料制造	381	854	21	17	54	63	175
塑料包装箱及容器制造	731	1055	31	252	1612	1864	287
日用塑料制造	86	1016		64			180
日用塑料杂品制造	86	1016		64			180
其他塑料制品制造	827	712	8	249	1939	2178	217
非金属矿物制品业	117912	53415	1653	26844	44400	64357	13351
水泥、石灰和石膏的制造	56572	19068	628	13746	19791	30568	4614
水泥制造	56572	19068	628	13746	19791	30568	4614
水泥及石膏制品制造	27098	8034	218	6714	6632	8148	1885
水泥制品制造	14988	4663	190	3971	295	901	1080
轻质建筑材料制造	12110	3371	28	2743	6337	7247	805
砖瓦、石材及其他建筑材料制造	3636	7020	142	1060	639	1277	1926
粘土砖瓦及建筑砌块制造	1751	3766	96	373	41	167	1186
建筑陶瓷制品制造	207	435		69	323	392	118
建筑用石加工	1291	2573	24	440	100	364	529
其他建筑材料制造	387	246	23	177	176	353	93
玻璃及玻璃制品制造	23929	12520	232	4156	11835	17998	3279
技术玻璃制品制造	16081	6182	195	1944	7660	8183	1318
光学玻璃制造	152	168		73	179	252	76
日用玻璃制品及玻璃包装容器制造	7570	5681	29	2030	3686	9144	1787
玻璃纤维增强塑料制品制造	125	489	8	108	311	420	98
陶瓷制品制造	157	672	24	62	309	371	126
日用陶瓷制品制造	157	672	24	62	309	371	126
石墨及其他非金属矿物制品制造	6520	6102	410	1107	5193	5996	1521
其他非金属矿物制品制造	6520	6102	410	1107	5193	5996	1521

6-3续表61 (2010年) 单位:万元

项 目	利税总额	本年应付工资总额	本年应付福利费总额	本年应交增值税	本年进项税额	本年销项税额	全部从业人员年平均人数(人)
黑色金属冶炼及压延加工业	88001	31191	647	32810	87690	108519	6515
钢压延加工	34393	3006	53	12773	32731	37608	537
铁合金冶炼	53608	28185	594	20036	54959	70912	5978
有色金属冶炼及压延加工业	30576	11135	308	5382	4839	8919	2630
常用有色金属冶炼	25345	5118	218	4129	571	4684	1349
铅锌冶炼	4860	2989	152	39	67	78	634
锡冶炼	17471	1286	27	4022		4022	295
其他常用有色金属冶炼	3013	844	38	68	504	584	420
稀有稀土金属冶炼	627	1741	17	444	1695	2138	388
稀土金属冶炼	627	1741	17	444	1695	2138	388
有色金属合金制造	122	47		89	194	283	18
有色金属压延加工	4481	4229	73	720	2380	1814	875
常用有色金属压延加工	4481	4229	73	720	2380	1814	875
金属制品业	14710	17039	390	4061	10909	14703	4478
结构性金属制品制造	250	157	8	41	96	137	129
金属门窗制造	250	157	8	41	96	137	129
金属工具制造	64	311		37	103	167	104
其他金属工具制造	64	311		37	103	167	104
金属丝绳及其制品的制造	2911	771	4	352	208	560	138
建筑、安全用金属制品制造	466	454	2	31	46	77	155
建筑、家具用金属配件制造	466	454	2	31	46	77	155
不锈钢及类似日用金属制品制造	9527	14051	357	3363	8238	11339	3508
其他日用金属制品制造	9527	14051	357	3363	8238	11339	3508
其他金属制品制造	1492	1294	19	239	2218	2423	444
其他未列明的金属制品制造	1492	1294	19	239	2218	2423	444
通用设备制造业	25750	17321	609	5465	18616	21025	5327
锅炉及原动机制造	45	219	4	77	137	213	169
内燃机及配件制造	45	219	4	77	137	213	169
金属加工机械制造	6659	7609	303	1600	6862	8408	2802
金属切削机床制造	4613	6694	247	1234	5989	7606	2576
金属成形机床制造	122	36	1	46	207	161	26
金属切割及焊接设备制造	1511	343	8	172	310	482	102
其他金属加工机械制造	413	536	48	149	356	160	98
起重运输设备制造	564	857		175	664	840	147
泵、阀门、压缩机及类似机械的制造	286	636	69	174	469	643	299
泵及真空设备制造	256	479	69	129	385	514	213
阀门和旋塞的制造	30	158		45	84	129	86
轴承、齿轮、传动和驱动部件的制造	61	187		39	410	449	105
齿轮、传动和驱动部件制造	61	187		39	410	449	105
烘炉、熔炉及电炉制造	11	48		9	162	171	19
风机、衡器、包装设备等通用设备	6933	2316	151	428	2447	2459	503
气体、液体分离及纯净设备制造	-15	19		12	12	24	10
风动和电动工具制造	5076	1196	138	153	1813	1612	303
其他通用设备制造	1872	1101	13	263	622	822	190
通用零部件制造及机械修理	-2	330	9	1	66	35	31
机械零部件加工及设备修理	-2	330	9	1	66	35	31
金属铸、锻加工	11192	5118	72	2961	7400	7808	1252

6-3续表62　　(2010年)　　单位:万元

项　　目	利税总额	本年应付工资总额	本年应付福利费总额	本年应交增值税	本年进项税额	本年销项税额	全部从业人员年平均人数(人)
钢铁铸件制造	11192	5118	72	2961	7400	7808	1252
专用设备制造业	51045	47116	2022	7866	30494	34440	7283
矿山、冶金、建筑专用设备制造	5790	6870	248	1901	6458	8524	1582
采矿、采石设备制造	2076	3272	32	817	2078	2919	849
建筑工程用机械制造	2142	2605	93	795	3612	4427	497
建筑材料生产专用机械制造	546	242		61	313	374	54
冶金专用设备制造	1027	751	123	229	456	805	182
化工、木材、非金属加工专用设备	21184	27840	671	1906	15272	15653	2595
橡胶加工专用设备制造	20947	27594	663	1779	14876	15127	2501
木材加工机械制造	94	79	8	76	329	408	42
模具制造	142	168		51	67	118	52
印刷、制药、日化生产专用设备制造	99	47	7	20	27	49	30
制药专用设备制造	99	47	7	20	27	49	30
电子和电工机械专用设备制造	944	261	1	198	445	643	81
电工机械专用设备制造	942	235		197	404	601	69
电子工业专用设备制造	2	26	1	1	41	42	12
农、林、牧、渔专用机械制造	3159	1450	55	583	2444	2269	506
拖拉机制造	1303	572	20	332	940	566	115
机械化农业及园艺机具制造	1856	878	36	251	1504	1704	391
医疗仪器设备及器械制造	10763	6417	256	1196	4057	5442	1443
医疗诊断、监护及治疗设备制造	3329	5162	216	1167	3507	4889	1193
口腔科用设备及器具制造	7434	1255	40	29	550	554	250
环保、社会公共安全及其他专用设备制造	9106	4232	785	2063	1791	1859	1046
环境污染防治专用设备制造	2148	842	68	315	1489	1521	220
其他专用设备制造	6958	3390	718	1748	302	338	826
交通运输设备制造业	73836	38151	3939	16839	63763	78072	8998
汽车制造	71595	34031	3706	16727	63287	77533	8143
汽车整车制造	4655	6522	1099	2293	8119	10204	1333
汽车零部件及配件制造	66939	27509	2607	14434	55168	67328	6810
自行车制造	348	112		112	382	494	50
助动自行车制造	348	112		112	382	494	50
船舶及浮动装置制造	1633	164	10				107
船用配套设备制造	1633	164	10				107
航空航天器制造	259	3844	223		94	46	698
飞机制造及修理	259	3844	223		94	46	698
电气机械及器材制造业	146939	39401	700	31569	81259	86884	8323
电机制造	6948	2450	5	889	1872	2834	480
发电机及发电机组制造	1046	874		293	473	735	165
电动机制造	1119	289	3	115	466	581	65
微电机及其他电机制造	4783	1287	2	482	934	1518	250
输配电及控制设备制造	18090	10673	244	8830	11482	20448	2804
变压器、整流器和电感器制造	1343	1608	174	700	1966	2832	680
电容器及其配套设备制造	15469	6968		7625	7227	14852	1606
配电开关控制设备制造	35	47	9	18	48	68	17
电力电子元器件制造	1243	2051	61	488	2241	2696	501
电线、电缆、光缆及电工器材制造	105347	20512	376	18824	63339	55999	3787
电线电缆制造	93857	15525	340	17124	53319	44795	2843
绝缘制品制造	11211	4831	36	1612	10020	11204	910

6-3续表63　　　　　　　　　　　　　　（2010年）　　　　　　　　　　　　　　单位:万元

项　　目	利税总额	本年应付工资总额	本年应付福利费总额	本年应交增值税	本年进项税额	本年销项税额	全部从业人员年平均人数（人）
其他电工器材制造	279	156		88			34
电池制造	15441	5323	66	2775	3938	6714	1167
照明器具制造	1113	442	10	251	627	889	85
电光源制造	1113	442	10	251	627	889	85
通信设备、计算机及其他电子设备	58039	23294	1729	4507	21655	25771	5502
通信设备制造	49719	10269	994	3306	17417	20444	1932
通信传输设备制造	47574	9535	916	3088	15980	18778	1764
通信终端设备制造	2035	671	77	150	1337	1497	135
移动通信及终端设备制造	110	62	2	69	101	169	33
雷达及配套设备制造	745	4350	443	269	1461	1670	1031
广播电视设备制造	1670	885		100	745	771	406
广播电视接收设备及器材制造	676	276		34	45	79	86
应用电视设备及其他广播电视设备	994	609		66	700	692	320
电子计算机制造	272	157	25	87	113	198	106
计算机网络设备制造	272	157	25	87	113	198	106
电子器件制造	2758	2036	120	342	1168	1609	536
半导体分立器件制造	694	1423	93	275	575	951	316
光电子器件及其他电子器件制造	2064	613	27	66	592	658	220
电子元件制造	2741	5395	134	358	516	815	1392
电子元件及组件制造	2607	5047	109	293	270	506	1262
印制电路板制造	133	348	25	64	246	310	130
其他电子设备制造	134	203	12	46	237	264	99
仪器仪表及文化、办公用机械制造	12551	9119	339	2267	3666	5346	3059
通用仪器仪表制造	9863	6939	299	1718	3156	4454	2285
工业自动控制系统装置制造	44	53	29	28	34	63	32
绘图、计算及测量仪器制造	7397	5631	160	1255	2526	3585	2107
试验机制造	1676	401	74	224			88
供应用仪表及其他通用仪器制造	747	855	37	211	596	807	58
专用仪器仪表制造	1334	1017		229	406	635	316
汽车及其他用计数仪表制造	168	179		70	135	205	55
地质勘探和地震专用仪器制造	155	156		66	40	106	76
电子测量仪器制造	1010	682		93	232	325	185
光学仪器及眼镜制造	1355	1163	40	320	103	257	458
光学仪器制造	1355	1163	40	320	103	257	458
工艺品及其他制造业	1936	528	10	41	1583	1624	100
工艺美术品制造	1936	528	10	41	1583	1624	100
珠宝首饰及有关物品的制造	1936	528	10	41	1583	1624	100
废弃资源和废旧材料回收加工业	1372	375	3	182	70	111	65
金属废料和碎屑的加工处理	1372	375	3	182	70	111	65
电力、燃气及水的生产和供应业	73167	61597	4561	38010	43984	106215	11707
电力、热力的生产和供应业	69044	54332	4107	36838	43103	104325	10359
电力生产	23451	19035	755	13266	16827	28481	4359
火力发电	11188	5827		8849	16289	25138	624
水力发电	12264	13208	755	4417	537	3343	3735
电力供应	45592	35296	3352	23571	26276	75844	6000
燃气生产和供应业	2572	2908	72	252	865	1117	177
水的生产和供应业	1552	4357	382	921	16	773	1171
自来水的生产和供应	1520	4289	376	907		755	1138
污水处理及其再生利用	32	67	6	14	16	19	33

6-4 市县区规模工业企业主要经济指标

(2010年) 单位:万元

区　域	企业单位数(个)	亏损企业	工业总产值(当年价格)	工业销售产值(当年价格)	出口交货值	资产总计
全　市	**801**	**99**	**9428569**	**8864997**	**510829**	**6956620**
秀峰区	26	3	180269	175750	8557	197927
叠彩区	14	1	160674	159011	605	164732
象山区	34	4	946480	933792	30212	1085876
七星区	120	24	1821115	1570866	222573	1690610
雁山区	12	1	149993	138643	10086	143266
阳朔县	26	2	166295	163743	2085	45819
临桂县	73	13	1323470	1312279	21399	750838
灵川县	71	7	722038	695385	8058	349324
全州县	52	17	622084	602045	88	227080
兴安县	66	4	638578	606768	66546	438754
永福县	54	4	551817	525895	2813	559119
灌阳县	32	0	367368	342827	0	119574
龙胜县	26	4	204502	192268	17040	390638
资源县	33	3	151339	144764	0	75510
平乐县	49	1	475990	470937	18416	180685
荔浦县	84	8	570033	499557	95041	301383
恭城县	29	3	376526	330468	7310	235485

6-4续1 (2010年) 单位:万元

区　域	流动资产合计	应收帐款	存　货	产成品	固定资产合计	固定资产原价
全　市	**3138879**	**734622**	**843269**	**408796**	**2997564**	**3814884**
秀峰区	119543	23287	35671	9077	57571	72272
叠彩区	101013	27305	33509	8326	38392	45060
象山区	368700	70196	88800	28875	637763	885551
七星区	940723	235378	204491	84170	437682	508624
雁山区	100028	40741	22407	7009	27952	48776
阳朔县	24842	6081	7606	2965	16952	22333
临桂县	358361	74994	70018	35715	324578	435441
灵川县	208007	51947	65394	27656	113573	157102
全州县	102010	11222	34098	18262	97816	156986
兴安县	166079	56727	53670	34535	188103	226095
永福县	189831	37061	56000	41346	304079	387339
灌阳县	38115	3891	10630	7052	80772	176229
龙胜县	119597	16405	44862	41255	249019	223434
资源县	25485	7404	7590	4274	42862	50323
平乐县	34698	10918	11455	7752	140743	167363
荔浦县	162020	52511	65122	32731	110146	124371
恭城县	79829	8555	31947	17798	129559	127586

6-4续2 (2010年) 单位:万元

区 域	累计折旧	固定资产净值	负债合计	流动负债合计	应付账款	长期负债合计
全 市	**1252476**	**2562408**	**4104343**	**2774750**	**600649**	**1201798**
秀峰区	31401	40871	109636	82933	23916	23000
叠彩区	24074	20986	111430	93077	25870	15444
象山区	346115	539436	753594	347923	93119	400846
七星区	185215	323409	900315	732946	143422	162357
雁山区	24011	24765	68258	52365	20957	14545
阳朔县	7168	15165	21977	16307	5034	5109
临桂县	134770	300671	392085	278431	56473	77203
灵川县	63756	93346	207009	175835	42164	9554
全州县	72542	84444	132472	100243	16214	31145
兴安县	44458	181638	217713	173357	51640	42304
永福县	88236	299103	430309	316597	43922	100512
灌阳县	95537	80692	62983	36145	1258	20259
龙胜县	37512	185922	231201	92053	14260	136182
资源县	9633	40690	43198	25783	7429	16826
平乐县	28839	138524	85846	46774	8683	38431
荔浦县	39541	84830	197724	141917	28115	49453
恭城县	19668	107918	138592	62065	18173	58630

6-4续3 (2010年) 单位:万元

区 域	所有者权益合计	实收资本	国家资本	集体资本	法人资本	个人资本
全 市	**2821663**	**1474785**	**166870**	**21931**	**795898**	**389139**
秀峰区	88696	36665	845	4335	20401	7087
叠彩区	53251	26007	4760	2371	13742	5134
象山区	332213	121318	47859	2618	46539	23815
七星区	788712	335559	54835	5475	148424	91435
雁山区	73870	41599	2249	1093	16050	3557
阳朔县	23841	9724	2502	81	4518	2623
临桂县	353492	233586	8777	502	169768	53867
灵川县	134285	93626	6818	1004	11248	37307
全州县	93517	38025	11657	503	14435	11430
兴安县	220477	104920	81	180	55233	48257
永福县	128714	131620	855	0	117201	13564
灌阳县	56291	35396	2529	0	29067	3800
龙胜县	159392	111199	5541	329	64526	37721
资源县	31916	18303	5654	2919	763	8967
平乐县	84472	57561	0	0	34809	22752
荔浦县	102839	28401	3398	523	12275	11955
恭城县	95684	51279	8512	0	36899	5868

6-4续4　　(2010年)　　单位:万元

区　域	港澳台资　本	外商资本	主营业务收入	主营业务成本	主营业务税金及附加	其他业务收入
全　市	**6825**	**94123**	**8610484**	**6946966**	**101819**	**86932**
秀峰区	233	3764	175919	128847	1856	2356
叠彩区			163447	143764	553	5892
象山区		487	864843	688057	34080	23106
七星区	2670	32721	1432521	1019586	7810	31710
雁山区		18651	136078	117927	237	1490
阳朔县			163757	149013	390	599
临桂县		672	1296765	1026780	8260	10222
灵川县	680	36569	697341	630232	4479	1433
全州县			599569	467017	6131	399
兴安县		1169	599124	442662	3803	1287
永福县			524039	437005	1622	2860
灌阳县			351850	317965	20937	
龙胜县	3083		173820	109949	4393	2932
资源县			143371	130024	459	117
平乐县			474004	438529	2507	92
荔浦县	159	91	485363	408696	2642	990
恭城县			328672	290915	1662	1448

6-4续5　　(2010年)　　单位:万元

区　域	其他业务利润	营业费用	管理费用	税金	财务费用	利息支出	营业利润
全　市	**21696**	**299266**	**496476**	**57307**	**86786**	**75677**	**1055792**
秀峰区	783	13672	19522	631	665	1018	12523
叠彩区	130	4805	15393	308	2144	2004	10470
象山区	2866	27381	53657	2128	4552	5205	69787
七星区	11478	97419	143458	19716	19234	13291	292910
雁山区	1197	6809	8917	328	64	-57	7585
阳朔县	455	4625	7916	369	414	409	4873
临桂县	1370	30929	44858	1698	8292	5425	182203
灵川县	247	14634	20062	1230	4208	4053	51079
全州县	222	6796	12569	553	3038	2791	100340
兴安县	140	13960	20056	4180	6683	6156	109896
永福县	1296	9129	16953	1586	14499	14046	53203
灌阳县	0	5339	10064	103	1989	1884	21755
龙胜县	587	12576	13185	3408	6395	5869	23285
资源县	100	10712	26246	6185	1901	1775	9917
平乐县	48	6796	6817	221	3759	3572	44604
荔浦县	618	29338	25642	1146	7450	6726	25789
恭城县	161	4347	51164	13519	1503	1509	35575

6-4续6 (2010年) 单位:万元

区 域	投资收益	补贴收入	营业外收入	营业外支出	利润总额	应交所得税	亏损企业亏损总额
全 市	3443	18594	37847	28782	1070525	67831	15794
秀峰区	62	627	1077	200	13402	2064	503
叠彩区	2092	231	1196	123	11543	1096	40
象山区	221	1125	7450	1243	75999	11806	1524
七星区	941	1340	8524	2280	300279	19232	2221
雁山区	42	5	432	136	7883	669	182
阳朔县	0	0	155	1154	3873	343	98
临桂县	-5	991	5803	5638	182445	7561	1912
灵川县	35	614	711	452	51765	3334	2239
全州县	30	571	856	2904	98862	4880	1516
兴安县	50	2098	1065	418	112640	8903	1797
永福县	168	6493	8614	10994	50824	872	699
灌阳县	0	0	93	907	20941	28	0
龙胜县	-3	0	876	85	24071	1457	585
资源县	-224	0	149	152	9689	270	354
平乐县	0	2	205	376	44433	1064	475
荔浦县	34	1650	284	1312	25838	2725	1006
恭城县	0	2847	358	409	36037	1527	644

6-4续7 (2010年) 单位:万元

区域	利税总额	本年应付工资总额	本年应付福利费总额	本年应交增值税	本年进项税额	本年销项税额	全部从业人员年平均人数(人)
全 市	1528977	727277	32057	356633	736982	1035381	170789
秀峰区	22450	30970	857	7192	15912	22852	6376
叠彩区	17405	13152	1731	5309	7558	8528	4387
象山区	147625	99172	3384	37546	63281	134328	19654
七星区	365761	134345	5689	57672	167879	210616	33830
雁山区	12309	11902	1527	4189	11407	13509	2712
阳朔县	7770	32540	2466	3507	14629	16084	5093
临桂县	246212	59298	3564	55508	100477	148252	15753
灵川县	86433	54256	1450	30189	64650	72711	11855
全州县	129409	18242	521	24415	68988	92772	7736
兴安县	144935	44345	2391	28492	60329	85893	10565
永福县	67719	37419	856	15274	37580	52842	7555
灌阳县	59538	15304	398	17660	5818	23478	3690
龙胜县	37933	22323	1319	9470	7043	12972	4837
资源县	17094	17582	867	6945	14146	18858	3384
平乐县	66720	24011	401	19780	38334	44947	5666
荔浦县	53454	83798	2360	24974	42246	54016	21211
恭城县	46210	28618	2277	8511	16708	22722	6485

6-5 规模工业分经济类型及行业大中类增加值

（2010年）

单位：万元

项　　目	工业增加值（现价）	项　　目	工业增加值（现价）
全　　市	3005800	在总计中：亏损企业	98787
按登记注册类型分组		在总计中：国有控股企业	834166
内资企业	2764162	在总计中：农村工业	59145
国有企业	326898	在总计中：轻工业	1112899
中央企业	98692	重工业	1891134
地方企业	228721	在总计中：大型企业	373722
集体企业	18019	中型企业	1427078
股份合作企业	164013	小型企业	1194439
联营企业	12987	**按行业大中类型分组**	
国有与集体联营企业	10914	黑色金属矿采选业	111886
其他联营企业	2072	其他黑色金属矿采选	111886
有限责任公司	815588	有色金属矿采选业	96212
国有独资公司	99846	常用有色金属矿采选	66747
其他有限责任公司	732689	贵金属矿采选	2047
股份有限公司	274243	稀有稀土金属矿采选	27729
私营企业	1130372	非金属矿采选业	89720
私营独资企业	104046	土砂石开采	8811
私营合作企业	54921	化学矿采选	6176
私营有限责任公司	909049	石棉及其他非金属矿采选	74138
私营股份有限公司	61902	农副食品加工业	94634
其他企业	11523	谷物磨制	7715
港、澳、台商投资企业	44887	饲料加工	15182
合资经营企业(港或澳、台资)	38312	植物油加工	12334
合作经营企业(港或澳、台资)	1750	制糖	3634
港澳台商独资经营企业	4744	屠宰及肉类加工	17620
外商投资企业	197050	蔬菜、水果和坚果加工	41091
中外合资经营企业	109360	其他农副食品加工	6420
外资企业	81741	食品制造业	76902
外商投资股份有限公司	6000	焙烤食品制造	3866
按经济组织类型分组		糖果、巧克力及蜜饯制造	284
独资企业	539589	方便食品制造	5783
国有企业	326898	罐头制造	30878
集体企业	18019	调味品、发酵制品制造	9430
私营独资企业	104046	其他食品制造	27097
港澳台商独资经营企业	4744	饮料制造业	371299
外资企业	81741	酒的制造	183764
合作、合伙企业	246193	软饮料制造	184338
股份合作企业	164013	精制茶加工	2219
国有与集体联营企业	10914	纺织业	7682
其他联营企业	2072	棉、化纤纺织及印染精加工	4420
私营合伙企业	54921	丝绢纺织及精加工	2982
合作经营企业(港或澳、台资)	1750	针织品、编织品及其制品制造	457
其他企业(内资)	11523	纺织服装、鞋、帽制造业	5079
股份有限公司	342113	纺织服装制造	5079
股份有限公司(内资)	274243	皮革、毛皮、羽毛(绒)及其制品业	1238
私营股份有限公司	61902	皮革制品制造	1238
外商投资股份有限公司	6000	木材加工及木、竹、藤、棕、草制品业	191321
有限责任公司	1869142	锯材、木片加工	6861
国有独资公司	99846	人造板制造	83886
私营有限责任公司	909049	木制品制造	79438
合资经营企业(港或澳、台资)	38312	竹、藤、棕、草制品制造	18685
中外合资经营企业	109360	家具制造业	14472
其他有限责任公司	732689	木质家具制造	5214

6-5续表 （2010年） 单位：万元

项 目	工业增加值（现价）	项 目	工业增加值（现价）
竹、藤家具制造	183764	不锈钢及类似日用金属制品制造	26906
其他家具制造	184338	其他金属制品制造	3768
造纸及纸制品业	2219	通用设备制造业	65427
造纸	7682	锅炉及原动机制造	474
纸制品制造	4420	金属加工机械制造	20448
印刷业和记录媒介的复制	2982	起重运输设备制造	1601
印刷	457	泵、阀门、压缩机及类似机械的制造	977
记录媒介的复制	5079	轴承、齿轮、传动和驱动部件的制造	989
化学原料及化学制品制造业	5079	烘炉、熔炉及电炉制造	73
基础化学原料制造	1238	风机、衡器、包装设备等通用设备	11748
肥料制造	1238	通用零部件制造及机械修理	593
农药制造	191321	金属铸、锻加工	28331
涂料、油墨、颜料及类似产品制造	6861	专用设备制造业	124690
合成材料制造	83886	矿山、冶金、建筑专用设备制造	17210
专用化学产品制造	79438	化工、木材、非金属加工专用设备	61649
日用化学产品制造	18685	印刷、制药、日化生产专用设备制造	401
医药制造业	14472	电子和电工机械专用设备制造	2440
化学药品原药制造	5214	农、林、牧、渔专用机械制造	8063
化学药品制剂制造	7763	医疗仪器设备及器械制造	19129
中药饮片加工	2305	环保、社会公共安全及其他专用设备制	16224
中成药制造	71503	交通运输设备制造业	139061
生物、生化制品的制造	29368	汽车制造	128819
橡胶制品业	42501	自行车制造	376
轮胎制造	72762	船舶及浮动装置制造	895
橡胶板、管、带的制造	45623	航空航天器制造	8203
日用及医用橡胶制品制造	27424	电气机械及器材制造业	203170
塑料制品业	108263	电机制造	11972
塑料薄膜制造	12849	输配电及控制设备制造	35567
塑料板、管、型材的制造	413	电线、电缆、光缆及电工器材制造	141152
塑料丝、绳及编织品的制造	1030	电池制造	18304
泡沫塑料制造	1373	照明器具制造	1526
塑料包装箱及容器制造	2293	通信设备、计算机及其他电子设备	113286
日用塑料制造	1409	通信设备制造	79188
其他塑料制品制造	1820	雷达及配套设备制造	7348
非金属矿物制品业	229314	广播电视设备制造	3552
水泥、石灰和石膏的制造	97659	电子计算机制造	1649
水泥及石膏制品制造	43039	电子器件制造	7470
砖瓦、石材及其他建筑材料制造	15004	电子元件制造	14459
玻璃及玻璃制品制造	47120	其他电子设备制造	1477
陶瓷制品制造	738	仪器仪表及文化、办公用机械制造	35135
石墨及其他非金属矿物制品制造	22371	通用仪器仪表制造	24054
黑色金属冶炼及压延加工业	169359	专用仪器仪表制造	5054
钢压延加工	57750	光学仪器及眼镜制造	5659
铁合金冶炼	115492	工艺品及其他制造业	3517
有色金属冶炼及压延加工业	60938	工艺美术品制造	3517
常用有色金属冶炼	44580	废弃资源和废旧材料回收加工业	1782
稀有稀土金属冶炼	2667	金属废料和碎屑的加工处理	1782
有色金属合金制造	815	电力、热力的生产和供应业	275138
有色金属压延加工	12421	电力生产	97392
金属制品业	37545	电力供应	148938
结构性金属制品制造	992	燃气生产和供应业	5999
金属工具制造	842	水的生产和供应业	12374
金属丝绳及其制品的制造	3752	自来水的生产和供应	11379
建筑、安全用金属制品制造	1148	污水处理及其再生利用	995

2011

七、能　源

Energy

资料整理：秦桂萍　陆彬发

7-1 电力消费量

单位:万千瓦小时

指　标	2006年	2007年	2008年	2009年	2010年
消费总计	**558235**	**597493**	**635585**	**707017**	**800310**
工　业	381922	396978	419774	454870	519260
#食品、饮料和烟草加工业	15792	17610	17704	18407	19784
纺织业	7705	8008	6816	5778	5138
电力工业	46127	51783	54598	61191	67512
非金属矿物制品业	49185	54325	56661	67863	88263
化学工业	32087	33070	31382	30763	31486
冶金工业	179408	155696	178030	196563	219659
机械工业	19547	21074	17846	16496	20916
农、林、牧、渔业	16518	18035	11279	11274	10684
建筑业	2314	4973	4761	6471	12988
交通运输、邮电通讯业	7796	8058	8630	9875	11141
批发零售贸易、餐饮业	19324	20473	22868	29094	32859
城乡居民生活	94888	111901	130630	152766	168359
其它	35473	37075	37642	42668	45020

7-2　行业用电分类情况

单位:万千瓦小时

行业分类	2009年	2010年	行业分类	2009年	2010年
全社会用电量	**707017**	**800310**	石油加工及炼焦业	21	25
各行业用电量	**554252**	**631951**	化学原料及化学制品制造业	23960	24079
农、林、牧、渔业合计	**11274**	**10684**	医药制造业	3308	3236
#排灌	4901	4106	化学纤维工业	687	684
农业	3012	3120	橡胶及塑料制品业	6802	7407
林业	197	375	非金属矿物制品业	67863	88263
畜牧业	237	400	黑色金属冶炼及压延加工业	194371	216791
渔业	29	40	有色金属冶炼及压延加工业	2191	2868
农、林、牧、渔服务业	7800	6749	金属制品业	2479	2623
工业合计	**454870**	**519260**	通用及专用设备制造业	9870	12722
按工业行业门类分			交通运输电气电子设备制造业	4147	5571
#轻工业	76551	83421	工艺品及其他制造业	24887	28621
重工业	378319	435839	废弃资源和废旧材料回收业	774	1420
#采掘业	7016	9126	电力、燃气及水的生产和供应业	65778	72499
煤炭开采和洗选业	1	7	电力、热力的生产和供应业	61191	67512
黑色金属矿采选业	719	1648	#线路损失量	59976	66065
有色金属矿采选业	2598	3191	燃气生产和供应业	82	126
非金属矿采选业	2295	2048	水的生产和供应业	4505	4861
其他采选业	1402	2232	**建筑业合计**	**6471**	**12988**
制造业	382077	437635	**交通运输、仓储、邮政业**	**5124**	**5418**
食品饮料和烟草加工业	18407	19784	**信息传输、计算机服务和软件业**	**4751**	**5723**
纺织工业	5778	5138	**商业、住宿和餐饮业**	**29094**	**32859**
服装鞋帽、皮革羽绒及其制品业	410	469	**金融、房地产、商务及居民服务业**	**19080**	**19337**
木材加工及制品和家具制造业	5584	6164	**公共事业及管理组织**	**23588**	**25683**
造纸及纸制品业	9570	10690	**城乡居民生活用电量**	**152766**	**168359**
印刷业和记录媒介的复制	930	1067	乡村	55578	61877
文体用品制造业	36	12	城市	97188	106482

7-3 规模以上工业企业能源购进、消费与库存情况

(2010年)

能源名称	年初库存量	购进量	购进金额(万元)	消费量合计	工业生产消费	非工业生产消费	运输工具消费	年末库存量
原煤(吨)	332310	3513687	225582	3447896	3434937	12959		400066
炼焦烟煤(吨)	6768	125355	9280	121227	120813	414		10895
一般烟煤(吨)	325543	3388333	216302	3326669	3314124	12544		389171
洗精煤(吨)	319	13859	1836	12870	12870			1309
煤制品(吨)	304	5717	464	5783	5658	126		237
焦炭(吨)	31082	396641	62559	400509	400509			26340
高炉煤气(万立方米)				17141.83	17141.83			
天然气(万立方米)		295.01	1108.28	295.01	295.01			
液化天然气(吨)		91	30	91	91			
汽油(吨)	42	4142	3015	4157	2161	1996	1863	33
煤油(吨)	5	19	15	20	19	1	1	3
柴油(吨)	522	17879	11422	17807	14567	3241	5197	580
燃料油(吨)	201	229	142	236	229	7	7	194
液化石油气(吨)		329	206	329	329	1		
其它石油制品(吨)	9	29	24	38	29	9		
热力(百万千焦)		4110	188	218186	4110	214076		
电力(万千瓦时)		623530	348422	672547	665356	7190		
生物质废料用于燃料(吨)		16304	609	27169	27169			
余热余压(百万千焦)				1545901	1545901			
其它工业废料用于燃料(吨)		11703	201	11703	11703			
其他燃料(吨标准煤)	6560	129991	10229	121349	121349			15205

7-4 规模以上工业分品种分行业能源消费

(2010年)

指　　标	原煤(吨)	洗精煤(吨)	煤制品(吨)	焦炭(吨)	高炉煤气(万立方米)	天然气(万立方米)	液化天然气(吨)
全　市	**3447896**	**12870**	**5783**	**400509**	**17142**	**295**	**91**
按工业行业							
#轻工业	301540		3370	253		123	11
重工业	3146355	12870	2413	400256	17142	172	81
#采矿业	2770			204			
黑色金属矿采选业				204			
有色金属矿采选业							
非金属矿采选业	2770						
制造业	1563673	12870	5783	400305	17142	295	91
农副食品加工业	831			253			
食品制造业	9821		16				10
饮料制造业	102007					93	
纺织业	8						
纺织服装、鞋、帽制造业							1
皮革、毛皮、羽毛(绒)等							
木材加工及木、竹、藤等	1420						
家具制造业							
造纸及纸制品业	100256		3355				
印刷业和记录媒介的复制							
化学原料及化学制品制造	81520	2331					
医药制造业	17193					30	
橡胶制品业	119649						
塑料制品业							
非金属矿物制品业	1043266		262	139		148	
黑色金属冶炼及压延	55001	7067		390769	17142		
有色金属冶炼及压延	12952	3471		2647			
金属制品业	3196			387			
通用设备制造业	663			4385			
专用设备制造业	2017			521			
交通运输设备制造业	372		115	1176		24	
电气机械及器材制造业	3117		2036	30			
通信设备、计算机及其他							81
仪器仪表及文化、办公用							
工艺品及其他制造业							
废弃资源和废旧材料回收	10384						
电力、煤气及水的生产等	1881453						
电力、热力的生产和供应	1881453						
燃气生产和供应业							
水的生产和供应业							

7-4续表1

指　　标	汽油(吨)	煤油(吨)	柴油(吨)	燃料油(吨)	液化石油气(吨)	其他石油制品(吨)
全　市	4157	20	17807	236	329	38
按工业行业门类分						
#轻工业	1775	1	3444	144	244	22
重工业	2382	19	14363	92	85	16
#采矿业	157		4499			
黑色金属矿采选业			744			
有色金属矿采选业	50		413			
非金属矿采选业	107		3342			
制造业	3164	20	11869	236	329	38
农副食品加工业	22		305	144	1	
食品制造业	277		129		31	
饮料制造业	218		631			
纺织业	63	1	5			
纺织服装、鞋、帽制造业	43				2	
皮革、毛皮、羽毛(绒)等	4					
木材加工及木、竹、藤等	174		380		1	
家具制造业	27		76			
造纸及纸制品业	59		1190			
印刷业和记录媒介的复制	129		62			
化学原料及化学制品制造	220		276			22
医药制造业	454		564			
橡胶制品业	275		17			
塑料制品业	17		6			
非金属矿物制品业	236		5923		210	
黑色金属冶炼及压延	5		276			9
有色金属冶炼及压延	47		126			
金属制品业	57		194			
通用设备制造业	98	4	159		5	
专用设备制造业	217		171	90		
交通运输设备制造业	101	9	504		79	
电气机械及器材制造业	107		125			
通信设备、计算机及其他	171	3	19		1	2
仪器仪表及文化、办公用	141	3	79	1		5
工艺品及其他制造业	2					
废弃资源和废旧材料回收			652			
电力、煤气及水的生产等	836		1440			
电力、热力的生产和供应	708		1402			
燃气生产和供应业	20		15			
水的生产和供应业	108		23			

7-4续表2

指　　标	热力（百万千焦）	电力（万千瓦时）	生物质废料用于燃料（吨）	余热余压（百万千焦）	其它工业废料用于燃料（吨）	其他燃料（吨标准煤）
全　市	**218186**	**672547**	**27169**	**1545901**	**11703**	**121349**
按工业行业门类分						
#轻工业	4110	82928	25382		11703	102381
重工业	214076	589619	1787	1545901		18968
#采矿业		17174				
黑色金属矿采选业		1122				
有色金属矿采选业		9324				
非金属矿采选业		6727				
制造业	218186	567455	27169	1545901	11703	121349
农副食品加工业	4110	6202			882	8268
食品制造业		3499				24880
饮料制造业		18873	2096			3215
纺织业		4447	1144			
纺织服装、鞋、帽制造业		138				
皮革、毛皮、羽毛(绒)等		45				
木材加工及木、竹、藤等		17747	195			8106
家具制造业		919				
造纸及纸制品业		14893	21918			13432
印刷业和记录媒介的复制		2381				
化学原料及化学制品制造		14224	1592			16811
医药制造业		7214	224		10821	24312
橡胶制品业		4927				
塑料制品业		5059				
非金属矿物制品业		102016		1545901		22325
黑色金属冶炼及压延	214076	300234				
有色金属冶炼及压延		24007				
金属制品业		3810				
通用设备制造业		10021				
专用设备制造业		5483				
交通运输设备制造业		8409				
电气机械及器材制造业		8062				
通信设备、计算机及其他		2489				
仪器仪表及文化、办公用		995				
工艺品及其他制造业		14				
废弃资源和废旧材料回收		1348				
电力、煤气及水的生产等		87918				
电力、热力的生产和供应		83531				
燃气生产和供应业		50				
水的生产和供应业		4337				

7-4续表3　　　　　　　　　　（2010年）

指　　标	原煤（吨）	洗精煤（吨）	煤制品（吨）	焦炭（吨）	高炉煤气（万立方米）	天然气（万立方米）	液化天然气（吨）
按部门分							
冶金	56996	7067		390973	17142		
有色	12952	3471		2647			
建材	989301		262	139		148	
化工	187734	2331					
轻工	284079		3370	253		93	10
纺织	8						1
医药	17193					30	
机械	6168		2151	6111		24	
电子							81
电力	1881453						
其他	12012			387			
按地区分							
秀峰区	32801		16				81
叠彩区	2094			1668			
象山区	119570	344	2338	88		8	
七星区	104215		2151	1176		263	11
雁山区	4					24	
阳朔县	22168						
临桂县	69296		1016	3320			
灵川县	231645	2331	262	178841	17142		
全州县	30393			57485			
兴安县	668479			50868			
永福县	1885571			7681			
灌阳县	10743			60282			
龙胜各族自治县		3471		8785			
资源县	6903	6723		15425			
平乐县	64801			204			
荔浦县	86985			4337			
恭城瑶族自治县	112227			10349			
按企业登记注册类型分							
国有企业	110359		115	1721			81
集体企业	23384			1612			
股份合作企业	46227						
股份制企业	3197716	12870	3330	223375		62	10
外商及港澳台商投资企业	10404		2338	128158	17142	233	1
其他经济类型企业	59806			45642			

7-4续表4　　（2010年）

指　　标	汽油（吨）	煤油（吨）	柴油（吨）	燃料油（吨）	液化石油气（吨）	其他石油制品（吨）
按部门分						
冶金	5		1020			9
有色	97		539			
建材	290		8395		210	
化工	419		287			
轻工	912		2540	144	32	22
纺织	106	1	5		2	
医药	486		564			
机械	631	16	1038	92	84	5
电子	171	3	19		1	2
电力	708		1402			
其他	331		1999		1	
按地区分						
秀峰区	579	1	216		3	
叠彩区	74		267			
象山区	671	8	1218			
七星区	977	2	1000	92	22	7
雁山区	42	4	1226	144		
阳朔县	271		522		210	
临桂县	474		2460		94	
灵川县	177		2646			22
全州县	82	4	152			
兴安县	69		1871			
永福县	82		1422			9
灌阳县	11					
龙胜各族自治县	70		1360			
资源县	58		735			
平乐县	83		1412			
荔浦县	297		564		1	
恭城瑶族自治县	140		737			
按企业登记注册类型分						
国有企业	923	6	2877			
集体企业	36		231			
股份合作企业	70		375			
股份制企业	2681	14	10812	92	322	38
外商及港澳台商投资企业	216		870	144	7	
其他经济类型企业	231		2643			

7-4续表5 （2010年）

指 标	热力（百万千焦）	电力（万千瓦时）	生物质废料用于燃料（吨）	余热余压（百万千焦）	其它工业废料用于燃料（吨）	其他燃料（吨标准煤）
按部门分						
冶金	214076	302144				
有色		33332				
建材		90374		1545901		1154
化工		18216	1592			16811
轻工	4110	63176	24014		882	70966
纺织		4585	1144			
医药		7374	224		10821	24312
机械		30532				
电子		2489				
电力		83531				
其他		36794	195			8106
按地区分						
秀峰区		2562				4890
叠彩区		3450				1770
象山区		54122				10931
七星区		26066				80
雁山区		1738				498
阳朔县		4267				
临桂县	4110	30869				17039
灵川县	214076	96641				38483
全州县		76261				9620
兴安县		99443		1452392		33224
永福县		63062	2002		10821	
灌阳县		62990				
龙胜各族自治县		28796				
资源县		46072				
平乐县		30508			882	4814
荔浦县		22699	25167			
恭城瑶族自治县		23002		93509		
按企业登记注册类型分						
国有企业		43239				7014
集体企业		4640	410			5158
股份合作企业		7162				8170
股份制企业	4110	530930	26564	1545901	11703	89216
外商及港澳台商投资企业	214076	29315				2478
其他经济类型企业		57261	195			9313

7-5 规模以上工业产值能耗分组

(2010)

指　　标	综合能源消费量（吨标准煤）	同比增长（%）	产值单耗（吨标准煤/万元）	同比增长（%）
全部工业企业	3189327	15.07	0.34	-16.99
按工业行业门类分				
#轻工业	438392	16.94	0.13	-15.62
重工业	2750936	14.77	0.46	-17.22
#采矿业	28276	27.49	0.04	-30.62
黑色金属矿采选业	2662	12.95	0.01	-50.36
有色金属矿采选业	11951	59.20	0.04	-8.25
非金属矿采选业	13663	10.94	0.09	-23.19
制造业	2258204	9.42	0.28	-19.80
农副食品加工业	17869	35.06	0.03	-11.89
食品制造业	36374	67.27	0.15	19.34
饮料制造业	96758	11.16	0.10	-16.05
纺织业	5865	-11.37	0.13	-35.62
纺织服装、鞋、帽制造业	178	-26.02	0.01	-30.10
皮革、毛皮、羽毛(绒)等	61	42.91	0.01	-20.13
木材加工及木、竹、藤等	31623	17.49	0.06	-22.16
家具制造业	1273	13.12	0.03	-30.04
造纸及纸制品业	113265	8.36	0.42	-24.87
印刷业和记录媒介的复制	2727	24.44	0.01	-13.83
化学原料及化学制品制造	94943	-43.85	0.24	-59.75
医药制造业	50576	-1.21	0.13	-17.98
橡胶制品业	70413	19.39	0.45	-36.57
塑料制品业	6213	39.15	0.10	-5.58
非金属矿物制品业	834492	26.54	1.21	-10.60
黑色金属冶炼及压延	776916	2.10	1.02	0.37
有色金属冶炼及压延	44255	22.22	0.20	-23.17
金属制品业	7592	23.55	0.06	-15.51
通用设备制造业	17389	33.61	0.10	-2.50
专用设备制造业	9208	30.44	0.02	-2.55
交通运输设备制造业	12329	31.73	0.02	-25.90
电气机械及器材制造业	13913	53.47	0.02	11.68
通信设备、计算机及其他	2917	17.38	0.01	-6.04
仪器仪表及文化、办公用	1365	32.70	0.02	-2.83
工艺品及其他制造业	19	-18.90		-30.77
废弃资源和废旧材料回收	9671	-16.12	2.72	247.26
电力、煤气及水的生产等	902848	31.66	1.17	1.73
电力、热力的生产和供应	897314	31.75	1.23	1.58
燃气生产和供应业	61	8.78		-8.29
水的生产和供应业	5473	17.57	0.27	-9.91

7-5续表 （2010年）

指 标	综合能源消费量（吨标准煤）	同比增长（%）	产值单耗（吨标准煤/万元）	同比增长（%）
按部门分				
冶金	781970	2.19	0.72	-15.34
有色	56206	28.57	0.11	-22.92
建材	759758	25.51	1.09	-8.92
化工	154504	-28.64	0.33	-56.62
轻工	363659	20.15	0.14	-16.24
纺织	6043	-11.89	0.10	-31.45
医药	50773	-1.20	0.11	-18.37
机械	51207	30.19	0.03	-7.61
电子	2917	17.38	0.01	-6.04
电力	897314	31.75	1.23	1.58
其他	64976	13.71	0.10	-23.24
按地区分				
秀峰区	24513	3.41	0.13	-12.78
叠彩区	9603	13.04	0.06	-7.41
象山区	166677	9.68	0.18	-11.16
七星区	98187	15.35	0.05	-11.31
雁山区	4623	9.53	0.03	-4.94
阳朔县	22361	24.86	0.13	-13.27
临桂县	105659	-14.25	0.08	-42.28
灵川县	482372	0.12	0.66	-23.99
全州县	180288	-7.63	0.29	-41.38
兴安县	622786	29.40	0.98	-16.26
永福县	887636	27.91	1.61	-7.02
灌阳县	143093	20.62	0.39	-42.77
龙胜各族自治县	47453	-5.00	0.23	-22.41
资源县	83645	6.96	0.53	-11.82
平乐县	90763	-2.61	0.19	-33.58
荔浦县	103370	2.92	0.18	-17.99
恭城瑶族自治县	116299	80.52	0.31	0.61
按企业登记注册类型分				
国有企业	130987	-4.07	0.15	-25.57
集体企业	28800	-1.53	0.24	-14.56
股份合作企业	49388	10.37	0.13	-6.62
股份制企业	2651396	18.03	0.40	-17.70
外商及港澳台商投资企业	158512	2.77	0.19	-13.89
其他经济类型企业	170244	6.07	0.26	-31.61

7-6 规模以上工业企业水消费量

(2010年)　　单位:万立方米

地　　区	取水总量	地表水	地下水	自来水	重复用水
全　市	21556	17579	1518	2457	60732
按工业行业门类分					
#轻工业	18096	15395	799	1900	5378
重工业	3460	2184	718	556	55354
#采矿业	303	187	100	16	102
黑色金属矿采选业	18	3	13	2	4
有色金属矿采选业	176	89	87		14
非金属矿采选业	109	94	1	14	84
制造业	5656	1877	1417	2359	10944
农副食品加工业	93	19	26	48	29
食品制造业	249	4	106	138	12
饮料制造业	1575	18	483	1075	1225
纺织业	42	2	4	36	2192
纺织服装、鞋、帽制造业	4			3	
皮革、毛皮、羽毛(绒)等	1			1	
木材加工及木、竹、藤等	114	30	30	54	4
家具制造业	98			97	
造纸及纸制品业	826	797		29	1133
印刷业和记录媒介的复制	35		1	34	
化学原料及化学制品制造	357	243	67	47	276
医药制造业	431	51	143	237	538
橡胶制品业	287	198	89	0	2029
塑料制品业	19		3	16	
非金属矿物制品业	325	108	128	89	625
黑色金属冶炼及压延	388	307	61	20	2400
有色金属冶炼及压延	55	25	20	10	309
金属制品业	67		11	56	1
通用设备制造业	121	2	38	81	
专用设备制造业	174	60	22	92	119
交通运输设备制造业	139		23	116	4
电气机械及器材制造业	154		112	42	28
通信设备、计算机及其他	83	13	44	26	10
仪器仪表及文化、办公用	19		8	10	6
工艺品及其他制造业					
废弃资源和废旧材料回收	1				1
电力、煤气及水的生产等	15597	15515		82	49686
电力、热力的生产和供应	1074	1032		41	49686
燃气生产和供应业	1			1	
水的生产和供应业	14522	14483		39	

7-6续表 (2010年) 单位:万立方米

地 区	取水总量	地表水	地下水	自来水	重复用水
按部门分					
冶金	415	320	73	22	2406
有色	231	114	107	10	324
建材	349	167	128	55	573
化工	627	442	155	30	2190
轻工	3026	851	623	1552	2648
纺织	46	2	4	39	2192
医药	436	51	143	241	538
机械	593	62	203	328	157
电子	83	13	44	26	10
电力	1074	1032		41	49686
其他	14677	14526	38	112	6
按地区分					
秀峰区	114	76	1	37	189
叠彩区	99		23	76	
象山区	12314	11470	95	749	3967
七星区	834	175	365	292	2672
雁山区	37		5	31	3
阳朔县	747	613	16	118	
临桂县	1091	7	395	689	93
灵川县	324	128	131	63	2312
全州县	844	718	101	24	79
兴安县	1108	854	172	82	451
永福县	1164	1082	33	50	49747
灌阳县	37	33		4	
龙胜各族自治县	151	148		2	
资源县	90	83		7	24
平乐县	149	114	13	21	60
荔浦县	1859	1646	57	156	890
恭城瑶族自治县	595	430	110	54	243
按企业登记注册类型分					
国有企业	14027	13653	88	286	2623
集体企业	103	76	17	11	42
股份合作企业	921	21	418	483	1179
股份制企业	6046	3628	905	1511	54589
外商及港澳台商投资企业	318	147	52	118	2289
其他经济类型企业	140	53	39	48	9

桂林经济社会统计年鉴 GUILIN ECONOMIC AND SOCIAL STATISTICAL YEARBOOK

2011

八、旅游服务·交通·邮电

Tourism Service Traffic TRansportation and Post & Telecommunications

资料整理：朱文惠　李昭亮　谭方剑

8-1 接待境外旅游人数及旅游收入

年份	旅游人数（人）	外国人	港澳台同胞	旅游收入（万元）
1973	977			
1974	5765			
1975	6867			
1976	9298			
1977	14724			
1978	48155			
1979	87151			
1980	110418	38209	69479	2966
1981	147295	110330	34888	3070
1982	180967	126934	50722	4857
1983	200874	150262	47517	4427
1984	283107	198357	81163	8056
1985	336453	249865	83672	13133
1986	356879	266488	87987	15885
1987	500345	352541	102049	30377
1988	479405	318615	153766	42635
1989	306614	143977	147005	35903
1990	484954	147753	318539	61539
1991	429151	199159	207594	64867
1992	513767	265180	226333	84633
1993	443852	279524	141818	89493
1994	359422	291145	53519	89630
1995	363245	285331	76453	93696
1996	418419	312328	104276	106276
1997	468650	296136	170593	119690
1998	412875	228438	178331	93298
1999	605300	298800	304100	122878
2000	950172	403872	543761	188712
2001	932638	420350	511808	174129
2002	984323	487792	496463	185249
2003	445659	217973	227636	89395
2004	807714	459774	347224	156220
2005	1000912	585391	415491	191851
2006	1106223	674558	429708	209670
2007	1285652	812350	459957	271365
2008	1250200	807500	435900	264835
2009	1290324	751126	539198	288358
2010	1486200	897500	588700	341244

8-2 旅游统计主要指标

（2010年、分月）

指标名称	1月	2月	3月	4月	5月	6月	7月
来桂林旅游人数(万人)	**96.47**	**104.67**	**162.11**	**204.6**	**204.23**	**195.81**	**205.26**
#市区	52.52	57.15	81.40	103.35	82.41	76.35	100.00
各县	43.95	47.52	80.71	101.25	121.82	119.46	105.26
#国内游客	90.91	98.66	150.62	190.19	190.18	183.93	191.45
#市区	50.83	55.16	77.50	98.27	77.59	72.40	95.99
境外游客	5.56	6.01	11.49	14.41	14.05	11.88	13.81
#市区	1.69	1.99	3.90	5.08	4.82	3.95	4.01
#外国人	2.93	2.68	6.26	9	8.14	6.83	7.72
#东盟十国	1.14	0.89	2.31	2.04	1.78	1.22	1.40
港澳同胞	0.99	1.35	1.67	2.1	1.95	1.74	2.03
台湾同胞	1.64	1.98	3.56	3.31	3.96	3.31	4.06
旅游总收入(万元)	**69592**	**75648**	**113841**	**143420**	**134606**	**137288**	**133913**
#市区	41549	45490	77328	98036	68250	62586	88196
各县	28043	30158	36513	45384	66355	74702	45717
#国内旅游收入	57408	62292	87442	110677	102448	109308	103480
#市区	37937	41169	69162	87697	57909	54036	79615
境外旅游收入	12184	13356	26399	32743	32158	27980	30433
#市区	3612	4321	8166	10339	10341	8550	8581
境外旅游者人均逗留天数(人/天)	1.73	1.78	1.83	1.83	1.83	1.89	1.76

指标名称	8月	9月	10月	11月	12月	1-12月累计	累计比2009年增长%
来桂林旅游人数(万人)	**247.49**	**205.06**	**277.11**	**201.5**	**142.02**	**2246.33**	**20.8**
#市区	114.15	82.9	134.74	105.43	75.13	1065.53	4.1
各县	133.34	122.16	142.37	96.07	66.89	1180.80	41.0
#国内游客	232.8	187.5	258.76	188.81	133.9	2097.71	21.2
#市区	110	77.59	129.47	101.89	73.62	1020.31	3.8
境外游客	14.69	17.56	18.35	12.69	8.12	148.62	15.2
#市区	4.15	5.31	5.27	3.54	1.51	45.23	10.9
#外国人	8.64	12.42	12.53	7.67	4.93	89.75	19.5
#东盟十国	1.53	3.29	2.83	2.61	2.63	23.67	20.2
港澳同胞	1.91	1.71	2.1	1.3	1.21	20.06	-2.1
台湾同胞	4.14	3.43	3.72	3.72	1.98	38.81	16.1
旅游总收入(万元)	**155843**	**131759**	**253347**	**155510**	**169651**	**1682982**	**32.6**
#市区	100124	74845	153012	91166	102963	1009132	30.1
各县	55719	56913	100335	64344	66688	673850	36.5
#国内旅游收入	121935	91831	211587	127584	150642	1341738	36.8
#市区	91235	64354	142417	84509	100282	913703	33.0
境外旅游收入	33908	39927	41760	27925	19010	341244	18.3
#市区	8889	10491	10595	6657	2681	95429	7.6
境外旅游者人均逗留天数(人/天)	1.85	1.84	1.84	1.76	1.87	1.83	2.8

8-3 市区接待来桂入境游客分国别排名

单位:人

国别(地区)	2010年	2009年	比上年增长%	名次	国别(地区)	2010年	2009年	比上年增长%	名次
台湾	104340	76005	37.3	1	西班牙	13272	11499	15.4	13
日本	39615	37633	5.3	2	新加坡	7130	4949	44.1	14
美国	34056	29010	17.4	3	越南	6373	4044	57.6	15
马来西亚	29994	22713	32.1	4	意大利	5940	4609	28.9	16
香港	26483	40872	-35.2	5	泰国	5064	11163	-54.6	17
韩国	25909	15953	62.4	6	瑞士	3035	2250	34.9	18
法国	20413	16593	23.0	7	瑞典	2625	2685	-2.2	19
澳大利亚	17417	14864	17.2	8	印度	2268	1943	16.7	20
加拿大	14748	8301	77.7	9	新西兰	1762	1582	11.4	21
英国	14650	12714	15.2	10	菲律宾	1257	987	27.4	22
印尼	14022	6781	106.8	11	澳门	1107	1648	-32.8	23
德国	13639	11914	14.5	12	俄罗斯	738	596	23.8	24

8-4 星级饭店客房及床位

(2010年)

单位名称	星级(★)	床位数(张)	房间数(间)	单位名称	星级(★)	床位数(张)	房间数(间)
桂林漓江大瀑布饭店	5	1161	652	桂林民航大厦	3	216	120
桂林大宇大饭店有限公司	5	667	408	龙胜碧莲大酒店	3	110	55
桂林帝苑酒店有限公司	5	650	333	兴安县兴都商务大酒店有限公司	3	220	100
桂林兴安乐满地度假酒店	5	722	371	桂林京都大酒店有限责任公司	3	208	101
桂山大酒店	4	1240	607	桂林杉湖大酒店有限责任公司	3	283	145
桂林龙胜温泉旅游有限责任公司(中心酒店)	4	627	355	桂林市天鹅宾馆有限公司	3	306	150
阳朔县唐人街酒店	4	733	385	桂林贵客零柒柒叁酒店有限责任公司	3	220	110
阳朔县桂福大酒店	4	640	302	阳朔丽景假日宾馆	3	136	79
桂林桂湖饭店有限责任公司	4	464	258	桂林市鸿景大酒店有限公司	3	320	158
桂林市榕湖饭店	4	744	428	桂林市信和烟贸大酒店有限公司	3	340	170
桂林观光酒店	4	523	288	桂林市中山酒店有限责任公司	3	234	118
桂林宾馆有限公司	4	536	268	桂林核工饭店	3	219	115
资源县盛源大酒店有限公司	4	256	128	桂林市景秀大酒店有限责任公司	3	292	155
广西桂林精通酒店管理有限公司	4	450	226	兴安县兴怡度假休闲山庄有限责任公司	3	96	48
桂林金龙大酒店有限公司	4	200	106	桂林市阳朔漓江饭店	3	218	118
阳朔新世纪酒店	4	415	220	阳光酒店集团桂林阳光栖霞酒店	3	216	108
桂林山水大酒店	3	354	184	桂林翠园宾馆	3	182	96
桂林新凯悦酒店有限公司	3	510	260	桂林市桂响旅游发展有限公司桂响饭店	3	96	54
桂林市桂星酒店	3	450	231	桂林市就业服务中心名城大酒店	3	182	87
桂林丹桂大酒店	3	424	212	桂林伏波山大酒店	3	288	150
桂林环球大酒店有限公司	3	410	222	桂林达尔曼酒店有限公司	3	84	39
全州博宇大酒店	3	236	132	桂林柏丽商务酒店有限公司	3	93	66
桂林桂花香大酒店有限公司	3	388	206	桂林粮贸大酒店	2	285	149
广西金嗓子旅游有限公司桂林金嗓子大酒店	3	300	150	桂林北极星星酒店	2	150	81
桂林市教育宾馆	3	219	115	桂林市泰和楼酒店有限公司	2	114	55
桂林郦峰饭店	3	210	100	兴安县假日大酒店	2	96	48
桂林香江大饭店	3	584	310	桂林华侨大厦有限责任公司	2	216	99
永福金海岸商务酒店	3	106	58	龙胜大酒店	2	74	36
荔浦丰鱼岩旅游公司(宾馆贵宾楼)	3	416	208	广西平乐野牛有限责任公司野牛宾馆	2	134	67
桂林凯宁七星大酒店有限公司	3	398	201	桂林鸿源旅游发展有限公司	2	70	33
桂林市好利来大酒店有限公司	3	260	125	桂林铁道饭店	2	143	73
桂林市新桂大酒店	3	278	140	桂林临桂大酒店	2	240	121
桂林台联酒店有限责任公司	3	281	171	桂林市泰和饭店	2	105	50
桂林市金埔大酒店有限公司	3	330	183	龙胜宾馆	2	62	35

8-5 行政、事业单位服务业主要财务指标

(2010年)　　单位:万元

指　　标	单位数(个)	从业人员(人)	本年收入合计	事业收入	本年支出合计	年末固定资产原值
总　　计	7578	164440	1980467	481735	1938106	1753882
按国民经济行业大类分组						
仓储业	4	81	599	44	596	1348
电信和其他信息传输服务业	19	92	429	61	428	620
商务服务业	87	1316	14086	4453	11984	21066
研究与试验发展	15	682	8078	2131	7870	6809
专业技术服务业	125	1380	15063	2028	12431	12796
科技交流和推广服务业	138	1035	6076	636	5794	4220
地质勘查业	11	829	9674	1792	9803	8854
水利管理业	45	1196	11080	644	41437	103890
环境管理业	47	4757	18647	1173	19242	6632
公共设施管理业	49	1978	21599	1927	20540	17223
居民服务业	12	479	4634	1055	3117	3822
其他服务业	5	51	382	66	331	644
教育	1110	58342	507974	138678	495206	666417
卫生	275	23454	336155	263756	327036	248531
社会保障业	78	601	7620	198	7346	7169
社会福利业	59	801	11902	826	11720	8531
新闻出版业	7	315	9502	8436	6988	8574
广播、电视、电影和音像业	23	208	1526	305	1376	3398
文化艺术业	65	1333	9331	879	9045	16164
体育	6	33	272	41	182	1863
中国共产党机关	225	2062	29933	146	27766	16769
国家机构	3168	52762	925166	51366	887561	526304
人民政协和民主　党派	54	429	12385	97	12573	5864
群众团体、社会团体和宗教组织	169	1545	10549	802	10140	30660
基层群众自治组织	1782	8679	7805	195	7594	25714

8-6 服务业企业和企业化管理的事业单位主要财务指标

（2010年）

单位：万元

指 标	单位数（个）	从业人员（人）	资产总计	营业收入	营业成本	营业利润	年末固定资产原值
总 计	2423	49560	3148979	726558	526065	13680	763177
按国民经济行业大类分组							
装卸搬运和其他运输服务业	21	754	1837	10441	8610	109	1250
仓储业	17	634	164251	62625	58015	-2066	30131
电信和其他信息传输服务业	144	1338	35855	16864	11769	1752	29627
计算机服务业	313	2162	13387	13360	7414	776	10674
软件业	46	428	14678	1226	698	-480	2002
租赁业	30	265	3345	854	534	22	2662
商务服务业	938	19532	2186588	335191	268088	753	288724
研究与试验发展	5	42	1794	176	150	-2	220
专业技术服务业	220	6582	139613	81138	61501	-852	17829
科技交流和推广服务业	45	513	11720	3973	2275	161	7674
地质勘查业	3	89	952	875	696	20	428
水利管理业	6	179	8659	5110	2932	355	8691
环境管理业	14	589	11850	5517	1761	1480	4342
公共设施管理业	81	3728	223584	55035	23189	11526	67870
居民服务业	138	2173	12137	15068	10355	562	43203
其他服务业	164	3778	58027	41493	31928	1370	18306
教育	72	801	7322	4187	1461	592	3351
卫生	36	1346	10775	8767	5507	-949	8049
社会保障业	1	14	13	32	19	1	13
新闻出版业	6	382	43270	28579	17633	4125	4071
广播、电视、电影和音像业	20	385	9064	3176	2296	-252	8671
文化艺术业	21	1241	44433	15409	4339	3064	45516
娱乐业	82	2605	145825	17462	4895	-8387	159873

8-7 全社会货运量及货物周转量

指　　标	全　市	铁　路	公　路	水　运	民　航
货运量(万吨)					
2002年	1287	127	1148	8	4
2003年	1464	214	1241	7	2
2004年	1581	162	1410	8	1
2005年	1684	158	1514	10	2
2006年	1768	153	1607	6	2
2007年	2203	313	1880	7	3
2008年	2500	385	2105	8	2
2009年	3830	146	3677	5	2
2010年	4797	147	4619	29	2
货物周转量(万吨公里)					
2002年	109624		105279	4345	
2003年	114145		110240	3905	
2004年	149316		144252	5064	
2005年	144112		140728	3384	
2006年	157732		153805	3927	
2007年	181465		177723	3742	
2008年	572768		571479	1289	
2009年	635668		633287	2381	
2010年	807906		805035	2871	

注:2009年有关部门按同口径对2008年数据货物周转量进行了调整。

8-8 全社会客运量及旅客周转量

指　　标	全　市	铁　路	公　路	水　运	民　航
客运量(万人)					
2002年	4327	167	3827	202	131
2003年	3951	198	3506	149	98
2004年	5004	236	4436	188	144
2005年	5569	253	4947	208	161
2006年	6698	308	5870	313	207
2007年	7331	408	6343	338	242
2008年	7652	421	6646	360	225
2009年	14205	397	13360	168	280
2010年	15474	413	14560	221	280
旅客周转量(万人公里)					
2002年	280082		270444	9638	
2003年	260607		253999	6608	
2004年	318228		305656	12572	
2005年	357905		347801	10104	
2006年	389879		376859	13020	
2007年	444824		431518	13306	
2008年	770429		760573	9856	
2009年	831162		821644	9518	
2010年	921592		912013	9579	

注:2009年有关部门按同口径对2008年数据旅客周转量进行了调整。

8-9 公路线路

单位:公里

年份	公路里程	等级公路	高速	一级	二级	三级	四级	等外	等级公路里程占总里程(%)
2002年	7029	5366	87	128	712	245	4194	1663	76.34
2003年	7054	5524	87	128	736	251	4322	1530	78.31
2004年	7133	5617	110	128	793	227	4469	1516	78.75
2005年	7185	4993	110	128	827	275	3653	2192	69.49
2006年	7718	5375	140	143	908	246	3937	2344	69.64
2007年	10543	6380	221	143	992	348	4676	4163	60.51
2008年	10962	7357	349	148	1005	357	5498	3605	67.11
2009年	11046	7652	349	152	1015	476	5660	3394	69.27
2010年	11172	7956	349	160	949	744	5754	3216	72.21

8-10 主要年份邮电通信水平

指标	单位	2002年	2003年	2004年	2005年	2006年	2007年	2008年	2009年	2010年
平均每人每年发函件数	件	5.76	6.63	4.33	2.12	1.67	1.34	1.36	1.40	1.92
平均每百人每年订报刊数	份	12.35	7.09	13.77	6.53	11.20	13.60	14.10	7.50	7.00
平均每万人拥有电话机数	部	2393	3120	3968	4256	5174	5224	6058	6649	6618
设有邮电局、所乡(镇)比重	%	100.00	100.00	100.00	100.00	100.00	100.00	100.00	100.00	100.00
邮政储蓄市场占有率	%				7.72	8.00	8.00	8.00	8.00	8.00
通电话的乡(镇)比重	%	100.00	100.00	100.00	100.00	100.00	100.00	100.00	100.00	100.00
接固定班期投递邮件的乡	%	100.00	100.00	100.00	100.00	100.00	100.00	100.00	100.00	100.00
通电话的行政村比重	%	90.45	91.02	94.45	96.91	98.75	99.09	99.89	99.90	99.90

8-11 主要年份邮政和电信主要指标

指标	单位	2002年	2003年	2004年	2005年	2006年	2007年	2008年	2009年	2010年
邮电局、所总数	处	190	198	198	195	195	195	199	197	210
邮路总长度(含农村投递线路)	公里	10487	24390	24785	11672	27725	13820	13801	4651	4651
邮政汽车	辆	171	168	175	182	185	173	178	158	155
长途业务电路总数	路	21375	9550	20744	13777	12480	12480	12480	12480	12480
邮电业务总量	万元	125095	175701	134663	153665	461559	586360	716997	821540	935448
函件	万件	2811.00	3250.00	2139.00	1047.00	832.25	675.42	694.50	692.80	705.80
报刊期发数(时点)	万份	60.20	34.75	68.43	27.27	55.92	68.64	52.00	111.20	41.10
公众电报	万份	3.95	2.92	2.40	1.75	1.46	1.36	1.20	2.62	2.87
长途电话	万次	6873.36	6768.50	8357.25	9070.08	8755.23	9702.93	8812.20	10301.87	9638.10
城市电话年末户数	万户	46.29	56.99	70.12	70.28	76.60	73.67	73.81	73.60	46.30
农村电话年末户数	万户	14.39	19.05	21.94	26.44	27.55	27.14	25.43	26.52	30.49
订销报纸累计数	万份	3967.86	4341.07	3418.00	2689.00	2842.90	3420.98	991.70	3251.60	3590.91
订销杂志累计数	万份	518.72	616.05	552.00	534.70	502.15	480.33	537.70	550.30	711.90
互联网宽带接入用户数	万户	15.38	20.41	10.20	11.76	15.71	20.97	23.19	36.14	39.69
公用电话	万户	4.69	6.60	10.25	10.77	10.30	10.59	10.02	10.28	9.49

注:从2006年,邮电业务总量采用全国统一的2000年价格。

8-12 民用车船拥有量

指　　标	单位	2005年	私人	2006年	私人	2007年	私人
民用汽车	辆	68268	37846	79060	46149	100187	62822
载客汽车	辆	49923	28893	60234	37026	73127	47358
载客量	客位			495642	233461		
#大型	辆	3416	204	3609	175	3993	177
载客量	客位			125965	4546		
普通载货汽车	辆	16904	8816	17373	8980	20156	10988
载重量	吨位			62421	29315		
#大型	辆	2870	1191	3193	1231	3841	1385
载重量	吨位			29763	11070		
专用载货汽车	辆			1346	115		
载重量	吨位			4846	414		
其他专用汽车	辆	1242	98				
特种汽车	辆						
轮胎式拖拉机	辆	102421					
#手扶拖拉机	辆						
摩托车	辆	407821	404642	437693	434902	471444	468658
#两轮摩托车	辆	386938	384117	415765	413275	464650	461892
其他机动车	辆	7221	6485	7208	6143	6544	6266
载货挂车	辆	96	25	95	95	145	31

8-15续表

指　　标	单位	2008年	私人	2009年	私人	2010年	私人
民用汽车	辆	108765	71003	143067	99720	179822	132889
载客汽车	辆	86733	59013	110106	80629	140557	108678
载客量	客位	679297		828116		1012914	
#大型	辆	4078	157	4376	159	4700	183
载客量	客位	154732		167661		167142	
普通载货汽车	辆	22032	11990	26970	15066	32637	19638
载重量	吨位	73472		99928		114023	
#大型	辆	4261	1471	5934	1902	7499	2430
载重量	吨位	37977		52939		70235	
专用载货汽车	辆						
载重量	吨位						
其他专用汽车	辆						
特种汽车	辆						
轮胎式拖拉机	辆						
#手扶拖拉机	辆						
摩托车	辆	493371	490788	524354	521988	563493	561669
#两轮摩托车	辆	469330	484555	519703	517345	559596	557777
其他机动车	辆	6279	4133	6062	4075	6628	4573
载货挂车	辆	195	45	324	96	547	139

2011

九、国内贸易·对外经济

Domestic Trade and Foreign Economy

资料整理：胡永良　秦雨初　蒋虎程

9-1 社会消费品零售总额及发展速度

单位：万元

指　　标	2010年	2009年	2010年比2009年增长%
总　计	**3915329**	**3293223**	**18.9**
按区域分			
市　区	**2091602**	**1764657**	**18.5**
秀峰区	612290	515005	18.9
叠彩区	412887	353423	16.8
象山区	708595	595458	19.0
七星区	337771	283842	19.0
雁山区	20060	16929	18.5
各县合计	**1823701**	**1528543**	**19.3**
阳朔县	133028	111042	19.8
临桂县	195536	163820	19.4
灵川县	250862	209575	19.7
全州县	167599	140485	19.3
兴安县	211642	177210	19.4
永福县	141941	118847	19.4
灌阳县	89923	75565	19.0
龙胜县	48852	41265	18.4
资源县	59893	50330	19.0
平乐县	119701	100589	19.0
荔浦县	267588	224186	19.4
恭城县	137136	115629	18.6
按行业分			
批发零售贸易业	3335297	2814293	18.5
住宿餐饮业	580032	478930	21.1

注：2009年按2010年口径作了调整，故与下表中的历年社会消费品零售总额数据有差异。

9-2 市县区社会消费品零售总额

指　　标	全　市	秀峰区	叠彩区	象山区	七星区	雁山区
总　计	**3915329**	**612290**	**412887**	**708595**	**337771**	**20060**
按销售单位所在地分						
城镇	3235985	565493	375787	705327	320002	14135
#城区	2046623	517292	390137	686205	320002	13067
乡村	679344	46797	37100	3269	17770	5924
按行业分						
批发业	503122	42160	62114	79375	38297	3185
限额以上	168585	2381	3785	26452	15897	1068
#个体经营户						
限额以下	334537	39779	58330	52923	22400	2117
零售业	2832175	477594	271395	517640	258575	13670
限额以上	561607	159979	34400	118160	138555	
#个体经营户						
限额以下	2270569	317615	236995	399480	120020	13670
住宿业	69512	12659	15223	8410	11840	479
限额以上	31915	9758	2511	3823	10291	306
#个体经营户	25					
限额以下	37597	2902	12712	4587	1549	173
餐饮业	510520	79876	64154	103171	29059	2726
限额以上	31594	13275	348	12342	3090	
#个体经营户	466	254		212		
限额以下	478926	66602	63807	90829	25970	2726

9-2续表1　　(2010年)　　单位:万元

指　　标	阳朔县	临桂县	灵川县	全州县	兴安县	永福县
总　计	**133028**	**195536**	**250862**	**167599**	**211642**	**141941**
按销售单位所在地分						
城镇	98167	140487	183912	108913	137509	100250
#城区						
乡村	34861	55049	66951	58686	74133	41692
按行业分						
批发业	14479	37135	31371	40013	31610	20035
限额以上	8678	20993	19005	15720	7130	7593
#个体经营户						
限额以下	5801	16142	12366	24293	24480	12443
零售业	95850	133709	195053	106069	146369	98289
限额以上		25815	82887			
#个体经营户						
限额以下	95850	107894	112167	106069	146369	98289
住宿业	7360	1075	217	3942	2087	621
限额以上	2586	291		914		
#个体经营户						
限额以下	4774	784	217	3029	2087	621
餐饮业	15340	23618	24220	17575	31577	22997
限额以上	916				1624	
#个体经营户						
限额以下	14424	23618	24220	17575	29953	22997

9-2续表2 （2010年） 单位：万元

指标	灌阳县	龙胜县	资源县	平乐县	荔浦县	恭城县
总计	**89923**	**48852**	**59893**	**119701**	**267588**	**137136**
按销售单位所在地分						
城镇	52714	33898	35192	96183	190889	77103
#城区						
乡村	37209	14955	24701	23518	76699	60033
按行业分						
批发业	12851	7356	12618	17242	36200	17081
限额以上	3286	5771	4054	10689	11192	4893
#个体经营户						
限额以下	9565	1584	8565	6553	25008	12189
零售业	64658	33754	38429	86502	193565	101031
限额以上				672	1114	
#个体经营户						
限额以下	64658	33754	38429	85829	192452	101031
住宿业	156	861	508	916	2729	429
限额以上		779		86	546	25
#个体经营户						25
限额以下	156	82	508	831	2183	404
餐饮业	12257	6882	8338	15041	35094	18595
限额以上						
#个体经营户						
限额以下	12257	6882	8338	15041	35094	18595

9-3 市县历年社会消费品零售总额

单位:万元

年份	全市	市区	阳朔县	临桂县	灵川县	全州县	兴安县
1950	5115	1333	348	229	349	401	386
1951	6304	1712	381	349	574	542	426
1952	7364	1729	440	362	674	723	469
1953	8473	2308	463	478	487	832	622
1954	11160	2980	529	729	685	1200	648
1955	11556	3419	448	875	727	1469	636
1956	12808	3986	608	831	653	1464	534
1957	12495	4021	574	741	682	1436	686
1958	14683	4415	659	1143	764	1790	1161
1959	17508	5776	743	1181	840	1930	1210
1960	17071	6364	682	1017	656	1744	1076
1961	14424	5728	560	459	717	1582	855
1962	15599	5318	653	707	842	1873	897
1963	16937	5517	838	879	911	1967	1106
1964	18045	5559	893	1006	1052	2256	1306
1965	20068	5906	974	1062	1161	2582	1637
1966	22871	7074	1016	1259	1237	2793	1722
1967	23770	7343	1030	1357	1341	2942	1728
1968	19227	5432	887	1161	1153	2493	1567
1969	25484	7867	953	1252	1616	2857	1841
1970	23153	8223	790	1233	1491	2699	1746
1971	26301	9069	1057	1326	1956	3141	1963
1972	28973	10139	1133	1506	1729	3394	2214
1973	31672	11057	1223	1655	1852	3608	2274
1974	33068	11635	1369	1703	1895	3727	2253
1975	33599	11827	1461	1716	2136	3805	2265
1976	35207	12412	1569	1791	2014	4071	2434
1977	38602	13752	1729	1893	2287	4553	2708
1978	41665	14718	1743	2039	2458	4883	2891
1979	47376	16949	1954	2242	2635	5469	3462
1980	56005	20647	2308	2924	3181	6331	3867
1981	59975	22187	2685	3002	3296	6211	4366
1982	63420	23369	2971	3009	3270	6299	4628
1983	66992	24701	2935	3538	3651	6421	4812
1984	80278	32305	3881	4066	3827	7167	5608
1985	110217	50285	4773	5240	4509	8695	6206
1986	121665	54375	6640	5522	5523	10295	6715
1987	151660	67554	7887	8432	6794	13099	7902
1988	198767	86798	8383	9769	8939	15974	11858
1989	207108	92806	7949	9920	9260	16303	13271
1990	222235	105309	7808	11054	10619	13672	15410
1991	248586	112373	8730	11840	12539	20505	16908
1992	288425	130058	13206	10150	16281	24537	19795
1993	375745	163968	13422	14223	21720	31719	24099
1994	507485	227253	14212	14503	28243	41101	30181
1995	672790	305158	21828	19818	36974	52378	37180
1996	824911	360738	28499	32137	47759	63020	47591
1997	902990	394440	35000	34352	51520	72279	56001
1998	959227	419077	38319	38448	54754	79412	58410
1999	1041665	473212	36313	40506	59409	86876	61975
2000	1135164	530187	42009	43342	61310	94323	67127
2001	1241188	589504	45547	46405	65681	102436	73549
2002	1360386	659817	49785	49869	70804	110589	75429
2003(老口径)	1503498	739350	54791	54880	75831	118799	82982
2003(新口径)	1039542	547119	28848	42390	62730	50223	73358
2004	1428828	763478	39927	58135	84250	67155	95078
2005	1647816	907525	51160	75591	82792	72531	90305
2006	1911746	1065937	60656	91078	94932	83049	99278
2007	2287868	1288138	74043	108925	112861	96265	118884
2008	2847661	1601170	92254	132418	142791	119226	148635
2009	3309181	1842829	106369	154293	178289	137515	176058
2010	3915329	2091602	133028	195536	250862	167599	211642

9-3续表

单位:万元

年 份	永福县	灌阳县	龙胜县	资源县	平乐县	荔浦县	恭城县
1950	273	92	57	135	720	548	244
1951	320	156	70	150	775	570	279
1952	481	192	109	185	882	799	319
1953	294	290	154	187	1034	867	457
1954	593	442	268	294	1231	971	590
1955	508	459	322	273	1075	724	581
1956	594	532	390	338	1248	857	773
1957	457	508	371	352	1230	752	685
1958	559	582	449	438	1193	847	683
1959	840	687	496	482	1403	1014	906
1960	843	614	490	496	1240	851	998
1961	641	457	424	401	1050	742	808
1962	660	534	436	390	1348	1062	843
1963	691	612	432	476	1359	1253	896
1964	751	734	554	478	1400	1122	934
1965	854	943	562	663	1475	1217	1032
1966	1026	947	635	830	1691	1390	1251
1967	1200	1006	759	784	1648	1327	1305
1968	816	681	602	619	1533	1249	1034
1969	2601	801	672	763	1583	1406	1263
1970	973	923	635	776	1420	1005	1239
1971	1323	1018	741	906	1631	1014	1156
1972	1245	1207	920	1043	1765	1384	1294
1973	1888	1183	1003	1006	1961	1518	1444
1974	1280	1230	1019	933	2075	1762	2187
1975	1489	1312	1011	922	2068	1770	1817
1976	1501	1180	1054	966	2279	2118	1818
1977	1779	1373	1112	1126	2434	1947	1909
1978	1943	1729	1208	1200	2576	2167	2110
1979	2176	1931	1312	1424	2944	2416	2462
1980	2519	1973	1554	1505	3299	3168	2729
1981	2772	2291	1589	1698	3478	3297	3103
1982	2995	2529	1692	1786	3925	3710	3237
1983	3076	2376	1915	1886	4202	3819	3660
1984	3320	2838	2216	2140	4810	4249	3851
1985	4277	3448	3229	3326	5768	5252	5209
1986	4808	3634	3101	3255	6075	5697	6025
1987	5867	4676	3612	3335	7478	7758	7266
1988	8665	7378	5855	4159	9859	10679	10451
1989	9263	7195	5120	4680	10228	11924	9189
1990	10014	6882	5557	4459	9969	12699	8783
1991	11763	7742	6513	4673	10830	14707	9463
1992	12081	9796	6994	5109	11766	17083	11569
1993	14617	11153	7368	6792	23087	28435	15142
1994	19845	14522	9643	8290	39843	37003	22846
1995	23814	18236	11460	9960	47921	57482	30581
1996	29053	21096	12384	12232	55242	77615	37545
1997	31289	22514	11921	13362	61061	78217	41034
1998	32857	23660	12900	13900	64641	79938	42911
1999	35091	24960	13330	14626	68002	81820	45545
2000	36960	26956	14143	13396	72296	84357	48758
2001	39362	29398	15210	14468	77788	88453	53387
2002	42902	31902	17942	15774	82542	91114	61917
2003(老口径)	48479	35475	21144	17965	86648	95707	71447
2003(新口径)	43911	29827	21144	13195	32134	60596	34067
2004	59752	40588	28386	18018	43301	81062	49698
2005	58870	37066	21743	25112	52831	113764	58524
2006	66094	42181	25272	28854	59610	127683	67124
2007	77988	48606	28958	33706	68977	152180	78342
2008	97352	61133	35922	40943	85811	191391	98616
2009	115255	72216	41468	47555	98949	223162	115223
2010	141941	89923	48852	59893	119701	267588	137136

9-4 市县区批发零售贸易业商品销售总额

（2010年） 单位:万元

指标	全市		秀峰区		叠彩区	
	销售额	零售额	销售额	零售额	销售额	零售额
总 计	**5332874**	**3335297**	**684695**	**519754**	**563651**	**333509**
批发业	1923722	503122	122284	42160	213317	62114
限额以上企业(单位)	1093923	168585	19548	2381	84174	3785
限额以下企业(单位)和个体户	829799	334537	102736	39779	129143	58330
零售业	3409152	2832175	562411	477594	350334	271395
限额以上企业(单位)	620113	561607	171916	159979	37894	34400
限额以下企业(单位)和个体户	2789040	2270569	390495	317615	312439	236995

9-4续表1 （2010年） 单位:万元

指标	象山区		七星区		雁山区	
	销售额	零售额	销售额	零售额	销售额	零售额
总 计	**999638**	**597015**	**431285**	**296872**	**26321**	**16855**
批发业	376582	79375	114487	38297	9775	3185
限额以上企业(单位)	252243	26452	70245	15897	4470	1068
限额以下企业(单位)和个体户	124339	52923	44241	22400	5304	2117
零售业	623056	517640	316799	258575	16547	13670
限额以上企业(单位)	127860	118160	162017	138555		
限额以下企业(单位)和个体户	495196	399480	154782	120020	16547	13670

9-4续表2 （2010年） 单位:万元

指标	阳朔县		临桂县		灵川县	
	销售额	零售额	销售额	零售额	销售额	零售额
总 计	**178777**	**110328**	**346285**	**170844**	**368957**	**226424**
批发业	71725	14479	178924	37135	126001	31371
限额以上企业(单位)	43437	8678	132706	20993	89790	19005
限额以下企业(单位)和个体户	28289	5801	46218	16142	36211	12366
零售业	107052	95850	167360	133709	242956	195053
限额以上企业(单位)			28493	25815	87874	82887
限额以下企业(单位)和个体户	107052	95850	138868	107894	155082	112167

9-4续表3 （2010年） 单位：万元

指　　标	全州县		兴安县		永福县	
	销售额	零售额	销售额	零售额	销售额	零售额
总　计	**265248**	**146082**	**273291**	**177979**	**203638**	**118324**
批发业	146659	40013	104797	31610	80820	20035
限额以上企业(单位)	90497	15720	49777	7130	39417	7593
限额以下企业(单位)和个体户	56161	24293	55020	24480	41403	12443
零售业	118589	106069	168495	146369	122818	98289
限额以上企业(单位)						
限额以下企业(单位)和个体户	118589	106069	168495	146369	122818	98289

9-4续表4 （2010年） 单位：万元

指　　标	灌阳县		龙胜县		资源县	
	销售额	零售额	销售额	零售额	销售额	零售额
总　计	**122126**	**77509**	**74885**	**41110**	**89817**	**51047**
批发业	44536	12851	32073	7356	45799	12618
限额以上企业(单位)	23052	3286	27540	5771	23136	4054
限额以下企业(单位)和个体户	21483	9565	4533	1584	22663	8565
零售业	77590	64658	42812	33754	44018	38429
限额以上企业(单位)						
限额以下企业(单位)和个体户	77590	64658	42812	33754	44018	38429

9-4续表5 （2010年） 单位：万元

指　　标	平乐县		荔浦县		恭城县	
	销售额	零售额	销售额	零售额	销售额	零售额
总　计	**185366**	**103743**	**342719**	**229765**	**176150**	**118112**
批发业	74202	17242	119920	36200	61821	17081
限额以上企业(单位)	58833	10689	51692	11192	33366	4893
限额以下企业(单位)和个体户	15370	6553	68228	25008	28455	12189
零售业	111163	86502	222799	193565	114328	101031
限额以上企业(单位)	2920	672	1114	1114		
限额以下企业(单位)和个体户	108243	85829	221686	192452	114328	101031

9-5 全市限额以上批发和零售业法人企业商品购进、销售、库存总额

（2010年） 单位：万元

指标名称	法人企业数（个）	商品购进总额	商品销售总额	批发额	零售额	年末商品库存总额
全市	109	1250612	1793608	1091148	702460	82727
批发业	32	690191	1202280	1072906	129374	41446
按批发行业小类分组						
农畜产品批发	1	3367	3367	3307	60	1320
谷物、豆及薯类批发	1	3367	3367	3307	60	1320
食品、饮料及烟草制品批发	3	245849	339326	326059	13267	12874
米、面制品及食用油批发	1	20511	33169	19902	13267	1164
烟草制品批发	1	214092	294911	294911		11700
其他食品批发	1	11246	11246	11246		10
纺织、服装及日用品批发	3	9826	10499	10499		137
服装批发	1	2208	2108	2108		100
其他日用品批发	2	7619	8392	8392		38
文化、体育用品及器材批发	1	1091	1226	1226		135
其他文化用品批发	1	1091	1226	1226		135
医药及医疗器材批发	4	30433	25960	25960		6997
西药批发	2	12733	8925	8925		4974
中药材及中成药批发	2	17700	17034	17034		2024
矿产品、建材及化工产品批发	20	399625	821902	705855	116046	19982
煤炭及制品批发	1	3000	3109	3109		415
石油及制品批发	4	192057	603768	489396	114373	8242
金属及金属矿批发	6	46446	50381	50381		3195
建材批发	5	143992	150006	150006		6263
化肥批发	1	1680	1600	1600		600
其他化工产品批发	3	12450	13038	11365	1674	1267
按登记注册类型分组						
内资企业	31	636829	1151515	1022141	129374	34679
国有企业	6	383914	473967	417733	56233	15172
集体企业	2	3715	3733	3733		729
联营企业	1	5921	1684	1684		4237
国有联营企业	1	5921	1684	1684		4237
有限责任公司	10	158371	164213	164213		8220
其他有限责任公司	10	158371	164213	164213		8220
股份有限公司	2	4933	413159	354959	58199	1053
私营企业	10	79974	94760	79819	14941	5268
私营独资企业	1	2208	2108	2108		100
私营有限责任公司	8	63312	77500	62559	14941	4901
私营股份有限公司	1	14454	15152	15152		267
外商投资企业	1	53362	50766	50766		6767
中外合资经营企业	1	53362	50766	50766		6767
按控股情况分组						
国有控股	8	437277	929801	815369	114433	21949
集体控股	1	1680	1600	1600		600
私人控股	16	112732	125369	112102	13267	11735
其他	7	138503	145510	143836	1674	7162
按经营形式分组						
独立门店	29	474419	500700	429525	71174	29136
连锁总店	1		405069	346870	58199	10
其他	2	215772	296511	296511		12300

8-5续表　　　　　　　　　　　　（2010年）　　　　　　　　　　　　单位:万元

指标名称	法人企业数（个）	商品购进总额	商品销售总额	批发额	零售额	年末商品库存总额
零售业	77	560421	591328	18242	573087	41281
按零售行业小类分组						
综合零售	13	243460	244528		244528	15536
百货零售	9	191025	192094		192094	10317
超级市场零售	4	52435	52434		52434	5220
食品、饮料及烟草制品专门零售	3	3873	4604		4604	94
粮油零售	1	1144	1164		1164	72
糕点、面包零售	1	966	1401		1401	11
饮料及茶叶零售	1	1763	2039		2039	11
纺织、服装及日用品专门零售	1	683	775		775	1
服装零售	1	683	775		775	1
文化、体育用品及器材专门零售	5	15514	15266	4018	11248	3940
图书零售	1	4889	4767	66	4701	1606
珠宝首饰零售	2	5287	5029	2148	2881	2023
其他文化用品零售	2	5338	5470	1804	3666	312
医药及医疗器材专门零售	10	41044	46571	7030	39542	6598
药品零售	8	37029	42790	7030	35760	6178
医疗用品及器材零售	2	4016	3781		3781	420
汽车、摩托车、燃料及零配件专门零售	25	182076	202267		202267	9231
汽车零售	23	169595	189823		189823	9184
汽车零配件零售	2	12481	12444		12444	47
家用电器及电子产品专门零售	14	66203	69016	6616	62400	5083
家用电器零售	4	46425	47330	4264	43066	3131
计算机、软件及辅助设备零售	7	13940	14332	2214	12118	1314
通信设备零售	3	5838	7354	139	7216	637
五金、家具及室内装修材料专门零售	3	2660	2859	578	2281	756
五金零售	2	2147	2179	578	1601	750
其他室内装修材料零售	1	513	680		680	6
无店铺及其他零售	3	4909	5445		5445	42
生活用燃料零售	1	2621	3101		3101	32
其他未列明的零售	2	2289	2344		2344	11
按登记注册类型分组						
内资企业	75	549886	580313	18242	562072	39625
国有企业	3	19939	20853	1870	18983	1877
集体企业	1	1976	1976		1976	10
股份合作企业	1	1670	1560	578	982	700
有限责任公司	39	242832	259856	5264	254592	17687
国有独资公司	1	16623	16991		16991	753
其他有限责任公司	38	226209	242865	5264	237601	16935
股份有限公司	12	182546	192762	2386	190376	6883
私营企业	19	100922	103306	8144	95162	12467
私营有限责任公司	19	100922	103306	8144	95162	12467
港、澳、台商投资企业	1	2621	3101		3101	32
港、澳、台商独资经营企业	1	2621	3101		3101	32
外商投资企业	1	7915	7915		7915	1625
外资企业	1	7915	7915		7915	1625
按控股情况分组						
国有控股	7	54789	60512	2448	58065	4076
集体控股	1	2585	2768	268	2500	189
私人控股	44	239349	262929	9875	253053	21337
港澳台商控股	1	2621	3101		3101	32
其他	24	261078	262019	5651	256368	15647
按经营形式分组						
独立门店	75	536407	567743	18242	549501	38672
连锁总店	1	18774	18413		18413	2103
其他	1	5240	5172		5172	506
按零售业态分组						
有店铺零售	77	560421	591328	18242	573087	41281
便利店	2	27291	28336		28336	3618
超市	4	11579	12874		12874	3185
大型超市	3	49096	50834		50834	4425
百货店	4	155493	152483		152483	4308
专业店	25	108877	111788	8925	102863	7943
专卖店	39	208085	235013	9316	225697	17801

9-6 市区限额以上批发和零售业法人企业商品购进、销售、库存总额

（2010年） 单位:万元

指标名称	法人企业数（个）	商品购进总额	商品销售总额	批发额	零售额	年末商品库存总额
总计	87	1074504	1601975	1022243	579732	65730
批发业	29	622906	1138717	1009343	129374	32585
按批发行业小类分组						
农畜产品批发	1	3367	3367	3307	60	1320
谷物、豆及薯类批发	1	3367	3367	3307	60	1320
食品、饮料及烟草制品批发	3	245849	339326	326059	13267	12874
米、面制品及食用油批发	1	20511	33169	19902	13267	1164
烟草制品批发	1	214092	294911	294911		11700
其他食品批发	1	11246	11246	11246		10
纺织、服装及日用品批发	3	9826	10499	10499		137
服装批发	1	2208	2108	2108		100
其他日用品批发	2	7619	8392	8392		38
文化、体育用品及器材批发	1	1091	1226	1226		135
其他文化用品批发	1	1091	1226	1226		135
医药及医疗器材批发	3	18190	14762	14762		5503
西药批发	2	12733	8925	8925		4974
中药材及中成药批发	1	5456	5837	5837		530
矿产品、建材及化工产品批发	18	344583	769536	653490	116046	12616
煤炭及制品批发	1	3000	3109	3109		415
石油及制品批发	3	138695	553003	438630	114373	1475
金属及金属矿批发	6	46446	50381	50381		3195
建材批发	5	143992	150006	150006		6263
其他化工产品批发	3	12450	13038	11365	1674	1267
按登记注册类型分组						
内资企业	29	622906	1138717	1009343	129374	32585
国有企业	6	383914	473967	417733	56233	15172
集体企业	1	2035	2133	2133		129
联营企业	1	5921	1684	1684		4237
国有联营企业	1	5921	1684	1684		4237
有限责任公司	9	146128	153015	153015		6726
其他有限责任公司	9	146128	153015	153015		6726
股份有限公司	2	4933	413159	354959	58199	1053
私营企业	10	79974	94760	79819	14941	5268
私营独资企业	1	2208	2108	2108		100
私营有限责任公司	8	63312	77500	62559	14941	4901
私营股份有限公司	1	14454	15152	15152		267
按控股情况分组						
国有控股	7	383914	879036	764603	114433	15182
私人控股	15	100489	114171	100904	13267	10241
其他	7	138503	145510	143836	1674	7162
按经营形式分组						
独立门店	27	408814	438737	367562	71174	20875
连锁总店	1		405069	346870	58199	10
其他	1	214092	294911	294911		11700

9-6续表 （2010年） 单位：万元

指标名称	法人企业数（个）	商品购进总额	商品销售总额	批发额	零售额	年末商品库存总额
零售业	58	451599	463258	12900	450358	33145
按零售行业小类分组						
综合零售	12	242536	243414		243414	15355
百货零售	9	191025	192094		192094	10317
超级市场零售	3	51511	51320		51320	5038
食品、饮料及烟草制品专门零售	3	3873	4604		4604	94
粮油零售	1	1144	1164		1164	72
糕点、面包零售	1	966	1401		1401	11
饮料及茶叶零售	1	1763	2039		2039	11
纺织、服装及日用品专门零售	1	683	775		775	1
服装零售	1	683	775		775	1
文化、体育用品及器材专门零售	5	15514	15266	4018	11248	3940
图书零售	1	4889	4767	66	4701	1606
珠宝首饰零售	2	5287	5029	2148	2881	2023
其他文化用品零售	2	5338	5470	1804	3666	312
医药及医疗器材专门零售	7	26068	26695	2266	24429	5546
药品零售	5	22052	22913	2266	20648	5127
医疗用品及器材零售	2	4016	3781		3781	420
汽车、摩托车、燃料及零配件专门零售	11	90824	96746		96746	3028
汽车零售	9	78343	84302		84302	2981
汽车零配件零售	2	12481	12444		12444	47
家用电器及电子产品专门零售	14	66203	69016	6616	62400	5083
家用电器零售	4	46425	47330	4264	43066	3131
计算机、软件及辅助设备零售	7	13940	14332	2214	12118	1314
通信设备零售	3	5838	7354	139	7216	637
五金、家具及室内装修材料专门零售	2	990	1299		1299	56
五金零售	1	477	619		619	50
其他室内装修材料零售	1	513	680		680	6
无店铺及其他零售	3	4909	5445		5445	42
生活用燃料零售	1	2621	3101		3101	32
其他未列明的零售	2	2289	2344		2344	11
按登记注册类型分组						
内资企业	56	441064	452243	12900	439343	31488
国有企业	2	9544	9489	1870	7619	1775
集体企业	1	1976	1976		1976	10
有限责任公司	31	174812	180361	2748	177614	13577
国有独资公司	1	16623	16991		16991	753
其他有限责任公司	30	158188	163370	2748	160623	12824
股份有限公司	7	176396	180098	139	179959	5422
私营企业	15	78336	80319	8144	72175	10705
私营有限责任公司	15	78336	80319	8144	72175	10705
港、澳、台商投资企业	1	2621	3101		3101	32
港、澳、台商独资经营企业	1	2621	3101		3101	32
外商投资企业	1	7915	7915		7915	1625
外资企业	1	7915	7915		7915	1625
按控股情况分组						
国有控股	5	42723	47588	1870	45718	3274
集体控股	1	2585	2768	268	2500	189
私人控股	27	142592	147782	5111	142671	14003
港澳台商控股	1	2621	3101		3101	32
其他	24	261078	262019	5651	256368	15647
按经营形式分组						
独立门店	57	432825	444845	12900	431945	31042
连锁总店	1	18774	18413		18413	2103
按零售业态分组						
有店铺零售	58	451599	463258	12900	450358	33145
便利店	2	27291	28336		28336	3618
超市	3	10656	11760		11760	3003
大型超市	3	49096	50834		50834	4425
百货店	4	155493	152483		152483	4308
专业店	23	96811	98864	8347	90517	7141
专卖店	23	112251	120980	4552	116428	10649

9-7 限额以上批发和零售业商品销售分类

单位:万元

指标	销售额		零售额	
	2010年	2009年	2010年	2009年
全　市	**1683375**	**1313964**	**718912**	**554244**
粮油、食品、饮料、烟酒类	411622	314858	77806	59082
#粮油、食品类	75570	59801	47411	34145
#粮油类	17643	17466	10947	7704
肉禽蛋类	4224	4118	4224	4118
水产品类	1001	892	1001	892
蔬菜类	1333	989	1332	979
干鲜果品类	2407	2666	2407	2666
饮料类	41423	33289	21696	16278
烟酒类	294629	221768	8700	8658
服装、鞋帽、针纺织品类	90070	74686	87792	67294
#服装类	60970	50660	58692	43286
鞋帽类	18604	14983	18604	14965
针、纺织品类	10496	9044	10496	9044
化妆品类	8866	8616	8866	8616
金银珠宝类	16236	11687	15005	10945
日用品类	27459	26567	24222	22687
#洗涤用品类	8979	9018	8879	9018
儿童玩具类	903	1145	903	1145
五金、电料类	1967	3197	1178	1355
体育、娱乐用品类	6596	9232	6595	9232
书报杂志类	4239	4098	4239	4098
电子出版物及音像制品类	385	411	385	411
家用电器和音像器材类	87491	69909	74071	58135
中西药品类	49210	43571	28967	25882
#西药类	24445	23082	16755	17042
中草药及中成药类	14161	12149	7735	5222
文化办公用品类	15595	13272	9743	8688
家具类	105	1	105	1
通讯器材类	12782	11951	12613	11482
煤炭及制品类	2912	2694		
木材及制品类				
石油及制品类	608224	457331	173804	125418
化工材料及制品类	14418	9724		
#化肥类				
金属材料类	112512	79698		
建筑及装潢材料类	4035	3805	4035	3805
机电产品及设备类	368	580	368	580
#农机类				
汽车类	191570	145355	183254	131357
种子饲料类				
棉麻类				
其他类	16713	22725	5865	5176

9-8 全市限额以上批发和零售业法人单位主要财务状况

（2010年）　　单位：万元

指标名称	法人企业数（个）	流动资产合计	应收帐款	存货	固定资产原价	累计折旧	本年折旧
全　市	109	349293	58503	80901	155372	70872	12318
批发业	32	206907	40479	38340	74721	32843	6070
按批发行业小类分组							
农畜产品批发	1	11649	53	4818	8263	2229	1287
谷物、豆及薯类批发	1	11649	53	4818	8263	2229	1287
食品、饮料及烟草制品批发	3	83472	2377	11578	17476	12066	1562
米、面制品及食用油批发	1	4689	1756	1164	143	32	24
烟草制品批发	1	77560	6	10082	17315	12020	1536
其他食品批发	1	1224	615	333	18	14	3
纺织、服装及日用品批发	3	3839	754	31	397	206	27
服装批发	1	2298	26		74	33	5
其他日用品批发	2	1540	728	31	323	174	22
文化、体育用品及器材批发	1	476	143		6	6	
其他文化用品批发	1	476	143		6	6	
医药及医疗器材批发	4	15443	10235	3107	582	331	46
西药批发	2	3980	2591	1160	190	133	15
中药材及中成药批发	2	11463	7644	1947	392	197	30
矿产品、建材及化工产品批发	20	92028	26918	18805	47997	18006	3147
煤炭及制品批发	1	1145	451	415	68	10	5
石油及制品批发	4	15429	4638	7906	42181	15432	2623
金属及金属矿批发	6	16272	3302	2697	2805	1902	333
建材批发	5	54625	17387	5730	1962	441	139
化肥批发	1	48	29		350	22	6
其他化工产品批发	3	4510	1110	2057	631	199	42
按登记注册类型分组							
内资企业	31	195284	36070	31880	73089	32461	5973
国有企业	6	97895	2262	16584	32792	16655	3544
集体企业	2	530	254	110	546	134	69
联营企业	1	1222	698	424	68	30	5
国有联营企业	1	1222	698	424	68	30	5
有限责任公司	10	65394	23087	8768	1173	412	81
其他有限责任公司	10	65394	23087	8768	1173	412	81
股份有限公司	2	5883	63	1058	35783	14210	2043
私营企业	10	24361	9706	4936	2726	1021	231
私营独资企业	1	2298	26		74	33	5
私营有限责任公司	8	18906	6972	4670	1527	772	148
私营股份有限公司	1	3156	2708	266	1125	216	79
外商投资企业	1	11623	4409	6460	1631	382	97
中外合资经营企业	1	11623	4409	6460	1631	382	97
按控股情况分组							
国有控股	8	111506	6675	23043	69579	31042	5633
集体控股	1	48	29		350	22	6
私人控股	16	40901	17637	8459	4058	1583	376
其他	7	54452	16139	6838	734	195	55
按经营形式分组							
独立门店	29	127310	40441	28258	21901	6795	2536
连锁总店	1	1989	3		35155	14006	1992
其他	2	77608	35	10082	17665	12042	1541

9-8续表1　　（2010年）　　单位：万元

指标名称	法人企业数（个）	流动资产合计	应收帐款	存货	固定资产原价	累计折旧	本年折旧
零售业	77	142386	18024	42561	80652	38029	6248
按零售行业小类分组							
综合零售	13	48076	700	14901	56527	29491	4019
百货零售	9	38942	684	9989	49658	26551	3364
超级市场零售	4	9134	16	4912	6869	2941	655
食品、饮料及烟草制品专门零售	3	921	611	161	225	78	55
粮油零售	1	160	56	90	4		
糕点、面包零售	1	47	16	10	203	71	54
饮料及茶叶零售	1	714	539	61	18	6	1
纺织、服装及日用品专门零售	1	68			10	10	1
服装零售	1	68			10	10	1
文化、体育用品及器材专门零售	5	4883	450	2886	6047	2481	258
图书零售	1	1735		999	5691	2389	225
珠宝首饰零售	2	2316	254	1596	241	62	24
其他文化用品零售	2	832	196	291	116	30	9
医药及医疗器材专门零售	10	22666	10467	5820	2703	1272	156
药品零售	8	21594	9670	5639	2634	1240	147
医疗用品及器材零售	2	1072	796	181	69	32	9
汽车、摩托车、燃料及零配件专门零售	25	50043	4086	13121	11850	3813	1479
汽车零售	23	46692	3599	12580	11664	3727	1448
汽车零配件零售	2	3351	487	541	186	86	32
家用电器及电子产品专门零售	14	13469	968	5512	2544	493	235
家用电器零售	4	8751	471	3653	2264	324	168
计算机、软件及辅助设备零售	7	2668	461	1221	171	100	46
通信设备零售	3	2050	37	638	109	68	21
五金、家具及室内装修材料专门零售	3	848	139	107	162	48	6
五金零售	2	729	120	50	127	23	2
其他室内装修材料零售	1	119	19	57	35	25	5
无店铺及其他零售	3	1412	604	53	585	344	40
生活用燃料零售	1	682	77	32	78	43	5
其他未列明的零售	2	730	527	21	507	301	35
按登记注册类型分组							
内资企业	75	139843	17946	40905	79482	37348	6134
国有企业	3	7042	4326	1605	6136	2607	259
集体企业	1	69	16	21	443	263	27
股份合作企业	1	47	30		126	22	2
有限责任公司	39	58781	5334	18860	13994	5197	1453
国有独资公司	1	1730	21	753	351	127	127
其他有限责任公司	38	57051	5314	18108	13643	5069	1326
股份有限公司	12	39928	1712	8413	49936	26536	3603
私营企业	19	33976	6528	12006	8847	2724	790
私营有限责任公司	19	33976	6528	12006	8847	2724	790
港、澳、台商投资企业	1	682	77	32	78	43	5
港、澳、台商独资经营企业	1	682	77	32	78	43	5
外商投资企业	1	1861		1625	1092	638	109
外资企业	1	1861		1625	1092	638	109
按控股情况分组							
国有控股	7	17435	4965	4276	9698	3933	1009
集体控股	1	496	189	153	7	3	1
私人控股	44	77015	10758	23084	14275	5058	1358
港澳台商控股	1	682	77	32	78	43	5
其他	24	46759	2034	15017	56593	28993	3875
按经营形式分组							
独立门店	75	136059	17990	39952	79173	37335	6098
连锁总店	1	4276	25	2103	642	384	95
其他	1	2051	9	506	836	310	55
按零售业态分组							
有店铺零售	77	142386	18024	42561	80652	38029	6248
便利店	2	6182	41	3405	873	543	113
超市	4	3891		3052	3902	1381	379
大型超市	3	11234	4	4344	5244	2393	521
百货店	4	26770	655	4101	46508	25175	3006
专业店	25	26319	7181	7798	10707	3702	667
专卖店	39	67991	10144	19862	13418	4837	1562

9-8续表2　　（2010年）　　单位：万元

指标名称	资产总计	负债合计	所有者权益合计	实收资本	国家资本
全　市	518195	387742	130453	106762	54685
批发业	272330	211191	61139	58724	42031
按批发行业小类分组					
农畜产品批发	18247	8089	10159	2710	2710
谷物、豆及薯类批发	18247	8089	10159	2710	2710
食品、饮料及烟草制品批发	95638	12403	83235	6493	5883
米、面制品及食用油批发	4799	4299	500	500	
烟草制品批发	89610	7465	82145	5883	5883
其他食品批发	1229	639	590	110	
纺织、服装及日用品批发	4210	3518	692	700	
服装批发	2449	2064	385	400	
其他日用品批发	1762	1454	307	300	
文化、体育用品及器材批发	476	336	139	120	
其他文化用品批发	476	336	139	120	
医药及医疗器材批发	16541	11559	4982	2703	
西药批发	4060	2703	1358	1203	
中药材及中成药批发	12481	8856	3624	1500	
矿产品、建材及化工产品批发	137218	175286	-38068	45998	33438
煤炭及制品批发	1204	651	553	500	
石油及制品批发	51125	110923	-59798	32900	32700
金属及金属矿批发	18582	13186	5396	2338	442
建材批发	57147	45701	11446	9770	
化肥批发	4218	358	3860	115	50
其他化工产品批发	4943	4467	476	375	246
按登记注册类型分组					
内资企业	255144	125074	130070	58524	41831
国有企业	123666	27629	96037	11781	11781
集体企业	4785	681	4104	315	50
联营企业	1282	1102	180	203	
国有联营企业	1282	1102	180	203	
有限责任公司	67980	52232	15748	11559	
其他有限责任公司	67980	52232	15748	11559	
股份有限公司	31169	22072	9097	30366	30000
私营企业	26262	21358	4904	4300	
私营独资企业	2449	2064	385	400	
私营有限责任公司	19748	16494	3254	2700	
私营股份有限公司	4066	2800	1265	1200	
外商投资企业	17186	86117	-68931	200	200
中外合资经营企业	17186	86117	-68931	200	200
按控股情况分组					
国有控股	167703	134208	33495	41981	41981
集体控股	4218	358	3860	115	50
私人控股	44389	31615	12774	7718	
其他	56020	45010	11010	8910	
按经营形式分组					
独立门店	151650	182905	-31255	22726	6098
连锁总店	26851	20462	6389	30000	30000
其他	93828	7823	86005	5998	5933

9-8续表3 （2010年） 单位：万元

指标名称	资产总计	负债合计	所有者权益合计	实收资本	国家资本
零售业	**245865**	**176551**	**69314**	**48038**	**12654**
按零售行业小类分组					
综合零售	88129	74799	13330	14185	1150
百货零售	71272	60995	10277	12676	1150
超级市场零售	16857	13804	3053	1509	
食品、饮料及烟草制品专门零售	3947	2389	1558	110	
粮油零售	239	196	43	60	
糕点、面包零售	306	127	178	50	
饮料及茶叶零售	3403	2066	1336		
纺织、服装及日用品专门零售	68	1	67	60	
服装零售	68	1	67	60	
文化、体育用品及器材专门零售	9117	6276	2841	1733	413
图书零售	5041	3701	1340	333	333
珠宝首饰零售	3156	1870	1286	1200	
其他文化用品零售	919	705	215	200	80
医药及医疗器材专门零售	25829	20685	5145	4201	500
药品零售	24720	19686	5034	4145	500
医疗用品及器材零售	1109	999	110	56	
汽车、摩托车、燃料及零配件专门零售	81205	49994	31210	20200	10530
汽车零售	77372	46661	30711	19800	10230
汽车零配件零售	3833	3333	499	400	300
家用电器及电子产品专门零售	28835	20100	8735	6380	
家用电器零售	23598	17977	5622	3620	
计算机、软件及辅助设备零售	3143	1821	1322	1040	
通信设备零售	2093	302	1791	1720	
五金、家具及室内装修材料专门零售	5819	864	4955	295	60
五金零售	5689	817	4872	195	60
其他室内装修材料零售	130	46	83	100	
无店铺及其他零售	2917	1443	1474	874	
生活用燃料零售	1655	476	1179	696	
其他未列明的零售	1262	968	294	178	
按登记注册类型分组					
内资企业	240615	172125	68490	47043	12654
国有企业	10735	9251	1483	913	913
集体企业	512	330	182	118	
股份合作企业	5007	359	4649	135	60
有限责任公司	75601	58105	17496	12769	953
国有独资公司	1966	1309	657	653	653
其他有限责任公司	73635	56796	16839	12116	300
股份有限公司	90323	55663	34660	22768	10728
私营企业	58436	48417	10018	10339	
私营有限责任公司	58436	48417	10018	10339	
港、澳、台商投资企业	1655	476	1179	696	
港、澳、台商独资经营企业	1655	476	1179	696	
外商投资企业	3596	3951	-355	300	
外资企业	3596	3951	-355	300	
按控股情况分组					
国有控股	45436	21159	24277	11679	11504
集体控股	888	388	500	500	
私人控股	95632	72041	23591	16340	
港澳台商控股	1655	476	1179	696	
其他	102254	82487	19767	18824	1150
按经营形式分组					
独立门店	238572	170016	68556	46538	12654
连锁总店	4636	4025	611	700	
其他	2657	2510	147	800	
按零售业态分组					
有店铺零售	245865	176551	69314	48038	12654
便利店	6614	5640	974	1000	
超市	6755	5870	885	864	
大型超市	18561	16698	1863	1500	
百货店	56199	46591	9608	10821	1150
专业店	53125	37421	15704	6948	973
专卖店	104612	64332	40280	26905	10530

9-8续表4 （2010年） 单位:万元

指标名称	主营业务收入	主营业务成本	主营业务税金及附加	主营业务利润	营业费用	管理费用	税金
全　市	**1698815**	**1469329**	**18898**	**170425**	**77710**	**39208**	**1419**
批发业	**1132027**	**997436**	**16976**	**110342**	**44360**	**18815**	**535**
按批发行业小类分组							
农畜产品批发	3367	3244		123	298	757	6
谷物、豆及薯类批发	3367	3244		123	298	757	6
食品、饮料及烟草制品批发	296500	217281	15011	62236	19258	13113	276
米、面制品及食用油批发	33169	19599	166	11432	10259	386	200
烟草制品批发	252085	187378	14817	49890	8355	12727	76
其他食品批发	11246	10304	28	915	644		
纺织、服装及日用品批发	9562	8797	20	722	552	217	8
服装批发	2171	2008		140	27	49	3
其他日用品批发	7392	6789	20	582	524	168	5
文化、体育用品及器材批发	2057	1576	2	133	176	7	
其他文化用品批发	2057	1576	2	133	176	7	
医药及医疗器材批发	25434	24010	23	1431	319	835	13
西药批发	9243	8772	8	494	226	161	4
中药材及中成药批发	16192	15239	15	938	93	674	9
矿产品、建材及化工产品批发	795106	742527	1920	45697	23757	3886	232
煤炭及制品批发	3109	2853	7	249	195	31	2
石油及制品批发	584745	544470	629	36135	20390	2011	48
金属及金属矿批发	50371	47118	980	1331	568	494	17
建材批发	140343	134809	288	4939	1954	996	142
化肥批发	2100			2100		100	
其他化工产品批发	14438	13277	17	944	651	255	23
按登记注册类型分组							
内资企业	1082262	950340	16976	109648	42445	18667	535
国有企业	433670	357309	14991	58789	17502	13747	96
集体企业	4233	1835	6	2349	217	153	6
联营企业	2001	1899	2	131	61	69	
国有联营企业	2001	1899	2	131	61	69	
有限责任公司	157093	149448	129	6863	3222	1511	140
其他有限责任公司	157093	149448	129	6863	3222	1511	140
股份有限公司	394007	365878	1416	26712	9456	1919	48
私营企业	91258	73971	433	14803	11988	1268	245
私营独资企业	2171	2008		140	27	49	3
私营有限责任公司	73935	57509	215	14184	11772	1071	225
私营股份有限公司	15152	14454	218	480	189	148	18
外商投资企业	49765	47096		694	1915	148	
中外合资经营企业	49765	47096		694	1915	148	
按控股情况分组							
国有控股	869352	763285	15469	86043	28872	15704	137
集体控股	2100			2100		100	
私人控股	122182	102168	1405	16292	12791	1894	263
其他	138392	131983	102	5907	2697	1116	135
按经营形式分组							
独立门店	491924	451178	1681	31792	26549	4179	417
连锁总店	385917	358880	478	26560	9456	1809	42
其他	254185	187378	14817	51990	8355	12827	76

9-8续表5　　(2010年)　　单位:万元

指标名称	主营业务收入	主营业务成本	主营业务税金及附加	主营业务利润	营业费用	管理费用	税金
零售业	**566788**	**471893**	**1922**	**60083**	**33350**	**20393**	**884**
按零售行业小类分组							
综合零售	227658	174314	1147	33934	19906	11862	522
百货零售	174571	131175	907	26000	13629	11184	457
超级市场零售	53088	43139	239	7934	6277	678	65
食品、饮料及烟草制品专门零售	4594	3854	13	625	993	138	
粮油零售	1164	1125	1	38	13	44	
糕点、面包零售	1391	966	8	355	258	94	
饮料及茶叶零售	2039	1763	4	231	722		
纺织、服装及日用品专门零售	775	683	2	77		71	
服装零售	775	683	2	77		71	
文化、体育用品及器材专门零售	13965	11456	52	2041	1113	1214	53
图书零售	4087	2966	14	1107	617	916	35
珠宝首饰零售	5067	3949	31	683	381	165	15
其他文化用品零售	4812	4540	7	250	115	132	3
医药及医疗器材专门零售	42367	37190	92	4109	2385	1720	33
药品零售	38726	34738	79	3958	2297	1676	29
医疗用品及器材零售	3640	2453	12	151	88	43	3
汽车、摩托车、燃料及零配件专门零售	202459	181237	444	11626	3977	3716	251
汽车零售	190014	168976	435	11556	3766	3208	243
汽车零配件零售	12444	12261	9	70	211	509	8
家用电器及电子产品专门零售	66038	55352	163	6700	4396	1353	21
家用电器零售	44740	37195	84	4398	2687	611	13
计算机、软件及辅助设备零售	14009	12493	37	1367	978	296	5
通信设备零售	7289	5665	42	934	731	445	3
五金、家具及室内装修材料专门零售	3354	2980	7	337	67	183	1
五金零售	2675	2377	7	272	49	134	
其他室内装修材料零售	680	603	1	65	19	49	1
无店铺及其他零售	5579	4828	4	635	513	137	4
生活用燃料零售	3101	2621		410	253	84	
其他未列明的零售	2478	2207	4	225	260	53	4
按登记注册类型分组							
内资企业	553455	461358	1908	57369	31158	20097	884
国有企业	17863	15737	43	2091	1481	1134	38
集体企业	1976	1795	2	179	258	12	3
股份合作企业	2055	1900	5	221		124	
有限责任公司	248044	215686	524	19866	12089	4578	293
国有独资公司	16991	16133	3	855	174	192	20
其他有限责任公司	231053	199554	521	19011	11916	4386	273
股份有限公司	185960	142191	1039	26147	11584	9761	458
私营企业	97557	84049	295	8865	5746	4489	92
私营有限责任公司	97557	84049	295	8865	5746	4489	92
港、澳、台商投资企业	3101	2621		410	253	84	
港、澳、台商独资经营企业	3101	2621		410	253	84	
外商投资企业	10233	7915	13	2305	1938	212	
外资企业	10233	7915	13	2305	1938	212	
按控股情况分组							
国有控股	60031	54573	321	5216	2610	2644	74
集体控股	2768	2581	4	183	171	32	2
私人控股	246241	214061	500	19899	11594	4604	259
港澳台商控股	3101	2621		410	253	84	
其他	254648	198058	1097	34376	18722	13029	549
按经营形式分组							
独立门店	551955	459141	1877	58048	31311	20304	871
连锁总店	10411	8501	44	1866	1874		
其他	4423	4252	1	170	165	89	13
按零售业态分组							
有店铺零售	566788	471893	1922	60083	33350	20393	884
便利店	19960	15811	89	3038	3228	146	10
超市	12615	10502	55	1827	2124	514	7
大型超市	50521	42102	220	7446	6444	462	56
百货店	144562	105899	783	21624	8110	10740	450
专业店	106368	92109	223	9673	6309	2784	67
专卖店	232762	205471	552	16476	7135	5747	296

9-8续表6　　(2010年)　　单位:万元

指标名称	财务费用	利息支出	营业利润	补贴收入	营业外收入	利润总额	应交所得税
全　市	4096	2605	60736	1297	2910	47602	11714
批发业	1008	628	49390	1226	293	35501	8489
按批发行业小类分组							
农畜产品批发	95	95	388	1149	2	388	73
谷物、豆及薯类批发	95	95	388	1149	2	388	73
食品、饮料及烟草制品批发	-232	-232	30583	6	78	30631	7542
米、面制品及食用油批发			788			786	81
烟草制品批发	-231	-231	29524	6	65	29561	7390
其他食品批发	-1	-1	271		13	284	71
纺织、服装及日用品批发	169	155	-81	46	1	-34	1
服装批发	108	101	-45	18	1	-27	
其他日用品批发	61	54	-35	28		-8	1
文化、体育用品及器材批发	6	2	-55			-55	
其他文化用品批发	6	2	-55			-55	
医药及医疗器材批发	50	48	230		8	212	60
西药批发			107		8	96	29
中药材及中成药批发	50	48	123			116	31
矿产品、建材及化工产品批发	920	561	18326	25	205	4360	813
煤炭及制品批发	15		9			9	2
石油及制品批发	122	92	14237		39	2166	357
金属及金属矿批发	368	148	418	25	62	504	39
建材批发	315	221	1675		1	1675	406
化肥批发	1		1999		102	22	
其他化工产品批发	100	100	-12			-16	8
按登记注册类型分组							
内资企业	1084	703	49390	1226	291	34807	8489
国有企业	249	37	30175	1155	131	30219	7463
集体企业	23		2009		102	32	2
联营企业			2			2	
国有联营企业			2			2	
有限责任公司	139	109	1994		22	1990	504
其他有限责任公司	139	109	1994		22	1990	504
股份有限公司	48	40	14167	25	35	1478	372
私营企业	625	516	1043	46	1	1087	148
私营独资企业	108	101	-45	18	1	-27	
私营有限责任公司	392	291	1071	28		1095	143
私营股份有限公司	125	125	18			18	4
外商投资企业	-75	-75			1	695	
中外合资经营企业	-75	-75			1	695	
按控股情况分组							
国有控股	181	-38	44340	1155	133	32329	7818
集体控股	1		1999		102	22	
私人控股	638	490	1141	71	44	1226	188
其他	188	176	1910		14	1924	482
按经营形式分组							
独立门店	1231	859	3702	1220	125	4502	743
连锁总店	7		14165			1416	355
其他	-230	-231	31523	6	167	29583	7390

9-8续表7 （2010年） 单位：万元

指标名称	财务费用	利息支出	营业利润	补贴收入	营业外收入	利润总额	应交所得税
零售业	**3088**	**1977**	**11345**	**71**	**2618**	**12101**	**3226**
按零售行业小类分组							
综合零售	1334	681	6329	35	1615	6511	1550
百货零售	1260	622	3830		1589	3956	943
超级市场零售	74	58	2500	35	26	2554	607
食品、饮料及烟草制品专门零售			-492		1	-491	73
粮油零售			-7			-7	
糕点、面包零售			3			3	1
饮料及茶叶零售			-488		1	-487	73
纺织、服装及日用品专门零售			6			6	1
服装零售			6			6	1
文化、体育用品及器材专门零售	159	154	-105		576	373	95
图书零售	73	73	-204		576	274	83
珠宝首饰零售	72	68	78			78	10
其他文化用品零售	13	13	21			21	3
医药及医疗器材专门零售	313	270	-131		94	-199	32
药品零售	312	270	-150		94	-218	28
医疗用品及器材零售	1		19			19	4
汽车、摩托车、燃料及零配件专门零售	897	757	4480	37	186	4443	1050
汽车零售	927	789	4933	37	185	4895	1048
汽车零配件零售	-30	-31	-453		1	-452	2
家用电器及电子产品专门零售	384	115	1174		43	1457	403
家用电器零售	318	97	1068		8	1289	363
计算机、软件及辅助设备零售	52	18	133		2	166	40
通信设备零售	15		-27		32	2	
五金、家具及室内装修材料专门零售	1		98		102	19	1
五金零售	1		100		102	22	1
其他室内装修材料零售			-2			-2	
无店铺及其他零售			-15			-17	20
生活用燃料零售			73			70	19
其他未列明的零售			-88			-88	1
按登记注册类型分组							
内资企业	3073	1977	11133	71	2616	11890	3206
国有企业	77	76	-276		586	212	86
集体企业			-91			-91	
股份合作企业	1		100		102	22	1
有限责任公司	771	587	4894	71	327	5530	1617
国有独资公司	15		475		61	536	134
其他有限责任公司	757	587	4419	71	266	4994	1483
股份有限公司	1252	585	6512		1517	6434	1338
私营企业	972	729	-7		83	-217	165
私营有限责任公司	972	729	-7		83	-217	165
港、澳、台商投资企业			73			70	19
港、澳、台商独资经营企业			73			70	19
外商投资企业	15		140		2	141	
外资企业	15		140		2	141	
按控股情况分组							
国有控股	230	213	856		772	1336	349
集体控股	12	12	-32				
私人控股	1637	1250	4025	37	301	4083	1103
港澳台商控股			73			70	19
其他	1208	503	6422	35	1545	6612	1755
按经营形式分组							
独立门店	2732	1621	11537	71	2487	12167	3201
连锁总店	193	193	-4		108	100	25
其他	164	163	-187		23	-167	
按零售业态分组							
有店铺零售	3088	1977	11345	71	2618	12101	3226
便利店	195	195	40		108	144	36
超市	131	-40	-230		1456	1082	8
大型超市	21	-4	2163	35	38	2230	591
百货店	986	529	4355		13	3055	915
专业店	433	187	1014		699	1674	517
专卖店	1321	1110	4002	37	304	3917	1159

9-8续表8　　　　　　（2010年）　　　　　　单位：万元

指标名称	劳动、失业保险费	养老保险和医疗保险费	住房公积金和住房补贴	本年应付工资总额	本年应付福利费总额	本年应交增值税	全部从业人员年平均人数（人）
全　市	1062	5528	2233	37550	3287	34878	13605
批发业	200	2665	1512	19233	1903	21587	6345
按批发行业小类分组							
农畜产品批发	82	166	66	264	16	1	85
谷物、豆及薯类批发	82	166	66	264	16	1	85
食品、饮料及烟草制品批发	68	1601	1155	14145	1376	12750	3944
米、面制品及食用油批发	7	67	7	4482	49	1664	3024
烟草制品批发	58	1453	1148	9260	1317	10947	762
其他食品批发	3	81		403	10	139	158
纺织、服装及日用品批发	5	59	15	271		41	122
服装批发	1	2		27		1	8
其他日用品批发	4	57	15	244		40	114
文化、体育用品及器材批发				36		22	16
其他文化用品批发				36		22	16
医药及医疗器材批发	3	100	6	455	15	255	186
西药批发	1	23		176	10	85	63
中药材及中成药批发	2	77	6	279	6	171	123
矿产品、建材及化工产品批发	43	739	272	4062	496	8517	1992
煤炭及制品批发		3		14		6	9
石油及制品批发	29	625	256	3226	451	6098	1686
金属及金属矿批发	9	38	9	397	27	1529	128
建材批发	4	52		259	10	801	104
化肥批发				13	1	1	13
其他化工产品批发	2	21	7	154	7	84	52
按登记注册类型分组							
内资企业	200	2665	1512	18809	1813	20772	6273
国有企业	157	1906	1313	10811	1473	11147	1396
集体企业		4		30	1	51	23
联营企业		2		36		22	23
国有联营企业		2		36		22	23
有限责任公司	7	205	6	1065	28	980	420
其他有限责任公司	7	205	6	1065	28	980	420
股份有限公司	15	376	172	1760	246	6436	1129
私营企业	22	171	21	5108	65	2136	3282
私营独资企业	1	2		27		1	8
私营有限责任公司	19	151	21	5021	65	1967	3249
私营股份有限公司	2	18		60		168	25
外商投资企业				423	89	815	72
中外合资经营企业				423	89	815	72
按控股情况分组							
国有控股	171	2265	1481	12844	1787	17023	2565
集体控股				13	1	1	13
私人控股	24	291	25	5589	88	3738	3503
其他	5	109	6	787	26	825	264
按经营形式分组							
独立门店	128	853	196	8350	359	5579	4473
连锁总店	14	359	168	1610	225	5061	1097
其他	58	1453	1148	9273	1318	10948	775

9-8续表9　　（2010年）　　单位：万元

指标名称	劳动、失业保险费	养老保险和医疗保险费	住房公积金和住房补贴	本年应付工资总额	本年应付福利费总额	本年应交增值税	全部从业人员年平均人数（人）
零售业	**862**	**2863**	**721**	**18317**	**1385**	**13291**	**7260**
按零售行业小类分组							
综合零售	512	1504	383	9920	761	7268	3989
百货零售	499	1297	348	7874	710	6117	2722
超级市场零售	13	207	35	2046	51	1151	1267
食品、饮料及烟草制品专门零售	1	23		354		97	200
粮油零售				38		8	20
糕点、面包零售		11		137		71	100
饮料及茶叶零售	1	13		179		18	80
纺织、服装及日用品专门零售				6		13	4
服装零售				6		13	4
文化、体育用品及器材专门零售	194	192	96	769	109	131	301
图书零售	191	137	95	534	103	16	158
珠宝首饰零售	1	37		144	1	66	89
其他文化用品零售	2	18	1	91	6	50	54
医药及医疗器材专门零售	84	362	38	1842	112	848	874
药品零售	67	346	38	1721	92	740	815
医疗用品及器材零售	17	16		122	20	108	59
汽车、摩托车、燃料及零配件专门零售	51	458	186	3405	319	4073	1025
汽车零售	48	441	181	3367	310	3897	1009
汽车零配件零售	2	17	4	38	9	176	16
家用电器及电子产品专门零售	20	295	16	1794	79	782	734
家用电器零售	3	116	14	892	29	438	283
计算机、软件及辅助设备零售	13	54	3	427	48	231	212
通信设备零售	5	124		475	2	114	239
五金、家具及室内装修材料专门零售		5		91	4	9	64
五金零售				76	2	2	53
其他室内装修材料零售		4		15	2	6	11
无店铺及其他零售	1	25	1	136	2	69	69
生活用燃料零售	1	13		77	2	37	40
其他未列明的零售		12	1	60		32	29
按登记注册类型分组							
内资企业	862	2850	721	17759	1383	13242	6974
国有企业	195	201	96	850	140	202	293
集体企业		7		38		19	19
股份合作企业				55	2	1	40
有限责任公司	96	919	71	6249	651	6005	3014
国有独资公司		8		100	1	97	24
其他有限责任公司	95	911	71	6149	650	5909	2990
股份有限公司	503	1277	520	7337	440	5786	1918
私营企业	68	446	33	3230	150	1229	1690
私营有限责任公司	68	446	33	3230	150	1229	1690
港、澳、台商投资企业	1	13		77	2	37	40
港、澳、台商独资经营企业	1	13		77	2	37	40
外商投资企业				482		12	246
外资企业				482		12	246
按控股情况分组							
国有控股	222	451	267	2052	179	565	526
集体控股		18		55	18	32	36
私人控股	122	788	71	6514	660	5317	3521
港澳台商控股	1	13		77	2	37	40
其他	518	1594	383	9619	527	7339	3137
按经营形式分组							
独立门店	852	2750	721	17179	1125	12915	6595
连锁总店	10	105		1060	258	364	645
其他		9		78	2	13	20
按零售业态分组							
有店铺零售	862	2863	721	18317	1385	13291	7260
便利店	12	141		1701	258	577	1233
超市	11	249		900	14	224	589
大型超市	14	236	41	1703	51	1020	844
百货店	475	878	342	5616	438	5447	1323
专业店	232	528	124	3012	249	3403	1170
专卖店	119	831	214	5386	375	2620	2101

9-9 市区限额以上批发和零售业法人单位主要财务状况

（2010年） 单位：万元

指标名称	法人企业数（个）	流动资产合计	存货	固定资产原价	累计折旧	本年折旧	资产总计	负债合计
总计	87	297072	64521	144730	67659	11472	439755	260887
批发业	29	186390	30386	72377	32255	5942	241106	117970
按批发行业小类分组								
农畜产品批发	1	11649	4818	8263	2229	1287	18247	8089
谷物、豆及薯类批发	1	11649	4818	8263	2229	1287	18247	8089
食品、饮料及烟草制品批发	3	83472	11578	17476	12066	1562	95638	12403
米、面制品及食用油批发	1	4689	1164	143	32	24	4799	4299
烟草制品批发	1	77560	10082	17315	12020	1536	89610	7465
其他食品批发	1	1224	333	18	14	3	1229	639
纺织、服装及日用品批发	3	3839	31	397	206	27	4210	3518
服装批发	1	2298		74	33	5	2449	2064
其他日用品批发	2	1540	31	323	174	22	1762	1454
文化、体育用品及器材批发	1	476		6	6		476	336
其他文化用品批发	1	476		6	6		476	336
医药及医疗器材批发	3	6597	1613	219	146	20	6722	4813
西药批发	2	3980	1160	190	133	15	4060	2703
中药材及中成药批发	1	2617	453	29	13	5	2661	2111
矿产品、建材及化工产品批发	18	80358	12346	46016	17602	3045	115814	88811
煤炭及制品批发	1	1145	415	68	10	5	1204	651
石油及制品批发	3	3806	1447	40550	15050	2527	33939	24806
金属及金属矿批发	6	16272	2697	2805	1902	333	18582	13186
建材批发	5	54625	5730	1962	441	139	57147	45701
其他化工产品批发	3	4510	2057	631	199	42	4943	4467
按登记注册类型分组								
内资企业	29	186390	30386	72377	32255	5942	241106	117970
国有企业	6	97895	16584	32792	16655	3544	123666	27629
集体企业	1	482	110	196	112	63	566	322
联营企业	1	1222	424	68	30	5	1282	1102
国有联营企业	1	1222	424	68	30	5	1282	1102
有限责任公司	9	56548	7274	811	228	55	58161	45486
其他有限责任公司	9	56548	7274	811	228	55	58161	45486
股份有限公司	2	5883	1058	35783	14210	2043	31169	22072
私营企业	10	24361	4936	2726	1021	231	26262	21358
私营独资企业	1	2298		74	33	5	2449	2064
私营有限责任公司	8	18906	4670	1527	772	148	19748	16494
私营股份有限公司	1	3156	266	1125	216	79	4066	2800
按控股情况分组								
国有控股	7	99884	16584	67947	30661	5537	150517	48091
私人控股	15	32055	6964	3696	1399	350	34570	24869
其他	7	54452	6838	734	195	55	56020	45010
按经营形式分组								
独立门店	27	106841	20304	19907	6230	2414	124645	90043
连锁总店	1	1989		35155	14006	1992	26851	20462
其他	1	77560	10082	17315	12020	1536	89610	7465

9-9续表1　　(2010年)　　单位:万元

指标名称	法人企业数(个)	流动资产合计	存货	固定资产原价	累计折旧	本年折旧	资产总计	负债合计
零售业	58	110682	34135	72354	35403	5530	198649	142918
按零售行业小类分组								
综合零售	12	47836	14720	54779	28958	3833	86675	73599
百货零售	9	38942	9989	49658	26551	3364	71272	60995
超级市场零售	3	8894	4730	5121	2407	469	15403	12604
食品、饮料及烟草制品专门零售	3	921	161	225	78	55	3947	2389
粮油零售	1	160	90	4			239	196
糕点、面包零售	1	47	10	203	71	54	306	127
饮料及茶叶零售	1	714	61	18	6	1	3403	2066
纺织、服装及日用品专门零售	1	68		10	10	1	68	1
服装零售	1	68		10	10	1	68	1
文化、体育用品及器材专门零售	5	4883	2886	6047	2481	258	9117	6276
图书零售	1	1735	999	5691	2389	225	5041	3701
珠宝首饰零售	2	2316	1596	241	62	24	3156	1870
其他文化用品零售	2	832	291	116	30	9	919	705
医药及医疗器材专门零售	7	16251	4590	1942	908	85	18734	14427
药品零售	5	15179	4409	1874	876	76	17624	13428
医疗用品及器材零售	2	1072	181	69	32	9	1109	999
汽车、摩托车、燃料及零配件专门零售	11	25041	6107	6186	2106	1019	47546	24177
汽车零售	9	21690	5566	6000	2019	987	43713	20843
汽车零配件零售	2	3351	541	186	86	32	3833	3333
家用电器及电子产品专门零售	14	13469	5512	2544	493	235	28835	20100
家用电器零售	4	8751	3653	2264	324	168	23598	17977
计算机、软件及辅助设备零售	7	2668	1221	171	100	46	3143	1821
通信设备零售	3	2050	638	109	68	21	2093	302
五金、家具及室内装修材料专门零售	2	801	107	36	26	5	812	505
五金零售	1	682	50	1	1		682	459
其他室内装修材料零售	1	119	57	35	25	5	130	46
无店铺及其他零售	3	1412	53	585	344	40	2917	1443
生活用燃料零售	1	682	32	78	43	5	1655	476
其他未列明的零售	2	730	21	507	301	35	1262	968
按登记注册类型分组								
内资企业	56	108139	32479	71184	34722	5416	193398	138491
国有企业	2	2095	1169	5711	2405	227	5406	3971
集体企业	1	69	21	443	263	27	512	330
有限责任公司	31	42764	14494	10601	4098	1157	55205	44099
国有独资公司	1	1730	753	351	127	127	1966	1309
其他有限责任公司	30	41034	13741	10250	3971	1030	53239	42790
股份有限公司	7	35273	6552	49156	26299	3540	84865	50477
私营企业	15	27937	10243	5273	1656	465	47410	39615
私营有限责任公司	15	27937	10243	5273	1656	465	47410	39615
港、澳、台商投资企业	1	682	32	78	43	5	1655	476
港、澳、台商独资经营企业	1	682	32	78	43	5	1655	476
外商投资企业	1	1861	1625	1092	638	109	3596	3951
外资企业	1	1861	1625	1092	638	109	3596	3951
按控股情况分组								
国有控股	5	12441	3840	9148	3710	976	35100	15520
集体控股	1	496	153	7	3	1	888	388
私人控股	27	50305	15094	6528	2655	674	58751	44046
港澳台商控股	1	682	32	78	43	5	1655	476
其他	24	46759	15017	56593	28993	3875	102254	82487
按经营形式分组								
独立门店	57	106407	32032	71711	35019	5435	194013	138893
连锁总店	1	4276	2103	642	384	95	4636	4025
按零售业态分组								
有店铺零售	58	110682	34135	72354	35403	5530	198649	142918
便利店	2	6182	3405	873	543	113	6614	5640
超市	3	3651	2870	2155	848	193	5301	4670
大型超市	3	11234	4344	5244	2393	521	18561	16698
百货店	4	26770	4101	46508	25175	3006	56199	46591
专业店	23	21325	7362	10156	3478	634	42789	31782
专卖店	23	41521	12053	7418	2967	1063	69185	37537

9-9续表2 （2010年） 单位：万元

指标名称	所有者权益合计	实收资本	国家资本	主营业务收入	主营业务成本	主营业务税金及附加
总　计	**178868**	**98128**	**53875**	**1511985**	**1295819**	**18724**
批发业	**123136**	**57409**	**41781**	**1068964**	**939731**	**16965**
按批发行业小类分组						
农畜产品批发	10159	2710	2710	3367	3244	
谷物、豆及薯类批发	10159	2710	2710	3367	3244	
食品、饮料及烟草制品批发	83235	6493	5883	296500	217281	15011
米、面制品及食用油批发	500	500		33169	19599	166
烟草制品批发	82145	5883	5883	252085	187378	14817
其他食品批发	590	110		11246	10304	28
纺织、服装及日用品批发	692	700		9562	8797	20
服装批发	385	400		2171	2008	
其他日用品批发	307	300		7392	6789	20
文化、体育用品及器材批发	139	120		2057	1576	2
其他文化用品批发	139	120		2057	1576	2
医药及医疗器材批发	1908	1703		14237	13401	12
西药批发	1358	1203		9243	8772	8
中药材及中成药批发	551	500		4994	4630	5
矿产品、建材及化工产品批发	27003	45683	33188	743241	695431	1920
煤炭及制品批发	553	500		3109	2853	7
石油及制品批发	9133	32700	32500	534980	497374	629
金属及金属矿批发	5396	2338	442	50371	47118	980
建材批发	11446	9770		140343	134809	288
其他化工产品批发	476	375	246	14438	13277	17
按登记注册类型分组						
内资企业	123136	57409	41781	1068964	939731	16965
国有企业	96037	11781	11781	433670	357309	14991
集体企业	244	200		2133	1835	6
联营企业	180	203		2001	1899	2
国有联营企业	180	203		2001	1899	2
有限责任公司	12675	10559		145896	138839	118
其他有限责任公司	12675	10559		145896	138839	118
股份有限公司	9097	30366	30000	394007	365878	1416
私营企业	4904	4300		91258	73971	433
私营独资企业	385	400		2171	2008	
私营有限责任公司	3254	2700		73935	57509	215
私营股份有限公司	1265	1200		15152	14454	218
按控股情况分组						
国有控股	102426	41781	41781	819587	716189	15469
私人控股	9700	6718		110985	91559	1394
其他	11010	8910		138392	131983	102
按经营形式分组						
独立门店	34602	21526	5898	430962	393473	1670
连锁总店	6389	30000	30000	385917	358880	478
其他	82145	5883	5883	252085	187378	14817

8-9续表3　　(2010年)　　单位:万元

指标名称	所有者权益合计	实收资本	国家资本	主营业务收入	主营业务成本	主营业务税金及附加
零售业	55732	40719	12094	443021	356088	1758
按零售行业小类分组						
综合零售	13076	13976	1150	226545	173414	1129
百货零售	10277	12676	1150	174571	131175	907
超级市场零售	2799	1300		51974	42238	222
食品、饮料及烟草制品专门零售	1558	110		4594	3854	13
粮油零售	43	60		1164	1125	1
糕点、面包零售	178	50		1391	966	8
饮料及茶叶零售	1336			2039	1763	4
纺织、服装及日用品专门零售	67	60		775	683	2
服装零售	67	60		775	683	2
文化、体育用品及器材专门零售	2841	1733	413	13965	11456	52
图书零售	1340	333	333	4087	2966	14
珠宝首饰零售	1286	1200		5067	3949	31
其他文化用品零售	215	200	80	4812	4540	7
医药及医疗器材专门零售	4307	2976		25474	21746	56
药品零售	4197	2920		21833	19293	44
医疗用品及器材零售	110	56		3640	2453	12
汽车、摩托车、燃料及零配件专门零售	23369	14450	10530	98753	83676	339
汽车零售	22870	14050	10230	86309	71415	330
汽车零配件零售	499	400	300	12444	12261	9
家用电器及电子产品专门零售	8735	6380		66038	55352	163
家用电器零售	5622	3620		44740	37195	84
计算机、软件及辅助设备零售	1322	1040		14009	12493	37
通信设备零售	1791	1720		7289	5665	42
五金、家具及室内装修材料专门零售	307	160		1299	1080	2
五金零售	223	60		619	477	2
其他室内装修材料零售	83	100		680	603	1
无店铺及其他零售	1474	874		5579	4828	4
生活用燃料零售	1179	696		3101	2621	
其他未列明的零售	294	178		2478	2207	4
按登记注册类型分组						
内资企业	54907	39723	12094	429688	345553	1745
国有企业	1436	413	413	8150	6852	20
集体企业	182	118		1976	1795	2
有限责任公司	11107	10064	953	169306	141923	438
国有独资公司	657	653	653	16991	16133	3
其他有限责任公司	10450	9411	300	152316	125790	434
股份有限公司	34388	21798	10728	173817	130662	1026
私营企业	7795	7330		76438	64321	260
私营有限责任公司	7795	7330		76438	64321	260
港、澳、台商投资企业	1179	696		3101	2621	
港、澳、台商独资经营企业	1179	696		3101	2621	
外商投资企业	-355	300		10233	7915	13
外资企业	-355	300		10233	7915	13
按控股情况分组						
国有控股	19580	11044	10944	48263	43788	294
集体控股	500	500		2768	2581	4
私人控股	14705	9656		134242	109040	364
港澳台商控股	1179	696		3101	2621	
其他	19767	18824	1150	254648	198058	1097
按经营形式分组						
独立门店	55120	40019	12094	432611	347587	1714
连锁总店	611	700		10411	8501	44
按零售业态分组						
有店铺零售	55732	40719	12094	443021	356088	1758
便利店	974	1000		19960	15811	89
超市	631	655		11502	9602	37
大型超市	1863	1500		50521	42102	220
百货店	9608	10821	1150	144562	105899	783
专业店	11007	6313	413	94600	81324	195
专卖店	31649	20430	10530	121877	101350	434

9-9续表4 （2010年） 单位：万元

指标名称	营业费用	管理费用	财务费用	利息支出	营业利润	利润总额	应交所得税
总　计	72944	36599	3592	2204	55884	44221	11056
批发业	42382	18150	1033	656	47342	34743	8478
按批发行业小类分组							
农畜产品批发	298	757	95	95	388	388	73
谷物、豆及薯类批发	298	757	95	95	388	388	73
食品、饮料及烟草制品批发	19258	13113	-232	-232	30583	30631	7542
米、面制品及食用油批发	10259	386			788	786	81
烟草制品批发	8355	12727	-231	-231	29524	29561	7390
其他食品批发	644		-1	-1	271	284	71
纺织、服装及日用品批发	552	217	169	155	-81	-34	1
服装批发	27	49	108	101	-45	-27	
其他日用品批发	524	168	61	54	-35	-8	1
文化、体育用品及器材批发	176	7	6	2	-55	-55	
其他文化用品批发	176	7	6	2	-55	-55	
医药及医疗器材批发	256	419			181	170	49
西药批发	226	161			107	96	29
中药材及中成药批发	30	258			74	74	20
矿产品、建材及化工产品批发	21842	3638	995	636	16326	3644	813
煤炭及制品批发	195	31	15		9	9	2
石油及制品批发	18475	1862	197	168	14237	1471	357
金属及金属矿批发	568	494	368	148	418	504	39
建材批发	1954	996	315	221	1675	1675	406
其他化工产品批发	651	255	100	100	-12	-16	8
按登记注册类型分组							
内资企业	42382	18150	1033	656	47342	34743	8478
国有企业	17502	13747	249	37	30175	30219	7463
集体企业	217	53	22		10	10	2
联营企业	61	69			2	2	
国有联营企业	61	69			2	2	
有限责任公司	3160	1094	89	62	1945	1948	493
其他有限责任公司	3160	1094	89	62	1945	1948	493
股份有限公司	9456	1919	48	40	14167	1478	372
私营企业	11988	1268	625	516	1043	1087	148
私营独资企业	27	49	108	101	-45	-27	
私营有限责任公司	11772	1071	392	291	1071	1095	143
私营股份有限公司	189	148	125	125	18	18	4
按控股情况分组							
国有控股	26957	15556	257	37	44340	31635	7818
私人控股	12728	1478	589	443	1093	1185	177
其他	2697	1116	188	176	1910	1924	482
按经营形式分组							
独立门店	24571	3614	1257	887	3653	3766	732
连锁总店	9456	1809	7		14165	1416	355
其他	8355	12727	-231	-231	29524	29561	7390

9-9续表5 （2010年） 单位：万元

指 标 名 称	营业费用	管理费用	财务费用	利息支出	营业利润	利润总额	应交所得税
零售业	**30562**	**18448**	**2559**	**1548**	**8541**	**9478**	**2579**
按零售行业小类分组							
综合零售	19841	11791	1278	625	6324	6506	1545
百货零售	13629	11184	1260	622	3830	3956	943
超级市场零售	6213	608	18	3	2495	2549	603
食品、饮料及烟草制品专门零售	993	138			-492	-491	73
粮油零售	13	44			-7	-7	
糕点、面包零售	258	94			3	3	1
饮料及茶叶零售	722				-488	-487	73
纺织、服装及日用品专门零售		71			6	6	1
服装零售		71			6	6	1
文化、体育用品及器材专门零售	1113	1214	159	154	-105	373	95
图书零售	617	916	73	73	-204	274	83
珠宝首饰零售	381	165	72	68	78	78	10
其他文化用品零售	115	132	13	13	21	21	3
医药及医疗器材专门零售	1360	1254	297	270	-43	-124	32
药品零售	1272	1211	296	270	-62	-143	28
医疗用品及器材零售	88	43	1		19	19	4
汽车、摩托车、燃料及零配件专门零售	2279	2431	440	384	1694	1773	408
汽车零售	2068	1923	470	415	2147	2225	406
汽车零配件零售	211	509	-30	-31	-453	-452	2
家用电器及电子产品专门零售	4396	1353	384	115	1174	1457	403
家用电器零售	2687	611	318	97	1068	1289	363
计算机、软件及辅助设备零售	978	296	52	18	133	166	40
通信设备零售	731	445	15		-27	2	
五金、家具及室内装修材料专门零售	67	59	1		-2	-3	
五金零售	49	10				-1	
其他室内装修材料零售	19	49			-2	-2	
无店铺及其他零售	513	137			-15	-17	20
生活用燃料零售	253	84			73	70	19
其他未列明的零售	260	53			-88	-88	1
按登记注册类型分组							
内资企业	28370	18153	2544	1548	8328	9267	2559
国有企业	732	980	76	76	-183	294	86
集体企业	258	12			-91	-91	
有限责任公司	11283	3736	655	509	2424	2582	984
国有独资公司	174	192	15		475	536	134
其他有限责任公司	11109	3544	641	509	1949	2046	850
股份有限公司	11103	9500	1211	587	6427	6452	1338
私营企业	4996	3926	602	376	-248	30	152
私营有限责任公司	4996	3926	602	376	-248	30	152
港、澳、台商投资企业	253	84			73	70	19
港、澳、台商独资经营企业	253	84			73	70	19
外商投资企业	1938	212	15		140	141	
外资企业	1938	212	15		140	141	
按控股情况分组							
国有控股	1861	2367	228	213	849	1397	348
集体控股	171	32	12	12	-32		
私人控股	9555	2937	1110	820	1228	1399	457
港澳台商控股	253	84			73	70	19
其他	18722	13029	1208	503	6422	6612	1755
按经营形式分组							
独立门店	28688	18448	2366	1355	8545	9378	2553
连锁总店	1874		193	193	-4	100	25
按零售业态分组							
有店铺零售	30562	18448	2559	1548	8541	9478	2579
便利店	3228	146	195	195	40	144	36
超市	2060	444	75	-96	-235	1077	3
大型超市	6444	462	21	-4	2163	2230	591
百货店	8110	10740	986	529	4355	3055	915
专业店	5559	2506	431	187	1007	1734	516
专卖店	5161	4151	850	736	1210	1238	517

9-9续表6

（2010年）

单位:万元

指标名称	劳动、失业保险费	养老保险和医疗保险费	住房公积金和住房补贴	本年应付工资总额	本年应付福利费总额	本年应交增值税	全部从业人员年平均人数（人）
总　计	1038	5282	2221	34764	3083	32470	12547
批发业	199	2603	1512	18625	1812	20647	6160
按批发行业小类分组							
农畜产品批发	82	166	66	264	16	1	85
谷物、豆及薯类批发	82	166	66	264	16	1	85
食品、饮料及烟草制品批发	68	1601	1155	14145	1376	12750	3944
米、面制品及食用油批发	7	67	7	4482	49	1664	3024
烟草制品批发	58	1453	1148	9260	1317	10947	762
其他食品批发	3	81		403	10	139	158
纺织、服装及日用品批发	5	59	15	271		41	122
服装批发	1	2		27		1	8
其他日用品批发	4	57	15	244		40	114
文化、体育用品及器材批发				36		22	16
其他文化用品批发				36		22	16
医药及医疗器材批发	2	38	6	283	15	131	86
西药批发	1	23		176	10	85	63
中药材及中成药批发	1	15	6	107	5	46	23
矿产品、建材及化工产品批发	43	739	272	3626	405	7701	1907
煤炭及制品批发		3		14		6	9
石油及制品批发	29	625	256	2802	361	5283	1614
金属及金属矿批发	9	38	9	397	27	1529	128
建材批发	4	52		259	10	801	104
其他化工产品批发	2	21	7	154	7	84	52
按登记注册类型分组							
内资企业	199	2603	1512	18625	1812	20647	6160
国有企业	157	1906	1313	10811	1473	11147	1396
集体企业		4		17		51	10
联营企业		2		36		22	23
国有联营企业		2		36		22	23
有限责任公司	6	143	6	894	28	856	320
其他有限责任公司	6	143	6	894	28	856	320
股份有限公司	15	376	172	1760	246	6436	1129
私营企业	22	171	21	5108	65	2136	3282
私营独资企业	1	2		27		1	8
私营有限责任公司	19	151	21	5021	65	1967	3249
私营股份有限公司	2	18		60		168	25
按控股情况分组							
国有控股	171	2265	1481	12421	1698	16208	2493
私人控股	23	229	25	5417	88	3614	3403
其他	5	109	6	787	26	825	264
按经营形式分组							
独立门店	127	791	196	7755	270	4639	4301
连锁总店	14	359	168	1610	225	5061	1097
其他	58	1453	1148	9260	1317	10947	762

9-9续表7 (2010年) 单位:万元

指标名称	劳动、失业保险费	养老保险和医疗保险费	住房公积金和住房补贴	本年应付工资总额	本年应付福利费总额	本年应交增值税	全部从业人员年平均人数(人)
零售业	839	2679	709	16139	1270	11824	6387
按零售行业小类分组							
综合零售	512	1504	383	9867	758	7251	3944
百货零售	499	1297	348	7874	710	6117	2722
超级市场零售	13	207	35	1993	48	1133	1222
食品、饮料及烟草制品专门零售	1	23		354		97	200
粮油零售				38		8	20
糕点、面包零售		11		137		71	100
饮料及茶叶零售	1	13		179		18	80
纺织、服装及日用品专门零售				6		13	4
服装零售				6		13	4
文化、体育用品及器材专门零售	194	192	96	769	109	131	301
图书零售	191	137	95	534	103	16	158
珠宝首饰零售	1	37		144	1	66	89
其他文化用品零售	2	18	1	91	6	50	54
医药及医疗器材专门零售	81	295	38	1234	71	614	622
药品零售	64	279	38	1112	51	506	563
医疗用品及器材零售	17	16		122	20	108	59
汽车、摩托车、燃料及零配件专门零售	32	341	174	1944	250	2858	489
汽车零售	29	324	170	1906	241	2682	473
汽车零配件零售	2	17	4	38	9	176	16
家用电器及电子产品专门零售	20	295	16	1794	79	782	734
家用电器零售	3	116	14	892	29	438	283
计算机、软件及辅助设备零售	13	54	3	427	48	231	212
通信设备零售	5	124		475	2	114	239
五金、家具及室内装修材料专门零售		4		37	2	8	24
五金零售				21		2	13
其他室内装修材料零售		4		15	2	6	11
无店铺及其他零售	1	25	1	136	2	69	69
生活用燃料零售	1	13		77	2	37	40
其他未列明的零售		12	1	60		32	29
按登记注册类型分组							
内资企业	839	2666	709	15581	1269	11775	6101
国有企业	193	153	96	597	106	58	197
集体企业		7		38		19	19
有限责任公司	77	855	60	5171	603	5006	2672
国有独资公司		8		100	1	97	24
其他有限责任公司	77	847	60	5070	602	4910	2648
股份有限公司	501	1243	520	7005	420	5680	1731
私营企业	68	409	33	2770	141	1012	1482
私营有限责任公司	68	409	33	2770	141	1012	1482
港、澳、台商投资企业	1	13		77	2	37	40
港、澳、台商独资经营企业	1	13		77	2	37	40
外商投资企业				482		12	246
外资企业				482		12	246
按控股情况分组							
国有控股	219	402	267	1744	143	420	390
集体控股		18		55	18	32	36
私人控股	102	652	59	4644	581	3995	2784
港澳台商控股	1	13		77	2	37	40
其他	518	1594	383	9619	527	7339	3137
按经营形式分组							
独立门店	829	2575	709	15079	1012	11460	5742
连锁总店	10	105		1060	258	364	645
按零售业态分组							
有店铺零售	839	2679	709	16139	1270	11824	6387
便利店	12	141		1701	258	577	1233
超市	11	249		847	11	206	544
大型超市	14	236	41	1703	51	1020	844
百货店	475	878	342	5616	438	5447	1323
专业店	229	480	123	2704	214	3258	1034
专卖店	98	696	203	3568	299	1316	1409

9-10 全市限额以上住宿业和餐饮业法人企业经营情况

（2010年）

单位：万元

指标名称	法人企业数（个）	营业额	客房收入	餐费收入	商品销售收入	其他收入	客房间数（间）	床位数（个）	餐位数（位）
全市	115	128890	60691	58620	975	8604	15870	29769	52971
住宿业	83	107598	60595	37648	975	8380	15830	29689	37102
按住宿行业小类分组									
旅游饭店	74	102471	57350	35899	975	8248	14478	27311	34162
一般旅馆	9	5127	3245	1749		132	1352	2378	2940
按登记注册类型分组									
内资企业	69	71277	40271	23868	704	6434	11926	22565	26521
国有企业	12	22081	12545	7269	108	2159	2276	4182	5730
集体企业	3	1830	747	332		750	404	796	700
股份合作企业	2	2512	1276	1216		19	473	942	1000
有限责任公司	19	14561	7810	6180		571	3427	6575	5834
国有独资公司	1	1592	741	826		25	171	281	500
其他有限责任公司	18	12969	7069	5354		546	3256	6294	5334
股份有限公司	6	5285	3250	594	271	1171	820	1539	830
私营企业	27	25008	14642	8277	325	1764	4526	8531	12427
私营独资企业	5	2534	1341	1108	49	37	602	1090	2800
私营合伙企业	4	2666	1605	641	10	410	494	880	790
私营有限责任公司	16	14974	8683	4734	266	1291	2735	5397	6977
私营股份有限公司	2	4834	3013	1794		27	695	1164	1860
港、澳、台商投资企业	11	27697	14840	11082	271	1504	3239	5969	8546
合资经营企业(港或澳、台资)	4	8097	4817	2746	26	508	988	1848	1880
港、澳、台商独资经营企业	7	19600	10023	8336	245	996	2251	4121	6666
外商投资企业	3	8624	5484	2698		442	665	1155	2035
中外合资经营企业	2	8190	5181	2573		436	559	955	1635
外资企业	1	434	303	125		7	106	200	400
按控股情况分组									
国有控股	18	32035	17451	10855	377	3352	3418	6274	8530
集体控股	7	5776	3345	1294		1137	1159	2142	1298
私人控股	41	34062	19981	11673	328	2080	7105	13627	16567
港澳台商控股	10	23776	13178	8912	271	1414	2981	5505	7746
外商控股	2	8091	5082	2688		320	514	867	1215
其他	5	3859	1557	2225		76	653	1274	1746
按经营形式分组									
独立门店	82	106398	59895	37148	975	8380	15690	29409	36802
其他	1	1200	700	500			140	280	300
按星级分组									
五星	6	29243	17410	9914		1920	2332	4169	5743
四星	12	24333	14017	8280	514	1522	3392	6294	9278
三星	35	28137	15239	9811	251	2835	6169	11529	10646
二星	12	7657	3433	2392	185	1647	1007	2023	4480
其他	18	18228	10495	7251	25	457	2930	5674	6955

9-10续表　　　　　　　　　　（2010年）　　　　　　　　　　单位:万元

指标名称	法人企业数（个）	营业额	客房收入	餐费收入	商品销售收入	其他收入	客房间数（间）	床位数（个）	餐位数（位）
餐饮业	32	21293	96	20973		224	40	80	15869
按餐饮行业小类分组									
正餐服务	32	21293	96	20973		224	40	80	15869
按登记注册类型分组									
内资企业	30	19277	96	18957		224	40	80	13397
集体企业	1	285		285					400
股份合作企业	1	647		647					280
有限责任公司	13	7652		7548		104			3580
其他有限责任公司	13	7652		7548		104			3580
私营企业	15	10693	96	10477		120	40	80	9137
私营有限责任公司	12	5881	96	5785			40	80	5677
私营股份有限公司	3	4812		4692		120			3460
港、澳、台商投资企业	2	2016		2016					2472
合资经营企业(港或澳、台资)	2	2016		2016					2472
按控股情况分组									
集体控股	1	285		285					400
私人控股	21	10458	96	10138		224	40	80	5737
港澳台商控股	1	1361		1361					2000
其他	9	9189		9189					7732
按经营形式分组									
独立门店	32	21293	96	20973		224	40	80	15869

9-11 市区限额以上住宿业和餐饮业法人企业经营情况

（2010年） 单位：万元

指标名称	法人企业数（个）	营业额	客房收入	餐费收入	商品销售收入	其他收入	客房间数（间）	床位数（个）	餐位数（位）
总计	87	99045	44410	48333	570	5732	11063	20968	38321
住宿业	57	78235	44410	27626	570	5628	11063	20968	23152
按住宿行业小类分组									
旅游饭店	56	77678	44029	27451	570	5628	10770	20508	23052
一般旅馆	1	557	381	175			293	460	100
按登记注册类型分组									
内资企业	44	44969	25845	14751	299	4074	7530	14566	13571
国有企业	12	22081	12545	7269	108	2159	2276	4182	5730
集体企业	3	1830	747	332		750	404	796	700
股份合作企业	1	719	312	407			171	302	200
有限责任公司	11	8678	4246	4130		301	1935	3833	2664
国有独资公司	1	1592	741	826		25	171	281	500
其他有限责任公司	10	7086	3506	3304		276	1764	3552	2164
股份有限公司	4	1862	1427	83	2	350	410	802	350
私营企业	13	9799	6566	2530	189	513	2334	4651	3927
私营合伙企业	1	756	268	141	10	336	64	93	
私营有限责任公司	12	9043	6298	2389	179	177	2270	4558	3927
港、澳、台商投资企业	10	24642	13082	10177	271	1113	2868	5247	7546
合资经营企业(港或澳、台资)	4	8097	4817	2746	26	508	988	1848	1880
港、澳、台商独资经营企业	6	16545	8265	7431	245	604	1880	3399	5666
外商投资企业	3	8624	5484	2698		442	665	1155	2035
中外合资经营企业	2	8190	5181	2573		436	559	955	1635
外资企业	1	434	303	125		7	106	200	400
按控股情况分组									
国有控股	17	28661	15678	10344	108	2531	3063	5647	8050
集体控股	6	5727	3296	1294		1137	1104	2032	1298
私人控股	19	12078	8072	3207	191	607	3251	6601	4577
港澳台商控股	9	20721	11420	8007	271	1023	2610	4783	6746
外商控股	2	8091	5082	2688		320	514	867	1215
其他	4	2957	862	2085		10	521	1038	1266
按经营形式分组									
独立门店	57	78235	44410	27626	570	5628	11063	20968	23152
按星级分组									
五星	3	21471	12932	7272		1268	1390	2472	3313
四星	7	17002	9807	6295	245	655	2039	3855	5738
三星	28	22497	11682	8034	251	2529	4825	9047	8826
二星	7	2475	1455	208	49	764	680	1357	680
其他	12	14790	8535	5818	25	413	2129	4237	4595

9-11续表　　　　（2010年）　　　　单位:万元

指标名称	法人企业数（个）	营业额	客房收入	餐费收入	商品销售收入	其他收入	客房间数（间）	床位数（个）	餐位数（位）
餐饮业	**30**	**20811**		**20707**		**104**			**15169**
按餐饮行业小类分组									
正餐服务	30	20811		20707		104			15169
按登记注册类型分组									
内资企业	28	18795		18691		104			12697
集体企业	1	285		285					400
股份合作企业	1	647		647					280
有限责任公司	13	7652		7548		104			3580
国有独资公司									
其他有限责任公司	13	7652		7548		104			3580
私营企业	13	10211		10211					8437
私营有限责任公司	11	5663		5663					5477
私营股份有限公司	2	4548		4548					2960
港、澳、台商投资企业	2	2016		2016					2472
合资经营企业(港或澳、台资)	2	2016		2016					2472
按控股情况分组									
集体控股	1	285		285					400
私人控股	19	9976		9872		104			5037
港澳台商控股	1	1361		1361					2000
其他	9	9189		9189					7732
按经营形式分组									
独立门店	30	20811		20707		104			15169

9-12 全市限额以上住宿和餐饮业法人企业主要财务状况

（2010年）　　单位：万元

指标名称	法人企业数（个）	流动资产合计	存货	固定资产原价	累计折旧	本年折旧	资产总计	负债合计
全市	115	108230	5631	437081	135002	24840	569359	396228
住宿业	83	104945	5366	433094	133532	24499	562138	392350
按住宿行业小类分组								
旅游饭店	74	97795	5187	425536	132205	24034	539214	376297
一般旅馆	9	7150	179	7558	1327	465	22924	16053
按登记注册类型分组								
内资企业	69	55988	2685	234819	75577	14881	343662	216320
国有企业	12	8987	552	86779	32767	3136	115509	51646
集体企业	3	1032	35	6705	2497	356	5947	1631
股份合作企业	2	4368	172	4844	850	349	9202	9043
有限责任公司	19	16116	529	43928	15805	3936	80864	58540
国有独资公司	1	2625	50	5673	1340	305	6959	1558
其他有限责任公司	18	13490	479	38255	14466	3632	73906	56981
股份有限公司	6	1442	138	20130	5572	1123	18940	4379
私营企业	27	24043	1260	72434	18085	5982	113201	91081
私营独资企业	5	7555	49	7855	2023	527	17727	9485
私营合伙企业	4	1878	29	6495	2483	331	7437	6529
私营有限责任公司	16	9211	527	31137	9970	3130	54080	40536
私营股份有限公司	2	5400	655	26946	3610	1994	33957	34530
港、澳、台商投资企业	11	43038	2600	158846	44842	8376	184495	143843
合资经营企业(港或澳、台资)	4	2438	293	18214	7649	702	20434	4847
港、澳、台商独资经营企业	7	40600	2307	140633	37193	7674	164061	138995
外商投资企业	3	5919	81	39428	13113	1242	33981	32188
中外合资经营企业	2	4758	74	39095	12796	1215	32348	31578
外资企业	1	1161	7	333	317	27	1634	610
按控股情况分组								
国有控股	18	14518	941	128682	44732	5058	160516	73109
集体控股	7	2184	186	22369	13303	2936	29832	28774
私人控股	41	37496	1764	93303	22333	7230	163036	127435
港澳台商控股	10	41491	2407	146268	41537	7975	166339	140999
外商控股	2	5751	33	35479	9951	926	33019	17172
其他	5	3506	35	6993	1677	373	9396	4861
按经营形式分组								
独立门店	82	104785	5365	431229	133367	24416	556258	388833
其他	1	160	1	1865	165	83	5880	3517
按星级分组								
五星	6	20822	727	159275	46703	9225	169560	114148
四星	12	37646	1695	75958	35010	4284	159843	120396
三星	35	17403	875	85110	34555	4896	85591	57098
二星	12	2681	115	8249	3119	370	8169	2258
其他	18	26394	1953	104501	14146	5724	138975	98450

9-12续表1　　(2010年)　　单位:万元

指标名称	法人企业数(个)	流动资产合计	存货	固定资产原价	累计折旧	本年折旧	资产总计	负债合计
餐饮业	**32**	**3285**	**265**	**3988**	**1470**	**341**	**7221**	**3878**
按餐饮行业小类分组								
正餐服务	32	3285	265	3988	1470	341	7221	3878
按登记注册类型分组								
内资企业	30	3061	265	3864	1392	327	6913	3580
集体企业	1	33	4	20	5		48	20
股份合作企业	1	3	3	180	72	32	111	9
有限责任公司	13	2016	81	1886	616	126	3649	2107
其他有限责任公司	13	2016	81	1886	616	126	3649	2107
私营企业	15	1009	177	1778	699	169	3106	1444
私营有限责任公司	12	829	136	1332	652	139	2446	1379
私营股份有限公司	3	180	41	446	47	30	659	66
港、澳、台商投资企业	2	224		124	78	14	308	298
合资经营企业(港或澳、台资)	2	224		124	78	14	308	298
按控股情况分组								
集体控股	1	33	4	20	5		48	20
私人控股	21	1521	176	2541	1092	251	4043	1648
港澳台商控股	1	89		70	32	10	159	115
其他	9	1641	85	1358	341	81	2971	2095
按经营形式分组								
独立门店	32	3285	265	3988	1470	341	7221	3878

9-12续表2 （2010年） 单位：万元

指标名称	所有者权益合计	实收资本	国家资本	主营业务收入	主营业务成本	主营业务税金及附加	主营业务利润
全　市	173131	246777	74528	132153	42466	7479	78824
住宿业	169788	244424	74528	110861	30866	6040	71144
按住宿行业小类分组							
旅游饭店	162916	236821	74528	106531	29949	5752	68334
一般旅馆	6872	7604		4330	918	289	2810
按登记注册类型分组							
内资企业	127343	122361	58883	68899	23192	3893	39003
国有企业	63864	41983	41776	21884	8984	1219	11620
集体企业	4315	4516	2363	1690	681	105	1068
股份合作企业	159	1129		2493	1065	112	1316
有限责任公司	22325	32478	1943	13535	4852	891	6983
国有独资公司	5400	1843	1843	1592	399	87	1105
其他有限责任公司	16924	30635	100	11943	4453	803	5877
股份有限公司	14560	13757	12800	4873	2126	263	2450
私营企业	22120	28497		24426	5483	1304	15567
私营独资企业	8241	5880		2505	760	135	1601
私营合伙企业	908	1386		2396	395	210	1399
私营有限责任公司	13544	17010		14718	3765	708	8575
私营股份有限公司	-573	4222		4807	563	251	3993
港、澳、台商投资企业	40652	102518	11232	33651	5858	1748	26045
合资经营企业(港或澳、台资)	15587	13358	11232	7976	1567	393	6016
港、澳、台商独资经营企业	25066	89159		25675	4291	1355	20029
外商投资企业	1793	19546	4414	8311	1816	399	6096
中外合资经营企业	770	19349	4414	7877	1814	392	5670
外资企业	1023	196		434	2	6	426
按控股情况分组							
国有控股	87407	72215	71115	31778	12812	1731	17340
集体控股	1058	10139		5298	2002	296	2959
私人控股	35601	47485		32579	7939	1785	20121
港澳台商控股	25340	92846	1754	29730	5000	1557	23174
外商控股	15847	16792	1660	7777	1811	372	5594
其他	4535	4948		3698	1303	300	1955
按经营形式分组							
独立门店	167425	242061	74528	110379	30860	6000	70490
其他	2364	2364		482	6	40	654
按星级分组							
五星	55411	71179	26477	34339	10109	1915	22314
四星	39448	53438	25062	24228	7303	1236	15348
三星	28493	48611	20073	26837	7237	1626	17530
二星	5911	3012	1558	7640	3107	275	2728
其他	40525	68184	1359	17816	3111	987	13223

9-12续表3　　　　（2010年）　　　　单位：万元

指标名称	所有者权益合计	实收资本	国家资本	主营业务收入	主营业务成本	主营业务税金及附加	主营业务利润
餐饮业	**3343**	**2353**		**21293**	**11599**	**1439**	**7681**
按餐饮行业小类分组							
正餐服务	3343	2353		21293	11599	1439	7681
按登记注册类型分组							
内资企业	3333	2223		19276	10645	1337	7252
集体企业	28	28		285	134	19	132
股份合作企业	102	3		647	403	65	179
有限责任公司	1542	872		7652	4169	472	3083
其他有限责任公司	1542	872		7652	4169	472	3083
私营企业	1661	1319		10693	5939	781	3857
私营有限责任公司	1067	809		5881	3004	411	2351
私营股份有限公司	594	510		4812	2935	370	1507
港、澳、台商投资企业	10	130		2016	954	102	429
合资经营企业(港或澳、台资)	10	130		2016	954	102	429
按控股情况分组							
集体控股	28	28		285	134	19	132
私人控股	2395	1402		10458	5490	726	4198
港澳台商控股	44	30		1361	691	69	70
其他	876	892		9189	5284	625	3281
按经营形式分组							
独立门店	3343	2353		21293	11599	1439	7681

9-12续表4　　（2010年）　　单位:万元

指 标 名 称	营业费用	管理费用	税　金	财务费用	利息支出	营业利润	利润总额
全　市	38988	51301	3429	10259	7154	-12855	-14205
住宿业	32629	50158	3309	10166	7134	-13978	-15200
按住宿行业小类分组							
旅游饭店	31187	48673	3252	9715	6834	-13910	-15306
一般旅馆	1442	1485	58	451	300	-68	105
按登记注册类型分组							
内资企业	20127	21756	1431	7720	4958	-5728	-5446
国有企业	5537	5622	693	2541	2430	-1695	-1383
集体企业	732	739	73	26	25	-287	-264
股份合作企业	292	847		310	182	-128	-128
有限责任公司	4657	5107	256	1050	523	-2674	-2642
国有独资公司	545	662	46	29	28	-131	-115
其他有限责任公司	4111	4445	210	1021	495	-2542	-2527
股份有限公司	1068	872	3	137	133	1194	907
私营企业	7841	8570	407	3656	1665	-2138	-1938
私营独资企业	660	437	23	424	304	96	118
私营合伙企业	859	746	45	133	126	154	296
私营有限责任公司	5036	4315	339	1062	569	-123	-121
私营股份有限公司	1286	3072	1	2037	666	-2265	-2231
港、澳、台商投资企业	11386	21424	338	1647	1556	-8234	-8446
合资经营企业(港或澳、台资)	2300	3379	40	47	6	398	339
港、澳、台商独资经营企业	9087	18044	298	1600	1550	-8632	-8785
外商投资企业	1116	6979	1541	800	621	-16	-1308
中外合资经营企业	840	6812	1520	794	621	7	-1285
外资企业	276	167	21	6		-23	-23
按控股情况分组							
国有控股	7328	8883	775	2808	2497	-1191	-882
集体控股	1992	1976	128	144	119	-300	-573
私人控股	10701	11875	481	4888	2268	-4017	-3815
港澳台商控股	10465	19808	338	1622	1556	-8544	-8749
外商控股	984	6694	1541	627	621	73	-1198
其他	1159	923	48	78	74	2	18
按经营形式分组							
独立门店	32359	49948	3295	10086	7084	-13978	-15250
其他	270	210	15	80	50		50
按星级分组							
五星	4510	16704	2114	3410	1783	789	-433
四星	7850	7339	279	3013	2386	-2293	-2241
三星	9979	9497	363	1322	888	-1693	-1552
二星	2135	1831	237	238	232	237	243
其他	8154	14788	316	2183	1844	-11017	-11217

9-12续表5 （2010年） 单位：万元

指标名称	营业费用	管理费用	税金	财务费用	利息支出	营业利润	利润总额
餐饮业	**6359**	**1142**	**120**	**93**	**20**	**1123**	**995**
按餐饮行业小类分组							
正餐服务	6359	1142	120	93	20	1123	995
按登记注册类型分组							
内资企业	5514	1099	120	87	20	1058	966
集体企业	117					15	15
股份合作企业		165	60			14	14
有限责任公司	2421	472	24	43		536	540
其他有限责任公司	2421	472	24	43		536	540
私营企业	2976	462	37	44	20	493	398
私营有限责任公司	1753	308	7	44	20	363	368
私营股份有限公司	1222	154	30			130	30
港、澳、台商投资企业	845	43		6		65	29
合资经营企业(港或澳、台资)	845	43		6		65	29
按控股情况分组							
集体控股	117					15	15
私人控股	2704	828	97	48	20	732	602
港澳台商控股	531	37		6		27	31
其他	3008	278	23	39		350	347
按经营形式分组							
独立门店	6359	1142	120	93	20	1123	995

9-12续表6 （2010年） 单位：万元

指标名称	应交所得税	劳动、失业保险费	养老保险和医疗保险费	住房公积金和住房补贴	本年应付工资总额	本年应付福利费总额	全部从业人员年平均人数(人)
全　市	**1198**	**676**	**4738**	**869**	**24010**	**3049**	**14235**
住宿业	**922**	**644**	**4493**	**869**	**20188**	**2855**	**11842**
按住宿行业小类分组							
旅游饭店	912	643	4464	869	19180	2829	10952
一般旅馆	10	1	29		1007	26	890
按登记注册类型分组							
内资企业	777	153	2253	409	12264	1271	8134
国有企业	455	55	890	294	4034	524	2128
集体企业	19	3	112	35	464	41	203
股份合作企业		2	20		386	38	278
有限责任公司	61	30	489	65	2728	142	2203
国有独资公司		6	109	22	233	27	181
其他有限责任公司	61	25	380	43	2495	116	2022
股份有限公司	118	13	142	13	852	84	555
私营企业	124	51	600	1	3801	442	2767
私营独资企业	5	1	19		359	34	279
私营合伙企业	114	3	16		363	2	320
私营有限责任公司	6	45	377	1	2171	355	1548
私营股份有限公司		3	188		907	52	620
港、澳、台商投资企业	145	473	1895	363	6554	1065	3210
合资经营企业(港或澳、台资)	116	163	692	128	1837	629	899
港、澳、台商独资经营企业	29	311	1204	235	4717	436	2311
外商投资企业		17	345	98	1370	519	498
中外合资经营企业		16	317	98	1301	510	445
外资企业		2	28		70	9	53
按控股情况分组							
国有控股	661	82	1426	427	6026	617	3188
集体控股	19	14	287	69	1300	47	787
私人控股	181	74	794	1	5457	557	4050
港澳台商控股	57	454	1642	283	5715	1065	2856
外商控股		16	303	90	1133	519	396
其他	4	4	41		557	51	565
按经营形式分组							
独立门店	922	644	4493	869	20102	2855	11791
其他					86		51
按星级分组							
五星	448	182	961	260	5181	889	2459
四星	163	47	1434	130	4185	1007	2825
三星	287	226	1277	297	5863	507	3657
二星	17	36	186	47	1068	245	702
其他	8	153	636	135	3890	207	2199

9-12续表7 （2010年） 单位：万元

指标名称	应交所得税	劳动、失业保险费	养老保险和医疗保险费	住房公积金和住房补贴	本年应付工资总额	本年应付福利费总额	全部从业人员年平均人数(人)
餐饮业	**276**	**32**	**245**		**3823**	**194**	**2393**
按餐饮行业小类分组							
正餐服务	276	32	245		3823	194	2393
按登记注册类型分组							
内资企业	274	29	235		3374	189	2117
集体企业	7	1	7		47		30
股份合作企业		3	9		96	3	40
有限责任公司	140	8	151		1160	37	781
其他有限责任公司	140	8	151		1160	37	781
私营企业	126	17	69		2071	149	1266
私营有限责任公司	118	6	44		863	45	711
私营股份有限公司	8	12	25		1207	105	555
港、澳、台商投资企业	3	3	10		449	5	276
合资经营企业(港或澳、台资)	3	3	10		449	5	276
按控股情况分组							
集体控股	7	1	7		47		30
私人控股	202	20	97		1712	46	1090
港澳台商控股	3		8		258	5	126
其他	64	11	133		1806	144	1147
按经营形式分组							
独立门店	276	32	245		3823	194	2393

9-13 市区限额以上住宿和餐饮业法人企业主要财务状况

(2010年)　　单位：万元

指标名称	法人企业数（个）	流动资产合计	存货	固定资产原价	累计折旧	本年折旧	资产总计
总　计	87	73167	4021	329117	114972	17210	412747
住宿业	57	69926	3761	325582	113543	16905	406236
按住宿行业小类分组							
旅游饭店	56	69648	3712	325308	113285	16890	405942
一般旅馆	1	278	49	274	258	15	294
按登记注册类型分组							
内资企业	44	28526	1409	150002	60988	8541	219953
国有企业	12	8987	552	86779	32767	3136	115509
集体企业	3	1032	35	6705	2497	356	5947
股份合作企业	1	3086	12	1184	306	156	4564
有限责任公司	11	9029	339	35658	14065	3469	58206
国有独资公司	1	2625	50	5673	1340	305	6959
其他有限责任公司	10	6404	290	29985	12726	3165	51247
股份有限公司	4	509	52	5176	2633	369	4032
私营企业	13	5883	418	14501	8720	1056	31695
私营合伙企业	1	291	9	1212	925	35	704
私营有限责任公司	12	5592	409	13289	7795	1021	30991
港、澳、台商投资企业	10	35480	2271	136152	39442	7122	152302
合资经营企业(港或澳、台资)	4	2438	293	18214	7649	702	20434
港、澳、台商独资经营企业	6	33042	1979	117939	31793	6420	131868
外商投资企业	3	5919	81	39428	13113	1242	33981
中外合资经营企业	2	4758	74	39095	12796	1215	32348
外资企业	1	1161	7	333	317	27	1634
按控股情况分组							
国有控股	17	13673	857	113781	41812	4312	145805
集体控股	6	2096	184	22316	13284	2928	29635
私人控股	19	12100	576	25348	11022	1733	57103
港澳台商控股	9	33933	2079	123574	36137	6721	134147
外商控股	2	5751	33	35479	9951	926	33019
其他	4	2373	33	5084	1338	284	6527
按经营形式分组							
独立门店	57	69926	3761	325582	113543	16905	406236
按星级分组							
五星	3	7539	251	100838	36467	4750	94118
四星	7	26949	862	48450	30685	2485	118077
三星	28	12181	775	67789	29862	3883	65162
二星	7	1749	43	7653	2950	336	6698
其他	12	21508	1831	100853	13579	5450	122180

9-13续表1　　（2010年）　　单位：万元

指标名称	法人企业数（个）	流动资产合计	存货	固定资产原价	累计折旧	本年折旧	资产总计
餐饮业	**30**	**3242**	**260**	**3534**	**1429**	**305**	**6512**
按餐饮行业小类分组							
正餐服务	30	3242	260	3534	1429	305	6512
按登记注册类型分组							
内资企业	28	3018	260	3410	1351	292	6204
集体企业	1	33	4	20	5		48
股份合作企业	1	3	3	180	72	32	111
有限责任公司	13	2016	81	1886	616	126	3649
其他有限责任公司	13	2016	81	1886	616	126	3649
私营企业	13	965	172	1325	658	134	2396
私营有限责任公司	11	805	136	1279	639	129	2207
私营股份有限公司	2	160	36	46	19	5	189
港、澳、台商投资企业	2	224		124	78	14	308
合资经营企业(港或澳、台资)	2	224		124	78	14	308
按控股情况分组							
集体控股	1	33	4	20	5		48
私人控股	19	1478	170	2087	1052	215	3334
港澳台商控股	1	89		70	32	10	159
其他	9	1641	85	1358	341	81	2971
按经营形式分组							
独立门店	30	3242	260	3534	1429	305	6512

9-13续表2 （2010年） 单位：万元

指标名称	负债合计	所有者权益合计	实收资本	国家资本	主营业务收入	主营业务成本	主营业务税金及附加
总　计	**283186**	**129562**	**193820**	**61728**	**97944**	**33494**	**5658**
住宿业	**279523**	**126713**	**191957**	**61728**	**77134**	**22192**	**4233**
按住宿行业小类分组							
旅游饭店	278856	127086	191859	61728	76567	22111	4202
一般旅馆	667	-373	98		567	81	31
按登记注册类型分组							
内资企业	124770	95183	87638	46083	43991	15172	2603
国有企业	51646	63864	41983	41776	21884	8984	1219
集体企业	1631	4315	4516	2363	1690	681	105
股份合作企业	5503	-939	129		719	5	40
有限责任公司	42368	15838	24146	1943	8584	3784	558
国有独资公司	1558	5400	1843	1843	1592	399	87
其他有限责任公司	40809	10438	22303	100	6992	3385	471
股份有限公司	3112	921	866		1509	101	88
私营企业	20511	11184	15998		9607	1616	592
私营合伙企业	1826	-1122	200		559	121	73
私营有限责任公司	18685	12306	15798		9048	1495	519
港、澳、台商投资企业	122565	29737	84773	11232	24831	5204	1232
合资经营企业(港或澳、台资)	4847	15587	13358	11232	7976	1567	393
港、澳、台商独资经营企业	117718	14151	71415		16856	3638	839
外商投资企业	32188	1793	19546	4414	8311	1816	399
中外合资经营企业	31578	770	19349	4414	7877	1814	392
外资企业	610	1023	196		434	2	6
按控股情况分组							
国有控股	71853	73952	59415	58315	28464	10790	1557
集体控股	28762	873	10047		5249	1999	295
私人控股	39528	17575	25754		11870	2009	714
港澳台商控股	119722	14425	75102	1754	20910	4346	1041
外商控股	17172	15847	16792	1660	7777	1811	372
其他	2486	4041	4848		2863	1237	255
按经营形式分组							
独立门店	279523	126713	191957	61728	77134	22192	4233
按星级分组							
五星	51642	42477	48412	26477	21062	8967	1125
四星	92683	25395	38489	12262	17002	3843	879
三星	46693	18469	39995	20073	21503	6318	1306
二星	1565	5133	2552	1558	2469	724	134
其他	86941	35240	62510	1359	15097	2340	789

9-13续表3　　(2010年)　　单位:万元

指标名称	负债合计	所有者权益合计	实收资本	国家资本	主营业务收入	主营业务成本	主营业务税金及附加
餐饮业	**3663**	**2849**	**1863**		**20811**	**11302**	**1425**
按餐饮行业小类分组							
正餐服务	3663	2849	1863		20811	11302	1425
按登记注册类型分组							
内资企业	3365	2839	1733		18794	10347	1322
集体企业	20	28	28		285	134	19
股份合作企业	9	102	3		647	403	65
有限责任公司	2107	1542	872		7652	4169	472
其他有限责任公司	2107	1542	872		7652	4169	472
私营企业	1229	1168	829		10211	5641	767
私营有限责任公司	1163	1044	789		5663	2845	397
私营股份有限公司	66	124	40		4548	2796	369
港、澳、台商投资企业	298	10	130		2016	954	102
合资经营企业(港或澳、台资)	298	10	130		2016	954	102
按控股情况分组							
集体控股	20	28	28		285	134	19
私人控股	1433	1901	912		9976	5192	711
港澳台商控股	115	44	30		1361	691	69
其他	2095	876	892		9189	5284	625
按经营形式分组							
独立门店	3663	2849	1863		20811	11302	1425

9-13续表4 （2010年） 单位：万元

指标名称	主营业务利润	营业费用	管理费用	财务费用	利息支出	营业利润	利润总额	全部从业人员年平均人数（人）
总　计	**57519**	**30484**	**39963**	**6513**	**5402**	**-13583**	**-14968**	**10656**
住宿业	**50008**	**24145**	**38849**	**6443**	**5402**	**-14607**	**-15966**	**8328**
按住宿行业小类分组								
旅游饭店	49561	23813	38632	6440	5402	-14501	-15859	8172
一般旅馆	447	333	217	4		-106	-106	156
按登记注册类型分组								
内资企业	25517	13931	14054	3977	3206	-4583	-4455	5168
国有企业	11620	5537	5622	2541	2430	-1695	-1383	2128
集体企业	1068	732	739	26	25	-287	-264	203
股份合作企业	673	269	457	128		-180	-180	88
有限责任公司	4035	2622	3607	577	396	-2630	-2601	1291
国有独资公司	1105	545	662	29	28	-131	-115	181
其他有限责任公司	2930	2076	2945	548	368	-2499	-2486	1110
股份有限公司	1320	946	507	99	95	450	96	201
私营企业	6800	3825	3123	605	261	-239	-123	1257
私营合伙企业	-27	217	173	2			118	85
私营有限责任公司	6827	3608	2950	604	261	-239	-241	1172
港、澳、台商投资企业	18395	9099	17815	1667	1576	-10008	-10203	2662
合资经营企业(港或澳、台资)	6016	2300	3379	47	6	398	339	899
港、澳、台商独资经营企业	12379	6799	14436	1621	1570	-10406	-10542	1763
外商投资企业	6096	1116	6979	800	621	-16	-1308	498
中外合资经营企业	5670	840	6812	794	621	7	-1285	445
外资企业	426	276	167	6		-23	-23	53
按控股情况分组								
国有控股	16221	7239	8540	2769	2458	-1941	-1633	2863
集体控股	2948	1959	1955	144	119	-293	-634	758
私人控股	8490	4905	4842	1254	626	-1991	-1874	1558
港澳台商控股	15524	8178	16200	1642	1576	-10319	-10507	2308
外商控股	5594	984	6694	627	621	73	-1198	396
其他	1231	881	619	7	3	-136	-120	445
按经营形式分组								
独立门店	50008	24145	38849	6443	5402	-14607	-15966	8328
按星级分组								
五星	10970	993	9975	1824	1713	1011	-195	1402
四星	12280	7141	5962	1842	1499	-2653	-2551	1871
三星	13445	7527	8173	943	550	-1917	-1824	3028
二星	1545	1070	797	5		-90	-87	409
其他	11769	7415	13942	1831	1640	-10958	-11309	1618

9-13续表5　　(2010年)　　单位:万元

指 标 名 称	主营业务利润	营业费用	管理费用	财务费用	利息支出	营业利润	利润总额	全部从业人员年平均人数(人)
餐饮业	**7511**	**6339**	**1115**	**69**		**1024**	**998**	**2328**
按餐饮行业小类分组								
正餐服务	7511	6339	1115	69		1024	998	2328
按登记注册类型分组								
内资企业	7082	5494	1071	63		959	969	2052
集体企业	132	117				15	15	30
股份合作企业	179		165			14	14	40
有限责任公司	3083	2421	472	43		536	540	781
其他有限责任公司	3083	2421	472	43		536	540	781
私营企业	3688	2956	434	20		394	401	1201
私营有限责任公司	2305	1738	298	20		365	371	686
私营股份有限公司	1383	1217	136			29	30	515
港、澳、台商投资企业	429	845	43	6		65	29	276
合资经营企业(港或澳、台资)	429	845	43	6		65	29	276
按控股情况分组								
集体控股	132	117				15	15	30
私人控股	4029	2683	800	24		633	605	1025
港澳台商控股	70	531	37	6		27	31	126
其他	3281	3008	278	39		350	347	1147
按经营形式分组								
独立门店	7511	6339	1115	69		1024	998	2328

9-14 历年利用外资及外贸进出口总额

单位:万美元

年份	实际利用外资	外贸进出口总额	出口额	进口额
1988	3016	435	435	
1989	1481	1841	1653	188
1990	1468	2696	1791	905
1991	1848	4143	2737	1406
1992	2691	5185	4278	907
1993	6352	8404	5736	2668
1994	10470	9204	8454	750
1995	9726	19114	16360	2754
1996	12219	23661	14763	8898
1997	20913	24253	16044	8209
1998	15502	23945	13300	10645
1999	11067	20887	11267	9620
2000	11563	26167	12909	13258
2001	8354	21277	11940	9336
2002	10160	23813	14158	9655
2003	6354	26227	16488	9739
2004	2519	35468	23861	11607
2005	3509	44155	30843	13312
2006	6745	58426	42871	15555
2007	9315	79211	53074	26137
2008	17044	101272	69529	31743
2009	19308	73200	51500	21700
2010	25281	90270	62229	28041

桂林经济社会统计年鉴 GUILIN ECONOMIC AND SOCIAL STATISTICAL YEARBOOK

2011

十、固定资产投资

Investment in Fixed Assets

资料整理：荣改就　李均定　梁桂安

10-1 全社会固定资产投资

单位:万元

年 份	全社会	基 建	更 改	其 他	县城镇50万元以上私人建房	房地产	农村集体(农村非农户)	县城镇50万元以下私人建房	50万元以下城镇及农村非农投资	县城镇以下农村及乡镇私人建房
1978	9145	9145								
1979	9757	9757								
1980	14830	12814	1676	340						
1981	13795	9946	3042	807						
1982	17331	12308	4080	778				165		
1983	17324	9500	5789	890				534	611	
1984	17595	10520	4742	477				709	1147	
1985	32706	19275	8656	1992		245		2184	354	
1986	57504	34886	15181	3870		371		2688	508	
1987	87728	40442	29478	10654		3008		3484	662	
1988	95847	48160	33944	7411		723		3766	1843	
1989	75955	37284	25424	9016		6		3375	850	
1990	73384	33195	25035	4455		6530		3085	1084	
1991	75028	30064	24881	7020		8457		4497	109	
1992	127111	56009	40596	11708		10599		8114	85	
1993	253617	88798	61836	46077		31500	11118	14143	145	
1994	330852	127039	62888	17840		45209	52525	25351		
1995	425833	163512	45959	23545		80619	76820	35378		
1996	530171	207406	62405	17097		64326	91578	40221		47138
1997	586249	160056	68428	29086		62130	95112	53205	7484	110748
1998	632012	192649	84389	32497		62189	93619	51698	10910	104061
1999	698282	233843	126016	40593		60091	63973	55420	16161	102185
2000	792294	306295	138098	44600		78536	49205	63957	19414	92189
2001	885126	391419	116477	35307		131639	40039	57781	24235	88229
2002	974087	384739	93828	46110		173530	30362	60073	84647	100798
2003	1110471	418877	133693	105659		262400	22396	81594	25337	60515
2004	1468966	576780	160489	18183		351421	201989	34772	34713	90619
2005	1987340	786727	278066	44386		417137	251155	58494	39864	111511
2006	2608658	1201733	394839	83559		511347	171759	14772	38832	191817
2007	4030456	1869483	584685	132528		790405	336041	87195	27697	202422
2008	4859596	2266028	643108	158082	16034	832618	536872	123634	28089	255131
2009	6593474	2894867	1513090	106264	14995	922764	463997	176854	16079	484564
2010	9085551	4051099	2160518	178086	15405	1180069	635184	216560	26100	622530

10-2 市县区全社会固定资产投资

(2010年) 单位:万元

指标名称	全市	秀峰区	叠彩区	象山区	七星区	雁山区	阳朔县	临桂县	灵川县
全社会固定资产投资	**9085551**	**261622**	**360846**	**520843**	**661078**	**151462**	**775888**	**1317082**	**820549**
城镇投资	7585177	249524	331234	482089	627517	141190	627791	1176672	715164
基本建设	4051099	162110	184583	157358	291432	115700	501557	530774	447301
更新改造	2160518	35768	28449	103173	178666	24901	81823	234684	193292
其他投资	178086	20382	6148	30221	3355		20022		5742
房地产	1180069	31264	112054	191337	154064	589	24389	410289	68829
城镇工矿区私人建房(县城镇50万元以上)	15405							925	
农村投资	1257714	12068	29560	37856	33093	10180	134256	93561	87552
农村非农户投资	635184	1090			8166	2467	65847	18409	58515
农村建房投资	622530	10978	29560	37856	24927	7713	68409	75152	29037
城镇工矿区私人建房(县城镇50万元以下)	216560						13811	32760	15740
零星投资	26100	30	52	898	468	92	30	14089	2093

10-2续表 (2010年) 单位:万元

指标名称	全州县	兴安县	永福县	灌阳县	龙胜县	资源县	平乐县	荔浦县	恭城县
全社会固定资产投资	**703514**	**886468**	**515535**	**374202**	**292875**	**251419**	**365175**	**434255**	**392738**
城镇投资	544230	690737	419731	194014	218469	193157	277604	371239	324815
基本建设	382778	397679	206177	86648	136525	117335	43031	127993	162118
更新改造	142416	243564	183855	98316	50622	61071	154904	203179	141835
其他投资	260	5584	3428	5250	17107	8599	47652		4336
房地产	10230	43910	26271	3800	10344	4089	32017	40067	16526
城镇工矿区私人建房(县城镇50万元以上)	8546				3871	2063			
农村投资	153688	176021	63593	135514	65404	41524	69151	48491	66202
农村非农户投资	70484	129001	19679	92110	36710	30371	32900	29325	40110
农村建房投资	83204	47020	43914	43404	28694	11153	36251	19166	26092
城镇工矿区私人建房(县城镇50万元以下)	5506	19298	30963	43772	6800	16648	15016	14525	1721
零星投资	90	412	1248	902	2202	90	3404		

10-3 全市基建、更改、其他及县城镇50万元以上私人建房投资

（2010年） 单位：万元

指　标	全市	基本建设	更新改造	其他投资	工矿区私人建房
计划总投资	**21871281**	**16896540**	**4103841**	**849217**	**21683**
#地方	18569300	14135721	3568288	843608	21683
#本年新开工项目	5775654	3354858	2314095	85338	21363
#地方	5369018	3330466	1931851	85338	21363
自开始建设累计完成投资	**9876472**	**6806120**	**2848880**	**205957**	**15515**
本年计划投资	**7863909**	**5198309**	**2429814**	**216828**	**18958**
#地方	7173765	4662540	2281048	211219	18958
自年初累计完成投资	**6405108**	**4051099**	**2160518**	**178086**	**15405**
#地方	5718601	3491685	2038123	173388	15405
#500万元以下项目完成投资	317355	115230	167541	24861	9723
#国有经济控股	3489285	2867902	556823	64560	
#住宅	75008	60723	8097	652	5536
按登记注册类型分					
内资企业	6114063	3891460	2043602	176888	2113
国有企业	2931180	2449190	429429	52561	
集体企业	79308	48204	27358	3746	
股份合作企业	66489	40467	24990	1032	
联营企业	1980	1400	580		
国有联营企业	1400	1400			
集体联营企业	580		580		
有限责任公司	988970	525315	424183	39472	
国有独资公司	189384	174868	6166	8350	
其他有限责任公司	799586	350447	418017	31122	
股份有限公司	651485	313888	319753	17844	
私营企业	1185130	345483	783927	54870	850
其他企业	209521	167513	33382	7363	1263
港、澳、台商投资企业	67587	25146	42021	420	
合资经营企业(港或澳、台资)	23482	15587	7895		
合作经营企业(港或澳、台资)	18753	6808	11945		
港、澳、台商独资经营企业	13492	2751	10421	320	
港、澳、台商投资股份有限公司	11860		11760	100	
外商投资企业	111895	74353	37542		
中外合资经营企业	23462	5679	17783		
中外合作经营企业	2715	1500	1215		
外资企业	25069	10868	14201		
外商投资股份有限公司	60649	56306	4343		
个体经营	111563	60140	37353	778	13292
个体户	46767	13858	22161	548	10200
个人合伙	64796	46282	15192	230	3092
按建设性质分					
新建	2774561	2473400	223400	62501	15260
扩建	1140632	813432	320863	6337	
改建和技术改造	2256313	702335	1516645	37188	145
按构成分					
建筑工程	3437211	2477892	892699	51925	14695
安装工程	198950	64320	130954	3676	
设备工器具购置	1380489	393176	893164	94047	102
#用于更新的设备	312535	100630	190341	21564	
其他费用	1388458	1115711	243701	28438	608
项目个数(个)					
(1)施工项目个数	3423	1633	1594	114	82
#地方	3357	1607	1554	114	82
#500万元以下项目	1295	538	618	63	76
(2)本年新开工	2627	1110	1351	85	81
#地方	2595	1104	1325	85	81
(3)本年投产项目个数	2282	973	1164	92	53
#地方	2259	963	1151	92	53
房屋建筑面积(平方米)					
(1)施工面积	5326205	4020575	1211606	42337	51687
#住宅	1166510	1034937	82153	5764	43656
(2)竣工面积	1338362	841134	448395	24403	24430
#住宅	264908	164486	71043	5764	23615
(3)本年竣工房屋价值	170151	111266	53312	2243	3330
#住宅	31888	20899	7182	608	3199

10-4 分县区城镇固定资产投资

（2010年）　　　　单位:万元

指　　标	全　市	市　区	阳朔县	临桂县	灵川县	全州县	兴安县
计划总投资	**21871281**	**6463018**	**1340005**	**3441187**	**2018587**	**1207285**	**1611020**
#地方	18569300	5984248	1104723	2920340	1181084	1207285	1611020
#本年新开工项目	5775654	1153431	574553	786479	439672	359974	575096
#地方	5369018	1084948	574553	786479	424909	359974	575096
自开始建设累计完成投资	**9876472**	**2449744**	**834870**	**1186404**	**971756**	**762170**	**900900**
本年计划投资	**7863909**	**1912725**	**690276**	**894454**	**829312**	**596448**	**796965**
#地方	7173765	1757725	643359	796872	686649	596448	796965
自年初累计完成投资	**6405108**	**1337407**	**603402**	**766383**	**646335**	**534000**	**646827**
#地方	5718601	1240307	560443	645914	458350	534000	646827
#500万元以下项目完成投资	317355	38610	12147	15608	22500	37623	14461
#国有经济控股	3489285	874181	399135	449769	369392	261615	261040
#住宅	75008	45194		4288	843	995	
按登记注册类型分							
内资企业	6114063	1284542	531296	753207	621756	505034	639027
国有企业	2931180	662833	351477	336678	346533	261615	205159
集体企业	79308	12121	8492	13300	3545	14266	8498
股份合作企业	66489	3326	30095	21240	70	5420	2800
联营企业	1980	1180					
国有联营企业	1400	600					
集体联营企业	580	580					
国有与集体联营企业							
其他联营企业							
有限责任公司	988970	332512	63053	201593	77752	6200	39591
国有独资公司	189384	38146	46380	90940			891
其他有限责任公司	799586	294366	16673	110653	77752	6200	38700
股份有限公司	651485	111734	13505	128760	17045	68899	160710
私营企业	1185130	70934	7778	48247	176711	146434	215072
其他企业	209521	89902	56896	3389	100	2200	7197
港、澳、台商投资企业	67587	31619	2997	7211	800	6400	2350
合资经营企业(港或澳、台资)	23482	9785	2997	2000		6400	
合作经营企业(港或澳、台资)	18753	18753					
港、澳、台商独资经营企业	13492	2881		5211	800		

10-4续表1　　(2010年)　　单位:万元

指　　标	全　市	市　区	阳朔县	临桂县	灵川县	全州县	兴安县
港、澳、台商投资股份有限公司	11860	200					2350
外商投资企业	111895	19826	10232	5040	13681		4000
中外合资经营企业	23462	3412	1510	5040			4000
中外合作经营企业	2715	1000	1500				
外资企业	25069	10318			13681		
外商投资股份有限公司	60649	5096	7222				
个体经营	111563	1420	58877	925	10098	22566	1450
个体户	46767	1420	17236	925	9868	11296	250
个人合伙	64796		41641		230	11270	1200
按建设性质分							
新建	2774561	449353	357551	505334	200292	167001	282263
扩建	1140632	448695	52070	114383	98919	104240	95446
改建和技术改造	2256313	313106	189301	126890	345508	253151	257423
按构成分							
建筑工程	3437211	578184	323677	399228	398957	303449	295273
安装工程	198950	35340	6968	19593	28023	9678	21663
设备工器具购置	1380489	338242	64686	132613	87699	187252	163203
#用于更新的设备	312535	96683	41670	2948	6654	23877	71276
其他费用	1388458	385641	208071	214949	131656	33621	166688
新增固定资产	2986848	529045	169952	242774	304523	235432	315190
#地方	2881164	479417	168035	239735	257860	235432	315190
项目个数(个)							
(1)施工项目个数	3423	502	196	257	321	368	223
#地方	3357	469	193	254	312	368	223
#500万元以下项目	1295	114	47	78	93	155	45
(2)本年新开工	2627	307	153	198	249	305	186
#地方	2595	292	153	198	243	305	186
(3)本年投产项目个数	2282	224	80	156	221	279	162
#地方	2259	214	78	155	217	279	162
房屋建筑面积(平方米)							
(1)施工面积	5326205	2440159	131727	594583	501827	62410	126219
#住宅	1166510	668345		68021	15823	23100	
(2)竣工面积	1338362	341969	7600	208385	316950	15460	26269
#住宅	264908	72732		57848	15823	1200	
(3)本年竣工房屋价值	170151	39805	3200	28617	36098	1076	2195
#住宅	31888	11075		6995	1062	80	

10-4续表2　　(2010年)　　单位:万元

指　标	永福县	灌阳县	龙胜县	资源县	平乐县	荔浦县	恭城县
计划总投资	**1108985**	**461501**	**971436**	**364566**	**1179397**	**882422**	**821872**
#地方	488661	456501	830135	358964	1178797	881772	365770
#本年新开工项目	461400	195989	153910	229955	201600	513682	129913
#地方	142260	195989	150410	229955	201000	513532	129913
自开始建设累计完成投资	**613546**	**243682**	**398404**	**251658**	**432891**	**399989**	**430458**
本年计划投资	**394365**	**273464**	**275057**	**242211**	**305540**	**388196**	**264896**
#地方	256335	272464	231557	239609	304940	387946	202896
自年初累计完成投资	**398299**	**190214**	**208125**	**189068**	**245587**	**331172**	**308289**
#地方	282585	189714	170193	186977	245027	330922	227342
#500万元以下项目完成投资	8395	38905	23836	7853	70819	17365	9233
#国有经济控股	296134	86309	137498	51161	80131	46858	176062
#住宅	771	8791	8105	3977	1779		265
按登记注册类型分							
内资企业	388602	189659	193865	184368	236587	280931	305189
国有企业	243869	86309	125748	45886	58749	37589	168735
集体企业	2491	7391	5589	350	3265		
股份合作企业			2758		780		
联营企业			800				
国有联营企业			800				
集体联营企业							
国有与集体联营企业							
其他联营企业							
有限责任公司	87497	2335	1910	54680	29245	51842	40760
国有独资公司	1152		1560	5275	5040		
其他有限责任公司	86345	2335	350	49405	24205	51842	40760
股份有限公司	11393	448	32433	45507	28812	13467	18772
私营企业	43352	92226	19679	23988	104214	177033	59462
其他企业		950	4948	13957	11522	1000	17460
港、澳、台商投资企业	6134		466		6510		3100
合资经营企业(港或澳、台资)	1934		366				
合作经营企业(港或澳、台资)							
港、澳、台商独资经营企业	200				1300		3100

10-4续表3 (2010年) 单位:万元

指　　标	永福县	灌阳县	龙胜县	资源县	平乐县	荔浦县	恭城县
港、澳、台商投资股份有限公司	4000		100		5210		
外商投资企业	1070	215	7500		2000	48331	
中外合资经营企业			7500		2000		
中外合作经营企业		215					
外资企业	1070						
外商投资股份有限公司						48331	
个体经营	2493	340	6294	4700	490	1910	
个体户	2393		979		490	1910	
个人合伙	100	340	5315	4700			
按建设性质分							
新建	194200	80161	112640	107180	74607	119903	124076
扩建	46279	6504	36786	16574	46706	38613	35417
改建和技术改造	133415	102714	51071	53470	118332	164696	147236
按构成分							
建筑工程	290355	92215	157421	119274	87146	161921	230111
安装工程	7380	7263	8250	10365	14004	19787	10636
设备工器具购置	53289	56611	24266	40774	93541	79071	59242
#用于更新的设备	9829	3372	3906	4242	3750	34591	9737
其他费用	47275	34125	18188	18655	50896	70393	8300
新增固定资产	183258	160584	161877	134984	227630	206463	115136
#地方	179471	160584	161877	134984	227630	205813	115136
项目个数(个)							
(1)施工项目个数	158	313	273	98	348	219	147
#地方	148	312	271	97	347	217	146
#500万元以下项目	44	220	146	32	229	47	45
(2)本年新开工	86	278	218	75	278	191	103
#地方	78	278	217	75	277	190	103
(3)本年投产项目个数	91	235	206	68	289	171	100
#地方	87	235	206	68	289	169	100
房屋建筑面积(平方米)							
(1)施工面积	310847	130648	368196	100651	229810	259027	70101
#住宅	181925	80190	88570	15842	19569		5125
(2)竣工面积	2964	65760	98567	33872	107768	112198	600
#住宅		36210	53581	9642	17272		600
(3)本年竣工房屋价值	398	10123	10201	8663	12181	17529	65
#住宅		4990	4611	1257	1753		65

10-5 全市基建、更改、其他及县城镇50万元以上私人建房投资资金来源

（2010年） 单位:万元

指标名称	全市	基本建设	更新改造	其他投资	工矿区私人建房
本年资金来源合计	**6981297**	**4489633**	**2268151**	**208023**	**15490**
#地方	6267572	3921540	2127217	203325	15490
#引进资金	118868	21820	70324	26724	
上年末结余资金	**484785**	**449280**	**35505**		
#引进资金	2000		2000		
本年资金来源小计	**6496512**	**4040353**	**2232646**	**208023**	**15490**
国家预算内资金	473363	401843	67995	3525	
国内贷款	972446	786874	184390	1182	
债券	190296	189513	783		
利用外资	55133	35201	18112	1820	
外商直接投资	51283	34482	14981	1820	
自筹资金	4422827	2408412	1825650	184513	4252
中央各部门自筹	16604	5069	11525	10	
省自筹	77976	45742	27304	4930	
地市自筹	126477	114907	11475	95	
县自筹	619386	493097	101971	24318	
企、事业单位自有资金	3582384	1749597	1673375	155160	4252
#发行股票					
其他资金来源	382447	218510	135716	16983	11238
各项应付款合计	**126747**	**109625**	**16785**	**337**	
#工程款	55268	50684	4487	97	

10-6 分县区城镇固定资产投资资金来源

(2010年) 单位:万元

指标	全市	市区	阳朔县	临桂县	灵川县	全州县	兴安县
本年资金来源合计	**6981297**	**1643700**	**668307**	**841019**	**655324**	**537320**	**659537**
#地方	6267572	1526982	625348	713930	467339	537320	659537
#引进资金	118868	12456	622				
上年末结余资金	**484785**	**261713**	**58892**	**128340**	**3014**		**2597**
#引进资金	2000	2000					
本年资金来源小计	**6496512**	**1381987**	**609415**	**712679**	**652310**	**537320**	**656940**
国家预算内资金	473363	55486	5462	6144	98679	114557	112572
国内贷款	972446	243975	149842	140029	40350	18772	69673
债券	190296			783	101872		
利用外资	55133	8465	1332	3131	13681		
#外商直接投资	51283	7746	1332		13681		
自筹资金	4422827	1012893	409033	548560	354906	381750	454814
中央各部门自筹	16604	260	945	1293	40		
省自筹	77976	13737	7599	5586	4620	350	13781
地市自筹	126477	62519	460	5400	8564	3800	36352
县自筹	619386	217267	138247	33822	3427	37710	30750
企、事业单位自有资金	3582384	719110	261782	502459	338255	339890	373931
#发行股票							
其他资金来源	382447	61168	43746	14032	42822	22241	19881
各项应付款合计	126747	63993	1971	39383			
#工程款	55268	18849		20330			

10-6续表 (2010年) 单位:万元

指标	永福县	灌阳县	龙胜县	资源县	平乐县	荔浦县	恭城县
本年资金来源合计	**426784**	**190415**	**234382**	**196769**	**275246**	**341248**	**311246**
#地方	310130	189915	196450	194678	274646	340998	230299
#引进资金	17300	18620	14583		50287		5000
上年末结余资金	**14566**		**521**		**7678**		**7464**
#引进资金							
本年资金来源小计	**412218**	**190415**	**233861**	**196769**	**267568**	**341248**	**303782**
国家预算内资金	14065	2548	27377	3489	14951	11057	6976
国内贷款	86184	12230	30469	15685	9197	104950	51090
债券			34932				52709
利用外资	200				1820	26504	
#外商直接投资	200				1820	26504	
自筹资金	305564	122838	121225	161337	231642	195338	122927
中央各部门自筹	222	1672	116	10978	677		401
省自筹	495	1505	2995	1256	17415	1153	7484
地市自筹	11	30	2006	550	100	368	6317
县自筹	33735	37528	21134	5662	18558	8911	32635
企、事业单位自有资金	271101	82103	94974	142891	194892	184906	76090
#发行股票							
其他资金来源	6205	52799	19858	16258	9958	3399	70080
各项应付款合计	4216	148	3375	940	9151		3570
#工程款	2476	148	3182		6733		3550

10-7 分县区城镇基本建设固定资产投资

（2010年） 单位:万元

指　　标	全　市	市　区	阳朔县	临桂县	灵川县	全州县	兴安县
计划总投资	**16896540**	**5532428**	**1177670**	**2908514**	**1613187**	**994163**	**1247207**
#地方	14135721	5252689	942388	2390706	784284	994163	1247207
#本年新开工项目	3354858	862079	453578	583459	229738	184740	274761
#地方	3330466	847350	453578	583459	223575	184740	274761
自开始建设累计完成投资	**6806120**	**1802176**	**693137**	**837069**	**721114**	**588658**	**622448**
本年计划投资	5198309	1432836	573061	653515	532691	430296	486890
#地方	4662540	1362887	526144	557065	396028	430296	486890
自年初累计完成投资	**4051099**	**911183**	**501557**	**530774**	**447301**	**382778**	**397679**
#地方	3491685	881435	452448	411437	264676	382778	387751
#500万元以下项目完成投资	115230	20021	3939	10271	8513	24131	4882
#国有经济控股	2867902	738428	341166	420876	333690	243272	233077
#住宅	60723	44710		2403	843	980	
按登记注册类型分							
内资企业	3891460	887655	441865	524013	441531	368168	387751
国有企业	2449190	572800	293788	322195	310966	243272	178087
集体企业	48204	9391	4222	48	1925	13601	5698
股份合作企业	40467	2244	30095			5420	
联营企业	1400	600					
国有联营企业	1400	600					
集体联营企业							
国有与集体联营企业							
其他联营企业							
有限责任公司	525315	150154	50190	140392	60401	3600	19590
国有独资公司	174868	29796	46380	90940			
其他有限责任公司	350447	120358	3810	49452	60401	3600	19590
股份有限公司	313888	38539	7812	34245	14800	38422	121640
私营企业	345483	25878	5523	23744	53439	61653	59839
其他企业	167513	88049	50235	3389		2200	2897
港、澳、台商投资企业	25146	10998	2997	4251	300	6400	
合资经营企业(港或澳、台资)	15587	4190	2997	2000		6400	
合作经营企业(港或澳、台资)	6808	6808					
港、澳、台商独资经营企业	2751			2251	300		

10-7续表1　　(2010年)　　单位:万元

指　　标	全　市	市　区	阳朔县	临桂县	灵川县	全州县	兴安县
港､澳､台商投资股份有限公司							
外商投资企业	74353	12210	10232	2510			
中外合资经营企业	5679	1659	1510	2510			
中外合作经营企业	1500		1500				
外资企业	10868	9798					
外商投资股份有限公司	56306	753	7222				
个体经营	60140	320	40313		5470	8210	
个体户	13858	320	4218		5470	2800	
个人合伙	46282		36095			5410	
按建设性质分							
新建	2473400	421961	352301	381813	190242	158455	282229
扩建	813432	409197	42495	76201	65705	100740	31106
改建和技术改造	702335	51885	96311	63211	191354	119373	74016
按构成分							
建筑工程	2477892	481810	247375	292307	312750	258454	201617
安装工程	64320	5382	5942	9691	16432	5192	5895
设备工器具购置	393176	63632	36002	26946	31908	96670	63988
#用于更新的设备	100630	16412	31206	27	2660	730	42780
其他费用	1115711	360359	206088	201830	86211	22462	116251
新增固定资产	**1437646**	**282103**	**119508**	**121039**	**190521**	**168165**	**113092**
#地方	1383152	273271	117591	121039	147458	168165	113092
项目个数(个)							
(1)施工项目个数	1633	329	111	175	142	239	83
#地方	1607	320	108	173	136	239	83
#500万元以下项目	538	85	17	60	37	90	19
(2)本年新开工	1110	186	77	131	100	186	61
#地方	1104	184	77	131	97	186	61
(3)本年投产项目个数	973	140	53	92	99	193	52
#地方	963	137	51	92	96	193	52
房屋建筑面积(平方米)							
(1)施工面积	4020575	2065996	128097	334910	362629	57510	64439
#住宅	1034937	665385		48008	15823	18200	
(2)竣工面积	841134	322241	7600	108433	224299	15460	26269
#住宅	164486	72732		37835	15823	1200	
(3)本年竣工房屋价值	111266	37604	3200	16220	28247	1076	2195
#住宅	20899	11075		5000	1062	80	

10-7续表2　　(2010年)　　单位:万元

指　　标	永福县	灌阳县	龙胜县	资源县	平乐县	荔浦县	恭城县
计划总投资	**593433**	**308494**	**875197**	**222258**	**211722**	**626322**	**585945**
#地方	292249	308494	733896	222258	211722	625822	129843
#本年新开工项目	69089	67504	76589	145736	38703	317706	51176
#地方	69089	67504	73089	145736	38703	317706	51176
自开始建设累计完成投资	**378527**	**124132**	**314227**	**154369**	**146813**	**181845**	**241605**
本年计划投资	229906	140550	197559	166093	55433	170574	128905
#地方	149716	140550	154059	166093	55433	170474	66905
自年初累计完成投资	**206177**	**86648**	**136525**	**117335**	**43031**	**127993**	**162118**
#地方	164871	86388	98593	117335	43031	127893	73049
#500万元以下项目完成投资	4750	14468	9914	3171	4488	1970	4712
#国有经济控股	183722	49639	102094	32619	28350	28063	132906
#住宅	771	4351	3132	2830	438		265
按登记注册类型分							
内资企业	229267	86388	134548	114635	42541	79102	153996
国有企业	180104	49639	91660	32619	23310	22431	128319
集体企业	2275	4987	5469	350	238		
股份合作企业			2408		300		
联营企业			800				
国有联营企业			800				
集体联营企业							
国有与集体联营企业							
其他联营企业							
有限责任公司	16952	2335	1910	39716	17503	22572	
国有独资公司	1152		1560		5040		
其他有限责任公司	15800	2335	350	39716	12463	22572	
股份有限公司	4487	320	16832	23839		6330	6622
私营企业	25449	29107	10521	10376	1190	27769	10995
其他企业			4948	7735			8060
港、澳、台商投资企业	200						
合资经营企业(港或澳、台资)							
合作经营企业(港或澳、台资)							
港、澳、台商独资经营企业	200						

10-7续表3　　(2010年)　　单位:万元

指　　标	永福县	灌阳县	龙胜县	资源县	平乐县	荔浦县	恭城县
港、澳、台商投资股份有限公司							
外商投资企业	1070					48331	
中外合资经营企业							
中外合作经营企业							
外资企业	1070						
外商投资股份有限公司						48331	
个体经营	100		1977	2700	490	560	
个体户					490	560	
个人合伙	100		1977	2700			
按建设性质分							
新建	138121	77441	103144	100617	28683	117473	120920
扩建	15374	4988	23459	5125	6909	7725	24408
改建和技术改造	71007	3174	5127	11593	5381	2795	7108
按构成分							
建筑工程	201104	45053	113491	76869	26054	78140	142868
安装工程	570	1990	3044	6009	491	1778	1904
设备工器具购置	6149	16671	6619	24196	6248	8841	5306
#用于更新的设备	1663		10	2395		1810	937
其他费用	22814	22674	13371	10261	10238	39234	3918
新增固定资产	**130387**	**69228**	**91751**	**69472**	**16088**	**30521**	**35771**
#地方	130205	69228	91751	69472	16088	30021	35771
项目个数(个)							
(1)施工项目个数	86	128	139	52	34	43	72
#地方	84	128	137	52	34	42	71
#500万元以下项目	20	84	66	12	18	5	25
(2)本年新开工	43	100	98	37	19	25	47
#地方	43	100	97	37	19	25	47
(3)本年投产项目个数	45	91	90	30	21	22	45
#地方	44	91	90	30	21	21	45
房屋建筑面积(平方米)							
(1)施工面积	291615	86500	291307	76849	84521	110101	66101
#住宅	181925	52690	36296	6400	5085		5125
(2)竣工面积	1732	28750	59431	22340	10409	13570	600
#住宅		10160	21348	200	4588		600
(3)本年竣工房屋价值	182	4780	6990	7050	1321	2336	65
#住宅		1130	1960	110	417		65

10-8 分县区城镇基本建设固定资产投资资金来源

（2010年） 单位:万元

指标	全市	市区	阳朔县	临桂县	灵川县	全州县	兴安县
本年资金来源合计	**4489633**	**1140772**	**558369**	**603302**	**453090**	**383488**	**395036**
#地方	3921540	1108965	515410	477345	270465	383488	395036
#引进资金	21820	7956	622				
上年末结余资金	**449280**	**240991**	**57831**	**127398**	**809**		
#引进资金							
本年资金来源小计	**4040353**	**899781**	**500538**	**475904**	**452281**	**383488**	**395036**
国家预算内资金	401843	29465	5462	6144	93129	110086	109159
国内贷款	786874	183991	149842	134229	40050	7060	67190
债券	189513				101872		
利用外资	35201	8465	1332				
#外商直接投资	34482	7746	1332				
自筹资金	2408412	622678	300606	323030	199972	255017	209279
中央各部门自筹	5069	260	945	1293	40		
省自筹	45742	9884	3800	5586	3392	350	12887
地市自筹	114907	55631	360	5400	7306	3700	35180
县自筹	493097	210967	97903	31513	3412	37610	20843
企、事业单位自有资金	1749597	345936	197598	279238	185822	213357	140369
#发行股票							
其他资金来源	218510	55182	43296	12501	17258	11325	9408
各项应付款合计	109625	54820		38983			
#工程款	50684	17203		20330			

10-8续表 （2010年） 单位:万元

指标	永福县	灌阳县	龙胜县	资源县	平乐县	荔浦县	恭城县
本年资金来源合计	**244676**	**86589**	**162735**	**124850**	**44078**	**137187**	**155461**
#地方	178910	86589	124803	124850	44078	137087	74514
#引进资金	1700	720	3800		7022		
上年末结余资金	**10218**		**521**		**6048**		**5464**
#引进资金							
本年资金来源小计	**234458**	**86589**	**162214**	**124850**	**38030**	**137187**	**149997**
国家预算内资金	5608	1444	24724	3053	2133	5613	5823
国内贷款	70884	4780	28179	15685	7750	46776	30458
债券			34932				52709
利用外资	200					25204	
#外商直接投资	200					25204	
自筹资金	151561	56743	61571	99571	23633	58181	46570
中央各部门自筹		1561	106	787	77		
省自筹	424	83	577	1256	86	663	6754
地市自筹		30	435	100	80	368	6317
县自筹	26473	18916	12984	5662	3743	4009	19062
企、事业单位自有资金	124664	36153	47469	91766	19647	53141	14437
#发行股票							
其他资金来源	6205	23622	12808	6541	4514	1413	14437
各项应付款合计	3906	148	3062	940	5596		2170
#工程款	2476	148	2869		5508		2150

10-9 城镇更新改造固定资产投资

(2010年) 单位:万元

指　　标	全　市	市　区	阳朔县	临桂县	灵川县	全州县	兴安县
计划总投资	**4103841**	**863537**	**139062**	**531748**	**396678**	**200826**	**358199**
#地方	3568288	670115	139062	528709	388078	200826	358199
#本年新开工项目	2314095	289246	97882	202095	206098	163518	299155
#地方	1931851	235492	97882	202095	197498	163518	299155
自开始建设累计完成投资	**2848880**	**587462**	**121711**	**348410**	**242100**	**164596**	**272838**
本年计划投资	**2429814**	**416033**	**95335**	**240014**	**290699**	**154066**	**304491**
#地方	2281048	336591	95335	238882	284699	154066	304491
自年初累计完成投资	**2160518**	**366118**	**81823**	**234684**	**193292**	**142416**	**243564**
#地方	2038123	303464	87973	233552	187932	142416	253492
#500万元以下项目完成投资	167541	11281	8028	5337	11695	6116	8795
#国有经济控股	556823	109693	39877	28893	34338	18083	26749
#住宅	8097	484		1050		15	
按登记注册类型分							
内资企业	2043602	336781	69409	229194	175261	136556	245692
国有企业	429429	74122	39597	14483	34203	18083	25858
集体企业	27358	2730	2520	13252	920	665	2800
股份合作企业	24990	850		21240			2800
联营企业	580	580					
国有联营企业							
集体联营企业	580	580					
国有与集体联营企业							
其他联营企业							
有限责任公司	424183	148617	12863	61201	17351	2600	20001
国有独资公司	6166						891
其他有限责任公司	418017	148617	12863	61201	17351	2600	19110
股份有限公司	319753	71856	5693	94515	2245	30477	39070
私营企业	783927	36623	2075	24503	120442	84731	150863
其他企业	33382	1403	6661		100		4300
港、澳、台商投资企业	42021	20621		2960	500		2350
合资经营企业(港或澳、台资)	7895	5595					
合作经营企业(港或澳、台资)	11945	11945					
港、澳、台商独资经营企业	10421	2881		2960	500		
港、澳、台商投资股份有限公司	11760	200					2350
外商投资企业	37542	7616		2530	13681		4000
中外合资经营企业	17783	1753		2530			4000
中外合作经营企业	1215	1000					
外资企业	14201	520			13681		
外商投资股份有限公司	4343	4343					
个体经营	37353	1100	18564		3850	5860	1450
个体户	22161	1100	13018		3850		250
个人合伙	15192		5546			5860	1200
按建设性质分							
新建	223400	26712	5250	122596	10050		

10-9续表1　　(2010年)　　单位:万元

指　　标	全　市	市　区	阳朔县	临桂县	灵川县	全州县	兴安县
扩建	320863	39498	9575	38182	31946	3500	64340
改建和技术改造	1516645	261115	73148	63679	151066	133778	182227
按构成分							
建筑工程	892699	95853	56460	106086	83686	36449	92712
安装工程	130954	29958	1026	9902	11348	4486	15665
设备工器具购置	893164	215990	28504	105667	53693	90322	94766
#用于更新的设备	190341	59115	10284	2921	3974	23147	28496
其他费用	243701	24317	1983	13029	44565	11159	50349
按国民经济行业分							
农、林、牧、渔业	18348	2271	1200	81			4500
农业	2095						
林业	3321						
畜牧业	4153	2271					1700
渔业							
农、林、牧、渔服务业	8779		1200	81			2800
采矿业	144168	2440	2550	15129	20731	20655	14370
煤炭开采和洗选业	358		358				
石油和天然气开采业							
黑色金属矿采选业	34353					16250	
有色金属矿采选业	48424		1320	2880	650	3805	12170
非金属矿采选业	61033	2440	872	12249	20081	600	2200
其他采矿业							
制造业	1411304	267666	36005	183602	145033	97088	164915
农副食品加工业	68731	8434	1151	8680	8166	2600	13050
食品制造业	52240	6533		8700	11097		10820
饮料制造业	81120	25074		2530		17820	5534
烟草制品业							
纺织业	16549	7539			1200		
纺织服装、鞋、帽制造业	60	60					
皮革、毛皮、羽毛(绒)及其制品业	2537			1100		967	
木材加工及木、竹、藤、棕、草制	174466		5469	13983	29693	6300	14857
家具制造业	27063	670	5854		3860	700	3500
造纸及纸制品业	50249	9173	765	4000	2550	3600	135
印刷业和记录媒介的复制	41741	13666		21640		1935	
文教体育用品制造业							
石油加工、炼焦及核燃料加工业							
化学原料及化学制品制造业	84435	25456	6158	3770	8230	400	22470
医药制造业	60005	26909		12456	870	4600	
化学纤维制造业							
橡胶制品业	51876	4651			5300		
塑料制品业	13095	1400			2065		700
非金属矿物制品业	153733	10367	11341	7105	27425	2806	38662
黑色金属冶炼及压延加工业	85668		4917		13681	27856	18335
有色金属冶炼及压延加工业	61467	3667					2500
金属制品业	40643	2220				680	3300
通用设备制造业	50561	9885		11126	20570		3000
专用设备制造业	65688	28943	350	16880	4435	1400	7700
交通运输设备制造业	103544	7398		56682	2500	18634	3892

10-9续表2　　(2010年)　　单位:万元

指　　标	全　市	市　区	阳朔县	临桂县	灵川县	全州县	兴安县
电气机械及器材制造业	50831	21330		14950	3391		11160
通信设备、计算机及其他电子设备	57872	44182				6790	4900
仪器仪表及文化、办公用机械制造	7109	7109					
工艺品及其他制造业	7021						400
废弃资源和废旧材料回收加工业	3000	3000					
电力、燃气及水的生产和供应业	201354	39235	3871	7108	10433	21385	23866
电力、热力的生产和供应业	166034	27705	3271	7108	10433	17550	15441
燃气生产和供应业	9443	4343					4800
水的生产和供应业	25877	7187	600			3835	3625
建筑业							
房屋和土木工程建筑业							
建筑安装业							
建筑装饰业							
其他建筑业							
交通运输、仓储和邮政业	111662	16918	7295	6021	15103		13338
铁路运输业							
道路运输业	76732	13911	5995		12603		10938
城市公共交通业	2600			2600			
水上运输业	450						
航空运输业	17836		1300	2289			
管道运输业	4497	147		1132			
装卸搬运和其他运输服务业	2860	2860					
仓储业	6687				2500		2400
邮政业							
信息传输、计算机服务和软件业	73238	19852	1050	10902			280
电信和其他信息传输服务业	73238	19852	1050	10902			280
计算机服务业							
软件业							
批发和零售业	21631	4370		6481		1388	5500
批发业	9101			5781			
零售业	12530	4370		700		1388	5500
住宿和餐饮业	6095	3050					
住宿业	5767	2900					
餐饮业	328	150					
金融业							
银行业							
证券业							
保险业							
其他金融活动							
房地产业	4458						500
房地产业	4458						500
租赁和商务服务业	5010	1272	130	3500			
租赁业							
商务服务业	5010	1272	130	3500			
科学研究、技术服务和地质勘查业	460	460					
研究与试验发展	460	460					
专业技术服务业							

10-9续表3　　(2010年)　　单位:万元

指　　标	全　市	市　区	阳朔县	临桂县	灵川县	全州县	兴安县
科技交流和推广服务业							
地质勘查业							
水利、环境和公共设施管理业	133796	3519	29937	1860	1762	1100	22473
水利管理业	35732		15889		70	1100	5275
环境管理业	29958		7938	1860	500		8350
公共设施管理业	68106	3519	6110		1192		8848
居民服务和其他服务业	1487	1057	310				
居民服务业							
其他服务业	1487	1057	310				
教育	4898	665			230		950
教育	4898	665			230		950
卫生、社会保障和社会福利业	13107	2990				800	2800
卫生	12667	2990				800	2800
社会保障业							
社会福利业	440						
文化、体育和娱乐业	541						
新闻出版业							
广播、电视、电影和音像业							
文化艺术业	480						
体育	61						
娱乐业							
公共管理和社会组织	8961	353	5625				
中国共产党机关							
国家机构	8508	353	5625				
人民政协和民主党派							
群众团体、社会团体和宗教组织							
基层群众自治组织	453						
国际组织							
国际组织							
新增固定资产	**1417273**	**213417**	**38914**	**120810**	**105930**	**62801**	**196484**
#地方	1369916	176454	38914	117771	102330	62801	196484
项目个数(个)							
(1)施工项目个数	1594	171	79	81	169	71	137
#地方	1554	147	79	80	166	71	137
#500万元以下项目	618	28	30	18	51	10	24
(2)本年新开工	1351	119	70	66	140	62	123
#地方	1325	106	70	66	137	62	123
(3)本年投产项目个数	1164	83	24	63	113	54	107
#地方	1151	76	24	62	112	54	107
房屋建筑面积(平方米)							
(1)施工面积	1211606	374163	3630	254353	134536	4900	61780
#住宅	82153	2960		14693		4900	
(2)竣工面积	448395	19728		94632	88279		
#住宅	71043			14693			
(3)本年竣工房屋价值	53312	2201		11562	7474		
#住宅	7182			1160			

10-9续表4　　(2010年)　　单位:万元

指　　标	永福县	灌阳县	龙胜县	资源县	平乐县	荔浦县	恭城县
计划总投资	**508484**	**143757**	**70134**	**131506**	**276568**	**256100**	**227242**
#地方	189344	138757	70134	125904	275968	255950	227242
#本年新开工项目	385466	119285	55276	77258	144603	195976	78237
#地方	66326	119285	55276	77258	144003	195826	78237
自开始建设累计完成投资	**231591**	**114300**	**61669**	**86487**	**219346**	**218144**	**180226**
本年计划投资	**161520**	**123664**	**55758**	**65456**	**172202**	**217622**	**132954**
#地方	103680	122664	55758	62854	171602	217472	132954
自年初累计完成投资	**183855**	**98316**	**50622**	**61071**	**154904**	**203179**	**141835**
#地方	114286	98076	50622	58980	154344	203029	149957
#500万元以下项目完成投资	3206	24387	9033	1436	58311	15395	4521
#国有经济控股	109200	36620	24990	18077	49282	18795	42226
#住宅		4440	1362	9	737		
按登记注册类型分							
内资企业	155907	98021	42310	59071	146714	201829	146857
国有企业	60553	36620	24474	12802	33990	15158	39486
集体企业		2404	120		1947		
股份合作企业			100				
联营企业							
国有联营企业							
集体联营企业							
国有与集体联营企业							
其他联营企业							
有限责任公司	70545			13493	8142	29270	40100
国有独资公司				5275			
其他有限责任公司	70545			8218	8142	29270	40100
股份有限公司	6906	128	13096	21668	14812	7137	12150
私营企业	17903	57919	4520	8112	80151	149264	46821
其他企业		950		2996	7672	1000	8300
港、澳、台商投资企业	5934		366		6190		3100
合资经营企业(港或澳、台资)	1934		366				
合作经营企业(港或澳、台资)							
港、澳、台商独资经营企业					980		3100
港、澳、台商投资股份有限公司	4000				5210		
外商投资企业		215	7500		2000		
中外合资经营企业			7500		2000		
中外合作经营企业		215					
外资企业							
外商投资股份有限公司							
个体经营	2393	340	446	2000		1350	
个体户	2393		200			1350	
个人合伙		340	246	2000			
按建设性质分							
新建	52874	2720			768	2430	

10-9续表5 (2010年) 单位:万元

指　　标	永福县	灌阳县	龙胜县	资源县	平乐县	荔浦县	恭城县
扩建	30905	1516	9559	11449	39016	30888	10489
改建和技术改造	62408	94340	40092	41877	111546	161901	139468
按构成分							
建筑工程	86090	45202	30919	40455	49896	83781	85110
安装工程	6810	4533	4174	4273	12148	18009	8622
设备工器具购置	46917	38030	13175	12625	70575	70230	52670
#用于更新的设备	8013	3372	3841	1847	3750	32781	8800
其他费用	24417	10811	2354	3718	22285	31159	3555
按国民经济行业分							
农、林、牧、渔业		5517		1000	3779		
农业		1627			468		
林业		1910		1000	411		
畜牧业		52			130		
渔业							
农、林、牧、渔服务业		1928			2770		
采矿业		2390	18921	1100	22073	1200	22609
煤炭开采和洗选业							
石油和天然气开采业							
黑色金属矿采选业					18103		
有色金属矿采选业		2200	1600	1100	900	1200	20599
非金属矿采选业		190	17321		3070		2010
其他采矿业							
制造业	109307	43982	9646	13674	71255	181354	87777
农副食品加工业	2285	2500			14085	5780	2000
食品制造业	750	10100	220		570	2650	800
饮料制造业	1637	1428	80			19186	7831
烟草制品业							
纺织业	3850			3960			
纺织服装、鞋、帽制造业							
皮革、毛皮、羽毛(绒)及其制品业					470		
木材加工及木、竹、藤、棕、草制	6673	7869	2232	3235	7520	72935	3700
家具制造业	7459	638			390	3992	
造纸及纸制品业	16228	88			5360	7750	600
印刷业和记录媒介的复制					260	4240	
文教体育用品制造业							
石油加工、炼焦及核燃料加工业							
化学原料及化学制品制造业	5353				7650	1417	3531
医药制造业	5104					8171	1895
化学纤维制造业							
橡胶制品业	41925						
塑料制品业					3360	5570	
非金属矿物制品业	605	4578	4224		19710	12530	14380
黑色金属冶炼及压延加工业	3000	3010	2890	3979	4800	2000	1200
有色金属冶炼及压延加工业		9460					45840
金属制品业	1000			750	2400	30293	
通用设备制造业	500			1750	1630		2100
专用设备制造业		3730			1050	1200	
交通运输设备制造业	12938					1500	

10-9续表6　　(2010年)　　单位:万元

指　　标	永福县	灌阳县	龙胜县	资源县	平乐县	荔浦县	恭城县
电气机械及器材制造业							
通信设备、计算机及其他电子设备					2000		
仪器仪表及文化、办公用机械制造							
工艺品及其他制造业		581				2140	3900
废弃资源和废旧材料回收加工业							
电力、燃气及水的生产和供应业	7572	18611	10588	11306	11462	11594	24323
电力、热力的生产和供应业	7170	16852	10098	10306	8943	9644	21513
燃气生产和供应业	300						
水的生产和供应业	102	1759	490	1000	2519	1950	2810
建筑业							
房屋和土木工程建筑业							
建筑安装业							
建筑装饰业							
其他建筑业							
交通运输、仓储和邮政业	19119	9286	3197	10791	6547		4047
铁路运输业							
道路运输业	1774	9166	3197	10791	6097		2260
城市公共交通业							
水上运输业					450		
航空运输业	14127	120					
管道运输业	3218						
装卸搬运和其他运输服务业							
仓储业							1787
邮政业							
信息传输、计算机服务和软件业	9149	500	415	13229	17460		401
电信和其他信息传输服务业	9149	500	415	13229	17460		401
计算机服务业							
软件业							
批发和零售业	157	2650			135	950	
批发业		2520				800	
零售业	157	130			135	150	
住宿和餐饮业	290		200	2555			
住宿业	290		200	2377			
餐饮业				178			
金融业							
银行业							
证券业							
保险业							
其他金融活动							
房地产业		2408		1550			
房地产业		2408		1550			
租赁和商务服务业			108				
租赁业							
商务服务业			108				
科学研究、技术服务和地质勘查业							
研究与试验发展							
专业技术服务业							

10-9续表7　　(2010年)　　单位:万元

指　　标	永福县	灌阳县	龙胜县	资源县	平乐县	荔浦县	恭城县
科技交流和推广服务业							
地质勘查业							
水利、环境和公共设施管理业	18389	9601	7081	5275	16296	5763	10740
水利管理业	1300	3813			6049	1963	273
环境管理业		2220	2930		6160		
公共设施管理业	17089	3568	4151	5275	4087	3800	10467
居民服务和其他服务业				120			
居民服务业							
其他服务业				120			
教育			66	391	2596		
教育			66	391	2596		
卫生、社会保障和社会福利业	111	987	400	80	2621	2318	
卫生	111	987	400	80	2181	2318	
社会保障业							
社会福利业					440		
文化、体育和娱乐业		481					60
新闻出版业							
广播、电视、电影和音像业							
文化艺术业		420					60
体育		61					
娱乐业							
公共管理和社会组织	140	2163			680		
中国共产党机关							
国家机构	140	1710			680		
人民政协和民主党派							
群众团体、社会团体和宗教组织							
基层群众自治组织		453					
国际组织							
国际组织							
新增固定资产	**51832**	**91306**	**54193**	**54710**	**177815**	**175942**	**73119**
#地方	48227	91306	54193	54710	177815	175792	73119
项目个数(个)							
(1)施工项目个数	69	184	93	31	263	176	70
#地方	61	183	93	30	262	175	70
#500万元以下项目	23	136	50	7	179	42	20
(2)本年新开工	40	177	83	23	227	166	55
#地方	32	177	83	23	226	165	55
(3)本年投产项目个数	44	144	82	23	226	149	52
#地方	41	144	82	23	226	148	52
房屋建筑面积(平方米)							
(1)施工面积	18000	44148	39694	9895	113581	148926	4000
#住宅		27500	22880	90	9130		
(2)竣工面积		37010	26448	1125	82545	98628	
#住宅		26050	22880	90	7330		
(3)本年竣工房屋价值		5343	1597	169	9773	15193	
#住宅		3860	1377	9	776		

10-10 城镇更新改造固定资产投资资金来源

（2010年）　　单位：万元

指　　标	全　市	市　区	阳朔县	临桂县	灵川县	全州县	兴安县
本年资金来源合计	2268151	442802	88108	236792	196492	145026	258887
#地方	2127217	362589	88108	235660	191132	145026	258887
#引进资金	70324	4500					
上年末结余资金	35505	20722	1061	942	2205		2597
#引进资金	2000	2000					
本年资金来源小计	2232646	422080	87047	235850	194287	145026	256290
国家预算内资金	67995	25506			4670	4471	3375
国内贷款	184390	59984		5800	300	11712	2483
债券	783			783			
利用外资	18112			3131	13681		
#外商直接投资	14981				13681		
自筹资金	1825650	332761	86597	224605	152915	126473	241281
中央各部门自筹	11525						
省自筹	27304	3853	1399		1213		894
地市自筹	11475	6888	100		1258	100	1148
县自筹	101971	6300	23594	2309		100	8727
企、事业单位自有资金	1673375	315720	61504	222296	150444	126273	230512
#发行股票							
其他资金来源	135716	3829	450	1531	22721	2370	9151
各项应付款合计	16785	9173	1971	400			
#工程款	4487	1646					

10-10续表　　（2010年）　　单位：万元

指　　标	永福县	灌阳县	龙胜县	资源县	平乐县	荔浦县	恭城县
本年资金来源合计	178680	98576	50484	61257	155981	204061	151005
#地方	127792	98076	50484	59166	155381	203911	151005
#引进资金	15000	17900	7650		20274		5000
上年末结余资金	4348				1630		2000
#引进资金							
本年资金来源小计	174332	98576	50484	61257	154351	204061	149005
国家预算内资金	8457	1104	906	436	12473	5444	1153
国内贷款	15300	7150	2030		825	58174	20632
债券							
利用外资						1300	
#外商直接投资						1300	
自筹资金	150575	61145	45836	56867	136267	137157	73171
中央各部门自筹	222	111		10191	600		401
省自筹	71	1422			17232	490	730
地市自筹	11		1500	450	20		
县自筹	6599	18612	6691		11084	4902	13053
企、事业单位自有资金	143672	41000	37645	46226	107331	131765	58987
#发行股票							
其他资金来源		29177	1712	3954	4786	1986	54049
各项应付款合计	310		310		3221		1400
#工程款			310		1131		1400

10-11 城镇其他固定资产投资

（2010年）　　　　单位:万元

指　　标	全　市	市　区	阳朔县	临桂县	灵川县	全州县	兴安县
计划总投资	**849217**	**67053**	**23273**		**8722**	**260**	**5614**
#地方	843608	61444	23273		8722	260	5614
#本年新开工项目	85338	2106	23093		3836		1180
#地方	85338	2106	23093		3836		1180
自开始建设累计完成投资	**205957**	**60106**	**20022**		**8542**	**260**	**5614**
本年计划投资	**216828**	**63856**	**21880**		**5922**	**260**	**5584**
#地方	211219	58247	21880		5922	260	5584
自年初累计完成投资	**178086**	**60106**	**20022**		**5742**	**260**	**5584**
#地方	173388	55408	20022		5742	260	5584
#500万元以下项目完成投资	24861	7308	180		2292	260	784
#国有经济控股	64560	26060	18092		1364	260	1214
#住宅	652						
按登记注册类型分							
内资企业	176888	60106	20022		4964	260	5584
国有企业	52561	15911	18092		1364	260	1214
集体企业	3746		1750		700		
股份合作企业	1032	232			70		
联营企业							
国有联营企业							
集体联营企业							
国有与集体联营企业							
其他联营企业							
有限责任公司	39472	33741					
国有独资公司	8350	8350					
其他有限责任公司	31122	25391					
股份有限公司	17844	1339					
私营企业	54870	8433	180		2830		4370
其他企业	7363	450					
港、澳、台商投资企业	420						
合资经营企业(港或澳、台资)							
合作经营企业(港或澳、台资)							
港、澳、台商独资经营企业	320						
港、澳、台商投资股份有限公司	100						
外商投资企业							
中外合资经营企业							
中外合作经营企业							
外资企业							
外商投资股份有限公司							
个体经营	778				778		
个体户	548				548		
个人合伙	230				230		
按建设性质分							
新建	62501	680					34

10-11续表1　　(2010年)　　单位:万元

指　　标	全　市	市　区	阳朔县	临桂县	灵川县	全州县	兴安县
扩建	6337				1268		
改建和技术改造	37188	106	19842		3088		1180
按构成分							
建筑工程	51925	521	19842		2521		944
安装工程	3676				243		103
设备工器具购置	94047	58620	180		2098	260	4449
#用于更新的设备	21564	21156	180		20		
其他费用	28438	965			880		88
按国民经济行业分							
农、林、牧、渔业	11543						34
农业	6176						
林业	4645						
畜牧业	260						
渔业							
农、林、牧、渔服务业	462						34
采矿业	22803						
煤炭开采和洗选业							
石油和天然气开采业							
黑色金属矿采选业	15747						
有色金属矿采选业	4586						
非金属矿采选业	2470						
其他采矿业							
制造业	17906	6338	180				320
农副食品加工业	1425	680					
食品制造业	980	380					320
饮料制造业	270						
烟草制品业							
纺织业							
纺织服装、鞋、帽制造业							
皮革、毛皮、羽毛(绒)及其制品业	2100						
木材加工及木、竹、藤、棕、草制	2035						
家具制造业	1470	830	180				
造纸及纸制品业							
印刷业和记录媒介的复制	240	240					
文教体育用品制造业							
石油加工、炼焦及核燃料加工业							
化学原料及化学制品制造业							
医药制造业	605	605					
化学纤维制造业							
橡胶制品业	230	230					
塑料制品业	560	110					
非金属矿物制品业	4098						
黑色金属冶炼及压延加工业							
有色金属冶炼及压延加工业	390	390					
金属制品业							
通用设备制造业							
专用设备制造业	2073	1763					
交通运输设备制造业	440	440					

10-11续表2 (2010年) 单位:万元

指　　标	全　市	市　区	阳朔县	临桂县	灵川县	全州县	兴安县
电气机械及器材制造业	670	670					
通信设备、计算机及其他电子设备							
仪器仪表及文化、办公用机械制造							
工艺品及其他制造业							
废弃资源和废旧材料回收加工业	320						
电力、燃气及水的生产和供应业	8594						
电力、热力的生产和供应业	5450						
燃气生产和供应业							
水的生产和供应业	3144						
建筑业	3265	3265					
房屋和土木工程建筑业	3115	3115					
建筑安装业							
建筑装饰业	150	150					
其他建筑业							
交通运输、仓储和邮政业	42821	38095	2482		68		
铁路运输业							
道路运输业	17360	13634	2482		68		
城市公共交通业	15949	15749					
水上运输业							
航空运输业							
管道运输业							
装卸搬运和其他运输服务业	8712	8712					
仓储业	800						
邮政业							
信息传输、计算机服务和软件业	430	260					
电信和其他信息传输服务业	170						
计算机服务业	260	260					
软件业							
批发和零售业	2423	2205			218		
批发业	540	420			120		
零售业	1883	1785			98		
住宿和餐饮业	11065	3247			4090		
住宿业	4696	2576			2120		
餐饮业	6369	671			1970		
金融业	3268	2982			70		
银行业	2968	2682			70		
证券业							
保险业	300	300					
其他金融活动							
房地产业	95	95					
房地产业	95	95					
租赁和商务服务业	143	143					
租赁业							
商务服务业	143	143					
科学研究、技术服务和地质勘查业	250						
研究与试验发展	100						
专业技术服务业	150						

10-11续表3 (2010年) 单位:万元

指标	全市	市区	阳朔县	临桂县	灵川县	全州县	兴安县
科技交流和推广服务业							
地质勘查业							
水利、环境和公共设施管理业	33194	214	14960		550		1180
水利管理业	1280						1180
环境管理业	15858	108	14960				
公共设施管理业	16056	106			550		
居民服务和其他服务业	2306	166					
居民服务业	2067	112					
其他服务业	239	54					
教育	310				220		
教育	310				220		
卫生、社会保障和社会福利业	2635	1048				260	
卫生	1441	1048				260	
社会保障业	1194						
社会福利业							
文化、体育和娱乐业	5350						4050
新闻出版业							
广播、电视、电影和音像业							
文化艺术业							
体育							
娱乐业	5350						4050
公共管理和社会组织	9685	2048	2400		526		
中国共产党机关							
国家机构	9560	2048	2400		526		
人民政协和民主党派							
群众团体、社会团体和宗教组织							
基层群众自治组织	125						
国际组织							
国际组织							
新增固定资产	**123471**	**33525**	**11530**		**8072**	**260**	**5614**
#地方	119638	29692	11530		8072	260	5614
项目个数(个)							
(1)施工项目个数	114	2	6		10		3
#地方	114	2	6		10		3
#500万元以下项目	63	1			5		2
(2)本年新开工	85	2	6		9		2
#地方	85	2	6		9		2
(3)本年投产项目个数	92	1	3		9		3
#地方	92	1	3		9		3
房屋建筑面积(平方米)							
(1)施工面积	42337				4662		
#住宅	5764						
(2)竣工面积	24403				4372		
#住宅	5764						
(3)本年竣工房屋价值	2243				377		
#住宅	608						

10-11续表4　　(2010年)　　单位:万元

指　　标	永福县	灌阳县	龙胜县	资源县	平乐县	荔浦县	恭城县
计划总投资	**7068**	**9250**	**19446**	**8739**	**691107**		**8685**
#地方	7068	9250	19446	8739	691107		8685
#本年新开工项目	6845	9200	15386	4898	18294		500
#地方	6845	9200	15386	4898	18294		500
自开始建设累计完成投资	**3428**	**5250**	**18637**	**8739**	**66732**		**8627**
本年计划投资	**2939**	**9250**	**17596**	**8599**	**77905**		**3037**
#地方	2939	9250	17596	8599	77905		3037
自年初累计完成投资	**3428**	**5250**	**17107**	**8599**	**47652**		**4336**
#地方	3428	5250	17107	8599	47652		4336
#500万元以下项目完成投资	439	50	3545	1983	8020		
#国有经济控股	3212	50	10414	465	2499		930
#住宅			40	8	604		
按登记注册类型分							
内资企业	3428	5250	17007	8599	47332		4336
国有企业	3212	50	9614	465	1449		930
集体企业	216				1080		
股份合作企业			250		480		
联营企业							
国有联营企业							
集体联营企业							
国有与集体联营企业							
其他联营企业							
有限责任公司				1471	3600		660
国有独资公司							
其他有限责任公司				1471	3600		660
股份有限公司			2505		14000		
私营企业		5200	4638	4700	22873		1646
其他企业				1963	3850		1100
港、澳、台商投资企业			100		320		
合资经营企业(港或澳、台资)							
合作经营企业(港或澳、台资)							
港、澳、台商独资经营企业					320		
港、澳、台商投资股份有限公司			100				
外商投资企业							
中外合资经营企业							
中外合作经营企业							
外资企业							
外商投资股份有限公司							
个体经营							
个体户							
个人合伙							
按建设性质分							
新建	3205		5770	4500	45156		3156

10-11续表5　　(2010年)　　单位:万元

指标	永福县	灌阳县	龙胜县	资源县	平乐县	荔浦县	恭城县
改建			3768		781		520
改建和技术改造		5200	5707		1405		660
按构成分							
建筑工程	3161	1960	9547	100	11196		2133
安装工程		740	1032	83	1365		110
设备工器具购置	223	1910	4422	3901	16718		1266
#用于更新的设备	153		55				
其他费用	44	640	2106	4515	18373		827
按国民经济行业分							
农、林、牧、渔业			4333	4500	1086		1590
农业				4500	606		1070
林业			3645		480		520
畜牧业			260				
渔业							
农、林、牧、渔服务业			428				
采矿业			2820		17237		2746
煤炭开采和洗选业							
石油和天然气开采业							
黑色金属矿采选业					15747		
有色金属矿采选业			1000		840		2746
非金属矿采选业			1820		650		
其他采矿业							
制造业			3313		7755		
农副食品加工业					745		
食品制造业					280		
饮料制造业					270		
烟草制品业							
纺织业							
纺织服装、鞋、帽制造业							
皮革、毛皮、羽毛(绒)及其制品业					2100		
木材加工及木、竹、藤、棕、草制			1585		450		
家具制造业					460		
造纸及纸制品业							
印刷业和记录媒介的复制							
文教体育用品制造业							
石油加工、炼焦及核燃料加工业							
化学原料及化学制品制造业							
医药制造业							
化学纤维制造业							
橡胶制品业							
塑料制品业					450		
非金属矿物制品业			1728		2370		
黑色金属冶炼及压延加工业							
有色金属冶炼及压延加工业							
金属制品业							
通用设备制造业							
专用设备制造业					310		
交通运输设备制造业							

10-11续表6　　　　　　　　　　　　（2010年）　　　　　　　　　　　　单位:万元

指　　标	永福县	灌阳县	龙胜县	资源县	平乐县	荔浦县	恭城县
电气机械及器材制造业							
通信设备、计算机及其他电子设备							
仪器仪表及文化、办公用机械制造							
工艺品及其他制造业							
废弃资源和废旧材料回收加工业					320		
电力、燃气及水的生产和供应业	2389	5200	155		850		
电力、热力的生产和供应业		5200			250		
燃气生产和供应业							
水的生产和供应业	2389		155		600		
建筑业							
房屋和土木工程建筑业							
建筑安装业							
建筑装饰业							
其他建筑业							
交通运输、仓储和邮政业			900	796	480		
铁路运输业							
道路运输业			100	596	480		
城市公共交通业				200			
水上运输业							
航空运输业							
管道运输业							
装卸搬运和其他运输服务业							
仓储业			800				
邮政业							
信息传输、计算机服务和软件业			170				
电信和其他信息传输服务业			170				
计算机服务业							
软件业							
批发和零售业							
批发业							
零售业							
住宿和餐饮业				1778	1950		
住宿业							
餐饮业				1778	1950		
金融业	216						
银行业	216						
证券业							
保险业							
其他金融活动							
房地产业							
房地产业							
租赁和商务服务业							
租赁业							
商务服务业							
科学研究、技术服务和地质勘查业			250				
研究与试验发展			100				
专业技术服务业			150				

10-11续表7 (2010年) 单位:万元

指　　标	永福县	灌阳县	龙胜县	资源县	平乐县	荔浦县	恭城县
科技交流和推广服务业							
地质勘查业							
水利、环境和公共设施管理业	600		100	670	14920		
水利管理业			100				
环境管理业					790		
公共设施管理业	600			670	14130		
居民服务和其他服务业				390	1750		
居民服务业				205	1750		
其他服务业				185			
教育	90						
教育	90						
卫生、社会保障和社会福利业	133		620		574		
卫生	133						
社会保障业			620		574		
社会福利业							
文化、体育和娱乐业			250		1050		
新闻出版业							
广播、电视、电影和音像业							
文化艺术业							
体育							
娱乐业			250		1050		
公共管理和社会组织		50	4196	465			
中国共产党机关							
国家机构		50	4071	465			
人民政协和民主党派							
群众团体、社会团体和宗教组织							
基层群众自治组织			125				
国际组织							
国际组织							
新增固定资产	1039	50	14669	8739	33727		6246
#地方	1039	50	14669	8739	33727		6246
项目个数(个)							
(1)施工项目个数	3	1	31	2	51		5
#地方	3	1	31	2	51		5
#500万元以下项目	1		21	1	32		
(2)本年新开工	3	1	27	2	32		1
#地方	3	1	27	2	32		1
(3)本年投产项目个数	2		27	2	42		3
#地方	2		27	2	42		3
房屋建筑面积(平方米)							
(1)施工面积	1232		4415	320	31708		
#住宅			330	80	5354		
(2)竣工面积	1232		3665	320	14814		
#住宅			330	80	5354		
(3)本年竣工房屋价值	216		380	183	1087		
#住宅			40	8	560		

10-12 城镇其他固定资产投资资金来源

(2010年) 单位:万元

指　　标	全　市	市　区	阳朔县	临桂县	灵川县	全州县	兴安县
本年资金来源合计	**208023**	**60126**	**21830**		**5742**	**260**	**5614**
#地方	203325	55428	21830		5742	260	5614
#引进资金	26724						
上年末结余资金							
#引进资金							
本年资金来源小计	**208023**	**60126**	**21830**		**5742**	**260**	**5614**
国家预算内资金	3525	515			880		38
国内贷款	1182						
债券							
利用外资	1820						
#外商直接投资	1820						
自筹资金	184513	57454	21830		2019	260	4254
中央各部门自筹	10						
省自筹	4930		2400		15		
地市自筹	95						24
县自筹	24318		16750		15		1180
企、事业单位自有资金	155160	57454	2680		1989	260	3050
#发行股票							
其他资金来源	16983	2157			2843		1322
各项应付款合计	337						
#工程款	97						

10-12续表 (2010年) 单位:万元

指　　标	永福县	灌阳县	龙胜县	资源县	平乐县	荔浦县	恭城县
本年资金来源合计	**3428**	**5250**	**17207**	**8599**	**75187**		**4780**
#地方	3428	5250	17207	8599	75187		4780
#引进资金	600		3133		22991		
上年末结余资金							
#引进资金							
本年资金来源小计	**3428**	**5250**	**17207**	**8599**	**75187**		**4780**
国家预算内资金			1747		345		
国内贷款		300	260		622		
债券							
利用外资					1820		
#外商直接投资					1820		
自筹资金	3428	4950	11291	4099	71742		3186
中央各部门自筹			10				
省自筹			2418		97		
地市自筹			71				
县自筹	663		1459		3731		520
企、事业单位自有资金	2765	4950	7333	4099	67914		2666
#发行股票							
其他资金来源			3909	4500	658		1594
各项应付款合计			3		334		
#工程款			3		94		

10-13　城镇投资(不含房地产)本年新增固定资产

(2010年)　　单位:万元

指标名称	全市	基本建设	更新改造	其他投资	工矿区私人建房
新增固定资产	**2986848**	**1437646**	**1417273**	**123471**	**8458**
#地方	2881164	1383152	1369916	119638	8458
按登记注册类型分					
内资企业	2878130	1404537	1349157	122373	2063
国有企业	1067350	744119	287727	35504	
集体企业	46023	34074	7797	4152	
股份合作企业	30772	7550	22190	1032	
联营企业	1400	1400			
国有联营企业	1400	1400			
集体联营企业					
国有与集体联营企业					
其他联营企业					
有限责任公司	400562	161856	218566	20140	
国有独资公司	48144	34294	5500	8350	
其他有限责任公司	352418	127562	213066	11790	
股份有限公司	365598	163134	198620	3844	
私营企业	892657	253856	586313	51688	800
其他企业	73768	38548	27944	6013	1263
港、澳、台商投资企业	30263		29943	320	
合资经营企业(港或澳、台资)	7134		7134		
合作经营企业(港或澳、台资)	5987		5987		
港、澳、台商独资经营企业	7932		7612	320	
港、澳、台商投资股份有限公司	9210		9210		
外商投资企业	21938	3688	18250		
中外合资经营企业	19393	2188	17205		
中外合作经营企业	2545	1500	1045		
外资企业					
外商投资股份有限公司					
个体经营	56517	29421	19923	778	6395
个体户	28045	13480	8107	548	5910
个人合伙	28472	15941	11816	230	485
按建设性质分					
新建	801533	678358	67900	46962	8313
扩建	695653	451942	239273	4438	
改建和技术改造	1322060	252122	1044032	25761	145
按国民经济行业分					
农、林、牧、渔业	70523	42995	17594	9934	
农业	28397	18575	1707	8115	
林业	9161	5102	3342	717	
畜牧业	15433	9870	4953	610	
渔业	209	209			
农、林、牧、渔服务业	17323	9239	7592	492	
采矿业	179581	54018	97875	27688	
煤炭开采和洗选业					
石油和天然气开采业					

10-13续表1　　(2010年)　　单位:万元

指 标 名 称	全 市	基本建设	更新改造	其他投资	工矿区私人建房
黑色金属矿采选业	55328	7220	28296	19812	
有色金属矿采选业	52825	21067	27172	4586	
非金属矿采选业	70588	24891	42407	3290	
其他采矿业	840	840			
制造业	1090425	224414	852753	13258	
农副食品加工业	64147	16780	46507	860	
食品制造业	61874	13684	47590	600	
饮料制造业	80932	2065	78597	270	
烟草制品业					
纺织业	16731	3073	13658		
纺织服装、鞋、帽制造业	2630	1730	900		
皮革、毛皮、羽毛(绒)及其制品业	4937	900	2537	1500	
木材加工及木、竹、藤、棕、草制	145993	26541	117417	2035	
家具制造业	22004	7644	13720	640	
造纸及纸制品业	26461	9098	17363		
印刷业和记录媒介的复制	45398	11417	33741	240	
文教体育用品制造业					
石油加工、炼焦及核燃料加工业					
化学原料及化学制品制造业	76342	4250	72092		
医药制造业	29291	9612	19164	515	
化学纤维制造业					
橡胶制品业	2249		2249		
塑料制品业	14928	1773	12495	660	
非金属矿物制品业	178991	44140	130383	4468	
黑色金属冶炼及压延加工业	45721	7120	38601		
有色金属冶炼及压延加工业	16870	2170	14700		
金属制品业	52888	18375	34513		
通用设备制造业	27460	3312	24148		
专用设备制造业	56197	16272	38775	1150	
交通运输设备制造业	35279	5370	29909		
电气机械及器材制造业	19053	7030	12023		
通信设备、计算机及其他电子设备	48538	5600	42938		
仪器仪表及文化、办公用机械制造	1712		1712		
工艺品及其他制造业	13479	6458	7021		
废弃资源和废旧材料回收加工业	320			320	
电力、燃气及水的生产和供应业	319180	157104	161671	405	
电力、热力的生产和供应业	270554	130547	139757	250	
燃气生产和供应业	4800		4800		
水的生产和供应业	43826	26557	17114	155	
建筑业	3670	1270		2400	
房屋和土木工程建筑业	2250			2250	
建筑安装业					
建筑装饰业	220	70		150	
其他建筑业	1200	1200			
交通运输、仓储和邮政业	236895	141063	73443	22389	
铁路运输业					
道路运输业	167362	119790	42072	5500	
城市公共交通业	20889	2200	2600	16089	
水上运输业	5450	5000	450		
航空运输业	18680	5313	13367		
管道运输业	13167		13167		
装卸搬运和其他运输服务业					
仓储业	9212	6625	1787	800	

10-13续表2　　(2010年)　　单位:万元

指标名称	全市	基本建设	更新改造	其他投资	工矿区私人建房
邮政业	2135	2135			
信息传输、计算机服务和软件业	84191	11264	72497	430	
电信和其他信息传输服务业	83931	11264	72497	170	
计算机服务业	260			260	
软件业					
批发和零售业	129392	111440	15829	2123	
批发业	40093	31814	8039	240	
零售业	89299	79626	7790	1883	
住宿和餐饮业	60168	44658	4015	11495	
住宿业	49221	38418	3777	7026	
餐饮业	10947	6240	238	4469	
金融业	17069	13801		3268	
银行业	16769	13801		2968	
证券业					
保险业	300			300	
其他金融活动					
房地产业	55386	42575	4258	95	8458
房地产业	55386	42575	4258	95	8458
租赁和商务服务业	13950	8817	4990	143	
租赁业					
商务服务业	13950	8817	4990	143	
科学研究、技术服务和地质勘查业	14653	13943	460	250	
研究与试验发展	6969	6409	460	100	
专业技术服务业	5642	5492		150	
科技交流和推广服务业	2042	2042			
地质勘查业					
水利、环境和公共设施管理业	522478	416008	93571	12899	
水利管理业	79365	50438	27747	1180	
环境管理业	55206	21017	24385	9804	
公共设施管理业	387907	344553	41439	1915	
居民服务和其他服务业	26205	22722	1177	2306	
居民服务业	19293	17226		2067	
其他服务业	6912	5496	1177	239	
教育	59451	53969	5172	310	
教育	59451	53969	5172	310	
卫生、社会保障和社会福利业	40854	30833	8434	1587	
卫生	34132	25365	8374	393	
社会保障业	2754	1560		1194	
社会福利业	3968	3908	60		
文化、体育和娱乐业	14213	9432	481	4300	
新闻出版业					
广播、电视、电影和音像业					
文化艺术业	1190	770	420		
体育	5803	5742	61		
娱乐业	7220	2920		4300	
公共管理和社会组织	48564	37320	3053	8191	
中国共产党机关					
国家机构	43341	32675	2600	8066	
人民政协和民主党派					
群众团体、社会团体和宗教组织	2895	2895			
基层群众自治组织	2328	1750	453	125	
国际组织					
国际组织					

10-14 分县区(不含房地产)城镇投资本年新增固定资产

(2010年) 单位:万元

指标名称	全市	市区	阳朔县	临桂县	灵川县	全州县	兴安县
新增固定资产	**2986848**	**529045**	**169952**	**242774**	**304523**	**235432**	**315190**
#地方	2881164	479417	168035	239735	257860	235432	315190
按登记注册类型分							
内资企业	2878130	515373	153809	236359	290505	218360	309240
国有企业	1067350	245252	102414	87058	72376	86809	40833
集体企业	46023	4320	1742	732	6564	13416	6938
股份合作企业	30772	2012	2000	21240	70	4320	
联营企业	1400	600					
国有联营企业	1400	600					
集体联营企业							
国有与集体联营企业							
其他联营企业							
有限责任公司	400562	133982	27984	62116	37551	3300	35820
国有独资公司	48144	24214	18430				
其他有限责任公司	352418	109768	9554	62116	37551	3300	35820
股份有限公司	365598	73228	7105	36813	47000	33013	34300
私营企业	892657	34541	5903	28400	126844	75317	186149
其他企业	73768	21438	6661		100	2185	5200
港、澳、台商投资企业	30263	8759		2960	500		
合资经营企业(港或澳、台资)	7134	2700					
合作经营企业(港或澳、台资)	5987	5987					
港、澳、台商独资经营企业	7932	72		2960	500		
港、澳、台商投资股份有限公司	9210						
外商投资企业	21938	3633	2388	2530			4000
中外合资经营企业	19393	2803	888	2530			4000
中外合作经营企业	2545	830	1500				
外资企业							
外商投资股份有限公司							
个体经营	56517	1280	13755	925	13518	17072	1950
个体户	28045	1280	860	925	13288	6596	250
个人合伙	28472		12895		230	10476	1700
按建设性质分							
新建	801533	58442	63369	94511	78165	88395	68893
扩建	695653	202778	14741	55544	60317	75935	79138
改建和技术改造	1322060	187417	88362	77765	164425	62164	150139
按国民经济行业分							
农、林、牧、渔业	70523	5524		7141		8820	8094
农业	28397	3225				3600	
林业	9161					3000	
畜牧业	15433	2271		3828		2220	3570
渔业	209			209			
农、林、牧、渔服务业	17323	28		3104			4524
采矿业	179581	500	1172	14301	8503	33211	10600
煤炭开采和洗选业							
石油和天然气开采业							

10-14续表1　　　　　　　　(2010年)　　　　　　　　单位:万元

指标名称	全市	市区	阳朔县	临桂县	灵川县	全州县	兴安县
黑色金属矿采选业	55328					12390	5000
有色金属矿采选业	52825		1172	2880		11995	3400
非金属矿采选业	70588	500		11421	8503	8826	2200
其他采矿业	840						
制造业	1090425	182339	21900	99639	97794	76856	187654
农副食品加工业	64147	3610	4000	3760	9922	7450	12550
食品制造业	61874	6248		5179	5107	2555	23065
饮料制造业	80932	45241		2530	650	2800	834
烟草制品业							
纺织业	16731	5950		2945	1200		
纺织服装、鞋、帽制造业	2630	900				730	
皮革、毛皮、羽毛(绒)及其制品业	4937			1100		1567	
木材加工及木、竹、藤、棕、草制	145993	2200	289	6176	17894	6482	19400
家具制造业	22004	560	1890		2000	5700	3500
造纸及纸制品业	26461	5325			930	3710	135
印刷业和记录媒介的复制	45398	5906		23542		3895	
文教体育用品制造业							
石油加工、炼焦及核燃料加工业							
化学原料及化学制品制造业	76342	22888	6158	300	10764	360	17830
医药制造业	29291	2875		5015	2540	4300	3000
化学纤维制造业							
橡胶制品业	2249	1649			600		
塑料制品业	14928	1510			1740		1700
非金属矿物制品业	178991	7286	9563	19901	24105	8611	51685
黑色金属冶炼及压延加工业	45721					3716	18285
有色金属冶炼及压延加工业	16870	450				920	2500
金属制品业	52888	1720		665		17590	
通用设备制造业	27460	5222		2826	13342	340	3000
专用设备制造业	56197	14467		5890	4500	1400	7980
交通运输设备制造业	35279	6569		13840	2500	980	4890
电气机械及器材制造业	19053	6683		5370			7000
通信设备、计算机及其他电子设备	48538	33368		600		1770	9900
仪器仪表及文化、办公用机械制造	1712	1712					
工艺品及其他制造业	13479					1980	400
废弃资源和废旧材料回收加工业	320						
电力、燃气及水的生产和供应业	319180	23236	2956	18622	49242	26157	14513
电力、热力的生产和供应业	270554	11774	1674	16854	49242	18982	6350
燃气生产和供应业	4800						4800
水的生产和供应业	43826	11462	1282	1768		7175	3363
建筑业	3670	2470					
房屋和土木工程建筑业	2250	2250					
建筑安装业							
建筑装饰业	220	220					
其他建筑业	1200						
交通运输、仓储和邮政业	236895	33111	12142	40007	16812	33531	13370
铁路运输业							
道路运输业	167362	10547	9642	29267	15922	33531	13370
城市公共交通业	20889	15779	2000	2600			
水上运输业	5450		500				
航空运输业	18680			2966			
管道运输业	13167	1350		3039			
装卸搬运和其他运输服务业							
仓储业	9212	5435			890		

10-14续表2　　(2010年)　　单位:万元

指标名称	全市	市区	阳朔县	临桂县	灵川县	全州县	兴安县
邮政业	2135			2135			
信息传输、计算机服务和软件业	84191	9446	1938	10902	2446	530	280
电信和其他信息传输服务业	83931	9186	1938	10902	2446	530	280
计算机服务业	260	260					
软件业							
批发和零售业	129392	13879	2424	18832	59569	14318	7500
批发业	40093	8804	924	12687	2530	3310	2000
零售业	89299	5075	1500	6145	57039	11008	5500
住宿和餐饮业	60168	20212	13604	169	16754		
住宿业	49221	16618	13604		12422		
餐饮业	10947	3594		169	4332		
金融业	17069	16023			170		
银行业	16769	15723			170		
证券业							
保险业	300	300					
其他金融活动							
房地产业	55386	26611		1096		11202	1976
房地产业	55386	26611		1096		11202	1976
租赁和商务服务业	13950	7270	2662	3500			
租赁业							
商务服务业	13950	7270	2662	3500			
科学研究、技术服务和地质勘查业	14653	7961		986	838	4554	
研究与试验发展	6969	6869					
专业技术服务业	5642	100			838	4554	
科技交流和推广服务业	2042	992		986			
地质勘查业							
水利、环境和公共设施管理业	522478	131092	93658	23498	31000	9947	59565
水利管理业	79365	645	11879	6686	7758	3875	4980
环境管理业	55206	968	22239	1860	4940	3915	8350
公共设施管理业	387907	129479	59540	14952	18302	2157	46235
居民服务和其他服务业	26205	1908			4796		
居民服务业	19293	197					
其他服务业	6912	1711			4796		
教育	59451	16476		907	11382	7843	3380
教育	59451	16476		907	11382	7843	3380
卫生、社会保障和社会福利业	40854	21255		195	3840	2907	2028
卫生	34132	18982		195	3840	2897	528
社会保障业	2754						1500
社会福利业	3968	2273				10	
文化、体育和娱乐业	14213	1558					4980
新闻出版业							
广播、电视、电影和音像业							
文化艺术业	1190						
体育	5803	58					
娱乐业	7220	1500					4980
公共管理和社会组织	48564	8174	17496	2979	1377	5556	1250
中国共产党机关							
国家机构	43341	6194	17096	2979	1377	3371	1250
人民政协和民主党派							
群众团体、社会团体和宗教组织	2895	710				2185	
基层群众自治组织	2328	1270	400				
国际组织							
国际组织							

10-14续表3 (2010年) 单位:万元

指标名称	永福县	灌阳县	龙胜县	资源县	平乐县	荔浦县	恭城县
新增固定资产	**183258**	**160584**	**161877**	**134984**	**227630**	**206463**	**115136**
#地方	179471	160584	161877	134984	227630	205813	115136
按登记注册类型分							
内资企业	176157	160029	150995	132984	217730	204553	112036
国有企业	142025	60053	76074	33781	36326	23918	60431
集体企业	216	5556	3806	350	2383		
股份合作企业			350		780		
联营企业			800				
国有联营企业			800				
集体联营企业							
国有与集体联营企业							
其他联营企业							
有限责任公司	13647	1800	350	15861	43481	21170	3500
国有独资公司				5500			
其他有限责任公司	13647	1800	350	10361	43481	21170	3500
股份有限公司	5225	448	41009	59327	13150	5820	9160
私营企业	15044	91222	22876	12158	111578	152645	29980
其他企业		950	5730	11507	10032	1000	8965
港、澳、台商投资企业	5534		2900		6510		3100
合资经营企业(港或澳、台资)	1534		2900				
合作经营企业(港或澳、台资)							
港、澳、台商独资经营企业					1300		3100
港、澳、台商投资股份有限公司	4000				5210		
外商投资企业		215	6272		2900		
中外合资经营企业			6272		2900		
中外合作经营企业		215					
外资企业							
外商投资股份有限公司							
个体经营	1567	340	1710	2000	490	1910	
个体户	1467		979		490	1910	
个人合伙	100	340	731	2000			
按建设性质分							
新建	79543	57040	75937	54394	40976	17510	24358
扩建	60322	7948	24045	6283	67433	24540	16629
改建和技术改造	36475	94907	55132	59775	115629	156453	73417
按国民经济行业分							
农、林、牧、渔业	508	8606	2081	15500	4572	3960	5717
农业		1627		14500	1795		3650
林业		3471	237	1000	1453		
畜牧业		504	610			1230	1200
渔业							
农、林、牧、渔服务业	508	3004	1234		1324	2730	867
采矿业		11075	24653	11720	43398	1200	19248
煤炭开采和洗选业							
石油和天然气开采业							

10-14续表4　　(2010年)　　单位:万元

指　标　名　称	永福县	灌阳县	龙胜县	资源县	平乐县	荔浦县	恭城县
黑色金属矿采选业					37938		
有色金属矿采选业		8200	2600	2400	1740	1200	17238
非金属矿采选业		2035	22053	9320	3720		2010
其他采矿业		840					
制造业	33979	66938	17466	9008	90840	175965	30047
农副食品加工业	2285	250			15940	3380	1000
食品制造业	930	12900	220		850	2650	2170
饮料制造业	852	1428	80		270	17086	9161
烟草制品业							
纺织业	128			6508			
纺织服装、鞋、帽制造业					1000		
皮革、毛皮、羽毛(绒)及其制品业					1970		300
木材加工及木、竹、藤、棕、草制		8655	4447		8520	71240	690
家具制造业	500	1160			850	5844	
造纸及纸制品业	6933	88			5240	3500	600
印刷业和记录媒介的复制	7055				260	4740	
文教体育用品制造业							
石油加工、炼焦及核燃料加工业							
化学原料及化学制品制造业	4143	51			7650	2667	3531
医药制造业	4208	1200				5053	1100
化学纤维制造业							
橡胶制品业							
塑料制品业			98		3910	5970	
非金属矿物制品业	789	5535	9731		21780	17410	2595
黑色金属冶炼及压延加工业	1750	11080	2890		4800	2000	1200
有色金属冶炼及压延加工业		9200					3800
金属制品业	1000	320		750	2400	28443	
通用设备制造业				1750	980		
专用设备制造业		14110			6200	1650	
交通运输设备制造业					5000	1500	
电气机械及器材制造业							
通信设备、计算机及其他电子设备					2900		
仪器仪表及文化、办公用机械制造							
工艺品及其他制造业	3406	961				2832	3900
废弃资源和废旧材料回收加工业					320		
电力、燃气及水的生产和供应业	8567	21646	53996	28925	39819	8578	22923
电力、热力的生产和供应业	3945	18342	53641	25054	37955	6628	20113
燃气生产和供应业							
水的生产和供应业	4622	3304	355	3871	1864	1950	2810
建筑业	1200						
房屋和土木工程建筑业							
建筑安装业							
建筑装饰业							
其他建筑业	1200						
交通运输、仓储和邮政业	26266	16689	18409	8336	5839	2767	9616
铁路运输业							
道路运输业	1774	16689	17439	3496	5389	2767	7529
城市公共交通业			170	340			
水上运输业				4500	450		
航空运输业	15714						
管道运输业	8778						
装卸搬运和其他运输服务业							
仓储业			800				2087

10-14续表5　　（2010年）　　单位:万元

指标名称	永福县	灌阳县	龙胜县	资源县	平乐县	荔浦县	恭城县
邮政业							
信息传输、计算机服务和软件业	7453	160	860	32315	17460		401
电信和其他信息传输服务业	7453	160	860	32315	17460		401
计算机服务业							
软件业							
批发和零售业	152	4750	5000	1200		1450	318
批发业		2520	5000	1200		800	318
零售业	152	2230				650	
住宿和餐饮业			4200	5179	50		
住宿业			4200	2377			
餐饮业				2802	50		
金融业	216	310		350			
银行业	216	310		350			
证券业							
保险业							
其他金融活动							
房地产业	18	3068	2914	7613			888
房地产业	18	3068	2914	7613			888
租赁和商务服务业			218	200			100
租赁业							
商务服务业			218	200			100
科学研究、技术服务和地质勘查业		64	250				
研究与试验发展			100				
专业技术服务业			150				
科技交流和推广服务业		64					
地质勘查业							
水利、环境和公共设施管理业	80205	19169	17100	11088	15244	11743	19169
水利管理业	9018	11531	2980	1280	6595	7643	4495
环境管理业		4220	2830	150	4734		1000
公共设施管理业	71187	3418	11290	9658	3915	4100	13674
居民服务和其他服务业	16911		130	710	1750		
居民服务业	16811		130	405	1750		
其他服务业	100			305			
教育	5213	510	6874	2210	3478		1178
教育	5213	510	6874	2210	3478		1178
卫生、社会保障和社会福利业	603	3506	1060	80	4188	800	392
卫生	603	3225		80	3455		327
社会保障业			680		574		
社会福利业		281	380		159	800	65
文化、体育和娱乐业	1050	541	910		490		4684
新闻出版业							
广播、电视、电影和音像业							
文化艺术业		480	660				50
体育	1050	61					4634
娱乐业			250		490		
公共管理和社会组织	917	3552	5756	550	502		455
中国共产党机关							
国家机构	917	3099	5551	550	502		455
人民政协和民主党派							
群众团体、社会团体和宗教组织							
基层群众自治组织		453	205				
国际组织							
国际组织							

10-15　分行业城镇固定资产投资

（2010年）　　　　单位：万元

指标名称	全　市	基本建设	更新改造	其他投资	工矿区私人建房
自年初累计完成投资	6405108	4051099	2160518	178086	15405
按国民经济行业分					
农、林、牧、渔业	92398	62507	18348	11543	
农业	29822	21551	2095	6176	
林业	21751	13785	3321	4645	
畜牧业	19104	14691	4153	260	
渔业	250	250			
农、林、牧、渔服务业	21471	12230	8779	462	
采矿业	250934	83963	144168	22803	
煤炭开采和洗选业	358		358		
石油和天然气开采业	4113	4113			
黑色金属矿采选业	62590	12490	34353	15747	
有色金属矿采选业	89576	36566	48424	4586	
非金属矿采选业	93457	29954	61033	2470	
其他采矿业	840	840			
制造业	1872824	443614	1411304	17906	
农副食品加工业	109965	39809	68731	1425	
食品制造业	75191	21971	52240	980	
饮料制造业	90681	9291	81120	270	
烟草制品业					
纺织业	19844	3295	16549		
纺织服装、鞋、帽制造业	5280	5220	60		
皮革、毛皮、羽毛(绒)及其制品业	5637	1000	2537	2100	
木材加工及木、竹、藤、棕、草制	206750	30249	174466	2035	
家具制造业	36677	8144	27063	1470	
造纸及纸制品业	60437	10188	50249		
印刷业和记录媒介的复制	57571	15590	41741	240	
文教体育用品制造业					
石油加工、炼焦及核燃料加工业					
化学原料及化学制品制造业	96641	12206	84435		
医药制造业	83460	22850	60005	605	
化学纤维制造业					
橡胶制品业	52106		51876	230	
塑料制品业	22408	8753	13095	560	
非金属矿物制品业	209416	51585	153733	4098	
黑色金属冶炼及压延加工业	103220	17552	85668		
有色金属冶炼及压延加工业	66445	4588	61467	390	
金属制品业	67991	27348	40643		
通用设备制造业	61886	11325	50561		
专用设备制造业	84449	16688	65688	2073	
交通运输设备制造业	110394	6410	103544	440	
电气机械及器材制造业	140953	89452	50831	670	
通信设备、计算机及其他电子设备	67530	9658	57872		
仪器仪表及文化、办公用机械制造	7109		7109		
工艺品及其他制造业	27463	20442	7021		
废弃资源和废旧材料回收加工业	3320		3000	320	
电力、燃气及水的生产和供应业	369426	159478	201354	8594	
电力、热力的生产和供应业	292277	120793	166034	5450	
燃气生产和供应业	12196	2753	9443		
水的生产和供应业	64953	35932	25877	3144	
建筑业	5566	2301		3265	
房屋和土木工程建筑业	4115	1000		3115	
建筑安装业					
建筑安装业	251	101		150	
其他建筑业	1200	1200			
交通运输、仓储和邮政业	1272940	1118457	111662	42821	
铁路运输业	692463	692463			
道路运输业	487511	393419	76732	17360	
城市公共交通业	21404	2855	2600	15949	

10-15续表　　（2010年）　　单位:万元

指标名称	全　市	基本建设	更新改造	其他投资	工矿区私人建房
水上运输业	9997	9547	450		
航空运输业	24574	6738	17836		
管道运输业	4497		4497		
装卸搬运和其他运输服务业	11572		2860	8712	
仓储业	18787	11300	6687	800	
邮政业	2135	2135			
信息传输、计算机服务和软件业	96582	22914	73238	430	
电信和其他信息传输服务业	86822	13414	73238	170	
计算机服务业	260			260	
软件业	9500	9500			
批发和零售业	201434	177380	21631	2423	
批发业	82802	73161	9101	540	
零售业	118632	104219	12530	1883	
住宿和餐饮业	162850	145690	6095	11065	
住宿业	141393	130930	5767	4696	
餐饮业	21457	14760	328	6369	
金融业	23023	19755		3268	
银行业	22723	19755		2968	
证券业					
保险业	300			300	
其他金融活动					
房地产业	154475	134517	4458	95	15405
房地产业	154475	134517	4458	95	15405
租赁和商务服务业	36036	30883	5010	143	
租赁业	851	851			
商务服务业	35185	30032	5010	143	
科学研究、技术服务和地质勘查业	19316	18606	460	250	
研究与试验发展	2951	2391	460	100	
专业技术服务业	13154	13004		150	
科技交流和推广服务业	2040	2040			
地质勘查业	1171	1171			
水利、环境和公共设施管理业	1354408	1187418	133796	33194	
水利管理业	186837	149825	35732	1280	
环境管理业	170855	125039	29958	15858	
公共设施管理业	996716	912554	68106	16056	
居民服务和其他服务业	33002	29209	1487	2306	
居民服务业	25280	23213		2067	
其他服务业	7722	5996	1487	239	
教育	177151	171943	4898	310	
教育	177151	171943	4898	310	
卫生、社会保障和社会福利业	124258	108516	13107	2635	
卫生	72713	58605	12667	1441	
社会保障业	44538	43344		1194	
社会福利业	7007	6567	440		
文化、体育和娱乐业	61680	55789	541	5350	
新闻出版业	680	680			
广播、电视、电影和音像业	160	160			
文化艺术业	27831	27351	480		
体育	6310	6249	61		
娱乐业	26699	21349		5350	
公共管理和社会组织	96805	78159	8961	9685	
中国共产党机关					
国家机构	88290	70222	8508	9560	
人民政协和民主党派					
群众团体、社会团体和宗教组织	6037	6037			
基层群众自治组织	2478	1900	453	125	
国际组织					
国际组织					

10-16 市县分行业城镇固定资产投资

(2010年) 单位:万元

指标名称	全市	市区	阳朔县	临桂县	灵川县	全州县	兴安县
自年初累计完成投资	**6405108**	**1337407**	**603402**	**766383**	**646335**	**534000**	**646827**
按国民经济行业分							
农、林、牧、渔业	92398	8179	9706	8494	1732	10760	8034
农业	29822	3532		3124		3900	2200
林业	21751	147	8506			3000	
畜牧业	19104	4271		2537		3860	2640
渔业	250			250			
农、林、牧、渔服务业	21471	229	1200	2583	1732		3194
采矿业	250934	6553	6729	19629	21381	56699	19370
煤炭开采和洗选业	358		358				
石油和天然气开采业	4113	4113					
黑色金属矿采选业	62590					23370	5000
有色金属矿采选业	89576		4492	2880	650	22459	12170
非金属矿采选业	93457	2440	1879	16749	20731	10870	2200
其他采矿业	840						
制造业	1872824	292294	50232	222041	168308	172373	294246
农副食品加工业	109965	9114	7551	9160	10345	8120	15930
食品制造业	75191	7257	330	8879	12827	4450	21080
饮料制造业	90681	30078	1267	2530	300	17820	5534
烟草制品业							
纺织业	19844	7539		2945	1200		
纺织服装、鞋、帽制造业	5280	60				870	3350
皮革、毛皮、羽毛(绒)及其制品业	5637			1100		1667	
木材加工及木、竹、藤、棕、草制品业	206750	2225	8024	13983	36223	11190	18131
家具制造业	36677	1660	6244		3860	6100	3500
造纸及纸制品业	60437	12923	765	4000	3030	3725	135
印刷业和记录媒介的复制	57571	13906		23740	3975	3895	
文教体育用品制造业							
石油加工、炼焦及核燃料加工业							
化学原料及化学制品制造业	96641	26316	6158	5300	9655	400	23120
医药制造业	83460	27559		14906	2030	4600	3000
化学纤维制造业							
橡胶制品业	52106	4881			5300		
塑料制品业	22408	1510		2280	2340	4800	1600
非金属矿物制品业	209416	10707	14626	17161	28691	15166	50962
黑色金属冶炼及压延加工业	103220		4917		13681	27856	25032
有色金属冶炼及压延加工业	66445	4087				1100	2500
金属制品业	67991	2220		665	2733	20970	4550

10-16续表1　　(2010年)　　单位:万元

指 标 名 称	全 市	市 区	阳朔县	临桂县	灵川县	全州县	兴安县
通用设备制造业	61886	13348		16026	21192	2340	3000
专用设备制造业	84449	31320	350	24124	5035	1400	7700
交通运输设备制造业	110394	7948		56682	2500	19084	4742
电气机械及器材制造业	140953	22465		14950	3391	7600	89280
通信设备、计算机及其他电子设备	67530	44182		3610		6790	9900
仪器仪表及文化、办公用机械制造	7109	7109					
工艺品及其他制造业	27463	880				2430	1200
废弃资源和废旧材料回收加工业	3320	3000					
电力、燃气及水的生产和供应业	369426	52752	7419	21538	23616	37063	26929
电力、热力的生产和供应业	292277	29277	4745	14850	23616	28768	15441
燃气生产和供应业	12196	5096		2000			4800
水的生产和供应业	64953	18379	2674	4688		8295	6688
建筑业	5566	3366					
房屋和土木工程建筑业	4115	3115					
建筑安装业							
建筑装饰业	251	251					
其他建筑业	1200						
交通运输、仓储和邮政业	1272940	93368	67852	228117	235994	152128	131464
铁路运输业	692463	22971	41042	111957	169442	106672	58916
道路运输业	487511	31937	23010	105902	59462	45456	70148
城市公共交通业	21404	16254	2000	2600			
水上运输业	9997	847	500		3700		
航空运输业	24574		1300	4391			
管道运输业	4497	147		1132			
装卸搬运和其他运输服务业	11572	11572					
仓储业	18787	9640			3390		2400
邮政业	2135			2135			
信息传输、计算机服务和软件业	96582	29981	1938	10902	4006	530	280
电信和其他信息传输服务业	86822	20221	1938	10902	4006	530	280
计算机服务业	260	260					
软件业	9500	9500					
批发和零售业	201434	41080	2424	51401	53037	17598	14124
批发业	82802	30427	924	20566	6850	3310	6704
零售业	118632	10653	1500	30835	46187	14288	7420
住宿和餐饮业	162850	49920	66206	3229	22106	1500	
住宿业	141393	43246	66206	3060	14244	1500	
餐饮业	21457	6674		169	7862		
金融业	23023	16295		4502	170		180
银行业	22723	15995		4502	170		180
证券业							

10-16续表2　　　　(2010年)　　　　单位:万元

指 标 名 称	全 市	市 区	阳朔县	临桂县	灵川县	全州县	兴安县
保险业	300	300					
其他金融活动							
房地产业	154475	85832		14877		29642	846
房地产业	154475	85832		14877		29642	846
租赁和商务服务业	36036	20180	3643	8060			
租赁业	851		851				
商务服务业	35185	20180	2792	8060			
科学研究、技术服务和地质勘查业	19316	10764		986	838	5364	
研究与试验发展	2951	2851					
专业技术服务业	13154	6552			838	5364	
科技交流和推广服务业	2040	190		986			
地质勘查业	1171	1171					
水利、环境和公共设施管理业	1354408	437136	321965	137771	45083	30217	136741
水利管理业	186837	2480	18848	6219	21846	3925	97140
环境管理业	170855	16920	79670	8590	4940	12015	11450
公共设施管理业	996716	417736	223447	122962	18297	14277	28151
居民服务和其他服务业	33002	2085	310		4796		
居民服务业	25280	374					
其他服务业	7722	1711	310		4796		
教育	177151	78837	6805	13738	40776	10561	2880
教育	177151	78837	6805	13738	40776	10561	2880
卫生、社会保障和社会福利业	124258	69486	4096	506	20974	3960	5503
卫生	72713	25160	3836	506	20974	3950	4003
社会保障业	44538	41784					1500
社会福利业	7007	2542	260			10	
文化、体育和娱乐业	61680	20215	7260	14146	2200		4980
新闻出版业	680			680			
广播、电视、电影和音像业	160			160			
文化艺术业	27831	3363	7260	13005	2200		
体育	6310	58		301			
娱乐业	26699	16794					4980
公共管理和社会组织	96805	19084	46817	6446	1318	5605	1250
中国共产党机关							
国家机构	88290	16914	46417	3359	1318	3405	1250
人民政协和民主党派							
群众团体、社会团体和宗教组织	6037	750		3087		2200	
基层群众自治组织	2478	1420	400				
国际组织							
国际组织							

10-16续表3 (2010年) 单位:万元

指标名称	永福县	灌阳县	龙胜县	资源县	平乐县	荔浦县	恭城县
自年初累计完成投资	**398299**	**190214**	**208125**	**189068**	**245587**	**331172**	**308289**
按国民经济行业分							
农、林、牧、渔业	5397	9284	5651	11890	7321	2123	3827
农业		2162		10890	2774		1240
林业		3471	3645	1000	1462		520
畜牧业	2500	534	772		130	660	1200
渔业							
农、林、牧、渔服务业	2897	3117	1234		2955	1463	867
采矿业	2275	11525	22541	11982	39530	1200	31520
煤炭开采和洗选业							
石油和天然气开采业							
黑色金属矿采选业		150			34070		
有色金属矿采选业	2275	8500	2600	1100	1740	1200	29510
非金属矿采选业		2035	19941	10882	3720		2010
其他采矿业		840					
制造业	154704	61402	13857	36492	85900	227798	93177
农副食品加工业	2285	2750		6650	14830	18980	4250
食品制造业	2348	12900	220		850	2650	1400
饮料制造业	1837	1428	780		270	20186	8651
烟草制品业							
纺织业	4200			3960			
纺织服装、鞋、帽制造业					1000		
皮革、毛皮、羽毛(绒)及其制品业					2570		300
木材加工及木、竹、藤、棕、草制品业	6673	9329	3817	8060	8860	75955	4280
家具制造业	7459	1160			850	5844	
造纸及纸制品业	22061	88			5360	7750	600
印刷业和记录媒介的复制	7055				260	4740	
文教体育用品制造业							
石油加工、炼焦及核燃料加工业							
化学原料及化学制品制造业	5353	51			7650	9107	3531
医药制造业	15064	1200				13206	1895
化学纤维制造业							
橡胶制品业	41925						
塑料制品业			98		3810	5970	
非金属矿物制品业	5746	6915	6052		22080	16930	14380
黑色金属冶炼及压延加工业	3000	5130	2890	12714	4800	2000	1200
有色金属冶炼及压延加工业		9460		2608			46690
金属制品业	1000	320		750	2400	32383	

10-16续表4 (2010年) 单位:万元

指标名称	永福县	灌阳县	龙胜县	资源县	平乐县	荔浦县	恭城县
通用设备制造业	500			1750	1630		2100
专用设备制造业		9710			1360	3450	
交通运输设备制造业	12938				5000	1500	
电气机械及器材制造业						3267	
通信设备、计算机及其他电子设备					2000	1048	
仪器仪表及文化、办公用机械制造							
工艺品及其他制造业	15260	961				2832	3900
废弃资源和废旧材料回收加工业					320		
电力、燃气及水的生产和供应业	15001	47913	30115	46228	14080	13294	33478
电力、热力的生产和供应业	7352	44086	29270	42407	10453	11344	30668
燃气生产和供应业	300						
水的生产和供应业	7349	3827	845	3821	3627	1950	2810
建筑业	1200	1000					
房屋和土木工程建筑业		1000					
建筑安装业							
建筑装饰业							
其他建筑业	1200						
交通运输、仓储和邮政业	89809	26058	69249	18779	10820	58812	90490
铁路运输业	65584		34932				80947
道路运输业	1774	25938	33167	14079	10370	58812	7456
城市公共交通业			350	200			
水上运输业				4500	450		
航空运输业	18763	120					
管道运输业	3218						
装卸搬运和其他运输服务业							
仓储业	470		800				2087
邮政业							
信息传输、计算机服务和软件业	9149	600	1260	20075	17460		401
电信和其他信息传输服务业	9149	600	1260	20075	17460		401
计算机服务业							
软件业							
批发和零售业	157	5140	5153	1200	4165	1050	4905
批发业		2520	5153	1200	4030	800	318
零售业	157	2620			135	250	4587
住宿和餐饮业	2290		4448	5179	1950	1500	4522
住宿业	290		4448	2377		1500	4522
餐饮业	2000			2802	1950		
金融业	216	310	1000	350			
银行业	216	310	1000	350			
证券业							

10-16续表5　　(2010年)　　单位:万元

指 标 名 称	永福县	灌阳县	龙胜县	资源县	平乐县	荔浦县	恭城县
保险业							
其他金融活动							
房地产业	18	5668	7203	7613			2776
房地产业	18	5668	7203	7613			2776
租赁和商务服务业	545		608	2900			100
租赁业							
商务服务业	545		608	2900			100
科学研究、技术服务和地质勘查业		64	250				1050
研究与试验发展			100				
专业技术服务业			150				250
科技交流和推广服务业		64					800
地质勘查业							
水利、环境和公共设施管理业	89465	13169	24307	13994	53822	22927	27811
水利管理业	9018	5537	2170	1567	6659	5812	5616
环境管理业	5889	4064	3400	150	14966	2750	6051
公共设施管理业	74558	3568	18737	12277	32197	14365	16144
居民服务和其他服务业	16911	1286	50	5314	1750		500
居民服务业	16811	1286	50	5009	1750		
其他服务业	100			305			500
教育	5643	510	9563	2405	2998		2435
教育	5643	510	9563	2405	2998		2435
卫生、社会保障和社会福利业	3512	2022	2023	242	3314	2468	6152
卫生	3512	1896	1108	242	2281	2318	2927
社会保障业			680		574		
社会福利业		126	235		459	150	3225
文化、体育和娱乐业	1050	521	1483	3675	1540		4610
新闻出版业							
广播、电视、电影和音像业							
文化艺术业		460	1233				310
体育	1050	61		540			4300
娱乐业			250	3135	1540		
公共管理和社会组织	957	3742	9364	750	937		535
中国共产党机关							
国家机构	957	3289	9159	750	937		535
人民政协和民主党派							
群众团体、社会团体和宗教组织							
基层群众自治组织		453	205				
国际组织							
国际组织							

10-17 非农固定资产投资

(2010年)　　单位:万元

指标名称	全市	基本建设	更新改造	其他投资	工矿区私人建房
计划总投资	**801891**	**467396**	**278402**	**47818**	**8275**
#地方	798891	464396	278402	47818	8275
#本年新开工项目	612994	342878	241017	28824	275
#地方	609994	339878	241017	28824	275
自开始建设累计完成投资	**718265**	**410458**	**255493**	**44049**	**8265**
本年计划投资	**695187**	**394625**	**258240**	**37522**	**4800**
#地方	692187	391625	258240	37522	4800
自年初累计完成投资	**635184**	**353914**	**239892**	**36578**	**4800**
#地方	632484	351214	239892	36578	4800
#500万元以下项目完成投资	193998	96775	77510	19448	265
#国有经济控股	148629	76427	64557	3110	4535
#住宅	7008	2005	340	128	4535
按登记注册类型分					
内资企业	600170	338755	224247	32548	4620
国有企业	148179	76427	64557	2660	4535
集体企业	107253	78157	23571	5440	85
股份合作企业	600		600		
联营企业					
国有联营企业					
集体联营企业					
国有与集体联营企业					
其他联营企业					
有限责任公司	32493	27450	5043		
国有独资公司					
其他有限责任公司	32493	27450	5043		
股份有限公司	25765	12570	11215	1980	
私营企业	236654	117511	99795	19348	
其他企业	49226	26640	19466	3120	
港、澳、台商投资企业	465	465			
合资经营企业(港或澳、台资)	160	160			
合作经营企业(港或澳、台资)					
港、澳、台商独资经营企业	305	305			
港、澳、台商投资股份有限公司					
外商投资企业	701		701		
中外合资经营企业					
中外合作经营企业	701		701		
外资企业					
外商投资股份有限公司					
个体经营	33848	14694	14944	4030	180
个体户	20739	8730	10584	1245	180
个人合伙	13109	5964	4360	2785	
按建设性质分					
新建	218691	192548	2912	18516	4715
扩建	130530	83353	42923	4254	
改建和技术改造	268063	75751	185461	6851	
按构成分					
建筑工程	377240	226008	131501	14956	4775
安装工程	23294	9715	11941	1633	5
设备工器具购置	177002	87044	75546	14392	20
#用于更新的设备	40161	13188	26627	346	
其他费用	57648	31147	20904	5597	
按国民经济行业分					
农、林、牧、渔业	51168	32068	14905	4195	
农业	20677	12183	4794	3700	
林业	5268	3280	1988		
畜牧业	10528	7428	3000	100	
渔业					
农、林、牧、渔服务业	14695	9177	5123	395	
采矿业	75402	31624	33978	9800	

10-17续表1　　(2010年)　　单位:万元

指标名称	全市	基本建设	更新改造	其他投资	工矿区私人建房
煤炭开采和洗选业					
石油和天然气开采业					
黑色金属矿采选业	11688	6820	4668	200	
有色金属矿采选业	24525	8810	12515	3200	
非金属矿采选业	37669	15994	15275	6400	
其他采矿业	1520		1520		
制造业	212968	114248	88028	10692	
农副食品加工业	14529	8220	6309		
食品制造业	13529	11350	1859	320	
饮料制造业	11261	7141	2100	2020	
烟草制品业					
纺织业	940	140	800		
纺织服装、鞋、帽制造业	350		300	50	
皮革、毛皮、羽毛(绒)及其制品业					
木材加工及木、竹、藤、棕、草制	54312	30046	18386	5880	
家具制造业	10600	6580	4020		
造纸及纸制品业	4172	3820	200	152	
印刷业和记录媒介的复制					
文教体育用品制造业					
石油加工、炼焦及核燃料加工业					
化学原料及化学制品制造业	4020	100	3720	200	
医药制造业					
化学纤维制造业					
橡胶制品业					
塑料制品业	5460	5100	360		
非金属矿物制品业	57629	24786	31023	1820	
黑色金属冶炼及压延加工业	21646	15355	6241	50	
有色金属冶炼及压延加工业	4700		4700		
金属制品业	885		885		
通用设备制造业	700	700			
专用设备制造业	7015	550	6465		
交通运输设备制造业					
电气机械及器材制造业					
通信设备、计算机及其他电子设备					
仪器仪表及文化、办公用机械制造					
工艺品及其他制造业	740	360	180	200	
废弃资源和废旧材料回收加工业	480		480		
电力、燃气及水的生产和供应业	55077	23412	27815	3765	85
电力、热力的生产和供应业	23438	3795	19643		
燃气生产和供应业					
水的生产和供应业	31639	19617	8172	3765	85
建筑业	1850			1850	
房屋和土木工程建筑业	1850			1850	
建筑安装业					
建筑装饰业					
其他建筑业					
交通运输、仓储和邮政业	93079	63764	28763	552	
铁路运输业					
道路运输业	87932	61136	26244	552	
城市公共交通业					
水上运输业	272		272		
航空运输业	2875	2628	247		
管道运输业					
装卸搬运和其他运输服务业					
仓储业	2000		2000		
邮政业					
信息传输、计算机服务和软件业	350			350	
电信和其他信息传输服务业	350			350	
计算机服务业					
软件业					
批发和零售业	12387	11537		850	
批发业	2800	2800			
零售业	9587	8737		850	

10-17续表2　　　　　　　　　　(2010年)　　　　　　　　　　单位:万元

指标名称	全市	基本建设	更新改造	其他投资	工矿区私人建房
住宿和餐饮业	5671	4780	460	431	
住宿业	3330	3220	110		
餐饮业	2341	1560	350	431	
金融业	300	300			
银行业	300	300			
证券业					
保险业					
其他金融活动					
房地产业	36525	30440	1370		4715
房地产业	36525	30440	1370		4715
租赁和商务服务业	880	880			
租赁业					
商务服务业	880	880			
科学研究、技术服务和地质勘查业	1329	1109		220	
研究与试验发展					
专业技术服务业	1329	1109		220	
科技交流和推广服务业					
地质勘查业					
水利、环境和公共设施管理业	69063	25866	42402	795	
水利管理业	17002	7763	8714	525	
环境管理业	33498	1900	31328	270	
公共设施管理业	18563	16203	2360		
居民服务和其他服务业	368	218		150	
居民服务业	368	218		150	
其他服务业					
教育	1467	1405	62		
教育	1467	1405	62		
卫生、社会保障和社会福利业	1650	1474	176		
卫生	1595	1419	176		
社会保障业					
社会福利业	55	55			
文化、体育和娱乐业	3459	2879	180	400	
新闻出版业					
广播、电视、电影和音像业					
文化艺术业	1502	1502			
体育	487	307	180		
娱乐业	1470	1070		400	
公共管理和社会组织	12191	7910	1753	2528	
中国共产党机关					
国家机构	5832	3444	530	1858	
人民政协和民主党派					
群众团体、社会团体和宗教组织	1800	1800			
基层群众自治组织	4559	2666	1223	670	
国际组织					
国际组织					
新增固定资产	545681	290089	209589	37738	8265
#地方	545681	290089	209589	37738	8265
项目个数(个)					
(1)施工项目个数	1361	753	480	125	3
#地方	1360	752	480	125	3
#500万元以下项目	1005	546	354	103	2
(2)本年新开工	1205	649	453	101	2
#地方	1204	648	453	101	2
(3)本年投产项目个数	1175	635	422	116	2
#地方	1175	635	422	116	2
房屋建筑面积(平方米)					
(1)施工面积	283129	176345	37137	23647	46000
#住宅	69880	20380	3200	300	46000
(2)竣工面积	124017	33473	24937	19607	46000
#住宅	52272	2772	3200	300	46000
(3)本年竣工房屋价值	13221	4646	2268	1772	4535
#住宅	5516	573	340	68	4535

10-18 非农固定资产投资资金来源

(2010年) 单位:万元

指标名称	全市	基本建设	更新改造	其他投资	工矿区私人建房
本年资金来源合计	**640438**	**358059**	**240408**	**37171**	**4800**
#地方	637738	355359	240408	37171	4800
#引进资金	12320	1550	5860	4910	
上年末结余资金	**922**	**770**	**152**		
#引进资金					
本年资金来源小计	**639516**	**357289**	**240256**	**37171**	**4800**
国家预算内资金	8794	6428	1662	704	
国内贷款	13050	5970	6290	790	
债券					
利用外资					
#外商直接投资					
自筹资金	453048	245822	180580	26611	35
中央各部门自筹	298	298			
省自筹	1818	736	742	340	
地市自筹	1299	427	832	40	
县自筹	94266	36482	54766	2983	35
企、事业单位自有资金	355367	207879	124240	23248	
#发行股票					
其他资金来源	164624	99069	51724	9066	4765
各项应付款合计	**3628**	**2345**	**1128**	**155**	
#工程款	2614	1840	739	35	

10-19 市县非农固定资产投资

(2010年) 单位:万元

指标名称	全市	市区	阳朔县	临桂县	灵川县	全州县	兴安县
计划总投资	**801891**	**16883**	**78772**	**21985**	**78933**	**86448**	**153884**
#地方	798891	16883	78772	21985	78933	86448	150884
#本年新开工项目	612994	11295	67333	18747	46683	71297	124634
#地方	609994	11295	67333	18747	46683	71297	121634
自开始建设累计完成投资	**718265**	**12924**	**72939**	**20189**	**68935**	**80217**	**145011**
本年计划投资	695187	14096	71770	20205	63213	76705	137874
#地方	692187	14096	71770	20205	63213	76705	134874
自年初累计完成投资	**635184**	**11723**	**65847**	**18409**	**58515**	**70484**	**129001**
#地方	632484	11723	65847	18409	58515	70484	126301
#500万元以下项目完成投资	193998	5357	8079	5752	14319	14428	38681
#国有经济控股	148629	6714	37720	8916	23057	22911	8355
#住宅	7008			63		1187	
按登记注册类型分							
内资企业	600170	11723	56290	15535	56515	65607	124201
国有企业	148179	6714	37720	8916	23057	22911	8355
集体企业	107253	2070	2353	3682	7436	18466	46576
股份合作企业	600						
联营企业							
国有联营企业							
集体联营企业							
国有与集体联营企业							
其他联营企业							
有限责任公司	32493		2038	600	18072		830
国有独资公司							
其他有限责任公司	32493		2038	600	18072		830
股份有限公司	25765		3900		900	200	8200
私营企业	236654		5564	2337	6360	24030	43330
其他企业	49226	2939	4715		690		16910
港、澳、台商投资企业	465						305
合资经营企业(港或澳、台资)	160						
合作经营企业(港或澳、台资)							
港、澳、台商独资经营企业	305						305
港、澳、台商投资股份有限公司							
外商投资企业	701						
中外合资经营企业							
中外合作经营企业	701						
外资企业							
外商投资股份有限公司							
个体经营	33848		9557	2874	2000	4877	4495
个体户	20739		6977	1290	2000	917	3915
个人合伙	13109		2580	1584		3960	580
按建设性质分							
新建	218691	5426	14153	8608	12500	30322	38417

10-19续表1　　(2010年)　　单位:万元

指标名称	全市	市区	阳朔县	临桂县	灵川县	全州县	兴安县
扩建	130530	6057	5680	3335	4262	30582	33308
改建和技术改造	268063	240	45922	6290	41203	8480	54371
按构成分							
建筑工程	377240	10783	53834	11928	39060	45394	82870
安装工程	23294	300	765	1691	1634	694	5336
设备工器具购置	177002	50	8964	3342	11252	20835	25618
#用于更新的设备	40161	50	4422	1146	2300	1260	13046
其他费用	57648	590	2284	1448	6569	3561	15177
按国民经济行业分							
农、林、牧、渔业	51168	838	2147		200	3200	18800
农业	20677	838				2480	4770
林业	5268					620	200
畜牧业	10528		400			100	6160
渔业							
农、林、牧、渔服务业	14695		1747		200		7670
采矿业	75402		800	2119	1100	8940	10900
煤炭开采和洗选业							
石油和天然气开采业							
黑色金属矿采选业	11688					520	5600
有色金属矿采选业	24525				200	200	5300
非金属矿采选业	37669		800	2119	900	8220	
其他采矿业	1520						
制造业	212968		19354	2664	16690	17520	36025
农副食品加工业	14529		7300			2100	20
食品制造业	13529		129		500	2100	1320
饮料制造业	11261					2420	250
烟草制品业							
纺织业	940		140				
纺织服装、鞋、帽制造业	350						350
皮革、毛皮、羽毛(绒)及其制品业							
木材加工及木、竹、藤、棕、草制品业	54312		2601	1214	14000	1857	8775
家具制造业	10600		3880			90	980
造纸及纸制品业	4172						3560
印刷业和记录媒介的复制							
文教体育用品制造业							
石油加工、炼焦及核燃料加工业							
化学原料及化学制品制造业	4020						
医药制造业							
化学纤维制造业							
橡胶制品业							
塑料制品业	5460						4000
非金属矿物制品业	57629		5169	850	790	8593	16770
黑色金属冶炼及压延加工业	21646			600	900		
有色金属冶炼及压延加工业	4700						
金属制品业	885		135				
通用设备制造业	700				500		
专用设备制造业	7015						

10-19续表2　　(2010年)　　单位:万元

指 标 名 称	全 市	市 区	阳朔县	临桂县	灵川县	全州县	兴安县
交通运输设备制造业							
电气机械及器材制造业							
通信设备、计算机及其他电子设备制造业							
仪器仪表及文化、办公用机械制造制造业							
工艺品及其他制造业	740					360	
废弃资源和废旧材料回收加工业	480						
电力、燃气及水的生产和供应业	55077	732	3453	2069	3428	7750	18263
电力、热力的生产和供应业	23438				545	2900	4450
燃气生产和供应业							
水的生产和供应业	31639	732	3453	2069	2883	4850	13813
建筑业	1850						
房屋和土木工程建筑业	1850						
建筑安装业							
建筑装饰业							
其他建筑业							
交通运输、仓储和邮政业	93079	2467	5167	2404	11563	7543	36215
铁路运输业							
道路运输业	87932	2467	4817	2404	9663	7543	36215
城市公共交通业							
水上运输业	272						
航空运输业	2875		350		1900		
管道运输业							
装卸搬运和其他运输服务业							
仓储业	2000						
邮政业							
信息传输、计算机服务和软件业	350						
电信和其他信息传输服务业	350						
计算机服务业							
软件业							
批发和零售业	12387			665	7572		2000
批发业	2800				1500		
零售业	9587			665	6072		2000
住宿和餐饮业	5671			920	3470		850
住宿业	3330			110	3220		
餐饮业	2341			810	250		850
金融业	300						300
银行业	300						300
证券业							
保险业							
其他金融活动							
房地产业	36525	2649	800		2510	23591	
房地产业	36525	2649	800		2510	23591	
租赁和商务服务业	880	880					
租赁业							
商务服务业	880	880					
科学研究、技术服务和地质勘查业	1329						
研究与试验发展							

10-19续表3　　(2010年)　　单位:万元

指标名称	全市	市区	阳朔县	临桂县	灵川县	全州县	兴安县
专业技术服务业	1329						
科技交流和推广服务业							
地质勘查业							
水利、环境和公共设施管理业	69063	997	32891	6234	11190	500	4093
水利管理业	17002		2248	70	4160		913
环境管理业	33498		30000		1000	500	470
公共设施管理业	18563	997	643	6164	6030		2710
居民服务和其他服务业	368			218			150
居民服务业	368			218			150
其他服务业							
教育	1467		500		362		
教育	1467		500		362		
卫生、社会保障和社会福利业	1650	150	98	281		870	55
卫生	1595	150	98	281		870	
社会保障业							
社会福利业	55						55
文化、体育和娱乐业	3459	1770	207		200		
新闻出版业							
广播、电视、电影和音像业							
文化艺术业	1502	900					
体育	487		207				
娱乐业	1470	870			200		
公共管理和社会组织	12191	1240	430	835	230	570	1350
中国共产党机关							
国家机构	5832	380	430				1350
人民政协和民主党派							
群众团体、社会团体和宗教组织	1800						
基层群众自治组织	4559	860		835	230	570	
国际组织							
国际组织							
新增固定资产	**545681**	**5866**	**44411**	**18844**	**50578**	**47912**	**130835**
#地方	545681	5866	44411	18844	50578	47912	130835
项目个数(个)							
(1)施工项目个数	1361	38	78	42	109	117	242
#地方	1360	38	78	42	109	117	241
#500万元以下项目	1005	31	41	29	84	69	157
(2)本年新开工	1205	30	70	35	100	89	224
#地方	1204	30	70	35	100	89	223
(3)本年投产项目个数	1175	21	32	41	100	105	223
#地方	1175	21	32	41	100	105	223
房屋建筑面积(平方米)							
(1)施工面积	283129	57691	2550	7124	17891	18755	65900
#住宅	69880			1117		12830	
(2)竣工面积	124017	3560	1500	7124	10891	450	5420
#住宅	52272			1117			
(3)本年竣工房屋价值	13221	620	269	586	1033	510	545
#住宅	5516			93			

10-19续表4　　(2010年)　　单位:万元

指标名称	永福县	灌阳县	龙胜县	资源县	平乐县	荔浦县	恭城县
计划总投资	**30883**	**126833**	**47033**	**41085**	**42213**	**32493**	**44446**
#地方	30883	126833	47033	41085	42213	32493	44446
#本年新开工项目	24141	93102	31769	22135	34865	26547	40446
#地方	24141	93102	31769	22135	34865	26547	40446
自开始建设累计完成投资	**22040**	**105116**	**42835**	**36876**	**37568**	**30725**	**42890**
本年计划投资	24959	109897	37370	33395	35667	30213	39823
#地方	24959	109897	37370	33395	35667	30213	39823
自年初累计完成投资	**19679**	**92110**	**36710**	**30371**	**32900**	**29325**	**40110**
#地方	19679	92110	36710	30371	32900	29325	40110
#500万元以下项目完成投资	5482	28302	20280	3285	26231	17805	5997
#国有经济控股	5179	11454	3010	10823	1394		9096
#住宅	260	340	248	4910			
按登记注册类型分							
内资企业	18714	89934	32975	30371	32430	25965	39910
国有企业	5179	11454	3010	10373	1394		9096
集体企业		9482	9872	862	6354		100
股份合作企业		600					
联营企业							
国有联营企业							
集体联营企业							
国有与集体联营企业							
其他联营企业							
有限责任公司	145	2300		5538	1260	1710	
国有独资公司							
其他有限责任公司	145	2300		5538	1260	1710	
股份有限公司	1310	6200	2530	1210			1315
私营企业	11876	58502	17183	10115	19522	24255	13580
其他企业	204	1396	380	2273	3900		15819
港、澳、台商投资企业	160						
合资经营企业(港或澳、台资)	160						
合作经营企业(港或澳、台资)							
港、澳、台商独资经营企业							
港、澳、台商投资股份有限公司							
外商投资企业		701					
中外合资经营企业							
中外合作经营企业		701					
外资企业							
外商投资股份有限公司							
个体经营	805	1475	3735		470	3360	200
个体户	735	325	550		470	3360	200
个人合伙	70	1150	3185				
按建设性质分							
新建	9293	51522	16025	16439	4071	5338	6577

10-19续表5 (2010年) 单位:万元

指标名称	永福县	灌阳县	龙胜县	资源县	平乐县	荔浦县	恭城县
扩建	4311	9487	7759	969	8121	3015	13644
改建和技术改造	2728	30111	7666	12513	20708	17942	19889
按构成分							
建筑工程	9355	36015	22659	21667	12879	7852	22944
安装工程	237	2614	1872	395	2871	1262	3623
设备工器具购置	8372	47741	9906	2020	13968	15626	9308
#用于更新的设备	3740	3374	152	900		6746	3025
其他费用	1715	5740	2273	6289	3182	4585	4235
按国民经济行业分							
农、林、牧、渔业		6884	1093	14386	1113	200	2307
农业		344		9938			2307
林业				4448			
畜牧业		3668				200	
渔业							
农、林、牧、渔服务业		2872	1093		1113		
采矿业	6656	9780	10585	1210	10410		12902
煤炭开采和洗选业							
石油和天然气开采业							
黑色金属矿采选业	1500		200		3868		
有色金属矿采选业		6230	4800				7795
非金属矿采选业	5156	2030	5585	1210	6542		5107
其他采矿业		1520					
制造业	7430	49204	9473	5765	10745	28045	10053
农副食品加工业	250	830			1069	460	2500
食品制造业	1150	8130			200		
饮料制造业	150	4481	750		2340	870	
烟草制品业							
纺织业					800		
纺织服装、鞋、帽制造业							
皮革、毛皮、羽毛(绒)及其制品业							
木材加工及木、竹、藤、棕、草制品业	930	5899	5770	250	516	10610	1890
家具制造业	50	3230			150	2220	
造纸及纸制品业	460		152				
印刷业和记录媒介的复制							
文教体育用品制造业							
石油加工、炼焦及核燃料加工业							
化学原料及化学制品制造业	245		200		450	965	2160
医药制造业							
化学纤维制造业							
橡胶制品业							
塑料制品业	100					1360	
非金属矿物制品业	635	5899	1020		5220	9180	3503
黑色金属冶炼及压延加工业	3410	15355	1381				
有色金属冶炼及压延加工业		4700					
金属制品业	50					700	
通用设备制造业		200					
专用设备制造业		300		5515		1200	

10-19续表6　　(2010年)　　单位:万元

指标名称	永福县	灌阳县	龙胜县	资源县	平乐县	荔浦县	恭城县
交通运输设备制造业							
电气机械及器材制造业							
通信设备、计算机及其他电子设备制造业							
仪器仪表及文化、办公用机械制造制造业							
工艺品及其他制造业		180	200				
废弃资源和废旧材料回收加工业						480	
电力、燃气及水的生产和供应业	462	11339	1374	111	3016	480	2600
电力、热力的生产和供应业		9837	100		2526	480	2600
燃气生产和供应业							
水的生产和供应业	462	1502	1274	111	490		
建筑业			1850				
房屋和土木工程建筑业			1850				
建筑安装业							
建筑装饰业							
其他建筑业							
交通运输、仓储和邮政业	2700	9376	5834	924	4617		4269
铁路运输业							
道路运输业	1803	7376	5834	924	4617		4269
城市公共交通业							
水上运输业	272						
航空运输业	625						
管道运输业							
装卸搬运和其他运输服务业							
仓储业		2000					
邮政业							
信息传输、计算机服务和软件业			350				
电信和其他信息传输服务业			350				
计算机服务业							
软件业							
批发和零售业			380		550		1220
批发业			80				1220
零售业			300		550		
住宿和餐饮业					431		
住宿业							
餐饮业					431		
金融业							
银行业							
证券业							
保险业							
其他金融活动							
房地产业		1180	700	4775			320
房地产业		1180	700	4775			320
租赁和商务服务业							
租赁业							
商务服务业							
科学研究、技术服务和地质勘查业			1329				
研究与试验发展							

10-19续表7 (2010年) 单位:万元

指 标 名 称	永福县	灌阳县	龙胜县	资源县	平乐县	荔浦县	恭城县
专业技术服务业			1329				
科技交流和推广服务业							
地质勘查业							
水利、环境和公共设施管理业	100	3010	1010	1000	1488	600	5950
水利管理业		2820	670	1000	270		4851
环境管理业	100	60	150		1218		
公共设施管理业		130	190			600	1099
居民服务和其他服务业							
居民服务业							
其他服务业							
教育	138	62		350			55
教育	138	62		350			55
卫生、社会保障和社会福利业	196						
卫生	196						
社会保障业							
社会福利业							
文化、体育和娱乐业		280	650				352
新闻出版业							
广播、电视、电影和音像业							
文化艺术业			250				352
体育		280					
娱乐业			400				
公共管理和社会组织	1997	995	2082	1850	530		82
中国共产党机关							
国家机构	1997	185	878		530		82
人民政协和民主党派							
群众团体、社会团体和宗教组织				1800			
基层群众自治组织		810	1204	50			
国际组织							
国际组织							
新增固定资产	**13508**	**79555**	**39413**	**21385**	**32025**	**28975**	**32374**
#地方	13508	79555	39413	21385	32025	28975	32374
项目个数(个)							
(1)施工项目个数	43	205	181	27	147	72	60
#地方	43	205	181	27	147	72	60
#500万元以下项目	31	164	159	18	134	57	31
(2)本年新开工	34	182	159	24	132	67	59
#地方	34	182	159	24	132	67	59
(3)本年投产项目个数	36	172	170	23	134	66	52
#地方	36	172	170	23	134	66	52
房屋建筑面积(平方米)							
(1)施工面积	8626	5645	26587	47330	17860	6700	470
#住宅	4478	3200	1475	46780			
(2)竣工面积		5345	22137	46830	15360	5400	
#住宅		3200	1475	46480			
(3)本年竣工房屋价值		560	1867	5135	1706	390	
#住宅		340	198	4885			

10-20 市县非农固定资产投资资金来源

(2010年) 单位:万元

指标名称	全市	市区	阳朔县	临桂县	灵川县	全州县	兴安县
本年资金来源合计	**640438**	**9991**	**67760**	**20205**	**58515**	**70484**	**131559**
#地方	637738	9991	67760	20205	58515	70484	128859
#引进资金	12320						
上年末结余资金	922	200	442	140	30		
#引进资金							
本年资金来源小计	**639516**	**9791**	**67318**	**20065**	**58485**	**70484**	**131559**
国家预算内资金	8794	30	680	109	2741	965	328
国内贷款	13050		450	1550		1750	
债券							
利用外资							
#外商直接投资							
自筹资金	453048	9101	65358	13907	41564	59894	86656
中央各部门自筹	298		120		28		
省自筹	1818	199	120	98	167		340
地市自筹	1299				347		865
县自筹	94266	5943	38625	249		4110	16391
企、事业单位自有资金	355367	2959	26493	13560	41022	55784	69060
#发行股票							
其他资金来源	164624	660	830	4499	14180	7875	44575
各项应付款合计	3628	2149					
#工程款	2614	1800					

10-20续表 (2010年) 单位:万元

指标名称	永福县	灌阳县	龙胜县	资源县	平乐县	荔浦县	恭城县
本年资金来源合计	**19633**	**92110**	**37338**	**31358**	**32047**	**29325**	**40113**
#地方	19633	92110	37338	31358	32047	29325	40113
#引进资金	1550		4420		6350		
上年末结余资金					110		
#引进资金							
本年资金来源小计	**19633**	**92110**	**37338**	**31358**	**31937**	**29325**	**40113**
国家预算内资金	755	190	1439		300		1257
国内贷款		3170	1470		110	3800	750
债券							
利用外资							
#外商直接投资							
自筹资金	18672	42635	26853	11700	27438	25525	23745
中央各部门自筹		150					
省自筹	43			70			781
地市自筹			60				27
县自筹	4191	7472	6200	257	2963		7865
企、事业单位自有资金	14438	35013	20593	11373	24475	25525	15072
#发行股票							
其他资金来源	206	46115	7576	19658	4089		14361
各项应付款合计	156	40			873		410
#工程款		40			364		410

10-21 市县区房地产投资和资金来源

(2010年)　　单位:万元

指标名称	全市	市区	秀峰区	叠彩区	象山区	七星区	雁山区
计划总投资	**5691804**	**2538416**	**235582**	**506462**	**1081061**	**713811**	**1500**
#地方	5681804	2528416	225582	506462	1081061	713811	1500
自开始建设累计完成投资	**3689335**	**1891154**	**167626**	**416732**	**744923**	**560792**	**1081**
#地方	3680264	1882083	158555	416732	744923	560792	1081
本年完成投资	**1180069**	**489308**	**31264**	**112054**	**191337**	**154064**	**589**
#地方	1179378	488617	30573	112054	191337	154064	589
#土地开发投资额	17161	4831	1530	2350	948	3	
#配套工程投资	13710	6689		6131	558		
#国有控股投资	96365	78190	507	9473	61190	7020	
#地方	96365	78190	507	9473	61190	7020	
按登记类型分组							
内资企业	1102417	443555	30573	81091	181974	149328	589
国有企业	36562	20331	507	9473	3331	7020	
集体企业	2342	2342		1622	720		
股份合作企业	6862	320		320			
联营企业							
国有联营企业							
集体联营企业							
国有与集体联营企业							
其他联营企业							
有限责任公司	540591	242052	13900	36133	139746	52273	
国有独资公司	1944						
其他有限责任公司	538647	242052	13900	36133	139746	52273	
股份有限公司	27156	11789			5200	6589	
私营企业	487489	166721	16166	33543	32977	83446	589
其他企业	1415						
港、澳、台商投资企业	54302	41767		27668	9363	4736	
合资经营企业(港或澳、台资)	40109	37031		27668	9363		
合作经营企业(港或澳、台资)	4736	4736				4736	
港、澳、台商独资经营企业	9457						
港、澳、台商投资股份有限公司							
外商投资企业	22659	3295		3295			
中外合资经营企业	19364						
中外合作经营企业							
外资企业	3295	3295		3295			
外商投资股份有限公司							
个体经营							
个体户							
个人合伙							
按构成分							
建筑工程	853107	325405	27477	71645	121582	104112	589
安装工程	39806	17861	141	16104	186	1430	

10-21续表1　　　　　　　　　　　　(2010年)　　　　　　　　　　　　单位:万元

指　标　名　称	全　市	市　区	秀峰区	叠彩区	象山区	七星区	雁山区
设备工器具购置	10489	5175	630	1348	1896	1301	
其他费用	276667	140867	3016	22957	67673	47221	
#旧建筑物购置费	2178	264	26			238	
#土地购置费	191010	103855	1480	10450	59563	32362	
按用途分							
商品住宅	924247	386450	27220	68635	153004	137034	557
#90平方米以下	146730	34318	4029	11744	4864	13581	100
#140平方米以上	136567	27248	704	4366	3161	19017	
#经济适用房	3909	3199			3199		
#别墅、高档公寓	52473	29067	899	3295	50	24823	
办公楼	23045	9787	668	34	1875	7210	
商业营业用房	64103	31220	475	12406	13943	4396	
其他	168674	61851	2901	30979	22515	5424	32
本年新增固定资产	**312956**	**111647**	**15490**	**27368**	**62595**	**6194**	
#地　方	312956	111647	15490	27368	62595	6194	
本年购置土地面积	**2194651**	**656517**	**106672**		**362140**	**187705**	
本年土地成交价款	**268640**	**164164**	**2800**		**104362**	**57002**	
本年完成开发土地面积	**70423**						
项目规划情况							
项目规划占地面积	14816297	5505175	751022	957814	2348669	1438820	8850
项目规划建筑面积	31268799	9940179	793240	1664416	4403910	3070274	8339
#住宅	23383973	7496793	620459	1319383	3297874	2250988	8089
商业营业用房	4652181	1170846	133154	270787	606834	160071	
办公楼	763856	358330	4100	6251	54015	293964	
其他	2468789	914210	35527	67995	445187	365251	250
规划住宅套数	153939	46233	4475	9509	15886	16269	94
#90平方米以下	57904	18065	1973	4104	7411	4505	72
#90-140平方米	73954	21149	2356	4564	5709	8498	22
#140平方米以上	22081	7019	146	841	2766	3266	
#别墅、高档公寓	3300	704	62		13	629	
本年资金来源合计	**1753305**	**856561**	**52841**	**216930**	**323410**	**262730**	650
上年末结余资金	242459	129917	3274	25249	39639	61755	
本年资金来源小计	1510846	726644	49567	191681	283771	200975	650
国内贷款	201031	111467	17200	38700	28857	26210	500
银行贷款	198681	111267	17200	38500	28857	26210	500
非银行金融机构贷款	2350	200		200			
利用外资							
#外商直接投资							
自筹资金	499132	199248	19205	34288	98792	46963	
#自有资金	198610	94873	16895	23080	30139	24759	
其他资金来源	810683	415929	13162	118693	156122	127802	150
#定金及预收款	503799	315938	8570	101667	104304	101247	150
#个人按揭贷款	265178	86361	2905	13932	48791	20733	
本年各项应付款合计	**117420**	**46478**	**7980**	**19571**	**4631**	**14296**	
#工程款	82278	29177	6319	12000	3652	7206	

10-21续表2　　　　　　　　　　(2010年)　　　　　　　　　　单位:万元

指　标　名　称	阳朔县	临桂县	灵川县	全州县	兴安县	永福县
计划总投资	**173700**	**1881266**	**243413**	**27138**	**214986**	**170625**
#地方	173700	1881266	243413	27138	214986	170625
自开始建设累计完成投资	**167128**	**929837**	**217127**	**26249**	**122754**	**62006**
#地方	167128	929837	217127	26249	122754	62006
本年完成投资	**24389**	**410289**	**68829**	**10230**	**43910**	**26271**
#地方	24389	410289	68829	10230	43910	26271
#土地开发投资额		6786	1118	2421	250	
#配套工程投资		5200			300	1209
#国有控股投资			400	6530		1150
#地方			400	6530		1150
按登记类型分组						
内资企业	5025	400832	65751	10230	43910	26271
国有企业			400	6530		1150
集体企业						
股份合作企业						2770
联营企业						
国有联营企业						
集体联营企业						
国有与集体联营企业						
其他联营企业						
有限责任公司		231454	20103	3700	16312	2377
国有独资公司						
其他有限责任公司		231454	20103	3700	16312	2377
股份有限公司		6450	6500		100	
私营企业	5025	162928	38748		27498	19974
其他企业						
港、澳、台商投资企业		9457	3078			
合资经营企业(港或澳、台资)			3078			
合作经营企业(港或澳、台资)						
港、澳、台商独资经营企业		9457				
港、澳、台商投资股份有限公司						
外商投资企业	19364					
中外合资经营企业	19364					
中外合作经营企业						
外资企业						
外商投资股份有限公司						
个体经营						
个体户						
个人合伙						
按构成分						
建筑工程	24359	315539	53736	6068	34940	23377
安装工程		8643	9587	1960	150	261

10-21续表3　　(2010年)　　单位:万元

指　标　名　称	阳朔县	临桂县	灵川县	全州县	兴安县	永福县
设备工器具购置		3988	383		50	243
其他费用		82119	5123	2202	8770	2390
#旧建筑物购置费		1039	300	125		
#土地购置费		48874	873	555	5169	1160
按用途分						
商品住宅	22393	307024	58698	7159	30557	22286
#90平方米以下	1036	78214	14573	110	5264	3040
#140平方米以上	9960	67991	4718		9086	1548
#经济适用房						
#别墅、高档公寓		8438	9628		5340	
办公楼		10913		310	1835	
商业营业用房	1934	9897	7658	559	3950	1967
其他	62	82455	2473	2202	7568	2018
本年新增固定资产	**17477**	**82681**	**32002**	**12936**	**14568**	**12632**
#地　方	17477	82681	32002	12936	14568	12632
本年购置土地面积		**1212616**	**10560**	**7120**	**28586**	**7150**
本年土地成交价款		**59857**	**285**	**12200**	**4345**	**400**
本年完成开发土地面积		**25689**	**14232**	**17389**	**13113**	
项目规划情况						
项目规划占地面积	149180	6563004	977681	98354	521070	268249
项目规划建筑面积	218980	14765061	2140617	222996	1032399	603190
#住宅	183500	10171008	1869139	218854	843818	547164
商业营业用房	35000	2905051	206515	4142	100938	37946
办公楼		377321			24909	596
其他	480	1311681	64963		62734	17484
规划住宅套数	192	67775	14453	1808	6368	4069
#90平方米以下		30239	4749	244	1624	928
#90-140平方米	192	27917	7845	1564	3447	2687
#140平方米以上		9619	1859		1297	454
#别墅、高档公寓		1448	295		773	80
本年资金来源合计	**24350**	**443282**	**137876**	**21910**	**77571**	**43084**
上年末结余资金	200	51314	19731	1300	18845	4278
本年资金来源小计	24150	391968	118145	20610	58726	38806
国内贷款	2000	31160	16934	960	12080	7340
银行贷款	2000	29860	16134	960	12080	7340
非银行金融机构贷款		1300	800			
利用外资						
#外商直接投资						
自筹资金	22150	156996	12704	3124	17452	14626
#自有资金		56026	3704	3124	5200	14230
其他资金来源		203812	88507	16526	29194	16840
#定金及预收款		101156	38299	5526	16784	9658
#个人按揭贷款		94901	35130	11000	12410	6703
本年各项应付款合计	**710**	**42712**	**150**		**12625**	**3467**
#工程款	10	38457	120		3685	2432

10-21续表4　(2010年)　单位:万元

指标名称	灌阳县	龙胜县	资源县	平乐县	荔浦县	恭城县
计划总投资	**46312**	**25300**	**36980**	**101275**	**192524**	**39869**
#地方	46312	25300	36980	101275	192524	39869
自开始建设累计完成投资	**35150**	**16995**	**26416**	**53649**	**106618**	**34252**
#地方	35150	16995	26416	53649	106618	34252
本年完成投资	**3800**	**10344**	**4089**	**32017**	**40067**	**16526**
#地方	3800	10344	4089	32017	40067	16526
#土地开发投资额				1525		230
#配套工程投资	200			65		47
#国有控股投资		7951		444	1700	
#地方		7951		444	1700	
按登记类型分组						
内资企业	3800	10344	4089	32017	40067	16526
国有企业		6451			1700	
集体企业						
股份合作企业				3772		
联营企业						
国有联营企业						
集体联营企业						
国有与集体联营企业						
其他联营企业						
有限责任公司	3300	1500	2589	444	16760	
国有独资公司		1500		444		
其他有限责任公司	3300		2589		16760	
股份有限公司		17		2300		
私营企业	500	2376	1500	25501	21607	15111
其他企业						1415
港、澳、台商投资企业						
合资经营企业(港或澳、台资)						
合作经营企业(港或澳、台资)						
港、澳、台商独资经营企业						
港、澳、台商投资股份有限公司						
外商投资企业						
中外合资经营企业						
中外合作经营企业						
外资企业						
外商投资股份有限公司						
个体经营						
个体户						
个人合伙						
按构成分						
建筑工程	2700	6210	3209	17905	26588	13071
安装工程			880	194	100	170

10-21续表5 (2010年) 单位:万元

指 标 名 称	灌阳县	龙胜县	资源县	平乐县	荔浦县	恭城县
设备工器具购置				530	120	
其他费用	1100	4134		13388	13259	3285
#旧建筑物购置费				450		
#土地购置费	1100	3274		11481	11669	3000
按用途分						
商品住宅	2870	3770	3891	29076	34643	15430
#90平方米以下	1621	59	2107	2143	3122	1123
#140平方米以上	949	971	1784	7717	2914	1681
#经济适用房				710		
#别墅、高档公寓						
办公楼	200					
商业营业用房	730	2438	198	1012	1742	798
其他		4136		1929	3682	298
本年新增固定资产		2528		11819	7874	6792
#地 方		2528		11819	7874	6792
本年购置土地面积	**2600**	**25472**		**113318**	**130712**	
本年土地成交价款	**1100**	**3889**		**11481**	**10919**	
本年完成开发土地面积						
项目规划情况						
项目规划占地面积	40580	47230	98621	200338	183941	162874
项目规划建筑面积	54438	163695	294730	681045	773292	378177
#住宅	34362	98089	245230	601805	730409	343802
商业营业用房	13476	36284	39500	52870	17098	32515
办公楼	2400				300	
其他	4200	29322	10000	26370	25485	1860
规划住宅套数	276	772	303	4488	5139	2063
#90平方米以下	24	17	223	581	849	361
#90-140平方米	252	628	52	3059	3832	1330
#140平方米以上		127	28	848	458	372
#别墅、高档公寓						
本年资金来源合计	**4000**	**12571**	**6500**	**33962**	**70513**	**21125**
上年末结余资金		2316		639	7446	6473
本年资金来源小计	4000	10255	6500	33323	63067	14652
国内贷款	1790	4250		1600	11250	200
银行贷款	1790	4200		1600	11250	200
非银行金融机构贷款		50				
利用外资						
#外商直接投资						
自筹资金	1500	3632	3200	27340	31100	6060
#自有资金	900	261	3200	5192	10900	1000
其他资金来源	710	2373	3300	4383	20717	8392
#定金及预收款	100	1472	689	2025	8813	3339
#个人按揭贷款		78	2611	2040	10204	3740
本年各项应付款合计	**400**			**1223**	**7610**	**2045**
#工程款	400			1123	6187	687

10-22 市县区房地产当年施工、销售情况

(2010年) 单元：平方米、万元

指标名称	全市	市区	秀峰区	叠彩区	象山区	七星区	雁山区	阳朔县	临桂县	灵川县
房屋施工面积	12518315	6202172	450763	834348	3216035	1692104	8922	454438	2817895	944728
#新开工面积	3178019	837347	85196	137941	365355	244816	4039		1172450	179623
房屋竣工面积	1915766	564237	78691	159373	281142	45031		89256	557860	265667
不可销售面积	11541	6594	132	425	2091	3946				4947
竣工房屋价值	290300	106676	11990	25897	62595	6194		12981	82406	32002
批准预售面积	2867465	588971	156311	114460	187346	122775	8079		946224	441591
出租房屋面积	15747	10629	2706		2741	5182			3868	
商品房销售面积	3235806	1243635	107002	261608	522397	352628		61676	760452	463265
现房销售面积	580080	136483	17489	86475	27518	5001		55706	55219	66137
期房销售面积	2655726	1107152	89513	175133	494879	347627		5970	705233	397128
商品房销售额	1156632	605506	57482	126279	231590	190155		18920	258649	132544
现房销售额	164405	58356	8247	34209	14102	1798		16981	20768	17838
期房销售额	992227	547150	49235	92070	217488	188357		1939	237881	114706
空置面积	562087	153155	37032	46955	18148	51020		16561	81770	100939
空置1-3年面积	217494	112682	25235	31063	13088	43296		3251	35763	21242
空置3年以上面积	26322	19995		7211	5060	7724			6247	

10-22续表 (2010年) 单元：平方米、万元

指标名称	全州县	兴安县	永福县	灌阳县	龙胜县	资源县	平乐县	荔浦县	恭城县
房屋施工面积	147238	541235	306450	25274	92623	195451	357326	312788	120697
#新开工面积	48240	250247	101001	16438	70923		207138	207920	86692
房屋竣工面积	103615	71062	76971		11109		70761	75028	30200
不可销售面积									
竣工房屋价值	12936	8778	9686		1298		8905	7840	6792
批准预售面积	124827	127442	268849		47083	28544	101712	119998	72224
出租房屋面积				1250					
商品房销售面积	65340	155651	136959		27502	28544	92775	154231	45776
现房销售面积	22350	16756	40294		272		63321	116731	6811
期房销售面积	42990	138895	96665		27230	28544	29454	37500	38965
商品房销售额	10737	35298	23002		6346	6117	16087	32917	10509
现房销售额	3129	5356	6006		146		11291	22996	1538
期房销售额	7608	29942	16996		6200	6117	4796	9921	8971
空置面积	56701	26862	14229	7893	922		29776	53474	19805
空置1-3年面积			14109		922		20383		9142
空置3年以上面积			80						

10-23 市县区房地产企业财务主要指标

(2010年)

单位:万元

指标名称	全市	市区	秀峰区	叠彩区	象山区	七星区	雁山区
年初存货	977379	659488	83772	128267	294240	153210	
流动资产合计	2477001	1461133	191366	332957	539348	397462	
#存货	1193082	681121	81805	150441	279639	169235	
固定资产原价	60225	39090	10256	7856	11218	9761	
累计折旧	21515	15298	3924	4115	4295	2963	
#本年折旧	4594	2801	822	347	659	974	
资产总计	2865161	1679268	225604	366006	655679	431979	
负债合计	2250818	1341514	189316	291829	536899	323470	
所有者权益合计	614343	337754	36287	74177	118780	108509	
#实收资本	457899	221767	43258	39368	77486	61654	
国家资本	6254	4053	3153	900			
集体资本	16713	16603	13720	2883			
法人资本	309809	114333	9734	5377	62660	36563	
个人资本	103174	65829	14958	21593	10186	19091	
港澳台资本	20387	19387	1694	7053	4640	6000	
外商资本	1562	1562		1562			
主营业务收入	678019	366067	24094	109309	79359	153305	
土地转让收入	956						
商品房屋销售收入	664923	357259	23546	108077	78896	146740	
房屋出租收入	605	593	498	95			
其他收入	11536	8215	50	1138	463	6565	
主营业务成本	491130	255436	16119	78411	51728	109179	
主营业务税金及附加	51745	27336	1868	8279	6463	10726	
主营业务利润	121722	74847	6071	20513	19412	28852	
其他业务收入	4430	3774	317	818	831	1809	
其他业务利润	2730	1950	368	161	464	958	
销售费用	24890	14001	1497	3827	3207	5471	
管理费用	41440	24183	3934	5291	8900	6059	
#税金	1824	1061	183	192	302	384	
差旅费	1334	656	117	106	242	192	
工会经费	62	32	9	3	17	2	
财务费用	7230	3979	506	398	1624	1451	
#利息支出	5739	3502	458	131	1610	1303	
营业利润	64321	43086	538	13266	7912	21370	
营业外收入	1317	1419	533	169	161	557	
营业外支出	3308	2537	449	810	634	644	
利润总额	65041	45124	614	13848	8271	22391	
应交所得税	17551	11859	120	3145	3700	4894	
劳动、失业保险费	943	705	158	80	320	147	
住房公积金及住房补贴	232	198	54	11	102	31	
本年应付工资总额(贷方累计发生额)	19750	10404	1339	1929	4861	2275	
本年应付福利费总额(贷方累计发生额)	1313	617	114	64	309	130	
全部从业人员年平均人数(人)	684	304	62	71	94	78	
资产减值损失	54	-2			-2	0	
公允价值变动收益	10	-6				-6	
投资收益	52	8			8		

10-23续表1　　(2010年)　　单位:万元

指　标　名　称	阳朔县	临桂县	灵川县	全州县	兴安县	永福县
年初存货	23150	131858	58550		36672	12247
流动资产合计	29093	384239	186951	3051	141992	52284
#存货	28347	204096	75908	499	74660	18240
固定资产原价	580	8845	3251	592	3039	451
累计折旧	69	2402	716	163	1612	102
#本年折旧	35	692	227	31	309	46
资产总计	30930	467309	204471	3887	144195	55645
负债合计	28420	329666	166453	2550	120052	42677
所有者权益合计	2510	137643	38019	1337	24144	12968
#实收资本	2510	136146	25769	1337	12756	8531
国家资本			1210	892		
集体资本						
法人资本	1510	132946	9306	233	5626	6141
个人资本	1000	2200	15253	212	7130	2390
港澳台资本		1000				
外商资本						
主营业务收入	4329	129657	81210	10737	27795	21395
土地转让收入		726	200			
商品房屋销售收入	4329	125626	80998	10737	27795	21395
房屋出租收入			12			
其他收入		3305				
主营业务成本	3891	98213	62030	7088	18423	16252
主营业务税金及附加	41	8751	5997	1501	2575	1382
主营业务利润	317	22345	11093	2148	5515	3006
其他业务收入		321			90	57
其他业务利润		433	38		31	25
销售费用	80	4514	2416		1439	1387
管理费用	331	7160	3018	183	2137	1280
#税金	1	351	50	25	62	160
差旅费	10	320	100	22	90	50
工会经费		2	18		4	
财务费用	24	627	167	17	774	420
#利息支出	22	621	11		738	405
营业利润	-35	10826	7620	1949	2478	700
营业外收入	-406	83	138		7	
营业外支出		95	77		342	39
利润总额	-55	10567	7664	1949	1726	643
应交所得税	-385	3336	1359		370	318
劳动、失业保险费		125	57		7	17
住房公积金及住房补贴	20	7	5			
本年应付工资总额(贷方累计发生额)	248	3459	1565	42	1461	587
本年应付福利费总额(贷方累计发生额)	89	223	118	10	72	14
全部从业人员年平均人数(人)	6	102	61	6	61	39
资产减值损失	56					
公允价值变动收益	16					
投资收益	44					

10-23续表2　　(2010年)　　单位:万元

指　标　名　称	灌阳县	龙胜县	资源县	平乐县	荔浦县	恭城县
年初存货	1905	109	5160	10393	37848	
流动资产合计	5755	6173	13050	50041	124325	18916
#存货	2367	1845	6290	38288	59683	1740
固定资产原价	428	53	153	692	2590	462
累计折旧	135	15	68	170	694	71
#本年折旧	14	5	18	126	288	1
资产总计	9941	6657	13135	93846	135172	20705
负债合计	6329	5721	11170	75868	105585	14813
所有者权益合计	3612	936	1965	17977	29587	5893
#实收资本	2300	1026	3273	13206	24404	4875
国家资本	3	-8			104	
集体资本		110				
法人资本	2297	923		12099	19600	4795
个人资本			3273	1107	4700	80
港澳台资本						
外商资本						
主营业务收入	43	2746	828	2041	24136	7037
土地转让收入	30					
商品房屋销售收入	10	2746	828	2041	24123	7037
房屋出租收入						
其他收入	3				13	
主营业务成本	7	2246	583	1458	20632	4872
主营业务税金及附加	3	182	61	374	2990	554
主营业务利润	33	301	184	50	460	1422
其他业务收入				36	128	24
其他业务利润			4	35	120	95
销售费用		28	34	300	477	214
管理费用	33	141	204	483	1632	658
#税金	3	2		39	57	13
差旅费	5	10	1	14	55	2
工会经费				5	2	
财务费用	11	73	-1	442	699	-3
#利息支出	11	47	0	26	361	-3
营业利润	-10	75	-50	-982	-2173	837
营业外收入		2	2	2	46	24
营业外支出		0	59	108	47	4
利润总额	-23	78	-107	-1092	-1828	396
应交所得税		16		90	469	119
劳动、失业保险费	3	2		14	13	
住房公积金及住房补贴	4					
本年应付工资总额(贷方累计发生额)	54	108	99	461	1030	233
本年应付福利费总额(贷方累计发生额)	2	108	5	4	31	21
全部从业人员年平均人数(人)	2	5	5	27	55	12
资产减值损失						
公允价值变动收益						
投资收益						

10-24 建筑业企业生产情况

(2010年)

指标名称	建筑业企业个数(个)	签订的合同额(万元)	上年结转合同额(万元)	本年新签合同额(万元)	直接从建设单位承揽工程完成的产值(万元)	从建设单位以外承揽工程完成的产值(万元)
全　市	**155**	**2108458**	**1022182**	**1086275**	**1064975**	**227239**
#国有及国有控股企业	28	1082677	564545	518133	481611	224010
按登记注册类型分组						
内资企业	153	2107983	1022171	1085811	1064500	227239
国有企业	21	708606	418482	290125	268413	202167
集体企业	25	110599	37795	72805	84599	
股份合作企业	3	24540	21082	3458	15969	
有限责任公司	52	706766	322512	384253	382304	21843
国有独资公司	2	339408	142408	197000	194984	10183
其他有限责任公司	50	367358	180104	187253	187320	11660
股份有限公司	12	271197	111380	159817	173225	815
私营企业	39	283325	109365	173960	138634	2414
私营独资企业						
私营合伙企业	4	7971	1892	6079	5838	
私营有限责任公司	33	265073	99382	165692	128731	2414
私营股份有限公司	2	10281	8091	2190	4064	
其他企业	1	2950	1556	1394	1356	
港、澳、台商投资企业	2	475	11	464	475	
合资经营企业(港或澳、台资)	2	475	11	464	475	
按国民经济行业分组						
房屋和土木工程建筑业	100	2046414	1007681	1038733	1023994	227239
房屋工程建筑	83	1362162	599661	762501	789414	11103
房屋工程建筑	83	1362162	599661	762501	789414	11103
土木工程建筑业	17	684252	408020	276232	234580	216136
铁路、道路、隧道和乔梁工程建筑	8	36919	11327	25592	20443	13969
水利和港口工程建筑	3	79426	46976	32450	28720	
工矿工程建筑	1	529513	339822	189691	159081	202167
架线和管道工程建筑	2	30030	8380	21650	19865	
其他土木工程建筑	3	8365	1515	6850	6471	
建筑安装业	25	33595	11610	21985	18531	
建筑安装业	25	33595	11610	21985	18531	
建筑安装业	25	33595	11610	21985	18531	
建筑装饰业	22	11694	2235	9459	8831	
建筑装饰业	22	11694	2235	9459	8831	
建筑装饰业	22	11694	2235	9459	8831	
其他建筑业	8	16755	656	16099	13619	
工程准备	4	6446	656	5790	4691	
工程准备	4	6446	656	5790	4691	
提供施工设备服务						
提供施工设备服务						
其他未列明的建筑活动	4	10309		10309	8928	
其他未列明的建筑活动	4	10309		10309	8928	

10-24续表1　　　　　　　　　　　　　　(2010年)

指　标　名　称	建筑业企业个数(个)	签订的合同额(万元)	上年结转合同额(万元)	本年新签合同额(万元)	直接从建设单位承揽工程完成的产值(万元)	从建设单位以外承揽工程完成的产值(万元)
按隶属关系分组						
中央	1	529513	339822	189691	159081	202167
省(自治区、直辖市)	6	364680	145670	219010	204914	21843
地区(州、盟、省辖市)	57	619486	315517	303969	333498	
县(区、市、旗)	40	227028	80489	146539	165697	815
其他	51	367750	140685	227065	201785	2414
按企业资质等级分组						
企业资质等级(施工总承包)	101	2039823	1011648	1028176	1024678	213270
特级						
一级	4	1209475	627646	581829	508235	212350
二级	17	280013	143992	136021	194447	
三级及以下	80	550336	240010	310326	321996	920
企业资质等级(专业承包)	54	68634	10535	58100	40297	13969
一级	6	23256	1401	21855	9723	11660
二级	15	11150	3535	7615	7226	
三级及以下	33	34229	5598	28630	23349	2309
按地区分组						
秀峰区	17	347213	160687	186525	156339	
叠彩区	17	267874	134310	133564	122288	11765
象山区	40	614641	262823	351818	375600	10183
七星区	27	593631	365631	228001	201954	204476
雁山区	1	2180	600	1580	921	
阳朔县	4	13982	6627	7356	8006	
临桂县	5	18224	7129	11095	17292	
灵川县	6	52073	18311	33763	34495	
全州县	7	51829	12842	38987	44116	
兴安县	3	17523	7235	10288	9547	
永福县	3	20936	5040	15895	14742	
灌阳县	3	5990	1464	4526	5990	
龙胜县	3	21425	6278	15148	12117	
资源县	3	5484	2184	3300	4048	
平乐县	7	18456	6086	12370	13189	
荔浦县	5	37814	16642	21172	26680	815
恭城县	4	19182	8294	10889	17651	
按营业状态分组						
营业	135	2103479	1017705	1085774	1064241	227239
停业(歇业)	19	4979	4477	502	734	
筹建						
当年关闭	1					
按控股情况分组						
国有控股	28	1082677	564545	518133	481611	224010
集体控股	38	509520	249118	260402	271138	815
私人控股	78	495287	203346	291941	299356	2414
港澳台商控股	2	475	11	464	475	
外商控股						
其他	9	20499	5162	15337	12395	

10-24续表2 (2010年)

指 标 名 称	建筑业总产值(万元)	装饰装修产值	在外省完成的产值	建筑工程产值	安装工程产值	其他产值	竣工产值(万元)
全 市	**1292214**	**15396**	**296191**	**938521**	**322267**	**31427**	**877373**
#国有及国有控股企业	705621	7380	292941	392409	300769	12443	476189
按登记注册类型分组							
内资企业	1291739	14921	296191	938521	321792	31427	877008
国有企业	470580		258448	163426	299703	7452	325662
集体企业	84599	1080		81572	2064	963	66278
股份合作企业	15969			14959	1010		4609
有限责任公司	404148	7594	34493	382567	4399	17182	261197
国有独资公司	205167	3203	34493	204349		818	133300
其他有限责任公司	198981	4391		178218	4399	16364	127897
股份有限公司	174040	4400	3250	163735	6182	4122	129790
私营企业	141047	1848		131531	8434	1083	88531
私营独资企业							
私营合伙企业	5838	300		5838			6301
私营有限责任公司	131145	1548		123792	6270	1083	70831
私营股份有限公司	4064			1900	2164		11398
其他企业	1356			732		624	941
港、澳、台商投资企业	475	475			475		365
合资经营企业(港或澳、台资)	475	475			475		365
按国民经济行业分组							
房屋和土木工程建筑业	1251233	9213	295197	930690	313957	6587	853207
房屋工程建筑	800517	9083	37743	785543	8463	6512	530358
房屋工程建筑	800517	9083	37743	785543	8463	6512	530358
土木工程建筑业	450716	130	257454	145147	305494	75	322849
铁路、道路、隧道和乔梁工程建筑	34412	130		34362		50	26489
水利和港口工程建筑	28720			27348	1372		14659
工矿工程建筑	361248		257454	62917	298331		259805
架线和管道工程建筑	19865			17090	2775		15970
其他土木工程建筑	6471			3430	3016	25	5926
建筑安装业	18531	549		3864	7670	6997	7770
建筑安装业	18531	549		3864	7670	6997	7770
建筑安装业	18531	549		3864	7670	6997	7770
建筑装饰业	8831	5634		1171	639	7021	3741
建筑装饰业	8831	5634		1171	639	7021	3741
建筑装饰业	8831	5634		1171	639	7021	3741
其他建筑业	13619		994	2797		10822	12655
工程准备	4691					4691	4685
工程准备	4691					4691	4685
提供施工设备服务							
提供施工设备服务							
其他未列明的建筑活动	8928		994	2797		6132	7969
其他未列明的建筑活动	8928		994	2797		6132	7969

10-24续表3 (2010年)

指标名称	建筑业总产值(万元)	装饰装修产值	在外省完成的产值	建筑工程产值	安装工程产值	其他产值	竣工产值(万元)
按隶属关系分组							
中央	361248		257454	62917	298331		259805
省(自治区、直辖市)	226757	3303	34493	225939		818	148340
地区(州、盟、省辖市)	333498	5382	4244	300271	6212	27016	233116
县(区、市、旗)	166512	1080		158855	6086	1572	118832
其他	204198	5632		190539	11638	2021	117280
按企业资质等级分组							
企业资质等级(施工总承包)	1237948	9213	295197	919452	311934	6562	836352
特级							
一级	720585	4014	295197	417040	300431	3114	499267
二级	194447	3689		192065	2382		104442
三级及以下	322916	1510		310347	9121	3448	232643
企业资质等级(专业承包)	54266	6184	994	19069	10333	24865	41022
一级	21383	4077		15090		6293	16786
二级	7226	957		214	3585	3428	5495
三级及以下	25657	1149	994	3764	6748	15145	18741
按地区分组							
秀峰区	156339	579		154474	1865		89038
叠彩区	134053	4268		133316	482	255	103247
象山区	385783	8091	38737	354513	3337	27934	253421
七星区	406429	832	257454	97375	307388	1666	286743
雁山区	921				921		921
阳朔县	8006			6750		1256	17400
临桂县	17292			17292			6886
灵川县	34495	100		31186	3309		22580
全州县	44116			43050	1066		19221
兴安县	9547			9547			6800
永福县	14742	1080		13144	1282	317	13128
灌阳县	5990			5990			3376
龙胜县	12117			11689	429		9208
资源县	4048			4048			2118
平乐县	13189	300		13189			9258
荔浦县	27495	146		25307	2188		22888
恭城县	17651			17651			11140
按营业状态分组							
营业	1291480	15396	296191	938521	321802	31157	877373
停业(歇业)	734				465	269	
筹建							
当年关闭							
按控股情况分组							
国有控股	705621	7380	292941	392409	300769	12443	476189
集体控股	271953	1891	3250	263496	5174	3284	216410
私人控股	301769	5632		273639	13056	15075	177208
港澳台商控股	475	475			475		365
外商控股							
其他	12395	18		8978	2793	624	7201

10-24续表4

(2010年)

指标名称	房屋建筑施工面积(平方米)	本年新开工面积	实行投标承包面积	本年新开工	年末自有施工机械设备净值(万元)	年末自有施工机械设备总台数(台)	年末自有施工机械设备总功率(千瓦)
全市	**12969895**	**6058368**	**9861936**	**4724122**	**42618**	**13219**	**189769**
#国有及国有控股企业	4073675	1867124	3714820	1701049	30811	8234	131482
按登记注册类型分组							
内资企业	12969895	6058368	9861936	4724122	42618	13219	189769
国有企业	866771	439798	507916	273723	29572	7484	121625
集体企业	1259364	803157	1018652	730405	1169	954	12247
股份合作企业	140522	15552	15552	15552			
有限责任公司	6244567	3091591	5751097	2720727	2503	1591	19634
国有独资公司	3092584	1338006	3092584	1338006	806	350	8400
其他有限责任公司	3151983	1753585	2658513	1382721	1697	1241	11234
股份有限公司	2485390	864543	2260681	852243	2598	932	11028
私营企业	1952604	839852	289982	128416	6068	1927	22369
私营独资企业							
私营合伙企业	74796	56200	50704	34708	381	275	2052
私营有限责任公司	1832699	783652	239278	93708	5670	1648	20097
私营股份有限公司	45109				16	4	220
其他企业	20677	3875	18056	3056	708	331	2866
港、澳、台商投资企业							
合资经营企业(港或澳、台资)							
按国民经济行业分组							
房屋和土木工程建筑业	12896895	5985368	9788936	4651122	41609	12154	177978
房屋工程建筑	12723952	5906633	9642103	4578987	10177	5028	60746
房屋工程建筑	12723952	5906633	9642103	4578987	10177	5028	60746
土木工程建筑业	172943	78735	146833	72135	31432	7126	117232
铁路、道路、隧道和乔梁工程建筑	26012	23872	17272	17272	1850	555	12715
水利和港口工程建筑	76198		74698		1982	684	11022
工矿工程建筑	70733	54863	54863	54863	24949	5492	84234
架线和管道工程建筑					1820	338	4908
其他土木工程建筑					831	57	4353
建筑安装业	73000	73000	73000	73000	416	163	1421
建筑安装业	73000	73000	73000	73000	416	163	1421
建筑安装业	73000	73000	73000	73000	416	163	1421
建筑装饰业					113	242	875
建筑装饰业					113	242	875
建筑装饰业					113	242	875
其他建筑业					480	660	9495
工程准备					120	40	535
工程准备					120	40	535
提供施工设备服务							
提供施工设备服务							
其他未列明的建筑活动					360	620	8960
其他未列明的建筑活动					360	620	8960

10-24续表5 (2010年)

指标名称	房屋建筑施工面积(平方米)	本年新开工面积	实行投标承包面积	本年新开工	年末自有施工机械设备净值(万元)	年末自有施工机械设备总台数(台)	年末自有施工机械设备总功率(千瓦)
按隶属关系分组							
中央	70733	54863	54863	54863	24949	5492	84234
省(自治区、直辖市)	3159384	1379806	3159384	1379806	2001	716	13810
地区(州、盟、省辖市)	4475474	1747436	4056099	1560336	4504	2853	46371
县(区、市、旗)	2434915	1509972	1690473	1084652	4263	2055	20916
其他	2829389	1366291	901117	644465	6902	2103	24438
按企业资质等级分组							
企业资质等级(施工总承包)	12969895	6058368	9861936	4724122	40249	11941	169851
特级							
一级	5878177	2280802	4342707	1647241	27892	6436	101217
二级	1226030	457235	657508	221958	5184	1676	29169
三级及以下	5865688	3320331	4861721	2854923	7174	3829	39465
企业资质等级(专业承包)					2368	1278	19918
一级					1180	282	4642
二级					192	93	335
三级及以下					996	903	14941
按地区分组							
秀峰区	1984689	817239	334610	130801	5114	1804	25274
叠彩区	2523481	1321342	2054266	1126442	907	294	1352
象山区	5121856	1788819	5120736	1788819	3881	2325	40890
七星区	281331	155851	147361	147361	26380	5766	94815
雁山区					75	20	17
阳朔县	221827	203464	219101	202540	939	366	3706
临桂县	164687	55609	126239	20040	570	183	2752
灵川县	464289	299175	464289	299175	198	322	2001
全州县	327116	196360	238350	196360			
兴安县	248235	110540	112705	85540	317	87	2606
永福县	286961	210087	154506	77387	656	39	2248
灌阳县	90076	52418	90076	52418	292	432	1117
龙胜县	284450	214367	30128	23478	336	539	4399
资源县	59444	20605	51213	18004	381	329	1044
平乐县	139122	73090	67594	51598	1525	407	3591
荔浦县	574083	416562	500635	401349	1047	306	3957
恭城县	198248	122840	150127	102810			
按营业状态分组							
营业	12969895	6058368	9861936	4724122	42608	13193	189574
停业(歇业)					10	26	195
筹建							
当年关闭							
按控股情况分组							
国有控股	4073675	1867124	3714820	1701049	30811	8234	131482
集体控股	4804871	2213506	4307659	2117824	2216	1796	20008
私人控股	3935693	1873000	1717617	826435	8675	2799	33429
港澳台商控股							
外商控股							
其他	155656	104738	121840	78814	916	390	4850

10-24续表6 (2010年)

指标名称	计算建筑业劳动生产率的平均人数(人)	年末从业人数(人)	管理人员	工程技术人员	一级建造师	现场施工工人	持证上岗人员
全市	**56423**	**54728**	**13448**	**7959**	**490**	**38161**	**19633**
#国有及国有控股企业	30171	26994	8938	3498	220	20633	13487
按登记注册类型分组							
内资企业	56392	54697	13428	7950	490	38152	19625
国有企业	17930	14639	8333	2777	154	9740	6677
集体企业	4242	3745	609	826	74	2021	700
股份合作企业	985	2120	519	230	12	1164	219
有限责任公司	20139	20236	1902	2121	122	14957	9922
国有独资公司	11200	11530	400	460	50	10289	6690
其他有限责任公司	8939	8706	1502	1661	72	4668	3232
股份有限公司	5929	6274	1127	978	84	5196	1283
私营企业	7017	7543	928	988	44	4974	754
私营独资企业							
私营合伙企业	353	381	42	121		237	68
私营有限责任公司	6247	6784	853	858	44	4737	686
私营股份有限公司	417	378	33	9			
其他企业	150	140	10	30		100	70
港、澳、台商投资企业	31	31	20	9		9	8
合资经营企业(港或澳、台资)	31	31	20	9		9	8
按国民经济行业分组							
房屋和土木工程建筑业	54159	52293	13099	7410	458	37345	19087
房屋工程建筑	38718	40732	4659	5579	325	28931	12283
房屋工程建筑	38718	40732	4659	5579	325	28931	12283
土木工程建筑业	15441	11561	8440	1831	133	8414	6804
铁路、道路、隧道和乔梁工程建筑	1370	1605	386	289	12	510	45
水利和港口工程建筑	1570	1350	370	335	6	900	570
工矿工程建筑	11576	7594	7594	930	103	6390	5620
架线和管道工程建筑	758	758	40	217	5	489	489
其他土木工程建筑	167	254	50	60	7	125	80
建筑安装业	1170	1271	183	223	21	248	227
建筑安装业	1170	1271	183	223	21	248	227
建筑安装业	1170	1271	183	223	21	248	227
建筑装饰业	585	626	101	155	8	231	158
建筑装饰业	585	626	101	155	8	231	158
建筑装饰业	585	626	101	155	8	231	158
其他建筑业	509	538	65	171	3	337	161
工程准备	189	197	31	59		143	65
工程准备	189	197	31	59		143	65
提供施工设备服务							
提供施工设备服务							
其他未列明的建筑活动	320	341	34	112	3	194	96
其他未列明的建筑活动	320	341	34	112	3	194	96

10-24续表7　　　　(2010年)

指标名称	计算建筑业劳动生产率的平均人数(人)	年末从业人数(人)	管理人员	工程技术人员	一级建造师	现场施工人	持证上岗人员
按隶属关系分组							
中央	11576	7594	7594	930	103	6390	5620
省(自治区、直辖市)	11911	12123	604	678	66	10715	6784
地区(州、盟、省辖市)	15922	17862	3024	3264	145	9952	4376
县(区、市、旗)	8828	8501	1137	1862	106	5442	1809
其他	8186	8648	1089	1225	70	5662	1044
按企业资质等级分组							
企业资质等级(施工总承包)	54005	52162	13075	7377	449	37237	19104
特级							
一级	29585	26236	9142	1974	209	23116	12599
二级	8841	10661	1923	2541	75	5533	3074
三级及以下	15579	15265	2010	2862	165	8588	3431
企业资质等级(专业承包)	2418	2566	373	582	41	924	529
一级	580	537	66	107	20	223	174
二级	676	740	121	139	14	139	105
三级及以下	1162	1289	186	336	7	562	250
按地区分组							
秀峰区	7808	9531	1747	1337	59	7159	1725
叠彩区	3887	3949	529	647	42	2708	1964
象山区	20630	21444	1744	2443	130	15066	8220
七星区	13355	9249	8132	1281	129	7039	6061
雁山区	41	41	8	7	5	23	23
阳朔县	549	601	42	58		437	242
临桂县	722	698	71	30			
灵川县	1616	1267	380	378	19	814	156
全州县	2165	2023		353	15	1670	
兴安县	490	510	87	194	1	213	88
永福县	960	952	151	226	51	413	413
灌阳县	352	302	46	144	3	278	
龙胜县	648	718	87	153	18	603	92
资源县	292	294	59	80		96	85
平乐县	708	751	64	205		568	240
荔浦县	1201	1405	99	254	18	715	9
恭城县	999	993	202	169		359	315
按营业状态分组							
营业	56204	54460	13400	7930	488	38161	19633
停业(歇业)	219	243	48	29	2		
筹建							
当年关闭		25					
按控股情况分组							
国有控股	30171	26994	8938	3498	220	20633	13487
集体控股	11949	12594	2486	2004	157	8538	2692
私人控股	13531	14338	1890	2238	113	8604	3206
港澳台商控股	31	31	20	9		9	8
外商控股							
其他	741	771	114	210		377	240

10-24续表8　　(2010年)

指 标 名 称	钢 材 消耗量 (吨)	木 材 消耗量 (立方米)	水 泥 消耗量 (吨)	平板玻璃 消 耗 量 (重量箱)	平板玻璃 消 耗 量 (平方米)	铝 材 消耗量 (吨)
全 市	**546900**	**515076**	**2418788**	**307842**	**1811147**	**40709**
#国有及国有控股企业	198303	91905	874545	38117	162875	617
按登记注册类型分组						
内资企业	546900	515076	2418788	307842	1811147	40709
国有企业	84433	18744	191181	1867	18665	220
集体企业	24270	28860	124617	6076	93257	1942
股份合作企业	6435	10113	94	12742	42746	2117
有限责任公司	277354	163967	1116040	104548	613998	19604
国有独资公司	76875	58125	186200	35300	134710	280
其他有限责任公司	200479	105842	929840	69248	479288	19324
股份有限公司	69120	234454	605574	2520	103681	838
私营企业	84608	58598	376682	180082	938290	15987
私营独资企业						
私营合伙企业	2277	3057	15043	1398	3635	3
私营有限责任公司	79894	52993	354936	178064	928455	15974
私营股份有限公司	2437	2548	6703	620	6200	10
其他企业	680	340	4600	7	510	1
港、澳、台商投资企业						
合资经营企业(港或澳、台资)						
按国民经济行业分组						
房屋和土木工程建筑业	517482	513359	2391364	304844	1801913	40492
房屋工程建筑	411337	507195	1696833	304836	1801887	40469
房屋工程建筑	411337	507195	1696833	304836	1801887	40469
土木工程建筑业	106145	6164	694531	8	26	23
铁路、道路、隧道和乔梁工程建筑	36163	816	526477			
水利和港口工程建筑	7521	3880	83070			
工矿工程建筑	51086	771	457	8	26	23
架线和管道工程建筑	8230	570	79310			
其他土木工程建筑	3145	127	5217			
建筑安装业	26984	998	4766	2400	4000	83
建筑安装业	26984	998	4766	2400	4000	83
建筑安装业	26984	998	4766	2400	4000	83
建筑装饰业	1135	624	2057	598	5234	134
建筑装饰业	1135	624	2057	598	5234	134
建筑装饰业	1135	624	2057	598	5234	134
其他建筑业	1299	95	20601			
工程准备	825	95	16296			
工程准备	825	95	16296			
提供施工设备服务						
提供施工设备服务						
其他未列明的建筑活动	474		4305			
其他未列明的建筑活动	474		4305			

10-24续表9　　　　(2010年)

指标名称	钢材消耗量(吨)	木材消耗量(立方米)	水泥消耗量(吨)	平板玻璃消耗量(重量箱)	平板玻璃消耗量(平方米)	铝材消耗量(吨)
按隶属关系分组						
中央	51086	771	457	8	26	23
省(自治区、直辖市)	111085	70252	650279	36250	144210	280
地区(州、盟、省辖市)	134229	282957	971759	17378	169825	2549
县(区、市、旗)	139513	75325	336486	61946	522715	21206
其他	110987	85771	459807	192260	974371	16651
按企业资质等级分组						
企业资质等级(施工总承包)	483469	514132	1884030	307244	1805913	40567
特级						
一级	192793	261467	635186	211231	1060181	16187
二级	145214	125591	500858	66625	424437	21161
三级及以下	145462	127074	747986	29388	321295	3219
企业资质等级(专业承包)	63431	944	534758	598	5234	142
一级	32780	503	463044	25	2500	71
二级	25936	15	6790			6
三级及以下	4715	426	64924	573	2734	65
按地区分组						
秀峰区	135798	79307	386162	228517	1215727	34275
叠彩区	95679	41184	812305	5566	55669	470
象山区	137625	286336	740570	35567	218115	612
七星区	97081	30802	84004	23602	62621	2400
雁山区	100		10			
阳朔县	2232	2886	15985	55	4970	6
临桂县	7698	6606	37817	86	77407	151
灵川县	17093	17500	76305	950	9500	
全州县	9380	9949	89904	1	50	50
兴安县	8714	5845	33139	794	7942	251
永福县	6541	3122	19385	62	39088	30
灌阳县	2010	1779	11346	5172	51720	1707
龙胜县	4993	12148	23377	2561	25609	346
资源县	1076	757	5304	160	2213	13
平乐县	4859	3942	24196	1398	3635	3
荔浦县	13576	9833	52929	3007	30071	200
恭城县	2445	3080	6050	344	6810	195
按营业状态分组						
营业	546900	515076	2418788	307842	1811147	40709
停业(歇业)						
筹建						
当年关闭						
按控股情况分组						
国有控股	198303	91905	874545	38117	162875	617
集体控股	110764	231575	708214	23695	234645	4370
私人控股	229519	187021	809455	245160	1404545	35468
港澳台商控股						
外商控股						
其他	8314	4575	26574	870	9082	254

10-24续表10 (2010年)

指标名称	企业总产值(万元)	在境外完成的营业额	房屋建筑竣工面积(平方米)	厂房仓库	住宅	办公用房	批发和零售用房
全市	**1306835**	**4244**	**4571583**	**316196**	**3273995**	**207920**	**50657**
#国有及国有控股企业	708193	994	1260064	168437	787456	33131	49157
按登记注册类型分组							
内资企业	1306360	4244	4571583	316196	3273995	207920	50657
国有企业	473152	994	332813	64540	194017	7520	
集体企业	88854		648904	35017	382204	56298	1500
股份合作企业	17440		38408		38408		
有限责任公司	410151		2095479	119357	1621734	51085	49157
国有独资公司	205167		897151	98797	571439	25611	49157
其他有限责任公司	204984		1198328	20560	1050295	25474	
股份有限公司	174166	3250	821247	34356	664028	54589	
私营企业	141242		631562	62926	372886	38428	
私营独资企业							
私营合伙企业	5838		65937		45909	2660	
私营有限责任公司	131340		520516	62926	293868	35768	
私营股份有限公司	4064		45109		33109		
其他企业	1356		3170		718		
港、澳、台商投资企业	475						
合资经营企业(港或澳、台资)	475						
按国民经济行业分组							
房屋和土木工程建筑业	1264033	3250	4571275	316196	3273995	207920	50657
房屋工程建筑	806939	3250	4485725	255546	3261066	200960	50657
房屋工程建筑	806939	3250	4485725	255546	3261066	200960	50657
土木工程建筑业	457094		85550	60650	12929	6960	
铁路、道路、隧道和乔梁工程建筑	34412		13317	2220	9237		
水利和港口工程建筑	32675		1500			1500	
工矿工程建筑	363671		70733	58430	3692	5460	
架线和管道工程建筑	19865						
其他土木工程建筑	6471						
建筑安装业	20029		308				
建筑安装业	20029		308				
建筑安装业	20029		308				
建筑装饰业	8908						
建筑装饰业	8908						
建筑装饰业	8908						
其他建筑业	13865	994					
工程准备	4816						
工程准备	4816						
提供施工设备服务							
提供施工设备服务							
其他未列明的建筑活动	9049	994					
其他未列明的建筑活动	9049	994					

10-24续表11 (2010年)

指标名称	企业总产值(万元)	在境外完成的营业额	房屋建筑竣工面积(平方米)	厂房仓库	住宅	办公用房	批发和零售用房
按隶属关系分组							
中央	363671		70733	58430	3692	5460	
省(自治区、直辖市)	226757		902251	103897	571439	25611	49157
地区(州、盟、省辖市)	339169	4244	1447630	36366	1309359	46532	
县(区、市、旗)	167191		1209183	53477	726761	83340	1500
其他	210046		941786	64026	662744	46977	
按企业资质等级分组							
企业资质等级(施工总承包)	1252127	3250	4571583	316196	3273995	207920	50657
特级							
一级	723008	3250	1785857	215074	1131190	97836	49157
二级	195917		551498	7320	482445	11596	
三级及以下	333202		2234228	93802	1660360	98488	1500
企业资质等级(专业承包)	54708	994					
一级	21383						
二级	7277						
三级及以下	26048	994					
按地区分组							
秀峰区	156339		544614	24591	355497	25393	
叠彩区	134053		974565		948735	9506	
象山区	389984	4244	1494329	135163	1049942	68713	49157
七星区	416170		161205	58430	89640	5460	
雁山区	921						
阳朔县	8006		27594		19118	861	
临桂县	17292		68424	34857	27862		
灵川县	34495		295735	20383	249498	3983	
全州县	44116		126448		75875	590	
兴安县	9547		144874	9027	122917		
永福县	14742		176396	17861	41361	26912	1500
灌阳县	5990		27801		20570	4024	
龙胜县	12196		116891	11306	12255	7523	
资源县	4048		28931		15863	7064	
平乐县	13189		109679	1100	82319	7660	
荔浦县	27495		155819	3478	113941	5881	
恭城县	18251		118278		48602	34350	
按营业状态分组							
营业	1306101	4244	4571583	316196	3273995	207920	50657
停业(歇业)	734						
筹建							
当年关闭							
按控股情况分组							
国有控股	708193	994	1260064	168437	787456	33131	49157
集体控股	277778	3250	1771052	68273	1352027	107317	1500
私人控股	307993		1409099	73459	1029877	66611	
港澳台商控股	475						
外商控股							
其他	12395		131368	6027	104635	861	

10-24续表12　　　　　　　　　　(2010年)　　　　　　　　　　单位:平方米

指　标　名　称	住宿和餐饮用房	居民服务业用房	教育用房	文化、体育和娱乐用房	卫生医疗用房	科研用房	其他用房
全　市	**11257**	**7151**	**261633**	**48123**	**98498**	**25588**	**270565**
#国有及国有控股企业	3471	2481	58598	12933	55050	1032	88318
按登记注册类型分组							
内资企业	11257	7151	261633	48123	98498	25588	270565
国有企业	3151	2481	8640	1612	2185		48667
集体企业	1022	579	50718	17316			104250
股份合作企业							
有限责任公司	1820	1993	122395	11321	55975	2492	58150
国有独资公司	320		49958	11321	52865	1032	36651
其他有限责任公司	1500	1993	72437		3110	1460	21499
股份有限公司		1133	32881	1455	23441		9364
私营企业	5264	965	45632	15874	16357	23096	50134
私营独资企业							
私营合伙企业			6426	1100	4990		4852
私营有限责任公司	5264	965	39206	14774	11367	23096	33282
私营股份有限公司							12000
其他企业			1367	545	540		
港、澳、台商投资企业							
合资经营企业(港或澳、台资)							
按国民经济行业分组							
房屋和土木工程建筑业	11257	7151	261633	48123	98498	25588	270257
房屋工程建筑	8106	7151	261633	48123	98498	25588	268397
房屋工程建筑	8106	7151	261633	48123	98498	25588	268397
土木工程建筑业	3151						1860
铁路、道路、隧道和乔梁工程建筑							1860
水利和港口工程建筑							
工矿工程建筑	3151						
架线和管道工程建筑							
其他土木工程建筑							
建筑安装业							308
建筑安装业							308
建筑安装业							308
建筑装饰业							
建筑装饰业							
建筑装饰业							
其他建筑业							
工程准备							
工程准备							
提供施工设备服务							
提供施工设备服务							
其他未列明的建筑活动							
其他未列明的建筑活动							

10-24续表13　　(2010年)　　单位:平方米

指　标　名　称	住宿和餐饮用房	居民服务业用房	教育用房	文化、体育和娱乐用房	卫生医疗用房	科研用房	其他用房
按隶属关系分组							
中央	3151						
省(自治区、直辖市)	320		49958	11321	52865	1032	36651
地区(州、盟、省辖市)	1500	579	18278	1455	18895		14666
县(区、市、旗)	1022	4474	142654	19473	9149	1460	165873
其他	5264	2098	50743	15874	17589	23096	53375
按企业资质等级分组							
企业资质等级(施工总承包)	11257	7151	261633	48123	98498	25588	270565
特级							
一级	3471		91809	24631	81910	24128	66651
二级	1500		37317				11320
三级及以下	6286	7151	132507	23492	16588	1460	192594
企业资质等级(专业承包)							
一级							
二级							
三级及以下							
按地区分组							
秀峰区			64032	11855	10150	23096	30000
叠彩区	1500		1644				13180
象山区	320	579	68236	12776	71760	1032	36651
七星区	3151						4524
雁山区							
阳朔县			5472	545	540		1058
临桂县		965	4740				
灵川县	5264		12266	2919			1422
全州县			2200				47783
兴安县			11397			1460	73
永福县			33508		2585		52669
灌阳县	1022				2185		
龙胜县		2481	27411	1612	767		53536
资源县		1993	4011				
平乐县			6426	1100	6222		4852
荔浦县		1133	9258		3764		18364
恭城县			11032	17316	525		6453
按营业状态分组							
营业	11257	7151	261633	48123	98498	25588	270565
停业(歇业)							
筹建							
当年关闭							
按控股情况分组							
国有控股	3471	2481	58598	12933	55050	1032	88318
集体控股	1022	2572	87865	18771	22734		108971
私人控股	6764	2098	99001	15874	20174	23096	72145
港澳台商控股							
外商控股							
其他			16169	545	540	1460	1131

10-24续表14

(2010年)

指　标　名　称	竣工房屋价值(万元)	厂房、仓库	住　宅	办公用房	批发和零售用房	住宿和餐饮用房
全　市	**467469**	**36079**	**323140**	**25183**	**5463**	**2004**
#国有及国有控股企业	160363	21438	98798	5964	5280	1308
按登记注册类型分组						
内资企业	467469	36079	323140	25183	5463	2004
国有企业	37506	13664	15034	2583		1260
集体企业	49848	2816	27115	4479	183	93
股份合作企业	4609		4609			
有限责任公司	228177	8090	177080	5840	5280	127
国有独资公司	119387	7304	81364	3381	5280	47
其他有限责任公司	108790	786	95716	2459		80
股份有限公司	86432	3531	66586	8580		
私营企业	60561	7978	32636	3701		524
私营独资企业						
私营合伙企业	6001		4056	220		
私营有限责任公司	44539	7978	21580	3481		524
私营股份有限公司	10021		7000			
其他企业	337		81			
港、澳、台商投资企业						
合资经营企业(港或澳、台资)						
按国民经济行业分组						
房屋和土木工程建筑业	467435	36079	323140	25183	5463	2004
房屋工程建筑	448020	22665	321037	22651	5463	743
房屋工程建筑	448020	22665	321037	22651	5463	743
土木工程建筑业	19416	13414	2104	2532		1260
铁路、道路、隧道和乔梁工程建筑	833	100	627			
水利和港口工程建筑	75			75		
工矿工程建筑	18508	13314	1477	2457		1260
架线和管道工程建筑						
其他土木工程建筑						
建筑安装业	34					
建筑安装业	34					
建筑安装业	34					
建筑装饰业						
建筑装饰业						
建筑装饰业						
其他建筑业						
工程准备						
工程准备						
提供施工设备服务						
提供施工设备服务						
其他未列明的建筑活动						
其他未列明的建筑活动						

10-24续表15 (2010年)

指标名称	竣工房屋价值(万元)	厂房、仓库	住宅	办公用房	批发和零售用房	住宿和餐饮用房
按隶属关系分组						
中央	18508	13314	1477	2457		1260
省(自治区、直辖市)	119857	7774	81364	3381	5280	47
地区(州、盟、省辖市)	152451	3612	134987	7784		80
县(区、市、旗)	92034	3312	50320	7236	183	93
其他	84619	8067	54993	4325		524
按企业资质等级分组						
企业资质等级(施工总承包)	467469	36079	323140	25183	5463	2004
特级						
一级	223890	27134	138287	16274	5280	1308
二级	46453	570	39315	773		80
三级及以下	197126	8375	145538	8136	183	616
企业资质等级(专业承包)						
一级						
二级						
三级及以下						
按地区分组						
秀峰区	46434	3074	26118	2931		
叠彩区	91460		89925	633		80
象山区	186687	10916	132584	10987	5280	47
七星区	28421	13314	10741	2457		1260
雁山区						
阳朔县	2358		1533	71		
临桂县	6886	4776	1540			
灵川县	22580	1970	18357	311		524
全州县	10856		5906	65		
兴安县	6800	282	5951			
永福县	13128	755	3163	2265	183	
灌阳县	2563		1904	342		93
龙胜县	9208	775	740	715		
资源县	2118		1244	419		
平乐县	8175	89	5718	530		
荔浦县	18656	129	13519	397		
恭城县	11140		4198	3059		
按营业状态分组						
营业	467469	36079	323140	25183	5463	2004
停业(歇业)						
筹建						
当年关闭						
按控股情况分组						
国有控股	160363	21438	98798	5964	5280	1308
集体控股	177786	6258	135725	13001	183	93
私人控股	123367	8281	84116	6147		604
港澳台商控股						
外商控股						
其他	5953	102	4502	71		

10-24续表16　　(2010年)　　单位:万元

指 标 名 称	居民服务业用房	教育用房	文化、体育和娱乐用房	卫生医疗用房	科研用房	其他用房
全　市	**726**	**25978**	**6392**	**13442**	**2624**	**26440**
#国有及国有控股企业	236	6752	1826	8492	70	10201
按登记注册类型分组						
内资企业	726	25978	6392	13442	2624	26440
国有企业	236	870	165	224		3471
集体企业	105	3515	2087			9456
股份合作企业						
有限责任公司	159	13594	1661	8484	169	7694
国有独资公司		5882	1661	8268	70	6130
其他有限责任公司	159	7712		216	99	1564
股份有限公司	152	3508	410	2738		927
私营企业	75	4383	1994	1923	2455	4892
私营独资企业						
私营合伙企业		474	39	540		672
私营有限责任公司	75	3909	1955	1383	2455	1200
私营股份有限公司						3021
其他企业		108	75	73		
港、澳、台商投资企业						
合资经营企业(港或澳、台资)						
按国民经济行业分组						
房屋和土木工程建筑业	726	25978	6392	13442	2624	26406
房屋工程建筑	726	25978	6392	13442	2624	26300
房屋工程建筑	726	25978	6392	13442	2624	26300
土木工程建筑业						106
铁路、道路、隧道和乔梁工程建筑						106
水利和港口工程建筑						
工矿工程建筑						
架线和管道工程建筑						
其他土木工程建筑						
建筑安装业						34
建筑安装业						34
建筑安装业						34
建筑装饰业						
建筑装饰业						
建筑装饰业						
其他建筑业						
工程准备						
工程准备						
提供施工设备服务						
提供施工设备服务						
其他未列明的建筑活动						
其他未列明的建筑活动						

10-24续表17 (2010年) 单位:万元

指标名称	居民服务业用房	教育用房	文化、体育和娱乐用房	卫生医疗用房	科研用房	其他用房
按隶属关系分组						
中央						
省(自治区、直辖市)		5882	1661	8268	70	6130
地区(州、盟、省辖市)	105	2062	410	2286		1127
县(区、市、旗)	395	13185	2327	851	99	14033
其他	227	4849	1994	2037	2455	5149
按企业资质等级分组						
企业资质等级(施工总承包)	726	25978	6392	13442	2624	26440
特级						
一级		10520	3765	11833	2525	6966
二级		5113				602
三级及以下	726	10346	2627	1608	99	18872
企业资质等级(专业承包)						
一级						
二级						
三级及以下						
按地区分组						
秀峰区		8048	1694	1279	2455	836
叠彩区		115				708
象山区	105	7944	2071	10554	70	6130
七星区						648
雁山区						
阳朔县		404	75	73		202
临桂县	75	495				
灵川县		899	261			258
全州县		165				4720
兴安县		456			99	12
永福县		2239		173		4349
灌阳县				224		
龙胜县	236	2656	165	98		3823
资源县	159	297				
平乐县		474	39	654		672
荔浦县	152	768		344		3348
恭城县		1019	2087	43		734
按营业状态分组						
营业	726	25978	6392	13442	2624	26440
停业(歇业)						
筹建						
当年关闭						
按控股情况分组						
国有控股	236	6752	1826	8492	70	10201
集体控股	263	7423	2497	2667		9678
私人控股	227	10987	1994	2210	2455	6347
港澳台商控股						
外商控股						
其他		817	75	73	99	214

10-25 建筑业企业财务情况

(2010年) 单位:万元

指标名称	年初存货	流动资产合计	存货	长期投资	固定资产合计	固定资产原价
全　市	**187649**	**755057**	**267034**	**16520**	**114263**	**137399**
#国有及国有控股企业	94182	358745	156043	2667	67516	90204
按登记注册类型分组						
内资企业	187641	754481	266956	16513	114262	137390
国有企业	87417	292892	140663	657	61810	81907
集体企业	5069	44630	21054	13	8212	8600
股份合作企业	26772	49195	27821	510	795	1178
联营企业						
国有联营企业						
集体联营企业						
国有与集体联营企业						
其他联营企业						
有限责任公司	40227	228886	52557	6201	17012	23388
国有独资公司	3558	48838	13504	1980	3582	4812
其他有限责任公司	36669	180048	39052	4221	13429	18576
股份有限公司	13914	75522	13604	6044	14702	9952
私营企业	14243	63278	11257	3089	11023	11573
私营独资企业						
私营合伙企业	4492	6566	4286	110	1085	748
私营有限责任公司	9611	52055	6859	2410	9731	10280
私营股份有限公司	139	4657	112	569	208	545
其他企业		79			708	791
港、澳、台商投资企业	8	576	78	8	1	9
合资经营企业(港或澳、台资)	8	576	78	8	1	9
按国民经济行业分组						
房屋和土木工程建筑业	170690	654015	247149	13323	107435	126617
房屋工程建筑	90019	374044	113453	13271	54637	48852
房屋工程建筑	90019	374044	113453	13271	54637	48852
土木工程建筑业	80671	279971	133696	52	52798	77765
铁路、道路、隧道和乔梁工程建筑	24993	46852	22656	5	8276	8265
水利和港口工程建筑	182	13070	794		6439	7458
工矿工程建筑	51747	211624	107491		34548	54864
架线和管道工程建筑	2316	4756	1588	48	2537	4052
其他土木工程建筑	1434	3668	1166		997	3126
建筑安装业	13074	68615	15532	2320	5160	7242
建筑安装业	13074	68615	15532	2320	5160	7242
建筑安装业	13074	68615	15532	2320	5160	7242
建筑装饰业	2521	21275	3042	803	547	1178
建筑装饰业	2521	21275	3042	803	547	1178
建筑装饰业	2521	21275	3042	803	547	1178
其他建筑业	1363	11153	1311	75	1122	2361
工程准备	231	5212	341	75	186	334
工程准备	231	5212	341	75	186	334
提供施工设备服务						
提供施工设备服务						
其他未列明的建筑活动	1132	5940	970		936	2028
其他未列明的建筑活动	1132	5940	970		936	2028

10-25续表1　　(2010年)　　单位:万元

指标名称	年初存货	流动资产合计	存货	长期投资	固定资产合计	固定资产原价
按隶属关系分组						
中央	51747	211624	107491		34548	54864
省(自治区、直辖市)	7673	62874	15822	2010	6138	10642
地区(州、盟、省辖市)	95939	298573	100513	10304	35691	37929
县(区、市、旗)	8428	84590	23202	506	19119	17405
其他	23863	97396	20007	3701	18767	16559
按企业资质等级分组						
企业资质等级(施工总承包)	170491	648752	249441	13318	106744	122936
特级						
一级	67774	322612	130563	6289	45381	64091
二级	56431	157632	57593	2328	24591	29690
三级及以下	46286	168507	61285	4700	36772	29156
企业资质等级(专业承包)	17158	106305	17593	3202	7519	14462
一级	4776	18305	2413	330	1589	5189
二级	1054	38074	1380	1568	2887	3868
三级及以下	11328	49926	13799	1304	3043	5406
按地区分						
秀峰区	26239	107555	20833	3875	13170	15513
叠彩区	7257	47062	5791	1819	7109	8344
象山区	55849	238561	68612	7889	23814	28306
七星区	80924	292133	140154	1025	42449	63609
雁山区	33	519	67		540	180
阳朔县		10591	9903		1487	1581
临桂县	116	2710	116		1230	1366
灵川县	2703	17875	9621	73	2023	2440
全州县		7197	103		6209	3892
兴安县	13	650	49		981	1294
永福县	4917	5091	2718		1331	1292
灌阳县	210	874	211		2103	1804
龙胜县	268	1703	277		937	508
资源县	103	1658	49	693	1026	1158
平乐县	7269	11336	7912	110	4922	2206
荔浦县	1675	6953	556	1032	2602	1371
恭城县	74	2589	62	5	2329	2536
按营业状态分						
营业	186943	749686	266297	15562	112124	134843
停业(歇业)	706	5302	737	959	2120	2536
筹建						
当年关闭		69			19	19
当年破产						
其他						
按控股情况分						
国有控股	94182	358745	156043	2667	67516	90204
集体控股	40679	162731	59303	5445	19374	18157
私人控股	48955	225660	47694	8354	25292	26180
港澳台商控股	8	576	78	8	1	9
外商控股						
其他	3825	7345	3916	48	2080	2848

10-25续表2 (2010年) 单位:万元

指标名称	生产经营用	累计折旧	本年折旧	在建工程	无形及递延资产小计	无形资产
全　市	**103497**	**48593**	**7272**	**13445**	**21763**	**18021**
#国有及国有控股企业	76956	33128	5415	2175	6695	3526
按登记注册类型分组						
内资企业	103497	48585	7272	13445	21763	18021
国有企业	68841	30494	5098	2175	6203	3035
集体企业	5321	1990	217	1139	4237	4237
股份合作企业		383	58			
联营企业						
国有联营企业						
集体联营企业						
国有与集体联营企业						
其他联营企业						
有限责任公司	13186	7372	903	170	2873	2816
国有独资公司	4812	1230	194			
其他有限责任公司	8374	6142	710	170	2873	2816
股份有限公司	6764	3343	202	7904	6266	5859
私营企业	8647	4921	722	2057	2182	2073
私营独资企业						
私营合伙企业	747	92	27	383	305	305
私营有限责任公司	7758	4480	655	1661	1738	1629
私营股份有限公司	142	349	40	12	139	139
其他企业	739	83	72		2	2
港、澳、台商投资企业		8				
合资经营企业(港或澳、台资)		8				
按国民经济行业分组						
房屋和土木工程建筑业	99109	43265	6527	13039	20768	17040
房屋工程建筑	28257	12516	1281	10066	20270	16543
房屋工程建筑	28257	12516	1281	10066	20270	16543
土木工程建筑业	70852	30749	5246	2972	498	498
铁路、道路、隧道和乔梁工程建筑	3539	4319	281	1522	3	3
水利和港口工程建筑	5393	1018	44			
工矿工程建筑	54864	21766	4391	1450	493	493
架线和管道工程建筑	4052	1515	244		2	2
其他土木工程建筑	3004	2129	287			
建筑安装业	2534	3291	348	381	889	875
建筑安装业	2534	3291	348	381	889	875
建筑安装业	2534	3291	348	381	889	875
建筑装饰业	366	798	231	25	6	6
建筑装饰业	366	798	231	25	6	6
建筑装饰业	366	798	231	25	6	6
其他建筑业	1487	1240	166		101	101
工程准备	174	148	42			
工程准备	174	148	42			
提供施工设备服务						
提供施工设备服务						
其他未列明的建筑活动	1313	1092	124		101	101
其他未列明的建筑活动	1313	1092	124		101	101

10-25续表3　　　　(2010年)　　　　单位:万元

指标名称	生产经营用	累计折旧	本年折旧	在建工程	无形及递延资产小计	无形资产
按隶属关系分组						
中央	54864	21766	4391	1450	493	493
省(自治区、直辖市)	10642	4504	571		492	492
地区(州、盟、省辖市)	13160	11940	918	4595	11530	8285
县(区、市、旗)	12318	4005	549	1317	6498	6110
其他	12513	6378	843	6082	2751	2642
按企业资质等级分组						
企业资质等级(施工总承包)	94355	40274	6172	13039	21313	17586
特级						
一级	61814	24719	4699	4831	7466	7466
二级	15966	8555	695	1400	7910	4722
三级及以下	16576	7001	779	6808	5938	5398
企业资质等级(专业承包)	9141	8319	1100	406	450	436
一级	4822	3600	375		3	3
二级	715	2054	361	391	161	146
三级及以下	3605	2666	364	15	286	286
按地区分						
秀峰区	11789	4386	579	874	2162	2105
叠彩区	4712	3250	157	1070	2200	2142
象山区	12377	11073	996	3855	8799	5668
七星区	59029	25254	4886	1513	1201	1201
雁山区	81	97	13	381	15	0
阳朔县	970	93	81		226	226
临桂县	639	135	4		2	2
灵川县	1893	496	78		657	564
全州县	3269	1614	118		2666	2666
兴安县	180	414	32	100	1050	1012
永福县	716	250	55	265	567	567
灌阳县	1296	305	30	564		
龙胜县	433	88	14	352	600	600
资源县	682	200	13	35	356	356
平乐县	2204	226	99	2834	305	305
荔浦县	1248	407	57	1602	350	0
恭城县	1978	308	61		607	607
按营业状态分						
营业	102775	47673	7248	13445	21763	18021
停业(歇业)	722	913	22			
筹建						
当年关闭		8	2			
当年破产						
其他						
按控股情况分						
国有控股	76956	33128	5415	2175	6695	3526
集体控股	7785	3924	374	4432	10377	9969
私人控股	17504	10692	1326	6765	3515	3349
港澳台商控股		8				
外商控股						
其他	1253	841	157	73	1177	1177

10-25续表4　　(2010年)　　单位:万元

指 标 名 称	其他资产	资产合计	流动负债合计	长期负债合计	负债合计	所有者权益合计
全 市	**1439**	**909042**	**628704**	**26210**	**654915**	**254127**
#国有及国有控股企业	1026	436648	318860	15201	334061	102587
按登记注册类型分组						
内资企业	1439	908458	628672	26210	654882	253575
国有企业	75	361638	262511	15132	277643	83995
集体企业	11	57102	41548	488	42036	15066
股份合作企业	93	50593	41833	1730	43563	7030
联营企业						
国有联营企业						
集体联营企业						
国有与集体联营企业						
其他联营企业						
有限责任公司	1136	256107	185253	3589	188842	67265
国有独资公司	951	55352	44211		44211	11141
其他有限责任公司	185	200756	141042	3589	144631	56125
股份有限公司	76	102611	55383	965	56348	46262
私营企业	48	79619	42140	4304	46443	33176
私营独资企业						
私营合伙企业		8066	5077		5077	2989
私营有限责任公司	48	65980	36413	2235	38648	27332
私营股份有限公司		5574	650	2069	2719	2855
其他企业		788	5	2	7	781
港、澳、台商投资企业		584	32		32	552
合资经营企业(港或澳、台资)		584	32		32	552
按国民经济行业分组						
房屋和土木工程建筑业	1439	796978	553914	21130	575044	221934
房屋工程建筑	1251	463472	307136	7889	315025	148447
房屋工程建筑	1251	463472	307136	7889	315025	148447
土木工程建筑业	188	333506	246779	13241	260019	73487
铁路、道路、隧道和乔梁工程建筑	3	55139	43152	99	43250	11889
水利和港口工程建筑		19510	14412		14412	5098
工矿工程建筑		246665	184127	13142	197269	49396
架线和管道工程建筑	185	7528	3510		3510	4018
其他土木工程建筑		4665	1579		1579	3087
建筑安装业		76984	57248	2729	59977	17007
建筑安装业		76984	57248	2729	59977	17007
建筑安装业		76984	57248	2729	59977	17007
建筑装饰业		22631	11696	2075	13771	8860
建筑装饰业		22631	11696	2075	13771	8860
建筑装饰业		22631	11696	2075	13771	8860
其他建筑业		12450	5846	277	6122	6327
工程准备		5473	1141	75	1216	4257
工程准备		5473	1141	75	1216	4257
提供施工设备服务						
提供施工设备服务						
其他未列明的建筑活动		6976	4705	202	4906	2070
其他未列明的建筑活动		6976	4705	202	4906	2070

10-25续表5 (2010年) 单位:万元

指 标 名 称	其他资产	资产合计	流动负债合计	长期负债合计	负债合计	所有者权益合计
按隶属关系分组						
中央		246665	184127	13142	197269	49396
省(自治区、直辖市)	951	72463	54028	70	54097	18366
地区(州、盟、省辖市)	169	356267	246339	8104	254443	101824
县(区、市、旗)	271	110983	77445	591	78036	32947
其他	48	122663	66766	4304	71069	51594
按企业资质等级分组						
企业资质等级(施工总承包)	1439	791565	551330	21060	572390	219175
特级						
一级	951	382699	278380	13164	291544	91155
二级	93	192554	134464	4346	138810	53743
三级及以下	395	216313	138486	3550	142036	74277
企业资质等级(专业承包)		117477	77375	5150	82525	34952
一级		20227	11575	70	11645	8582
二级		42690	31688	2729	34417	8273
三级及以下		54560	34112	2352	36463	18096
按地区分						
秀峰区	169	126931	95644	868	96512	30418
叠彩区	48	58239	34132	1498	35630	22608
象山区	951	280013	200014	4152	204166	75847
七星区		336809	244072	17471	261543	75266
雁山区		1073	343	130	473	601
阳朔县		12304	10176	2	10178	2125
临桂县		3943	247		247	3695
灵川县	192	20819	14976	28	15004	5815
全州县		16072	4846	511	5357	10715
兴安县		2682	771		771	1910
永福县		6989	4925	50	4975	2014
灌阳县	80	3057	1392		1392	1665
龙胜县		3240	1547		1547	1694
资源县		3733	1686		1686	2047
平乐县		16673	9608		9608	7065
荔浦县		10937	2062	1500	3562	7375
恭城县		5530	2263		2263	3267
按营业状态分						
营业	1362	900497	625387	26210	651597	248900
停业(歇业)	76	8456	3314		3314	5142
筹建						
当年关闭		89	4		4	85
当年破产						
其他						
按控股情况分						
国有控股	1026	436648	318860	15201	334061	102587
集体控股	104	198030	132041	3669	135710	62320
私人控股	124	262945	171500	7338	178837	84108
港澳台商控股		584	32		32	552
外商控股						
其他	185	10834	6271	2	6274	4560

10-25续表6 (2010年) 单位:万元

指标名称	实收资本	国家资本	集体资本	法人资本	个人资本	港澳台资本
全 市	**186512**	**77133**	**40145**	**24879**	**44099**	**255**
#国有及国有控股企业	78316	77133		800	383	
按登记注册类型分组						
内资企业	186012	77133	40145	24879	43854	
国有企业	61277	60477		800		
集体企业	14024		14024			
股份合作企业	7500		7500			
联营企业						
国有联营企业						
集体联营企业						
国有与集体联营企业						
其他联营企业						
有限责任公司	56354	16086	11391	13115	15763	
国有独资公司	10454	10454				
其他有限责任公司	45899	5631	11391	13115	15763	
股份有限公司	21248	570	7230	4494	8954	
私营企业	24827			5690	19138	
私营独资企业						
私营合伙企业	2425			1800	625	
私营有限责任公司	20684			3890	16794	
私营股份有限公司	1718				1718	
其他企业	781			781		
港、澳、台商投资企业	500				245	255
合资经营企业(港或澳、台资)	500				245	255
按国民经济行业分组						
房屋和土木工程建筑业	162208	74512	39225	14493	33977	
房屋工程建筑	104389	25860	35275	12967	30287	
房屋工程建筑	104389	25860	35275	12967	30287	
土木工程建筑业	57819	48653	3950	1526	3690	
铁路、道路、隧道和乔梁工程建筑	10682	5282	3600	199	1601	
水利和港口工程建筑	2085	1235	50	800		
工矿工程建筑	40121	40121				
架线和管道工程建筑	2316			308	2008	
其他土木工程建筑	2615	2015	300	219	81	
建筑安装业	12134	400	921	5056	5757	
建筑安装业	12134	400	921	5056	5757	
建筑安装业	12134	400	921	5056	5757	
建筑装饰业	7215	1540		1135	4285	255
建筑装饰业	7215	1540		1135	4285	255
建筑装饰业	7215	1540		1135	4285	255
其他建筑业	4955	680		4195	80	
工程准备	4200			4120	80	
工程准备	4200			4120	80	
提供施工设备服务						
提供施工设备服务						
其他未列明的建筑活动	755	680		75		
其他未列明的建筑活动	755	680		75		

10-25续表7　　(2010年)　　单位:万元

指　标　名　称	实收资本	国家资本	集体资本	法人资本	个人资本	港澳台资本
按隶属关系分组						
中央	40121	40121				
省(自治区、直辖市)	16561	16561				
地区(州、盟、省辖市)	65742	15051	26846	13156	10433	255
县(区、市、旗)	27804	5400	13044	4215	5145	
其他	36285		255	7509	28522	
按企业资质等级分组						
企业资质等级(施工总承包)	159125	70764	39391	15474	33496	
特级						
一级	61325	50575	5750		5000	
二级	40167	11057	12803	4105	12201	
三级及以下	57633	9131	20838	11369	16295	
企业资质等级(专业承包)	27387	6369	755	9405	10603	255
一级	6697	4797		1350	550	
二级	6472			2592	3625	255
三级及以下	14218	1572	755	5463	6428	
按地区分						
秀峰区	23220	1942	5762	900	14362	255
叠彩区	17551	3782	8092	199	5477	
象山区	45764	19775	7693	13766	4531	
七星区	61682	44667	5455	1044	10517	
雁山区	400				400	
阳朔县	2092		801	1292		
临桂县	3641			2936	705	
灵川县	5359	2309	878	308	1864	
全州县	8442	3486	4573		383	
兴安县	1810	650		1160		
永福县	1806		1200		606	
灌阳县	1208	380	828			
龙胜县	1376	108	1268			
资源县	1904		473		1431	
平乐县	3615	35	555	2400	625	
荔浦县	4018		550	270	3198	
恭城县	2623		2018	605		
按营业状态分						
营业	183418	77133	38925	23879	43226	255
停业(歇业)	3008		1220	1000	789	
筹建						
当年关闭	85				85	
当年破产						
其他						
按控股情况分						
国有控股	78316	77133		800	383	
集体控股	40128		39783	150	195	
私人控股	63448		362	19810	43276	
港澳台商控股	500				245	255
外商控股						
其他	4120			4120		

10-25续表8　　(2010年)　　单位:万元

指 标 名 称	工程结算收入	工程结算成本	工程结算税金及附加	工程结算利润	其他业务收入	其他业务利润
全　市	1147254	1055511	42684	48455	6477	2943
#国有及国有控股企业	584550	541967	20914	21353	4251	1385
按登记注册类型分组						
内资企业	1146979	1055307	42675	48403	6477	2943
国有企业	346098	317034	12313	16471	3979	1260
集体企业	86257	78892	4355	2877	222	222
股份合作企业	28657	26766	981	910		
联营企业						
国有联营企业						
集体联营企业						
国有与集体联营企业						
其他联营企业						
有限责任公司	385916	358705	13563	13314	610	383
国有独资公司	206978	196649	6906	3423	229	105
其他有限责任公司	178937	162056	6658	9891	381	278
股份有限公司	161776	149638	6306	5968	844	569
私营企业	136853	122984	5113	8778	821	509
私营独资企业						
私营合伙企业	4439	4025	268	146	12	11
私营有限责任公司	129890	116979	4758	8176	805	497
私营股份有限公司	2523	1980	87	457	5	2
其他企业	1424	1289	43	86		
港、澳、台商投资企业	275	204	9	51		
合资经营企业(港或澳、台资)	275	204	9	51		
按国民经济行业分组						
房屋和土木工程建筑业	1094527	1010971	40891	42561	6256	2785
房屋工程建筑	764180	706337	30208	27740	2471	1678
房屋工程建筑	764180	706337	30208	27740	2471	1678
土木工程建筑业	330347	304633	10683	14820	3785	1107
铁路、道路、隧道和乔梁工程建筑	35255	32527	1328	1393	217	195
水利和港口工程建筑	28802	25934	1148	1720	11	8
工矿工程建筑	242516	224924	7407	9984	3489	872
架线和管道工程建筑	19479	17634	657	1187	57	21
其他土木工程建筑	4294	3615	143	536	12	11
建筑安装业	27584	22648	907	3794	150	133
建筑安装业	27584	22648	907	3794	150	133
建筑安装业	27584	22648	907	3794	150	133
建筑装饰业	11294	9525	380	1192	71	25
建筑装饰业	11294	9525	380	1192	71	25
建筑装饰业	11294	9525	380	1192	71	25
其他建筑业	13850	12367	506	908		
工程准备	4705	4311	160	229		
工程准备	4705	4311	160	229		
提供施工设备服务						
提供施工设备服务						
其他未列明的建筑活动	9146	8056	346	678		
其他未列明的建筑活动	9146	8056	346	678		

10-25续表9 （2010年） 单位:万元

指 标 名 称	工程结算收入	工程结算成本	工程结算税金及附加	工程结算利润	其他业务收入	其他业务利润
按隶属关系分组						
中央	242516	224924	7407	9984	3489	872
省(自治区、直辖市)	230288	218016	7690	4580	248	124
地区(州、盟、省辖市)	319436	291319	11478	16347	1332	939
县(区、市、旗)	137261	123154	8236	5780	495	419
其他	217754	198098	7872	11764	913	589
按企业资质等级分组						
企业资质等级(施工总承包)	1088167	1004978	40760	42326	6254	2783
特级						
一级	572942	535386	18007	19347	5059	1804
二级	203084	185281	7677	10095	337	268
三级及以下	312141	284311	15075	12885	857	712
企业资质等级(专业承包)	59088	50534	1924	6128	223	159
一级	21691	19391	729	1566	54	31
二级	7674	6034	291	1027	51	22
三级及以下	29723	25109	903	3535	118	107
按地区分						
秀峰区	151115	138547	5134	7388	788	454
叠彩区	118192	108083	4556	5516	8	8
象山区	378478	352391	12774	12994	1446	977
七星区	299888	276581	9280	13755	3770	1095
雁山区	921	651	50	157	4	2
阳朔县	11438	10538	581	312		
临桂县	6563	6151	226	185		
灵川县	29647	26983	1691	968	57	21
全州县	42457	37022	3231	2103		
兴安县	4665	4267	283	114		
永福县	19003	17791	561	612	219	219
灌阳县	3027	2614	201	207		
龙胜县	15295	13904	1160	402	87	86
资源县	4408	3825	378	161		
平乐县	10329	9107	495	726	49	38
荔浦县	39572	36143	1537	2125	24	24
恭城县	12257	10914	545	729	25	21
按营业状态分						
营业	1146639	1054972	42653	48409	6477	2943
停业(歇业)	616	539	30	45		
筹建						
当年关闭						
当年破产						
其他						
按控股情况分						
国有控股	584550	541967	20914	21353	4251	1385
集体控股	242179	222752	10088	9317	917	692
私人控股	308276	280245	11203	16580	1251	844
港澳台商控股	275	204	9	51		
外商控股						
其他	11975	10343	470	1154	57	21

10-25续表10　　　　(2010年)　　　　单位:万元

指标名称	经营费用	管理费用	税金	财产保险费	差旅费	工会经费
全　市	**1216**	**33409**	**1976**	**139**	**891**	**195**
#国有及国有控股企业	436	18776	632	98	442	85
按登记注册类型分组						
内资企业	1205	33379	1975	139	891	195
国有企业	398	14912	324	21	324	57
集体企业	135	2124	959	10	41	7
股份合作企业		591	10		5	
联营企业						
国有联营企业						
集体联营企业						
国有与集体联营企业						
其他联营企业						
有限责任公司	333	8670	351	85	205	60
国有独资公司	0	2954	195	76	63	20
其他有限责任公司	333	5716	156	10	143	40
股份有限公司	114	3046	167	1	179	48
私营企业	218	3950	161	22	132	23
私营独资企业						
私营合伙企业		134		2	20	1
私营有限责任公司	218	3598	158	20	110	20
私营股份有限公司		218	3		2	2
其他企业	6	86	3		4	
港、澳、台商投资企业	12	30	1			
合资经营企业(港或澳、台资)	12	30	1			
按国民经济行业分组						
房屋和土木工程建筑业	715	29121	1875	128	812	158
房屋工程建筑	505	15949	1672	102	497	107
房屋工程建筑	505	15949	1672	102	497	107
土木工程建筑业	210	13172	203	26	315	52
铁路、道路、隧道和乔梁工程建筑	8	1446	41		55	12
水利和港口工程建筑		1107	68		184	10
工矿工程建筑	202	9513	72	15	27	20
架线和管道工程建筑		688	15	5	16	0
其他土木工程建筑		418	8	6	33	10
建筑安装业	234	2897	72	5	34	24
建筑安装业	234	2897	72	5	34	24
建筑安装业	234	2897	72	5	34	24
建筑装饰业	197	876	10	6	37	
建筑装饰业	197	876	10	6	37	
建筑装饰业	197	876	10	6	37	
其他建筑业	70	515	20		8	13
工程准备	5	60	3		3	4
工程准备	5	60	3		3	4
提供施工设备服务						
提供施工设备服务						
其他未列明的建筑活动	65	455	17		5	10
其他未列明的建筑活动	65	455	17		5	10

10-25续表11　　(2010年)　　单位:万元

指标名称	经营费用	管理费用	税金	财产保险费	差旅费	工会经费
按隶属关系分组						
中央	202	9513	72	15	27	20
省(自治区、直辖市)	2	3927	211	83	96	38
地区(州、盟、省辖市)	310	11479	331	2	467	101
县(区、市、旗)	443	3543	1156	16	115	10
其他	259	4947	207	23	187	27
按企业资质等级分组						
企业资质等级(施工总承包)	714	28506	1885	122	764	143
特级						
一级	202	15366	364	99	155	89
二级	31	7129	968	4	344	26
三级及以下	481	6011	552	19	265	28
企业资质等级(专业承包)	503	4903	91	17	127	52
一级	5	1108	21	6	58	17
二级	322	1151	26	1	19	3
三级及以下	176	2645	44	10	50	33
按地区分						
秀峰区	46	3892	158	9	307	26
叠彩区	37	2483	63	3	81	19
象山区	319	10805	393	81	208	99
七星区	290	11864	160	26	124	37
雁山区	63	46	2		6	
阳朔县	6	374	13		15	6
临桂县	1	57	15		4	0
灵川县	4	864	53	7	10	3
全州县	101	1385	978		57	
兴安县	1	131	16	1		
永福县	39	358	23	9	3	
灌阳县	26	62	44		9	
龙胜县	161	179	1		6	1
资源县	44	132	52	1	9	
平乐县	0	392	1	2	28	1
荔浦县	7	297			19	3
恭城县	71	88	3		7	1
按营业状态分						
营业	1216	33261	1972	139	891	195
停业(歇业)	1	148	4			
筹建						
当年关闭						
当年破产						
其他						
按控股情况分						
国有控股	436	18776	632	98	442	85
集体控股	273	5416	1045	10	139	52
私人控股	488	8512	277	24	300	58
港澳台商控股	12	30	1			
外商控股						
其他	8	675	21	6	10	1

10-25续表12　　　　(2010年)　　　　单位:万元

指标名称	财务费用	利息支出	营业利润	营业外收入	营业外支出	利润总额
全　市	**1953**	**1035**	**15920**	**3062**	**233**	**18072**
#国有及国有控股企业	358	192	3605	2369	106	5806
按登记注册类型分组						
内资企业	1953	1035	15899	3062	233	18051
国有企业	127	-36	2688	2352	77	4901
集体企业	26	9	954	70	34	884
股份合作企业	451		-132			-105
联营企业						
国有联营企业						
集体联营企业						
国有与集体联营企业						
其他联营企业						
有限责任公司	821	605	4079	65	31	3625
国有独资公司	182	178	392	17	27	382
其他有限责任公司	639	427	3686	48	4	3242
股份有限公司	385	157	3105	574	62	3534
私营企业	144	301	5205	1	28	5212
私营独资企业						
私营合伙企业			23		1	22
私营有限责任公司	89	247	4996	1	24	5007
私营股份有限公司	55	55	186		4	182
其他企业						
港、澳、台商投资企业			21			21
合资经营企业(港或澳、台资)			21			21
按国民经济行业分组						
房屋和土木工程建筑业	1603	847	14507	3013	212	17279
房屋工程建筑	1577	878	11760	810	121	12445
房屋工程建筑	1577	878	11760	810	121	12445
土木工程建筑业	26	-31	2747	2203	91	4833
铁路、道路、隧道和乔梁工程建筑	7		156	92	2	215
水利和港口工程建筑	50		572	7	20	558
工矿工程建筑	-40	-40	1379	2103	64	3425
架线和管道工程建筑	-11	-11	531			531
其他土木工程建筑	20	20	109		5	104
建筑安装业	283	118	747	49	17	132
建筑安装业	283	118	747	49	17	132
建筑安装业	283	118	747	49	17	132
建筑装饰业	72	72	269		1	278
建筑装饰业	72	72	269		1	278
建筑装饰业	72	72	269		1	278
其他建筑业	-5	-2	398	1	3	383
工程准备	-1	-1	170			168
工程准备	-1	-1	170			168
提供施工设备服务						
提供施工设备服务						
其他未列明的建筑活动	-4	-1	227	1	3	216
其他未列明的建筑活动	-4	-1	227	1	3	216

10-25续表13　　(2010年)　　单位:万元

指标名称	财务费用	利息支出	营业利润	营业外收入	营业外支出	利润总额
中央	-40	-40	1379	2103	64	3425
省(自治区、直辖市)	234	231	548	17	34	530
地区(州、盟、省辖市)	1250	230	4435	833	84	4580
县(区、市、旗)	47	31	2604	77	17	2629
其他	462	584	6955	33	33	6907
按企业资质等级分组						
企业资质等级(施工总承包)	1618	828	14867	3013	205	17253
特级						
一级	260	273	5520	2692	145	8076
二级	843	172	2254	93	6	2189
三级及以下	514	383	7092	228	54	6988
企业资质等级(专业承包)	336	208	1054	49	28	819
一级	47	47	447	0	7	443
二级	176	47	-278	7	16	-591
三级及以下	113	114	884	42	4	968
按地区分						
秀峰区	422	105	3529	14	6	3565
叠彩区	212	166	2723		4	2691
象山区	874	399	2293	738	107	2633
七星区	258	220	2724	2247	72	4547
雁山区	23	23	90		16	74
阳朔县	-1	-1	-61			-61
临桂县			128			128
灵川县	40	40	85		6	85
全州县			718			718
兴安县			-17			34
永福县	18	18	448		1	454
灌阳县	16	1	130			23
龙胜县	2	2	306	33	12	327
资源县	20	1	10		2	8
平乐县			372		1	372
荔浦县	48	39	1804	1	6	1799
恭城县	23	23	638	31	2	676
按营业状态分						
营业	1952	1036	16024	3062	233	18141
停业(歇业)	1		-103			-69
筹建						
当年关闭						
当年破产						
其他						
按控股情况分						
国有控股	358	192	3605	2369	106	5806
集体控股	729	44	3879	642	88	4529
私人控股	875	808	7908	51	38	7551
港澳台商控股			21			21
外商控股						
其他	-8	-8	507			165

10-25续表14 (2010年) 单位:万元

指标名称	应交所得税	应付利润	劳动、失业保险费	养老保险和医疗保险费	住房公积金及住房补贴
全　市	**6133**	**3959**	**1423**	**7260**	**2803**
#国有及国有控股企业	1567	1267	807	4488	1862
按登记注册类型分组					
内资企业	6128	3959	1423	7258	2803
国有企业	1324	1083	724	3736	1710
集体企业	390	338	28	274	58
股份合作企业	83				52
联营企业					
国有联营企业					
集体联营企业					
国有与集体联营企业					
其他联营企业					
有限责任公司	2300	1189	490	1281	372
国有独资公司	131	136	63	719	103
其他有限责任公司	2169	1053	427	563	269
股份有限公司	1632	1144	59	1136	305
私营企业	398	206	122	831	306
私营独资企业					
私营合伙企业	4			29	
私营有限责任公司	350	70	122	798	305
私营股份有限公司	45	136		5	2
其他企业					
港、澳、台商投资企业	5			1	
合资经营企业(港或澳、台资)	5			1	
按国民经济行业分组					
房屋和土木工程建筑业	5782	3112	1198	6899	2602
房屋工程建筑	4397	2570	609	3004	852
房屋工程建筑	4397	2570	609	3004	852
土木工程建筑业	1385	542	590	3895	1749
铁路、道路、隧道和乔梁工程建筑	196	54	298	276	41
水利和港口工程建筑	108	123	2	41	17
工矿工程建筑	924	250	198	3387	1615
架线和管道工程建筑	133	115	83	181	60
其他土木工程建筑	24		8	10	16
建筑安装业	176	406	50	267	152
建筑安装业	176	406	50	267	152
建筑安装业	176	406	50	267	152
建筑装饰业	99	122	97	73	15
建筑装饰业	99	122	97	73	15
建筑装饰业	99	122	97	73	15
其他建筑业	77	319	79	21	35
工程准备	42	139	12	2	
工程准备	42	139	12	2	
提供施工设备服务					
提供施工设备服务					
其他未列明的建筑活动	35	180	67	19	35
其他未列明的建筑活动	35	180	67	19	35

10-25续表15　　(2010年)　　单位:万元

指标名称	应交所得税	应付利润	劳动、失业保险费	养老保险和医疗保险费	住房公积金及住房补贴
按隶属关系分组					
中央	924	250	198	3387	1615
省(自治区、直辖市)	198	122	85	736	164
地区(州、盟、省辖市)	2593	2175	869	1708	635
县(区、市、旗)	765	955	134	465	74
其他	1653	458	137	964	314
按企业资质等级分组					
企业资质等级(施工总承包)	5757	3219	1193	6898	2568
特级					
一级	1226	1211	298	5007	2089
二级	1657	534	461	1130	308
三级及以下	2874	1474	434	762	171
企业资质等级(专业承包)	377	741	230	362	235
一级	112	156	15	45	46
二级	47	39	20	35	2
三级及以下	218	546	195	282	188
按地区分					
秀峰区	354	1	134	1460	473
叠彩区	2105	9	175	145	50
象山区	797	2567	642	1645	457
七星区	1366	280	328	3544	1724
雁山区	18			15	
阳朔县			3	60	13
临桂县	121	18			
灵川县	76	102	15	69	46
全州县	90	96			
兴安县				26	
永福县	230	21		129	4
灌阳县	5	7	27	2	
龙胜县	62	265	8	39	10
资源县	2	7	14	24	5
平乐县	81			29	
荔浦县	601	136		25	
恭城县	225	450	77	48	21
按营业状态分					
营业	6129	3939	1409	7258	2803
停业(歇业)	5	21	15	2	
筹建					
当年关闭					
当年破产					
其他					
按控股情况分					
国有控股	1567	1267	807	4488	1862
集体控股	2068	1366	298	753	272
私人控股	2455	1211	316	1908	642
港澳台商控股	5			1	
外商控股					
其他	38	115	2	110	27

10-25续表16 (2010年) 单位:万元

指标名称	本年应付工资总额(贷方累计发生额)	主营业务应付工资总额	本年应付福利费总额(贷方累计发生额)	主营业务应付福利费总额	应收工程款	竣工工程	全部从业人员年平均人数(人)
全市	**122800**	**119111**	**6534**	**5277**	**170734**	**76538**	**59728**
#国有及国有控股企业	68997	68628	1940	1919	62860	19874	30871
按登记注册类型分组							
内资企业	122730	119076	6534	5277	170710	76520	59697
国有企业	26962	26808	1329	1329	46377	9485	18527
集体企业	4264	4164	136	134	20653	7596	4272
股份合作企业	2715	2660	161	157			2190
联营企业							
国有联营企业							
集体联营企业							
国有与集体联营企业							
其他联营企业							
有限责任公司	62665	59408	2315	1103	26799	16191	20396
国有独资公司	40487	40391	431	427	13391	7451	11200
其他有限责任公司	22178	19018	1884	676	13408	8740	9196
股份有限公司	16442	16420	1738	1737	69566	39913	7010
私营企业	9425	9386	819	817	7316	3335	7152
私营独资企业							
私营合伙企业	723	723	131	130	1240	232	355
私营有限责任公司	8120	8081	688	687	5999	3026	6365
私营股份有限公司	582	582			77	77	432
其他企业	256	231	36				150
港、澳、台商投资企业	70	34			24	18	31
合资经营企业(港或澳、台资)	70	34			24	18	31
按国民经济行业分组							
房屋和土木工程建筑业	118426	114876	6443	5190	165319	73395	57309
房屋工程建筑	92582	89077	5086	3833	133498	69363	41327
房屋工程建筑	92582	89077	5086	3833	133498	69363	41327
土木工程建筑业	25844	25799	1357	1357	31821	4031	15982
铁路、道路、隧道和乔梁工程建筑	2708	2662	76	76	1288	924	1540
水利和港口工程建筑	1845	1845	138	138	431	217	1575
工矿工程建筑	19037	19037	875	875	28746	2100	11900
架线和管道工程建筑	1650	1650	199	199	350	130	758
其他土木工程建筑	605	605	70	70	1006	661	209
建筑安装业	2292	2261	28	28	2106	676	1239
建筑安装业	2292	2261	28	28	2106	676	1239
建筑安装业	2292	2261	28	28	2106	676	1239
建筑装饰业	851	809	41	40	2467	1924	636
建筑装饰业	851	809	41	40	2467	1924	636
建筑装饰业	851	809	41	40	2467	1924	636
其他建筑业	1231	1166	22	19	843	543	544
工程准备	321	302	17	17	202		197
工程准备	321	302	17	17	202		197
提供施工设备服务							
提供施工设备服务							
其他未列明的建筑活动	910	864	5	3	642	543	347
其他未列明的建筑活动	910	864	5	3	642	543	347

10-25续表17　　(2010年)　　单位:万元

指标名称	本年应付工资总额(贷方累计发生额)	主营业务应付工资总额	本年应付福利费总额(贷方累计发生额)	主营业务应付福利费总额	应收工程款	竣工工程	全部从业人员年平均人数(人)
按隶属关系分组							
中央	19037	19037	875	875	28746	2100	11900
省(自治区、直辖市)	42183	41968	659	638	15559	9349	12033
地区(州、盟、省辖市)	35423	32256	3790	2595	70909	41356	17456
县(区、市、旗)	11635	11389	373	334	37356	13942	8912
其他	14523	14461	837	835	18165	9790	9427
按企业资质等级分组							
企业资质等级(施工总承包)	117649	114099	6330	5077	163654	72174	56995
特级							
一级	72850	72754	3164	3159	88757	31948	29909
二级	15204	15031	1193	1172	36631	21336	11321
三级及以下	29595	26314	1974	746	38266	18891	15765
企业资质等级(专业承包)	5151	5012	204	200	7081	4363	2733
一级	1089	1089	118	118	2826	2462	735
二级	1112	1052	25	23	1993	340	727
三级及以下	2950	2872	61	59	2261	1562	1271
按地区分							
秀峰区	9583	9547	1246	1246	20023	15987	9008
叠彩区	14833	11802	1477	289	13533	6996	5089
象山区	58726	58533	2228	2221	65712	34613	20919
七星区	23296	23234	1007	1002	30717	3298	13853
雁山区	76	76	11	11	159	67	41
阳朔县	626	557	61	23			549
临桂县	1201	1201					722
灵川县	2782	2664	155	139	1130	1100	1616
全州县	1431	1431	0	0	32595	11926	2184
兴安县	839	706	9	9	1288	380	510
永福县	963	947	9	9	1474	1147	960
灌阳县	357	357	12	11	156	156	352
龙胜县	1232	1232	13	13	844		678
资源县	340	340	18	18	564	321	292
平乐县	1459	1456	153	152	1477	468	725
荔浦县	3240	3240	17	17	890		1231
恭城县	1815	1787	119	119	172	79	999
按营业状态分							
营业	122567	118878	6532	5275	170712	76515	59463
停业(歇业)	221	221	2	2	22	22	240
筹建							
当年关闭	11	11					25
当年破产							
其他							
按控股情况分							
国有控股	68997	68628	1940	1919	62860	19874	30871
集体控股	29798	26656	3125	1930	64942	28160	13219
私人控股	22481	22363	1387	1382	42730	28345	14850
港澳台商控股	70	34			24	18	31
外商控股							
其他	1454	1429	82	46	178	140	757

桂林经济社会统计年鉴 GUILIN ECONOMIC AND SOCIAL STATISTICAL YEARBOOK

2011

十一、社会·科技

Social Undertakings and Science & Technology

资料整理:李 凌 卢国军 陆宏新

11-1 市县工业“三废”排放及处理利用情况

(2010年)

指　　标	单 位	全 市	市 区	阳朔县	临桂县	灵川县	全州县	兴安县
汇总工业企业数	个	369	48	25	33	21	38	43
工业废水排放量	万吨	3526.91	1063.80	40.41	135.94	238.15	339.56	329.23
#直接排入污水处理厂的	万吨	474.18	301.63	4.00	107.46			19.36
工业废水排放达标量	万吨	3381.14	1025.56	40.00	132.97	238.15	309.69	327.63
工业废水中污染物排放量								
镉	吨	0.02	0.01					
六价铬	吨	0.07	0.02					
铅	吨	0.26		0.02				
砷	吨	0.04						
挥发酚	吨	0.11	0.02					
氰化物	吨							
化学需氧量	吨	25571.91	3599.45	54.09	130.50	234.08	1203.24	399.94
石油类	吨	5.27	2.12					
工业废气排放量	万标m³	9150506	203636	141816	201773	814593	818776	2463804
燃料燃烧过程中废气排放量	万标m³	4806733	186338	141816	149506	292654	361716	327245
生产工艺过程中废气排放量	万标m³	4343773	17298		52267	521939	457060	2136559
工业二氧化硫排放量	吨	48181	3570	1424	3304	3754	4207	4668
工业二氧化硫去除量	吨	66918	1707		222	260		
工业烟尘排放量	吨	10514	779	733	1083	1259	1196	511
工业烟尘去除量	吨	591446	29923	621	616	7352	2872	1772
工业粉尘排放量	吨	7586	62	12	2557	1315	952	728
工业粉尘去除量	吨	78353	10	1198	13219	16283	6381	13876
工业固体废物产生量	万吨	262.57	20.26	3.34	3.64	30.83	15.40	17.23
#粉煤灰	万吨	53.22	0.83		0.10	2.95	0.16	
炉渣	万吨	30.70	6.03	0.10	0.90	5.38	0.22	1.79
危险废物	吨	1320	39					
工业固体废物综合利用量	万吨	238.59	19.21	1.20	3.64	28.91	15.40	17.23
#粉煤灰	万吨	53.18	0.80		0.10	2.95	0.16	
危险废物	吨	1280.48						
工业固体废物贮存量	万吨	10.94				1.92		
工业固体废物处置量	万吨	12.14	0.14	2.14				
工业固体废物排放量	万吨	0.90	0.90					
汇总单位工业总产值(现价)	万元	3197417	1659166	20441	293309	147548	123457	185992
汇总单位环保人员数	人	578	66	34	36	21	37	52
三废综合利用产品产值	万元	29522	1304	39	116	2519	372	209
污染事故赔款总额	万元							
工业锅炉数台数	台	181	63	8	14	17	18	13
工业窑炉数	台	233	16	10	28	24	27	30
工业煤炭消费总量	万吨	465.73	36.47	3.51	18.35	36.01	11.21	99.46

11-1续表1　　(2010年)

指　　标	单　位	永福县	灌阳县	龙胜县	资源县	平乐县	荔浦县	恭城县
汇总工业企业数	个	14	34	11	18	27	36	21
工业废水排放量	万吨	143.26	28.94	108.73	103.36	197.85	739.62	58.06
#直接排入污水处理厂的	万吨						40.14	1.59
工业废水排放达标量	万吨	112.94	28.89	107.18	101.36	197.82	701.45	57.50
工业废水中污染物排放量								
镉	吨							0.01
六价铬	吨					0.03	0.02	
铅	吨							0.24
砷	吨							0.04
挥发酚	吨						0.09	
氰化物	吨							
化学需氧量	吨	533.50	28.51	200.23	151.48	226.48	2941.51	338.04
石油类	吨	0.07						
工业废气排放量	万标m³	2101329	616227	214467	154223	176355	262643	980864
燃料燃烧过程中废气排放量	万标m³	1912062	102430	127911	46309	176355	249187	733204
生产工艺过程中废气排放量	万标m³	189267	513797	86556	107914		13456	247660
工业二氧化硫排放量	吨	16523	1585	762	769	1826	4239	1550
工业二氧化硫去除量	吨	61101					3628	
工业烟尘排放量	吨	1524	316	836	316	1186	350	427
工业烟尘去除量	吨	524894	9		466	4548	18372	
工业粉尘排放量	吨	227	1258	0	25	130	9	312
工业粉尘去除量	吨	15531	8349	3	6	2998	175	325
工业固体废物产生量	万吨	93.38	27.59	1.22	7.88	13.54	10.49	17.77
#粉煤灰	万吨	46.51				0.30	2.33	0.03
炉渣	万吨	8.52	1.05	0.32		1.77	1.62	3.00
危险废物	吨		0.48		0.20		1280.00	
工业固体废物综合利用量	万吨	93.38	27.39	1.13	7.12	4.44	8.73	10.81
#粉煤灰	万吨	46.51				0.30	2.33	0.03
危险废物	吨		0.48				1280.00	
工业固体废物贮存量	万吨		0.20		0.11		1.74	6.96
工业固体废物处置量	万吨			0.09	0.20	9.10	0.01	
工业固体废物排放量	万吨							
汇总单位工业总产值(现价)	万元	252742	117323	115259	38650	68486	105937	69108
汇总单位环保人员数	人	30	63	20	18	34	36	56
三废综合利用产品产值	万元	5295	657	779	10	210	4714	13298
污染事故赔款总额	万元							
工业锅炉数台数	台	18	3		1	8	12	6
工业窑炉数	台	3	20	6	14	20	17	18
工业煤炭消费总量	万吨	193.85	13.61	3.07	4.86	9.02	19.05	17.25

11-1续表2 （“三废”排放量及处理，2010年）

指　标	单　位	本年实际	指　标	单　位	本年实际
一、废水排放总量	万吨	17488.43	工业二氧化硫去除率	%	58.14
1、工业废水排放量	万吨	3526.91	2、生活二氧化硫排放量	吨	5359
占排放总量的比重	%	20.17	占排放总量的比重	%	10.01
工业废水排放达标量	万吨	3381.14	**五、烟尘排放总量**	吨	13759.81
工业废水排放达标率	%	95.87	1、工业烟尘排放量	吨	10513.81
2、生活废水排放量	万吨	13961.53	占排放总量的比重	%	76.41
占排放总量的比重	%	79.83	工业烟尘去除量	吨	591446.26
生活废水排放量系数	千克/人.日	239.61	工业烟尘去除率	%	98.25
生活废水中化学需氧量产生系数	克/人.日	90	2、生活烟尘排放量	吨	3246
二、工业废气排放总量	万标立方米	9150506	占排放总量的比重	%	23.59
三、化学需氧量排放总量	吨	47490.96	**六、工业粉尘排放量**	吨	7585.78
1、工业化学需氧量排放量	吨	10041.03	工业粉尘去除量	吨	78353.05
占排放总量的比重	%	21.14	工业粉尘去除率	%	91.17
工业化学需氧量去除量	吨	25571.91	**七、工业固体废物产生量**	万吨	262.57
2、生活化学需氧量排放量	吨	37449.93	工业固体废物综合利用量	万吨	238.59
占排放总量的比重	%	78.86	工业固体废物综合利用率	%	90.87
四、二氧化硫排放总量	吨	53539.92	工业锅炉烟尘排放达标率	%	94.48
1、工业二氧化硫排放量	吨	48180.92	工业炉窑烟尘排放达标率	%	100
占排放总量的比重	%	89.99	汇总工业企业数	个	369
工业二氧化硫去除量	吨	66918.09			

11-1续表3 （城市污水处理厂运行情况，2010年）

项　　目	厂数（座）	污水处理能力（万吨/日）	污水处理量（万吨）	处理工业废水（万吨）	化学需氧量去除量（吨）
城市污水处理厂	19	43.8	8395	474.18	15282.6

10-1续表4 （工业污染治理情况，2010年）

指　标	单　位	本年实际	指　标	单　位	本年实际
本年施工项目总数	个	5	政府其他补助	万元	
#治理废水	个	1	企业自筹	万元	564
治理废气	个	2	#银行贷款	万元	
治理固体废物	个		本年竣工项目数	个	5
治理噪声	个		#治理废水	个	1
污染治理完成投资额	万元	563.5	治理废气	个	4
#治理废水	万元	45	治理固体废物	个	
治理废气	万元	519	治理噪声	个	
治理固体废物	万元		新增设计处理能力		
治理噪声	万元		#治理废水	吨/日	
污染治理投资来源	万元		治理废气	万标立/时	1.38
#排污费补助	万元		治理固体废物	吨/日	

11-2 工业污染治理项目建设情况

(2010年)

指　　标	单　位	全　市	指　　标	单　位	全　市
汇总单位数	个	5	#治理废水	个	1
工业污染治理资金使用	万元	564	治理废气	个	4
当年安排治理项目	个	5	当年竣工项目设计处理废气量	万标立方米/时	1.38

11-3 社会团体及城镇社区服务设施情况

(2010年)

指　　标	单　位	全　市	市　区	指　　标	单　位	全　市	市　区
社会团体年末数	个	1090	287	传统救济人次数	人	397	21
本年申请登记社团机构数	个	11		**城镇社区服务设施数**			
本年准予登记社团机构数	个	11		城镇社区服务设施	个	171	151
农村困难人口救济				福利企业	个	14	2
临时救济人次数	人	74502	3927	便民利民服务网点	个	187	187

11-4 殡葬情况

(2010年)

指　　标	单　位	全　市	市　区	指　　标	单　位	全　市	市　区
殡葬管理处	个	10	3	火化炉	台	9	4
年末职工人数	人	169	84	全年火化尸体	具	6593	4516

11-5 城市园林绿化基本情况

(2010年)

指　　标	单　位	2010年	指　　标	单　位	2010年
园林绿化总面积	公顷	2504.38	公园、景区点总面积	公顷	504.30
#公共绿地	公顷	753.90	动物园个数	个	1
人均公共绿地	平方米/人	11.30	年植树量	万株	
建成区园林绿地面积	公顷	2504.38	苗圃个数	个	12
绿化覆盖率	%	44.30	苗圃面积	公顷	183.67
公园、景区点年末数	个	12	公园年末职工人数	人	

11-6 广播电视事业基本情况

（2010年）

指标	单位	全市	市区	指标	单位	全市	市区
广播电视情况				平均每周播放时间	小时	1563	311
平均每日播出时间	小时	51	36	全年播放新闻(含转播)	小时	81259	2319
全年收稿数	份		7930	全年播放电视剧(交换)	部	1273	248
全年播发数	份		5300		集	28566	7115
电台发射功率(调频)	千瓦	18	12	广播电视年末职工人数	人	1109	546
广播中波调频覆盖率	%			#编采人员	人	299	219
广播调频覆盖率	%			播音员	人	54	25
全年广播制作节目	小时		9672	技术人员	人	154	80
电视台情况				文艺人员	人	43	42
电视播放频道个数(含转播)	个	16	6	全年事业收入	万元	10913	6793
发射功率	千瓦	11	8	全年事业支出	万元	10445	6535
电视覆盖率	%	96.75	100	年末事业经费节余	万元	468	258

11-7 市区科研机构、设计机构基本情况

（2010年）

指标	单位	市区	指标	单位	市区
总单位数	个	10	大学专科文化	人	100
年末职工人数	人	425	#中级职称科技人员	人	108
#科技人员	人	336	高级职称科技人员	人	98
#大学本科以上文化	人	182			

11-8 市区科协活动情况

（2010年）

指标	单位	市区	指标	单位	市区
年末学会个数	个	37	全年财政拨款	万元	485
年末厂矿科协个数	个	17	#行政费	万元	399
学会会员数	人	2960	事业费	万元	86
县属科协个数	个	17	全年经费支出	万元	485
全年国内学术会议次数	次	1	#行政策费	万元	
参加人数	人次	280	科普活动费	万元	39
全国青少年科技竞赛参加人数	人	1300	青少年科技活动费	万元	8
全年科技报刊发行量	万份	1.8	全年科普讲座次数	次	22

11-9 市区历年市政建设主要综合指标

年 份	全 年 供水量 (万吨)	全 年 售水量 (万吨)	年末供 水能力 (万吨/日)	人均生活 用 水 量 (升/日)	年末实有 公共汽车 (辆)	全年公共汽 车客运人数 (万人次)	全年清 扫垃圾 (万吨)	年末实有 道路长度 (公里)
1951	42.43	23.99	0.30	20.0			0.60	9.88
1952	31.29	21.56	0.30	16.0			1.61	15.34
1953	39.30	25.57	0.30	16.0			1.50	19.87
1954	43.53	31.27	0.30	17.0				27.76
1955	49.98	34.82	0.30	18.0				41.28
1956	59.14	43.75	0.30	20.0				52.66
1957	77.83	56.79	0.30	22.0				59.60
1958	103.96	86.65	0.30	34.0			1.90	73.22
1959	144.21	127.05	0.60	39.0			1.90	85.92
1960	194.17	172.31	0.70	40.0	6	130	2.00	93.50
1961	229.67	183.28	0.70	48.0	6	160	2.00	49.30
1962	242.34	197.75	0.70	50.2	6	224	2.10	95.72
1963	257.36	216.44	1.00	52.7	10	306	2.10	95.72
1964	256.98	230.00	1.55	58.6	15	405	2.10	99.78
1965	327.14	299.66	1.55	69.1	19	456	2.20	103.91
1966	408.88	280.96	1.55	72.3	19	616	2.20	106.87
1967	634.59	590.59	1.55	90.0	21		2.20	107.99
1968	492.75	441.01	2.05	73.5	24		2.30	109.30
1969	760.36	682.81	2.55	88.8	24		2.30	110.17
1970	820.69	732.06	3.55	91.7	29	816	2.30	111.38
1971	971.73	848.66	3.55	93.7	34	975	2.40	120.00
1972	1162.85	1029.18	4.45	115.4	37	1262	2.40	135.00
1973	1379.14	1290.72	4.45	124.8	43	1330	2.40	149.00
1974	1545.80	1446.41	4.45	150.0	48	1643	2.40	149.00
1975	1739.16	1631.33	5.50	156.0	56	1799	2.50	144.00
1976	1919.67	1788.38	7.35	171.0	73	1927	2.50	167.00
1977	2228.85	2041.98	7.35	183.0	68	2055	2.60	175.00

11-9续表

年份	全年供水量（万吨）	全年售水量（万吨）	年末供水能力（万吨/日）	人均生活用水量（升/日）	年末实有公共汽车（辆）	全年公共汽车客运人数（万人次）	全年清扫垃圾（万吨）	年末实有道路长度（公里）
1978	2687.11	2391.02	7.35	110.0	70	2203	2.60	176.00
1979	3041.91	2704.19	7.35	129.0	70	2441	2.76	178.00
1980	3257.19	3015.28	8.60	174.0	80	3167	1.20	243.00
1981	3596.24	3171.50	10.60	226.0	98	3754	2.60	243.00
1982	4117.24	3502.41	10.60	239.0	100	3827	3.08	244.00
1983	4226.05	3828.29	10.60	247.0	103	3591	1.71	245.00
1984	4702.37	4310.66	14.40	281.0	103	3613	1.71	250.00
1985	5062.80	4709.00	14.40	287.0	117	4236	3.60	250.00
1986	5519.70	5217.40	14.40	250.0	128	4205	3.40	256.00
1987	6082.00	5699.00	17.80	268.0	128	4457	3.50	260.00
1988	6279.00	5922.00	17.80	303.0	132	4677	4.90	260.00
1989	6443.00	6101.00	22.80	309.0	134	4897	5.40	260.00
1990	6662.00	6305.00	22.80	284.0	155	4898	6.80	260.00
1991	7057.00	6570.00	20.80	248.0	148	5404	10.00	325.00
1992	7308.00	6911.00	20.80	241.0	150	5272	10.90	355.00
1993	7860.00	7499.00	25.80	261.0	185	5279	12.00	302.00
1994	8217.00	8001.00	25.80	278.0	189	5998	14.00	266.00
1995	8522.00	8112.00	25.80	405.5	190	7272	16.00	386.00
1996	8689.00	8217.00	32.80	358.2	254	7764	18.25	408.00
1997	8544.00	8232.00	32.80	369.1	285	7490	20.00	409.00
1998	8736.00	8080.00	31.50	346.5	295	7299	18.00	409.00
1999	8829.00	8053.00	31.50	32.7	307	7707	18.50	409.00
2000	8868.00	8209.00	35.50	328.6	383	9541	18.90	409.00
2001	8897.00	8169.00	35.50	418.6	378	10432	19.43	409.00
2002	9037.00	8201.00	35.50	373.8	528	13857	20.30	410.00
2003	9072.00	8153.00	35.50	355.6	531	12393	23.00	410.00
2004	9270.00	8140.00	35.50	337.9	574	14410	21.60	410.00
2005	9247.00	8300.00	45.50	329.3	581	17809	21.40	421.10
2006	11458.00	10398.00	61.80	333.2	586	18853	21.50	421.00
2007	9630.00	8576.24	44.00	332.9	648	19661	21.88	422.00
2008	9640.78	8401.02	44.00	328.0	753	21430	22.64	422.10
2009	9339.45	8135.92	44.00	306.0	802	23944	22.83	432.10
2010	9996.74	8532.70	44.00	324.0	680	24907	24.63	440.70

注:2006年供水部分含自备水。

11-10 市区主要年份市政建设主要指标

年份	年末建筑房屋面积（万平方米）	住宅建筑面积	年末实有住宅使用面积（万平方米）	人均居住面积（平方米）	液化石油气储气能力（吨）	液化石油气售气总量（吨）	使用液化石油气总户数（户）	使用液化石油气总人口（万人）
1978	458	162	81	3.20				
1980	511	189	95	3.40				
1981	540	208	104	3.55		10	400	0.08
1982	571	227	113	3.90		21	475	0.19
1983	612	256	128	4.12	5	36	675	0.27
1984	644	277	139	4.52	5	88	1400	0.56
1985	682	294	147	4.78	30	311	5525	2.21
1986	1063	472	161	5.04	55	724	7500	3.00
1987	1155	494	184	5.68	1027	1092	13000	5.20
1988	1187	502	188	5.85	1027	1589	17238	6.90
1989	1233	519	193	5.69	1027	1846	18000	7.20
1990	1283	545	207	5.83	1027	2078	19930	7.20
1991	1320	569	213	5.98	1027	2373	21694	7.81
1992	1361	598	224	6.17	1027	4320	23927	8.35
1993	1416	627	236	6.30	1232	3083	25800	9.29
1994	1502	672	260	6.81	1232	3607	30195	10.87
1995	1583	726	288	7.20	1232	5814	41347	13.90
1996	1673	781	316	7.61	1232	6573	47141	16.92
1997	1773	845	348	8.00	1050	7219	54666	19.57
1998	1864	897	357	8.19	1150	5382	51000	16.81
1999	1970	970	412	8.62	1100	5100	50481	18.43
2000	2103	1057	462	9.53	1150	4171	54000	17.85
2001	2257	1153	505	9.81	1975	3291	52000	19.10
2002	2381	1259		19.80	2125	20940	135090	50.79
2003	2426	1310	852	15.72	2030	21639	140160	52.42
2004	2529	1815	1180	16.38	1430	21946	145714	53.62
2005	2456	2046			1300	22152	146894	54.35
2006	2591	2150	1398	28.90	1395	21583	146900	54.35
2007	2720	2720	1544	29.32	1745	22396	147000	56.00
2008	2807	2319	2034	30.54	1810	22575	174073	61.00
2009	2840	2354	2065	31.06	1145	22684	164328	57.97
2010	2868	2380		31.43	1145	22089	161592	56.09

11-10续表

年份	年末路灯盏数（盏）	城市桥梁数（座）	防洪堤长度（公里）	下水道总长度（公里）	城市污水量（万吨/日）	城市污水处理能力（万吨）	水厂供水管总长度（公里）	清洁卫生实际清扫面积（万平方米）
1978	2054	33	1.70				84.84	32.76
1980	2054	33	2.00	57.00			102.46	45.55
1981	2173	33	2.56	60.50	0.17	1.74	106.71	89.50
1982	2332	33	2.56	62.35	0.21	1.74	108.70	95.00
1983	2362	33	2.56	78.63	0.21	2.04	117.40	95.80
1984	2862	34	2.56	79.97	0.21	3.85	121.52	95.00
1985	2850	34	2.56	74.15	0.31	3.85	124.23	125.00
1986	3603	34	2.56	75.33	4.17	3.85	133.00	118.00
1987	4074	37	3.96	75.33	4.43	3.85	144.00	142.30
1988	4315	41	3.96	91.30	3.85	3.85	152.70	158.40
1989	4315	41	3.96	111.43	10.03	7.85	161.30	191.70
1990	4537	41	3.96	113.23	10.36	7.85	169.40	196.00
1991	4932	47	4.00	113.00	14.60	7.80	180.90	197.00
1992	5103	49	4.00	114.00	22.92	7.80	195.00	200.00
1993	5287	42	4.00	114.00	16.44	7.85	205.20	217.80
1994	5580	41	3.96	122.00	32.42	7.85	220.50	254.50
1995	8398	67	21.00	277.00	38.25	7.85	208.00	254.00
1996	11158	67	21.00	283.00	32.56	17.85	230.00	265.00
1997	11429	69	21.00	283.97	32.24	17.85	256.00	555.00
1998	11823	69	29.40	283.97	35.45	17.85	267.00	558.00
1999	14654	69	29.40	288.00	33.19	17.85	303.00	558.00
2000	14098	69	39.40	314.00	33.24	17.85	322.00	668.00
2001	32710	74	13.18	326.00	33.75	17.85	344.50	693.00
2002	42265	77	14.18	437.00	29.53	17.85	355.00	730.00
2003	45744	78	14.68	443.47	28.62	17.85	447.00	760.00
2004	48306	78	18.24	453.30	26.68	17.85	494.00	761.00
2005	50031	79	18.24	478.19	26.75	17.85	555.00	771.00
2006	50567	79	18.63	491.00	25.11	17.85	706.00	931.00
2007	53000	80	19.00	498.00	25.11	22.50	829.00	1254.00
2008	53600	80	19.00	457.00	22.80	22.50	913.05	1254.00
2009	56000	80	19.00	470.00	22.00	23.80	976.09	1254.00
2010	56240	81	19.00	485.00	21.90	25.50	1084.52	1254.00

11-11 市区公共事业主要综合指标

（2010年）

指　　标	单　位	市　区	指　　标	单　位	市　区
城市设施水平			销售总量	吨	22089
城市人口密度	人/平方公里	1455	#家庭用量	吨	20842
人均使用面积	平方米		用气总户数	户	161592
人均住宅建筑面积	平方米		用气总人口	万人	56.09
人均日生活用水量	升	324.20	全员劳动生产率	元/人	
用水普及率	%	78.27	年末职工人数	人	
每万人拥有公共汽车	辆	8	**环境卫生**		
城市液化气普及率	%	91.97	应清扫面积	万平方米	1254
人均拥有道路面积	平方米	9.22	实际清扫面积	万平方米	1254
污水处理率	%	96.16	生活垃圾清运理	万吨	24.63
人均公共绿地面积	平方米	11.30	粪便清运理	万吨	
建成区绿化覆盖率	%	44.29	年末拥有公共厕所	座	288
垃圾粪便无害化处理率	%	100	环卫机械拥有数	辆	244
城市房屋建筑面积			年末环卫职工人数	人	
年末房屋建筑面积	万平方米	2867.60	**城市自来水基本情况**		
#房管部门直管房	万平方米	51.53	年末实有水厂	个	4
私人直管房	万平方米	2084.55	年末水厂总生产能力	万吨/日	44
年末实有住宅建筑面积	万平方米	2379.59	年末供水管总长度	公里	1084.52
#房管部分直管房	万平方米	42.03	全年供水量	万吨	9996.74
私人直管房	万平方米	1729.80	全年售水量	万吨	8532.72
年内新建房屋竣工面积	万平方米	56.42	#生产运营	万吨	1293.88
#住宅	万平方米	46.96	居民家庭	万吨	5053.97
年内房屋减少面积	万平方米	28.71	用水人口	万人	63.60
#住宅	万平方米	21.45	全年利润总额	万元	
年末实有住宅使用面积	万平方米		每万吨耗电量	千瓦小时	2306
年末实有住宅居住面积	万平方米		全员劳动生产率	元/人	
人均住宅建筑面积	平方米	31.34	**市政工程建设情况**		
年末缺房户合计	户		年末实有道路长度	公里	440.70
#人均居住面积十平方米以下的	户		#高级次高级	公里	
本年解决缺房户	户		年末实有道路面积	万平方米	698.50
年末危险住宅面积	万平方米		#高级次高级	万平方米	
城市维护建设资金收支情况			年末路灯盏数	盏	56240
城市维护建设资金及营业性收入	万元		城市桥梁数	座	81
城市维护建设税	万元		防洪堤长度	公里	19.40
地方财政拨款	万元		下水道总长度	公里	485
房租收入	万元		城市污水量	万吨	7997
其他收入	万元		城市污水处理能力	万吨	9307.50
城市维护建设资金支出	万元		**节约用水**		
#固定资产支出	万元		计划用水量	万吨	23209
液化石油气供销情况(系统内)			取水量	万吨	12139
储气能力	吨	1145	节约用水量	万吨	1031
外购气量	吨	22678	生产用水量重复利用量	万吨	9760

11-12 市县婚姻状况

（2010年）

单位：对

指　　标	全　市	市　区	阳朔县	临桂县	灵川县	全州县	兴安县
准予登记结婚总数	49168	7222	4093	4343	3522	8818	3678
#准予结婚	49168	7222	4093	4343	3522	8818	3678

10-12续表　　（2010年）　　单位：对

指　　标	永福县	灌阳县	资源县	龙胜县	平乐县	荔浦县	恭城县
准予登记结婚总数	2146	2304	1348	1682	4266	3370	2376
#准予结婚	2146	2304	1348	1682	4266	3370	2376

11-13 市县火灾及交通事故

（2010年）

地　区	火灾事故（件）	火灾伤亡人数（人）	死亡人数	火灾损失金额（万元）	交通事故件数（件）	交通事故受伤人数（人）	交通事故死亡人数（人）	交通事故损失金额（万元）
合　计	**129**	**3**	**2**	**723.50**	**267**	**366**	**189**	**114.38**
市　区	49	2	1	138.68	138	158	50	41.41
阳朔县	15			104.42	19	59	22	13.52
临桂县	7			28.81	12	13	11	2.17
灵川县	7			2.05	5	15	10	4.75
全州县	9	1	1	36.79	21	22	31	24.78
兴安县	8			75.34	25	33	12	10.61
永福县	4			8.10	3	2	3	1.00
灌阳县	1			0.30	4	6	3	1.21
龙胜县	10			282.56	3	14	3	3.00
资源县	3			13.00	4	4	3	3.60
平乐县	7			3.30	9	14	13	2.77
荔浦县	7			29.55	13	16	17	4.56
恭城县	2			0.60	11	10	11	1.00

11-14 妇联组织基本情况

（2010年）

指　　标	单　位	2010年	指　　标	单　位	2010年
妇联组织情况			全年实用技术培训班培训人数	万人	9.80
县、区妇联年末数	个	17	女农民技术人员年末数	人	1563
乡镇妇联年末数	个	145	先进女能手年末数	人	99
城市居委会妇代会数	个	212	先进协调组织	个	
委员人数	人	212	先进协调单位	个	27
农村妇代会数	个	1655	来信来访情况		
委员人数	人	1655	全年来信人数	人	507
妇联干部基本情况			来信件数	件	507
干部总数	人	246	处理件数	件	507
#正副主席	人	43	全年来访人次	人	1792
参加同级党委	人	7	来访件数	件	1726
参加同级人大	人	10	处理件数	件	1726
参加同级政协	人	8	其　他		
妇联少数民族干部	人	49	三八红旗手	人	122
双学双比活动情况			三八红旗集体	个	30
双学双比参赛人数	万人	58	五好家庭	户	224
扫盲参学人数	人		全年妇联干部培训	期	46
扫盲脱盲人数	人		接受培训人数	人	2760
全年实用技术培训班数	期	1406	妇联内部期刊份数	份	600

11-15 社会福利事业基本情况

（2010年）

单位：人

指　　标	全　市	市　区	指　　标	全　市	市　区
优抚对象			农村社会救济事业		
烈军属、复员、退伍军人数	21147	2690	农村收养性老年福利机构	119	4
烈士家属	417	61	工作人员	139	13
牺牲军人家属	93	9	农村医疗救助人数	141000	8000
病故军人家属	183	27	农村定期救济人数		
在乡复员军人	8911	110	农村居民最低生活保证人数	312000	7200
带病回乡退伍军人	557	3	城市社会福利事业		
在乡红军老战士			城市福利院(所)	7	1
退休、退职人员			工作人员	149	125
年末实有军队离退休干部	665	642	年末实有收养人员	624	498
年末实有军队无军籍职工	279	257	城镇居民最低生活保障人数	69603	10257

11-16 公证文书情况

（2010年）　　单位：件

指　　标	全　市	指　　标	全　市
一、办理国内公证情况		资产经营责任制	
受理		其他经济合同	22
公证		法人(代表人)资格	4
终止		法人委托书	
撤销		公司章程	
末结		执行许可证	
二、民事公证事故		提存	25
收养	24	其他	53
解除收养	1	四、办理涉外及涉港澳台公证	
继承权	2850	收养	
遗嘱	522	遗嘱	
产权	1	出生	2450
亲属关系	334	死亡	180
死亡	1	生存、居住	89
房屋买卖	54	学历	1529
房屋租赁		经历	449
留学协议		国籍	625
遗赔抚养协议		婚姻状况	983
其他民事协议		亲属关系	197
委托书	3582	未受到刑事处分	998
赠与书	1080	声明书	563
声明书	529	委托书	178
现场监督	190	职称	
签名印鉴属实	186	副本与原本相符	690
副本与原本相符	498	印事属实	1
宅基地使用权		其他	193
证据保全	127	五、文书使用目的	
其他	1007	探亲	11
三、经济公证事项		定居	231
购销		学习	1952
联营	1	谋职	846
拍卖	6	结婚	674
贷款	2	提供劳务	
担保	6	其他	1707
招标投标	7	六、文书使用地	
科协协作		美国	1388
供用电		加拿大	1170
劳务合同		阿根廷	273
建筑工程承包	1	德国	197
工商服务业承包		英国	893
农林牧渔业承包	20	荷兰	1
乡镇企业承包	3	日本	730
财产租赁		其他	1433

11-17 市县工商企业登记情况

(2010年) 单位:个

指　　标	全　市	市　区	阳朔县	临桂县	灵川县	全州县	兴安县
全　市	**10352**	**4914**	**372**	**572**	**787**	**738**	**487**
农、林、牧、渔业	251	85	6	32	23	8	8
采矿业	85	13	1	3	12	6	6
制造业	1258	711	12	116	117	46	46
电力、燃气及水的生产和供应业	274	28	13	20	17	47	25
建筑业	463	327	10	30	29	18	6
交通运输、仓储和邮政业	427	151	22	37	30	37	19
信息传输、计算机服务和软件业	532	138	25	44	35	53	34
批发和零售业	3647	1533	117	127	298	375	182
住宿和餐饮业	393	279	27	13	13	1	5
金融业	909	312	47	52	61	79	60
房地产业	451	271	13	38	64	12	9
租赁和商务服务业	851	622	34	30	23	23	20
科学研究、技术服务和地质勘查业	283	152	11	16	47	8	4
水利、环境和公共设施管理业	87	37	6	3	5	16	
居民服务和其他服务业	233	106	20	6	9	7	58
教育	6	3	1				
卫生、社会保障和社会福利业	9	5		2	1		
文化、体育和娱乐业	114	68	7	2	3	2	5
其他	79	73		1			

11-17续表 (2010年) 单位:个

指　　标	永福县	灌阳县	资源县	龙胜县	平乐县	荔浦县	恭城县
总　计	**454**	**300**	**355**	**251**	**347**	**390**	**385**
农、林、牧、渔业	16	14	5	14	28	9	3
采矿业	3	1	9	17	2	3	9
制造业	28	29	13	20	16	69	35
电力、燃气及水的生产和供应业	10	17	32	23	13	13	16
建筑业	4	6	8	5	4	10	6
交通运输、仓储和邮政业	12	15	12	15	21	28	28
信息传输、计算机服务和软件业	25	25	20	28	43	34	28
批发和零售业	273	121	199	48	136	85	153
住宿和餐饮业	5	12	4	12	6	5	11
金融业	34	37	24	33	59	63	48
房地产业	5	2	4	3	3	17	10
租赁和商务服务业	26	7	13	11	8	17	17
科学研究、技术服务和地质勘查业	6	9	1	9	3	11	6
水利、环境和公共设施管理业		2	3	7	1	5	2
居民服务和其他服务业	6	1	2	1		12	5
教育					1		1
卫生、社会保障和社会福利业					1		
文化、体育和娱乐业	1	2	2	5	2	9	6
其他			4				1

11-18 各类学校基本情况

（2010年）

单位:人

学校名称级类别	本年招生数	本年毕业生数	期末在校生数	年末教职工人数	专任教师	副教授以上	讲师	助教
总计	**265032**	**201239**	**773225**	**59051**	**46349**	**2455**	**2552**	**835**
高等院校	**46473**	**32941**	**130284**	**8586**	**5820**	**2396**	**2465**	**745**
普通院校	**45532**	**32095**	**128338**	**8507**	**5767**	**2382**	**2444**	**729**
广西师范大学	12059	7837	31665	2175	1340	678	477	38
桂林工学院	9874	7312	26763	1598	1032	480	385	61
桂林电子科技大学	8608	4115	24955	1509	1268	534	670	64
桂林医学院	2429	1917	8288	669	446	199	200	44
桂林旅游高等专科学校	3306	2598	9108	562	452	150	144	157
桂林师范高等专科学校	2230	2250	6237	753	372	118	192	32
桂林航天工业高等专科学校	3842	3435	9751	650	521	185	279	143
广西师范大学漓江学院	2556	1680	9148	380	216	10	64	137
桂林山水职业学院	628	951	2423	211	120	28	33	53
成人高等学校	**941**	**846**	**1946**	**79**	**53**	**14**	**21**	**16**
桂林市广播电视大学	649	448	1494	47	24	6	9	7
桂林市职工大学	292	398	452	32	29	8	12	9
中等专业学校	**19029**	**11106**	**40360**	**2112**	**1490**	**33**	**87**	**90**
桂林市财贸管理干部中等专业学校	1350	350	2636	37	26			
桂林市卫生学校	1561	1220	4287	178	140			
桂林市艺术学校	40	20	66	24	16			
桂林市农业学校	1002	670	1829	118	105			
广西壮族自制区桂林林业学校	1117	455	1953	106	80			
桂林市旅游职业中等专业学校	2246	1665	7032	257	221			
广西二轻工业管理学校	548	442	1343	69	53			
桂林市机电工程学校	1228	500	2455	63	43			
桂林工业职业技术学校	110	182	526	104	80			
广西城市建设学校	1403	748	3518	119	92			
桂林市荔浦师范学校	30	56	143	110	72			
张艺谋漓江艺术学校	86	54	232	69	43			
桂林市民族职业技术学校	456	46	898	29	23		10	13
桂林电子工程学校	272	447	606	37	21			
桂林市农业机械化学校	166	351	415	42	19		11	
广西桂林创新中等职业技术学校	611	470	686	47	23	1	2	3

11-18续表　　(2010年)　　单位:人

学校名称级类别	本年招生数	本年毕业生数	期末在校生数	年末教职工人数	专任教师	副教授以上	讲师	助教
广西桂林商贸旅游技工学校	553	530	1724	99	64			
桂林市交通技工学校	484	434	1056	165	61			
广西商业高级技工学校	2368	960	4192	137	116			
桂林市第二技工学校	1174	376	1642	105	66	6	32	17
桂林高级技工学校	2224	1130	3122	197	126	26	32	57
普通中学	**69616**	**76622**	**210263**	**19833**	**16155**			
城市	13003	11642	38140	3516	2771			
#高中(城市)	5875	5306	17090		1231			
初中(城市)	7128	6336	21050		1540			
县镇	43340	47971	130094	11689	9543			
农村	13273	17009	42029	4628	3841			
中等职业学校								
普通小学	**52538**	**43794**	**280952**	**22128**	**19051**			
城市	8596	6415	46426	2799	2372			
县镇	15743	14146	91373	6126	5300			
农村	28199	23233	143153	13203	11379			
幼儿园	**77176**	**36631**	**110123**	**6245**	**3711**			
城市	7777	4537	23559	2550	1492			
县镇	33138	15341	43669	2735	1679			
农村	36261	16753	42895	960	540			
特殊教育学校	**195**	**140**	**1231**	**127**	**107**			
工读学校	**5**	**5**	**12**	**20**	**15**			

10-19 市县在校学生数

(2010年)　　单位:万人

年份	全市	市区	阳朔县	临桂县	灵川县	全州县	兴安县
2010	55.53	13.10	2.87	5.43	3.37	8.30	3.14

10-21续表　　(2010年)　　单位:万人

年份	永福县	灌阳县	龙胜县	资源县	平乐县	荔浦县	恭城县
2010	2.62	2.48	1.58	1.65	4.11	3.86	3.02

11-20 普通中小学基本情况

（2010年）

指标	单位	全市	城市	县镇	农村
学校数	所	**1463**	**94**	**269**	**1100**
普通中学	所	245	34	123	88
九年一贯制学校	所	13	4	5	4
初级中学	所	175	12	81	82
高级中学	所	34	6	27	1
完全中学	所	23	12	10	1
普通小学	所	1218	60	146	1012
学校班	个	14914	2243	5302	7369
普通中学	个	4073	817	2363	893
初　中	个	2743	467	1428	848
一年级	个	891	156	469	266
二年级	个	917	158	477	282
三年级	个	935	153	482	300
高　中	个	1330	350	935	45
一年级	个	449	117	316	16
二年级	个	434	117	302	15
三年级	个	447	116	317	14
普通小学	个	9511	1076	2004	6431
一年级	个	1996	193	341	1462
二年级	个	1842	179	325	1338
三年级	个	1569	181	325	1063
四年级	个	1487	186	328	973
五年级	个	1308	177	338	793
六年级	个	1213	160	344	709
复式班	个	**96**		**3**	**93**
毕业生数	人	**120416**	**18057**	**62117**	**40242**
普通高中	人	26972	5306	20979	687
#初　中	人	49650	6336	26992	16322
普通小学	人	43794	6415	14146	23233
招生数	人	78047	14471	34480	29096
普通高中	人	25509	5875	18737	897
#初　中	人	44107	7128	24603	12376
普通小学	人	52538	8596	15743	28199
教职工人数	人	41961	6315	17815	17831
普通中学	人	19833	3516	11689	4628
专任教师	人	16155	2771	9543	3841
初　中	人	11036	1540	5824	3672
高　中	人	5119	1231	3719	169
行政人员	人	990	226	524	240
工勤人员	人	1403	255	855	293
校办工厂	人	54	50		4
教辅人员	人	1231	214	767	250
代课教师	人	16	9	5	2
兼任教师	人	108	22	67	19
普通小学	人	22128	2799	6126	13203
专任教师	人	19051	2372	5300	11379
行政人员	人	1906	178	384	1344
工勤人员	人	683	179	236	268
校办工厂	人	9		3	6
教辅人员	人	479	70	203	206
代课教师	人	286	21	27	238
兼任教师	人	32	12	10	10

11-21 小学分课程专任教师学历情况

（2010年）

单位:人

课程分类	全市	大学本科毕业及以上	大学专科毕业	高中阶段毕业	高中阶段毕业以下	女	少数民族
合计	**19051**	**4366**	**9503**	**5046**	**136**	**11751**	**4151**
思想品德	193	27	89	75	2	97	28
语文	8231	1873	4167	2127	64	5592	1952
数学	6596	1226	3246	2074	50	3463	1447
外语	1641	688	906	47		1356	349
科学	230	41	115	74		90	36
艺术	15	3	9	3		10	1
综合实践活动	185	66	90	29		72	20
体育	475	141	226	107	1	148	95
音乐	288	104	141	43		241	45
美术	250	80	122	47	1	147	49
劳动							
其他课	733	73	295	351	14	427	94
不任课	214	44	97	69	4	108	35

11-22 普通中学分课程专任教师学历情况

（2010年）

单位:人

课程分类	全市	大学本科毕业及以上		大学专科毕业		高中毕业		高中阶段以下毕业	
		初中	高中	初中	高中	初中	高中	初中	高中
总计	**16155**	**7869**	**4818**	**3082**	**294**	**83**	**4**	**2**	**3**
语文	3071	1753	834	450	29	5			
数学	2908	1519	775	560	45	9			
物理	1335	627	454	231	23				
化学	948	376	417	127	23	4	1		
生物	591	202	244	131	10	4			
地理	563	159	220	163	12	8		1	
历史	752	300	262	180	6	4			
英语	2436	1278	732	389	35	2			
日语	1	1							
体育	802	359	231	167	30	14		1	
信息技术	139		131		8				
音乐	280	125	66	78	9	2			
美术	280	115	65	81	16	3			
综合实践活动	322	199	2	119		2			
政治	1231	659	331	231	7	3			
其他课	147	57	27	35	15	10			3
不任课	248	91	23	93	25	13	3		
艺术	19	4	4	10	1				
历史与社会	56	32		24					
通用技术									
科学	26	13		13					

11-23 普通中小学和职业中学学生变动情况

（2010年）

单位：人

项　　目	全　市	普通中学			职业中学	小　学
			初　中	高　中		
上学年初在校学生数	562493	226494	147923	78571	58345	277654
本年增加学生数	183142	77708	51152	26556	25586	79848
招　生	147092	69616	44107	25509	24938	52538
复　学	1292	735	200	535	332	225
转　入	33901	7197	6732	465	216	26488
其　他	857	160	113	47	100	597
本年减少学生数	190372	93939	62999	30940	19883	76550
毕业生	133798	76622	49650	26972	13382	43794
结业生	854	854	250	604		
休　学	1073	633	332	301	138	302
退　学	7261	2493	1081	1412	4761	7
开　除	27				27	
死　亡	78	22	21	1	5	51
转　出	45282	12852	11389	1463	440	31990
其　他	1999	463	276	187	1130	406
本学年初在校学生数	555263	210263	136076	74187	64048	280952

11-24 普通中小学及职业中学专任教师变动情况

（2010年）

单位：人

项　　目	全　市	初　中	高　中	职业中学	小　学	
						农　村
上学年初专任教师数	37675	11139	5150	2116	19270	5721
本年增加教师数	3913	808	297	163	2645	818
当年毕业分配	471	129	44	53	245	83
校内调整	584	145	162	20	257	75
学校之间调入	2705	475	84	63	2083	651
其他	153	59	7	27	60	9
本年减少教师数	4219	911	328	116	2864	909
自然减少	623	105	38	45	435	89
调往其他单位	2730	588	148		1994	716
校内调动	618	185	127	18	288	94
其他	248	33	15	53	147	10
本学年初专任教师数	37369	11036	5119	2163	19051	5630

11-25 小学分学龄人口入学情况

（2010年）

年龄分组	全市	女童	城市	女童	县镇	女童	农村	女童
校内外学龄人口总数	262976	121991	45552	21218	83680	38847	133744	61926
在校学龄人口总数	261757	121649	45552	21218	83026	38690	133179	61741
在校学生数	280952	130785	46426	21569	90373	42685	143153	66531
6岁及以下	33903	16637	7954	3737	10702	5290	15247	7610
7岁	47415	22501	7778	3679	14365	6769	25272	12053
8岁	46387	21374	7778	3537	14156	6694	24453	11143
9岁	46035	21290	8140	3802	14707	6852	23188	10636
10岁	44213	20405	7325	3476	15309	6950	21579	9979
11岁	40686	18513	6627	3017	14146	6568	19913	8928
12岁	20694	9424	744	292	7381	3332	12569	5800
13岁及以上	1619	641	80	29	607	230	932	382

11-26 艺术表演团体主要指标

（2010年）

区域	年末职工人数（人）	全年演出场次（场）	观众人数（万人次）	业务收入（万元）	国家经费补贴（万元）
全市	671	1580	181.40	139	2210
市区	368	580	65.30	119	1291

11-27 电影事业主要综合指标

（2010年）

区域	单位数（个）	座位数（个）	放映场数（场）	观众人数（万人次）	放映收入（万元）
全市	19	9170	32615	91.96	1616.38
市区	7	4091	23793	76.63	1571.19

注：本表包括电影一、二级市场放映收入，未包括农村电影公益放映收入。

11-28 体育事业活动情况

（2010年）

指　　标	单 位	实绩	指　　标	单 位	实绩
体育系统职工人数	人	180	#参加省市级人次	人	
各级体育机关	个	1	参加全国性运动会人次	人	
各级体委直属单位	个	9	参加国际、世界运动会人次	人	3
等级运动员	人	92	获团体前三名	人次	
等级裁判员	人	293	获个人前三名	人次	3
少年儿童业余体校在校学生数	人	579	达到国家体育锻炼达标人数	人	
少年儿童业余体校专职教练员	人	78	全年输送运动员	人	16
各级体委本年训练体育干部	人	294	全年获省以上奖牌总数	枚	141
#裁判员	人	259	金 牌	枚	43
各级体委全年举办运动会	次	1	银 牌	枚	53
参加运动会人数	人次	1100	铜 牌	枚	45
参加各类运动会	次		年末拥有体育馆	个	33

11-29 卫生机构及床位

（2010年末）

卫生机构名称	机构数（个）	实有床位（张）	卫生机构名称	机构数（个）	实有床位（张）
全　市	1588	15791	乡卫生院	105	2741
市	468	6470	**门诊部**	15	
县	1120	9321	#市	14	
医　院	53	9658	县	1	
#市	21	5228	#综合门诊部	13	
县	32	4430	中医门诊部	1	
#综合医院	36	6894	专科门诊部	1	
县医院	12	2710	**采供血机构**	1	
其他医院	24	4184	**妇幼保健院(所、站)**	13	1053
中医医院	11	1536	#市　属	1	472
中西医医院	1	455	县　属	12	581
专科医院	5	773	#妇幼保健院	13	1053
口腔医院	1	10	**疾病预防控制中心(防疫站)**	13	
精神病医院	2	580	疾病预防控制中心/防疫站/防病中心	13	
传染病医院	1	183	#市　属	1	
麻风病医院	1		县　属	12	
康复医院			#疾病预防控制中心	13	
疗养院	3	521	卫生防疫站		
社区卫生服务中心	38		**卫生监督所**	14	
卫生院	141	4507	市　属	1	
乡镇卫生院	141	4507	县　属	13	
#市	9	197	**其他卫生机构**		
县	132	4310	卫生消毒所		
中心卫生院	36	1766	其　他		

11-30 卫生人员数

（2010年）

卫生机构名称	卫生人员	卫生技术人员	执业医师	执业助理医师	注册护士	药剂人员	检验人员	其他
全　市	**26666**	**22170**	**6933**	**1458**	**8726**	**1203**	**1210**	**2640**
市　区	11685	9512	3365	94	4232	505	476	840
县	14981	12658	3568	1364	4494	698	734	1800
医　院	14446	11768	3625	165	5360	714	627	1277
#市	7782	6259	2065	41	2883	349	316	605
县	6664	5509	1560	124	2477	365	311	672
#综合医院	10565	8678	2652	98	4014	472	435	1007
#县医院	4133	3394	971	39	1628	196	143	393
其他医院	6432	5284	1681	59	2386	276	292	614
中医医院	2336	1923	595	45	802	168	119	194
中西医结合医院	738	613	213	8	283	36	32	41
专科医院	807	554	165	14	261	38	41	35
#口腔医院	133	105	42	8	38	3	3	11
精神病医院	352	212	62	4	113	15	13	5
传染病医院	281	211	48	2	103	17	22	19
麻风病医院	41	26	13		7	3	3	
康复医院								
疗养院	313	116	35	2	51	4	5	19
卫生院	5110	4285	1081	647	1343	267	264	683
乡镇卫生院	5110	4285	1081	647	1343	267	264	683
#市	273	236	58	25	90	16	12	35
县	4837	4049	1023	622	1353	251	252	648
#中心卫生院	2371	1943	502	234	649	127	126	305
乡卫生院	2739	2342	579	413	694	140	138	378
门诊部	244	200	95	1	64	13	22	5
市	227	186	91		58	11	21	5
县	17	14	4	1	6	2	1	
#综合门诊部	227	186	86	25	61	13	20	5
中医门诊部								
专科门诊部	17	14	9	6	3		2	
急救中心(站)								
采供血机构	92	66	12		35	1	17	1
妇幼保健院(所、站	2093	1738	517	22	799	90	126	184
#市属	904	743	210	1	389	40	43	60
县属	1189	995	307	21	410	50	83	124
#妇幼保健院	2093	1738	517	22	799	90	126	184
妇幼保健站								
疾病预防控制中心、防疫站、防病中心	635	469	215	16	64	13	112	49
市属	164	105	50	1	9	1	34	10
县属	471	364	165	15	55	12	78	39
#疾病预防控制中心	635	469	215	16	64	13	112	49
卫生防疫站								
卫生督察所	275	201						201
市属	75	56						56
县属	200	145						145
其他卫生机构								
卫生消毒站								
其他								

11-31 产品质量监督检验情况

（2010年）

产品类别	抽检企业个数（个）	查出不合格企业数（个）	不合格企业占比例（%）	抽查批次（批次）	合格批次（批次）	批次合格率（%）
全　市	651	78	11.98	875	757	86.50
农用产品	16	1	6.25	18	17	94.44
加工食品和饮料	348	21	6.03	464	408	87.93
家用、电子、电器产品						
轻工产品	71	19	26.76	110	86	78.18
纺织、鞋类产品	14	3	21.42	25	22	88.00
化工产品	30	4	13.33	53	49	92.45
建材产品	113	22	19.50	112	90	80.35
机电产品	10	2	20.00	30	28	93.33
冶金、金属产品	10	1	10.00	22	21	95.45
能源产品	37	5	13.51	39	34	87.18
医疗器械	1			1	1	100.00
其他	1			1	1	100.00

11-32 市区公共汽车、出租车运行情况

（2010年）

指　标	单　位	公共汽车公司	出租汽车公司	指　标	单　位	公共汽车公司	出租汽车公司
年末实有车辆数	辆	680	1930	运客总数	万人次	24907	4050
年末营运汽车数	辆	680	1930	利润总额	万元	-107	9490
营运标准车台	标台	909		营运收入	万元	14611	15054
营运线路长度	公里	720		年末职工人数	人	1871	3170

桂林经济社会统计年鉴 GUILIN ECONOMIC AND SOCIAL STATISTICAL YEARBOOK

2011

法规制度选编

Abstracts of Legal System and Regulations

资料整理：陈伙平　蒋业金　桂　萍

法规制度选编

中华人民共和国统计法

（1983年12月8日第六届全国人民代表大会常务委员会第三次会议通过？根据1996年5月15日第八届全国人民代表大会常务委员会第十九次会议《关于修改〈中华人民共和国统计法〉的决定》修正？2009年6月27日第十一届全国人民代表大会常务委员会第九次会议修订）

第一章　总则

第一条　为了科学、有效地组织统计工作，保障统计资料的真实性、准确性、完整性和及时性，发挥统计在了解国情国力、服务经济社会发展中的重要作用，促进社会主义现代化建设事业发展，制定本法。

第二条　本法适用于各级人民政府、县级以上人民政府统计机构和有关部门组织实施的统计活动。

统计的基本任务是对经济社会发展情况进行统计调查、统计分析，提供统计资料和统计咨询意见，实行统计监督。

第三条　国家建立集中统一的统计系统，实行统一领导、分级负责的统计管理体制。

第四条　国务院和地方各级人民政府、各有关部门应当加强对统计工作的组织领导，为统计工作提供必要的保障。

第五条　国家加强统计科学研究，健全科学的统计指标体系，不断改进统计调查方法，提高统计的科学性。

国家有计划地加强统计信息化建设，推进统计信息搜集、处理、传输、共享、存储技术和统计数据库体系的现代化。

第六条　统计机构和统计人员依照本法规定独立行使统计调查、统计报告、统计监督的职权，不受侵犯。

地方各级人民政府、政府统计机构和有关部门以及各单位的负责人，不得自行修改统计机构和统计人员依法搜集、整理的统计资料，不得以任何方式要求统计机构、统计人员及其他机构、人员伪造、篡改统计资料，不得对依法履行职责或者拒绝、抵制统计违法行为的统计人员打击报复。

第七条　国家机关、企业事业单位和其他组织以及个体工商户和个人等统计调查对象，必须依照本法和国家有关规定，真实、准确、完整、及时地提供统计调查所需的资料，不得提供不真实或者不完整的统计资料，不得迟报、拒报统计资料。

第八条　统计工作应当接受社会公众的监督。任何单位和个人有权检举统计中弄虚作假等违法行为。对检举有功的单位和个人应当给予表彰和奖励。

第九条　统计机构和统计人员对在统计工作中知悉的国家秘密、商业秘密和个人信息，应当予以保密。

第十条　任何单位和个人不得利用虚假统计资料骗取荣誉称号、物质利益或者职务晋升。

第二章　统计调查管理

第十一条　统计调查项目包括国家统计调查项目、部门统计调查项目和地方统计调查项目。

国家统计调查项目是指全国性基本情况的统计调查项目。部门统计调查项目是指国务院有关部门的专业性统计调查项目。地方统计调查项目是指县级以上地方人民政府及其部门的地方性统计调查项目。

国家统计调查项目、部门统计调查项目、地方统计调查项目应当明确分工，互相衔接，不得重复。

第十二条　国家统计调查项目由国家统计局制定，或者由国家统计局和国务院有关部门共同制定，报国务院备案；重大的国家统计调查项目报国务院审批。

部门统计调查项目由国务院有关部门制定。统计调查对象属于本部门管辖系统的，报国家统计局备案；统计调查对象超出本部门管辖系统的，报国家统计局审批。

地方统计调查项目由县级以上地方人民政府统计机构和有关部门分别制定或者共同制定。其中，由省级人民政府统计机构单独制定或者和有关部门共同制定的，报国家统计局审批；由省级以下人民政府统计机构单独制定或者和有关部门共同制定的，报省级人民政府统计机构审批；由县级以上地方人民政府有关部门制定的，报本级人民政府统计机构审批。

第十三条　统计调查项目的审批机关应当对调查项目的必要性、可行性、科学性进行审查，对符合法定条件的，作出予以批准的书面决定，并公布；对不符合法定条件的，作出不予批准的书面决定，并说明理由。

第十四条　制定统计调查项目，应当同时制定该项目的统计调查制度，并依照本法第十二条的规定一并报经审批或者备案。

统计调查制度应当对调查目的、调查内容、调查方法、调查对象、调查组织方式、调查表式、统计资料的报送和公布等作出规定。

统计调查应当按照统计调查制度组织实施。变更统计调查制度的内容，应当报经原审批机关批准或者原备案机关备案。

第十五条 统计调查表应当标明表号、制定机关、批准或者备案文号、有效期限等标志。

对未标明前款规定的标志或者超过有效期限的统计调查表，统计调查对象有权拒绝填报；县级以上人民政府统计机构应当依法责令停止有关统计调查活动。

第十六条 搜集、整理统计资料，应当以周期性普查为基础，以经常性抽样调查为主体，综合运用全面调查、重点调查等方法，并充分利用行政记录等资料。

重大国情国力普查由国务院统一领导，国务院和地方人民政府组织统计机构和有关部门共同实施。

第十七条 国家制定统一的统计标准，保障统计调查采用的指标涵义、计算方法、分类目录、调查表式和统计编码等的标准化。

国家统计标准由国家统计局制定，或者由国家统计局和国务院标准化主管部门共同制定。

国务院有关部门可以制定补充性的部门统计标准，报国家统计局审批。部门统计标准不得与国家统计标准相抵触。

第十八条 县级以上人民政府统计机构根据统计任务的需要，可以在统计调查对象中推广使用计算机网络报送统计资料。

第十九条 县级以上人民政府应当将统计工作所需经费列入财政预算。

重大国情国力普查所需经费，由国务院和地方人民政府共同负担，列入相应年度的财政预算，按时拨付，确保到位。

第三章 统计资料的管理和公布

第二十条 县级以上人民政府统计机构和有关部门以及乡、镇人民政府，应当按照国家有关规定建立统计资料的保存、管理制度，建立健全统计信息共享机制。

第二十一条 国家机关、企业事业单位和其他组织等统计调查对象，应当按照国家有关规定设置原始记录、统计台账，建立健全统计资料的审核、签署、交接、归档等管理制度。

统计资料的审核、签署人员应当对其审核、签署的统计资料的真实性、准确性和完整性负责。

第二十二条 县级以上人民政府有关部门应当及时向本级人民政府统计机构提供统计所需的行政记录资料和国民经济核算所需的财务资料、财政资料及其他资料，并按照统计调查制度的规定及时向本级人民政府统计机构报送其组织实施统计调查取得的有关资料。

县级以上人民政府统计机构应当及时向本级人民政府有关部门提供有关统计资料。

第二十三条 县级以上人民政府统计机构按照国家有关规定，定期公布统计资料。

国家统计数据以国家统计局公布的数据为准。

第二十四条 县级以上人民政府有关部门统计调查取得的统计资料，由本部门按照国家有关规定公布。

第二十五条 统计调查中获得的能够识别或者推断单个统计调查对象身份的资料，任何单位和个人不得对外提供、泄露，不得用于统计以外的目的。

第二十六条 县级以上人民政府统计机构和有关部门统计调查取得的统计资料，除依法应当保密的外，应当及时公开，供社会公众查询。

第四章 统计机构和统计人员

第二十七条 国务院设立国家统计局，依法组织领导和协调全国的统计工作。

国家统计局根据工作需要设立的派出调查机构，承担国家统计局布置的统计调查等任务。

县级以上地方人民政府设立独立的统计机构，乡、镇人民政府设置统计工作岗位，配备专职或者兼职统计人员，依法管理、开展统计工作，实施统计调查。

第二十八条 县级以上人民政府有关部门根据统计任务的需要设立统计机构，或者在有关机构中设置统计人员，并指定统计负责人，依法组织、管理本部门职责范围内的统计工作，实施统计调查，在统计业务上受本级人民政府统计机构的指导。

第二十九条 统计机构、统计人员应当依法履行职责，如实搜集、报送统计资料，不得伪造、篡改统计资料，不得以任何方式要求任何单位和个人提供不真实的统计资料，不得有其他违反本法规定的行为。

统计人员应当坚持实事求是，恪守职业道德，对其负责搜集、审核、录入的统计资料与统计调查对象报送的统计资料的一致性负责。

第三十条 统计人员进行统计调查时，有权就与统计有关的问题询问有关人员，要求其如实提供有关情况、资料并改正不真实、不准确的资料。

统计人员进行统计调查时，应当出示县级以上人民政府统计机构或者有关部门颁发的工作证件；未出示的，统计调查对象有权拒绝调查。

第三十一条 国家实行统计专业技术职务资格考试、评聘制度，提高统计人员的专业素质，保障统计队伍的稳定性。

统计人员应当具备与其从事的统计工作相适应的专业知识和业务能力。

县级以上人民政府统计机构和有关部门应当加强对统计人员的专业培训和职业道德教育。

第五章 监督检查

第三十二条 县级以上人民政府及其监察机关对下级人民政府、本级人民政府统计机构和有关部门执行本法的情况，实施监督。

第三十三条 国家统计局组织管理全国统计工作的监督检查，查处重大统计违法行为。

县级以上地方人民政府统计机构依法查处本行政区域内发生的统计违法行为。但是，国家统计局派出的调查机构组织实施的统计调查活动中发生的统计违法行为，由组织实施该项统计调查的调查机构负责查处。

法律、行政法规对有关部门查处统计违法行为另有规定的，从其规定。

第三十四条 县级以上人民政府有关部门应当积极协助本级人民政府统计机构查处统计违法行为，及时向本级人民政府统计机构移送有关统计违法案件材料。

第三十五条 县级以上人民政府统计机构在调查统计违法行为或者核查统计数据时，有权采取下列措施：

（一）发出统计检查查询书，向检查对象查询有关事项；

（二）要求检查对象提供有关原始记录和凭证、统计台账、统计调查表、会计资料及其他相关证明和资料；

（三）就与检查有关的事项询问有关人员；

（四）进入检查对象的业务场所和统计数据处理信息系统进行检查、核对；

（五）经本机构负责人批准，登记保存检查对象的有关原始记录和凭证、统计台账、统计调查表、会计资料及其他相关证明和资料；

（六）对与检查事项有关的情况和资料进行记录、录音、录像、照相和复制。

县级以上人民政府统计机构进行监督检查时，监督检查人员不得少于二人，并应当出示执法证件；未出示的，有关单位和个人有权拒绝检查。

第三十六条 县级以上人民政府统计机构履行监督检查职责时，有关单位和个人应当如实反映情况，提供相关证明和资料，不得拒绝、阻碍检查，不得转移、隐匿、篡改、毁弃原始记录和凭证、统计台账、统计调查表、会计资料及其他相关证明和资料。

第六章 法律责任

第三十七条 地方人民政府、政府统计机构或者有关部门、单位的负责人有下列行为之一的，由任免机关或者监察机关依法给予处分，并由县级以上人民政府统计机构予以通报：

（一）自行修改统计资料、编造虚假统计数据的；

（二）要求统计机构、统计人员或者其他机构、人员伪造、篡改统计资料的；

（三）对依法履行职责或者拒绝、抵制统计违法行为的统计人员打击报复的；

（四）对本地方、本部门、本单位发生的严重统计违法行为失察的。

第三十八条 县级以上人民政府统计机构或者有关部门在组织实施统计调查活动中有下列行为之一的，由本级人民政府、上级人民政府统计机构或者本级人民政府统计机构责令改正，予以通报；对直接负责的主管人员和其他直接责任人员，由任免机关或者监察机关依法给予处分：

（一）未经批准擅自组织实施统计调查的；

（二）未经批准擅自变更统计调查制度的内容的；

（三）伪造、篡改统计资料的；

（四）要求统计调查对象或者其他机构、人员提供不真实的统计资料的；

（五）未按照统计调查制度的规定报送有关资料的。

统计人员有前款第三项至第五项所列行为之一的，责令改正，依法给予处分。

第三十九条 县级以上人民政府统计机构或者有关部门有下列行为之一的，对直接负责的主管人员和其他直接责任人员由任免机关或者监察机关依法给予处分：

（一）违法公布统计资料的；

（二）泄露统计调查对象的商业秘密、个人信息或者提供、泄露在统计调查中获得的能够识别或者推断单个统计调查对象身份的资料的；

（三）违反国家有关规定，造成统计资料毁损、灭失的。

统计人员有前款所列行为之一的，依法给予处分。

第四十条 统计机构、统计人员泄露国家秘密的，依法追究法律责任。

第四十一条 作为统计调查对象的国家机关、企业事业单位或者其他组织有下列行为之一的，由县级以上人民政府统计机构责令改正，给予警告，可以予以通报；其直接负责的主管人员和其他直接责任人员属于国家工作人员的，由任免机关或者监察机关依法给予处分：

(一)拒绝提供统计资料或者经催报后仍未按时提供统计资料的；

(二)提供不真实或者不完整的统计资料的；

(三)拒绝答复或者不如实答复统计检查查询书的；

(四)拒绝、阻碍统计调查、统计检查的；

(五)转移、隐匿、篡改、毁弃或者拒绝提供原始记录和凭证、统计台账、统计调查表及其他相关证明和资料的。

企业事业单位或者其他组织有前款所列行为之一的，可以并处五万元以下的罚款；情节严重的，并处五万元以上二十万元以下的罚款。

个体工商户有本条第一款所列行为之一的，由县级以上人民政府统计机构责令改正，给予警告，可以并处一万元以下的罚款。

第四十二条 作为统计调查对象的国家机关、企业事业单位或者其他组织迟报统计资料，或者未按照国家有关规定设置原始记录、统计台账的，由县级以上人民政府统计机构责令改正，给予警告。

企业事业单位或者其他组织有前款所列行为之一的，可以并处一万元以下的罚款。

个体工商户迟报统计资料的，由县级以上人民政府统计机构责令改正，给予警告，可以并处一千元以下的罚款。

第四十三条 县级以上人民政府统计机构查处统计违法行为时，认为对有关国家工作人员依法应当给予处分的，应当提出给予处分的建议；该国家工作人员的任免机关或者监察机关应当依法及时作出决定，并将结果书面通知县级以上人民政府统计机构。

第四十四条 作为统计调查对象的个人在重大国情国力普查活动中拒绝、阻碍统计调查，或者提供不真实或者不完整的普查资料的，由县级以上人民政府统计机构责令改正，予以批评教育。

第四十五条 违反本法规定，利用虚假统计资料骗取荣誉称号、物质利益或者职务晋升的，除对其编造虚假统计资料或者要求他人编造虚假统计资料的行为依法追究法律责任外，由作出有关决定的单位或者其上级单位、监察机关取消其荣誉称号，追缴获得的物质利益，撤销晋升的职务。

第四十六条 当事人对县级以上人民政府统计机构作出的行政处罚决定不服的，可以依法申请行政复议或者提起行政诉讼。其中，对国家统计局在省、自治区、直辖市派出的调查机构作出的行政处罚决定不服的，向国家统计局申请行政复议；对国家统计局派出的其他调查机构作出的行政处罚决定不服的，向国家统计局在该派出机构所在的省、自治区、直辖市派出的调查机构申请行政复议。

第四十七条 违反本法规定，构成犯罪的，依法追究刑事责任。

第七章 附则

第四十八条 本法所称县级以上人民政府统计机构，是指国家统计局及其派出的调查机构、县级以上地方人民政府统计机构。

第四十九条 民间统计调查活动的管理办法，由国务院制定。

中华人民共和国境外的组织、个人需要在中华人民共和国境内进行统计调查活动的，应当按照国务院的规定报请审批。

利用统计调查危害国家安全、损害社会公共利益或者进行欺诈活动的，依法追究法律责任。

第五十条 本法自2010年1月1日起施行。

全国人口普查条例

中华人民共和国国务院令

第576号

《全国人口普查条例》已经2010年5月12日国务院第111次常务会议通过，现予公布，自2010年6月1日起施行。

总理　温家宝

二〇一〇年五月二十四日

全国人口普查条例

第一章　总则

第一条　为了科学、有效地组织实施全国人口普查，保障人口普查数据的真实性、准确性、完整性和及时性，根据《中华人民共和国统计法》，制定本条例。

第二条　人口普查的目的是全面掌握全国人口的基本情况，为研究制定人口政策和经济社会发展规划提供依据，为社会公众提供人口统计信息服务。

第三条　人口普查工作按照全国统一领导、部门分工协作、地方分级负责、各方共同参与的原则组织实施。

国务院统一领导全国人口普查工作，研究决定人口普查中的重大问题。地方各级人民政府按照国务院的统一规定和要求，领导本行政区域的人口普查工作。

在人口普查工作期间，各级人民政府设立由统计机构和有关部门组成的人口普查机构（以下简称普查机构），负责人口普查的组织实施工作。

村民委员会、居民委员会应当协助所在地人民政府动员和组织社会力量，做好本区域的人口普查工作。

国家机关、社会团体、企业事业单位应当按照《中华人民共和国统计法》和本条例的规定，参与并配合人口普查工作。

第四条　人口普查对象应当按照《中华人民共和国统计法》和本条例的规定，真实、准确、完整、及时地提供人口普查所需的资料。

人口普查对象提供的资料，应当依法予以保密。

第五条　普查机构和普查机构工作人员、普查指导员、普查员（以下统称普查人员）依法独立行使调查、报告、监督的职权，任何单位和个人不得干涉。

地方各级人民政府、各部门、各单位及其负责人，不得自行修改普查机构和普查人员依法搜集、整理的人口普查资料，不得以任何方式要求普查机构和普查人员及其他单位和个人伪造、篡改人口普查资料，不得对依法履行职责或者拒绝、抵制人口普查违法行为的普查人员打击报复。

第六条　各级人民政府应当利用报刊、广播、电视、互联网和户外广告等媒介，开展人口普查的宣传动员工作。

第七条　人口普查所需经费，由国务院和地方各级人民政府共同负担，并列入相应年度的财政预算，按时拨付，确保足额到位。

人口普查经费应当统一管理、专款专用，从严控制支出。

第八条　人口普查每10年进行一次，尾数逢0的年份为普查年度，标准时点为普查年度的11月1日零时。

第九条　国家统计局会同国务院有关部门制定全国人口普查方案（以下简称普查方案），报国务院批准。

人口普查应当按照普查方案的规定执行。

第十条　对认真执行本条例，忠于职守、坚持原则，做出显著成绩的单位和个人，按照国家有关规定给予表彰和奖励。

第二章　人口普查的对象、内容和方法

第十一条　人口普查对象是指普查标准时点在中华人民共和国境内的自然人以及在中华人民共和国境外但未定居的中国公民，不包括在中华人民共和国境内短期停留的境外人员。

第十二条　人口普查主要调查人口和住户的基本情况，内容包括姓名、性别、年龄、民族、国籍、受教育程度、行业、职业、迁移流动、社会保障、婚姻、生育、死亡、住房情况等。

第十三条　人口普查采用全面调查的方法，以户为单位进行登记。

第十四条　人口普查采用国家统计分类标准。

第三章　人口普查的组织实施

第十五条　人口普查登记前，公安机关应当按照普查方案的规定完成户口整顿工作，并将有关资料提交本级人口普查机构。

第十六条　人口普查登记前应当划分普查区，普查区以村民委员会、居民委员会所辖区域为基础划分，每个普查区划分为若干普查小区。

第十七条　每个普查小区应当至少有一名普查员，负责入户登记等普查工作。每个普查区应当至少有一名普查指导

员，负责安排、指导、督促和检查普查员的工作，也可以直接进行入户登记。

第十八条 普查指导员和普查员应当具有初中以上文化水平，身体健康，责任心强。

第十九条 普查指导员和普查员可以从国家机关、社会团体、企业事业单位借调，也可以从村民委员会、居民委员会或者社会招聘。借调和招聘工作由县级人民政府负责。

国家鼓励符合条件的公民作为志愿者参与人口普查工作。

第二十条 借调的普查指导员和普查员的工资由原单位支付，其福利待遇保持不变，并保留其原有工作岗位。

招聘的普查指导员和普查员的劳动报酬，在人口普查经费中予以安排，由聘用单位支付。

第二十一条 普查机构应当对普查指导员和普查员进行业务培训，并对考核合格的人员颁发全国统一的普查指导员证或者普查员证。

普查指导员和普查员执行人口普查任务时，应当出示普查指导员证或者普查员证。

第二十二条 人口普查登记前，普查指导员、普查员应当绘制普查小区图，编制普查小区户主姓名底册。

第二十三条 普查指导员、普查员入户登记时，应当向人口普查对象说明人口普查的目的、法律依据以及人口普查对象的权利和义务。

第二十四条 人口普查对象应当按时提供人口普查所需的资料，如实回答相关问题，不得隐瞒有关情况，不得提供虚假信息，不得拒绝或者阻碍人口普查工作。

第二十五条 人口普查对象应当在普查表上签字或者盖章确认，并对其内容的真实性负责。

第二十六条 普查人员应当坚持实事求是，恪守职业道德，拒绝、抵制人口普查工作中的违法行为。

普查机构和普查人员不得伪造、篡改普查资料，不得以任何方式要求任何单位和个人提供虚假的普查资料。

第二十七条 人口普查实行质量控制岗位责任制，普查机构应当对人口普查实施中的每个环节实行质量控制和检查，对人口普查数据进行审核、复查和验收。

第二十八条 国家统计局统一组织人口普查数据的事后质量抽查工作。

第四章 人口普查资料的管理和公布

第二十九条 地方各级普查机构应当按照普查方案的规定进行数据处理，并按时上报人口普查资料。

第三十条 人口普查汇总资料，除依法应当保密的外，应当予以公布。

全国和各省、自治区、直辖市主要人口普查数据，由国家统计局以公报形式公布。

地方人民政府统计机构公布本行政区域主要人口普查数据，应当报经上一级人民政府统计机构核准。

第三十一条 各级人民政府统计机构应当做好人口普查资料的管理、开发和应用，为社会公众提供查询、咨询等服务。

第三十二条 人口普查中获得的原始普查资料，按照国家有关规定保存、销毁。

第三十三条 人口普查中获得的能够识别或者推断单个普查对象身份的资料，任何单位和个人不得对外提供、泄露，不得作为对人口普查对象作出具体行政行为的依据，不得用于人口普查以外的目的。

人口普查数据不得作为对地方人民政府进行政绩考核和责任追究的依据。

第五章 法律责任

第三十四条 地方人民政府、政府统计机构或者有关部门、单位的负责人有下列行为之一的，由任免机关或者监察机关依法给予处分，并由县级以上人民政府统计机构予以通报；构成犯罪的，依法追究刑事责任：

（一）自行修改人口普查资料、编造虚假人口普查数据的；

（二）要求有关单位和个人伪造、篡改人口普查资料的；

（三）不按照国家有关规定保存、销毁人口普查资料的；

（四）违法公布人口普查资料的；

（五）对依法履行职责或者拒绝、抵制人口普查违法行为的普查人员打击报复的；

（六）对本地方、本部门、本单位发生的严重人口普查违法行为失察的。

第三十五条 普查机构在组织实施人口普查活动中有下列违法行为之一的，由本级人民政府或者上级人民政府统计机构责令改正，予以通报；对直接负责的主管人员和其他直接责任人员，由任免机关或者监察机关依法给予处分：

（一）不执行普查方案的；

（二）伪造、篡改人口普查资料的；

（三）要求人口普查对象提供不真实的人口普查资料的；

（四）未按照普查方案的规定报送人口普查资料的；

（五）违反国家有关规定，造成人口普查资料毁损、灭失的；

（六）泄露或者向他人提供能够识别或者推断单个普查对

象身份的资料的。

普查人员有前款所列行为之一的，责令其停止执行人口普查任务，予以通报，依法给予处分。

第三十六条 人口普查对象拒绝提供人口普查所需的资料，或者提供不真实、不完整的人口普查资料的，由县级以上人民政府统计机构责令改正，予以批评教育。

人口普查对象阻碍普查机构和普查人员依法开展人口普查工作，构成违反治安管理行为的，由公安机关依法给予处罚。

第三十七条 县级以上人民政府统计机构应当设立举报电话和信箱，接受社会各界对人口普查违法行为的检举和监督。

第六章 附则

第三十八条 中国人民解放军现役军人、人民武装警察等人员的普查内容和方法，由国家统计局会同国务院有关部门、军队有关部门规定。

交通极为不便地区的人口普查登记的时间和方法，由国家统计局会同国务院有关部门规定。

第三十九条 香港特别行政区、澳门特别行政区的人口数，按照香港特别行政区政府、澳门特别行政区政府公布的资料计算。

台湾地区的人口数，按照台湾地区有关主管部门公布的资料计算。

第四十条 为及时掌握人口发展变化情况，在两次人口普查之间进行全国1%人口抽样调查。全国1%人口抽样调查参照本条例执行。

第四十一条 本条例自2010年6月1日起施行。

中华人民共和国监察部
中华人民共和国人力资源和社会保障部　令
国家统计局

第18号

《统计违法违纪行为处分规定》已经监察部2009年2月9日第一次部长办公会议、人力资源社会保障部2008年12月30日第十六次部务会议、国家统计局2008年11月6日第十八次局务会议审议通过。现予公布，自2009年5月1日起施行。

监察部部长　马馼
人力资源社会保障部部长　尹蔚民
国家统计局局长　马建堂
二〇〇九年三月二十五日

统计违法违纪行为处分规定

第一条　为了加强统计工作，提高统计数据的准确性和及时性，惩处和预防统计违法违纪行为，促进统计法律法规的贯彻实施，根据《中华人民共和国统计法》、《中华人民共和国行政监察法》、《中华人民共和国公务员法》、《行政机关公务员处分条例》及其他有关法律、行政法规，制定本规定。

第二条　有统计违法违纪行为的单位中负有责任的领导人员和直接责任人员，以及有统计违法违纪行为的个人，应当承担纪律责任。属于下列人员的(以下统称有关责任人员)，由任免机关或者监察机关按照管理权限依法给予处分：

(一)行政机关公务员；

(二)法律、法规授权的具有公共事务管理职能的事业单位中经批准参照《中华人民共和国公务员法》管理的工作人员；

(三)行政机关依法委托的组织中除工勤人员以外的工作人员；

(四)企业、事业单位、社会团体中由行政机关任命的人员。

法律、行政法规、国务院决定和国务院监察机关、国务院人力资源社会保障部门制定的处分规章对统计违法违纪行为的处分另有规定的，从其规定。

第三条　地方、部门以及企业、事业单位、社会团体的领导人员有下列行为之一的，给予记过或者记大过处分；情节较重的，给予降级或者撤职处分；情节严重的，给予开除处分：

(一)自行修改统计资料、编造虚假数据的；

(二)强令、授意本地区、本部门、本单位统计机构、统计人员或者其他有关机构、人员拒报、虚报、瞒报或者篡改统计资料、编造虚假数据的；

(三)对拒绝、抵制篡改统计资料或者对拒绝、抵制编造虚假数据的人员进行打击报复的；

(四)对揭发、检举统计违法违纪行为的人员进行打击报复的。

有前款第(三)项、第(四)项规定行为的，应当从重处分。

第四条　地方、部门以及企业、事业单位、社会团体的领导人员，对本地区、本部门、本单位严重失实的统计数据，应当发现而未发现或者发现后不予纠正，造成不良后果的，给予警告或者记过处分；造成严重后果的，给予记大过或者降级处分；造成特别严重后果的，给予撤职或者开除处分。

第五条　各级人民政府统计机构、有关部门及其工作人员在实施统计调查活动中，有下列行为之一的，对有关责任人员，给予记过或者记大过处分；情节较重的，给予降级或者撤职处分；情节严重的，给予开除处分：

(一)强令、授意统计调查对象虚报、瞒报或者伪造、篡改统计资料的；

(二)参与篡改统计资料、编造虚假数据的。

第六条　各级人民政府统计机构、有关部门及其工作人员在实施统计调查活动中，有下列行为之一的，对有关责任人员，给予警告、记过或者记大过处分；情节较重的，给予降级处分；情节严重的，给予撤职处分：

(一)故意拖延或者拒报统计资料的；

(二)明知统计数据不实，不履行职责调查核实，造成不良后果的。

第七条　统计调查对象中的单位有下列行为之一，情节较重的，对有关责任人员，给予警告、记过或者记大过处分；情节严重的，给予降级或者撤职处分；情节特别严重的，给予开除处分：

(一)虚报、瞒报统计资料的；

(二)伪造、篡改统计资料的；

(三)拒报或者屡次迟报统计资料的；

(四)拒绝提供情况、提供虚假情况或者转移、隐匿、毁弃原始统计记录、统计台账、统计报表以及与统计有关的其他资料的。

第八条　违反国家规定的权限和程序公布统计资料，造成不良后果的，对有关责任人员，给予警告或者记过处分；情节较重的，给予记大过或者降级处分；情节严重的，给予撤职处分。

第九条 有下列行为之一，造成不良后果的，对有关责任人员，给予警告、记过或者记大过处分；情节较重的，给予降级或者撤职处分；情节严重的，给予开除处分：

（一）泄露属于国家秘密的统计资料的；

（二）未经本人同意，泄露统计调查对象个人、家庭资料的；

（三）泄露统计调查中知悉的统计调查对象商业秘密的。

第十条 包庇、纵容统计违法违纪行为的，对有关责任人员，给予记过或者记大过处分；情节较重的，给予降级或者撤职处分；情节严重的，给予开除处分。

第十一条 受到处分的人员对处分决定不服的，依照《中华人民共和国行政监察法》、《中华人民共和国公务员法》、《行政机关公务员处分条例》等有关规定，可以申请复核或者申诉。

第十二条 任免机关、监察机关和人民政府统计机构建立案件移送制度。

任免机关、监察机关查处统计违法违纪案件，认为应当由人民政府统计机构给予行政处罚的，应当将有关案件材料移送人民政府统计机构。人民政府统计机构应当依法及时查处，并将处理结果书面告知任免机关、监察机关。

人民政府统计机构查处统计行政违法案件，认为应当由任免机关或者监察机关给予处分的，应当及时将有关案件材料移送任免机关或者监察机关。任免机关或者监察机关应当依法及时查处，并将处理结果书面告知人民政府统计机构。

第十三条 有统计违法违纪行为，应当给予党纪处分的，移送党的纪律检查机关处理。涉嫌犯罪的，移送司法机关依法追究刑事责任。

第十四条 本规定由监察部、人力资源社会保障部、国家统计局负责解释。

第十五条 本规定自2009年5月1日起施行。

统计从业资格认定办法

（2005年5月16日国家统计局发布
2007年4月28日国家统计局修订）

第一章　总则

第一条　为规范统计从业资格认定工作，提高统计人员的素质，保障统计资料的准确性和及时性，根据《中华人民共和国统计法》、《中华人民共和国行政许可法》和《国务院对确需保留的行政审批项目设定行政许可的决定》，制定本办法。

第二条　在国家机关、社会团体、企业事业单位和其他组织等统计调查对象中承担经常性政府统计调查任务的人员，必须取得统计从业资格，持有统计从业资格证书。

已取得统计员以上统计专业技术职务资格的人员，可免于统计从业资格考试和申请，凭统计专业技术职务资格证书直接从事统计工作。

第三条　国家统计局领导和管理全国的统计从业资格认定工作。

第四条　省级人民政府统计机构是本行政区域内统计从业资格认定工作的实施机关。

第五条　县级人民政府统计机构是本行政区域内统计从业资格认定工作的承办机关。

必要时，省级人民政府统计机构可以决定由设区的市人民政府统计机构承办统计从业资格认定的有关工作。

新疆生产建设兵团统计局负责所属单位的统计从业资格认定工作。

第二章　申请与受理

第六条　具备下列条件的人员，可申请取得统计从业资格：

（一）熟悉统计法律、法规和规章；

（二）坚持原则，具备良好的道德品质；

（三）具备从事统计工作所需的专业知识和技能。

第七条　国家实行统计从业资格考试制度。

统计从业资格考试的时间为每年九月份的第三个星期日。

统计从业资格考试的科目为：统计基础知识与统计实务；统计法基础知识。

第八条　已具备教育行政部门认可的会计与统计核算、统计实务专业大专，统计学类、经济学类、工商管理类专业本科以上学历（或学位）的人员，可免于参加统计基础知识与统计实务科目的考试。

统计学类、经济学类、工商管理类专业以国务院教育主管部门公布的《高等学校本科专业目录（统计用）》为准。

第九条　国家统计局负责编制统计从业资格考试大纲、考试命题、制定考试管理办法和考务规则等工作。

省级人民政府统计机构负责统计从业资格考试考点的设定、试卷的印制、组织阅卷和成绩登记造册等工作。

统计从业资格认定工作承办机关负责统计从业资格考试的报名、考务组织和成绩通知等工作。

第十条　统计从业资格考试应当公开举行。县级以上人民政府统计机构应当事先公布考试的报名条件、报考办法、考试科目以及考试大纲。

第十一条　申请取得统计从业资格的人员，在向统计从业资格认定工作承办机关提出申请时，应当提交下列材料：

（一）《统计从业资格认定申请表》一式两份；

（二）本人有效身份证件及其两份复印件；

（三）统计从业资格考试合格成绩单原件及其两份复印件；

（四）本人近期正面免冠彩色照片一张。

符合本办法第八条规定的人员，在提出统计从业资格认定申请时，除提交前款所规定的材料外，还需同时提交本人学历证书原件及其两份复印件。

第十二条　具备条件的地方，可通过网络受理统计从业资格认定申请，所需材料由省级人民政府统计机构规定。

第十三条　统计从业资格认定工作的承办机关应当将有关统计从业资格认定的依据、条件、程序、期限以及需要提交的全部材料的目录和申请书示范文本等在办公场所公示。

第十四条　申请人申请统计从业资格，应当如实向受理申请的统计从业资格认定工作承办机关提交有关材料。受理机关不得要求申请人提交与其申请的统计从业资格认定事项无关的材料。

第十五条　统计从业资格认定工作的承办机关对申请人提出的申请，应当根据下列情况分别作出处理：

（一）申请人依法不需要取得统计从业资格的，应当即时告知申请人不受理；

（二）申请材料存在可以当场更正的错误的，应当允许申请人当场更正；

（三）申请材料不齐全或者不符合法定形式的，应当当场或者在五日内一次告知申请人需要补正的全部内容，逾期不告知的，自收到申请材料之日起即为受理；

（四）申请材料齐全、符合法定形式，或者申请人按照承办机关的要求提交全部补正申请材料的，应当受理统计从业资格认定申请。

统计从业资格认定工作的承办机关受理或者不予受理统计从业资格认定申请，应当向申请人出具加盖本行政机关专用印章并注明日期的书面凭证。

第三章　审查与决定

第十六条　统计从业资格认定工作的承办机关应当对已受理的申请材料进行审查，并将初步审查意见和全部申请材料自受理之日起二十日内报送省级人民政府统计机构。

省级人民政府统计机构应当自收到初步审查意见和全部申请材料之日起二十日内作出是否授予统计从业资格的决定。二十日内不能作出决定的，经本行政机关负责人批准，可以延长十日，并将延长期限的理由告知申请人。

第十七条　申请人的申请符合法定条件的，省级人民政府统计机构应当依法做出授予统计从业资格的书面决定，并颁发统计从业资格证书。统计从业资格证书应当加盖省级人民政府统计机构印章。

申请人的申请不符合法定条件，省级人民政府统计机构依法作出不授予统计从业资格的书面决定的，应当说明理由，并告知申请人享有依法申请行政复议或者提起行政诉讼的权利。

第四章　证书的使用与管理

第十八条　统计从业资格证书在全国范围内有效。

统计从业资格证书应当依法使用，不得涂改、转让、出租和出借。

第十九条　统计从业资格证书由国家统计局统一设计样式，统一制定编号规则。

省级人民政府统计机构负责统计从业资格证书的印制、编号、颁发和管理工作。

统计从业资格认定工作的承办机关负责本行政区域内统计从业资格证书的送达工作。

第二十条　统计从业资格证书遗失或损坏的，取得统计从业资格的人员可持有效证明，向原承办机关提出补发统计从业资格证书的申请。原承办机关进行审查后，报原发证机关依法予以补发。

第二十一条　对取得统计从业资格的人员，实行统计继续教育。

第二十二条　有下列情形之一的，国家统计局和省级人民政府统计机构可以依法撤销已经授予的统计从业资格：

（一）滥用职权、玩忽职守作出授予统计从业资格决定的；

（二）超越法定职权作出授予统计从业资格决定的；

（三）违反法定程序作出授予统计从业资格决定的；

（四）对不具备申请资格或者不符合法定条件的申请人授予统计从业资格的；

（五）以欺骗、贿赂等不正当手段取得统计从业资格的；

（六）依法可以撤销统计从业资格的其他情形。

因前款所列情形被依法撤销统计从业资格的人员，其已取得的统计从业资格证书应当依法予以收回。

第二十三条　申请人因第二十二条第一款第（五）项原因被撤销统计从业资格的，自撤销之日起两年内，省级人民政府统计机构不得授予统计从业资格。

第二十四条　上级人民政府统计机构应当加强对下级人民政府统计机构实施统计从业资格认定工作的监督检查，及时纠正和处理统计从业资格认定工作中的各种违法行为。

第五章　法律责任

第二十五条　任何单位违反本办法第二条的规定，聘请、任用未取得统计从业资格证书的人员从事统计工作的，由县级以上人民政府统计机构责令限期改正，予以警告或者通报批评。拒不改正的，处一千元以下的罚款。

第二十六条　县级以上地方各级人民政府统计机构违反本办法的规定，有下列情形之一的，由其上级人民政府统计机构责令改正；情节较重的，对直接负责的主管人员和其他直接责任人员依法给予行政处分：

（一）对符合法定条件的统计从业资格申请不予受理的；

（二）对不符合法定条件的申请人授予统计从业资格或者超越法定职权作出授予统计从业资格决定的；

（三）对符合法定条件的申请人不授予统计从业资格或者不在法定期限内作出授予统计从业资格决定的；

（四）法律、法规、规章规定的其他违法行为。

第二十七条　申请人隐瞒有关情况或者提供虚假材料申请统计从业资格的，县级以上地方各级人民政府统计机构不予受理或者不授予统计从业资格，并给予批评教育。

第二十八条　已取得统计从业资格的人员有下列行为之一的，由县级以上人民政府统计机构责令改正，予以警告或者通报批评：

（一）涂改、转让、出租、出借统计从业资格证书的；

（二）向负责监督检查的县级以上人民政府统计机构隐瞒有关情况、提供虚假材料或者拒绝提供情况的；

（三）以欺骗、贿赂等不正当手段取得统计从业资格证书的；

（四）法律、法规、规章规定的其他违法行为。

第六章　附则

第二十九条　在本办法实施前已依法取得《统计证》、《统计上岗证》或《统计上岗资格证书》的人员，应当自本办法实施之日起一年内，到所在地统计从业资格认定工作承办机关换领统计从业资格证书。

第三十条　本办法规定的实施行政许可的期限以工作日计算，不含法定节假日。

第三十一条　本办法自2005年7月1日起施行。国家统计局1998年发布的《统计人员持证上岗暂行规定》同时废止。

广西壮族自治区统计监督检查条例

（1995年5月30日广西壮族自治区第八届人民代表大会常务委员会第十五次会议通过　根据1997年12月4日广西壮族自治区第八届人民代表大会常务委员会第三十一次会议《关于修改〈广西壮族自治区统计监督检查条例〉的决定》第一次修正　根据2004年9月24日广西壮族自治区第十届人民代表大会常务委员会第十次会议《关于修改〈广西壮族自治区统计监督检查条例〉及其补充规定的决定》第二次修正）

第一条　为保证统计资料的准确性和及时性，加强对统计工作的监督检查，保障人民政府统计机构依法行使职权，根据《中华人民共和国统计法》和《中华人民共和国统计法实施细则》，结合本自治区实际情况，制定本条例。

第二条　本条例适用于本自治区行政区域内的国家机关、社会团体、企业事业组织、其他经济组织、基层群众性自治组织、个体工商户和公民。

第三条　县级以上人民政府统计机构依法对有关单位和个人实施统计法律、法规的情况进行监督检查，处理统计违法行为。

第四条　依法建立统计管理登记制度。　设区的市、县级人民政府统计机构或者其指定的乡、镇人民政府工作机构应当依照法律、法规和国家统计制度的规定，对本行政区域内的国家机关、社会团体、企业事业组织、其他经济组织和个体工商户等统计调查对象进行统计管理登记。

统计调查对象不得拒报、迟报和提供不真实的统计资料。

第五条　统计人员应当具有执行统计任务所需的专业知识，其从业资格由省级人民政府统计机构认定。

第六条　各地方、各部门、各单位领导应当遵守国家有关统计法律、法规，不得授意、指使、胁迫统计人员虚报、瞒报、伪造、篡改统计资料。

各级人民政府考核经济效益、社会效益和工作成绩，进行奖励和惩罚需要使用的统计资料，应当由人民政府统计机构提供或核准。

第七条　县级以上人民政府统计机构可以在其编制限额内设置统计检查机构和专职统计检查员；县级以上人民政府各主管部门根据统计工作的需要可以在其编制限额内设置专职或者兼职统计检查员，协助同级人民政府统计机构监督检查本部门的统计法规实施情况。

乡镇（街道）统计人员在县级人民政府统计机构的领导下开展统计检查工作。

第八条　统计检查机构的职责是：

（一）检查统计法律、法规实施情况，揭发、检举、处理统计违法行为；

（二）受理群众对统计违法行为的检举和控告；

（三）对违反统计法律、法规的单位和个人提出行政处罚和行政处分的意见；

（四）对实施统计法律、法规成绩显著的单位和个人提出表彰、奖励的建议。

第九条　统计监督检查的主要内容是：

（一）统计资料的提供是否准确、及时；

（二）统计管理登记是否按规定进行；

（三）统计报表的制发是否合法；

（四）统计资料的管理、公布是否符合法定要求；

（五）统计人员是否具备从业资格；

（六）统计机构和统计人员依法行使职权是否受到妨碍；

（七）其他执行统计法律、法规的情况。

第十条　任何单位和个人不得干涉、阻挠、抗拒统计检查机构和统计检查员依法行使职权。

第十一条　统计检查员经国家统计机构或者自治区人民政府统计机构培训合格后，由自治区人民政府统计机构或者其指定的机关委任并发给《统计检查证》。

第十二条　统计检查员持《统计检查证》在规定的职权范围内执行统计检查任务。需要查询问题时，有权发出《统计检查查询书》。被检查的单位和有关人员应当在接到《统计检查查询书》之日起十五日内据实答复。逾期不答复的，按拒报论处。

第十三条　查处统计违法行为的权限，按照下列规定执行：

（一）各级人民政府统计机构的统计违法行为，由本级人民政府会同上一级人民政府统计机构和监察机关查处；

（二）下级人民政府的统计违法行为，由上一级人民政府责成统计机构和监察机关查处；

（三）机关、社会团体、企业事业单位和其他经济组织的统计违法行为，由行为发生地人民政府统计机构会同监察机关或者有关主管部门查处；

（四）重大统计违法行为，由上一级人民政府统计机构会同监察机关查处。

第十四条　各级人民政府统计机构应当建立统计监督检查工作制度。对统计违法案件，应当自立案之日起三个月内结案并写出结案报告报上一级统计检查机构备案。

逾期未能结案，需要延长办案期限的，应当报上一级人民